에드먼드 버크(1729~1797)

▲〈바스티유 습격〉장 피에르 우엘. 1789.
프랑스혁명이 일어난 날, 파리 시민들은 전제정치의 상징 바스티유 감옥을 습격했다. 《프랑스혁명 성찰》은 바스티유 습격사건 3주 뒤, 버크가 제임스 콜필드에게 보내는 편지에서 폭력적인 프랑스혁명에 대해 부정적 입장을 밝히는 것으로 시작된다.

◀로킹엄 후작 조슈아 레이놀즈.
영국 국립 초상화미술관
버크는 휘그당 지도자 로킹엄 후작의 비서로 일했다. 1765년 후작의 후원에 힘입은 버크는 하원의원으로 선출되어 정치인으로 본격 활동하게 된다.

버크의 동상 더블린, 트리니티 칼리지

REFLECTIONS

ON THE

REVOLUTION IN FRANCE,

AND ON THE

PROCEEDINGS IN CERTAIN SOCIETIES
IN LONDON

RELATIVE TO THAT EVENT.

IN A

LETTER

INTENDED TO HAVE BEEN SENT TO A GENTLEMAN
IN PARIS.

BY THE RIGHT HONOURABLE

EDMUND BURKE.

THE FOURTH EDITION.

LONDON:

PRINTED FOR J. DODSLEY, IN PALL-MALL.

M.DCC.XC.

《프랑스혁명 성찰》(초판 1790) 속표지

요한 고틀리프 피히테(1762~1814)

피히테의 생가 칸토르 리델. 람메나우

예나 대학교 이 대학의 전성기는 피히테, 헤겔, 셸링 등 철학자와 슐레겔, 쉴러 등 작가들이 교수로 활동하던 시기
(1787~1806)였다.

▲독일 국민에게 연설하는 피히테 1808
년 베를린에서 행한 '독일 국민에게 고
함' 연설은 나폴레옹에게 패한 원인인
독일의 분열을 지적하고 국운의 회복
과 영광의 재현을 위한 실천적인 관점
을 제시한 것이었다.

▶피히테 무덤 곁에는 그의 아내가 묻
혀 있다.

▼피히테 기념물 람메나우, 슐로스파크

Reden

an

die deutsche Nation

durch

Johann Gottlieb Fichte.

Berlin, 1808.
In der Realschulbuchhandlung.

《독일 국민에게 고함》(1808) 속표지

세계사상전집064

Edmund Burke/Johann Gottlieb Fichte
REFLECTIONS ON THE REVOLUTION IN FRANCE
REDEN AN DIE DEUTSCHE NATION
프랑스혁명 성찰/독일 국민에게 고함
에드먼드 버크/요한 고틀리프 피히테/박희철 옮김

에드먼드 버크 요한 고틀리프 피히테

동서문화사

디자인 : 동서랑 미술팀

프랑스혁명 성찰/독일 국민에게 고함
차례

프랑스혁명 성찰 에드먼드 버크

독일 국민에게 고함 요한 고틀리프 피히테

Reflections On The Revolution in France

프랑스혁명 성찰

에드먼드 버크

머리글

  《프랑스혁명 성찰》은 파리에 사는 젊은 신사(파리고등법원 드퐁)와 저자 사이에 교환된 한 서간이 인연이 되었다,고 미리 독자에게 말해 두는 것은 의미 있는 일일 것이다. 그 무렵, 또 그 뒤로부터 오늘에 이르기까지 모든 사람들의 주목을 받은 중대사건에 대해서 그 젊은 신사는 영광스럽게도 저자의 의견을 물어 온 것이다. 날짜는 확실치 않지만 1789년 10월 경에 한 통의 회신이 전해졌는데 신중하게 그것을 보관해 두었다. 그 서간에 대해서는 다음 페이지 첫머리에 언급된다. 나중에 그것은 수신인에게 발송되었고 발송이 늦어진 이유도 같은 신사 앞으로 보낸 짧은 한 편지 속에 설명되었다. 그런데 이 때문에 그는 저자의 소감을 새롭고도 열렬하게 요구한다는 간청을 하게 되고 말았다.

  그래서 저자는 그 건의 주제에 대해서 다시 한 번 깊이 논의하는 일에 착수했다. 그리고 지난 이른 봄 그것을 공간(公刊)할 생각을 갖게 되었다. 그러나 사태는 차츰 저자에게 무거운 짐이 되고, 자신이 의도하고 있는 것은 편지라는 한 가지 수단으로 표현하기엔 벅찰 뿐만 아니라, 문제의 중대성으로 볼 때 처음에 생각하고 있었던 것보다 깊이 있는 고찰이 필요하다는 생각이 들었다. 그렇다고 해서 최초의 생각을 편지글 형식으로 기술하고 또 실제로 착수된 때에는 사적 편지로 의도되고 있었던 이상, 저자의 마음이 고조되어 다른 방향을 향한 후, 다시 대화의 형식을 변경하는 것도 곤란하게 느껴지기도 했다. 자신의 문제를 적절하게 정리 배열하기 위해서는 이것과는 다른 방식이 적절하지 않을까 하는 것을 저자도 알고 있었다.

제1부

삼가 말씀올립니다

프랑스에서 최근 전개된 사태에 대한 나의 소감을 거듭 요구하신 일, 송구스럽게 생각합니다. 나의 소감 따위가 간청을 받을 정도로 가치가 있다고는 생각지 않습니다. 그것은 매우 하찮은 것이라 전달 여부에 대해 고민할 정도는 아닙니다. 최초에 그것을 소망하셨을 때 내가 주저한 것은 귀하—정말로 귀하 한 사람만을—를 위해서였습니다. 귀하에게 보내 인정 받아 보내드린 최초의 편지 속에서도 나는 특정인들의 입장에서 쓰거나, 또 그 사람들을 위해 쓴 것은 아닙니다. 앞으로도 그럴 생각은 없습니다. 내가 오류를 범한 부분이 있다면 그것은 나 자신의 것이고 나에게 돌려지는 세평*¹만이 그와 같은 오류의 회답이 되는 것입니다.

귀하에게 보낸 장문의 편지로도 이해하시겠지만 나는 프랑스가 도리에 맞는 자유정신에 의해 움직여지길 진심으로 바라는 바입니다. 또 여러분들은 모든 정책을 동원해 자유정신이 깃든 항구적인 조직체와 그 수족(手足)이 될 실효성 있는 기관을 만들어내야만 합니다. 그러나 유감스럽게도 나는 최근 여러분의 행동 가운데 몇 가지 중대한 점에 대해 의심을 품게 됩니다.

지난번 나에게 편지를 보내셨을 때 '헌법협회' 및 '혁명협회'*²라는 이름의 런던의 두 신사 클럽으로부터 그들이 받은 엄숙한 공인증서로 보아 당신은 어쩌면 내가 최근 프랑스에서 일어난 일종의 행위를 시인하는 입장의 한 사람으로 생각하시는 것 같았습니다.

물론 나는 내 왕국의 헌법*³과 명예 '혁명' 원리*⁴가 높이 평가되고 있는 클럽에 소속한다는 평판을 받습니다. 또한 그와 같은 헌법이나 여러 원리가 최고의 순도(純度)와 활력을 잃지 않도록 유지하는 일에 대한 열정에 있어서는 어느 누구에게도 뒤지지 않습니다. 그러므로 나 자신은 잘못을 범해서는 안 된다고 생각하는 것입니다. '혁명'과 '헌법'에 대한 열의란 구실 아래에 진정한 원리로부터 자주 벗어나는 사람들, 일찍이 혁명을 일으켰지만 지금은 헌법 안에 내재하고 있는 단호한—단 세심하고 신중한—정신에서 문제가 생길 때마다 벗어나려는 사람들, 이런 사람들과의 연루에 대해 이 나라 혁명의 추억을 소중하게 여기는 사람들이나 왕국의 헌법에 애착을 가진 사람들은 매우 조심스럽습니다. 그러므로 귀하의 편지 안에서 가장 중심적인 점들에 대답을 함에 앞서 프랑스의 국내문제에 단체로서 간섭해야 한다고 생각하는 그 두 클럽에 대해서 내가 입수한 정보를 전해드리는 것을 용서해 주기 바랍니다. 그리고 무엇보다도 나는 두 신사 클럽의 회원도 아닐뿐더러 한 번도 그런 일은 없었다고 단언합니다.

첫째의 클럽 중 하나는 헌법협회 또는 헌법지식협회를 자칭하고 8년 정도 이어져 온 것으로 보입니다. 본래 이 협회는 선의로 창설된 듯하여 그런 의미로는 괜찮았습니다. 즉 회원 부담으로 구입한 많은 서적—그 클럽회원 이외에는 굳이 돈을 내고 구입하려는 사람도 거의 없고 책방 속에 파묻힌 채 고위 분들에게 막대한 손해를 입히던—을 회람하는 것이 목적이었습니다. 그와 같이 선의로 회람된 서적들이 실제로도 그와 같은 선의로부터 읽혀졌는지, 그것은 내가 알 바가 아닙니다. 아마 그 책들 중 몇 권은 프랑스로 수출되거나 이 나라에서는 아무도 원하지 않는 물품과 마찬가지로 여러분의 나라에서 시장을 발견했을 것입니다. 나는 이쪽에서 보내는 서적들이 부여할 계몽의 빛에 대한 논의를 많이 접하는데, 그 과정에서 어떤 개량이 가해졌는지(어떤 술은 바다를 건너면 술맛이 좋아진다는 것처럼) 모릅니다. 그러나 보통 판단력을 지닌 사람, 또는 최소한이라도 정보를 지니고 있는 사람 가운데 누구 한 사람도 그 협회에 의해 회람되는 출판물 대부분이 좋게 평가되는 것을 들은 적이 없습니다. 또 그들의 행위가 중요한 역할을 지닌다는 사실도 들은 적이 없습니다. 물론 클럽 내 누군가가 말하는 것은 논외입니다.

이 가련한 자선클럽에 대해 여러분의 국민의회는 나와 매우 비슷한 의견을 가진 것 같습니다. 형평성 있는 뜻으로도 헌법협회에 있는 한쪽에도 조금은 배당에 참여할 자격이 있었다고 하는데, 여러분은 국민으로서 사례사(謝禮辭) 전부를 혁명협회 쪽으로 돌렸습니다. 여러분이 국민적 감사와 찬사의 위대한 상대방으로서 혁명협회를 선택한 이상 그 협회의 최근 행동을 나의 관찰 주제로 삼겠다고 생각하시겠지요. 프랑스 국민의회는 이 협회의 신사 제군을 인지해 그들에게 무게를 주고, 후자는 후자대로 국민의회의 여러 원리를 잉글랜드에서 신장시키기 위한 한 위원회*5로서 행동하는 것으로 그 은고에 보답하고 있습니다. 우리는 앞으로 그들을 일종의 특권이 부여된 인물들로 생각해야만 합니다. 즉 외교관 단체 안에서도 높은 지위의 단원으로서 말입니다. 이것이야말로 출신이 정확하지 않은 인간에게 영예가 주어지고 전혀 알려지지 않은 공적에 훈공이 돌아가는, 바로 혁명의 상투적인 방식입니다. 극히 최근에 이르기까지 이 클럽에 대해 들은 기억이 없습니다. 한순간조차 말입니다. 그들의 동료를 제외하고는 모두 그랬을 것입니다.*6 조사해 본 결과, 무슨 파인지는 모르는 비국교도 클럽이 1688년 '혁명' 기념일에 해마다 그들의 교회 한 곳에서 설교를 들은 후에 다른 클럽과 마찬가지로 그날 하루를 술집에서 즐겁게 마시며 보내는 관습을 지속해 왔습니다. 그런 그들이 축사형식의 일종의 공적 자격으로 프랑스에서의 국민의회 행위에 권위 있는 인증을 부여한 것을 알고 나는 굉장히 놀랐습니다. 그 사실을 알기 전에는 외국헌법의 장점은커녕 정책이나 정치 전체의 틀이 한 번이라도 그들 축제의 공식행사 제목이 됐다는 말을 들어본 적이 없었기 때문입니다.

그 클럽의 전통 원칙이나 행위에 대해서는 적어도 표면상 선언된 것에 대해 내가 이의를 제기해야 할 이유는*7 없습니다. 내가 접하여 대강 알게 된 것은 그들 중 새로운 회원들이 어떤 목적으로 입회했는지도 모른다는 것, 또 기꺼이 선을 베풀면서도 베푸는 것을 분배하는 손은 주의 깊게 숨긴다는 뜻에서는 진정한 그리스도 교도인 정치가들*8이, 그 클럽 사람들을 그들의 신앙심 깊은 계획의 도구로서 이용했을지도 모른다는 것입니다. 사적인 행위에 대해서는 의심할 만한 이유가 존재하더라도 공적인 것 이외에 확실하다는 표현을 쓰지 않을 생각입니다.

적어도 나로서는 직접이나 간접의 여부를 불문하고 그들의 행위에 연관되어 있다고 생각되는 점은 유감입니다. 물론 나는 공화정 로마이건, 파리공화국*9이건 고금 모든 나라의 공적 무대에서 무엇이 행해져 왔는지, 또 행해지고 있는지에 대해 전 세계 사람들과 함께 사적 자격으로 고찰할 생각입니다. 나는 보편 인류적 사도직과 같은 사명을 띠고 있는 자도 아니고 단지 특정국가의 국민이며 그 국가의 공적 의지에 어느 정도 구속되고 있으므로, 내 위에 군림하는 정부의 명시적인 수권(授權)도 없이 외국의 실재 정부와 정식적인 공적 통신을 시작한다는 것은 내 분수에 맞지 않습니다.

하물며 언어 사용에 둔한 많은 사람들이 보면 내가 이름을 늘어놓고 있는 호소는 무언가 단체적 자격을 지닌 인물의—우리 왕국의 법에 의해서 인정되고 그 의견의 일부를 대변하는 권위가 부여되고 있는 인물의—행위로 간주될지도 모르는, 무언가 모호한 지위 아래 그와 같은 통신을 시작하는 등, 나라면 더욱 마음이 내키지 않습니다. 그와 같은 방법으로 서명받는 더 없이 하찮고 비굴한 청원에 대해서는 이 나라의 하원의원이라면 단순히 형식적인 요건뿐만 아니라 수권도 받지 못하는 일반적 신분의 모호함이나 위태로움, 또는 그 이면에서 행해질 기만 등을 이유로 각하할 것입니다. 여러분은 그와 같은 사람들을 위해 접견실의 문을 활짝 열어 마치 전 잉글랜드 국민의 대표단이 방문이라도 한 것처럼 화려한 의식과 행렬, 박수갈채로써 국민의회로 안내한 것입니다. 그러므로 이 협회가 보낸 것이 비록 하나의 논의였다 해도 그것이 누구의 논의였는지 알 턱이 없었습니다. 그것을 보낸 자가 누구였건 그것으로 그 논의의 설득력이 좌우되는 일도 분명 없었을 것입니다. 아무튼 보낸 것은 단 하나의 표결과 결의였습니다. 그것은 단순히 권위만을 근거로 하고 있고 더구나 이 경우 권위란 그것에 관여하고 있는 개개인의 것일 뿐으로 그 개인이 도대체 누구인지 명확하지 않습니다. 사견을 말하자면*¹⁰ 문서에는 그들의 서명이 첨부되어야만 했습니다. 그렇게 하면 그들의 인원수가 어느 정도이고 누구누구인지를 사회가 알 수 있었을 것이고 또 그들의 개인적 능력, 지식, 경험, 이 나라에서의 지도력이나 권위 따위에 비추어 그 의견의 가치가 어느 정도인지도 파악 가능했을 것입니다. 평범한 인간에 불과한 내가 보기에 이 행위는 너무 고상하고 약은 것 같습니다. 멋스러운 이름 이면으로 클럽의 공식선언에 중요성을 두려 한 정치전략의 냄새가 짙습니다. 여러 상황을 살펴본 결과 그 선언은 형편 없었습니다. 그것은 조작한 흔적이 역력한 책략입니다.

나는 인간답고*¹¹ 도덕적인 규율이 있는 자유를 사랑하는 점에서는 그 협회의 신사제군 누구에게도 뒤지지 않는다고 자부하는 사람입니다. 나는 자신의 공적행동 안에서도 그와 같은 자유의 대의에 대한 나의 애착을 충분히 입증해 왔다고 자신합니다. 나는 그들과 마찬가지로 어떤 타국민의 자유도 선망하고 있지 않습니다. 또 무슨 일이든 인간적 행동이나 인간적 사상(事象)에 관계되는 사항에 대해서 그 대상을 마치 모든 관계성을 박탈당한 것과 같이 본디 모습 그대로 형이상학적 추상 속에 고립시켜서 단순하게 생각하고, 단정적으로 평판하는 것은 나로서 불가능한 일입니다. 상황이야말로 (일부의 신사제군은 그것을 아무렇지 않게 넘기지만) 모든 정치원리에 제각기 고유한 색채를 부여해 각각 하나만 존재하게 됩니다. 공사(公私)를 불문하고 어떤 계획도 상황 여하에 따라 인류에 유익 또는 유해합니다. 추상적으로 말하면 통치도 자유도 똑같은 선입니다. 그러나 상식적으로는 10년 전의 프랑스 통치의 성격이 어땠는지, 또는 시정의 방향이 어땠는지를 묻지도 않고 (그때의 프랑스에는 아직 정부가 있었으므로 이렇게 말하는 것이지만), 정부가 존재한다고 해서 축의(祝意)를 말할 수 있겠습니까. 이제 와서 똑같은 국민을 자유 탓으로 축복할 수 있겠습니까. 추상적으로는 자유를 인류에게 부여된 선물이라 생각할지 모릅니다. 그렇다고 그를 이유로 어느 미치광이가 보호적 구금과 건강에 좋은 그의 독방의 어둠에서 탈주해 광명과 자유*12의 향수를 되찾았을 때에 내가 그를 진심으로 축복해야만 합니까. 탈옥한 노상강도나 살인범의 자연권 회복을 축복해야만 합니까. 그렇게 되면 갤리선 수송에 동원된 죄수와 그들의 영웅적 구출자인 형이상학적 '슬픈 표정의 기사'*13의 정경을 재연하는 격입니다.

자유의 정(精)*14이 작용하고 있는 것을 보면 나는 활력이 솟구치고 있음을 압니다. 우선 알게 되는 것은 그것뿐입니다. 가스 즉 고정기체*15는 완전히 사라졌습니다. 그렇지만 최초의 기포(起泡)가 얼마간 잠잠해져 액이 투명해지고 기포가 가득한 표면의 어수선함보다 더 깊은 곳에 무언가를 발견하기까지 우리는 판단을 유보해야 합니다. 누군가에게 어떤 선물이 주어졌다고 해도 공적인 축복에 나서려면 그에 앞서 그들이 선물을 받은 것이 어느 정도 확실해져야 합니다. 추종(追從)은 바치는 사람, 받는 사람 모두를 타락시킵니다. 아첨이 무익하다는 것은 왕에 한하지 않습니다. 민중 또한 그렇습니다. 그러므로 나는 프랑스의 새로운 자유가 통치, 공적(公的)인 힘, 군대의 규율과 복종, 효과적이고 잘 배분된 세입의 징수, 도덕과 종교, 재산의 안정성, 평화와 질서, 국가적 사회적 풍습 등과 어떻게 결합되어 왔는지에 대해 알기 전까지는 그 자유에 대한 나의 축의 표명을 보류해야 합니다. 이런 과정 또한 모두(제각기 실상대로) 좋습니다. 실제로 이런 과정이 없으면 비록 자유가 오래 지속된다 한들 자유는 유익하지도 않을 것이고 또한 영속되지도 않을 것입니다. 원하는 것은 무엇이든 가능해지는 것이 개개인에게 있어서 자유의 효과인데, 그 사람들을 축복한다는 위험을 무릅쓰기에 앞서 그들은 도대체 무엇을 했는지 알 필요가 있습니다. 축복 같은 것은 순식간에 불평불만으로 바뀔 수 있습니다. 한 사람 한 사람이 모두 별개인 개인인 경우에는 사려 분별을 작용시키면 이 같은 문제도 스스로 해명하게 됩니다. 그러나 사람들이 단체로 행동할 경우, 자유는 힘이 됩니다. 그곳의 사려 깊은 사람들은 스스로 기치가 선명해지기 전에 우선 힘을 재료로 어떤 이익이 창출되는지 확인할 것입니다. 그 중에서도 원칙·기질·성분 모두 미지수에 가까운 새로운 사람들의 수중에 있는 힘에 대한 태도를 명확히 하려고 시도할 경우—더구나 무대상으로는 가장 시끄럽게 보이는 사람들이 사안에 따라서는 진정한 장본인은 아닌 것 같은 상황*16에서는—그렇게 할 것입니다.

그런데 이와 같은 모든 고려는 혁명협회의 탁월한 존엄으로 볼 때 매우 수준 낮은 문제에 지나지 않았습니다. 시골의 저택에 있을 때—귀하에 대한 편지는 그곳에서 인정을 받았습니다—나는 그들의 수법에 대해서 충분히 이해하지 못하고 있었습니다. 런던에 상경하자 즉시*17 그들 행동의 취지서를 찾게 했는데, 그것은 그들이 간행한 것으로 프라이스 박사의 설교 한 토막*18이 실려 있는 것 외에, 로슈푸코 공과 에쿠스의 대주교*19 서간 및 그 밖에 서너 점의 문서가 곁들여져 있었습니다. 그 간행물 전체가 우리에게 국민의회의 행위를 모방하게 하고 그럼으로써 프랑스에서의 사건을 잉글랜드에서의 그것과 결부시키려고 획책하고 있어서 나를 상당히 불안하게 하였는데, 국민의회의 그와 같은 행위가 프랑스의 권력이나 신용 및 번영, 평온 따위에 미친 효과는 그 뒤 날이 갈수록 더욱 명확해졌습니다. 장래의 국가조직을 위해 제정되어야 할 헌법의 형태도 더한층 확연해졌습니다. 우리에게 모방하라고 주어진 것의 진정한 성질이 무엇인지, 이제는 거의 틀림없다고 말해도 좋을 정도로 정확하게 인식할 수 있는 상태에까지 우리는 도달한 것입니다. 확실히 어떤 상황에서는 마음을 드러내지 않는다거나 예의를 차린다거나 하는 사려분별이 우리에게 침묵을 지시할지도 모르는데*20 또 다른 상황에서는 보다 높은 차원의 분별이 자기 생각을 입 밖에 내는 것을 올바르다고 할 때도 있지 않겠습니까. 우리 잉글랜드의 현상을 보면 혼란의 징조가 실로 희미합니다. 그러나 당신들의 경우는 다릅니다. 거기서는 이 나라의 그보다 훨씬 미약했던 어린아이가 시시각각 강력하게 성장해 그 힘을 산처럼 쌓아올린 나머지 하늘 그 자체에까지 도전하기에 이른 것을,*21 우리는 이 눈으로 보고 있습니다. 이웃에 불이 났을 때 내 집에도 약간 물을 뿌리는 것은 소방 대책으로서 전혀 잘못된 것이 아닙니다. 안전함에 지나치게 의존해 파멸을 불러들이기보다는 불안에 지나치게 허둥대 경멸당하는 쪽이 차라리 낫습니다.

내가 우려하는 것은 주로 이 나라의 평화입니다.*22 그렇다고 내가 당신들의 나라에 무관심한 것은 아닙니다. 그래서 처음에는 귀하에게 개인적으로 납득해 주시길 바랄 뿐이었던 내용을 이제는 더한층 부연해서 전하려고 합니다. 앞으로도 계속 당신들의 사태를 잘 파악하면서 나 자신의 생각을 명확하게 해 나갈 생각입니다. 편지를 통해서 교제한다는 자유로움에 기대 딱딱한 격식 따위는 개의치 않고 마음에 떠오르는 대로 단도직입으로 내 생각을 말하거나 감정을 드러내거나 하는 것을 용서하시기 바랍니다. 먼저 혁명협회의 행동부터 살펴보겠으나 주제를 그것만으로 한정할 생각은 없습니다. 하려고 해도 그 같은 일이 가능하겠습니까. 내가 보기에는 나 자신이 일대 위기에 빠져 있는 것처럼 보이고, 더구나 그 위기는 프랑스의 문제로만 그치지 않고 전 유럽의, 어쩌면 유럽조차 뛰어넘는 수준의 문제와 관련된 위기일지도 모릅니다. 온갖 사정을 감안해 보면 이제까지 세계에서 발생한 사건 가운데서 프랑스혁명만큼 놀라운 일은 일찍이 없었습니다. 가장 경이로운 것이 가장 부조리하고도 우스꽝스러운 방법으로, 더구나 가장 웃음거리가 될 만한 형태로 실현되는 것은 종종 있는 일입니다. 그것도 일견 어리석기 짝이 없는 도구를 사용해서 말입니다. 경솔과 잔인, 온갖 범죄에 온갖 어리석은 행위가 뒤섞인 이루 말할 수 없는 이 혼돈 속에서 정상인 것은 아무것도 보이지 않습니다. 이 기괴한 희비극의 정경을 보고 있으면 완전히 상반하는 정념이 잇따라 샘솟아, 때로는 마음속에서 그것들이 서로 뒤섞일 때도 있습니다. 경멸과 울분, 웃음과 눈물, 냉소와 공포가 교차하는 것입니다.

그런데 이 기괴한 정경이 일부 사람들에게는 전혀 다른 관점에서 보였다는 것도 부정할 수 없습니다. 그들의 마음속에 그 정경이 불어넣은 것은 기뽐에 들뜬 열광의 감정 이외에 아무것도 아니었습니다. 이제까지 프랑스에서 이루어진 일들 가운데 그들은 견실하고 치우침 없는 자유 행사밖에 인정하지 않았습니다. 그들이 보기에는 모든 것이 도덕과 신앙에 조금도 어긋나지 않았으므로 그것은 무모한 마키아벨리식 정치꾼이 세속적 갈채를 받는 데에도 적합할 뿐만 아니라 온갖 거룩한 웅변을 신심 깊게 토로하기 위한 적절한 주제도 된다는 것입니다.

지난 11월 4일 오전, 구 유대인 거리의 비국교도 집회소에서 리처드 프라이스란 고명한 비국교파 목사가 자신의 클럽인가 협회를 상대로 설교를 했습니다. 그 설교는 참으로 파격적인 데다가 산만했고 또 훌륭한 도덕적 종교적 의견이 상당히 교묘하게 언급되고 있는가 하면 이것저것 정치적 의견이나 성찰 따위가 마구 뒤섞여 있었는데, 결국 그 냄비 속의 주된 재료*23는 프랑스에서 일어난 혁명이었습니다. 스타노프 백작*24의 손을 통해서 혁명협회로부터 국민의회에 전해진 호소는 이 설교의 원리를 계승하고 발전시킨 것으로 나는 보고 있습니다. 그것을 발의한 사람은 그 강화의 설교사였습니다. 이 호소는 설교의 효과로 갓 세뇌된 사람들에 의해서 명시적으로나 묵시적으로나 어떤 공격도 수정도 없이 채택되었습니다.*25 그러나 만일 그 신사들 가운데 누구든지, 설교와 결의를 분리하고 싶다고 생각하면 한쪽을 승인하고 다른 쪽을 부인하는 일은 아무것도 아닙니다. 그와 같은 일은 나로서는 할 수 없는 일인데 그들이라면 할 것입니다.

어쨌든 나는 그 설교를, 국내외를 불문하고 문필의 도당, 음모를 좋아하는 철학자, 정치꾼 같은 신학자, 신학자 같은 정치꾼*26 등등과 크게 손을 잡은 한 인물의 공개선언이라고 생각했습니다. 그들이 그 인물을 일종의 선지자로 떠받든 것을 나는 알고 있습니다. 왜냐하면 그는 이 세상에서 가장 선량한 마음을 지니면서도 모르는 사이에 필리포스풍*27으로 변해 가고, 그들의 음모와 정확하게 같은 음으로 예언의 노래를 부르기 때문입니다.

생각건대 이 설교의 가락은 1648년 이후 이 왕국에서는—그곳에서 허용되거나 장려되어 온 설교대라면 어디에서나—끊겨 오랫동안 들을 수 없었던 것이었습니다. 1648년이라면 프라이스 박사의 선배인 휴 피터 목사*28가 세인트 제임스 궁전 왕실예배당의 천장을 성자들—'입으로는 신의 이름을 높이 찬양하고 손에는 양날의 검을 쥐어 이교도에 대한 재판과 민중에 대한 징벌을 집행하려 하고 또 그들의 왕들을 쇠사슬로, 그들의 귀인을 족쇄로 얽어 매려 하던' 성자들(시편제149) —의 명예와 특권으로 울리게 한 해였습니다. 프랑스에서의 당신들의 가톨릭동맹 시대나 잉글랜드에서의 엄숙동맹 및 맹약의 시대*29 따위를 별도로 치면, 설교대의 장광설로서 구 유대인 거리에서 있었던 이 강화만큼 절도의 정신이 결여된 것은 이제까지 거의 보지 못했습니다. 설사 무언가 절도다운 것이 이 정치적 설교 속에 있다 해도, 본디 정치와 설교대는 공통점이 거의 없는 사이입니다. 교회 안에서는 그리스도교적 사랑의 온화한 목소리 이외에 아무것도 들려선 안 됩니다. 시민적 자유 및 정치적 통치의 대의도 종교의 그것도 모두 동등하며, 이런 각각의 의무를 오해하는 데서 우리가 얻는 것은 아무것도 없습니다. 자신의 고유한 성격을 버리고 본디 자기에게 속하지 않은 것을 얻으려는 사람들은, 대개 자신이 버리려는 성격과 얻으려는 성격 중 그 어느 쪽에 대해서도 무지합니다. 세상물정을 전혀 모르면서 그것에 손대려고 하고 또 세상 전반의 경험도 없으면서 우쭐거리며 설교하는 그들이 정치에 대해서 지니고 있는 것은, 단지 스스로 불태우고 있는 정념 외에 아무것도 없습니다. 사실 교회야말로 인류의 불화와 증오에 하루의 휴전이 허용되어야 할 장소입니다.

이런 설교 양식은 그토록 오래전에 끊겼다가 부활했으므로 나에게는 무언가 신기하다는 느낌—더구나 전혀 위험이 없다고는 할 수 없는 일종의 신기함—을 주었습니다. 나는 그 강화의 모든 부분이 위험하다고 말하려는 것은 아닙니다. 이 나라의 한 대학에서 높은 지위에 있는 인물로 상정되는 상당히 고귀하고도 존경받을 만한 세속 신학자*30나 그 밖에 '신분과 학식'이 있는 세속 신학자들에 대해서 시사하고 있는 부분 따위는, 어딘지 새로운 설 같기는 한데 정곡을 찌르고 있고 시의적절한 것이라고 말할 수 있을지도 모릅니다. 만일 구정파(求正派)*31 여러분이 국교회라는 낡은 소재나 또는 비국교파라는 구색 맞추기에 아주 좋은 창고의 풍부한 종류 속에서 그들의 신심 깊은 공상을 만족시키는 것을 아무것도 발견하지 못했을 경우, 그들에 대한 프라이스 박사의 권고는 국교부동의주의(國敎不同意主義)의 길을 따라서 더욱 나아가야 한다는 것입니다. 그리고 저마다 자기 자신의 특수한 원리에 입각해서 별도의 집회 장소를 건설하라는 것입니다.†† 그런데 이 훌륭한 새로운 학자가 새로운 교회의 건설에 그 정도로 열심이면서 그곳에서 가르치게 될 교리에 대해서 그토록 철저하게 무관심한 데는 조금 놀라게 됩니다. 그의 열성은 기묘합니다. 그것은 그 자신의 의견 선전이 아니라 대체로 의견이란 의견의 모든 선전에 임하려는 열성입니다. 그것은 진리의 보급이 아니라 모순의 전파를 지향하고 있는 것입니다.*32 설교자 여러분은 단지 동의하지 아니하면 그것으로 족한 것이고 처음부터 누구 또는 무엇에 동의하지 않는지는 문제가 아니며, 이 부동의주의란 중요한 점만 확보되면 이제 그들의 종교가 도리에 맞고 인간답게 될 것임은 의심할 바가 없다는 것입니다. 그러나 타산적인 신학자*33가 이 '크나큰 설교자들의 큰 모임'*34에서 주판을 튕기고 있는 이득이 모두 종교 그 자체에도 유익한 것인지의 여부에 나는 의문을 느낍니다. 틀림없는 것은, 비국교주의라는 건조 식물 표본집을 현재 장식하고 있는 기존의 강(綱)·속(屬)·종(種)에 대한 방대한 수집에 또 하나 가치 있는 기록물이 새로 더해지리란 것입니다. 모든 공작, 후작, 백작 각하와 용감한 남작 분들의 입에서 설교가 이루어지면, 맥빠진 놀이가 아무런 변화도 없이 되풀이되는 것에 질려 버린 이 런던의 즐거움을 높여 주고 다양하게 만들어 줄 것은 틀림없습니다. 다만 내 쪽에서 요구하는 조건은 하나뿐입니다. 즉 의관속대(衣冠束帶)의 이들 새로운 목사님들이, 작위 소유자로서의 그들의 설교대에서 기대되고 있는 민주주의적 수평주의적 원리에 무언가 한도 같은 것을 유지해 달라는 것뿐입니다. 그러나 굳이 말하지만 이 새로운 복음서 저자들은 그들에게 걸려 있는 희망을 배신할 것입니다. 그들은 문자 그대로도 비유적으로도 어차피 논쟁적인 신학자는 되지 않을 것입니다. 지난날의 좋았던 시대*35에 기병연대나 보병포병군단을 향해서 한 것과 마찬가지로 그들의 교리를 설교하기 위해 스스로 사목하는 사람들을 엄하게 단련시켜야겠다는 생각도 들지 않을 것입니다. 그러나 애초부터 그와 같은 방법은 정치에서건 종교에서건, 강제가 딸린 자유라든가 하는 대의에는 어느 정도 유익해도 국가적 평화에 똑같이 공헌하는 것은 아닌 듯합니다. 나는 약간이나마 이와 같은 강제가 비관용의 심한 남용이거나 두드러지게 난폭한 전제 지배이거나 하지 않도록 희망하는 자입니다.

† 프라이스 박사의 《조국애에 대한 강화》 1789년 11월 4일 제3판 17, 18페이지.

†† '국가적 권위가 지정하는 예배의 형태를 달갑지 않게 여기는 분들은 만일 자신이 승인하는 교회에서 신앙을 발견하지 못한다면, 자신들을 위해 다른 예배당을 설립해야 한다. 이렇게 하고 또 이성에 적합한 인간에게 걸맞은 신앙의 실례를 보여 줌으로써, 신분과 학식으로 유력한 분들은 사회와 세간에 가장 큰 공헌을 할 수 있을 것이다.' 프라이스 박사 《설교》 18페이지.

그러나 나는 우리 설교사에 대해서 '그 포학의 나날을 바보 같은 짓으로 지냈으면 좋았을 것을.'*36 이렇게 말해도 좋을지 모릅니다. 천둥 소리와도 같은 그의 회칙(回勅)*37 속에 있는 것 모두가 내버려 두어도 무해하다고 할 수는 없습니다. 그의 교리는 헌법의 가장 중요한 부분에 관련돼 있습니다. 이 정치적 설교 가운데서 그는 혁명협회에 이렇게 고하고 있습니다. 폐하는 '그 왕관을 그의 인민의 선택에 맡기고 있는 유일한 왕이므로 이 세상에서 거의 유일한 합법적인 왕이다.' 이 인권교(人權敎) 교황은 완전히 힘에 넘치고, 절정기 12세기의 격렬함으로 아로새겨진 교황의 폐위권*38에서 보였던 것 이상의 대담함으로 이 세상의 왕들에 대해서, 모두를(오직 한 사람을 제외하고) 파문추방이라는 단 하나의 포괄적 조항 속에 일괄하고 전 지구상의 위도와 경도에 걸쳐서 그대는 찬탈자(簒奪者)라고 선고하는 것입니다. 그렇다면 이 세상의 왕들로서는, 그들의 신민을 향해서 그대들의 왕은 비합법적 왕이라고 알리려는 이 사도적 전도자들을 자신의 영지로 맞아들여야 할지 한번 생각해 볼 필요가 있을 것입니다. 그것은 그들 왕들의 문제입니다. 우리에게 주어진 문제는, 이들 신사제군이 한 사람의 영국왕에 대해서 '그대는 우리의 충성을 받을 자격이 있다'고 인정할 때 그 근거가 되는 유일한 원리가 잘못이 아닌지의 여부를 다소 중대한 국내문제로서 진지하게 생각하는 것입니다.

이 교리를 현재 영국 왕위에 있는 군주에게 적용해 보면 거의 의미가 없습니다. 따라서 그것은 진실도 거짓도 아니거나, 또는 진실이면서 무근거하고 위험하며 비합법이고도 비헌법적인 명제를 선언하게 되거나 어느 한쪽입니다. 이 영적인 정치학 박사에 따르면 폐하는 그의 인민의 선택으로써 그 왕관이 씌워져 있는 것이 아니라면 합법적인 국왕이라고는 말할 수 없습니다. 그런데 이 왕국의 왕관을 폐하가 그와 같은 뜻으로 쓰고 계시다는 것만큼 진실에서 동떨어진 이야기는 있을 수 없습니다. 그러므로 만일 그들의 규칙에 따른다면, 틀림없이 어떤 형태의 민중선거에 의해서도 그 높은 지위를 얻고 있는 것이 아닌 영국왕은 그 나머지 찬탈자 집단과 다를 바 없게 됩니다. 그는 인민의 충성을 요구할 아무런 권리도 자격도 없이 이 비참한 세상을 다스리고, 아니 약탈하고 있는 것입니다. 이렇게 다시 말해 보면 이 일반적 교리가 지향하는 바는 명확합니다. 이 정치적 복음의 지도자들은 영국왕에게 실제로 영향을 미치지 않는 한 그들의 추상적 원리(주권을 지닌 지배자가 합법적으로 존재하려면 민중에 의한 하나의 선택이 필요하다는 원리)도 관대하게 받아들여질 것으로 믿고 있는 것입니다. 그러는 동안 그들이 이끄는 회중(會衆)의 귀가 차츰 그것에 익숙해져 그 원리는 마치 이론의 여지없이 승인된 제1 원리처럼 될 것입니다. 다만 그것은 우선 설교대에서의 웅변이라는 보존액에 담겨지고 훗날 쓰이기 위해 잠들어 있는 이론의 하나로서 작용을 하는 것뿐입니다. '바로 끄집어 낼 수 있도록 축적해 둔다'[*39]는 이런 책략에 의해서, 우리 정부는 본디 요구할 수 없는 고마운 유보 조항으로써 허락되는 한편 다른 정부에도 공통인 보증—여론이 보증인 한—이 박탈되어 갑니다.

이렇게 해서 이들 정치꾼들은 그들의 교의에 사람들의 주의가 거의 기울어져 있지 않은 사이에 전진하는 것입니다. 그러나 막상 그들이 하는 이야기의 단적인 뜻이나 교의의 직접적인 경향을 사람들이 음미하는 단계가 되면 바로 거짓말과 평계가 등장하게 됩니다. 왕은 민중의 선택 덕분에 왕관을 쓰고 있고 그러므로 세계에서 유일한 합법적 주권자라고 그들이 말할 때, 그것은 즉 '왕들의 선조 가운데 몇 사람은 일종의 선택에 의해서 왕위에 올랐으므로 그의 왕관은 민중의 선택 덕분이다'라는 것 이상의 뜻은 아니다, 그들은 이렇게 말하고 싶을 것입니다. 그들은 이처럼 가련한 평계를 대서 도움이 되지 않게 함으로써 자신들의 명제를 지키려 합니다. 자신의 범행을 숨길 은신처를 그들은 자유롭게 사용하면 됩니다. 그래 봤자 자신들의 어리석음 속에 숨어들 뿐이기 때문입니다. 사실 이 해석을 승인한다면, 선거라는 그들의 관념과 세습이라는 우리의 관념 사이에 도대체 어느 정도의 차이가 있다는 것입니까. 또 제임스 1세에서 비롯한 브런즈윅 혈통의 왕위계승이 우리 이웃 나라의 어느 왕정보다도 이 나라의 왕정을 합법화하게 되는 것은 어찌 된 일입니까. 확실히 어느 왕조의 창시자라도 어떤 시점에서 통치를 요구한 사람들에 의해서 선출됐음에 틀림없습니다. 선택의 대상은 많건 적건 한정되어 있었을망정 훨씬 옛날에 유럽의 모든 왕국은 선거제였다, 이런 사고방식에는 충분히 근거가 있습니다. 그러나 천년 전의 왕이 어찌되었건, 또 잉글랜드나 프랑스를 현재 다스리고 있는 왕조의 시초가 어찌되었건, 오늘날 이 시대 그레이트브리튼의 국왕은 그의 국토의 법률에 따라 확고한 계승 규칙에 의해서 왕위에 올라 있습니다. 그리고 지배복종 계약의 법적 조항을 그가 준수하는 한(실제로 그것은 준수되고 있습니다), 개인으로서도 집단으로서도 국왕 선출 투표권 따위를 한 표도 가지고 있지 않은 혁명협회의 선택은 일체 무시하고—조건이 무르익어 그들의 주장이 효과를 얻기라도 하면 그들은 즉각 자신들을 선거인단으로 만들 것이고 나는 이를 믿어 의심치 않는데—그는 왕관을 유지하는 것입니다. 세자와 후계자들은 저마다의 시대와 순위에서, 폐하가 왕위를 계승했을 때와 마찬가지로 변함없이 혁명협회의 선택은 무시하면서 왕관을 계승해 갈 것입니다.

폐하가 그 왕관을 민중의 선택에 맡기고 있다고 상정하는(그것이 민중의 소망과 일치해서 유지되고 있는 것은 확실하지만) 등, 사실에 관한 당치도 않은 왜곡을 그럴듯한 구실로 포장하는 데 그들은 성공할지도 모릅니다. 그러나 그것이 어느 정도 잘된다고 해도, 민중이 지닌 선택권이라는 원리에 관한 그들의 완전히 명확한 선언만은 도저히 얼버무릴 수 있는 것이 아닙니다. 그들은 그 권리를 정면으로 내세우고 더구나 완강하게 고집하고 있는 것입니다. 선거에 관한 완곡한 표현은 모두 이 명제에 입각해 있고 그것과 연관 지을 수 있습니다. 정치꾼 신학자는 국왕이 지닌 유일한 법적 자격의 기반이 되는 것이 겉치레 말로 치장된 자유의 공염불*40로 받아들여질까 두려워해 독단적으로도 이렇게 주장하려고 하는 것입니다(프라이스 박사, 《조국 애에 대한 강화》 p.34). 말하자면 '혁명'의 원리에 의해서 잉글랜드 민중은 세 가지 기본권을 획득했다. 그 모든 것은—그의 말에 의하면—합해서 하나의 체계를 이루고 짧은 문장으로 일관된다. 즉

  1 '우리의 통치자들을 선택하고'
  2 '실정(失政)을 이유로 그들을 추방해'
  3 '우리 자신을 위한 정부를 형성하는' 권리를 우리는 획득한 것이다.

일찍이 듣지 못했던 이 새로운 권리장전은 전 민중의 이름으로 이루어지고 있지만 실제로는 신사제군과 그 일당만의 것에 지나지 않습니다. 전 잉글랜드의 민중은 그것에 관여하고 있지 않습니다. 그들은 그것을 완전히 부인할 것이고 혹시라도 그 주장이 현실화되면 생명과 재산을 걸고*⁴¹ 저항할 것입니다. 그들은 다름 아닌 그 '혁명'—그 이름을 악용하는 협회가 스스로 주장하고 있는 허구의 권리를 지지하기 위해 기대려 하는 '혁명'—의 시대에 만들어진 자신들의 국법에 의해서 그렇게 할 의무를 지고 있습니다.

구 유대인 거리의 이 신사제군은 1688년의 '혁명'을 둘러싼 그들의 모든 논의에서, 실은 잉글랜드에서 그로부터 40년 전에 때마침 발생한 혁명이라든가 최근의 프랑스혁명을 지나치게 떠올리고 그것으로 마음이 가득 차 있기 때문에 3개의 혁명을 언제나 뒤섞어 생각하고 있는 것입니다. 우리로서는 그들이 혼동하고 있는 것을 구별할 필요가 있습니다. 그들의 잘못된 환상에 대해서, 우리가 존경해 마지않는 '혁명'의 여러 행위를 상기시키고 그 진정한 원리를 찾아내게 해야 합니다. 만일 1688년 '혁명'의 원리가 어딘가에서 발견된다면 그것은 분명 권리선언인 법령*⁴² 속에서일 텐데 위대한 법률가와 정치가—흥분하기 쉽고 무경험인 열광가*⁴³는 아닙니다—기초한, 진실로 현명하며 진지하고도 사려 깊은 그 선언 속에서는 '우리의 통치자들을 선택하고 실정을 이유로 그들을 추방해 우리들 자신을 위한 정부를 형성한다'는 일반적 권리 따위는 일언반구는커녕 시사 하나조차 이루어지지 않고 있습니다.

이 권리선언(윌리엄 메리 치세 제1년 제2 의회 법령 제2)은 우리나라 헌법의 초석이며, 그것을 보강하고 천명하고 개선해서 그 기본원리를 영원히 확정한 것입니다. 그것은 '신민의 모든 권리 및 자유를 선언하고 왕위계승을 정하는 법률'로 불리고 있습니다. 이것으로도 알 수 있듯이, 이러한 신민의 모든 권리와 이 왕위계승은 일체의 것으로 선언되어 쌍방이 불가분으로 맺어져 있는 것입니다.

이로부터 수년 뒤, 왕위에 대한 선거의 권리를 주장해야 할 제2의 기회가 찾아왔습니다. 윌리엄 왕 및 후에 앤 여왕이 된 여공 전하는 세자를 하나도 낳지 못한다는 결론이 내려져, 왕위계승과 인민의 자유에 대한 보증 촉진을 어떻게 할 것인가 하는 문제를 입법부는 다시 고려하지 않을 수 없게 된 것입니다. 과연 이 두 번째 기회에 그들 입법부는 구 유대인 거리의 '혁명' 원리에 따라서 왕위를 법적으로 인정하는 조항을 하나라도 작성했을까요. 아닙니다. 그들은 권리선언을 관철하는 원리에 따랐습니다. 그리고 프로테스탄트 가계 중에서 누가 계승자가 되어야 할지를 한층 정확하게 지정했습니다. 이 법령*44도 완전히 같은 방침에 따라서 우리의 자유와 세습적 계승을 하나의 법령 속에 합치는 것이었습니다. 그들은 우리들 자신의 통치자를 선택할 권리를 선언하기는커녕, 그 가계(제임스 1세에서 비롯한 프로테스탄트 가계) 내에서의 계승이야말로 '이 왕국의 평화와 평안과 안전을 위해' 절대 필요하다고 선언한 것입니다. 또 '신민이 안심하고 자신의 보호를 맡길 수 있는 그 계승의 확실성을 유지하는 것'이 그들에게 똑같이 중요하다고도 선언한 것입니다.*45 이러한 두 법령에서 들려오는 것은 '우리의 통치자들을 선택한다'는 등 거짓된 집시풍 예언을 권장하는 목소리가 아니라, 오해의 여지도 없는 명쾌한 '혁명' 정책의 선언입니다. 이 두 법령이야말로, 국민의 예지가 필요에서 생긴 한 사례를 법의 원칙으로 바꾸고 마는 데 얼마나 반대했는지를 보여 주는 증거입니다.

의심할 것도 없이 '혁명' 당시에는 작고 일시적일망정 윌리엄 왕 본인과 관련해서 통상의 세습적 계승의 엄밀한 서열로부터의 일탈이 있었습니다. 그렇지만 그런 특수한 사례에서, 더구나 한 개인을 위해 만들어진 법에서 하나의 원리를 도출하는 것은 법학의 진정한 원리 전체에 반합니다. '개별적 특권은 선례일 수 없는'*46 것입니다. 예를 들어 민중이 선택한 왕만이 유일하고도 합법적인 국왕이라는 원리를 확립하기에 편리한 때가 있었다고 한다면, 바로 혁명의 때였다는 것에는 한 점 의문의 여지도 없습니다. 그때 그렇게 되지 않았다는 것은, 바꿔 말해서 어떤 때라도 그렇게 해서는 안 된다고 국민이 생각했다는 증거입니다. 의회에서 양당의 다수는 어떤 상황에서든 그와 같은 원리로 기우는 마음은 조금도 없었고, 그러므로 빈 왕관을 오렌지 공의 머리 위가 아니라 그 아내이자 제임스 왕의 딸인 메리—그들이 이의 없이 그 왕의 자식으로 인정한 가운데 최연장자*47—에게 씌우기로 우선 결정한 것입니다. 이와 같은 사정에 무지한 사람이 있다면 그보다도 더 이 나라의 역사에 대해서 완전히 무지한 사람은 없습니다. 그들이 윌리엄 왕을 받아들인 것은 엄밀한 뜻에서의 선택은 아니었습니다. 제임스 왕을 사실상 복위시키고 싶지 않았던 사람들, 국토를 피로 물들이고 싶지 않았던 사람들, 자신의 종교와 법과 자유*⁴⁸를 바로 조금 전 벗어난 위험 속에 다시 버리고 싶지 않았던 사람들, 이런 사람들 모두에게 있어서 윌리엄 왕의 수용은 선택은커녕, 필요하다는 말이 뜻할 수 있는 것들 가운데서도 가장 엄격하게 도덕적인 뜻에서 필요한 행위였습니다. 이 사실을 입증해 주는 모든 사정을 당신의 기억 속에 되살리려고 해 봤자 진부한 이야기만 되풀이하게 되겠지요.

의회가 일시적으로, 더구나 단 하나의 사례에서만 엄밀한 계승 순위를 무시하고 제1위가 아닌―그러나 계승의 계통 가운데서는 매우 순위가 높은―군주를 옹호했던 바로 그때, 권리선언으로 불리는 장전(章典)을 기초한 서머스 경*⁴⁹이 미묘하기 이를 데 없는 사태에 스스로 어떻게 대처했는지, 또 연속성에 대한 이런 임기응변의 해결이 어느 정도 수완으로 수행되었는지 그야말로 괄목할 만한 바가 있습니다. 이 위대한 서머스 경과 그를 따르는 입법부는 필요해서 했던 그 행위 가운데서도 세습계승의 관념에 도움이 되는 것은 전부 전면에 내세워 강조하고 또 최대한으로 이용한 것입니다. 그는 의회의 법령이라는 무미건조한 명령적 문체는 버리고 상원과 하원 모두로 하여금 입법부로서의 경건한 기도문을 읊조리게 했습니다. ‘우리는 상기 두 폐하의 옥체가 조상의 옥좌보다 행복하게 우리 위에 군림하심을 유지하는 것이야말로 오묘한 섭리, 이 나라에 대한 자애로운 신의 선물’이라 생각하고 ‘그것에 대해서 진심으로 나의 감사와 찬미를 바친다’*⁵⁰라는 것이 그 선언이었습니다. 입법부는 왕위의 계승성을 강력하게 선언하는 엘리자베스 여왕 치세 제1년 법령 제3호 및 제임스 1세 치세 제1년 법령 제1호라는 두 승인령을 염두에 두고 있었습니다. 그리고 많은 부분에서 그들은 거의 그대로 따라 하다시피, 이들 옛날의 선언적 제정법*⁵¹에 나오는 감사의 말에 따르고 또 그 형식조차 답습했습니다.

윌리엄 왕의 법령*⁵²에서 양원은 그들 자신의 통치자를 뽑을 권리를 주장할 좋은 기회가 주어진 것을 신에게 감사하지 않았습니다. 더구나 선거를 왕위에 대한 유일하고도 합법적인 자격으로 하는 것 따위를 말입니다. 그와 같은 외견조차 최대한 회피할 수 있었던 것에 대해서, 그들은 그것도 다 섭리라고 생각했습니다. 그들은 그들이 개선한 계승 순위 아래에서 항구적으로 만들려 한 모든 권리를 약화할 가능성이 있는 사항―그들이 그때 영원한 것으로서 확정한 결과 장래 있을 수 있는 일탈에 선례를 제공할지도 모를 사항—일체에 대해서 현명하고도 정교하고 치밀한 덮개를 씌웠습니다. 즉 다음의 일절에서 그들은 자신들의 왕정의 신경을 이완시키지 않기 위해, 또 메리 여왕과 엘리자베스 여왕의 선언적 제정법(메리 여왕 치세 제1년 제3 의회 법령 제1호)에 나타나 있는 그들 선조의 관행과의 엄밀한 일치를 유지하기 위해, 왕위에 관련된 모든 법적 대권을 인증해 양 폐하에게 드리면서 '그것들은 가장 완전무결하게 정당하고도 전면적으로 양 폐하에게 부여되고, 구현되고, 통합되고, 소속되는 것이다'*53 라고 선언한 것입니다. 이어지는 조항에서는 왕위 계승 자격을 둘러싼 온갖 참칭(僭稱)에서 생기는 문제를 방지하기 위해(이 경우에도 또 이 나라의 전통적 정책과 아울러 전통적 언어를 준수하고 기존의 엘리자베스와 제임스의 법령을 마치 예배 규칙서에 나오는 말인 것처럼 되풀이하면서), 그들은 이렇게 선언을 했습니다. '신의 가호 아래 이 나라의 통일과 평화와 안녕은 왕위계승의 확실성 유지에 모두 달려 있다.'*54

왕위계승 자격이 의심스러우면 결국 너무나도 시끄러운 선거 사태가 벌어지고 만다는 것, 그리고 선거는 그들이 중요하게 생각하는 '이 나라의 통일과 평화와 안녕'을 말 그대로 파괴할지 모른다는 것, 이와 같은 사정을 그들은 잘 알고 있었던 것입니다. 이러한 일에 대처하고 또 '우리들 자신의 통치자를 선택하는' 것 따위와 같은 구 유대인 거리 이론을 앞으로 영원히 배제하기 위해, 그들은 일찍이 엘리자베스 여왕의 법령에서 채택한 매우 엄숙한 서약이 포함된 한 구절을 덧붙였습니다. 그것은 세습적 계승을 옹호해 이제까지 이루어진—또는 장래에 이루어질 수 있는—것 가운데 가장 엄숙한 서약이고 또 이 혁명협회가 그들에게서 찾으려 하는 원리에 대해 가능한 가장 엄숙한 부인이기도 했습니다. 즉 '성속(聖俗)의 귀족 및 서민은 상기 전 인민의 이름으로 그들 자신 및 그 상속인, 그리고 자자손손에 이르기까지 영원히 가장 겸허하고도 성실하게 복종한다. 그들은 또 상기 두 폐하 및 여기에 명기된 왕위의 한정을, 그들이 전력을 다해 옹호하고 유지하고 지켜 낼 것을 성실하게 약속한다'*55 운운.

우리가 '혁명'에 의해 우리의 국왕을 선거할 권리를 획득했다는 것은 진실이 아닙니다. 설사 혁명 이전에 우리가 그것을 소유하고 있었다 해도 영국 국민은 그 시점에서 자신과 자신의 자자손손 모두에 대해서 영원히, 진실로 엄숙하게 그것을 부인하고 포기했습니다. 혁명협회 신사제군은 자신들의 휘그(whigs)원리[56]에 대해서 원하는 만큼 자기만족을 하면 됩니다. 그러나 나는 결코 서머스 경 이상으로 좋은 휘그로 생각되고 싶지는 않습니다. '혁명'의 원리를 낳은 사람들 이상으로 그런 원리를 잘 이해하고 싶은 생각도 없습니다. 또 그 불멸의 법 언어와 정신을 우리의 국법과 혼 속에 감동적인 문체로 새겨 넣은 사람들조차 모르는 무언가 깊은 뜻을 권리선언에서 찾아내고 싶은 생각도 없습니다.

어느 뜻에서 그 당시 국민은 실력과 기회가 가져다 준 권력의 도움을 빌리면 어떤 과정으로 왕위를 채우건 자유였습니다. 그러나 그들에게 그럴 자유가 있었다고 해도 그것은, '그들은 자신의 왕정이나 그 밖에 헌법상 모든 요소를 전면적으로 폐기할 수 있었을지도 모른다'고 말할 수 있는 것과 똑같은 의미밖에 안 됩니다. 그런데 그들은 그와 같은 대담무쌍한 변경을 할 권한이 자기들에게 있다고 생각하지 않았습니다. 물론 그 무렵 의회가 행사했던 최고 권력을 단순히 추상적 권력으로서 본다면, 그곳에 한계를 두기란 어렵고 어쩌면 불가능할지도 모릅니다. 그러나 도덕적 의미에서의 한계—그보다도 훨씬 의문의 여지없이 지고한 권력에 대해서조차 그때그때의 자의(恣意)를 억제해 영원한 이성에 따르게 하고 또 신의, 정의, 확고한 기본정책 등의 흔들림 없는 준칙에 따르게 하는 한계—가 어디에 있는지는 완전히 인식 가능하며, 이 한계는 어떠한 명칭이나 신분 아래에 있건 국가에서 권위를 행사하는 모든 사람들을 구속합니다. 예를 들어 상원은 하원을 해산할 권한을 도덕상 가지고 있지 않습니다. 뿐만 아니라 상원 자체를 해산시키는 일조차 못합니다. 또 설사 원한다고 해도 이 왕국의 입법부 내에서 맡고 있는 역할을 포기할 수도 없습니다. 왕도 그 자신으로서는 퇴위할 수 있겠지만 왕정 자체로서 퇴위하는 일 따위는 불가능합니다. 그리고 그만큼 강한 이유, 또는 한층 강한 이유로 하원은 스스로 분담하고 있는 권위를 부인할 수 없습니다. 통상 헌법으로 불리고 있는 사회적 약속과 계약이 그와 같은 침범이나 포기를 금하고 있기 때문입니다. 국가 전체가 개별적인 공동체와의 사이에서 신의를 유지할 의무를 지고 있는 것과 마찬가지로 한 국가를 구성하는 부분은 자신들 사이에서, 또 자신들의 약속에 의해 무언가 중대한 이익을 얻고 있는 사람들과의 사이에서 공적 신의를 유지할 의무가 있습니다. 그렇지 않으면 권한과 권력은 즉시 혼동되고, 현재 그들을 지배하고 있는 실제 힘의 의지 외에는 아무런 법도 남지 않게 될 것입니다. 이 원리에 따라서 왕위계승은 예나 지금이나 변함없이 법에 의한 세습계승이었습니다. 다만 이전의 계통에서는 그것이 관습법에 의한 계승이었는데, 새로운 계통에서는 관습법의 원리에 따르는 제정법에 의한 계승이 되었습니다. 하지만 그로 인해서 실질이 변한 것은 아니고 단지 계승 양식이 규정되고 또한 인물이 명기되었을 뿐입니다. 관습법과 제정법이라는 이 두 가지 법은 둘이면서 똑같은 효력을 지니고 똑같은 권위에서 유래하고 있습니다. 그것들은 국가에 대한 공통된 동의와 원시계약—'국가 전체의 공통 약속'*⁵⁷—에서 나오며 또 그와 같은 것으로서 계약의 조항이 준수되고, 또한 왕과 인민이 하나의 국가조직을 함께 계승해 가는 한 똑같이 양자를 구속합니다.

우리가 형이상학적 궤변의 미로 속에서 헤매지만 않으면, 확정된 규칙의 효용과 일시적 일탈의 그것을 조화시키는 일—우리 통치기구 내에서의 세습계승 원리의 신성성과, 심각한 긴급사태를 맞아 그것을 변경해 적용하려는 권력을 서로 조화시키는 것—이 불가능하다고는 도저히 말할 수 없습니다. 그러나 그와 같은 극한상태에서조차 (우리의 권리 수준을 '혁명' 당시 우리가 행사한 권리에 따라 어림한다면) 변경은 질환의 어느 부분, 즉 어쩔 수 없는 일탈을 가져온 부분에서만 이루어져야 합니다. 그리고 그 경우에도 사회의 제1 요소*⁵⁸에서 정치질서를 새롭게 창출할 의도로 사적, 공적 집단 전체를 분해하거나 하는 일 없이 수행되지 않으면 안 됩니다.

무언가 변경할 수단을 갖지 않은 국가에는 자체를 유지할 수단이 없습니다. 그와 같은 수단이 결여되어 있으면, 그 국가가 가장 소중히 유지하고자 하는 헌법상의 부분을 상실할 위험조차 무릅쓰게 될지도 모릅니다. 잉글랜드에서 국왕이 사라진 왕정복고와 '혁명'이라는 두 위기의 시기에*⁵⁹ 보수와 수정의 두 원리는 힘차게 작용했습니다. 이러한 두 시기에 국민은 지난날의 대 건축 속에 있었던 통일적 유대를 상실했는데 그럼에도 불구하고 건물 전체를 분해하지는 않았습니다.*⁶⁰ 오히려 그들은 어떤 경우에도 낡은 헌법의 결함 있는 부분을 온전한 다른 부분들로써 복구했습니다. 그들은 그런 낡은 부분을 엄격하게 고스란히 유지했으니 그것은 회복된 부분이 거기에 적합하기 때문이었습니다. 그들은 옛날의 조직 형태 그대로 오랜 옛날에 구성된 신분제 의회에 의해서 행동한 것이지, 한 무리의 민중이 뿔뿔이 해체한 뒤에 남은 생체 분자에 의해서 행동한 것은 아닙니다. 어쩌면 주권을 담당한 입법부가 혁명 시대—이 나라가 세습계승의 직접적 계통에서 벗어난 시기—보다 더 영국 헌법정책의 기본원리에 대해 세심한 주의를 표명한 적은 없었을 것입니다. 왕위는 그때까지 거쳐 온 가계 밖에서도 다소 나왔는데, 새로운 가계는 같은 혈통에 근원을 둔 것이었습니다. 그것은 여전히 세습상속된 계통이고 그 세습상속에 프로테스탄티즘이란 한정이 가해지기는 했을망정 여전히 같은 혈통 내부에서의 세습상속이었습니다. 이처럼 방향을 바꾸면서도 원리는 유지했을 때, 입법부는 그들이 그 원리를 깰 수 없는 것으로 생각하고 있음을 명시한 것입니다.

본디 이 원리에 따르면 계승에 대한 법은 옛날, 그것도 '혁명'보다 훨씬 앞선 시대에 이미 다소의 수정을 허용하고 있었습니다. 정복한 지 얼마 뒤, 세습상속의 법적 원칙에 대해서 중대한 문제가 생겨 공동상속인이 계승해야 할지 직계상속인이 계승해야 할지에 대해서 의문이 생기게 되었습니다.*[61] 그러나 직계상속이 실현되어 공동상속인이 물러난 경우이건, 또 가톨릭 상속인보다 프로테스탄트 쪽이 더 힘을 얻어 전자가 물러난 경우이건, 어쨌든 세습원리는 일종의 불멸성을 지니고 온갖 변천을 거듭해 왔습니다. '아득할 정도로 여러 해에 걸쳐 가운이 견고해지고 조부의 조부로 가득 채워졌다.'*[62] 이것이야말로 이 나라 헌법의 정신인 것입니다. 단순히 안정된 때에만 그치지 않고 그 모든 혁명에서도 그렇습니다. 누가 왕위에 오르건, 어떻게 오르건, 또 그 왕위를 법으로 획득하건 힘으로 획득하건, 세습계승은 인계되거나 또는 채용되거나 한 것입니다.

혁명을 좋아하는 협회의 신사제군은 1688년 혁명에서 헌법으로부터의 일탈 이외에 아무것도 보지 못했습니다. 그리고 원리로부터의 일탈을 원리 그 자체로 잘못 이해하고 있습니다. 그들은 자기네 교의로부터의 명명백백한 귀결을 거의 의식하지 않고 있습니다. 그들의 교의는 이 나라에 실제로 존재하는 제도 가운데서도 극소수에만 문자 그대로의 권위를 허용한다는 것을 그들은 알고 있음에도 불구하고 말입니다. 왕위는 선거에 의한 것 이외는 모두가 비합법적이라는 원칙이 한번 확정되면, 그들의 이른바 의제(擬制) 선거 시기 이전에 있었던 군주들의 행위는 하나도 유효하지 않게 됩니다. 이 이론가들의 선배 몇 사람은 우리의 옛 군주들의 유해를 묘소(廟所)의 정적에서 파헤쳐 끌어냈는데*63 그들도 그렇게 할 생각인지 모르겠습니다. 또는 옛날로 거슬러 올라가 '혁명' 이전에 군림한 제왕을 무권리, 무자격으로 만들어 결국 잉글랜드의 왕위를 끊임없는 찬탈의 오점으로 더럽히려는 것인지도 모릅니다. 연면히 이어지는 우리의 왕들 전부의 자격과 아울러 그들이 찬탈자로 간주하는 제왕 치세에서 통과된 방대한 제정법들을 모두 무효로 하고, 폐기하고, 또는 그것에 이의를 제기할 생각일지도 모릅니다. 우리의 자유에 있어서 헤아릴 수 없는 가치를 지닌 모든 법―적어도 '혁명' 시기 또는 그 이후 통과된 법 가운데 어느 것에도 뒤지지 않는 위대한 가치를 지닌 모든 법―을 폐기할 생각인지도 모릅니다. 민중의 선택에 의해서 왕관을 쓰지 않은 왕들은 법을 제정할 자격이 없다고 한다면 조세 제한법은 도대체 어떻게 되는 걸까요. 권리청원은? 인신보호법은? 제임스 2세는 그 무렵 아직 한정되지 않았던 계승 규칙에 의해 혈통상 제1위 계승권자로서 왕위에 올랐는데, 왕위의 포기라고 정당하게도 해석된 그 행위들을 하기 전부터 그는 아무리 보아도 잉글랜드의 합법적 국왕은 아니었다, 이렇게 이 새로운 인권학 박사는 주장할 생각인지도 모릅니다. 만일 그가 합법적 국왕이 아니었다고 한다면 이들 신사제군이 기념하고 축하하고 있는 시기에 의회에서 일어났던 대부분의 분규는 없었을 것입니다. 그러나 제임스 왕은 좋은 자격을 지닌 나쁜 왕이었을 뿐 찬탈자는 아니었습니다. 왕위계승자를 선제후비(選帝侯妃) 소피아와 프로테스탄트인 그 자손으로 확정한 의회의 법령*64에 따라서 계승을 행한 군주들은 제임스 왕이 즉위한 것과 동일한 계승자격에 의해서 즉위한 것입니다. 제임스 왕은 그가 왕위에 올랐을 때 유효했던 법에 따라서 대관했습니다. 그리고 브런즈윅 집안의 왕자들도 그들 개개인의 즉위 때마다 유효했던 프로테스탄트 자손 및 계승에 관한 법에 의해서―선거에 의해서는 아닙니다―왕위를 계승했습니다. 이에 대해서 나는 이미 충분히 말했다고 생각합니다.

특별히 이 왕가가 왕위를 계승하도록 정해져 있는 법은 윌리엄 왕 치세 제 12 및 13년의 법령*65입니다. 이 법령의 조항은 권리선언이 우리를 윌리엄 왕과 메리 여왕의 세자들에게 결부시킨 것과 같은 언어로 '우리들 및 우리의 상속인 및 그 자자손손을 그들 왕가 및 그들의 세자들 및 그 자자손손'에 대해서 그들이 프로테스탄트인 한 영원히 결부시키고 있습니다. 따라서 그것은 세습적 왕위와 세습적 충성을 동시에 보증하는 것입니다. 사실 '민중에 의한 선택을 영원히 배제하는 종류의 계승을 확보할 제도를 형성한다'라는 헌법정책 이외에, 도대체 무슨 근거로 입법부는 우리나라가 제공하는 정당하고도 풍부한 선택을 굳이 거부하고 모르는 나라에 있는 외국인 왕비—이 나라 장래의 통치자 계통은, 몇 세기에 걸쳐 몇백만 명을 다스릴 자격을 그녀의 태내에서 끄집어내게 되었는데—를 모시거나 할 수 있었던 것일까요.

소피아 비는 윌리엄 왕 치세 제12 및 13년의 왕위계승법 가운데서 지명되었는데, 그것은 왕위상속을 위한 혈통 또는 근간(根幹) 때문이었지 권력의—그녀 자신은 아마도 행사하지 않았을 것이고 또 실제 하지 않았던 권력의—임시 관리인으로서의 공적 때문은 아니었습니다. 그녀가 선정된 이유는 오직 하나였습니다. 즉 이 법은 다음과 같이 말하고 있습니다. '선제후 부인이자 하노버 공작 미망인인 소피아 비 전하는 아름다운 추억 속에 계시는 우리의 지고한 군주 제임스 1세 폐하의 딸로서 고 보헤미아 황후인 엘리자베스 비 전하의 딸이고, 여기에 프로테스탄트 가계의 제1위 계승권자로서 신고된다' 운운. '또 왕위는 그녀의 신체에서 발한 프로테스탄트 가계 내의 후손에게 인계되어야 한다'[*66] 의회는 이와 같이 한정한 것입니다. 이렇게 해서 소피아 비를 통해 계승 가능한 계통이 장래까지 이어지게 되었을 뿐만 아니라, 더욱이(그들은 이 점이야말로 특히 중요하다고 생각했습니다) 그녀를 통해서 그 계통은 제임스 1세라는 오랜 계승의 혈통과 맺어지게 되었습니다. 그것은 왕정이 모든 시대에 걸쳐 불가침의 일체성을 유지하기 위해서이고 또 그것을 예로부터 승인되어 온 상속의 양식 그대로(우리 종교의 안전과 아울러) 유지하기 위함이었습니다. 바로 그런 양식 가운데서, 한 번은 위태롭게 된 때가 있었을망정 우리의 자유는 국왕대권과 의회특권과의 온갖 풍파와 항쟁에 거듭 견디고 유지되어 온 것입니다. 그들은 훌륭하게 일을 성취했습니다. 우리의 자유를 세습적 권리로서 규칙적으로 영속시키고 또 거룩한 것으로서 유지해야 할 도리 또는 방법으로서 세습왕제 이외에 무언가가 있을 수 있다는 것은, 이제까지 어떤 경험도 우리에게 가르쳐 준 적이 없습니다. 이상한 경련성 질환을 배제하려면 똑같이 이상하고 경련적인 운동도 필요할 것입니다. 그러나 계승의 발걸음이야말로 영국 헌법의 건전한 관습입니다. 그러면 제임스 1세의 여계 자손을 통해서 거치게 되는 하노버 계통에 왕위를 한정하는 법을 제정했을 때, 입법부에는 두세 사람, 어쩌면 더많은 외국인이 영국 왕위를 계승한다는 불이익에 대한 감각이 결여되어 있었을까요. 아니, 전혀 다릅니다. 그들은 그와 같은 외국인의 통치에서 생길지도 모를 악에 대해서 정당한 감각을 지니고 있었습니다. 실제로는 그보다더한 감각을 지니고 있었지요. 그러나 영국 국민은 그들 마음대로—더구나예부터 유지돼 온 통치기구의 기본원리에 전혀 주의를 기울이지 않은 채—왕을 선거하는 권한을 '혁명'의 원리로부터는 얻을 수 없다고 완전히 확신하고 있었습니다. 그들은 외국인 계통의 위험과 불이익을 모두 충분할 정도로알고 있었고 그 때문에 더없이 고민했는데, 그래도 그들은 옛날의 혈통에 의한 세습적 프로테스탄트 계승 계획을 계속 채택한 것입니다. 이보다 더 그들의 확신을 결정적으로 증명하는 것은 없습니다.

불과 수년 전이라면 그 무렵에는 불필요했던 논의의 지원을 빌려 이토록 자명한 사실을 귀찮을 정도로 주장하는 일을 나는 수치로 생각했을 것입니다. 그러나 지금은 선동적이고도 반헌법적인 이 교의가 공공연하게 가르쳐지고 주장되고 인쇄되고 있는 실정입니다. 혁명이란 것—그 징조는 이제까지 너무나도 자주 설교대에서 보여져 왔습니다—에 대해서 내가 느끼는 혐오감, 세상에 퍼지고 있는 변혁 선호 정신, 눈앞의 편리함이나 눈앞의 기분적 경향과 양립할 수 없게 된 종래의 온갖 제도에 대한 전면적 경시—그것은 이미 당신들의 프랑스에 널리 퍼졌고 언젠가 이 나라까지 뒤덮게 될지도 모르는데—, 내가 보기에 이와 같은 사정 모두는 우리들 자신의 국내법의 진정한 원칙에 우리의 주의를 한번 되돌리는 것도 괜찮겠다는 생각을 갖게 합니다. 그렇게 하면 나의 프랑스 친구인 당신들은 그런 원칙을 인식하기 시작할 것이고 또 우리도 그것을 계속 소중히 여기게 될 것입니다. 해협의 어느 쪽에서나 우리는 가짜 상품에 속지 않도록 주의해야 합니다. 일부 사람들은 이중으로 사기를쳐 국산이 전혀 아닌 그 가짜 상품을 영국산 원료라고 선전하며 비합법 선박으로 수출하고, 그것을 이번에는 개량된 자유라든가 하는 최신 파리 유행에따라서 가공해 다시 이 나라로 밀수하려 하고 있습니다.*67

잉글랜드 민중은 일찍이 시도한 적도 없는 유행을 그대로 본뜨려고 하지는 않을 것이고 시험 결과 유해하다고 판명된 것으로 되돌아가는 일도 없을 것입니다. 그들은 왕위의 합법적인 세습계승을 자신들의 정의로 꼽을망정 부정으로는 간주하지 않습니다. 또 이점으로 꼽을망정 불만의 씨앗으로는 여기지 않고, 자유의 보증으로 생각할망정 예속의 표시로 간주하지는 않습니다. 그들은 본연의 자기 국가의 틀에 헤아릴 수 없는 가치가 있다고 믿습니다. 그래서 왕위가 혼란 없이 계승되어 가는 것을, 이 나라 헌법을 구성하는 다른 모든 부분의 안정과 영속의 보증으로 생각합니다.

한편 논의를 더욱 진행하기에 앞서, 선거야말로 왕위에 대한 유일한 합법적 자격이라고 말해 대중을 부채질하고 있는 자들이, 우리 헌법의 올바른 원리를 지지하는 일을 무언가 불쾌한 일로 보이게 하려고 사용하는 약간의 잔꾀에 주목하는 것을 이해해 주셨으면 합니다. 이 궤변가들은 허황된 대의, 가공의 인물을 가짜로 등장시킵니다. 그리하여 당신이 왕위의 계승성을 옹호하려고 하면 즉시 당신은 이러한 대의나 인물의 선도자가 되고 맙니다. '왕좌는 신수(神授) 세습이고 누구도 취소할 수 없는 권리에 의해서 유지된다'는 것은 일찌감치 논파된 광신적 노예주의자의 낡은 주장일 뿐 지금은 그런 주장을 하는 인간이 어디에도 없는데, 이들의 상투 수단은 마치 그와 같은 광신가 가운데 누군가와 논쟁을 벌이고 있는 듯한 말투로 말하는 것입니다. 오직 자의적 권력만을 떠받드는 이들 옛날의 광신가는 세습적 왕위만이 이 세상에서 유일한 합법적 통치라도 되는 것처럼 교의를 만들어냈습니다. 마치 민중의 자의적 권력을 떠받드는 새로운 광신가들이, 민중에 의한 선거만이 유일하고도 합법적인 권위의 원천이라고 주장하는 것과 참으로 잘 어울리는 한 쌍입니다. 확실히 지난날의 광신적 국왕대권주의자는 왕정이 다른 온갖 통치형태보다 훨씬 더 신적인 근거를 지니고 있다고 어리석게도—아마 신성모독에 가깝다는 표현을 덧붙여야겠지만—추측했습니다. 그들은 또 상속에 의해서 통치하는 권리는 왕위를 계승할 모든 인격 개개인에 대해서 어떤 상황에서도 엄격하게 취소될 수 없는—그런 일은 어떤 사적, 공적 권리에 대해서도 있을 수 없는 일인데—것처럼 추측했습니다. 그러나 이성도 있고 법과 정책에 대해 견실한 원리적 근거를 지니고 있는 사람을 향해서, 왕들의 왕위세습권에 대해서 부조리한 의견을 말해 보았자 조금도 영향을 줄 수는 없습니다. 만일 법률가나 신학자들의 부조리한 이론이 그때 논의되는 대상의 실질까지 파괴한다면, 처음부터 이 세상에는 법도 종교도 남아 있지 않았을 것입니다. 그러나 문제의 한쪽에 부조리한 이론을 세워 두고 그것으로 다른 한편, 즉 허위 사실의 주장이나 유해한 원칙의 선전 따위를 정당화하려고 해도 그것은 무리한 시도입니다.

혁명협회의 두 번째 주장은 '실정(失政)을 이유로 그들의 통치자를 추방하는 권리'입니다. 그런데 아무래도 우리의 선조는 '실정을 이유로 추방하는' 선례를 만드는 일에 의구심을 품고 있었던 모양입니다. 그리고 그 때문에 제임스 왕의 퇴위를 의미한 법의 선언은—만일 그게 결점이 된다면 말인데—너무나도 주의 깊게, 또 지나칠 만큼 세밀하게 이루어지고 만 것입니다.[†] 그러나 이런 주의 깊음이나 세심함의 집적은 모두 그 당시 국민의 모든 회의—압정 때문에 신경이 날카로워진 사람들이 그 압정에 대한 단 한 번의 승리로 의기양양해져 자신을 잊고 난폭하게 극단으로 치닫게 될 듯한 상황에서 열렸던 모든 회의—를 지배하고 있었던 신중한 정신을 보여 주고 있습니다. 그것은 또 그 위대한 사건에 임해서 일 처리에 힘을 발휘한 사람들이 '혁명'을 안정의 모태로 삼자—후대 혁명의 온상이 되게 하자는 것이 아닙니다—고 했던 배려를 보여 주고 있습니다.

> [†] '제임스 2세 왕은 왕과 인민과의 원시계약을 파기하여 이 왕국헌법의 전복을 기도하고, 또 예수회 수사 및 그 밖에 사악한 인물의 권고로 기본적 법을 침범하고 또한 스스로 그의 왕국 밖으로 도망가 통치를 포기했다. 따라서 여기에 왕좌는 비어 있다.'[*68]

적어도 '실정'에 대한 의견 등과 같은 근거도 불확실하고 모호한 것 때문에 통치가 쓰러지고 만다면 어떠한 통치라도 한순간이나마 존립할 수 없을 것입니다. '혁명'을 지도한 사람들은 제임스 왕의 사실상 폐위의 근거를 그와 같이 불확실한 원리에서는 찾지 않았습니다. 그들이 제임스 왕을 추궁한 근거는 프로테스탄트 교회와 국가, 그리고 그들의 기본적이고도 의심할 수 없는 법과 자유를 전복하려는 그의 기도 이외에 아무것도 아니었습니다. 그 기도는 명백히 불법인 수많은 행위에 의해 확인되고 있었습니다. 그들은 왕에 대해서 왕과 인민과의 사이의 원시계약 파기의 책임을 물었습니다. 이것은 실정 이상의 문제였습니다. 중대하고도 논의의 여지가 없는 필연성에서 그들은 그들이 실제로 취한 것 같은 수단에 호소하지 않을 수 없었습니다. 모든 법 가운데서 가장 준엄한 그 법 밑에 있는 것처럼, 한없이 본의 아니게 그들은 그와 같은 수단에 호소한 것입니다. 그들은 장래의 헌법 유지를, 장래의 혁명에 맡기려고 하지는 않았습니다. 이 왕국의 신분제 회의로 하여금 다시 그와 같은 난폭한 조치에 의존하지 않을 수 없게 하는 일을 장래 어떤 주권자에게 있어서도 거의 불가능해지게 하는 것이, 그들이 행한 모든 규제의 커다란 방침이었습니다. 그들은 이전과 마찬가지로 왕위를 법률상의 견지에서는 완전히 책임 밖에 두었습니다. 그들은 또 왕위를 더한층 가볍게 하기 위해 국가의 대신들 위에 책임성을 가중했습니다. '신민의 권리와 자유를 선언하고 또한 왕위계승을 확정하는 법률'로 불리는 윌리엄 왕 치세 제1년 제2 의회의 법령에 의해서 그들은 대신들이 이 선언 조항에 따라서 국왕에게 봉사할 뜻을 정했습니다.*69 그 뒤 얼마 안 가서 그들은 빈번한 의회 개회를 확보했는데, 그것은 정부 전체를 민중의 대표 및 이 왕국의 유력자들에 의한 부단한 감시와 실제적 통어 아래에 두기 위함이었습니다. 헌법상 그 다음으로 중대한 법률 즉 '왕위를 더욱 한정해 신민의 권리와 자유를 더욱 보장하기 위한 윌리엄 왕 치세 제12 및 13년의 법률'*70에서 그들은 '잉글랜드의 국새(國璽)로 하는 특사(特赦)는 하원의원에 의한 탄핵에 대한 항변일 수 없다'*71고 규정했습니다. '통치자 추방'처럼 실행하기 어렵고 논점도 불확실하고 또 누구이 매우 유해한 결과를 가져오기 쉬운 권리를 유보하기보다는, 권리선언에 밝혀진 정부관계의 규칙이나 의회에 의한 부단한 감시나 실제상의 탄핵요구 등이 그들의 헌법상 자유를 위해서도, 권력자에 의한 제약에 대항하기 위해서도 훨씬 유효한 보장이 된다고 그들은 생각한 것입니다.

프라이스 박사는 이 설교에서 참으로 당연하게도 왕에 대한 심한 추종적 언어 사용 습관을 비난하고 있습니다. 그는 이 불쾌한 형식을 대신해 폐하에게 축하를 표할 때마다 '그가 인민의 주군이라기보다는 오히려 정확하게 말해서 하인이라고 스스로 생각하는 것이 바람직하다'는 뜻을 말씀드려야 한다고 제안하고 있습니다. 그러나 이 새로운 형식의 호소가 겉치레로나마 사람 마음에 기분 좋게 받아들여질 것 같지는 않습니다. 명실 공히 하인인 사람들은 자신들의 처지나 의무나 부담이 사람들 입에 오르는 것을 좋아하지 않는 법입니다. 옛날의 연극에서 노예가 주인에게 '이 일을 상기하는 것은 질책을 당하는 것과 거의 같습니다'*[72]라고 말하는 대목이 있습니다. 그것은 겉치레로서 유쾌하지 않고 교훈으로서도 유익하지 않습니다. 만일 국왕이 이 새로운 종류의 호소에 응해 그 문언을 채용하고 왕의 말로서 '인민의 하인'이란 호칭을 굳이 쓰게 된다고 해도, 그것으로 그나 우리의 사태가 어느 정도 개선될는지 나로서는 상상도 할 수 없습니다. 무례하기 짝이 없는 편지에 '귀하에게 가장 순종하는 천한 하인'으로 서명되어 있는 것을 나는 몇 통이나 본 적이 있습니다. 사람들이 이 지상에서 일찍이 견뎌 낸 지배 가운데서 가장 오만불손한 지배는, '자유의 사도'들이 최근 군주에게 제안하고 있는 것보다도 더욱 겸손한 직함을 내걸고 있었습니다. 여러 국왕과 국민은 '하인의 하인'으로 자칭한 한 사람의 발 밑에 유린되고 또 군주들을 폐위시키는 칙령에는 '어부'의 도장이 찍혀 있었던 것입니다.*[73]

만일 이 같은 논의가 '실정을 이유로 왕들을 추방한다'는 사상이나 그 계획의 일부를 명백히 지지하기 위한 것이 아니라면, 마치 무언가 불쾌한 향기에 젖어 버렸을 때처럼 몇몇 인간은 피어오르는 자유의 정(精)*[74]에 당하고 만다 해도 나는 그 모든 것을 가벼운 잡담 정도로 흘려보냈어야만 했을 것입니다. 그러나 위의 사고방식이나 계획에 비추어 보면 이 논의는 다소 고찰할 만합니다.

어느 의미에서 국왕이란 의심할 여지없이 민중의 하인입니다. 그들의 권력이 지향하는 도리에 맞는 목적이란 사람들의 공통이익뿐이기 때문입니다. 그러나 일반적인 의미에서 (적어도 이 나라 헌법에 의하면) 그들을 하인 비슷한 것으로 말하는 것은 옳지 않습니다. 하인 된 신분의 본질이란 그가 누군가 타자의 명령에 복종하고 그 뜻대로 추방된다는 데에 있습니다. 그러나 영국왕은 누구에게도 복종하지 않습니다. 그 이외의 모든 인간은 개인으로서나 단체로서나 그의 밑에 있고 그에 대해서 법적 복종 의무를 지고 있습니다. 법이란 본디 아첨도 모멸도 모르는 것인데, 그 법은 이 고귀한 권력자를 우리의 지고한 군주이신 왕—이 겸손한 체하는 신학자가 말하듯이 우리의 하인은 아닙니다—으로 부르고 있습니다. 또 우리는 우리대로 전통적인 법의 언어를 입에 올리는 것은 배우고 있어도, 그들 신학자의 바빌론적 설교대에서 나오는 지리멸렬한 지껄임 따위는 배우지 않고 있습니다.

그가 우리에게 복종해야 하는 것이 아니고 우리가 그의 내부에서 체현되는 법에 복종해야 하는 것이므로, 우리의 헌법은 그를 얼마쯤 책임이 지워진 하인으로 하는 규정 따위는 전혀 설정하지 않았습니다. 우리의 헌법은 아라곤의 대법관*75과 같은 어떤 권력자도 모릅니다. 또 대체로 하인에 속하는 책임을 왕에게 지우기 위해 법적으로 임명된 법관이라든가, 똑같이 법적으로 정해진 소송 수속 따위도 모릅니다. 이 점에서 그는 상원이나 하원과 다르지 않습니다. 그들이 각자의 공적 자격 때문에 그 행위의 책임을 추궁당하는 일은 결코 있을 수 없습니다. 그런데 혁명협회는 헌법의 가장 현명하고 가장 아름다운 부분 중 하나와 정면으로 대립해 '국왕은 공중의 제1 하인 이상의 존재는 아니고, 그것으로 인해서 창출되고 또 그것에 대해서 책임을 진다'고 감히 주장하려는 것입니다.

혁명 시대에 우리의 선조가 그들의 자유를 보장하기 위해 정부 기능을 약화시키거나 그 지위를 취약하게 하거나 하는 방법 이외에 아무것도 생각해 내지 못했다면, 다시 말해서 자의적 권력에 대항할 때 국내를 혼란시키는 이상의 좋은 대책을 생각해 내지 못했다면, 그들이 그 지혜로써 명성을 얻은 것은 잘못이었던 셈이 됩니다. 이 신사제군에게는 대표인 공중이란 누구인가—하인으로서 왕은 그 공중에 대해서 책임을 진다고 그들은 주장하겠지만—설명을 듣고 싶습니다. 그들이 설명을 하면 나도 그들에게, 왕이란 그와 같은 것이 아니란 점을 증명하는 명백한 제정법을 보여 줄 적당한 기회를 얻게 되겠지요.

이 신사제군이 자못 가볍게 언급하는 국왕추방의 의식이라는 것은 설사 이루어진다고 해도 무력의 행사 없이는 끝날 것 같지 않습니다. 그것은 요컨대 전쟁이지 헌법의 문제는 아닙니다. 무기의 틈새에서 법의 침묵은 불가피해지고*76 법정은 더 이상 유지할 수 없게 된 평화와 함께 스스로 땅에 떨어집니다. 1688년의 '혁명'은 정의의 싸움에 의해서만 달성되었습니다. 그것은 내전은커녕 대체로 모든 싸움 가운데서 정의로울 수 있었던 유일한 싸움에 의해서만 달성된 것입니다, '전쟁은 그것이 불가피한 사람들에게 정당하다'*77는 말이 있습니다. 왕을 폐위하는—이 신사제군이 선호하는 언어에 따라서 '왕을 추방한다'고 말해도 상관없습니다—문제란 이제까지도 언제나 국가 비상사태의 문제였고, 완전히 법의 테두리 밖에 있었으며 앞으로도 그럴 것입니다. 그것은(국가의 다른 모든 문제와 마찬가지로) 실제로 정해진 권리의 문제라기보다는 오히려 운용이나 수단이나 일어날 수 있는 결과 따위의 문제입니다. 그것은 평범한 악폐 때문에 이루어지는 것이 아닌만큼 평범한 정신이 쉽게 부추겨도 안 됩니다. 어디에서 복종이 끝나고 어디에서 저항이 개시되어야 하는지를 가르는 선은, 사변(思辨) 속에서는*78 애매모호해서 간단히 정의할 수 없습니다. 그것을 결정하는 것은 단일한 행동이나 단일한 사건이 아닙니다. 그것을 생각하려면 먼저 완전히 통치가 부패하고 무너져 있어야 합니다. 그리고 장래의 전망은 과거의 경험과 같은 정도로 암담하지 않으면 안 됩니다. 사태가 그처럼 슬퍼할 수밖에 없는 상태가 되었을 때, 그 질환의 성격이 치료법을 사람들에게—중대하고 또 독도 약도 될 수 있는 이 쓰디쓴 약*79을 병들어 있는 국가에게, 더구나 극한상태 속에서 투여하는 권한을 자연으로부터 받은 사람들*80에게—지시해 줄 것입니다. 다양한 시대, 다양한 상황, 그리고 분노의 다양한 원인이 제각기 교훈을 줄 것입니다. 현자는 상황의 중대성에서 결심을 할 것입니다. 조급한 사람은 억압에 대한 감정에서, 긍지가 높은 사람은 스스로 어울릴 수 없는 부패한 권력에 대한 모멸과 분노에서, 용감하고 호담한 사람은 고귀한 대의에 수반하는 명예로운 위험에서 저마다 결심을 할 것입니다. 그러나 권리의 유무야 어떻든, 사려 있는 사람이나 선량한 사람에게 있어서 혁명은 말 그대로 최후의 수단이 될 것입니다.

구 유대인 거리의 설교대에서 주장되는 세 번째 권리 즉 '우리 자신을 위한 정부를 형성할 권리'도 그들의 앞의 두 주장과 마찬가지로, 선례와 원칙 어느 견지에서도 적어도 '혁명' 시기에 이루어진 것에 의해서는 지지되지 않습니다. 혁명이 이루어진 것은 이 나라에 예로부터 전해져 온 의심할 수 없는 법과 자유를 유지하기 위해서이고, 또 우리로서는 법과 자유에 대한 유일한 보증인 그 전통적인 정부의 기본구조를 유지하기 위해서였습니다. 만일 귀하가 우리의 헌법정신을 알고자 하신다면, 또 우리의 헌법을 오늘에 이르기까지 보증해 준 그 위대한 시기의 지배적 정책을 알기를 원하신다면 부디 아국의 역사, 아국의 기록, 우리 의회의 법령이나 의사록 속에서 그 정신이나 정책을 찾기 바랍니다. 절대로 구 유대인 거리의 설교나 혁명협회의 식후의 건배 같은 것에서 찾아서는 안 됩니다. 전자에는 후자와는 다른 사고방식과 다른 언어가 있음을 알 수 있을 것입니다. 후자의 주장은 우리의 기질이나 소망과는 합치하지 않고, 마찬가지로 그것을 지지하는 권위와 같은 것도 전혀 없습니다. 새로운 정부를 조직한다는 그 관념만으로도 우리를 혐오와 공포로 가득 차게 하기에 충분할 정도입니다. '혁명' 시기에 우리는 우리의 소유물 모두를 조상 전래의 유산으로서 도출하길 원했는데 그 소망은 지금도 전혀 변함이 없습니다. 처음부터 있었던 나무의 성질에 맞지 않는 것을, 그런 유산인 줄기나 밑동에 접목하지 않도록 우리는 주의를 기울여 왔습니다. 이제까지 우리가 해 온 모든 개혁은 지난날에 비추어 본다는 원리 위에서 있습니다. 앞으로 시행될지도 모를 모든 개혁도 선례나 권위나 실례와의 비교를 바탕으로 주의 깊게 이루어지기를 나는 소망하고 있습니다. 아니, 그렇게 확신하고 있습니다.

이 나라에서 가장 오래된 개혁은 마그나 카르타의 개혁입니다. 위대한 이 나라 국법의 선언자 에드워드 코크 경 및 블랙스톤*81에 이르기까지, 코크를 따르는 실로 모든 위대한 사람들이 부지런하게 우리의 자유 계보의 증명에 힘쓰고 있는 것은 귀하도 알고 있을 것입니다(블랙스톤의 《마그나 카르타》 옥스퍼드판 1759년을 보라). 존 왕의 마그나 카르타인 오랜 헌장은 헨리 1세 이래 실제로 존재한 또 하나의 헌장*82과 연결되어 있으며 더구나 그 양자 모두가 그보다 더욱 오랜 이 왕국에 불변한 법의 재확인일 뿐이라는 점을 증명하기 위해 그들은 노력하고 있는 것입니다. 사실이란 점에서 이들 필자들은 반드시 늘 그렇지는 않아도 대체로 올바른 것으로 생각됩니다. 그러나 설사 이 법률가들이 어느 특정한 점에 대해서 잘못이 있다고 해도 그 잘못은 또 나의 견해를 더욱 강하게 증명해 줍니다. 왜냐하면 그것은, 모든 법률가나 입법자나 또 그들이 영향을 주고자 한 민중 등의 정신에 언제나 가득 차 있었던 옛날에 대한 강한 편애(偏愛), 가장 거룩한 그들의 권리나 특권을 유산으로 생각하는 이 왕국의 불변한 방침 따위를 보여 주고 있기 때문입니다.

권리청원으로 불리는 찰스 1세 치세 제3년의 고명한 법률 가운데서 의회는 왕에 대해 '폐하의 신민은 이 자유를 상속해 왔다'*83는 말씀을 아뢰고 있습니다. 그들은 자신들의 특권을 추상적 원리에 입각한 '인간의 권리'로서가 아니고 영국인의 권리로서, 또 그들의 조상으로부터 전해 내려온 집안의 재산으로서 요구한 것입니다. 이 권리청원을 기초한 셀던과 그 밖에 학식이 깊은 사람들*84은 '인간의 권리'의 일반이론에 대해서, 적어도 우리의 설교대나 당신들의 국민의회 연단 위에서의 연설자 그 누구에게도 뒤지지 않을 정도로 잘 알고 있었습니다. 프라이스 박사나 시에예스 신부*85와 같은 정도로는 잘 알고 있었던 것입니다. 그러나 자신의 이론적 학식보다 나은 실제상의 지혜를 지니고 있었던 그들은 그 지혜에 걸맞은 이유로 이 현실적이고 기록에도 있는 세습이라는 권리 쪽을 택하고, 대체로 인간에게나 국민에게나 비싼 값을 치르게 할 권리—자신들의 확실한 유산을 난폭하고 투쟁적인 정신들에 의한 쟁탈의 표적으로 삼고 결국은 갈기갈기 찢어 버리는 그 모호하고 사변적인 권리—쪽은 모두 택하지 않았던 것입니다.

우리의 자유를 유지하기 위해 그 뒤 만들어진 모든 법에서도 같은 방침이 관철되고 있습니다. 윌리엄 및 메리 치세 제1년, 이른바 '권리선언'이라는 유명한 법령에서도 양원은 '그들 자신을 위한 정부를 형성할 권리' 따위는 단 한 음절도 발언하지 않았습니다. 이하 말씀드리는 바와 같이 그들의 모든 주의는, 오랫동안 보유되기는 했을망정 그 무렵에는 위기에 빠져 있었던 자신들의 종교와 법과 자유를 확보하는 일로 돌려져 있었습니다. 즉 그들은 '그들의 종교, 법 및 자유가 다시 전복될 위험에 빠지는 일이 없도록, 그것들을 확립할 최선의 수단에 대해서 가장 진지하게 고려하고(윌리엄과 메리 치세/제1년의 법률)' 그 최선의 수단의 일부로서 '우선 첫째로' '그들의 선조가 똑같은 경우에 예로부터의 여러 권리와 자유를 옹호하기 위해 한 것과 같이' 하여 '선언한다'*86고 말하는 것에서부터 모든 심의를 시작하고, 다음으로 왕과 왕비에게 '주장되고 선언된 모든 권리와 모든 자유 하나하나가 이 왕국 인민의 진정하고도 전통적이며 의심할 여지가 없는 권리와 자유임이 선언되고 법으로 정해지도록'*87 청원하고 있습니다.

우리의 자유를 주장하고 요구할 때 그것을 선조로부터 비롯해 우리에게 이르고 더 나아가 자손에게까지 전해져야 할 한사(限嗣) 상속재산*88으로 할 것, 또 이 왕국의 민중에게만 특별히 귀속하는 재산으로서 무엇이건 그 밖의 일반적 권리나 선행의 권리 따위는 결코 결부시키지 않을 것, 이것이야말로 마그나 카르타에서 시작해 권리선언에 이르기까지 우리 헌법의 불변한 방침이었다는 점을 이로써 당신도 이해해 주실 것으로 생각합니다.*89 이 방법에 의해서 우리의 헌법은 그 구성 부분이 그토록 다양하면서도 일종의 통일성을 유지하고 있는 것입니다. *⁹⁰ 우리는 상속해야 할 왕위와 상속해야 할 귀족을 지니고, 또 오랜 세월에 걸쳐 선조의 계보로부터 소극적·적극적 특권 및 자유를 상속하고 있는 하원과 민중을 지니고 있습니다.

　나에게는 이 방침이 심심한 성찰의 결과로 보입니다. 아니, 그보다는 오히려 자연에 복종함으로써 얻은 행복한 결과로 보입니다. 자연이란 성찰을 요하지 않는 예지(叡智)이고 또 그 이상의 것입니다. 혁신을 선호하는 정신은 대개 이기적 성격이나 편협한 시야의 결과입니다. 선조를 버리고 조금도 돌아보지 않는 사람들은 자손을 배려하지도 않습니다. 그 뿐만이 아닙니다. 상속이란 관념은 확실한 보수의 원리, 확실한 전달의 원리를 함양하고 더구나 개선의 원리를 전혀 배제하지 않는다는 것을 잉글랜드의 민중은 잘 알고 있습니다. 그것은 우리에게 자유로이 획득하도록 해 주고 우리가 얻은 것은 보증해 줍니다. 이러한 원칙에 따라서 행동하는 국가가 이룬 모든 성과는, 마치 이른바 가족의 상속재산 속에라도 있는 것처럼 확실하게 자물쇠로 잠겨 일종의 영구 양도 *⁹¹로 영원히 유지됩니다. 자연이란 규범에 따라 움직이는 헌법정책에 의해서 우리는 자신들이 재산이나 생명을 받거나 전달하거나 하는 것과 같은 방법으로 우리의 정부와 여러 특권을 수령해 유지하고 전달하는 것입니다. 정책이 낳은 제도, 운명이 가져온 이익, 섭리의 선물 등은 같은 도정과 같은 순서로 우리의 손에 전해지고 또 우리로부터 전해져 갑니다. 우리의 정치체계는 세계의 질서와 정확하게 마주보고 조응하는 위치를 차지하고 있습니다. 그것은 또 변천하는 여러 부분으로 구성되는 영원한 신체에 있어서 정해진 존재의 양태에 정확하게 들어맞고 있습니다. 여기서는 인류를 위대하고 신비로운 집합체로서 통합해 내고 있는 경탄할 만한 예지의 배려에 의해서, 전체가 일시에 노년이었거나 중년이었거나 젊은이었거나 하는 일은 결코 없습니다. 이 전체는 일종의 불변하는 상태에 있으면서 쇠퇴, 몰락, 갱생, 진보라는 다양한 노정을 모두 부단히 더듬어 나아가는 것입니다. 이와 같이 자연의 방법을 국가 행위 속에 유지함으로써 *⁹² 우리는 개선함에 따라 완전히 신기해지는 것만은 결코 아니고 유지함에 따라 완전히 진부해지는 것도 아닙니다. 또 이런 방법과 원리를 새기면서 자신의 선조에 따름으로써 우리는 철학적인 비교정신에 *⁹³―호고가(好古家)의 미신이 아니라―

인도되고 있습니다. 이 세습원리를 선택하는 일을 통해서 우리는 자신들의 정치조직의 틀에 혈연관계 비슷한 모습을 부여해 왔습니다. 즉 우리의 국가 제도를 우리에게 가장 친밀한 가족의 유대로 결부시키고 우리의 기본법을 가족적 애정의 품 안으로 깊이 끌어안고, 더구나 모두가 일치해 서로 공유하는 따스한 선의로 사랑하면서 우리 국가와 난로와 묘비와 제단을 서로 불가분의 것으로 만들어 온 것입니다.

우리는 스스로 만든 제도를 자연과 일치시킨다는 같은 계획을 통해서, 그리고 또 잘못을 범하기 쉬운 나약한 인간이성의 고안물을 보강하기 위해 자연의 강력한 본능에 도움을 청함으로써, 자신의 자유를 유산으로 생각하는 데에서 오는, 이 밖에 몇 가지 적지 않은 이점을 추출해 왔습니다. 마치 열성(列聖)이 된 선조의 눈앞에라도 있는 듯이 언제나 행동하고 있으면, 그 자체로서는 무질서와 지나치게 쉬운 자유의 정신이라고 해도 두려워하는 엄숙함으로써 중용을 얻게 되는 것입니다. 천하지 않은 가계라는 이 관념은 우리에게 태어날 때부터의 존엄이라는 습관적 의식을 불어넣습니다. 그리고 이 의식은, 어떤 것이건 지위를 최초로 획득한 사람들에게 거의 반드시 따라붙어 그 품위를 더럽히고 마는 벼락출세한 자의 자만심을 억제해 줍니다. 이와 같은 방법으로 우리의 자유는 일종의 고귀한 자유가 됩니다. 이 자유는 위풍당당한 모습을 갖추고 있습니다. 거기에는 계보가 있고 그것을 입증하는 선조도 있습니다. 문장(紋章)도 깃발도 있습니다. 초상화 화랑도 기념비명도 기록도 증거도 신분도 있습니다. 자연은 우리에게 개개인을 그 나이나 선조 때문에 존경하도록 가르치는데 우리는 바로 그 원리에 따라서 정치상의 제도에 대한 존경을 자아내는 것입니다. 우리는 자신의 권리나 특권의 위대한 보존소이자 창고로서 내 생각보다는 내 자연을, 내 착상보다는 내 심정을 택했습니다. 귀국의 궤변가들 중 누구도 도리에 맞는 인간다운 자유를 유지하는 데 걸맞은 방법으로서 우리가 추구한 도리 이상의 것을 낳을 수는 없습니다.

당신들은 그럴 마음만 있었다면 이 나라의 실례에 도움 받고, 되찾은 자유에도 그에 상응하는 존엄을 부여하고 있었는지도 모릅니다. 중단됐다고는 하지만 당신들의 특권은 기억 속에서 사라지지는 않고 있었습니다. 당신들이 헌법에서 손을 떼고 있는 사이에 그것이 황폐해져 있었던 것은 확실하지만, 그래도 당신들은 기품도 풍격도 있는 성채의 벽 일부와 기초 전부를 잃지는 않고 있었습니다.[94] 당신들은 그 성벽을 복구할 수 있었을지도 모르고 종전의 기초 위에 재건할 수 있었을지도 모릅니다. 당신들의 헌법은 완성되기 전에 정지되고 말았는데, 그러나 소망할 수 있는 한 최선에 가까운 헌법의 요소는 있었던 것입니다. 당신들의 지난날 신분제 회의에는, 당신들의 행복한 공동체를 구성하는 다양한 계급과 대응하는 그처럼 다양한 구성 부분이 있었습니다. 이해(利害)의 결합과 대립, 작용과 반작용—자연의 세계에서도 정치의 세계에서도, 서로 모순되는 여러 세력의 싸움 가운데서 우주적 조화를 이끌어 내는 그 작용과 반작용—도 모두 그처럼 존재하고 있었습니다. 당신들이 귀국의 옛 국제(國制)나 아국의 현재 헌법의 커다란 결함으로 간주한 이들 이해의 대립이나 갈등은 사실 온갖 경솔한 결정을 건전하게 통제하는 것입니다.[95] 그것은 숙고(熟考)라는 것을 선택의 문제로서가 아니고 필연의 문제로서 행하게 합니다.[96] 모든 변혁을 타협의 문제로 만들어서 그곳에 자연히 절도를 낳습니다. 그것은 중용(中庸)을 가져오고, 가혹하고 거칠고 한도를 모르는 혁신의 심한 해악을 방지합니다. 소수자의 수중에 있건 다수자의 수중에 있건, 자의적 권력을 무모하게 행사하는 일도 또 영구히 불가능하게 됩니다. 구성원이나 이해의 그와 같은 다양성을 통해서 사회 전체의 자유는 각 신분이 저마다 지니고 있는 사고방식의 수와 같은 수의 보장을 얻어 온 것입니다. 더구나 전체를 진정한 왕정의 무게로 확실하게 통제함으로써 개개의 구성 부분이 각각 정해진 위치에서 벗어나지 않도록 되어 있었습니다.

당신들은 전통적인 신분제 회의 속에 이들 장점 모두를 갖추고 있었습니다. 그런데 당신들은 이제까지 한 번도 문명사회[97] 따위를 형성한 적이 없었던 것처럼, 전부 새로 시작하지 않으면 안 되는 것처럼 행동하는 길을 선택했습니다.[98] 당신들의 시작은 잘못되어 있습니다. 왜냐하면 자신의 전부를 멸시하는 것에서부터 시작했기 때문입니다. 당신들은 전혀 자본 없이 상업을 한다고 나섰습니다. 당신들이 보기에 귀국의 선대는 별로 영광스럽지 못했다고 해도 그 선대 이전의 선조들에게서 자신이 주장하는 내용의 근거를 찾을 수도 있었을 것입니다. 그와 같은 선조를[99] 외경하는 마음으로 한

결같이 사랑하고 있었다면, 당신들의 상상력은 요즘의 야비한 행동 따위는 미치지도 못할 수준의 덕과 지혜를 그들에게서 찾아냈을 것입니다. 그리고 스스로 본받고자 했던 실례와 함께 당신들도 드높여졌을 것입니다. 선조를 존경함으로써 당신들은 스스로에 대한 존경까지도 배웠을 것입니다. 세상 사람들이 프랑스 인을 가리켜 시대에 뒤떨어진 국민, 1789년 해방의 해까지 비참하게 살았던 천한 노예적 국민으로 간주하는 따위의 선택을 하는 일도 없었을 것입니다. 또 당신들의 몇 가지 파렴치 행위를 이 나라에서 대변하는 자들을 위해 명예를 희생하면서까지 변명을 제공하려고 해, 그대들은 마치 서인도의 탈주 노예 무리와 같다—즉 잡혀 있던 집*100에서 갑자기 해방된 것이므로 익숙하지 않고 분수에 맞지 않는 자유를 오용해도 용서받을 수 있 다—는 등의 말을 들어도 그것까지 감수하는 일도 없었을 것입니다. 당신은 나의 소중한 친구이므로 말씀드리겠습니다. 나는 언제나 당신들을, 집안도 좋고 더구나 용감한 국민이다, 단 성실이라든가 명예라든가 충성이라든가 하는 고아하고 낭만적인 감정에 의해서 오랫동안 오도되어 왔기 때문에 이 상해져 버린 것뿐이라고 생각해 왔습니다. 그러나 그렇게 받아들여지는 편 이 당신들로서도 차라리 현명했지 않았을까요. 또 일의 추세가 불운했다고 해도 당신들이 예속된 것은 자유를 잃어버린 노예적 심정 탓은 아니었으며 가장 헌신적으로 복종할 때의 당신들은 공공정신의 원리로 고무되어 있었고 왕의 인격에서 당신들이 존숭한 것은 당신들의 국토였다, 는 등으로 받아들 여지는 편이 역시 현명했지 않았을까요. 왜 당신들은, 자신들은 이 사랑할 만한 오류에 현혹되어 현명한 선조보다 지나치게 앞질러 나아가고 만 것이 라는 점을 남이 이해할 수 있게 하지 않았을까요. 왜 당신들이 과거와 현재 두 시대의 충성심과 명예심은 유지하면서 더구나 예로부터의 특권을 회복할 결심임을 사람들이 이해할 수 있도록 하지 않았을까요. 어쩌면 당신들은 자 신감을 상실하고 있어 이제는 거의 소멸해 가고 있었던 선조의 헌법을 명료 하게 인식하지 못했을지도 모르는데, 그러면 왜 이 나라에 있는 이웃 사람 —유럽의 전통적 코먼로(보통법)라는 옛날의 원리와 규범을 개량해 현실에 적응시키면서 생생하게 유지해 온 이웃 사람—쪽으로 시선을 돌리지 않았을 까요. 현명한 실례를 답습하고 있었다면 그로써 당신들은 새로운 지혜의 실 례로 세계에 기여할 수 있었을 것입니다. 모든 나라의 모든 탁월한 정신 앞에서, 자유의 대의를 찬양할 만한 것으로 만들 수 있었을 것입니다. 또는 자유는 법과 조화될 뿐만 아니라 잘 훈련된 경우에는 그것을 보완할 수도 있다는 점을 보임으로써, 전제주의를 부끄럽게 하여 이 지상에서 사라지게 했을 것입니다. 억압적이지 않고 더구나 결실이 많은 세입(歲入)을 얻고 있었을 것입니다. 그 세입을 떠받치는 번영한 상업을 지니고 있었을 것입니다. 게다가 자유로운 헌법, 강력한 왕정, 규율 있는 군대, 개혁되고 존경을 받고 있는 성직자, 당신들의 덕을 억압하지 않고 이끌어 가는 온화하고 활기 넘치는 귀족, 귀족을 본받고 또 그 보급자가 되기도 하는 자유로운 서민계급, 보호되고 충족돼 있으며 근면하고도 순종하는 민중—처지의 여하를 불문하고, 미덕에 의해서 발견되는 행복을 추구하고 또한 알도록 교육받고 있는 민중—까지도 지니고 있었을 것입니다. 실제로 인류의 참된 도덕적 평등이란 이 미덕 속에 있을망정 무언가 수상쩍은 허구*101 속에는 없습니다. 그런데도 그 수상쩍은 허구가 부지런한 노동 속에서 조용히 살아가도록 정해진 사람들에게 잘못된 사고와 무익한 기대를 불어넣고, 그 허구로는 결코 제거할 수 없는 그 현실의 불평등—비천한 처지에 머물러 있지 않으면 안 될 사람에게도, 빛나지만 그보다 행복하지도 않은 처지로 상승 가능한 사람들에게도, 똑같이 도움이 되도록 이 세상의 생활규범이 정한 불평등—을 증대해 더 견디기 어렵게 하고 마는 것입니다. 당신들 앞에는 세계 역사에 일찍이 기록된 그 무엇보다 더 탄탄하고 쉬운 행복과 영광의 길이 열려 있었습니다. 그런데도 당신들은 가난이 인간에게 유익하다는 것을 굳이 보여 준 것입니다.

　당신들이 손에 넣은 것을 헤아려 보기 바랍니다. 당신들의 지도자들에게 모든 선배나 모든 동시대인을 멸시하는 것을 가르치고 뿐만 아니라 자신이 아무래도 천한 존재가 되고 마는 바로 그 순간까지 자신을 멸시하는 것조차 가르친, 그 과대하고 오만한 사변(思辨)에서 도대체 무엇을 얻었단 말입니까. 그와 같은 잘못된 광명에 따랐다가 프랑스는 틀림없는*102 재난을 사고 말았습니다. 더구나 진정한 행복을 사는 데 어느 국민이 지불한 값보다도 더 비싸게 말입니다. 프랑스는 죄로 빈곤을 산 것입니다. 확실히 프랑스는 이익을 위해 미덕을 희생하지는 않았습니다. 그러나 미덕을 팔기 위해 이익을 포기한 것입니다. 다른 국민이라면 모두 새로운 정부의 조직에 손대거나 기존 조직을 개혁하거나 할 경우, 출발점으로서 먼저 무언가 종교적 전례를 창시하거나 또는 종전의 그것을 보다 엄밀하게 시행하는 데에서부터 시작했을 것입니다.[103] 다른 민중이라면 모두 더욱 엄격한 방법으로 국민으로서의 자유의 기초를 설정하고, 더욱 엄연하고 당당한 도덕체계를 설정했을 것입니다. 그런데 왕의 권위에 의한 지배를 해소했을 때, 프랑스는 야만적이거나 타락한 풍속의 만연을 배가하고 또 우쭐한 마음에 반종교적인 사상과 행동의 발호를 배가해 버렸습니다. 더구나 무언가 특권을 전달하거나 또는 비장의 은전(恩典)을 공개라도 하듯이, 보통은 부와 권력에 연관된 질병인 온갖 불행한 부패를 모든 신분에 걸쳐서 퍼뜨려 버렸습니다. 이것이 프랑스에서 생겨난 새로운 평등원리의 하나인 것입니다.

지도자들의 배신으로 프랑스는 왕들의 회의실에서 흘러나오는 온화한 고문회의 목소리를 완전히 지워 버리고 그것을 지지하는 가장 유력한 논거를 박탈하고 말았습니다. 프랑스는 폭군과도 같은 불신이라는 어둡고 의심에 찬 행동원리를 일러 거룩한 것이라고 했습니다. 그리고 도덕가인 체하는 정치가들의 기만적 구설(口舌)은 경계해야 한다고 뭇 왕들에게 가르쳐 주었습니다. 앞으로 군주들은, 인민에게 무한한 신뢰를 두라고 하는 사람들을 지목해 왕위 전복을 꾀하는 자로 간주할 것입니다. 그와 같은 사람들은 왕위 파멸을 지향하는 반역자, 즉 군주들의 순수하고 선량한 성질을 이용해 자못 그럴듯한 구실 아래 무모하고 불성실한 자들이 왕권 분배에 참여할 수 있게끔 하려는 도당으로 간주될 것입니다. 이것만으로도 (달리 아무것도 없다고 가정하고) 당신들과 인류 모두에게 보상하기 어려운 타격입니다. 파리고등법원이 프랑스 왕에게 고하기를, 신분제 회의를 소집해도 왕좌를 옹호하려는 넘칠 만한 지나친 열성 외에는 아무것도 두려워할 필요가 없다고 말한 것을 상기하기 바랍니다. 그들은 부끄러움에 몸을 숨겨야만 합니다. 그들은 자신들의 권고가 군주와 국토에 가져온 파멸에 대해 책임을 분담해야 합니다. 본디 그와 같이 듣기 좋은 단언을 들으면 권력은 흔히 잠들어 버리기 쉬운 법입니다. 부추김을 받아 일찍이 시도해 본 적도 없는 위험한 모험정책을 무모하게 시작하기 쉬운 법입니다. 선의와 어리석음을 구별하는 방법이나 대비나 주의를 게을리하기 쉽게 됩니다. 그런데 그런 방법이나 대비나 주의 없이는 어떤 추상적 통치계획이건 자유의 계획이건 유익한 결과를 가져온다고는 아무도 보증할 수 없습니다. 그런 것들이 빠져 있었으므로 국가를 위한 약이 독으로 바뀌고 만*104 것을 그들은 경험했습니다. 프랑스인이 온화하고 합법적인 왕정에 반역하는 것을 경험했습니다. 그것도 가장 불법인 찬탈자, 가장 피에 굶주린 전제군주에 대항해서 일찍이 들고일어섰던 것으로 알려진 어떤 민중에게서도 볼 수 없었던 광기와 공격성으로 가득찬 반역이었습니다. 그들 프랑스인은 양보에 저항으로 대하고, 보호를 배신해 반역으로 치달았습니다. 그들의 일격은 자비와 보살핌과 의무 면제를 내미는 손을 목표로 가해졌습니다.

이것은 자연에 반한 행위였습니다. 그 뒤의 일은 미루어 알 수 있을 것입니다. 그들은 성공한 바로 그 가운데서 벌을 받았습니다. 법은 무너지고, 법정은 와해되고, 산업은 활력을 잃고, 통상은 두절되고, 세입은 거두어지지 않음에도 불구하고 민중은 빈곤해지고, 교회는 약탈되고, 성직자 신분은 구제되지 않고, 시민과 군대 양측의 무질서가 이 왕국의 기본법이 되었습니다. 인간에 관한 것도 신에 관한 것도 모두 공채(公債)라는 우상(偶像) 때문에 희생되고, 그 결과는 국가의 파산이었습니다. 그리고 최후의 마무리가 신참에다 믿음직하지 못하고 불안정한 권력이 발행하는 지폐*105였습니다. 그것은 돈이 없는 사기꾼, 알거지가 된 도적이 제국을 지탱하기 위해 통화로서 내민 신뢰할 수 없는 보증의 종이쪽지로, 항구적·관습적으로 인류의 신용을 대표해 온 2대 정화(正貨)*106를 그것으로 대신하려는 것이었습니다. 이 2대 정화는 소유의 원리—전자는 후자의 피조물이고 또 그 표현입니다—가 조직적으로 파괴된 시점에서 사라져 자신의 고향인 대지 속으로 모습을 감추고 말았습니다.

이와 같은 두려워할 만한 일들은 모두가 필요한 일이었을까요. 어쩔 수 없이 살육과 소란 속을 헤쳐 나가야 할 처지에서도, 평화롭고 풍요로운 자유라는 조용한 피안에 당도하기 위해 결의한 애국자가 수행하는 결사적인 싸움의 불가피한 결과였을까요. 아닙니다. 그것과는 전혀 다릅니다. 프랑스의 새로운 폐허(廢墟)는 어디를 둘러보아도 우리의 감정에 충격을 주는데, 그것은 내란에 의한 참화가 아니라 깊은 평화의 시대에 난폭하고 무지한 계획이 가져온 슬프지만 그러나 교훈으로 가득 찬 기념비인 것입니다. 그것은 저항도 받지 않고 또 저항할 수도 없기 때문에 무모하고 오만한 지배권력의 볼거리입니다. 이와 같이 스스로의 범죄라는 값비싼 대가를 아낌없이 치른 자들,

공공에 대한 이런 해악(국가의 마지막 대금으로서 마련돼 있던 것)을 낭비하고 탕진한 자들은 그 과정에서 전혀 반대자를 만나지 않았습니다. 그들의 진군 전체가 전쟁터에서의 전진이라기보다는 개선 행진과 비슷했습니다. 선진이 그들 앞을 나아가 모든 것을 그 발아래 파괴해 버려 길을 탄탄하게 해 둔 것입니다.*107 그들은 자기들이 폐허로 만든 국토의 대의를 위해 한 방울도 자신의 피는 흘리지 않았습니다. 그들은 국왕을 투옥하고, 동포 시민을 살육하고, 몇 천의 사람들과 훌륭한 가족을 눈물로 넘치게 하고 곤궁에 빠뜨리면서도, 다른 한편 심각한 결과를 가져온 그들의 계획을 위해서는 구두 장식*108말고는 아무런 희생도 치르지 않았던 것입니다. 그들의 잔혹함은 공포의 경멸스런 결과조차 아니었습니다. 그것은 완전히 피폐한 온 나라 곳곳에서 반역, 노상 강도, 암살, 살육, 방화 따위를 정당화해도 자신들만은 절대 안전하다는 그들의 감각이 가져온 것이었습니다. 아무튼 모든 원인은 처음부터 명명백백했습니다.

따로 강요되지도 않은 이 선택,*109 자진해서 악으로 향하는 이 선택은 국민의회의 구성을 생각해 보지 않는 한 전혀 설명이 불가능할 것입니다. 내가 말하고 싶은 것은 그 형식상의 구성—현재 상황에서는 그것도 또 이의를 제기하기에 충분한데—이 아닙니다. 전 세계의 형식 문제를 합친 것보다도 1만 배는 더 중요한, 국민의회의 대부분을 구성하고 있는 실질 쪽입니다. 만일 우리가 이 국민의회에 대해서 그 신분과 임무를 통해서밖에 모른다고 한다면 어떤 색채로도 이 이상 훌륭한 것을 상상력으로 그려 보이기란 불가능할 것입니다. 그와 같은 신분과 임무를 통해서 바라보고 있는 질문자의 마음은, 이것이야말로 전 민중의 미덕과 지혜가 한 점에 집중된 것이라는 외경으로 가득 찬 이미지에 압도되어 말 그대로 사태의 최악의 측면에 대해서조차 비난하는 데 주눅이 들어 머뭇거릴 것입니다. 그와 같은 사태는 의심받기는커녕 그저 불가해한 일로 여겨질 뿐일 것입니다. 그러나 어떤 명칭, 어떤 권력, 어떤 임무, 어떤 인위적 제도라고 해도, 어느 지배권력 조직의 구성원들을 신이나 자연이나 교육이나 그들의 생활 관습이 그렇게 있도록 해 온 것 이외의 무엇인가로 만들 수는 없습니다. 민중도 그것을 초월한 능력을 그들에게 주려고 한들 처음부터 지니고 있지 않습니다. 확실히 지혜와 미덕은 민중의 선택 대상이 될 수 있을 것입니다. 하지만 그렇다고 해서 민중의 선택이, 민중 자신의 손으로 서품의 안수(按手)를 준 사람들에게 지혜니 미덕이니 하는 것을 부여할 수는 없습니다. 민중은 자연으로부터 그와 같은 힘의 위탁을 받고 있지는 않습니다. 또 그와 같은 힘을 위한 계시의 약속을 받고 있지도 않습니다.

나는 제3신분으로 선출된 인물이나 그 직업계급의 목록을 훑어본 이후에는 그들이 무슨 일을 하건 더 이상 이상하게 생각하지 않게 되었습니다. 물론 그곳에는 고명한 지위의 사람들이나 재능이 뛰어난 사람들이 다소는 있었는데 실제적 국정 경험이 있는 사람은 한 사람도 발견되지 않았습니다. 가장 나은 사람들도 이론가에 지나지 않았습니다. 그러나 탁월한 소수자가 어떤 사람이든, 조직의 성격을 형성하고 또 그 방향을 최종적으로 결정하는 것은 그 조직의 실질적 부분이자 대다수인 것입니다. 어떤 조직에서나 지도하려는 사람들은 동시에 또 어느 정도 복종도 하지 않으면 안 됩니다.*[110] 그들은 자신들이 지도하길 원하는 사람들의 취미나 재능이나 기질에 자신들의 제안을 일치시키지 않으면 안 됩니다. 따라서 예를 들어 어느 회의체의 대단히 큰 부분이 악덕에 물들어 있거나 역량이 부족한 사람들로 구성되고 있는 경우, 그 구성체에 여기저기 흩어져 있는 유능한 사람들이 부조리한 계획의 도구로 쓰이는 전문가에 지나지 않게 되고 마는 사태를 막기란, 이 세상에서는 우선 볼 수가 없고 그러므로 또 상정하기도 어려운 가장 높은 덕이라면 또 모를까 그 이외에는 무엇으로도 불가능합니다. 만일—이쪽이 훨씬 있을 수 있는 일인데—그 재능 있는 사람들이 그처럼 남달리 높은 덕이 아니고 나쁜 야망이나 허영에 대한 갈망에 사로잡히거나 했을 경우, 회의체 안에서 그들이 처음에는 보조를 맞추어 가는 부분이었던 무능한 자들이 이번에는 그들의 계획대로 되어 도구가 됩니다. 이 정치적 흥정 속에서 지도자는 추종자의 우매함에 고개를 숙이지 않을 수 없고 추종자는 자기 지도자의 최악의 의도에 굴종이 불가피해지는 것입니다.

어떠한 공적 회의체에서도 지도자의 제안에 조금이라도 무게를 확보하고 싶다면 그들은 지도되는 쪽 사람들을 존중하지 않으면 안 됩니다. 또 어쩌면 어느 정도는 두려워해야 할 것입니다. 복종하는 측도 완전히 맹목적으로 지도되지 않으려면 행위자로서는 아닐지언정 심판자로서의 자질을 지녀야 합니다. 그것도 자연스럽게 갖추어진 관록과 권위를 지닌 심판자가 아니면 안됩니다. 그와 같은 공적 회의체에서 안정된 중용의 행위를 확보하려면, 그 주요 구성원이 생활상태, 항산(恒産), 교육, 더 나아가 이해력을 넓혀 자유롭게 만드는 습관 따위의 면에서 상당히 훌륭한 사람들이어야 합니다.

프랑스 신분제 회의 소집에서 나에게 강한 인상을 준 첫 번째 사항은, 그것이 이제까지의 도리에서 크게 벗어나 있다는 점이었습니다. 제3신분의 대표가 600명으로 구성되어 있는 것을 나는 알았습니다.[111] 그들은 다른 두 신분의 대표를 합친 것과 같은 숫자였습니다. 만일 그들 여러 신분이 별도로 행동하게 되어 있었다면 비용은 둘째 치더라도 그 인원수는 그다지 중요한 문제가 되지 않았을 것입니다. 그러나 그 세 신분이 하나로 합쳐져야 함이 명백해지자 이같이 많은 대표 수가 지향하는 정책과 그 필연적 결과는 명백해졌습니다. 즉 나머지 두 신분 중 어느 한쪽에서 극소수만 탈락해도, 그 행위는 두 신분의 권력을 순식간에 제3신분의 수중에 던지는 것이 되지 않을 수 없습니다. 실제로 신분제 회의의 모든 권력은 곧 제3신분에게 돌아가고 말았습니다. 그렇기 때문에 그것을 구성하는 문제가 무한히 더 큰 중요성을 띠어 온 것입니다.

한편 그 의회의 대부분(출석자의 대다수라고 생각합니다)이 법률 실무자로 구성되어 있는 것을 깨달았을 때 내가 얼마나 놀랐을지 상상해 주기 바랍니다.[112] 그 구성원은 내 나라에 대해서 그 학문이나 사려 깊음, 청렴결백함을 증명해 온 뛰어난 판사들은 아니었습니다. 법정의 영광스러운 일류 변호사들도 아니었습니다. 대학의 고명한 교수들도 아니었습니다. 압도적인 대부분은 그런 사람들이 아니고 법조인 가운데서도 하급으로서 무식하고 실무적인, 단순한 보조적 입장의 인간들이었습니다. 뛰어난 예외도 있기는 했으나 일반적 구성으로 말하자면 그것은 이름도 모르는 지방 변호사, 지방 사법부의 관리, 공증인, 시골 도시의 온갖 소송 사무를 다루는 자, 마을 내의 분쟁을 둘러싼 선동자나 지휘자 등이었습니다. 그 목록을 읽은 순간부터 나는 이어서 무슨 일이 발생할지 명료하게 알 수 있었고 실제로 거의 그렇게 되었습니다.

어떤 지적 전문직[113]의 경우에도 그 직업이 어느 정도 존경을 받고 있느냐가 그 일에 종사하고 있는 사람들의 자기 평가기준이 되는 것입니다. 다수의 법률가 개개인의 개인적 공적—대개 그것은 의심할 여지도 없이 상당한 것이었습니다—아무튼, 그때까지 이 군사왕국 안에서 법률이란 직업은 어느 부분을 보아도 그다지 존중되지 않고 있었습니다. 예외로 말하자면 그들 가운데 최고위에 있는 사람들뿐으로 이 사람들은 보통 자신의 직업적 지위와 위대한 일족으로서의 영광을 결부시켜 커다란 권력과 권위가 인정되고 있었습니다.*[114] 이런 사람들은 확실히 높은 존경을 받고 있었고 외경의 대상이 되기도 했습니다. 하지만 그 다음 지위는 그다지 존경을 받지 못하고 실무적인 사람들에 이르러서는 극히 낮은 평가밖에 주어져 있지 않았습니다.

그와 같이 구성된 조직에 최고권력이 주어질 때에는 반드시, 자기를 존중하는 습관이 몸에 배어 있지 않은 인간의 수중에 최고권력이 떨어졌을 때와 같은 결과를 가져오지 않을 수 없습니다. 그들은 좋은 세평*[115]이라는 내걸 만한 재산을 본디 가지고 있지 않았던 자들이고 권력을 수중에 넣은 것에 대해서 다른 누구보다도 자기 자신이 더 놀라고 있음에 틀림없으니, 그 권력을 절도 있게 맡거나 사려 깊게 행사하는 일 따위는 그들에겐 도저히 기대할 수도 없었습니다. 가장 비천한 종속적 신분에서 갑자기 마법에라도 걸린 것처럼 탈출하게 된 이들이 생각지도 못했던 자기의 위대함에 도취되지 않으리라는 등의 헛된 희망을 누가 가질 수 있었겠습니까. 습성상 간섭하길 좋아하고, 앞뒤 가리지 않고, 음험하고, 가만히 있지 못하고, 소송하길 좋아하고, 게다가 정신적으로 불안정한 이들이 한촌(寒村)의 소송이라든가, 뼈 빠지는 일이지만 저급하고 실수입도 적은 법률흥정 따위와 같은 그들의 옛날 상태에 안주해 다시 나락으로 빠져들고 마는 일 따위를 도대체 누가 상상할 수 있었겠습니까. 그런 자들이 그들로선 처음부터 아무것도 몰랐던 국가의 손실 따위는 어떻게 되든 일체 개의치 않고 지나칠 만큼 잘 아는 사적 이익 추구에 전념할 것이 틀림없다는 점을 누가 의심할 수 있었겠습니까. 그것은 우연이라든가 기회의 문제가 아니었습니다. 그것은 불가피하고 필연적이며 사항의 성격 그 자체에 내재하고 있었습니다. 그들은 무엇이건 소송으로 처리하는 헌법을 자신들을 위해 입수할 수 있는 계획이라면 어디에든 가담(그들의 능력으로 보아 그 계획을 이끄는 일은 무리였다고 해도)할 것이 분명합니다. 그와 같은 헌법이라면 일련의 국가적 대변동이나 혁명—특히 격심한 대규모 재산 이동—에 수반하는 수많은 돈벌이를 그들에게 제공해 주리라는 것입니다. 무슨 재산이든 의심스럽고 모호하고 불확실한 것으로 해 버림으로써 언제나 자기 존재를 유지해 온 자들에게, 이 그 재산의 안정성에 유의하는 일 따위를 과연 기대할 수 있었을까요. 그들의 힘이 커짐에 따라서 그 목표도 커지게 될 것입니다. 그러나 그들의 기질이나 습관이나 계획 수행 방법 등은 변할 리 없습니다.

혹시, 이 사람들은 더 진지한 정신과 더 넓은 이해력을 지닌 다른 직업계급 사람들에 의해서 완화되고 억제될 터였다고 말씀하시려는 겁니까.[*116] 그러면 그들은 그 의회에서 의석을 차지했던 한 줌의 시골 사람—그 일부는 문맹이라는 소문인데—의 최고급 권위와 놀라운 위엄 앞에서 황공해 하기라도 한 것입니까. 아니면 그보다도 인원수가 적은 상인들—그들은 다소 교육도 받았고 사회적 신분으로서는 보다 두드러진 존재지만 자신들의 장부 이상의 일은 아무것도 모릅니다—에게 황공해하기로 되어 있었던 것입니까. 아닙니다. 이 두 계급은 법률가와 대립해서 평형을 유지하는 추(錘)가 되기보다는 후자의 음모와 책략에 압도되어 우왕좌왕하기 위해 마련된 존재였습니다. 그런 위험한 불균형으로는 법률가가 모든 것을 지배하는 것도 지극히 당연합니다. 한편 법률가들 외에는 약간의 비율로 의사들이 참여하고 있었습니다.[*117] 프랑스에서는 이 사람들도 법조와 똑같이 정당한 평가는 받지 못하고 있었습니다. 따라서 그 일에 종사하는 사람들의 자질은 당연히, 존엄 감각이 몸에 배지 않은 사람들의 그것임에 틀림이 없습니다. 그러나 비록 그들이 당연히 차지해야 할 지위를 차지하고 있었다고 해도—그들이 이 나라에서와 똑같이 실제로 그런 지위를 차지하고 있었다고 해도—병상 옆은 정치가나 입법자를 양성하는 학교가 아닙니다. 의사 다음에 오는 것은 주식이나 공채 매매업자입니다. 당연히 그들은 관념적 가치밖에 없는 자신들의 종이쪽지 재산을 어떻게든 보다 확실하고 실질적인 토지라는 것으로 바꾸려고 열을 올립니다. 이들 외에 다른 직업계급의 인간도 있었지만, 그런 자들로부터 대국의 이익에 대한 지식이나 배려, 또 일반적인 제도의 안정성에 대한 고려 따위는 처음부터 기대할 수도 없었습니다. 그들은 통솔자가 아니라 보조자가 되기 위해 만들어진 인간입니다. 국민의회에서 제3신분의 구성은 대략 위와 같았습니다. 거기서는 우리가 국토의 자연적인 토지 소유 계급으로 부르고 있는 사람들은 그 그림자조차 보이지 않았습니다.

영국의 하원은 어느 계급의 어느 장점에 대해서도 문호를 닫는 일 없이 적절한 원인을 확실하게 작용시키고 있으므로 신분, 가계, 상속을 통해 얻거나 또는 스스로 쌓은 부, 잘 연마된 재능, 육해군이나 사적·공적 생활에서의 명성 등, 국가가 제공할 수 있는 모든 걸출한 것으로 가득 차 있다는 것을 우리는 알고 있습니다. 그러나 현실에서 가능하리라고는 거의 상상도 할 수 없지만, 가령 우리의 하원이 프랑스의 제3신분과 똑같이 구성됐다고 상상해 보시기 바랍니다. 그 정도로 사기가 횡행해도 사람들은 그것을 참고 견딜 수 있겠습니까. 생각만 해도 소름이 끼치지 않습니까. 신은 신성한 정의의 의식*118을 주관하는 또 하나의 성직인 법률가라는 직업에 대해서 내가 어떤 모욕적 언사를 살짝 내비치는 것조차도 용서하시지 않습니다. 나는 자신이 맡은 직무를 수행하고 있는 사람들을 존경하고, 또 무엇이건 그들이 그 직무의 수행에서 제외되는 일을 저지하려는 마음에 관해서는 누구에게도 뒤지지 않는다고 생각합니다. 그러나 그렇다고 해서 그들을 위해 자연에게 거짓을 말하는 일 따위는 할 수 없습니다. 그들은 하나의 전체적 구성 속에 있으면 선하고 유용한데, 사실상 전체가 되고 말 정도로 비중이 늘면 유해해지지 않을 수 없습니다. 특수한 직무에서의 그 탁월성 자체가 다른 직무에 대한 자격과는 동떨어진 것이 아닐까요. 우리는 다음 사실을 간과해선 안 됩니다. 즉 전문직 또는 직업집단적인 습관의 틀에 너무나도 갇혀 있어 이른바 이 좁은 세계에서 반복 작업을 하는 것이 만성화되고 만 사람들은, 인간에 관한 지식이나, 복잡한 사상(事象)의 경험이나, 다양하게 뒤섞여 있는 내외의 이해(利害)—국가라는 이름의 그 다면적인 사상을 형성하는 여러 이해—에 대한 종합적·통일적인 견해 등등에 의존하는 사항에 대해서는, 그것을 처리할 자격이 있기는커녕 오히려 무능력자가 되고 마는 것입니다.

가령 하원이 전문직과 직업단체의 성격을 띠도록 구성되어야 한다면 처음부터 법률, 관행, 이론과 현실 양면에서의 명시적 규칙 등 부동의 장벽으로 사방이 둘러싸여 있는 하원, 균형을 맞추기 위해 상원이라는 반대의 추를 늘 어뜨리고 있는 하원, 그것이 계속될지 중지될지 해산될지가 어느 순간에나 왕권의 자유재량에 달려 있는 하원, 이와 같은 하원의 권력이란 도대체 무엇이겠습니까. 확실히 하원의 권력은 직접적이든 간접적이든 모두 위대합니다. 나는 하원이 그 위대함과, 진정한 위대함이 지닌 정신을 빠짐없이 오래도록 유지할 수 있기를 기원하는 자입니다. 인도에서의 법의 파괴자가 잉글랜드 법의 작성자가 되는 일 따위를 하원이 계속 저지할 수 있는 한, 실제로도 틀림없이 그럴 것입니다.*[119] 그러나 그래도 아직 우리 하원의 권력은 가장 클 때조차 당신들의 국민의회 절대다수가 수중에 넣고 있는 그것과 비교하면 마치 넓은 바다 속의 물 한 방울과도 같은 것입니다. 모든 신분이 파괴된 뒤, 그 의회에 제약을 가하는 기본법도 엄격한 관습*[120]도 존중되고 있는 관례도 모두 없어졌습니다. 그들은 정해진 하나의 헌법에 자기들 자신이 일치해야 함을 깨닫기는커녕 자신들의 계획에 맞는 헌법을 제정할 권리를 지니고 있는 것입니다. 대체로 그들을 억제할 수 있는 것은 천상, 지상 어디에도 보이지 않습니다. 정해진 헌법 하에 법을 제정할 뿐만 아니라 대왕국에 완전히 새로운 헌법을—그것도 위로는 옥좌에 있는 국왕으로부터 아래로는 교구교회에 이르기까지 온갖 부분에 걸쳐서—한 방에 내세울 자격이 있고 또 실제로 그렇게 해 보려는 것은 도대체 어떤 두뇌, 어떤 심정, 어떤 기질이 있어야만 가능한 일이겠습니까. 그러나 '천사가 두려움으로 걷는 곳을 어리석은 자는 돌진하는'*[121] 법입니다. 목적이 무한정이고 또 실제로 한정할 수도 없는 그런 고삐 풀린 권력이란 상태 속에서, 직무에 대한 인간의 도덕적—육체적이라고 해도 좋을 정도인데—부적격이 가져오는 해악은 인간사의 처리에서 발생할 수 있는 해악으로서 생각할 수 있는 한 가장 큰 해악이 될 것이 틀림없습니다.

한편 제3신분의 구성을 처음에 있었던 틀 그대로 고찰한 다음, 나는 성직자 대표를 한번 살펴보았습니다. 여기에서도 또 재산의 일반적인 보장이나 공공목적에 대한 대표자의 적격성 등이 그들의 선출원리로서 거의 고려되지 않고 있다는 것은 정말로 명백했습니다. 이 선거는 국가를 새로 형성한다는 위대하고도 어려운 과제를 수행하는 데 한낱 시골 사제에 불과한 인간*[122]을 매우 많이 투입하도록 짜여 있었습니다. 그들은 국가 따위는 그림 속에서조차 본 적이 없고 이름도 모를 한촌의 경계 밖에 있는 세계에 대해서는 아무것도 모르는 자들이고, 또 절망적 빈곤에 머리끝까지 잠겨 있어 속인의 것이건, 교회의 것이건, 재산이라면 모두 부러운 눈으로밖에 볼 수 없는 자들이었습니다. 그들 중에는 약탈로 정말 손톱만큼이라도 자기 몫을 챙길 가망이 약간이라도 있으면, 한 덩어리의 재산—그와 같은 재산의 분배에 참여하기란, 전면적인 사물의 쟁탈도 아닌 한 그들로선 꿈도 꿀 수 없었던 것인데—

에 손을 대는 계획에는 기꺼이 참여하려는 자들이 많이 있었음에 틀림없습니다. 이런 사제들은 또 하나의 회의[123]에 둥지를 튼 활발한 법률가들의 권력에 대한 균형추가 되기는커녕, 필연적으로 마을 안의 사소한 일을 둘러싸고 언제나 추종했던 그런 자들의 적극적 협력자이거나, 잘해 봐야 수동적 도구가 되지 않을 수 없습니다. 그들도 또 그런 자들 가운데서 가장 양심적인 인간이라고는 도저히 말하기 어려운 자들입니다. 그들은 뻔뻔스럽게도 자신의 무능한 이해력을 믿고 그들을, 그들이 기르는 무리와의 자연스런 관계나 본연의 행동영역 따위에서 왕국의 재생사업으로 데리고 가 줄 신탁을 꾸밀지도 모를 나쁜 무리였습니다. 제3신분에 둥지를 튼 사기꾼들의 힘에 이 우세한 무게가 더해지자 그 무지와 경솔과 자만과 약탈 욕구로 가득찬 운동은 완전한 것이 되고, 그 무엇도 이에 항거할 수 없게 되고 말았습니다.

분별력이 있는 사람들이라면 처음부터 눈치챘겠지만, 제3신분의 대다수는 내가 지금 설명한 이런 성직자 대표와 손잡고 귀족 박멸을 꾀하면서도 실은 필연적으로 귀족계급에 속하는 인물들의 최악의 계략을 추종하게 되어 갔습니다. 이 인물들은 자기 자신의 계급의 약탈과 능욕을 통해서 그들의 새로운 추종자들에게 지불할 확실한 원금을 수중에 넣는 것이었습니다. 동료들의 행복을 낳고 있었던 것을 탕진하는 일쯤이야 그들에게는 희생도 아무것도 아닐 것입니다. 명문 출신이면서 성질이 거칠고 불만이 많은 사람들[124]은 개인적인 자부심과 오만함으로 가득 차면 찰수록 자신이 속하는 신분의 사람들을 누구랄 것도 없이 경멸하게 됩니다. 그들의 이기적이고 사악한 야심을 드러내는 최초의 징후 중 하나는 그들이 타자와 공유하고 있는 존엄을 부끄러운 줄도 모르고 무시하는 것입니다. 사회에서 자신이 속해 있는 작은 한 영역에 애착을 갖는 것, 그 작은 한 부분을 사랑하는 것은 공적 애정의 첫 번째의 동기(말하자면 싹)입니다. 그것이야말로 우리를 이끌어 조국애로, 그리고 마침내 인류애로 나아가게 하는 긴 사슬[125]의 첫 번째 고리인 것입니다. 사회의 계급구성 가운데서도 그 작은 부분에 연관된 이익이 있는데 그것은 그 작은 부분의 구성원 전원의 손에 맡겨져 있는 것입니다. 악인도 아닌 한 누구나 그 악용을 정당하다고 하지는 않을 테고, 반역자도 아닌 한 그것을 자신의 개인적 이득과 교환해 버리지는 않을 터입니다.

우리 잉글랜드에서도 일찍이 내란의 시기에는 그 시대의 홀랜드 백작*126과 같은 인물이 더러 있었습니다(당신들의 프랑스의회에 그와 같은 인물이 있는지는 모르겠는데). 그들은 왕으로부터 아낌없는 은혜를 받고 그 때문에 그들 자신 또는 그들의 가족이 사람들 마음속에서 왕에 대한 적의를 자아낸 원인이 되었을 정도인데, 나중에는 그 불만에서 생겨난 반역에 가담했습니다. 또 왕좌의 완전한 멸망을 도운 자도 있었습니다. 하지만 그들 가운데 어떤 자는 자신의 존재 자체를, 그렇지 않은 자도 최소한 자신의 은인을 파멸시키기 위해 쓴 권력 모두를, 왕좌에 빚지고 있었습니다. 이런 인간은 만일 그 탐욕스런 욕망에 무언가 한계라도 설정되거나 또는 자신이 독점하려고 했던 목적물에 대해서 타인의 참가가 허용되기라도 하면, 그 강한 욕구 속에서 채워지지 못하고 남겨진 갈망의 텅 빈 자리를 순식간에 복수와 질투로 가득 채웁니다. 그들은 병든 정념에 사로잡혀 어쩔 줄을 모르고, 이성은 혼란에 빠지고, 사고는 종잡을 수 없게 됩니다. 그것은 타인이 보기엔 설명이 불가능하고 그들 자신이 보기엔 불확실합니다. 그들의 눈에는 정해진 사물의 질서 전부가, 모든 방면에서 그 무원칙한 야망을 가로막는 벽으로 보이게 됩니다. 그러나 실은 착란이라는 안개 속에서 모든 것이 확대되고 한계가 전혀 없는 듯 보이는 것뿐입니다.

신분이 높은 사람들이 목적 하나 확실하지 않은 야망에 사로잡혀 온갖 존엄의 관념을 희생하고 하등(下等)의 도구를 써서 하등의 목적 실현을 꾀하면 사회 전체도 또 저급해지고 야비해집니다. 무언가 이와 비슷한 일이 지금 프랑스에서 일어나고 있지 않습니까. 그것은 무언가 비열하고 파렴치한 일들을 낳고 있지 않습니까. 모든 주요 정책에 일종의 비열함이 있지 않습니까. 현재 이루어지고 있는 모든 것에서 볼 수 있는 하나의 경향이, 개인뿐만 아니라 국가에 대해서도 그 존엄이나 무게를 떨어뜨리고 있지 않습니까. 일찍이 다른 혁명을 지도했던 사람들은 국가적 변혁을 시도하고—또는 그것을 실제로 가져오고*127—그러면서도 동시에 스스로 그 평화를 혼란스럽게 한 민중의 존엄을 높여 자신의 야망을 거룩하게 했습니다. 그들은 멀리 내다볼 줄 알았습니다. 국토의 파괴가 아닌 통치를 지향하고 있었습니다. 그들은 문무에 걸친 위대한 재능의 소유자이고 비록 공포의 대상이었을망정 시대를 빛낸 인물들이었습니다. 그들은 타락한 자신들의 회의가 가져온 국토의 곤궁과 파멸을, 사기적 통화와 값이 하락한 지폐를 써서 가장 쉽게 구할 수 있는 자는 누구인가 하고 떠들면서 입씨름을 하는 유대인 상인과 같지는 않았습니다. 옛날식 대악인의 한 사람(크롬웰)에 대해서 그 시대의 인기 시인이기도 했던 그의 친척 한 사람이 바친 송사(頌詞)는 크롬웰이 약속한 것이 무엇이었는지, 또 실제로 그의 야심이 성공함과 함께 크게 성취된 것이 무엇이었는지를 보여 주고 있습니다.

'귀하가 더욱 높이 오를 때 똑같이 드높아진 국가도 또

귀하의 손으로 변화되면서도 병드는 일은 없도다.

떠오르는 태양이 보잘것없는 밤빛을 소리도 없이 깨뜨릴 때 세계의 위대한 광경이 변하듯이.'*128

이들 교란자는 권력의 찬탈자라기보다는 오히려 사회에서의 자신들의 자연스런 장소를 요구한 사람들이었습니다. 그들이 높이 오름으로써 세계는 빛을 받고 아름다워졌습니다. 그들이 그 경쟁자에게 이긴 것은 후자보다 훨씬 빛났기 때문입니다. 마치 파괴의 천사처럼 국토를 내려친 손은 일찍이 그것을 괴롭힌 바로 그 힘과 에너지를 국토에 전했습니다. 결코 나는 그와 같은 사람들의 미덕이 그들의 죄와 균형을 이룬다는 따위의 말을 할 생각은 없습니다(신에 맹세코 그렇지 않습니다). 그렇더라도 전자는 후자가 가져온 결과에 대한 일종의 중화제이기는 했습니다. 이런 존재가 내가 말한 대로 우리의 크롬웰이었습니다. 당신들의 기즈가, 콩데가, 콜리니가 등의 사람들 모두였습니다. 훨씬 조용한 시대에 살아가면서 내란 때의 정신으로 행동한 리슐리외*129의 사람들이었습니다. 이 사람들보다도 훨씬 훌륭한 인물이고 그 대의도 의문의 여지가 더 적었던 귀국의 앙리 4세와 쉴리*130는 내란 속에서 등장해 아직 몇 가지 오점을 지니고는 있다 해도 똑같은 사람들이었습니다. 일찍이 프랑스는 다른 어떤 국민이 경험했던 것보다도 더 길고 처참했던 내란이 간신히 멈춘 그 순간 실로 재빠르게 그 상태에서 회복해 부상(浮上)했습니다. 그 속도는 정말 놀라웠습니다. 왜 그랬을까요. 온갖 살육에도 불구하고 나라 안에서 정신은 말살되지 않았기 때문입니다. 자각된 존엄, 고귀한 긍지, 좋은 출신에 어울리는 명예심과 경쟁심은 죽지 않았습니다. 반대로 그것은 불이 당겨져 활활 타올랐습니다. 아무리 손상되었다고는 하지만 여러 국가기관도 여전히 존재하고 있었습니다. 명예와 미덕에 대한 모든 포상, 모

든 보상, 모든 특별대우도 남아 있었습니다. 그러나 현재 당신들의 혼란은 마치 모든 것을 마비시키듯 생명의 원천 그 자체를 엄습한 것입니다. 당신들의 나라에서는 명예의 원리에 따라서 행동해야 할 지위에 있는 사람은 한 사람도 빠짐없이 폄훼되고 지위를 빼앗기고 말았습니다. 그들이 삶의 충실감을 느낄 수 있다면 그것은 약간의 분함과 굴욕이 낳은 분노로 불탈 때뿐입니다. 그러나 이 세대도 바로 지나갈 것입니다. 다음 세대의 귀족은 언제나 그들의 동료가 되고 때로는 주인도 되는 직인이나 농민, 금융업자나 고리대금업자, 그리고 유대인과 닮아갈 것입니다. 수평화하려는 인간은 결코 평등을 가져오지 않습니다. 사실 그렇습니다. 무릇 다양한 종류의 시민으로 이루어진 사회에서는 어디서나 어떤 직업계급이 최상위에 서지 않으면 안 됩니다. 따라서 수평주의자들은 사물의 자연질서를 바꾸고 왜곡하는 일 이외에 아무것도 하지 않고 있는 셈입니다. 그들은 그 크기로 보아도 지상에 두어야만 하는 구조물*131을 공중에 들어 올림으로써 사회라는 건축물에 부담을 주고 있는 것입니다. 이 공화국(이를테면 파리공화국*132)을 구성하고 있는 재봉사나 목수 단체가 자연에 갖춰진 특권의 찬탈이라는, 찬탈 가운데서도 가장 나쁜 찬탈에 의해서 당신들이 그들에게 밀어붙이고 있는 지위에 도저히 견뎌 낼 리가 없습니다.

신분제 회의를 개회할 때 프랑스의 대법관은 미사여구로 모든 직업이 명예롭다고 연설했습니다. 이때 그가 말한 의미가, 제대로 수행되는 일이라면 부끄러워할 것은 아무것도 없다는 뜻이었다면 그의 말이 반드시 진리에서 멀다고는 말할 수 없을 것입니다. 그러나 우리는 무슨 일에 대해서 그것을 명예롭다고 할 경우, 그 무언가를 뛰어난 것으로 구별하는 의미를 포함시킵니다. 이발사라든가 초장이 등과 같은 직업은—그보다도 천한 많은 다른 직업은 말할 것도 없고—누구에게나 명예로운 것일 수는 없습니다. 그런 부류의 사람들이 국가에게 압박을 받아도 안 되지만, 그러나 만일 그들과 같은 자들이 개인적으로건 집단적으로건 통치를 해도 된다고 한다면 이번에는 국가 쪽이 억압을 받게 됩니다. 당신들은 그렇게 함으로써 스스로 편견과 싸우고 있다고 생각하겠지요.*133 그러나 실은 자연과 싸우고 있는 것입니다.

(집회서 제38장 24~25
절, 27, 33, 34절)

친애하는 분이시여, 나는 그대가 일반적인 관찰이나 감정에 대해서까지 일일이 세세한 정정이나 예외를 명확하게 요구할 정도로 궤변적이고 까다로운 정신의 소유자라든가, 고집스러운 우둔함의 소유자라고 생각하지는 않습니다. 그와 같은 정정이나 예외는 정상인 인간의 입에서 나오는 일반적인 명제에서 언제나 설명되고 있다는 것이, 이성의 전제입니다. 귀하는 내가 권력이나 권위나 지위를 혈통이나 신분에만 한정하려 한다고는 생각하시지 않을 것입니다. 네, 사실입니다. 실제의 것이건 추정된 것이건 미덕과 예지 이외에는 통치를 위한 자격은 없습니다. 신분, 처지, 직업, 상업의 여하를 불문하고 실제로 미덕과 예지를 지니고 있는 사람에게는, 인간세계의 지위와 명예에 이르는 하늘로부터의 여권이 주어져 있는 법입니다. 내 나라에 광채를 더하고 또한 유용한 문무성(文武聖)의 재능이나 미덕이 내미는 봉사를 물리치는 나라, 국가를 빛과 영광으로 휘감도록 만들어진 것 모두를 저주의 그늘로 내모는 나라에 화가 있으라. 반대쪽 극단으로 치닫는 나머지 낮은 교육 수준, 비열하고 편협한 사물에 대한 견해, 천한 욕심뿐인 직업 따위를 보다 바람직한 지휘 자격으로 보는 국가에도 화가 있으라. 실제로 모든 것은 개방되어야 하는데 그렇다고 해서 누구에게나 무차별적으로 개방돼선 안 됩니다. 온갖 제비뽑기에 의한 선임, 대체로 추첨제 또는 순번제에 가까운 선임 방법 등은 광범한 일을 다루는 정부에게 일반적으로 좋은 것일 수 없습니다. 왜냐하면 그것은 의무에 대한 견식을 지닌 인간을 뽑거나 인간을 의무에 적응시키거나 하는 경향[134]을 직접적으로든 간접적으로든 가지고 있지 않기 때문입니다. 단호히 말씀드리지만, 매우 보잘것없는 처지에서 고위나 권력에 이르는 길은 지나치게 쉽게 만들어져 있어도 지나치게 당연한 것이어서도 안 됩니다. 만일 드문 공적이란 것이 온갖 드문 것 가운데서도 가장 드문 것이라면 그 공적은 일종의 시련을 통과해야만 합니다. 명예의 전당은 높은 곳에 자리잡아야 합니다.[135] 설사 그 문이 미덕을 통해서 열린다 해도, 미덕이 시험을 받는 것은 단지 일종의 고난과 싸움에 의해서만이라는 것도 분명히 밝히지 않으면 안 됩니다.

국가의 재산뿐 아니라 국가의 능력도 대표하지 않는 자는 대체로 한 국가의 적절한 대표일 수 없습니다. 그러나 능력이 활발하고 행동적인 원리인데 비해 재산은 조용하고 운동성이 부족하고 소극적인 원리이므로 후자의 경우 그 대표를, 비교할 수 없을 정도로 불균등하게 우세로 해 두지 않는 한 능력의 침해로부터 결코 안전하게 지킬 수는 없습니다. 또 그것은 커다란 축적량으로서 대표되어 있지 않으면 안 됩니다. 그렇지 않으면 그것은 정당하게 보호되지 않습니다. 획득 및 유지라는 복합적 원리로 형성되는 재산 특유의 본질이란 그것이 불평등하다는 점에 있습니다. 따라서 부러움을 자극해 약탈을 부추길 정도로 많은 재산은 위해의 가능성이 미치지 않는 곳에 놓여 있지 않으면 안 됩니다. 그렇게 하면 그보다 작은 다양한 정도의 재산에 대해서도 그것이 자연의 보루가 되어 줄 것입니다. 같은 양의 재산이라도, 일의 자연스런 추세에 따라 많은 사람 사이에서 분할되고 만 것은 같은 작용은 하지 않습니다. 재산이 지닌 방어력은 분산될수록 약해집니다. 이렇게 분산하고 말았을 때 각자는, 타자의 축적을 분할하면 자기가 가질 수 있으리라 생각하고 흥분해 그가 남몰래 기뻐했을 만큼 큰 재산은 얻지 못합니다. 실제로 소수자를 약탈해도 다수자에게 분배할 때의 몫은 예상 외로 적습니다. 그런데 많은 사람은 이 계산을 못하고, 더구나 약탈을 위해 그들을 지도하는 자들은 그와 같은 분배는 결코 생각하지 않고 있는 것입니다.

우리의 재산을 우리들 가족의 손 안에서*[136] 영속시키려는 힘, 이 힘이야말로 재산에 속하는 다양한 것들 가운데서 가장 가치 있고 가장 흥미로운 것 중 하나이고, 더구나 사회 그 자체의 영속화 방향으로 두드러지게 작용하는 힘입니다. 그것은 우리의 약점을 미덕 아래 엎드리게 하고 탐욕에조차 선의를 접목시킵니다.** 가족재산의 소유자나 세습재산에 딸린 지위의 소유자는 (그것에 가장 깊이 관련된 자로서), 이것의 전달을 위한 자연적 담보입니다. 이 나라에서는 상원이 이 원리에 입각해 형성되어 있습니다. 그것은 전면적으로 세습재산과 세습적 지위에 의해 구성되고 따라서 제3의 입법부를 이루고 있습니다. 그것은 또 보다 세분된 모든 재산에 대해서 궁극적으로는 유일한 재판관입니다. 하원의 압도적인 부분도 또 반드시 그렇진 않을망정 사실상 언제나 그와 같이 구성되고 있습니다. 이들 대 재산 소유자들에게는 그들이 원하는 대로 하도록 시키는 것이 어떨까 합니다. 그렇게 하면 그들은 가장 뛰어난 사람들의 반열에 들 기회를 잡을 것입니다. 그리고 최악의 경우에도 국가라는 대 선박의 바닥짐은 됩니다. 왜냐하면 세습적 부와 그에 뒤따르는 지위란, 비굴하게 이리저리 기어다니는 추종자나 맹목적이고도 비열한 권력 찬미자 등에 의해서 지나치게 우상화되고 있을망정, 다른 한편으로는 또 철학이라는 뻔뻔스럽고 오만하고 근시안적인 천박한 사변(思辨) 속에서 너무나도 가볍게 경시되고 있기 때문입니다. 태생에 대해서 적절히 억제된 탁월성을 어느 정도 인정하고 얼마간 우선성을 부여하는 것은 (단 배타적으로 고집하는 것은 아니고) 부자연스럽지도 않고 부정도 부득책도 아닙니다.

2400만 명은 20만 명보다 우월해야 한다고 말하는 사람이 있습니다. 당연합니다. 단, 왕국의 구성 즉 산수 문제라면 그렇다는 이야기입니다. 이 같은 주장은 가로등 기둥이나 찬성자로 삼으면 됩니다.[*137] 약간이라도 냉정하게 추리하는 사람들이 보기에 그것은 가소롭기 짝이 없습니다. 다수자의 의지와 이해는 대단히 자주 엇갈리게 될 것이 틀림없습니다. 그들이 나쁜 선택을 할 때 그 엇갈림은 심대할 것입니다. 시골 변호사나 신원이 의심쩍은 사제가 500명 모여서 탄생한 정부는 그들을 선출한 것이 설사 4800만 명이었다고 해도 그중 2400만 명에게는 좋은 것이 아닙니다. 또 열 명 남짓한 신분 있는—단 그 권력을 수중에 넣기 위해 자신에게 내려진 신탁을 배신한—사람들에게 지도를 받았다고 해서 그것이 더 좋아지는 것도 아닙니다. 현재 당신들은 이르는 곳마다 자연의 큰길에서 방황하다 벗어나고 만 것으로 보입니다. 프랑스의 재산은 프랑스를 다스리고 있지 않습니다. 물론 재산은 파괴되었고 도리에 맞는 자유 따위는 존재하지 않고 있습니다. 당신들이 지금 가지고 있는 거라곤 종이쪽지인 통화와 투기성 높은 헌법이 전부입니다. 그리고 장래에 대해서도, 83개나 되는 지방자치체(그런 것들을 각각 구성하는 여러 부분은 논외로 하더라도)에 의한 공화정 체제 위에 서 있는 프랑스의 영토가 도대체 한 덩어리로서 통치된다고 당신들은 진정으로 생각하고 있습니까. 또는 대체로 단일 정신의 충동으로 움직여질 것으로 생각하고 있습니까. 국민의회가 그 자신의 일을 완성했을 때 그것은 자기파멸을 완성하고 있는 셈입니다. 이들 지자체란 여러 국가는 파리공화국에 예속된 상태를 오래 견디지는 않을 것입니다. 그들은 이 파리라는 한 단체가 사로잡힌 국왕을 독점하고 국민적이라고 자칭하는 회의를 지배하는 현상을 참지 않을 것입니다. 교회로부터 얻는 것도 각 지자체가 자기 자신의 몫을 내놓지 않을 것입니다. 어느 지자체도 그와 같은 전리품이나, 조금쯤은 더 정당한 그들의 근로 성과나 그곳의 토산물이 파리의 직인들에게 보내져 그 방자함을 조장하거나 사치를 허락하거나 하는 것을 좌시하지 않을 것입니다. 이와 같은 것이야말로 평등하다—그들이 그런 미명하에 종전의 자국 헌법과 자기 군주에 대한 충성을 버리도록 부추김을 받긴 했어도—는 말 따위를 그들은 전혀 인정하지 않을 것입니다. 그들이 최근 만든 헌법하에서 수도 따위는 있을 수 없습니다. 민주주의 정부를 조직했을 때 자신들은 사실상 나라를 해체하고 말았다는 것을 그들은 잊고 있습니다. 그들이 불완전하게나마 국왕으로 부르고 있는 인물의 손에는, 이와 같은 공화국의 집합을 하나로 통합해 나가기에 족한 힘의 100분의 1도 남아 있지 않습니다. 실제로 파리공화국은 군대의 타락을 완성시키려고 힘쓸 것이고, 그 전제 지배를 계속할 수단으로서 유권자에게 의존하지 않고 비합법적으로 국민의회를 영원하게 만들려고 힘쓸 것입니다. 파리공화국은 또 무제한적인 지폐 통화의 심장부가 됨으로써 모든 물건을 자기 주위로 끌어들이려고 노력할 것입니다. 그러나 그것도 소용없습니다. 결국 이 정책 전체는 현재 광포한 정도만큼 무력해지게 될 것이 틀림없습니다.

만일 위와 같은 일이 당신들의 현실 모습이라고 칩시다. 그리고 말하자면 신의 목소리와 사람의 목소리에 의해서 당신들이 소명(召命)을 받은 상태와 현재 상태를 비교해 보니, 나로선 당신들이 한 선택이나 모처럼 노력한 끝에 성공한 결과 따위에 대해서 당신들에게 축복을 말씀드릴 생각이 들지 않습니다. 다른 어떤 국민에게도 그와 같은 원리에 입각해 그와 같은 결과를 낳게 되는 행위를 권장할 수 없습니다. 그런 축복이나 권장은, 당신들의 사정을 나보다도 훨씬 잘 아는 자들이나 당신들의 행위가 자신들의 계획에 얼마나 유리한지를 잘 알고 있는 자들에게 맡기는 수밖에 없습니다. 그렇게도 재빠르게 축복을 보낸 혁명협회의 신사들이 지닌 견고한 의견에 의하면, 아무래도 이 나라에 관련된 어떤 정치적 계략이 있고 거기에 당신들의 행동이 무언가의 형태로 도움이 되는 것 같습니다. 왜냐하면 이 문제를 상당히 열광적으로 고찰한 듯 보이는 당신들의 프라이스 박사가, 다음과 같이 매우 주목할 만한 말로 그의 청중에게 연설을 하고 있기 때문입니다. '나는 이제까지 누차 언급한 하나의 생각을 여러 형제들의 기억 속에 부디 상기해 달라고 말씀드리지 않고는 이야기를 끝낼 수 없습니다. 아마 여러 형제들의 마음도 그것을 계속 예기해 왔을 것으로 알고 있는데, 나에게 그 생각은 말로 다 할 수 없을 정도로 마음에 강하게 새겨져 있습니다. 내가 드리고 싶은 말씀은, 자유의 대의를 위한 노력 모두에게 현대는 적합한 시대로 생각된다는 것입니다.'

그런데 이 정치적 설교사의 마음이 그때 무언가 당치도 않은 계략으로 부풀어 있었음은 명백합니다. 또 얼마든지 있을 수 있는 일인데, 나보다 그를 훨씬 잘 아는 청중의 마음은 그의 고찰과 그로부터 도출되는 모든 귀결까지 따라가도록 이미 정해져 있는 것 같았습니다.

그 설교를 읽기 전까지 나는 내가 자유로운 나라에 살고 있다고 진심으로 생각했습니다. 아무래도 그 생각은 나만의 착각이었나 봅니다. 왜냐하면 그 생각은 그동안 나에게 내가 살고 있는 나라를 더한층 좋아하도록 해 주었기 때문입니다. 실제로 나는 우리의 자유라는 보물을 단순히 침해에 대해서만이 아니고 쇠퇴나 부패에 대해서도 주의해서 눈을 크게 뜨고 지키는 것이야말로[*138] 나의 최선의 예지이고 첫째 의무라는 식으로 의식하고 있었습니다. 그리고 그 보물은 안전하게 지켜져야 할 재산이지 우리가 손에 넣으려고 앞을 다툴 포상은 아니라고 나는 생각하고 있었습니다. 현대가 자유의 대의를 위한 노력 모두에게 그토록 두드러지게 유리한 시대인지 나는 모르고 있었습니다. 현대가 다른 어느 시대와도 다르다면 그것은 단지 프랑스에서 이루어지고 있는 사태에 의해서뿐입니다. 불쾌한 양상을 나타내고 더구나 인간성이나 고귀함이나 성실함이나 정의 등과는 양립할 수 없는 프랑스 국민의 어떤 행동이, 그 행위자에 대해서는 매우 온화하고 선량한 성질이라며 얼버무려지고 피해자에 대해서는 대단한 영웅적 견인불발(堅忍不拔)의 기개로 견뎌 내고 있다는 따위의 말이 나오는 것은 도대체 무엇 때문일까요. 만일 그 프랑스 국민의 실례가 이 나라에도 영향을 주는 것이라면 나로서는 그 이유를 쉽게 납득할 수 있습니다. 애초에 자신들이 따르기로 마음먹은 실례의 권위를 실추시키는 것은 사려 깊은 방법이 아니기 때문입니다. 그러나 그런 이유를 알고 있으면서도 우리는 다음과 같은 자연스런 의문을 품게 됩니다. 즉 프랑스의 실례가 드문 길조로 여겨지는 그 자유의 대의란 무엇이고 또 그 대의를 위한 노력이란 무엇인가. 이 나라 왕정은 왕국의 전통적인 모든 법,

모든 법정, 모든 법인[*139]과 함께 무로 돌아가야만 하는가. 기하학적, 산술적 헌법에 도움이 되도록 지방의 모든 분계선은 제거되고 말아야 하는가. 투표에 의해서 상원은 불필요하다고 결정해야만 하는가.[*140] 감독제 교회는 폐기되어야만 하는가. 교회령은 유대인이나 투기꾼들에게 매각되고, 또 새로 발명된 도시공화정 제국을 교회털이에 끌어들이기 위한 뇌물로 쓰여야만 하는가. 모든 조세는 억압적인 것으로 정해지고 국고수입은 애국적 헌금이나 애국적 헌납으로만 한정되어야 하는가. 토지세나 주세(酒稅)를 은제 구두 장식으로 대신해[*141] 그것으로 이 왕국의 해군력을 유지해야 하는가. 온갖 신분과 지위와 특별한 대우는 혼동되고 국가적 파산에 전반적 무질서가 더해진 가운데, 3, 4000이나 되는 민주정체는 83개로 줄어들고 그것들 모두가 정체를 알 수 없는 견인력에 의해서 하나로 조직화되고 말아야 하는가. 이 큰 목적을 위해 군대는, 처음에는 온갖 배임 유혹에 의해서 또 다음에는 급료 증가를 먹이로 쓰는 무서운 선례[*142]에 의해서, 규율과 충성의 길을 벗어나도록 유혹되어야만 하는가. 목사들은 그들 자신이 속한 신분을 박탈해서 얻은 먹이로부터 분배되는 시주에 대한 헛된 희망에 현혹되어 주교들로부터 떠나도록 부추겨져야 하는가. 런던 시민들은 그 동포 신민의 희생으로 부양되고 그럼으로써 충성심에서 멀어지도록 유도돼야만 하는가. 강제적 지폐통화가 이 왕국의 합법적 통화가 되어야 하는가.[*143] 이미 약탈된 공적 수입재원 가운데서도 약간 남은 것을, 상호 감시하고 노려보는 두 군대[*144]를 유지한다는 당치도 않은 계획 때문에 소비해야 하는가, 등등. —이상이 혁명협회의 목적과 수단이라고 한다면 그것들이 실로 잘 어울린다고 나는 인정할 것입니다. 그 목적과 수단, 어느 쪽에 대해서도 프랑스는 제각기 적절한 선례를 제공해 줄 것입니다.

나는 당신들의 실례가 우리를 부끄럽게 하려고 내밀어진 것임을 알고 있습니다. 우리는 자신들의 처지를 정도껏 참을 수 있다고 생각해 수동적이 되고, 또 어중간한 자유에 방해를 받아 한 번도 완전한 자유를 달성하지 못했던 우둔한 인종으로 생각되고 있는 것도 알고 있습니다. 프랑스에서의 당신들의 지도자들은 영국 헌법을 동경하는 척하고 거의 숭경(崇敬)하는 듯한 모습으로 출발했습니다. 그런데 일이 잘 진행되자 그것을 극도로 경멸하게 되었습니다. 우리들 안에 있는 당신들 국민의회의 친구들은, 일찍이 자국의 영광으로 생각되고 있었던 것에 대해서 철저하게 비굴한 생각을 가지고 있습니다. 혁명협회는 영국국민이 자유롭지 않다고 본 것입니다. 그들이 믿는 바에 따르면 우리 대표제의 불평등은 '우리 헌법이 지닌 참으로 중대하고도 명백한 결함이고 그 결함 때문에 우리 헌법의 탁월성은 단지 형식과 이론에 그치고 있는' 것입니다. 또 왕국 입법부에서의 대표제는 그 왕국 내의 모든 입헌적 자유의 기초로 그치지 않고 '모든 정당한 통치의 기초이기도 하다는 것, 그것 없이는 통치는 바로 찬탈과 다름없다는 것', '대표가 부분적일 때에는 그 왕국은 단지 부분적으로만 자유로울 뿐이며 더구나 그 부분성이 극도로 심해지면 대표제는 잔해에 지나지 않게 되고, 더 나아가 심하게 부분적일 뿐 아니라 선출까지 부패해 있으면 그것은 유해물이 된다는 것' 따위도 그들은 믿고 있습니다. 프라이스 박사는 대표제의 이 부적절함을 우리의 근본적 병폐로 간주하고 있습니다. 물론 그는 잔해만 남은 이 대표제의 부패가 아직 타락의 밑바닥에는 달하지 않았기를 희망하고는 있는데 다른 한편 '무언가 대규모 권력남용이 다시 우리의 분노를 사기까지는, 또는 무언가 대 파국이 다시 우리의 공포를 불러일으킬 때까지는, 또 사정에 따라서는 우리가 진짜의 그림자에 현혹되고 있는 사이에도 다른 나라가 순수하고도 평등한 대표제를 획득해 우리를 치욕으로 끓어오르게 할 때까지는, 우리가 이 소중한 하늘의 은총을 얻는 데 필요한 일은 아무것도 하지 못할 것입니다'라고 우려도 하고 있는 것입니다. 그는 여기에 다음과 같은 말로 주석을 덧붙이고 있습니다. '주로 국고와, 통상은 투표에 대해서 금전을 받고 있는 수천 명 민중 쓰레기의 손으로 선출되는 대표제.'

여기에서 당신은 이 민주주의자들이 시종일관하고 있는 사상에 미소를 지을 것입니다. 방심하고 있을 때의 그들은 사회 속에서도 가난한 부분을 최대한 경멸적으로 다루면서, 더구나 동시에 그들을 모든 권력의 둥지로 삼는 듯한 말을 하는 것입니다. '부적절한 대표'라는 말의 일반성이나 다의성(多義性) 속에 숨어 있는 많은 기만을 당신에게 지적해 보이려면 긴 논의가 필요하겠지요. 우리에게 오랜 번영을 가져다준 그 유행에 뒤떨어진 영국헌법에 대한 공정함을 잃지 않기 위해서라도, 여기에서 나는 단지 '우리 대표제는 대체로 민중의 대표라는 것이 그 때문에 요구되고 또 연구된 모든 목적에 대해서 완벽하게 적합하다는 점이 밝혀진 상태이다'라는 정도로만 말해 두겠습니다. 우리 헌법의 적들이 반증을 보여 줄 생각이라면 보여 주기를 바랍니다. 우리의 헌법이 그 목적을 추진하는 데 있어서 얼마나 훌륭한지 알고 있는가를 하나하나 상세하게 말하기 위해서는 살아 있는 우리 헌법에 대한 한 편의 논문이 필요합니다. 나는 여기에서 혁명주의자들의 교의를 말해 보겠습니다. 나로서는 단지 이 신사들이 자기 나라 헌법에 대해서 어떻게 생각하고 있는지를 당신을 비롯한 다른 사람들이 이해해 주길 바라기 때문입니다. 또 그들의 마음속에서는 무언가 대규모 권력 남용이나 대 파국이 자신들의 관념에 따른 헌법이란 하늘의 은총에 대한 기회를 주는 것으로서 그럴듯하게 꾸며지는데, 그들이 그렇게 생각하고 있는 이유도 이해해 주길 바라기 때문입니다. 그러면 왜 그들이 당신들의 이른바 공정하고 평등한 대표제—한 번 달성되기만 하면 언제나 같은 결과를 가져올 대표제—에 그만큼 열중하고 있는지 알게 될 것입니다. 그들이 우리의 하원을 '잔해', '형식', '이론', '진짜의 그림자', '위조품', 그리고 어쩌면 '유해물' 등으로 간주하고 있다는 점도 알게 될 것입니다.

이 신사들은 스스로 시종일관하고 있다고 자기평가를 하고 있습니다. 당연한 이야기입니다. 그러므로 그들은 대표제의 이 중대하고도 명백한 결함이나 이 근본적 병폐(라고 그들은 부릅니다)를 지목해 그 자체가 유해할 뿐만 아니라, 동시에 그것이 우리의 통치기구 전체를 절대적으로 불법화하여 찬탈과 조금도 다를 바 없는 것으로 만든다고 말하지 않으면 안 되는 것입니다. 물론 이 불법으로 찬탈된 통치기구를 제거하기 위한 또 하나의 혁명은 절대적으로 필요하다고까지는 못할망정 완전히 정당화될 것입니다. 조금이라도 주의 깊게 보면 알 수 있는 일인데 실제로 그들의 원리는 하원선거 변경을 훨씬 뛰어넘은 영역에까지 펼쳐지고 있습니다. 만일 민중대표라는 것, 즉 민중에 의한 선택이 모든 정부의 정당성에 있어서 필수라면, 그 피로 인해서 상원은 순식간에 사생아가 되고 더럽혀진 것이 되고 말기 때문입니다. 상원은 '잔해 또는 형식'으로도 전혀 민중의 대표는 아닙니다. 왕좌의 상황도 좋지는 않습니다. 이들 신사들 앞에서 왕이 '혁명'*145 때에 수립된 체제의 권위로 몸을 지키려고 시도해도 헛수고입니다. 왕이 자격의 근거로 드는 '혁명' 그 자체가 그들의 체계에 의하면 무자격하기 때문입니다. 그들의 이론에 따라서 말한다면 '혁명'은 현재 우리의 여러 제도의 외견 이상으로 확실한 기초 위에 구축되어 있지는 않습니다. 왜냐하면 '혁명'은 자기 자신만을 대표하던 상원과 현재 존재하는 하원—그들의 말에 따르면 대표제의 '그림자이자 웃음거리'에 지나지 않는 하원—에 의해서 이루어졌기 때문입니다.

그들은 무언가를 파괴하지 않으면 안 됩니다.[*146] 그러지 않으면 자신들이 아무런 목적 없이 존재하고 있는 것처럼 느껴지기 때문입니다. 한 조는 교회권력으로 정치권력을 파괴하고, 다른 한 조는 정치권력으로 성직자를 쓰러뜨리려고 합니다. 그들은 교회와 국가라는 이 이중 파멸의 실현을 통해서 최악의 결과를 국가에 가져오게 될지도 모른다는 점을 깨닫고 있습니다. 그러나 자신들의 이론에 지나치게 열중해 있으므로 이 파멸과, 그것을 가져오거나 수반하거나 하는—더구나 그들 자신이 보아도 완전히 확실한—제악(諸惡) 모두가, 그들로서는 승인하기 어려운 것도 그들의 희망과 동떨어진 것도 아니라는 사실을 굳이 숨기려고도 하지 않습니다.[**] 그들 안의 대 권위이고 실제로 위대한 재능의 소유자이기도 한 어느 인물은 교회와 국가와의 가상동맹[*147]을 언급하면서 '이 부자연스럽기 짝이 없는 동맹을 깨려면 그에 앞서 우리는 정치권력의 몰락을 기다리지 않으면 안 될 것이다. 그것이 비참한 시기임은 틀림없다. 그러나 그 정도로 바람직한 결과를 수반한다면 정치세계에서의 어떤 혼란이 비탄의 재료일 수 있을까'[*148]라고 말하고 있습니다. 이 신사들이 자기들의 국토를 덮칠지도 모르는 어마어마한 파국을 얼마나 침착하게 바라보려고 대기하고 있는지 이것으로 당신도 알 수 있으리라고 생각합니다.

따라서 교회에 대해서건 국가에 대해서건, 자국의 헌법이나 정부의 모든 점을 불법이고 찬탈이고 쓸모없는 웃음거리인 존재로 삼으려는 이와 같은 관념을 지닌 자들이 열광적인 눈으로 국외를 바라보아도 전혀 의아할 것이 없습니다. 그런 사고방식에 사로잡혀 있는 한 그들에게 선조가 쓴 방법이나, 국가의 기본법이나 정해진 형식의 헌법—그 이점은 오랜 경험이나 국력과 국민적 번영의 증대 등과 같은 확실한 검증에 의해서 확인되고 있는데—등에 대해서 말해 봤자 헛수고입니다. 그들은 경험을 무학자의 지혜라며 멸시합니다. 그럼 경험 이외에 무엇에 의존하느냐 하면, 그들은 지하에 지뢰를 부설해 한 발의 대폭발로 종전의 모든 사례, 의회의 모든 선례, 헌장, 법령 따위를 날려 보내려고 하는 것입니다. 그들에게는 '인간의 모든 권리'가 있습니다. 그것에 거스르는 어떤 시효도 있을 수 없고, 그것에 거스르는 어떤 협정도 무효입니다. 그것은 어떤 수정도 타협도 허용하지 않습니다. 그 요구에 조금이라도 응하지 않는 것은 모두 기만과 부정에 해당합니다. 그들의 이른바 인간의 모든 권리는 자신에게 거스르는 어떤 정부에 대해서도, 그것이 설사 오래 존속했더라도 또는 정의와 관용으로 정치를 했다 하더라도 이에 기대어 안전보장을 요구하는 것을 허용하지 않습니다. 그들의 이론과 합치하지 않는 형식의 정부에 대해서 이들 공론가들이 주장하는 이의는, 그 정부가 아무리 오랫동안 유익했어도 포악하기 이를 데 없는 전제나 가장 최근의 찬탈에 대한 이의와 똑같이 유효하다고 인정됩니다. 그들은 언제나 정부와 사사건건 다툽니다. 그러나 그것은 악정(惡政) 문제에 대해서가 아니라 권한 문제, 자격 문제에 대한 분쟁입니다. 그들의 정치적 형이상학의 비뚤어진 잔꾀에 대해서 나로서는 할 말이 전혀 없습니다. 그들을 학교 내에서 좋을 대로 하도록 내버려 둡시다. '그곳에서 마음 내키는 대로 하는 것이 좋다. 바람의 신은 바람 감옥의 자물쇠를 잠그고 그곳에서 지배하는 게 좋다.'*149 그렇더라도 그들에 대해서는, 레반트의 동풍*150처럼 감옥을 파괴하고 갑자기 불어 닥쳐 그 폭풍으로 대지를 일소하고 깊은 샘을 파괴해 우리를 멸망시키지 않도록 주의하지 않으면 안 됩니다.

나는 인간의 진정한 모든 권리에 대해서 그것을 이론상 부정할 생각은 추호도 없고 마찬가지로 실천상 거부할(만일 내가 부정하거나 거부하거나 할 힘이 있다면 말인데) 생각도 전혀 없습니다. 그들의 잘못된 권리 주장을 부정할지언정 진정한 권리—그들의 거짓 권리가 전면적으로 파괴하려는 권리—를 해칠 의도는 나에게 없습니다. 문명사회가 인간의 이익을 위해 형성된 것이라고 한다면 대체로 그 형성 목적인 이익 모두가 인간의 권리가 됩니다. 그것은 구체적 선을 위한 제도이며 법 그 자체가 일정한 규칙에 따라 작용하는 구체적 선입니다. 인간에게는 그 규칙에 따라서 살 권리가 있습니다. 그들에게는 동포와의 관계에서—그 동포가 공적 직무를 맡고 있건 일반적인 일을 하건 변함없이—정의를 요구할 권리*151가 있습니다. 또 자신의 노동 성과와, 그런 성과를 가져오는 수단에 대한 권리가 있습니다. 자신의 양친이 획득한 것, 자기 자손을 기르고 그 향상을 돕는 것, 인생을 가르치고 이끄는 일, 죽음에 관한 위로 따위에 대한 권리*[152]가 있습니다. 무슨 일이건 각자가 타자를 침해하는 일 없이 제각기 할 수 있는 일이 있다면, 그에게는 스스로 그렇게 할 권리가 있습니다. 그에게는 또, 사회가 그를 위해 온갖 숙련(熟練)과 힘을 결합해 제공해 주는 모든 것에 대해서 합당한 제 몫을 요구할 권리가 있습니다. 이 사회라는 조합에서는*[153] 모든 사람들이 똑같은 권리를 지니고 있습니다. 다만 같은 사물에 대해서는 아닙니다. 조합에 단 5실링밖에 출자하지 않은 사람도 그 5실링에 대한 충분한 권리는 지니고 있습니다. 그것은 500파운드를 출자한 사람이 더 큰 그의 출자분에 대해서 권리가 있는 것과 같습니다. 그러나 공동 자산에서 생겨난 것에 대해서 전자가 후자와 똑같은 배분에 참여할 권리는 없습니다.** 그런데 국가 경영에서 각자가 지녀야 할 권력이나 권위나 지휘권의 배분에 대해서 말한다면, 나는 그것을 문명사회의 인간이 지닌 직접적인 본원적 권리로 간주하는 것에는 강하게 반대합니다. 여기에서 나의 염두에 있는 것은 바로 문명적, 사회적 인간이기 때문입니다. 이 문제는 약속에 의해서 해결되어야 할 사항인 것입니다.

만일 문명사회가 약속의 소산이라면 그 약속이 그곳에서의 법이 되어야 합니다. 그 약속은 문명사회에서 형성된 모든 종류의 기본법에 한계를 부여해서 그 법을 규제하지 않으면 안 됩니다. 온갖 종류의 입법, 사법, 행정 권력은 그 피조물입니다. 그것들은 그것 이외에는 어떤 형태로든 존재할 수 없습니다. 그렇다면 문명사회의 약속하에 있으면서 그 존재조차 전제하지 않는 것 같은 권리, 즉 그것과 절대 양립하지 않는 권리를 도대체 누가 요구할 수 있겠습니까. 문명사회를 가져오고 또 그 근본 규칙 중 하나가 되기도 하는 최초의 동기 하나가 있습니다. 바로 누구도 자기가 관여하는 사건에 대해 재판관이 되어서는 안 된다는 것*[154]입니다. 이에 따라서 각자는 아직 계약하지 않은 인간이라면 지니고 있을 제1의 기본권, 즉 그 자신의 소송사유를 스스로 심판하고 스스로 긍정할 권리를 즉시 잃어버립니다. 그는 자신에 대한 통치자로서의 권리를 모두 포기합니다. 그는 제1의 자연법인 자기방어의 권리를 포괄적으로 대부분 포기하는 것입니다. 인간은 비사회적 상태와 사회적 상태를 동시에 향유하지는 못합니다. 정의를 얻기 위해 그는 무엇이 그에게 적절하고 가장 중요한지를 결정할 권리를 단념합니다. 몇 가지 자유를 확실히 손에 넣기 위해 그는 자유 전체를 신탁해서 양도하는 것입니다.

통치는 자연권 덕분에 만들어지는 것이 아닙니다. 후자는 전자와는 완전히 별개로—게다가 보다 명석하게, 추상적으로는 훨씬 고도로 완전하게—존재할 수 있고 또 실제로 존재합니다. 그러나 그 추상적 완전함은 그 현실적 결함이기도 합니다. 인간은 모든 사물에 대한 권리를 가지면 모든 사물을 가질 수 없게 됩니다. 통치란 인간의 필요에 대응하기 위해 인간의 지혜가 고안한 것입니다. 그와 같은 필요는 이 지혜에 의해서 충족되어야 한다고 주장할 권리가 인간에게는 있는 것입니다. 그리고 그 필요에는 그들의 정념을 충분히 억제할 필요, 즉 문명사회로부터 생겨나는 필요가 포함됩니다. 사회는 개인의 정념이 억제되길 요구하는데 그뿐만 아니라 개인의 경우와 마찬가지로 집단이나 조직에서조차 종종 인간의 자연스런 경향이 차단되고, 의지가 제어되고, 정념이 극복되길 요구합니다. 그 일을 잘 해낼 수 있는 것은 그들 자신에게서 나온 권력뿐입니다. 그 권력은 직무를 수행할 때 그와 같은 의지나 정념에 좌우되지 않고 그것들을 제어하고 고쳐 나가는 것을 자신의 임무로 삼습니다. 이런 뜻에서 인간에 대한 억제는 인간의 자유와 함께 그 권리로서 간주되어야 합니다. 그런데 자유와 규제는 시대나 상황에 따라 다르고 수정될 여지가 무한하므로, 그것들을 무언가 추상적 규칙에 따라 정해 두기란 불가능합니다. 그와 같은 추상적 원리에 입각해서 그런 것들을 논의하는 것보다 어리석은 일은 없습니다.

각자가 자기를 다스린다는 완전무결한 권리에서 무언가를 줄이고 대략 인위적인 현실적 한계를 그 권리에 설정한 바로 그 순간부터 통치의 조직 전체가 목적합리성*155의 문제가 됩니다. 한 국가의 헌법과 그 권력의 적절한 배분을 가장 미묘하고도 복잡한 숙련의 문제로 만드는 것이 바로 이것입니다. 그것은 인간성과 인간의 필요에 대해서, 또 사회적 여러 제도라는 맥락을 통해 추구되어야 할 다양한 목적들을 촉진 또는 저해하는 일에 대해서 깊이 있는 지식을 요구합니다. 국가는 자기 힘의 원천과 병폐의 치유책을 지니고 있지 않으면 안 됩니다. 식품이나 약에 대한 인간의 추상적 권리를 논해 봤자 그것이 도대체 무슨 도움이 되겠습니까. 문제는 그것들을 입수하고 투여하는 방법입니다. 우리가 그것을 고려할 때 의지해야 할 대상은 형이상학 교수가 아니라 오히려 농민이나 의사라고 나는 늘 변함없이 충고하고 싶습니다.

한 국가를 구성하고 쇄신하고 개혁하기 위한 학문은*156 다른 모든 경험과

학과 마찬가지로, 선험적으로 교육되어서는 안 됩니다. 또 이 실천적 학문에서 우리를 가르치고 이끌어 줄 수 있는 것은 짧은 경험이 아닙니다. 왜냐하면 선악판단이라는 원인*157의 진정한 결과는 반드시 직접적이지는 않기 때문입니다. 오히려 맨 처음에는 유해하게 보인 것이라도 장기적인 작용 면에서는 뛰어난 경우도 있고, 더구나 그 탁월함은 처음에 나왔던 나쁜 결과에서도 생길 수 있는 것입니다. 그 반대도 또 있을 수 있습니다. 참으로 좋아 보였던 계획이, 더구나 실로 순조롭게 시작된 일이 불명예스럽고도 유감스러운 결론에 이르는 일도 종종 있습니다. 국가에는 자주 눈에 띄지 않는, 잠재해 있다고도 말할 수 있는 원인들이 있는 것입니다. 그와 같은 것들은 언뜻 보기에 대단치 않은 듯해도 실은 그 국가의 흥망 대부분이 그것에 거의 본질적으로 의존하고 있는지도 모릅니다. 그러므로 통치학은 그 자체가 극히 실천적이고 또 실천적 목적을 지향해 만들어진 것이며 경험을—더구나 아무리 현명하고 주의 깊은 사람이라고 해도 평생을 다 바쳐도 얻지 못할 경험조차—필요로 하는 문제인 것입니다. 그러므로 몇 세대에 걸쳐서 어느 정도 사회의 공동목적에 호응해 온 건축물을 감히 허물려고 시도하거나, 또 그것을 재건한다고 해도 그 효용이 이미 증명된 형태나 형식을 염두에 두지 않고 그렇게 하려는 사람은, 아무리 주의해도 지나침은 없을 것입니다.

　이러한 형이상학적 권리가 사람들의 공동생활 속에 끼어들려고 하면, 직선이었던 그것은 마치 밀도 높은 매질(媒質)에 비춘 광선과도 같이 자연법칙에 의해서 굴절하게 됩니다. 실제로 거대하고 복잡한 인간의 정념이나 이해의 덩어리 속으로 끼어들면 인간의 원초적 권리는 매우 다양하게 굴절되고 반사됩니다. 그 결과 그런 권리들이 최초의 단순한 방향성을 유지한다는 식의 이야기는 부조리가 됩니다. 인간성은 복잡하고 사회의 목적은 지극히 복합적이고 여러 갈래입니다. 따라서 대체로 단순하게 배치되고 방향이 정해져 있는 권력은 모두 인간성과 인간적인 일의 특질에 적합할 리가 없습니다. 무언가 새로운 정치체제가 그 구조의 단순함을 목표로 하거나 자랑하거나 하는 것을 들을 때마다 나는 주저하지 않고, 그 제작자들은 일에 두드러지게 무지하거나 또는 완전히 의무를 게을리하고 있는 거라 단정짓고 있습니다. 단순한 정부란 아주 나쁘진 않을지언정 근본적으로 결함이 있는 것입니다. 만일 당신이 단 하나의 관점에서만 사회를 관상(觀想)한다면 이와 같은 단순한 양식의 정치조직은 모두 한없이 매혹적일 것입니다. 실제로 단순한 양식의 각 조직은, 더 복잡한 조직이 그 복합목적 모두를 달성할 수 있는 것 이상으로 훨씬 완전하게 그 단일목표에 호응할 수 있을 것입니다. 그러나 마음에 드는 부분에만 지나치게 주의를 기울인 결과 어느 부분은 매우 정확하게 정돈되면서 다른 부분은 완전히 무시되는—어쩌면 실질적으로 손상되는—일이 생길지도 모르는 것보다는, 불완전하고 불균형해도 전체에 걸쳐서 손이 가게 되는 것이 바람직합니다.

이들 이론가들이 자못 그럴듯하게 주장하는 권리는 모두 극단입니다. 그런 것들은 형이상학적으로 진리인 데 비례해서 도덕적, 정치적으로는 허위입니다. 인간의 권리란 일종의 중간적인 것이고 정의가 불가능한데 그렇다고 식별할 수 없는 것은 아닙니다. 이미 통치하에 들어가 있는 경우, 인간의 권리란 그 이익을 말하는 것이고 그것은 종종 서로 다른 선(善)들의 상호균형 속에 있습니다. 또 때로는 선과 악과의, 그리고 악과 악과의 타협 속에 있습니다. 정치적 이성이란 일종의 계산 원리로서, 정말로 도덕적 의미에서의 숫자를 형이상학적으로나 수학적으로가 아니고 도덕적으로 가감승제를 해 나가는 것입니다.

이 이론가들의 손에 걸리면 민중의 권리는 그 권력과 거의 언제나 궤변적으로 혼동되고 맙니다. 공동사회라는 단체는 그것이 행동 가능한 상태이기만 하면 어느 때라도 실질적 저항에 맞닥뜨리는 일은 없습니다. 그러나 권력과 권리가 동일시되어 버리지 않는 한 그 사회 전체가 미덕과—또 온갖 미덕 가운데서도 제일가는 미덕인 심려와—모순되는 권리를 갖는 일은 없습니다. 도리에 맞지 않는 것, 자신에게 유익할 수 없는 것에 대해서 인간은 권리를 가지고 있지 않습니다. 어느 쾌활한 작가는 동료 한 사람이 폭발하는 화산의 불길 속으로 태연히 뛰어들었다—'그는 홍련처럼 냉연하게 몸을 던졌다'—는 말을 들었을 때 '시인은 사라지고 싶으면 멋대로 사라지는 것이 좋다'고 말했는데,[158] 나는 그와 같은 농담은 파르나소스의 특권(시인의 특권) 가운데 하나라기보다는 오히려 용서할 수 없는 시인의 방언(放言)이라고 생각합니다. 그리고 이 같은 권리를 일부러 선택해서 행사한 사람이 시인이건 신학자이건 정치가이건 나는 그의 어리석은 행동의 기념으로 불타는 슬리퍼를 보존하기보다는, 오히려 더한층 선량하므로 더한층 현명한 사고가

권하는 바에 따라서 그 사내를 구해 주어야 한다고 생각합니다.

내가 지금 서술한 내용 대부분과 관련된 예의 기념 설교는 그들이 그 사실을 기념할 때 현재의 추세를 부끄럽게 여기고 막지 않는 한, 그들이 기념하고 있는 그 '혁명'의 원리 때문에 많은 사람들을 기만해 일탈시키고 사람들로부터 그 은혜를 박탈하게 될 것입니다. 당신에게는 정직하게 말하는데, 이와 같이 저항이나 혁명에 대해서 끊임없이 지껄이거나 헌법용(憲法用) 극약을 일상의 빵으로 하는 것과 같은 습관을 나는 좋아해 본 적이 없습니다. 그것은 사회의 체질을 위험하리만치 허약하게 합니다. 그것은 수은 증기를 정기적으로 마시고, 자유에 대한 우리의 사랑을 위해 흥분제인 칸타리스[159]를 되풀이해서 복용하는 것과 다름이 없습니다.

이와 같은 치료법에서 발생하는 질병, 특히 만성이 된 질병은 중요한 때 발휘되어야 할 그 정신의 힘을 저열하고 난잡하게 쓴 탓에 이완시키고 바닥이 나게 하고 맙니다. 폭군방벌(暴君放伐)이란 주제가 학생들에게 일반 연습문제가 된 것은 로마가 노예 상태라는 가장 병든 상태에 있었던 시대의 일이었습니다. '학교에서 많은 학생이 분노로 가득 차 폭군을 시해(弑害)할 때'[160] 말입니다. 사물이 평소 상태에 있는 경우, 우리와 같은 나라에서 폭군방벌은 타락한 과대한 사변(思辨)으로 그것이 악용하고 있는 그 자유의 대의에 대해서조차 최악의 결과를 가져오는 것입니다. 나의 시대에 명문 출신의 공화주의자 거의 대부분은 단시일 안에 완고하기 이를 데 없는 철저한 궁정인이 되고 말았습니다.[161] 그들은 자기의 이론을 자랑하고 그것에 도취하는 나머지 우리 파의 면면[162]을 토리(tory)와 같다고 말해 경멸하면서, 다른 한편으로는 지루하고 온화하지만 현실적인 저항이라는 일 쪽은 간단히 포기하고 그 면면의 손에 맡기고 만 것입니다. 말할 것도 없이 위선은 가장 숭고한 사변(思辨)으로 장식되길 좋아합니다. 사변을 초월할 생각은 털끝만치도 없는 이상, 그 위선을 아름답게 치장해 보여도 손해 볼 일은 없기 때문입니다. 그러나 이런 호언장담 같은 사변 속에서 기만보다도 오히려 경솔함이 강하게 드러나는 때조차 문제는 언제나 거의 같았습니다. 이 교수들은 온건한, 말하자면 보통 시민으로서의 합법적인 저항만이 필요한 문제에는 자신들의 극단적 원리가 적용될 수 없음을 알고 있으므로 그와 같은 문제에 대해서는 전혀 저항을 하지 않습니다. 그들에게 있어서 저항이란 전쟁이거나 혁명이거나 그렇지 않으면 무(無)입니다. 그들은 자신들이 살고 있는 세계의 상태에 그 정치계획이 어울리지 않음을 알고 있으므로 자주 공공적 원리 전체를 가볍게 생각하려고 합니다. 또 매우 사소한 이득을 얻기 위해서는 실은 그들도 사소한 가치밖에 인정하지 않고 있는 것*163을 스스로 언제라도 버릴 생각으로 있습니다. 사실 그들 가운데에는 다소 꿋꿋하고 끈기 있는 인물도 일부 있기는 합니다. 그러나 그들은, 자신들의 마음에 드는 계략을 버릴 정도로 마음 끌리는 대상이 없는 원외의 정치꾼들입니다. 그들은 교회거나 국가거나 그 어느 것을 어떻게 바꿀 생각을 언제나 안고 있습니다. 만일 그렇다면 그들은 언제나 나쁜 시민이고 함께 당파를 꾸릴 상대로서는 전혀 신뢰할 수 없습니다.*164 왜냐하면 그들은 자신들의 사변적인 계획에는 무한한 가치가 있고 다른 한편 국가의 현실 구성은 무가치하다고 생각하고 있으므로, 아무리 좋게 말해 봤자 후자에 대해서 무관심하기 때문입니다. 공사의 처리가 훌륭하게 이루어져도 그들은 그 공적을 인정하지 않고 실패해도 결함을 인정하지 않습니다. 단, 후자 쪽을 혁명에 도움된다고 여겨 반기기는 합니다. 그들은 어떤 인간, 어떤 행위, 어떤 정치원리에 대해서도 그것이 자신들의 변혁 계획을 얼마나 추진 또는 지연하느냐에 따라서만 공과를 인정합니다. 그러므로 그들은 어느 날 가장 포악하고도 광범한 국왕의 대권을 주장하는가 하면 또 다른 날에는 가장 무도한 민주주의적 자유의 관념을 주장합니다. 그리고 대의나 인물이나 당파에는 일체 무관심한 채 하나에서 다른 하나로 전전하는 것입니다.

바야흐로 프랑스에서 당신들은 혁명의 위기에 빠져 있습니다. 그리고 하나의 통치형태로부터 다른 형태로의 이행 상태에 있습니다. 따라서 당신들은 그런 성격의 인물들을, 이 나라에서 똑같은 인물을 우리가 보는 것과 완전히 동일한 상황하에서 볼 수는 없습니다. 그들은 이 나라에서는 싸우고 있는데 당신들이 있는 곳에서는 승리하고 있습니다. 그리고 자신의 권력과 의욕이 균형이 맞을 때 그들이 어떻게 행동할지 당신들은 알고 있습니다. 나는 이와 같은 관찰을 어느 직업계급의 인간에게만 한정하고 있다거나 또는 그들 가운데서도 특정한 직업계급의 인간 모두를 포함하고 있는 것이 아닙니다. 전혀 다릅니다. 그뿐만이 아니라 나로서는 그와 같은 공정하지 못한 일은 할 수 없습니다. 그것은 내가 과격주의자의 원리를 고취(鼓吹)하는 자들—종교란 이름 아래 난폭하고 위험한 정치 이외에 아무것도 가르치지 않는 자들—과 보조를 함께 맞추어 나갈 수 없는 것과 마찬가지입니다. 이와 같은 혁명정치의 가장 나쁜 점은 다음과 같습니다. 즉 극한 상황에서 때때로 사용되는 절망적인 타격에 도움이 되도록 그들은 심정을 단련하고 견고하게 합니다. 그런데 그와 같은 극한적 사태는 좀처럼 일어나지 않기 때문에 정신은 이유 없는 손상을 입게 됩니다. 그리고 그와 같은 정신의 악화가 아무런 정치상의 목적에도 도움이 되지 않을 때 도덕감각은 적지 않게 손상되고 마는 것입니다. 이런 자들은 인권에 대한 자기들 나름의 이론에 지나치게 열중한 나머지 자기의 본성을 완전히 잊어버리고 말았습니다. 사물의 이해에 이르는 길 하나 새로이 열지 못하고 그들은 심정으로의 많은 길을 닫는 데 성공했습니다. 그들은 자기 자신 및 그들을 따르는 사람들의 내면에서, 인간의 가슴속에 당연히 깃드는 공감을 모두 왜곡해 버렸습니다.[*165]

구 유대인 거리의 이 고명한 설교의 정치적 부분 모두에 걸쳐서 숨 쉬고 있는 것은 단지 이와 같은 정신뿐입니다. 어느 인간이 보면 음모나 대학살이나 암살 따위는 혁명을 달성하기 위한 사소한 대가에 지나지 않습니다. 값싸고 피가 흐르지 않는 개혁, 죄를 범하는 일이 없는 자유 등은 그들의 취향으로 보면 따분하고 무기력합니다. 정경의 대변화가 없으면 안 되고 장대한 무대 효과가 없으면 안 됩니다. 60년에 걸친 평온을 게으르게 향수하고 공공의 번영이라는 여전히 활력을 잃은 정지 상태 때문에 무감동해져 버린 상상력을 뒤흔드는, 그런 일대 광경이 없으면 안 되는 것입니다. 그 설교사는 그 모든 것을 프랑스혁명 속에서 발견했습니다. 프랑스혁명은 그의 체내에 일종의 젊은 열기를 충만하게 합니다. 그의 열광은 열변과 함께 불타면서 빛을 더하고 결론에 도달함과 동시에 한껏 불타오릅니다. 이리하여 그 설교대인 피스가 산[*166]에서 자유롭고 도덕적이고 행복하고 번영과 영광으로 가득 찬 프랑스의 상태를 마치 약속의 땅을 내려다보듯이 전망하면서, 그는 다음과 같은 미칠 듯한 기쁨을 느끼는 것입니다.

"이 얼마나 다사다난한 시대입니까. 이 시대에 나를 태어나게 해 주신 신에게 감사하는 마음만이 가득합니다. '주여, 이제야말로 당신의 종을 편히 가게 해 주십시오. 저의 눈은 이미 주님의 구원을 보았사오니'[*167] 이렇게 말하고 싶을 정도입니다. 나는 살아서 지식의 보급이 미신과 오류의 뿌리를 파헤치는 것을 보았습니다. 나는 살아서 인간의 권리가 일찍이 없었을 정도로 잘 이해되는 것을 보고, 자유의 관념을 거의 망각해 버린 듯하였던 국민이 그것을 열망하는 것을 보았습니다. 또 나는 살아서 분노에 불타고 있는 결연한 3000만의 민중이 예종(隸從)을 뿌리치고 항거할 수 없는 목소리로 자유를 요구하는 것을 보았습니다. 그들의 왕은 개선 행진 중에 끌려가고 독재 왕정은 자신의 신하 앞에 무릎을 꿇은 것입니다.†"

   † 이들 존경할 만한 신사들 가운데 다른 한 사람으로 파리에서 최근 펼쳐진 광경의 일부를 보고 온 인물*[168]은 다음과 같이 말하고 있다. '정복자인 신민의 손으로 굴욕적인 개선 행진 속에서 끌려가는 왕이란, 인간세계에서 생각할 수 있는 사건으로서는 거의 있을 수 없는 위대한 광경의 하나이다. 앞으로 나의 삶이 계속되는 한 나는 그것을 놀라움과 만족감을 담아 생각할 것이다.' 이 신사들의 감정은 놀랄 정도로 일치하고 있다.

한편 앞으로 나아가기 전에 지적해 둘 것이 있습니다. 프라이스 박사는 이 시대에 그가 획득한 빛나는 성과의 위대함을 아무래도 과대평가하고 있는 것 같습니다. 내가 보기에 전세기도 또 금세기만큼 계몽의 빛으로 가득 차 있었습니다. 장소는 다를망정 전세기에도 프라이스 박사의 승리만큼 기억할 만한 승리가 있었습니다. 실제로 그 무렵의 일부 위대한 설교가는, 프랑스에서의 승리를 프라이스 박사가 함께한 것과 같은 정도로 열렬하게 그 시대의 승리에 참여했습니다. 휴 피터 목사*[169]에 연관된 대역죄 재판 가운데서 찰스 왕이 재판을 위해 런던으로 연행되었던 바로 그날, 이 자유의 사도는 개선 행진을 지휘했다는 증언이 이루어진 것입니다. 그 증인은 '폐하는 말 여섯 마리가 끄는 마차에 태워지고 피터가 국왕 앞에서 의기양양하게 말에 타고 있었던 것을 나는 보았다'고 증언을 하고 있습니다. 프라이스 박사는 마치 무슨 발견이라도 한 것 같은 투로 말하지만 그러면서 실은 선례에 따르고 있는 것에 지나지 않습니다. 그 이유는 국왕재판이 개시된 뒤, 이 선례에 해당되는 피터 박사가 화이트홀의 왕실예배당(그는 진실로 승리에 의기양양해 자신의 장소를 택했습니다)에서의 긴 기도를 이렇게 맺고 있기 때문입니다. '나는 이 20년간 기도하고 또 설교해 왔습니다. 나는 이제 늙은 시므온과 함게 이렇게 말씀드릴 수 있을 것입니다. 주여 이제 당신의 종을 편히 가게 해 주십시오, 내 눈은 이미 주님의 구원을 보았사오니" 피터의 기도는 보람도 없었습니다. 그는 자신이 원한 대로는 빨리 편안하게 가지 못했기 때문입니다. 그는 자신이 제사장으로서 선도한 개선 행진에 스스로 희생이 되었습니다(나는 그의 추종자 중 누구도 이 나라에서 그렇게 되지 않기를 충심으로 바라고 있습니다). 왕정복고에 임해서 사람들은 이 가련한 선인을 어쩌면 가혹하게 다루었을지도 모릅니다. 그러나 그는 현대에서―인권에 관한 지식과 그 지식이 가져오는 빛나는 여러 성과는 모두 독점적으로 내 것이라고 누구나 주장하려 드는 현대에서―그에게 추종하길 반복하려는 사람들 가운데 그 누구에게도 뒤지지 않을 정도로 광명과 열의를 지니고 있었다는 것, 또 그가 종사한 대업을 방해할지도 모를 온갖 미신과 오류의 뿌리를 후자와 같은 정도로는 효과적으로 파헤쳤다는 것, 이와 같은 사실은 그의 기억과 수난이 있었기 때문에 우리는 알고 있는 것입니다.

†《국사재판》 제2권 360페이지, 363페이지

때와 장소는 다를망정 1648년의 광희의 정신 및 언어와 꼭 빼닮은 구 유대인 거리 설교사의 이와 같은 격정적 발작이 있은 뒤, 정부 건설자이고 영웅적 왕정 추방자단이고 군주 선거인이고[170] 개선 행진에서의 국왕 선도자인 혁명협회는 우리야말로 지식의 보급자라는 긍지 높은 의기로 으스대면서 그들이 별로 힘들이지 않고 얻은 지식―이 증여 가운데서 각 협회원은 실로 많은 분배 몫에 참여하고 있는 것입니다―을 관대하게도 모두에게 나누어 주려고 서둘렀습니다. 그들은 이 고마운 전달을 위해 유대인 거리의 교회에서 술집 '런던'으로 자리를 옮겼고 그곳에서 신탁 제단의 향내가 아직 가시지 않은 프라이스 박사, 바로 그 사람이 결의 즉 축복의 호소를 발의 통과시켰습니다. 그리고 그것이 스타노프 경을 통해서 프랑스의 국민의회로 보내진 것입니다.[171]

우리의 구세주가 처음으로 신전에 모셔졌을 때의 그 아름다운 예언적 외침―사람들 모두에게 '이제야말로 그대는 나를 가게 해 준다'는 외침―을 복음의 한 설교사가 모독하고 더구나 그것을 비인간적이고 부자연스런 광희(狂喜)로, 일찍이 인류의 연민과 의분을 불러일으켰을 일들 가운데서도 가장 두렵고 잔혹한 소름끼치는 광경에 적용하고 있습니다. 제 눈에는 그렇게 보입니다. 이와 같은 개선 행진의 선도란 최선의 형태일 때조차도 그 자체가 인간답지 않은*172 경건하지 못한 일인데도 그것이 우리 설교사를 그처럼 사악한 도취로 가득하게 하는 것입니다. 이것이야말로 건전한 정신 모두에게 갖추어진 도덕감각에 대한 충격이어야 할 것이라고 나는 믿습니다. 영국인 가운데에는 그 개선 행진에 놀라 그것을 의분에 불타는 마음으로 바라보는 사람들도 있었습니다. 그것은 (우리가 이상할 정도로까지 속고 있는 것이 아니라면) 문무에 뛰어난 국민이 치르는 승리의 성대한 의식—만일 문명국민 또는 누구나 조금이라도 고귀한 감정을 지닌 사람이, 쓰러져 고난의 늪에 빠져 있는 사람들을 향해 개인적 승리를 자랑하는 일 따위를 할 수 있다면 말인데—을 닮기는커녕, 미국의 야만인들이 승리로 일컫는 몇 번의 학살행위 뒤에 오는다가 마을로 들어갈 때의 행렬과 흡사한 광경이었습니다. 그들은 그들 자신에 뒤지지 않을 만큼 잔인한 여인들의 조소와 매질로 풀이 죽은 포로를, 두피가 사방에 매달려 있는 오두막 안으로 연행하고 있는 것입니다.*173

친애하는 분이시여, 이와 같은 것은 프랑스의 개선 행진이 아닙니다. 그런 행렬은 국민으로서의 당신들을 수치와 공포로 놀라게 했다고 나는 믿지 않으면 안 됩니다. 또 국민의회는 이와 같은 개선 행진의 발기인이나 행위자를 처벌하지 못했던 것에 대해서 스스로 최대의 굴욕을 맛보고 있다고 믿지 않으면 안 됩니다. 그리고 이 문제에 대해서 국민의회가 무언가를 추궁한다고 해도 그 추궁이 또 대체로 자유와 공정함의 겉모습조차 지니지 못하는 상황에 그들은 놓여 있다고도 믿지 않으면 안 됩니다. 국민의회의 변명은 그들의 상황을 아울러 생각하면 이해할 수 있습니다. 그러나 그들이 어쩔 수 없이 감수하고 있는 일들을 우리가 자진해서 승인한다면, 그것은 우리로서는 부패된 정신의 타락한 선택이 됩니다.

국민의회는 불가피하게 심의의 겉모습을 가장하면서도 실은 가열된 필연에 압도되어 의결을 하고 있습니다. 말하자면 그들은 이방(異邦) 공화국*174의 한가운데서 의회를 열고 있는 것입니다. 그들은 국왕의 칙허장(勅許狀)에서 비롯되는 것도, 그들 자신의 입법권력에서 유래하는 것도 아닌 헌법 아래에 있는 도시에 살고 있습니다. 그들은 그곳에서 자국 왕의 권위에 의해서도 그들의 명령에 의해서도 징모된 적이 없는 군대*175에 포위되어 있습니다. 그들이 해산이라도 명한다면 이 군대는 즉각 그들 쪽을 해산하고 말 것입니다. 그들은 의회를 열고는 있는데,*176 그것에 앞서 그들 가운데서도 중용(中庸)의 정신을 지닌 사람이나 온화한 권위를 지닌 사람은 암살자 일단에 의해서 모두 추방되고 그 뒤에 이른바 찌꺼기처럼 남겨진 부분이, 그들 스스로는 표면상으로만 신뢰하고 있는 사람들에 의해서 형식적으로만 지도되고 있는 것입니다. 그들은 의회를 열고 있지만 그 의회는 입법을 흉내만 낼 뿐, 결의를 할 때에는 스스로 혐오하고 경멸하고 있는 인간의 말을 앵무새처럼 외웁니다. 그들은 스스로도 잡혀 있는 몸이면서** 잡혀 있는 국왕에게 강요해, 제멋대로이고 경박하기 이를 데 없는 카페에서의 부정한 회담을 칙령으로서—단 세 번째로*177 발포시킵니다. 그들이 택하는 모든 정책이 논의되기 전부터 이미 결정되어 있다는 것은 다 아는 사실입니다. 의심할 여지가 없는 일인데 총검, 가로등 기둥, 그들의 자택에 불을 붙이는 횃불 따위의 공포 아래에서, 그들은 온갖 신분과 언어와 국민이 기괴하게 뒤섞어 이루어진 클럽이 부추기는 난폭하고도 절망적인 방책 모두를 어쩔 수 없이 채택하고 있는 것입니다. 이 클럽 중에는, 그에 비하면 카틸리나조차 소심하고 케테구스조차 온건·중용*178으로 생각될 정도인 패거리도 있습니다. 그러나 국가적 정책이 변형되고 괴물처럼 바뀌는 것은 이들 클럽에서만 일어나는 일은 아닙니다. 이들 클럽을 위한 수많은 연수소가 되도록 공중이 모이는 모든 장소에 설치된 아카데미 안에서 그것은 이미 왜곡되고 있는 것입니다. 온갖 종류의 이와 같은 집회에서 모든 제안은 대담하고 난폭하고 불성실하면 할수록 가장 큰 재능의 상징으로 받아들여집니다. 인간성과 공감은 미신과 무지의 과실로서 비웃음을 받게 됩니다, 개개인을 향한 부드러움은 공공에 대한 반역으로 간주됩니다. 재산이 불안정해지면 불안정해질수록 자유는 완전하다고 언제나 생각됩니다. 기수(旣遂) 또는 미수(未遂)인 암살과 대 살육과 몰수의 와중에서 그들은 장래 사회에서의 좋은 질서에 대한 계획을 수립하는 것입니다. 또 가슴에는 천한 범죄자의 유해를 안고, 심지어 그가 저지른 죄를 이유로 그 범죄자의 친인척을 높은 지위에 오르게 하면서*179 몇 백의 덕이 있는 사람들을 구걸과 범죄에 의존해 살게 만들어 같은 운명으로 내모는 것입니다.

그들의 기관인 국민의회는*180 그들의 눈앞에서 품위도 자유도 거의 없이 속 보이는 심의의 연극을 펼치고 있습니다. 그들은 마치 시장 바닥의 익살꾼처럼 시끄러운 관중 앞에서 연기를 합니다. 광포한 사내와 부끄러움을 모르는 여인들이 뒤섞인 군중의 절규 한가운데서 그들은 연기를 하고 있는 것입니다. 이 군중은 그때그때 떠오르는 오만불손한 생각대로 그들에게 지시를 하거나 압력을 가하거나 갈채를 하거나 아예 그들을 무대에서 끌어내리거나 합니다. 또 때로는 그들 속에 섞여서 그 자리를 빼앗거나 합니다. 그리고 비굴한 분노와 거만한 권위가 기묘하게 뒤엉킨 태도로 그들 앞에서 뽐내기를 서슴지 않습니다. 그들이 모든 일에 내재한 질서를 무너뜨린 이상, 이제는 관람석이 극장 그 자체를 대신*181 하는 것입니다. 왕국을 전복시키는 이 의회는 엄숙한 입법부로서의 풍모조차 지니고 있지 않습니다. '제국의 모습도 원로원의 모습도 없었던'*182 것입니다. 그들에게는 마치 악마의 원동력과도 같은 전복과 파괴의 힘이 주어져 있는데, 그 이상의 전복과 그 이상의 파괴를 진행하는 데 쓰이는 장치는 별도로 치고 무엇을 건설하는 힘은 전혀 주어져 있지 않습니다.

국민 대표인 의회를 칭찬하고 그것에 진심으로 애착을 품고 있는 인간으로서 도대체 누가 그 신성한 제도의 그처럼 모독적인 희화화(戲畵化)와 왜곡 앞에서 공포와 혐오로 고개를 돌리지 않을 수 있겠습니까. 왕정을 사랑하는 자, 공화정을 사랑하는 자, 모두 똑같이 그것을 혐오할 것이 틀림없습니다. 그 치욕은 모두 자신들의 것이면서 지시할 수도 없고 이득도 있을 수 없는 전제 아래에서 당신들 국민의회의 의원들 자신이 신음하고 있는 것이 틀림없습니다. 혁명협회가 무어라고 칭찬을 하건 이 의회의 다수파를 구성하고 있는 의원들조차 대부분 나와 똑같이 느끼고 있음에 틀림없다고 나는 확신합니다. 이 얼마나 비참한 왕, 얼마나 비참한 의회입니까. 하늘에서 태양을 말소한 것과 같은 하루를 '아름다운 하루'로 주저 없이 부르는 일부 의원에 대해서 그 의회는 조용한 분노를 느끼지 않을 수 없었을 것입니다. 그들을 향해 '국가라는 배는 재생을 향해 항로 위를 날듯이 일찍이 없었던 속력으로 전진할 것이다'*183—그것도 우리 설교사의 개선 행진을 선도한 반역과 살육의 강풍 때문이라는 이유일 것입니다—등의 말을 해 줄 작정이었다는 사람들의 말을 듣고 그들은 마음속으로 분격하지 않을 수 없었을 것입니다.

무고한 신사 대부분이 자택에서 참살되고 더구나 '흘린 피는 반드시 깨끗한 것은 아니었다'*184는 등의 이야기를 외면의 인종(忍從)과 내면의 분노 속에서 들었을 때 과연 그들은 무언가 느끼지 않을 수 없었을 것입니다. 또 국토를 밑바닥부터 뒤흔든 무질서에 대한 불평불만에 휩싸이면서도 불만분자에게는 '그대들은 법의 보호하에 있는 것이다'라든가 '그대들을 보호하는 법을 시행하도록 왕에게(단 잡혀 있는 왕에게) 상주하겠다'는 등, 쌀쌀맞게 말하지 않을 수 없었을 때, 또는 그 잡힌 왕에게 봉사하는 노예적 대신들이 그들에게 이제 누구를 보호해 줄 법도 권위도 권력도 남아 있지 않다고 공식적으로 통고했을 때, 그런 때 그들은 도대체 무엇을 느꼈을까요. 그리고 또 금년의 새해 축사*185로서 잡힌 왕에 대해서, 그가 인민에게 가져올 위대한 선을 이유로 지난 해의 동란 때를 잊어 달라는 뜻을 상주하도록 강요되었을 때, 그들은 과연 무엇을 느꼈을까요. 그런 그들도 왕이 명령할 권위를 전혀 갖지 못하게 될 때까지 우리는 계속 복종하겠습니다, 하고 왕에게 약속해 두면서 이 선이 완전히 달성될 때까지는 그 충성을 실제로 입증하기를 뒤로 미룬 것입니다.

　† 1789년 10월 6일

　이와 같은 상주가 다대한 선의와 애정으로 이루어진 것은 확실합니다. 그러나 프랑스에서 이루어진 많은 혁명의 하나로 예절관념의 커다란 혁명을 헤아리지 않으면 안 됩니다. 잉글랜드에서 우리는 해협 너머에서 중고 풍속을 배워 온다고 말하고 또 우리의 행동은 프랑스의 낡은 옷을 입고 있다고도 말합니다. 그럴지도 모릅니다. 그렇다고 해도 우리는 여전히 옛날에 만든 옷을 입고 있습니다. 지상에 뒹구는 자들 가운데서도 가장 모욕을 당한 인간*186을 향해서 '그대 하인의 학살, 그대와 그 아내를 암살할 계획 및 그대가 스스로 입은 모욕과 오명과 품위 하락이 위대한 국가적 이익을 낳는 것이다'라고 말하는 것이 기품 있는 표현(조사든지 축사든지)으로서 가장 세련된 어조이다, 하고 생각할 정도로까지 현재로서는 기품 있는 최신 파리 유행을 뒤쫓고 있지는 않습니다. 교수대 밑에 선 죄수에 대한 위로로서 그와 같은 말을 하기에는 우리 뉴게이트의 사형수 교회사(敎誨師)는 지나치게 인간적인 것 같습니다. 파리의 교수형 집행자만 해도 그는 이제 국민의회의 투표에 의해서 해방되어 인권의 문장원(紋章院)에 그 신분과 문장을 등록할 수 있게 된 이상 진실로 관대하고 훌륭한 인간이 되고 또 새로운 존엄의 자기의식으로 충만되어 있을 것입니다. 그렇다면 국민에 대한 대역죄*187라는 혐의로 그들의 집행권 아래 놓일지도 모를 어떤 인물에 대해서도 그는 그처럼 마음을 찌르는 위로의 말을 토할 수는 없을 것이다. 이렇게 내가 생각하는 것도 당연하지 않겠습니까.

이와 같은 방법으로 아첨 받으면 인간은 누구나 실제로 망가지고 맙니다. 이렇게 조정된 망각이라는 진통제는 고뇌에 가득 찬 각성 상태를 유지시키고 게다가 마음을 좀먹는 기억이라는 활성 궤양을 키우기 위해 교묘하게 계산되고 있는 것입니다. 그와 같이 온갖 경멸과 모멸의 성분을 양념으로 넣은 망각의 아편을 한 모금 투여하는 것, 그것은 즉 '마음의 상처에 쓰는 고약'*188 대신 인간의 비참함을 가득 채운 컵을 그의 입술에 들이대고 그것을 마지막 한 방울까지 들이켜도록 강요하는 일과 다름없습니다.

틀림없이 프랑스 왕은 이성에 양보해—적어도 새해에 경의를 표하는 가운데서 매우 기품 있게 이야기되고 있는 이성만큼 강력한 이성에 양보해—이들 사건이나 그 경의를 표하는 일을 잊도록 힘쓸 것입니다. 그러나 역사—우리의 행위 모두를 오래도록 기록하고 또 온갖 종류의 군주의 행동에 두려워할 만한 비난을 가하는 역사—는 이들 사건을 잊지 않을 것입니다. 인간의 상호교섭이 이렇게도 자유자재로 다듬어졌던 시기를 잊지는 않을 것입니다. 혼란과 경악과 낭패와 살육의 하루에 이어지는 1789년 10월 6일 아침, 프랑스의 국왕과 왕비는 공적 신의를 안전의 구두약속으로*189 두세 시간의 유예를 받아 잠시 쉬기 위해 누워서 암담한 시간을 보냈다, 이렇게 역사는 기록할 것입니다. 이 잠에서 우선 왕비가 문을 지키는 위병의 목소리에 놀라 잠을 깼습니다. 그는 왕비에게 이곳을 벗어나 몸을 피하라고 절규했습니다. 그리고 그 절규는 그가 바칠 수 있었던 충성의 마지막 증거였습니다. 사람들이 그에게 덤벼들어 그는 죽었습니다. 순식간에 베여 쓰러진 것이었습니다. 그의 피를 본 잔인한 흉한과 암살자들은 왕비의 침실로 돌입해 총검으로 침대를 마구 찔러 댔습니다. 이 박해를 당한 여성은 가까스로 그 직전에 옷도 제대로 걸치지 못한 채 살인자들이 모르는 통로를 지나 국왕이고 남편인 왕에게 도움을 청해 도망을 간 것인데, 그 국왕 자신도 한순간도 몸이 안전하지는 않았습니다.

이 왕, 그에 대해서는 더 이상 말하지 않겠습니다. 이 왕비, 그리고 그들의 어린 자식들(언젠가는 위대하고 고매한 심성의 사람들에게 희망이자 자랑이 되었을 어린 자식들)은 그때 유혈 속에서 헤엄치면서 이 세상에서 가장 장려한 궁전의 성역을, 살인으로 더럽혀지고 사지와 수족이 절단된 시체가 나뒹구는 채로 내버려 두도록 강요된 것입니다. 그들은 그곳에서 왕국의 수도로 연행되었습니다. 이에 앞서 도발도 저항도 하지 않았는데, 무차별 살육이 가해진 국왕 호신의 명문 신사 가운데 두 사람이 선발되어, 정의를 집행하는 본보기로 잔혹하게도 공중 앞에서 단두대로 끌려가 궁전의 앞마당에서 목이 날아갔습니다. 그들의 목은 창 끝에 꽂혀 행렬을 이끌고, 포로가 된 왕족은 한 줄로 그 뒤를 천천히 뒤따랐습니다. 그 행렬을 둘러싸는 것은 무서운 아비규환, 날카로운 목소리, 광기의 춤, 부끄러움을 모르는 모독과 비방, 그리고 야비하기 이를 데 없는 더러운 모습을 한 지옥의 미친 여자들이 저지른, 입에 담기도 꺼림칙한 온갖 일들이었습니다. 이렇게 해서 장장 6시간 동안 이어진 12마일의 여로라는 긴 고문 가운데서 죽음보다도 더한 고통을 하나하나 맛본 뒤, 이 고명한 개선 행진을 통해서 왕족을 끌고 온 바로 그 병사들로 이루어진 호위가 붙여진 채 왕족은 파리의 낡은 궁전 하나[190]를 숙소로 지정받았습니다. 이 궁전이 이제는 왕들을 위한 감옥이 된 것입니다.

이것이 과연 제단에서 성별(聖別)되어야 할 개선 행진입니까. 기쁨의 감사로 기념되어야 할 일입니까. 열렬한 기도와 열광적 외침으로 신의 아들에게 바쳐져야 하는 것입니까. 프랑스에서 공연되고 단지 구 유대인 거리에서만 칭찬을 받고 있는 이들 테베와 트라키아 축제[191]의 광란이 예언자처럼 열광을 불러일으키고 있는 것은, 이 왕국에서는 극히 얼마 안 되는 인간의 마음에서만 있는 일이라고 맹세코 말합니다. 물론 성자이면서 예언자인 인물[192]은 그만의 계시를 얻었는지 하찮은 심정적 미신 등을 거의 완전히 극복해 버렸으므로, 이 축제를 '평화의 왕'의 이 세상으로의 출현—고귀한 성자[193]에 의해 거룩한 신전에서 선포되고 또 그보다 조금 앞서 천사의 목소리로 정밀(靜謐)하고 때 묻지 않은 양치기들에게 한층 아름답게 알려진 출현—과 비교하는 것이 경건하고 예의바르다는 생각을 하고 싶을 것입니다.

처음에 나는 이 방만하고 광희에 찬 발작을 어떻게 설명해야 좋을지 몰랐습니다. 확실히 일종의 기호에 따라 말한다면 왕들의 수난이 맛있는 식사임은 나도 알고는 있었습니다. 다른 한편 이 식욕을 절제해 어느 한계 내에 머물게 하는 데 도움이 되지 않을까 생각되는 반성도 있었을 것입니다. 그러나 하나의 사정을 고려에 넣어 보았을 때 나는, 혁명협회에 대해서 상당히 너그럽게 보아 주지 않으면 안 되고 평범한 분별이 감당하기에는 유혹이 지나치게 강했음을 인정하지 않을 수 없었습니다. 즉 승리의 환호나 '주교를 한 사람도 남기지 말고 가로등에 매달라'†는 성난 외침이 이 행복한 하루의 뻔한 결과에 대해서 열광의 폭발을 가져와도 당연하다는 것입니다. 나는 그 정도의 열광이라면 사려분별에서 약간 벗어나는 것을 인정하겠습니다. 천년왕국이나, 또는 모든 교회제도의 파괴 속에 모습을 드러내기 시작한 제5왕국[194]의 전조로도 보이는 사건에 임해서 이 예언자가 환희와 감사의 송가를 저도 모르게 부르기 시작한 것도 인정하겠습니다. 그렇긴 해도 세상에는 (인간세계의 사건에선 으레 그렇듯) 이 환희의 와중에서조차 이들 훌륭한 신사들에게 자제력을 발휘시켜 그들의 신앙의 확고함을 시험해 보는 것입니다. 즉 이 '아름다운 하루'에 포함되어야 할 그 밖의 경사스런 일 중에는 왕과 왕비 및 왕자들의 살해 실행행위가 빠져 있었습니다. 그토록 많은, 거룩한 절규가 요구했음에도 불구하고 주교들의 살해 실행행위도 빠져 있었습니다. 시해와 성직자 살해를 실행할 집단이 실제로 용감하게도 계획되었으나 그것도 결국 계획에 그쳤습니다. 죄 없는 자의 학살이란 이 거대한 역사화 가운데서 유감스럽게도 미완인 채로 남겨졌던 것입니다. 인권과 출신 거장의 어떤 대담한 필치로 그것이 완성될지는 앞으로 두고 볼 일이지요.[195] 시대는 아직도 미신과 오류의 뿌리를 파헤친 그 지식 보급의 은혜를 완전히 입지 않고 있습니다. 또 프랑스 왕에게도, 그 자신의 수난이나 계몽시대의 애국적 범죄에서 생겨날 모든 선을 헤아리려도 망각의 피안으로 내몰아야 할 것이 아직 한두 개 빠져 있는 것입니다.††

† Tous les Eveques a Lanterns.[196]

†† 여기에서 어느 목격자가 이 점에 대해서 쓴 편지에 대해 언급하는 것이 적절할 것이다. 그 목격자는 국민의회에서도 가장 솔직하고 지적인 웅변가의 한 사람이고, 또 가장 적극적이고도 열렬한 국가 개혁자의 한 사람이었다. 그는

그 의회에서 물러나지 않을 수 없게 되었고, 그 뒤 자신의 의지로 망명자가 되었다. 그 이유는 이 경건한 개선 행진의 공포이고, 또 공적 문제를 지도하고 있는 자들—그 범죄를 일으키진 않았다 해도 적어도 거기서 이익을 얻고 있는 자들—의 성격이었다. 한 친구에게 보낸 드 랄리 톨랑달 씨*[197]의 제2의 편지에서 발췌.

'나의 결단을 말씀드리겠습니다. 나는 그것을 내 양심에 비추어 완전히 올바르다고 믿고 있습니다. 죄로 더럽혀진 그 거리나 또 그 이상으로 죄가 많은 그 의회 중 무엇도 나의 올바름을 증명해 주지는 못했습니다. 그러나 나는 당신이나 당신과 똑같은 생각을 지닌 어느 분이라도 나를 비난하지 않을까 걱정입니다. 맹세코 말하는데 건강 때문에 임무를 수행할 수 없게 된 것입니다. 그러나 비록 임무는 단념했다고 해도 나에게는 공포에—이 피, 이 목의 수, 목구멍이 베일 뻔한 왕비, 불행한 호위의 목을 선두로 암살자에게 둘러싸여 노예처럼 끌려가면서 파리로 들어가는 이 국왕, 이 배신한 근위병들인 이 암살자들, 이 식인 여인들, 국왕이 두 고문주교와 함께 마차로 수도에 들어온 바로 그때에 던져진, 주교를 한 사람도 남기지 말고 가로등에 매달라는 이 외침 등이 나에게 준 공포에—그 이상 견딜 힘이 없었습니다. 왕비의 마차 한 대에 총탄이 한 방 쏘아지는 것을 나는 목격했습니다. 그것까지도 바이 씨*[198]는 아름다운 하루로 부르는 것입니다. 의회는 그날 아침, 왕의 주위를 줄줄 따라가는 일 따위는 자신의 존엄에 위배되는 일이라고 냉혹하게 선언했습니다. 미라보 씨*[199]는 의회에서 '국가라는 배는 느려지기는커녕 재생을 향해 항로 위를 날 듯이 일찍이 없었던 속력으로 전진할 것이다'라는 등, 딴전을 부려도 벌도 받지 않습니다. 바르나브 씨는 우리 주위에서 피가 흘러도 미라보 씨와 함께 웃고 있습니다. 덕이 많은 무니에 씨*[200]가 기적적으로 20명이나 되는 암살자의 손에서 벗어났습니다.[†††] 그들은 무니에 씨의 머리로 전승 트로피를 또 하나 제작하려고 노리고 있었던 것입니다.'

[†††] N·B·무니에 씨는 그때 국민의회 의장이었다. 그는 가장 확고한 자유옹호자 가운데 한 사람임에도 불구하고 그 뒤 망명생활을 보내지 않을 수 없게 되었다.

'이와 같은 이유에서 나는 그 식인종들의 소굴(국민의회를 말한다)에는 두 번 다시 발을 들여놓지 않겠다고 스스로 맹세했습니다. 나에게는 이제 그곳에서 목소리를 높일 힘이 없습니다. 과거 6주간 높인 목소리는 헛수고였습니다. 나나 무니에나 그 밖에 제대로 된 인간은 모두, 우리가 이루어야 할 마지막 선은 그곳을 떠나는 것이라고 생각했습니다. 나는 어떤 공포감에 휩싸인 것도 아닙니다. 나는 그런 일에 대해서 자기변호를 하고 싶지 않습니다. 그래도 나는 길을 가는 도중에 민중측에서—열광하고 도취하고 있는 따위의 민중보다는 아직 죄가 적은 민중측으로부터—박수갈채를 받았습니다. 다른 사람이라면 자랑스럽게 생각했겠지만 나는 소름이 끼쳤습니다. 나는 유혈을 한 번 보기만 해도 분격이나 공포나 육체적 고통에 자신이 굴하고 말았다는 생각이 듭니다. 단 한 번의 죽음에는 맞설 수 있습니다. 죽음에 의미가 있을 수 있다면 몇 번이고 그것을 정면으로 대할 수 있습니다. 그러나 하늘 밑에 있는 어떤 권력이라도, 아니 어떤 공사의 의견이라도 나에게 그대는 1분 동안 천의 형벌에 무위로 고통을 받으라거나, 나로서는 저지할 방도도 없었던 개선 행진과 범죄 행위의 와중에 절망과 분노로 죽어야 한다는 등의 선고를 할 권리는 없습니다. 그들은 나의 권리를 박탈할 것이고 나의 재산을 몰수할 것입니다. 나는 땅이라도 갈며 살겠습니다. 그리고 그들은 두 번 다시 만나지 않겠습니다. 이것이 나의 변명입니다. 읽어 주시는 것도 보아 주시는 것도 베끼시는 것도 당신의 자유입니다. 알아 주시지 않는다면 오직 유감이라고 말할 수밖에 없고, 그래도 모르는 사람들에게 억지로 밀어붙이는 잘못된 짓을 할 생각은 없습니다.'

전사와도 같은 이 사람은 구 유대인 거리의 평화적 신사만큼 상당한 신경의 소유자는 아니다. 이와 같은 행위에 대해서는 무니에 씨의 이야기를 들어야 한다. 그는 명예와 덕과 재치가 있는 사람이고 그러므로 망명자인 것이다.

우리의 새로운 광명과 지식인 이 사업을 여기까지 진행시키자, 하고 십중팔구 계획했던 수준까지는 도달하지 못했습니다. 그렇더라도 대체로 인간을 그렇게 대우하는 것은, 혁명이라면 무엇이든 하기 위해 태어난 것 같은 자들이라면 또 몰라도 누구에게나 충격적인 일이라고 나는 생각하지 않을 수 없습니다. 그러나 여기에서 이야기를 멈출 수는 없습니다. 나는 자연스럽게 타고난 감정의 영향 아래에 있고 이 새롭게 빛나기 시작한 현대적 광명에서는 한 줄기 빛도 비쳐지지 않고 있습니다. 그러므로 당신에게 고백하는 것인데, 고귀한 신분인 사람들의 수난은 한없이 가슴이 메는 사건에 대한 나의 감수성을 적지 않게 높이는 것입니다. 하물며 수많은 제왕의 후예들이 여성이며 아름답고 마음이 부드러운 사람임을 생각하고, 또 애처로운 왕자들—양친이 환희 한가운데는커녕 잔혹한 폭행에 노출되어 있는데 단지 어리고 때문지 않은 탓에 그것을 느끼지 않는 왕자들—의 나이를 생각하면 더욱 그렇습니다.

들리는 바에 따르면 우리 설교사의 개선 행진의 주요 목표가 된 그 존엄한 분은 그 굴욕적 사태에 임해서 도를 잃는 일은 없었을망정 느끼는 바가 많았다고 합니다. 그는 인간으로서는 그의 아내, 어린아이들, 그리고 자기 주위에서 냉혹하게도 참살된 충성스런 호위를 생각했습니다. 또 국왕으로서는 문명을 아는 신민들의 놀랍고도 기괴한 변모에 생각이 미치자 자신을 위해 탄식하는 것 이상으로 그들을 위해 슬퍼했습니다. 그것은 그의 굳셈과 의연함을 손상하기는커녕 오히려 그의 인간성의 명예를 한없이 높이는 것이었습니다. 그런 분이 위대한 인간의 덕을 우리에게 찬양받기에는 걸맞지 않은 상황에 놓인 것을 나는 진실로 매우 유감스럽게 생각하는 자입니다.

또 들리는 바에 따르면—그런 소식은 나의 기쁨입니다—개선 행진의 또 하나의 목표인 그 위대한 귀부인도 그날을 견뎌 냈다고 합니다(수난 때문에 태어난 인간이 훌륭하게 고통을 당하는 데 사람은 감동하게 되는 것입니다). 그녀는 그것에 이어지는 나날을 잘 견디고 부군의 투옥, 자신의 쓸쓸한 삶, 친구의 망명, 모욕적 아첨의 말, 쌓여 가는 불행의 무게, 이와 같은 모든 일들을 자신의 신분과 혈통에 부끄럽지 않은 행동으로, 또 신앙과 용기로 이름을 떨친 여제*201의 딸에 걸맞는 행동으로 조용히 견뎌 내고 있다 합니다. 더욱이 그녀는 이 여제처럼 고귀한 감정을 지니고 로마 부인의 위엄에 공감해*202 최악의 사태에 이르러서도 최후의 오욕(汚辱)에서는 스스로를 지킬 것이고, 만일 쓰러지지 않을 수 없다면 천하지 않은 자의 손에 걸려 쓰러지리라는 것입니다.

내가 그 무렵 황태자비였던 프랑스 황후를 베르사유에서 배알한 것은 이럭저럭 16, 7년 전의 일이었습니다.[203] 확실히 이 지구에서—그녀는 그곳에 있는 존재 같지도 않았는데—그보다 더 기쁜 모습으로 빛난 적은 없었습니다. 나는 그녀가 바야흐로 발을 들여놓으려는 천상에 아름다움을 곁들이고 활기를 불어넣으면서, 생각 탓인지 지평선 위에 있는 듯 했습니다. 그녀는 마치 샛별처럼 생명과 광휘와 기쁨으로 가득 차 반짝이고 있었습니다. 아아, 이 무슨 혁명이란 말입니까. 저 상승과 저 몰락을 아무런 감회도 없이 바라본다면 나의 심정은 도대체 무엇이겠습니까. 열렬하게 멀리서 정중한 사랑을 받는 칭호에 더해 존경받는 칭호를 그녀가 얻었을 때[204]에도, 나는 그녀가 설마 오욕에 대한 날카로운 해독제를 은밀하게 그 가슴에 품어야만 할 지경에 빠지리라고는 몽상조차 하지 않았습니다. 부인에게 공손한 사람들의 나라, 명예와 기사도를 존중하는 사람들의 나라에서 그와 같은 재앙이 그녀를 덮치는 광경을 살아서 볼 줄은 꿈에도 생각지 않았습니다.[205] 그녀에 대한 모욕의 위협이 엿보인 것만으로도, 만 개의 검이 복수로 번쩍이는 것으로 나는 믿고 있었습니다. 그러나 기사도의 시대는 지나갔습니다. 궤변가, 수전노, 계산가의 시대가 그것에 이어집니다. 유럽의 영광은 영원히 사라졌습니다. 신분과 여성에 대한 그 고매한 충절, 그 긍지 높은 복종, 그 존엄한 순종, —노예신분에서조차 일종의 격조 높은 자유의 정신을 생생하게 유지시킨 일들[206]—은 이제 결코 볼 수 없을 것입니다. 금전으로 산 것이 아닌 생명의 기품, 큰돈이 들지 않는 국가 방위, 인간적 감정[207]과 영웅적 행동의 요람, 이런 것들도 사라져 버렸습니다. 원리에 대한 그 감수성, 명예를 존중하는 그 청렴 강직함—하나의 오점조차 상처로 느낀 것, 흉포함을 교정하면서도 용기를 고무한 것, 대체로 자기 손에 닿는 것 모두를 고귀하게 한 것, 악덕에 대해서조차 온갖 거칠고 세련되지 못한 요소를 버리게 해 그 해독을 반으로 줄인 것—은 사라진 것입니다.

이와 같이 사상과 감정이 켜켜이 짜내는 직물의 기원은 옛 기사도에 있습니다.[208] 이 원리는 변천하는 세태에 따라서 모습을 바꾸기는 할망정 수백 세대의 오랜 세월에 걸쳐 계속 살아서 지속적인 영향을 우리 시대에까지 미치고 있습니다. 만일 그것이 완전히 사라진다면 그 손실은 심대할 것입니다. 나는 그 점을 우려합니다. 현대 유럽에 그 특질을 부여한 것은 이것이었습니다. 내부적 통치 형태가 어떻게 다르건, 현대 유럽을 아시아 국가들과 구별해서도 그렇고 또 어쩌면 고대 세계의 가장 찬연한 시대에 번영했던 국가들과 구별해서도 뛰어나게 만들어 준 것이 바로 이것이었습니다. 여러 신분을 혼동하는 일 없이 위대한 평등을 가져오고 그것을 사회생활의 모든 단계에 걸쳐 아래까지 전해 내려가게 한 것도 이것이었습니다. 왕들을 화목하게 해 동료로 하고 개인을 높여 왕들의 친구로 한 것도 이 사상이었습니다. 그것은 힘도 쓰지 않고 반대에도 맞닥뜨리지 않고 거만함과 권력의 난폭함을 굴복시켰습니다. 그것은 군주들의 목에 사회의 평판*[209]이라는 부드러운 목걸이를 감아 그것에 따르도록 하고, 엄격한 권위를 강제로 우아함에 복종하게 하고, 더 나아가 법에서의 정복자가 습속에 의해서 지배되는 통치를 가져왔습니다.

그러나 이제는 모든 것이 바뀌려 하고 있습니다. 권력을 부드럽게 하고 복종을 자유로운 행위로 한 모든 즐거운 환상, 인생의 다양한 명암을 조화시키고 또 개인적 교제를 아름답게도 부드럽게도 하고 있는 감정을 정치 안에 온화하게 동화시킨 환상은, 계몽과 이성인 이 새로운 정복제국의 손으로 해체되려 하고 있습니다. 인생의 기품 있는 옷을 거칠게 잡아 찢기려 하고 있습니다.*[210] 도덕적 상상력이라는 준비되어 온 부가관념—알몸으로는 부들부들 떠는 인간성의 결함을 덮기 위해 필요한 것으로서, 또 그 인간성을 높여 우리 자신이 그것을 존엄한 것으로 인정하도록 하기 위해 필요한 것으로서, 심정 속에 자리잡고 판단력에 의해서 시인되는 여러 관념—은 한결같이 웃음거리이자 부조리한 것, 시대에 뒤떨어진 유행으로서 내쫓겨 가고 있습니다.

이 사고방식에 따르면 국왕은 한 사내에 지나지 않고 왕비는 한 여자에 지나지 않습니다. 그리고 여자는 한 마리의 동물에 지나지 않고 더구나 반드시 최고급 동물은 아닙니다.*[211] 여성 전반에 대해서 막연하게 바쳐지는 충성은 중세 이야기이고 어리석은 행위가 됩니다. 시해, 부모살해, 신성모독 등은 미신적 허구이고 법학의 단순 명쾌함을 파괴해 그것을 부패시키는 것입니다. 왕이나 왕비, 주교나 부모 등을 살해해도 그것은 보통 살인에 지나지 않습니다. 우연히든 어쨌든 민중이 그것으로 인해서 결국 득을 보게 된다면 이같은 살인은 얼마든지 허용되는 것이고, 이에 대해서 너무 심하게 책망해선 안 됩니다.

차가운 마음과 흐려진 판단력의 소산이고 확고한 예지도 없이 좋은 취미나 우아함도 완전히 결여되어 있는 이 야만적인 철학에 입각하면, 법은 오직 그 자체가 주는 공포에 의해서만 지지됩니다. 또 각 개인이 자기만의 사적인 타산에서 출발해 그 안에서 발견하거나 또는 사적 이익에서 출발해 지장이 있어도 좋다고 생각하거나, 어느 한쪽의 이해와 관심에 의해서만 지지됩니다. 그들의 아카데미 숲 안에서는 어느 나무 사이를 통해서도 그 끝에 보이는 것은 교수대뿐입니다. 국가에는 애정을 자기 쪽으로 끌어당길 만한 것이 아무것도 남아 있지 않습니다. 이 기계론적 철학의 원리에 따르면, 우리의 제도가 어떤 인격 속에 구현되어—예를 들어 이렇게 표현해도 괜찮다면 말인데—우리의 내면에 자애나 존경이나 찬미나 애착을 만들어 내는 일 따위는 전혀 없습니다. 그러나 애정을 추방하는 그와 같은 종류의 이성이 이 인격에 대신하기란 불가능합니다. 습속과 결합한 이런 공공에 대한 애정은 항상 법의 보조역으로서, 어느 때는 법을 보완하고, 때로는 법을 교정합니다. 그리고 언제나 그 보조자로서 필요한 것입니다. 현인이면서 위대한 비평가이기도 했던 사람이 시작(詩作)을 위해 준 금언은 국가에도 똑같이 들어맞습니다. '시구는 아름다움으로 족하지 않고 마음을 매료시켜야 한다.'*212 어느 나라에서나 훌륭하게 형성된 정신이라면 기꺼이 좋아하게 되는 습속의 체계가 없으면 안 됩니다. 우리에게 나라를 사랑하게 하려면, 나라 전체가 사랑할 만한 것이 되지 않으면 안 됩니다.

그러나 비록 습속이나 사상을 절멸시킬 정도의 충격에 직면해도 어떤 권력은 그것을 견뎌 내고 살아남을 것입니다.*213 그리고 자신을 지탱하기 위해 한층 악질적인 다른 수단을 발견할 것입니다. 종전의 제도를 뒤집기 위해 똑같이 종전의 원리를 파괴한 찬탈은, 그것이 권력을 획득한 것과 똑같은 기교로 그 권력을 유지할 것입니다.*214 왕을 공포로부터 해방하고 그로써 왕과 신민 모두를 전제에 대한 경계에서 해방시킨 '충절'이라는 오랜 봉건적 기사도적 정신이 사람들의 마음속에서 소멸하는 그때, 예방 살인과 예방 몰수, 음산하고 피로 물든 격언의 장대한 목표—자신의 명예와 복종자의 명예에 기반을 두지 않은 온갖 권력의 정치적 법전—를 전조로 한 음모와 암살이 찾아올 것입니다. 신하가 원리를 방패로 삼아 반역자가 될 때 왕들은 정책을 방패로 삼아 압제자가 될 것입니다.

생활에 대한 종전의 사상이나 규칙이 제거되었을 때 그 손실은 틀림없이 헤아릴 수 없습니다. 바로 그 순간부터 우리는 자신을 다스리기 위한 나침반을 갖지 못하고 자신이 도대체 어느 항구로 향해 키를 잡고 있는지 잘 모르게 됩니다. 당신들의 혁명이 성취된 날, 유럽은 전체적으로 의심할 여지도 없이 번영 상태에 있었습니다. 그 번영 상태에서 우리가 얼마나 오랜 습속과 사상의 정신에 힘입고 있었는지 간단히 말할 수는 없습니다. 다만 그와 같은 원인들의 작용이 중립적일 수 없는 이상, 그 작용은 전반적으로 유익했다고 상정하지 않을 수 없습니다.

우리는 자칫하면 사물을 눈에 보이는 한도에서 생각하기 쉽고, 그것들을 가져오고 또 틀림없이 지금도 지지하고 있을 원인 쪽에 충분한 주의를 돌리지 않는 경향이 짙습니다. 우리의 습속, 우리의 문명, 그리고 문명이나 습속에 결부된 모든 가치 있는 일들은 이 유럽 세계에서는 몇 세기에나 걸쳐 두 가지 원칙에 입각해 왔습니다. 아니, 그것은 그 두 가지가 결합한 결과이기도 했습니다. 이보다 더 확실한 것은 없습니다. 내가 말하고 있는 것은 신사의 정신과 종교의 정신입니다. 싸움과 혼란의 와중에 정부는 단지 대의로서 존재할 뿐이고 실제로는 형태를 이루지 않았던 때조차도, 귀족과 성직자는 제각기 보호와 천직을 통해서 학문을 존속시켜 왔습니다. 다른 한편 학문 쪽에서는 그들 귀족과 성직자의 사상을 확대하고 그 정신을 배양함으로써 자신들이 그들로부터 받은 것에 이자도 붙여서 되돌려 주었습니다. 양자가 상호 불가분의 결합과 제각기 본연의 자리를 계속 유지하는 방법을 끝까지 알고 있었다면 얼마나 행복했겠습니까. 학문이 야심 때문에 타락하지 않고 오직 교사의 자리에 만족해 주인의 지위 따위를 바라지 않고 있었다면 얼마나 행복했겠습니까. 앞으로 학문은 그 자연적 보호자 및 후견인과 함께 진흙탕 속에 내던져져 돼지와 같은 군중의 발 아래 짓밟히게 될 것입니다.[†*215]

† 특히 여기에서 기술되고 있는 것으로 생각되는 바이와 콩도르세의 운명을 보라. 여기서의 예언을 전자의 재판 및 처형의 사정과 비교하라. [1803—T*216]

만일 내가 생각하듯이 현대의 문예는 언제나 스스로 인정하는 것 이상으로 고대의 습속에 따르고 있다면, 우리가 액면 그대로 충분한 가치를 인정하고 있는 그 밖의 일들도 또 마찬가지일 것입니다. 우리 수전노 정치꾼들의 신성한 상업, 무역, 제조업 따위도 그 자체는 틀림없이 그 피조물에 지나지 않고, 그 자신은 결과에 지나지 않습니다. 그런데도 우리는 그것을 선출해 첫째 원인으로 떠받들려는 것입니다. 분명 그것들은 학문을 번영시킨 것과 같은 나무그늘에서 키워졌습니다. 그 자연적 보호원리가 붕괴하면 그것들도 또 붕괴할 것입니다. 당신들로 보자면 적어도 현재로서는 그것들 모두가 멸망의 위기에 직면해 있습니다. 어느 민중에게 무역이나 제조업은 없는데 귀족이나 종교의 정신은 남아 있는 경우 판단력이 전자를, 더구나 반드시 늘 나쁘지는 않게 대신해 줍니다. 다른 한편 이러한 종전의 기본적 원리들 없이 국가가 어느 정도 잘 존립해 갈지 보려고 실험한 결과 상업도 기술도 잃고만 경우, 우매하고 난폭하고 가난하고 탐욕스런 야만인이자 종교도 명예도 인간다운 긍지도 없으며*217 현재 아무것도 소유하고 있지 않을 뿐만 아니라 앞으로도 그럴 가망이 없는 국민은 도대체 어떻게 되겠습니까.

나는 당신들이 그와 같은 두렵고도 타기해야 할 상황을 향해 서두르고 있는―그것도 최단 거리를 지나서―것은 아닐 거라고 믿고 싶습니다. 그러나 이미 의회와 청산 관리인 모두와의 행동 전체에서 일종의 사상적 빈곤, 일종의 세련되지 못한 저속함이 보이고 있습니다. 그들이 말하는 자유는 자유가 아닙니다. 그들의 학문은 오만한 무지이고 그들의 인간성은 야만적이며 수성(獸性)을 띠고 있습니다.

그 위대하고 예절이 있는 원리와 습속―그 적지 않은 흔적은 지금도 남아 있습니다―은 우리가 잉글랜드에서 당신들로부터 배운 것인지, 또는 당신들이 우리에게서 얻은 것인지 확실치는 않습니다. 그러나 당신들에게서 그 자취를 가장 잘 더듬을 수 있을 것으로 나는 생각합니다. 내가 보기에 당신들은 '이 민족의 요람'*218입니다. 프랑스는 언제나 많건 적건 잉글랜드의 습속에 영향을 주었습니다. 당신들의 샘이 막히고 오염되면 우리에게 흘러오는 물의 흐름은 길게 이어지지는 못할 것이고 맑지도 않게 될 것입니다. 아니, 틀림없이 모든 국민에게 그런 일이 일어날 것입니다. 내 개인적 의견으로는 바로 이 사정이야말로 프랑스에서 지금 무엇이 이루어지고 있는지에 대해서 유럽 전체가 깊고도 밀접한 관심을 갖는 이유입니다. 따라서 극악무도한 1789년 10월 6일의 광경에 내가 지나치게 얽매어 있었다면, 그것은 용서를 바라지 않으면 안 됩니다. 어쩌면 또 그날부터 시작됐을지도 모르는 혁명을

둘러싸고 내 마음속에 떠오른 성찰에 나의 붓을 지나치게 할애했다면, 그것
도 용서를 바라지 않을 수 없습니다. 이 혁명이야말로 모든 혁명을 통틀어
가장 중대한 혁명, 즉 감정과 습속과 도덕사상에 대한 혁명인 것입니다. 국
외에서는 온갖 존경할 만한 것들이 파괴되고 국내에서는 온갖 존경 원리의
파괴가 시도되고 있는 것이 현실인 이상, 이제는 누구나가 인간의 공통된 감
정을 은밀히 품고 있음을 변명하지 않을 수 없게 된 것입니다.

　도대체 나는 왜 존경하는 프라이스 박사나 또 박사의 설교 감정을 굳이 선
택하려는 그의 속된 회중(會衆)들과 이처럼 다른 느낌을 가지는 걸까요. 이
유는 단순 명쾌합니다. 그렇게 느끼는 것이 나에겐 자연스럽기 때문입니다.
어차피 죽을 운명인 인간적 번영이 한결같지 않은 것과 인간 세계에서 고위
신분의 변화가 두려울 정도로 쉽게 일어나는 것을 보게 될 때, 우리는 내키
지 않는 감정을 느끼도록 만들어져 있기 때문입니다. 이와 같은 자연적 감정
속에서 우리는 위대한 교훈을 이해할 수 있기 때문입니다. 이러한 사건에서
는 우리의 정념이 이성을 이끌기 때문입니다. 이 위대한 드라마의 지고한 감
독[219]에 의해서 왕들이 그 자리에서 쫓겨나 천한 자들의 모욕과 선량한 사
람들의 연민의 표적이 되었을 때, 우리는 마치 세계의 물리적 질서에서 보는
기적과도 같은 그 도덕적 질서에서의 커다란 재난을 보게 되기 때문입니다.
우리는 경악하고, 반성으로 내던져집니다. 우리의 정신은 (옛날부터 인정되
어 온 사실처럼) 공포와 연민으로 순화(純化)됩니다. 우리의 나약하고 천박
한 거만함은 신비적 예지의 배려 아래 헐뜯깁니다. 그와 같은 정경은 비록
무대상에서 연출되었다고 해도 나는 다소 눈물을 흘렸을 것입니다. 만일 내
가 현실생활의 재난에는 기뻐할 수 있는 인간이면서 사실이 아닌 재난에는
그와 같이 표면적이고 극장에나 어울리는 감각을 지니고 있음을 스스로 깨
달았다면, 나는 정말로 부끄러워하지 않으면 안 됩니다. 그런 비뚤어진 정신
을 지니고 있다면 나는 비극을 보기 위해 고개를 내미는 일은 결코 하지 못
할 것입니다. 일찍이 개릭 때문에, 최근에는 시돈스 때문에[220] 내가 흘린 눈
물을, 세상 사람들은 위선의 눈물로 생각할 것이고 나 자신은 어리석은 눈물
이었음을 깨닫지 않으면 안 됩니다.

　실제로 인간적 감정을 이렇게까지 유린하는 교회 같은 것보다 극장 쪽이
도덕 감각에 있어서는 훨씬 좋은 학교입니다. 시인이라면—인권학교를 아직

졸업하지 않은 청중을 상대로, 더구나 심정의 도덕적 조작에 호소하지 않으면 안 될 시인이라면—그와 같은 개선 행진을 환영해야 할 일로 묘사하지는 않을 것입니다. 그처럼 사람들이 자연의 충동에 따르고 있는 곳에서라면 그들은, 왕정적 전제의 달성을 위한 것이건 민주주의적 전제의 달성을 위한 것이건 마키아벨리주의 정책이라는 사나운 원리를 참지는 않을 것입니다. 그들은 일찍이 고대의 무대에서 거부한 것과 마찬가지로 현대의 무대 위에서도 그 원리를 거부할 것입니다. 고대의 무대에서는 폭군 역할인 사람의 입을 빌린, 그와 같은 사악함의 이른바 가설상에서의 묘사조차도, 비록 그것이 그가 연출하는 인물의 성격에는 상응하는 것이었다고 해도 사람들은 참지 못했습니다. 말하자면 공포를 파는 점포에 매달린 저울을 향해 주인공이 스스로 벌 수 있을 것 같은 이익 이것저것에 대해서 실제로 범한 죄 이것저것 따위를 말하면서 무게를 재고 있는, 그리고 추를 놓거나 빼거나 한 끝에 전체적으로는 수지를 봤다고 선언하는 이와 같은 연극을, 이 개선 행진 날에 이루어진 현실의 비극에서는 사람들이 사실상 참고 넘겼지만, 아테네 극장의 관중이라면 누구나 그것을 참지 않았을 것입니다. 또 새로운 민주주의의 죄가 낡은 전제주의의 그것과 비교, 대조되면서 장부 같은 것에 기재되고 정치의 장부 기입 담당자는 민주주의 쪽이 아직은 빚에 해당함을 깨닫는, 단 결제를 할 능력은 없고 그럴 생각도 없는, 그런 것도 그들에게는 보고 참을 수 없는 연극일 것입니다. 첫째 극장에 있으면 별로 엄밀한 추리 단계 따위는 밟을 것도 없이 최초의 직관적인 일별(一瞥)로, 이 정치적 계산 방법이라면 모든 범죄 행위가 정당화된다는 것쯤은 바로 알 수 있게 마련입니다. 이런 원칙에 입각하면, 설사 최악의 행위는 실행되지 않았다고 해도 그것은 오히려 음모가들의 운 때문이지 배신이나 유혈이라는 지출에 대해서 그들이 인색한 탓이 아니라는 사실을 관중은 간파할 것입니다. 범죄적 수단은 한번 용서가 되면 즉시 크게 환영받게 된다는 사실도 곧바로 간파할 것입니다. 목적에 도달하는 데에는 이와 같은 수단 쪽이 윤리적 미덕의 대도보다는 지름길을 제공해 주는 것입니다. 공공의 이익을 위해 배신이나 살인을 정당화해 가면, 얼마 안 가서 공공의 이익 쪽이 구실이 되고 배신이나 살인이 목적이 됩니다. 그것은 약탈, 증오, 복수, 그리고 복수보다 더욱 무서운 공포 따위가 그들의 끊임없는 욕망을 질리게 할 때까지 이어집니다. 이와 같은 인권의 개선 행진 속에서 선악에 대한 자연적 감각 모두를 잃어 버리면 결과는 반드시 그렇게 되지 않을 수 없습니다.

그러나 그 존경할 만한 목사님이 '개선 행진의 선도'에 열중하게 된 것은 루이 16세가 문자 그대로 '전제군주'였기 때문입니다. 그것은 달리 말하면 그는 루이 16세이고 그 이상도 그 이하도 아니었기 때문입니다. 또 그는 불행하게도 선조의 오랜 혈통과 민중의 오랜 묵낙(默諾)에 따라 그 자신은 아무 행위도 하지 않는데 국왕 대권을 쥐게 된 프랑스 왕으로 태어났기 때문입니다. 실제로 그가 프랑스 왕으로 태어났다는 것이 그에게는 불운이 되었습니다. 그러나 불운이 죄는 아닙니다. 또한 사려분별이 없는 것도 반드시 가장 큰 죄는 아닙니다. 여기에 한 사람의 군주가 있습니다.*²²¹ 그의 치세 전체의 모든 법령은 신하에 대한 양보의 연속이었습니다. 그는 스스로 자신의 권위를 누그러뜨리고, 대권을 줄이고, 신민에게는 자유에 대한—그들 선조 가운데 누구도 몰랐고 어쩌면 원하지도 않았던 자유에 대한—참여를 허용했습니다. 물론 그도 인간이나 군주에게 공통으로 따라붙는 나약함에는 당연히 굴복하고, 그의 신병이나 그의 권위의 잔재에 노골적으로 가해진 무서운 계략에 대항하기 위해 힘을 사용하는 것도 불가피하다고 한번은 생각하지 않을 수 없었습니다. 그러나 이런 사정 모두를 감안한다고 해도 그가 파리의—그리고 프라이스 박사의—잔혹하고도 모욕적인 개선 행진에 억지로 끌려갈 만했다고 생각하는 것에 나는 커다란 저항감을 느끼지 않을 수 없습니다. 왕에 대한 그와 같은 처사의 실례를 볼 때, 나는 자유의 대의를 위해 전율합니다. 인간 중에서 가장 사악한 자들이 날뛰면서도 벌조차 받지 않고 있는 것을 볼 때, 나는 인간성의 대의를 위해 전율합니다. 그러나 세상에는 저급하고 타락한 정신을 지닌 인간도 있어, 그들은 왕들이 왕좌를 굳게 지키는 방법이나 신민 위에 엄하게 군림해 가는 방법이나 대권을 장악하는 방법을 알고 있거나, 또 엄격한 전제가 지닌 불면불휴의 경계심으로 한 걸음이라도 자유가 자신에게 접근해 오는 것에 대비하는 방법을 알고 있거나 하면, 일종의 만족스러운 경외심과 상찬의 눈으로 왕을 우러러보는 것입니다.*²²² 이런 왕에 대해서 그들은 결코 큰 소리를 내지 않습니다. 원리를 버리고 운으로 지켜지고 있는 그들은 덕이 있는 사람의 수난 속에서 선을 인정하는 일도, 제 세상인 양 으스대는 찬탈자 속에서 죄를 인정하는 일도 전혀 없습니다.

만일 프랑스 왕과 왕비(나는 개선 행진 이전의 그들을 말하는 것입니다)가 냉혹하고 잔인한 폭군이고 면밀한 국민의회 몰살 계획을 세우고 있었다(어떤 출판물에 그와 같은 소문이 실려 있는 것을 본 듯한 기분이 듭니다)는 점이 내 앞에 분명하게 드러나 있었다면, 그들이 포로가 되는 것도 정당하다고 나는 생각했을 것입니다. 만일 그것이 사실이었다면 그들에 대해서는 그보다 훨씬 더한 일이—단 나의 생각으로는 더 다른 방법으로—이루어져야만 했습니다. 진짜 폭군의 처벌은 고귀하고 경외할 만한 정의의 행위입니다. 확실히 그것은 인간 정신에 대한 위안으로 알려져 왔습니다. 그러나 비록 내가 사악한 왕을 처벌해야만 한다고 해도 나는 죄에 복수할 때 존엄이라는 것을 고려하지 않으면 안 됩니다. 정의란 장중하면서 예절을 존중하는 것이고, 정의가 처벌을 내릴 때에는 선택을 한다기보다는 오히려 필연성에 복종하는 것으로 생각됩니다. 가령 네로나 아그리피나나, 루이 11세나 샤를 9세 등이 문제가 되고 있다고 칩시다. 또는 폰 파쿨을 살해한 뒤의 스웨덴의 카를 12세나 그보다 앞선 모날데스키 살해 후의 크리스티나가 당신이나 나에게 잡혔다고 가정합시다.*223 우리의 행위는 반드시 훨씬 달랐을 것입니다.

만일 프랑스 왕 또는 프랑스인의 왕*224(그 밖에 당신들의 새로운 헌법 용어에서는 무엇으로 부르고 있건) 자신의 인격 또는 그 왕비의 인격이 이와 같은 암투적인—단 복수는 이루어지지 않았지만—살해 계획의 대상이 될 만했다면, 또 살인보다도 더한층 잔혹한 그 뒤의 모욕을 받을 만했다면 그와 같은 인격은 현재 그에게 주어져 있는 것으로 들리는, 그 집행자로서의 종속적 신탁조차 받을 가치가 없는 것이 아니었을까요. 그는 또 스스로 포악하게 대하고 억압한 국민 속에서 수장으로 불리기에 걸맞지 않습니다. 새로운 국가의 그와 같은 직무를 맡길 대상으로 폐위된 폭군을 선택하는 것만큼 나쁜 선택은 달리 있을 수 없을 것입니다. 그러나 어느 인간을 최악의 범죄인으로서 헐뜯고 모욕을 가한 뒤에, 충실하고도 직무를 맡길 대상으로 성실한 부하로서 가장 중요한 문제를 그에게 맡긴다는 것은, 논의로서도 일관성이 결여되고, 수단으로서도 현명하지 않고, 실제로도 안전하지 않습니다. 그런 임명을 굳이 하는 자들은 스스로 이제까지 민중에 대해서 범해 온 온갖 죄보다도 더 악랄한 신탁 파기의 죄를 범하고 있는 것이 틀림없습니다. 당신들의 지도적 정치꾼들이 행한 범죄 가운데서 전후 모순되고 있는 것은 이 한 가지뿐입니다. 그러므로 나는 왕에 의한 국민의회 몰살 계획이라는, 이처럼 무서운 소문에는 근거가 전혀 없다고 결론을 내리는 것입니다. 그 밖에 여러 가지 중상에 대해서도 나의 생각은 같습니다.

잉글랜드에서 우리는 그와 같은 소문을 신용하지 않고 있습니다. 우리는 관대한 적인 것입니다. 성실한 동맹자인 것입니다. 흰 백합꽃의 증거를 어깨에 달고 프랑스 왕실의 다양한 속사정을 들려주는 자들의 중상*225을 우리는 혐오와 분노로 물리칩니다. 우리는 조지 고든 경*226을 뉴게이트 감옥으로 확실하게 보냈습니다. 그는 공공연하게 유태교로 개종하고 또 가톨릭 사제와 그 밖에 온갖 종류의 성직자에 대한 거센 반감에서 폭도(이 말을 용서해 주기 바랍니다. 이 나라에서는 이 말이 여전히 사용되고 있습니다)를 모아 그 폭도가 이 나라의 감옥이란 감옥을 파괴했습니다. 그러나 그 어느 것으로도 그는 하나의 자유조차 견지하지 못했습니다. 덕에 걸맞은 방법으로 그 자유를 사용해 자신이 그만한 인간임을 그는 보여주지 않았던 것입니다. 우리는 뉴게이트를 재건하고*227 넓은 저택을 빌렸습니다. 프랑스 왕비 측 사람들을 중상하려는 자들에 대해서 우리는 바스티유에 뒤지지 않는 튼튼한 감옥을 가지고 있습니다. 그칠 날이 없는 비방자는 감옥이라는 이 성스러운 은신처에 계속 머물게 하겠습니다. 그가 자신의 태생과 재능에 맞는 행동이나, 자신이 개종 입신한 고대 종교를 그다지 부끄럽게 하지 않는 행동을 배울 때까지, 그렇지 않으면 해협 저쪽에서 누군가가 찾아와 당신들의 새로운 히브리 친구를 기쁘게 하고 그를 떠맡을 때까지, 그때까지 그는 감옥 안에서 탈무드*228라도 명상하고 있으면 되는 것입니다. 그렇게 하면 그는 유태교회의 오랜 재보와 은 30개를 원금으로 하는 장기복리의 이자에 대한 약간의 수수료를 합쳐서(1790년간의 복리로 어떤 기적이 이루어지는지, 프라이스 박사가 우리에게 친히 교시해 준), 프랑스 가톨릭교회에 찬탈되어 있었다는 사실이 최근 밝혀졌다는 토지를 살 수 있을지도 모릅니다.*229 당신들 쪽에서는 가톨릭의 파리 대주교를 보내 주십시오. 이쪽에서는 프로테스탄트의 랍비를 보내 드리겠습니다. 우리는 당신들이 교환으로 보내 주시는 인물을 그 사람됨에 걸맞게 신사로서 또 성실한 인물로서 접대하겠습니다. 그러나 부디 그로 하여금 친절함, 시원스러움, 선의 등의 자금을 휴대하고 올 수 있게 해주기 바랍니다. 틀림없이 우리는 명예롭고 신앙 깊은 그 기금을 1실링일지라도 몰수하는 일은 절대로 하지 않을 것입니다. 또 구호 상자를 약탈해서 국고를 풍요롭게 할 생각은 추호도 없습니다.

　그런데 친애하는 당신에게는 진실을 말씀드리자면, 우리 국민의 명예는 구 유대인 거리 및 술집 '런던'에서의 이 협회의 모든 행위를 부인하는 일과 약간 관계가 있는 것으로 나에게는 생각됩니다. 나는 누구의 대리인도 아닙니다. 내가 최대한의 진지함을 담아 그 개선 행진의 실제 행위자 또는 그 찬미자와의 교우관계를 부인한다고 말할 때, 나는 단지 나 자신의 마음속에서 우러난 것만 말하고 있는 것입니다. 또 무언가 다른 사항에 대해서 이것은 잉글랜드의 민중과 관계가 있다고 주장할 때, 나는 단지 관찰을 바탕으로 그렇게 말하는 것이지 권위의 자리에서 말하고 있는 것은 아닙니다. 하지만 내가 이렇게 말하는 것은, 모든 직업과 신분을 포함한 우리 왕국 주민과의 상당히 광범하고도 다양한 교제의 경험에 따라—그것도 인생의 초기부터 시작해 40년에 걸친 주의 깊은 관찰*230 끝에—하는 것입니다. 돌이켜보면 우리는 당신들과는 불과 약 24마일의 좁은 수로로 나뉘어 있을 뿐이고 더구나 양국 사이의 상호교섭은 최근 극히 많아졌음에도 불구하고, 당신들이 우리에 대해서 알고 있는 것이 얼마나 적은가를 깨닫고 이제까지도 나는 종종 놀라곤 했습니다. 생각하건대 그 원인은 당신들이 이 나라에 대해서 일종의 출판물—즉 잉글랜드의 지배적인 사고방식이나 기질을 설사 표현하고 있다 해도 두드러지게 잘못 표현하고 있는 출판물—에 의존해 판단을 내리고 있기 때문이 아닌가 생각됩니다. 이 나라에도 소인배들이 얼마간 있어 자신들에게 영향력이 전혀 없다는 점을 숨기려고 일부러 떠들어대거나 자화자찬하거나 동료끼리 상호 의견을 교환하거나 하고 있는데, 당신들은 그런 자들의 허영심이나 불안정함이나 분노나 음모를 즐기는 정신 등으로 미루어 이렇게 생각하시는 듯합니다. 즉 우리가 그들의 능력을 경멸하며 무시하고 있는 것은, 그들의 의견에 일반적으로 암묵의 동의를 하고 있는 표시로 생각하시는 모양입니다. 보증하는데 절대로 그런 것이 아닙니다. 양치식물(羊齒植物)의 그늘에서 대여섯 마리의 메뚜기와 여치가 끈질기게 울어 대고 있습니다. 다른 한편 수천 마리의 큰 소가 떡갈나무 그늘 아래 쉬면서 먹은 풀을 되새김질하며 소리 없이 있습니다. 그렇다고 해서 크게 떠들어 대는 자만이 이 들판의 주인이라든가, 물론 다수자라든가 하고 생각하지 말기 바랍니다. 확실히 그것들은 일시적으로 시끄러운 버러지들로서, 요컨대 위축된 빈약한 것들이고 단지 날아다닐 뿐인 존재입니다. 그것을 그 밖의 무언가로 생각하지 말기 바랍니다.

거의 단언하고 싶은데, 우리들 가운데 혁명협회의 '개선 행진'에 참가하는 자는 천 명에 한 사람도 없습니다. 어쩌다 전쟁이 일어나서 가장 치열한 적개심이 타오르는 와중에 프랑스 왕이나 왕비나 또 그 왕자들이 우리들에게 잡히는 일이 설사 있다고 해도(그와 같은 사건이 없기를, 그와 같은 적개심이 없기를 나는 간절히 기도하는 자입니다), 그들은 훨씬 다른 방법의 개선 행진으로 런던에 들어올 계획을 짰을 것입니다. 우리는 일찍이 그런 상태에 놓인 프랑스 왕을 맞이한 적이 있는데*231 전장에서의 승리자에게 그가 어떤 대우를 받았는지, 그 뒤 어떻게 잉글랜드가 그를 맞이했는지 당신도 읽은 적이 있을 것입니다. 그로부터 400년의 세월이 흘렀습니다. 그러나 그 뒤 우리는 실질적으로는 변하지 않았다고 나는 믿습니다. 혁신에 대한 우리의 완강한 저항 덕분에, 우리 국민성의 냉철한 둔중함 덕분에 우리는 여전히 선조의 각인(刻印)을 간직하고 있는 것입니다. 우리는 덕분에(내 생각으로는) 14세기 사상이 지니고 있었던 고귀와 존엄을 잃지 않고 있습니다. 지금까지는 스스로를 잘 다듬어 야만인이 되지도 않고 있습니다. 우리는 루소로의 개종자는 아닙니다. 볼테르의 도당도 아닙니다. 엘베시우스는 우리 사이에 조금도 침투하지 않았습니다. 무신론자는 우리의 설교사가 아니고 미치광이는 우리의 입법자가 아닙니다. 우리는 자신들이 아무것도 발견하지 않았음을 알고 있습니다. 또 도덕에 관해서 새로운 발견 따위는 있을 수 없다고 생각합니다. 통치의 대원칙 대부분과 자유의 관념에 대해서도 같습니다. 그런 원칙과 관념은 우리가 태어나기 훨씬 이전에 이해되었고, 우리의 거만함 위에 흙이 뒤덮이고 말 없는 무덤의 법도가 우리의 건방진 장광설을 봉한 뒤에도 언제나 변함없이 계속 같을 것입니다. 잉글랜드에서 우리는 자신들에게 자연히 갖추어진 오장육부를 아직 완전히 빼내 버리지 않고 있습니다. 우리는 우리 의무의 성실한 보호자, 적극적인 감시자이자 온갖 자유롭고도 인간다운 도덕의 진정한 지지자인 천부의 감정을 자기 안에 느끼고 사랑하며 키우고 있습니다. 마치 박물관의 박제처럼, 왕겨나 헌 옷이나 인권에 대한 것이 쓰여 있는 종이 부스러기 따위를 채워 넣기 위해 내장이 빼내어지거나 날개가 묶이거나 하는 꼴을 우리는 아직 당하지 않고 있습니다. 우리는 감정 전체를 변함없이 타고난 그대로 전부, 현학(衒學)이나 불성실의 세례를 받지 않고 유지하고 있습니다. 우리의 가슴에는 살과 피로 된 진짜 심장이 뛰고 있습니다. 우리는 신을 두려워합니다. 외경의 눈으로 왕을 우러러봅니다.†
무엇 때문이겠습니까. 마음속에서 그와 같은 관념을 마주할 때, 그처럼 마음이 움직여지는 것이 자연스럽기 때문입니다. 그 밖의 감정은 거짓이고, 정신을 부패시키고, 근본적 도덕을 손상하고, 우리를 도리에 맞는 자유에 어긋나게 하기 때문입니다. 그것은 또한 짧은 휴가의 저급한 놀이로서, 노예적이고 방종하고 자포자기한 존대함을 우리에게 가르침으로써 우리를 전 생애에 걸쳐 노예 상태에 완전히 적합하고, 또 바로 그 값어치밖에 없는 것으로 만들어 버리기 때문입니다.

   † 비국교도 목사인 듯한 어느 신사에 의해 신문에 발표된 서간에서 영국인은
   잘못 묘사되어 있다고 나는 생각한다. 파리에서 지배적인 정신에 대해 프라이
   스 박사 앞으로 편지를 쓰면서 그는 이렇게 말하고 있다. '이곳 민중의 정신은
   왕이나 귀족이 민중의 정신 가운데서 부당하게도 자기 소유물로 하고 있었던
   모든 거만한 구별을 폐기했습니다. 왕에 대해서건, 귀족에 대해서건, 사제에
   대해서건, 그와 같은 때 그들을 이야기하는 민중의 언어 전체는 영국인 가운
   데서 가장 계몽적이고도 자유로운 사람들의 언어와 똑같습니다.' 만일 이 신사
   가 '계몽적이고도 자유로운'이란 표현을 일부 영국인에 한정해서 쓰고 있다면
   그것도 올바를지 모르는데 일반적으로 그렇지는 않다.

다 아는 바와 같이 나는 이 계몽시대에 있으면서 굳이 다음과 같이 고백할 정도로 당치도 않은 인간입니다. 즉 우리는 일반적으로 무교육한 감정의 소유자이고 우리의 낡은 편견을 버리기는커녕 그것을 매우 사랑하고 있다는 것, 또 자신의 치부에 덧칠하는 꼴이겠지만 그것을 편견이기에 사랑하고 있다는 것, 더구나 그 편견이 더 영속한 것이고 더 널리 보급된 것일수록 사랑한다는 것, 등등입니다. 우리는 각자가 자기 혼자 사적으로 축적한 이성에 의존해 생활하거나 거래하거나 하지 않을 수 없게 되는 것을 두려워하고 있습니다. 왜냐하면 각자의 이와 같은 축적은 양이 적으므로 어느 개인에게 있어서나, 국민이나 시대의 공동은행 또는 자본을 이용하는 것이 더 좋다고 우

리는 생각하기 때문입니다. 이 나라의 사색가 대부분은 공통의 편견을 뿌리 치기는커녕 그와 같은 편견 속에 충만한 잠재적 지혜를 발견하기 위해 자신의 현찰(賢察)을 발휘합니다. 그들은 스스로 찾고 있었던 것을 발견한 경우 ─실제로 실패하는 일은 거의 없는데─편견의 웃옷을 벗어던지고 알몸인 이성 외에는 아무것도 남지 않게 하기보다는, 이성이 이미 들어가 있는 편견을 유지하는 것이 훨씬 현명하다고 생각합니다. 왜냐하면 이성을 수반한 편견은, 그 이성을 행동으로 향하게 하는 동기와 또 그것에 영속성을 부여하는 애정을 포함하고 있기 때문입니다. 화급할 때에도 편견은 즉시 적용할 수 있습니다. 그것은 정신을 미리 확고한 지혜와 미덕의 길로 인도해 둡니다. 그리고 그것은 결정의 순간에 사람을 회의나 의문이나 무결단으로 머뭇거리게 내버려 두지는 않습니다. 편견이란 사람의 미덕을 습관화하는 것, 맥락이 없는 행위의 연속으로 그치게 하지 않는 것입니다. 올바른 편견을 통해서 그의 복종 행위는 천성의 일부가 되는 것입니다.

당신들 프랑스의 문필가들이나 정치가들, 그리고 이 나라의 계몽가 일당 모두는 이러한 모든 점에 대해서 본질적으로 다릅니다. 그들은 타자의 지혜에 전혀 경의를 표하지 않습니다. 그러면서도 다른 한편 자기 자신의 지혜는 넘치는 자부심으로 떠받듭니다. 그들이 보기에 사물의 구조가 낡았다는 것은 그것을 파괴할 충분한 동기가 됩니다. 그리고 새로운 것에 관해서는, 그들은 서둘러 세운 건물의 내구성이 어느 정도인지 걱정하는 마음 따위는 전혀 갖지 않고 있습니다. 왜냐하면 자기 시대 이전에는 아무것도 이루어지지 않았거나 이루어졌다고 해도 극히 약간이라고 생각하고, 모든 희망은 발견에 걸려 있다고 생각하는 자들에게 있어서 내구성은 목적이 아니기 때문입니다. 그들은 논지를 일관해서 대체로 영속성을 가져오는 것은 모두 유해하다고 생각하고 따라서 온갖 기존 제도에 끈질기게 싸움을 겁니다. 그들의 생각에 따르면 정부는 의복의 유행처럼 바뀔 수 있는 것이고 그렇게 바뀐다 해도 거의 해악이 없는 것입니다. 또 어떤 국가의 헌법에 있어서나 눈앞의 편리함 이외에 애착의 원리 따위는 불필요한 것입니다. 그들과 위정자와의 사이에는 일종의 독특한 계약이 있으며, 그것은 위정자를 구속은 해도 상호 의무의 성격은 전혀 갖지 않고 민중의 권위는 자신의 의지 이외에 어떤 이유도 없이 이 계약을 해제할 권리를 보유한다는 식의 의견을, 그들은 가지고 있는 것 같은 말을 언제나 하고 있습니다. 내 나라 자체에 대한 애착조차, 변덕스러운 자신들의 계획 중 무언가에 국가가 합치할 때에만 존재합니다. 그것은 즉 순간순간 그들의 사고 속에 간혹 떠오르는 국가 계획과 함께 시작되고 또 끝나는 것입니다.

이와 같은 교의, 아니 교의라기보다도 오히려 감각은 당신들의 신참 정치가에게 있어서는 유력한 것 같습니다. 그러나 그것은 이 나라에서 우리의 행동이 부단히 따라온 것과는 전혀 성질이 다른 감각입니다.

당신들 사이에 이루어지고 있는 일들은 잉글랜드의 예에 따른 것이다, 이런 설명이 프랑스에서 때때로 나오고 있다는 말을 듣습니다. 그러나 단언해 두고 싶은데, 대체로 당신들이 있는 곳에서 이루어지고 있는 일이 실제 행위 면에서나 행동의 정신 면에서나 우리 민중의 관행 또는 일반적 의견에서 비롯되고 있는 것은 거의 하나도 없습니다. 덧붙여 두는데 우리는 프랑스 국민에게 그와 같은 교훈 따위를 가르친 적이 절대로 없을 뿐만 아니라 그것을 프랑스에서 배울 생각도 없습니다. 당신들의 행위에 일종의 참가를 하고 있는 자들은 이 나라에서는 아직 단 한 줌의 존재밖에 안 됩니다. 어쩌면 운 나쁘게 그들의 음모나 설교나 출판물 따위에 의해서, 또는 프랑스 국민의 조언이나 힘과의 결부에 대한 기대에서 생겨난 일종의 신뢰 등에 의해서, 그들 일당이 어느 정도 인원을 모으고 그 결과 당신들의 나라에서 이루어진 사건을 모방해 이 나라에서도 무언가 음모를 꾸미는 일이 있을지도 모릅니다. 그렇다고 해도 굳이 예언해 두자면, 그들은 이 나라에 다소 혼란을 불러일으키면서도 곧 자기 무덤을 파 버릴 것입니다. 아득한 옛날 우리 민중은 교황 무류성(無謬性)을 존중한다고 해서 자신들의 법을 변경하는 것은 거부했습니다.*232 현재도 그들은 철학자들의 독단적 교의에 말없이 경건한 신앙을 바치고 있다고 해서 그것을 변경하거나 하지는 않을 것입니다. 비록 전자가 파문과 십자군으로 무장하고 후자가 비방자와 가로등의 철 기둥*233을 통해 행동한다고 해도 말입니다.

일찍이 당신들의 사건은 당신들만의 문제였습니다. 우리는 인간으로서 그 사건을 느꼈는데 프랑스 시민이 아닌 이상, 그것과 거리를 두고 있었습니다. 그러나 여봐란 듯이 본보기를 우리에게 들이댄 이상, 우리는 영국인으로서 느끼지 않을 수 없고 또 그렇게 느끼면서 그것에 대비하지 않으면 안 됩니다. 우리가 원하건 원하지 않건, 당신들의 사건은 우리들 관심의 일부가 돼 버린 것입니다. 당신들의 만병통치약인지 역병인지를 멀리하는 문제에 관한 한 적어도 그렇습니다. 그것이 비록 만병통치약이라고 해도 우리는 필요하다고 생각지 않습니다. 불필요한 약이 무엇을 가져오는지 우리는 알고 있습니다. 그리고 만일 그것이 역병이라면, 그것은 가장 엄중한 방역 격리의 예방 수단을 강구하지 않으면 안 될 역병입니다.

철학적임을 자칭하는 일당이 최근의 사건 대부분에 명예를 바치고 있고, 더구나 그들의 사상이나 방식이 그러한 사건 전체의 진정한 구동정신(驅動精神)이란 말을 나는 여러 방면에서 듣고 있습니다. 잉글랜드에서는 문학계에서든 정치계에서든 철학적이라는 특징으로 알려진 당파가 일찍이 있었다는 말은 들은 적이 없습니다. 그런 일당은 당신들 나라에나 있지 않았던가요. 그들은 대중이 어림잡아서 솔직하게 무신론자니 불신자니 하고 부르는 자들이 아닙니까. 만일 그렇다면 확실히 옛날에는 이 나라에도 그와 같은 저술가들이 있어 그 무렵 다소 시끄러웠던 적이 있었습니다. 그러나 현재 그들은 영원한 망각 속에 잠들어 있습니다. 최근 40년 정도 사이에 태어난 사람들 가운데 콜린스, 톨랜드, 틴들, 챕, 모건, 그 밖에 자칭 자유사상가의 말을 한 마디라도 읽은 사람이 있는지 모르겠습니다. 요즘 세상에 누가 볼링브룩을 읽겠습니까.*234 애초에 그의 글을 통독한 사람이 있겠습니까. 런던의 서점으로 가 이들 세계의 광명들이 그 뒤 어떻게 되었는지 물어보면 좋을 것입니다. 수년도 채 되지 않아, 몇 명도 안 되는 그들의 후계자도 역시 '캐풀렛가 대대'의 가족 묘소 행*235이 될 것입니다. 그러나 그들이 과거에 무엇이고 현재에 무엇이건, 이 나라에서 그들은 완전히 흩어진 개개의 존재였고 지금도 그렇습니다. 이 나라에서 그들은 그와 같은 도배들에게 공통되는 성질을 지녀, 무리지어 살지는 않았습니다. 그들은 결코 집단으로 행동하지는 않았고 국가적 당파로서 알려져 있지도 않았습니다.*236 또 그 당파로서의 이름이나 개성에 의해서—또는 그 당파의 목적으로써—이 나라의 공적 문제에 영향을 미치는 것으로 생각되지는 않고 있었습니다. 그들이 그와 같은 형태로 존재해야 할 것인지, 그렇게 행동하는 일이 허용되어야 할 것인지는 별문제입니다. 잉글랜드에서는 그와 같은 도당이 존재하지 않았으므로, 이 나라 헌법의 틀을 처음으로 확립하는 데 그들의 정신이 무언가 영향을 주는 일도 없었고, 그 뒤 이루어진 서너 번의 보수나 개선의 어느 경우에도 사정은 같았습니다. 이와 같은 일들은 모두 종교와 경건함의 비호 아래 이루어지고 그것들에게 시인을 받아 더한층 견고해진 것입니다. 모든 것은 이 나라 국민성의 단순함에서 비롯되고 또 일종의 단순 명쾌한 판단력에서 비롯되고 있었습니다. 이 판단력은 우리들 가운데서 잇따라 지배권을 획득해 간 사람들을 오랜 시대에 걸쳐 특징짓게 되었습니다. 이와 같은 기풍은 적어도 대다수 민중 속에 여전히 남아 있습니다.

우리는 종교야말로 문명사회의 기초이고 모든 선, 모든 위안의 원천으로 알고 있습니다. 알고 있을 뿐만 아니라 더 바람직하게도 내적으로 그렇게 느끼고 있습니다.† 잉글랜드에서 우리는 이에 대해서 극히 견고한 확신을 가지고 있으므로 미신의 녹(錆) —축적된 인간정신의 부조리는 세월이 지남에 따라서 정신을 이 녹으로 완전히 뒤덮고 말았을지도 모릅니다—따위는 존재하지 않습니다. 또 영국의 민중 100명 가운데 99명은 무신앙 쪽을 선호하지는 않습니다. 우리는 무언가 체계의 부패를 제거하고, 결점을 보완하고, 그 구조를 완전하게 하기 위해 그 체계의 중심에 적을 불러들여 버리는 어리석은 자가 결코 되지 않을 생각입니다. 만일 우리의 종교적 교의가 현재보다 더 해명되어야 한다고 해도 우리는 그 설명을 위해 무신론에 도움을 청하지는 않을 것입니다. 우리는 자신의 신전을 비추는 데 그와 같은 부정한 불을 빌리지는 않습니다. 그것은 다른 빛으로 비쳐지는 것입니다. 그리고 향을 피운다고 해도 그 향은 혼합물이 든 형이상학의 밀수업자에 의해 수입된 전염성 물질 따위와는 다른 것일 터입니다. 만일 우리의 교회 제도에 쇄신이 필요하다고 해도, 우리는 그 거룩한 수입을 결산하고 수납하고 쓰기 위해 사적으로든 공적으로든 탐욕을 발휘할 생각은 추호도 없습니다. 우리는 그리스나 아르메니아의 종교 제도를 힐난은 하지 않고 이제 열광이 가라앉은 이상 로마의 그것도 비난하지 않는데, 그래도 우리는 프로테스탄트 쪽을 택합니다. 그 안에 그리스도교가 더 조금밖에 포함되어 있지 않다고 생각해서가 아니라, 우리의 판단으로는 더 많이 포함되어 있기 때문에 그렇게 하는 것입니다. 우리는 무관심 때문이 아니라 열렬함 때문에 프로테스탄트인 것입니다.

† '한편 시민들에게는 우선 이하의 사항을 납득시키지 않으면 안 된다. 즉 신들은 모든 것의 주인이시고 통치자라는 것, 이 세상의 사건 모두는 신들의

의지와 권위 아래 있다는 것, 신들은 인간에게 있어서 진실로 고마운 존재이고 각자의 성질과 행위와 범하는 죄와 또 그가 신들을 받들어 모실 때 마음속에 품는 경건함을 굽어보신다는 것, 경건한 자와 불경한 자를 식별하신다는 것 등이다. 이상의 모든 관념이 침투한 정신이라면 틀림없이 유용하고도 진실한 생각을 갖게 될 것이다.' 키케로《법률에 관하여》제2권.

우리는 인간이 그 구조상 종교적 동물임을 알고 있습니다. 무신론은 우리의 이성뿐만 아니라 본능과도 배치하는 것이고 그 지배는 결코 오랜 세월에 걸쳐서 이루어지진 못함을 알고 있습니다. 또 알고 있다는 사실을 자랑으로도 삼고 있습니다. 그러나 혹시 소동이 일었을 때, 더구나 지금 프랑스에서 들끓고 있는 것과 같은 지옥의 증류솥에서 추출된 독한 술로 우리가 착란상태에 빠져 저 그리스도교—이제까지 우리의 자랑이자 위안이고, 그리고 또 우리와 그 밖에 많은 여러 국민에게 있어서 문명의 대원천이기도 했던 그리스도교—가 포기되고 우리의 적나라한 모습이 고스란히 드러났다고 칩시다.[237] 우리가 우려하는 점은(그것은 정신이 진공 상태에 견디지 못한다는 사실을 우리는 잘 알고 있기 때문인데), 그런 경우에는 무언가 정체를 알 수 없는 위험하고 저열한 미신이 그것을 대신하지는 않을까 하는 것입니다.

이런 이유에서 우리는 당신들이 한 것처럼 우리들의 기존 제도에서 그것에 존경을 가져다주는 자연스런 인간적 모든 수단[238]을 박탈해 소홀히 여겨지도록 하기에—당신들은 그렇게 함으로써 응분의 벌을 초래하기도 했습니다—앞서, 무언가 다른 것이 그 대체로서 제시되길 바라는 것입니다. 우리로서는 그때 비로소 자신의 판단을 내리기로 하겠습니다.

우리는 이와 같은 사고방식에 입각해 있으므로, 기존 제도에 대한 자신의 적대감을 철학이나 종교로 만든 일부 사람들처럼 함부로 그런 제도와 분쟁을 일으키는 일은 하지 않습니다. 그 대신 우리는 그것에 굳게 집착하는 것입니다. 우리는 기존의 교회, 기존의 왕정, 기존의 귀족정치, 기존의 민주정치를 제각기 존재하는 정도에 따라서—그 이상으로가 아니고—유지할 결의를 하고 있습니다. 우리가 이런 것들을 어느 정도 소유하고 있는지 곧 보여드리겠습니다.

그런데 이 시대의 불행은(이들 신사들이 생각하는 것처럼 영광은 아닙니다), 마치 이 나라의 헌법을, 변함없이 향수되어야 할 사항이라기보다는 오히려 논쟁의 대상인 것처럼 생각하고 만사를 논의하려는 데에 있습니다. 이런 이유에서, 또 아울러 당신들 가운데서 실례에 의해서 배우기를 원할지도 모르는 분들께 만족을 드리기 위해서도 (만일 당신들 가운데 그런 분이 있으면 하는 말인데) 나는 이러한 이 나라의 기존 제도 각각에 대해서 다소의 의견을 말해 굳이 당신에게 폐를 끼칠 생각입니다. 일찍이 고대 로마인들은 자신들의 법을 새롭게 만들려고 했을 때 그들의 손이 닿는 한 가장 잘 조직된 국가를 조사할 조사단을 파견했는데[239] 그들을 보낸 사람들이 현명하지 않았다고는 생각되지 않습니다.

먼저 이 나라의 교회제도에 대해서 언급하는 것을 용서해 주시기 바랍니다. 이것이야말로 수많은 우리의 편견 가운데 첫째가는 것이고, 더구나 이성이 결여된 편견이 아니라 내적으로 깊고 넓은 예지를 내포하고 있는 편견입니다. 그것에 대해서 먼저 이야기해 보겠습니다. 그것은 우리의 정신 가운데서는 최초에 있고 또 최후에도 중간에도 있는 것입니다. 그것은 우리가 현재가지고 있는 그 종교 체계에 근거를 추구함으로써 우리는 인류가 초기에 감수한 이래 변함없이 이어져 온 감각에 따라 행위를 계속하게 되기 때문입니다. 이 감각은 현명한 건축가처럼 국가라는 장대한 건물을 세웠을 뿐만 아니라 마치 주의 깊은 소유자처럼, 이 건물이 온갖 기만, 폭력, 부정, 전제 등의 불순함에서 정화된 거룩한 신전으로서 신성 모독과 파괴로부터 지켜지도록, 국가 조직 및 그 내부에서 직무를 수행하는 사람들 모두를 장엄하고도 영원히 성별(聖別)했습니다. 이 성별은 인간의 통치를 맡는 사람들—신 자신의 인격으로 이 통치를 해야 할 사람들—이 그들의 임무와 운명을 고상하고 가치 있는 것으로 생각하도록 하기 위해 행하여지는 것입니다. 또 그들이 불사의 생명에 대한 희망으로 충만해지도록 하기 위해 행하여지는 것입니다. 더 나아가 그들이 하찮은 눈앞의 금전이나 일시적이고 변하기 쉬운 대중의 상찬 등을 추구하지 않고 그들의 본성 가운데서도 영속적인 부분 안에 있는 견고하고 영원한 존재로 눈을 돌려, 스스로 세계에 대해 풍성한 유산으로서 남기는 실례 안에 존재하는 영원의 목소리와 영광을 바라도록 하기 위해 행하여지는 것입니다.

높은 지위에 있는 사람들에게는 이와 같은 숭고한 원리들이 주입되어야 합니다. 또 종교제도는 그런 원리들을 끊임없이 되살리고 힘이 있도록 만들어야 합니다. 온갖 종류의 도덕적 제도, 온갖 종류의 사회적 제도, 온갖 종류의 정치적 제도—인간적 이해력과 애정을 신적인 그것에 결부시키는 이성적, 자연적 유대에 도움이 되는 것—는 모두 '인간'이라는 그 훌륭한 구조를 구축하기 위해 필요한 것 이외에 아무것도 아닙니다. 실로 이 '인간'이란 것의 커다란 권리란 그것이 고도로 자기형성을 하는 피조물이란 점에 있습니다. 그리고 본연의 모습으로 형성된 '인간'은 창조의 질서에서 결코 천하지 않은 위치를 차지하도록 정해져 있습니다. 물론 보다 나은 본성이 언제나 지배해야 한다는 이유에서 다른 사람들 위에 자리매김된 인물인 경우에는 특히, 가능한 한 그의 완전함에 접근하도록 만들지 않으면 안 됩니다.

국교제도에 의한 국가의 성별은 또 자유로운 시민들에게 건전한 외포심(畏怖心)을 안겨 주기 위해서도 필요합니다. 왜냐하면 그들은 자신의 자유를 확보하기 위해서 권력의 일정 부분을 향수하고 있지 않으면 안 되고, 그렇기 때문에 그들에게 있어서는 국가나 또 그 국가에 대한 자신의 의무와 결합한 종교를 갖는 것이 어떤 사회—민중이 첫째 복종 조건에 따라 사적 감정과 개개의 가족문제 처리에만 골몰하고 있는 사회—에서의 그것에 비해 훨씬 중요해지기 때문입니다. 무릇 권력 분배에 참여하고 있는 자는 '자신들은 신탁을 받아 행동하고 있는 것이고, 그 신탁에 관한 자신의 행동에 대해서 사회의 위대한 주인이고 창조자이고 기초자인 절대자에 대해서 책임을 지고 있는 것이다'라는 관념이 강하게, 그것도 외포심과 더불어 마음에 새겨져 있지 않으면 안 됩니다.

이 원칙은 집단적으로 주권을 구성하는 사람들의 정신에는, 단독인 군주들의 정신에서보다도 훨씬 강력하게 각인되어 있을 필요가 있습니다. 이들 단독의 군주들은 손발이 되어 줄 도구 없이는 아무것도 못하는데, 도구를 쓰는 인물은 그 도구가 유용함과 동시에 방해도 됨을 아는 법입니다. 따라서 그들의 권력은 결코 완전하지 않을 뿐 아니라 극도로 남용했을 경우에는 안전하지도 않습니다. 그런 인물들은 추종이나 교만이나 자만 때문에 어느 정도 우쭐해 있어도 자신들의 신탁 악용에 대해서는, 실정법에 의해서 비호되고 있건 그렇지 않건 상관없이 현세에서조차 책임을 지지 않으면 안 됨을 느끼고 있을 것입니다. 그들은 설사 민중 반란에 의해서 목이 날아가지 않는다고 해도, 다른 모든 반역으로부터 그들을 지키기 위해 고용되어 있는 근위병 그 자체에 의해서 목이 졸릴지도 모릅니다. 실제로 우리는 봉급 증가 때문에 프랑스 왕이 자기 군대에 의해서 팔리는 장면을 목격해 왔습니다.*240 그런데 민중의 권위가 절대적이고도 무제한인 곳에서 그들은 자신의 권력에 대해 한없이 커다란 신뢰를 안고 있습니다. 그것은 기초가 훨씬 확고하기 때문입니다. 그들은 뛰어난 자기 자신의 도구인 것입니다. 그들은 자신의 목적에 더 가깝게 자리매김하고 있습니다. 그것만이 아닙니다. 민중은 명성과 평판에 대한 감각*241이라는 지상 최대의 억제력 중 하나에 대해서도 그다지 책임을 느끼지 않습니다. 공중으로서 행동할 경우 각 개인이 떠맡게 될 악평의 몫 따위는 극히 적고, 세론의 작용은 권력을 악용하는 인간의 수에 반비례합니다. 그들로서는 자신들의 행위를 스스로 시인하면 그것이 곧 자신에게 유리한 공중의 판단으로 보이는 것입니다. 따라서 완전한 민주정치란 이 세상에 존재하는 파렴치의 극치입니다. 그것은 파렴치의 극치이므로 가장 두려움을 모르는 것이기도 합니다. 민주정치에서는 자신도 또 처벌의 대상이 될 수 있다는 점을 스스로 위구(危懼)하는 인간은 아무도 없습니다. 물론 민중 전체는 처벌 대상이 되어서는 안 될 것입니다. 모든 처벌은 민중 전체를 보전하기 위한 본보기이므로 민중 전체는 어떤 인간의 손에 의해서도 처벌 대상이 될 수 없습니다.† 바로 이런 이유에서 그들에 대해서는, 왕들의 의지가 그럴 수 없는 것과 마찬가지로, 자신들의 의지가 옳고 그름의 기준이 된다는 생각은 꿈에라도 하게 해서는 안 되는 것입니다. 이것은 한없이 중요한 사항입니다. 그들에게는 자신들이 안전하다고 해서 왕 이상으로 자의적인 어떤 권력을 행사할 자격도 없거니와 권능도 전혀 없다는 사실을 납득시키지 않으면 안 됩니다.*242 또 거짓 자유라는 겉치레 아래*243에 실제로는 부자연스럽고 도착(倒錯)된 지배를 행사하거나, 국가 내에서 직무를 수행하는 사람들에게서 그들 민중의 이해(利害)에 대한 완전한 헌신—이를 요구하는 것은 민중의 권리입니다—이 아니라 그들이 때때로 보이는 자의(恣意)에 대한 비굴한 복종을 고압적으로 이끌어 내거나 할 자격 및 권능도 똑같이 전혀 없다는 사실을 납득시키지 않으면 안 됩니다. 만일 그와 같은 일을 허용한다면 그것은 그들에게 봉사하는 사람들 속에서 온갖 도덕적 원리나, 존엄의 의식이나, 판단력의 행사나, 성격의 일관성 따위를 근절하는 일이 됩니다. 다른 한편 바로 똑같은 과정을 통해서 그들은 스스로 민중 추종자나 아첨을 일삼는 궁정인의 비굴한 야심에 딱 맞는—단 아주 경멸받는—먹이가 되고 마는 것입니다.

　† 무슨 일이건 다수자가 범한 것은 처벌되지 않는다[*244]

종교 없이는 문자 그대로 불가능한 일이지만 만일 민중이 온갖 이기적 자의에 대한 갈망을 완전히 버렸다면 그때에는, 또는 스스로 행사하는 권력이—이 권력행사는 위임의 서열[*245]로 본다면 틀림없이 상당히 높은 위치를 차지합니다—정통일 수 있기 위해서는 의지와 이성이 동일불가분의 그 영원불변한 법에 따르지 않으면 안 된다는 사실을 의식했다면 그때에는, 그들도 비열하고 무능한 자들의 수중에 권력을 쥐어 주는 데에 훨씬 주의하게 될 것입니다. 사람에게 직무를 줄 때에도 비천한 일을 맡기는 것처럼 하지 않고 거룩한 직무를 맡기는 것처럼 권위의 행사를 맡길 것입니다. 자신의 천박한 이기적 이해나 구제할 길이 없는 방종이나 변덕스러운 의지 등에 따르는 일도 없어질 것입니다. 그와 같은 권력을 수여(본디 권력의 수수란 누구에게나 가슴 벅찬 일입니다)할 때에는 그것을, 그들이 보기에는 분명 생생한 미덕과 지혜를 풍부하게 지니고 있는 사람들—이 두 가지를 아울러 지니고, 게다가 이를테면 인간의 불완전함이나 불확실함의 거대하고 불가피한 덩어리 속에서도 그 책무에 견딜 수 있는 사람들—에게만 부여할 것입니다.

본질적으로 선한 자는 자신의 행위에 따른 것이건 타자의 그것에 대한 승인에서건 어떠한 악도 용서할 수 없다는 점을 민중이 습관으로서 확신하고 있을 때, 틀림없이 그들 민중은 모든 세속적, 교회적, 군사적 권력자의 마음에서 대체로 존대하고 무법인 지배와 조금이라도 유사한 것을 보다 완전하게 배제할 수 있을 것입니다.

그런데 국가나 법을 성별할 때 따라야 할 가장 중요한 원리 가운데 하나는, 그런 국가나 법을 일시적 또는 종신적으로 소유하고 있는 사람들이 선조로부터 받은 것이나 본디 자손에게 속해야 하는 것을 잊고 마치 자기들이야말로 완전한 주인인 것처럼 행동하는 일이 있어서는 안 된다는 것입니다. 즉 사회의 근본 구조 전체를 자의적으로 파괴하고 그럼으로써 한사(限嗣) 상속의 제한을 해제하거나*246 상속재산을 낭비하거나 해도 그것은 자기들의 권리에 속한다는 따위의 생각을 갖게 해서는 안 된다는 것입니다. 만일 그런 일이 실행되면 그들은 뒤에 이어지는 자에게 살 곳은커녕 폐허를 남기게 될 것이고, 그들이 자신들의 선조의 제도를 거의 존중하지 않은 것과 마찬가지로 그들이 고안한 제도도 그다지 존중하지 않도록 가르치는 일이 될 것입니다. 순간적인 발상이나 유행의 수와 같은 정도로 빈번하고도 다양하게 국가를 변혁하려는 이 무원칙한 안이함으로 국가의 조직과 연속성은 모두 파괴되고 말 것입니다. 대체로 어느 세대나 다른 세대와 연계하는 일은 불가능해질 것입니다. 인간은 여름의 파리와 거의 다름없어질 것입니다.

그리고 우선 첫째로 인간 지성의 자랑인 법학—온갖 결점이나 지나침이나 오류에도 불구하고 몇 세대에 걸쳐서 집적된 이성이며 또한 근본적 정의의 원리를, 일찍부터 논파(論破)된 오류들의 퇴적인 한없이 다양한 인간적 문제들과 결합하는 그 법학들—을 사람들은 더 이상 배우지 않게 될 것입니다. 개인의 자기만족과 오만(자기 자신의 것보다 더 위대한 예지를 일찍이 체험한 적이 없는 인간에게 반드시 따라붙는 것)이 법정의 지위를 찬탈할 것입니다. 물론 희망과 공포의 근거를 언제나 변함없이 정하는 명확한 법이, 사람들의 행위를 일정한 이치에 따르게 하거나 일정한 목표로 향하게 하는 일도 없어질 것입니다. 재산 유지나 직무 수행에 관한 안정된 방법을 확실한 근거로 하면서 세상 부모들이 자기 아이들의 교육이나 세간에서의 그들의 장래 지위 선택에 대해 걱정하는 일도 없어질 것입니다. 어릴 적부터 습관이 되어 가는 원리 등도 없어질 것입니다. 가장 유능한 교사가 숱한 노력 끝에 그들의 교육과정을 완성시킨 순간, 그들은 뛰어난 훈련을 거쳐 사회의 마땅한 지위를 얻어서 주목과 존경을 모으기에 충분한 학생을 내보내기는커녕 세상이 완전히 바뀌고 만 것을 깨닫고, 그리고 사람을 평가하는 참된 기초를 모르는 세간에서 가엾게도 경멸과 조소의 대상이 되고 있음을 깨닫는 처지가 될 것입니다. 통화의 기준을 끊임없이 변경시키는 국민에게 도대체 무엇이 명예의 준거(準據)일지 누구도 알 턱이 없는 때에, 부드럽고 섬세한 명예심이 심장의 거의 첫 번째 고동과 함께 맥박 치는 일 따위를 누가 보장하겠습니까. 생활의 어떤 부분에서도 축적은 없어질 것입니다. 안정된 교육과 확고한 원칙의 결여 뒤에 오는 것은 학문과 문예에서의 야만성이고 기술과 제조업에서의 미숙함일 것이 틀림없습니다. 이렇게 해서 국가조직 그 자체가 불과 두세 세대 사이에 무너져 버리고 먼지처럼 개인으로 분해돼, 마지막에는 하늘의 바람이 부는 대로 흩어져 사라지고 마는 것입니다.

이와 같은 이유에서 완미(頑迷)함이나 지극히 맹목적인 편견의 해악 따위보다 1만 배나 더 나쁜 동요와 변덕스러움의 해악을 회피하기 위해, 우리는 국가를 성별하고 누구도 마땅한 주의 없이는 국가의 결점이나 부패를 들여다보기 위해 접근하지 못하도록 했습니다. 또 누구도 국가의 개혁을 국가 전복에서 시작하는 일 등을 결코 꿈꾸거나 하지 않고 국가가 범한 오류에 접근할 때에는 마치 부친의 상처를 대하듯이, 경건한 외포와 우려의 마음으로 접근하도록 했습니다. 어느 나라의 어느 아이들은 무모하게도 늙은 부친을 순식간에 산산조각으로 잘게 썰어 그것을 마법의 약병에 넣어 두고 그 뒤에는 자신들의 독초와 야만적인 주문의 힘으로 부친의 육체가 되살아나고 그 생명이 다시 새롭게 태어나기를 기대했는데, 위의 현명한 편견 덕택에 우리는 그들을 공포의 눈으로 보도록 가르침을 받고 있는 것입니다.

확실히 사회란 일종의 계약입니다.*247 그렇지만 단순히 그때그때의 이익을 목적으로 하는 양의적 계약이라면 좋을 대로 해소할 수도 있을 것입니다. 그러나 국가와의 계약은, 사소한 일시적 이익을 위해 체결되고 당사자의 기분에 따라 해소되는 후추나 커피, 인도 면포나 담배, 그 밖에 이에 준하는 저차원 물품 거래에서의 조합협약 따위로 생각해서는 안 됩니다. 국가는 더욱 다른 존경의 눈으로 바라보아야 합니다. 왜냐하면 그것은 일시적이고 이내 썩어서 사라질 성질을 지닌, 저차원의 동물적 생존에 도움이 되기만 하는 물질에 대한 조합은 아니기 때문입니다. 그것은 모든 학문에 대한 조합, 모든 기예(技藝)에 대한 조합이고 모든 미덕과 모든 완전함에 대한 조합입니다. 그와 같은 조합의 목적은 많은 세대를 거쳐도 달성이 불가능합니다. 따라서 국가는 현재 생존하고 있는 자 사이의 조합에 그치지 않고 현존하는 자, 이미 세상을 뜬 자, 또 장래 태어날 자 사이의 조합이 됩니다. 개별적인 국가의 각 개별적 계약은 영원한 사회에서의 대 원초계약*248—모든 물질적 자연과 도덕적 자연을 각각 정해진 위치에서 유지하는 불가침의 서약*249이 재가하는 확정된 결정에 따라서 저차원의 자연과 고차원의 그것을 연결하고, 또는 가시와 불가시의 세계를 연결하는 계약—의 한 조항에 지나지 않습니다.

이 법은, 위에 있는 자—무한히 위에 있는 자—에 대한 의무 때문에 자신의 의지를 그 법에 복종시키지 않으면 안 되는 존재의 의지처럼 종속하는 것은 아닙니다. 이 보편적 왕국의 지방조직*250이 자기 마음대로 더구나 우연적 개량에 대한 자기의 사변을 근거로 해서 그들 종속적 공동체의 유대를 완전히 끊어 갈라놓고 그것을 분해해서 비사회적, 비문명적, 비결합적인 제1요소*251의 혼돈 상태로 만들어 버리는 일 따위는 도덕적으로도 멋대로 할 수 있는 것은 아닙니다. 첫째로 지고의 필연성만이, 즉 선택되는 것이 아니고 스스로 선택하는 것과 같은 필연성, 사색에 훨씬 뛰어나고 어떤 논의도 인정하지 않고 어떤 증명도 필요로 하지 않는 필연성, 오직 이런 필연성만이 무질서라는 수단에 호소하는 일을 정당화할 수 있습니다. 이 필연성은 규칙에 대한 예외가 아닙니다. 왜냐하면 이 필연성 자체가 또 도덕과 물질 양면에서 사물의 질서의 일부이고, 인간은 동의를 하건 안 하건 어차피 그 질서에 따르지 않으면 안 되기 때문입니다. 그러나 필연성에 대한 복종에 지나지 않는 일들이 만일 선택의 대상이 되어 버린다면 법은 파괴되고 자연은 거스르게 됩니다. 그리고 반역자들은 이 이성과 질서와 평화와 미덕과 결실이 많은 개전(改悛)의 세계에서는 법의 보호 밖에 놓여서 추방되고 망명해, 결국은 광기와 불화와 악덕과 혼란과 무위의 후회라는 정반대의 세계로 치닫게 됩니다.

친애하는 분이시여, 이상은 이 왕국 가운데서도 학식과 성찰을 지닌 적지 않은 부분에 속하는 사람들의 과거와 현재에 걸친 감정이었습니다. 앞으로도 오랜 세월에 걸쳐 그럴 것으로 나는 생각하고 있습니다. 이 종류에 포함되는 사람들은, 그런 사람들이라면 당연히 따르는 그와 같은 기초에 입각해 자신의 의견을 형성합니다. 그들보다도 사색적이지 못한 사람들은 권위로 그와 같은 의견을 이해하는 것인데, 신탁에 의존해서 생활하도록 신의 뜻에 따라 정해진 사람들이 그 권위에 의존하는 것은 수치도 아무것도 아닙니다. 이 두 부류의 사람들은 위치는 다를망정 같은 방향을 목표로 나아가고 있는 것입니다. 그들은 함께 우주질서에 합치해 나아갑니다. 그들은 모두 다음과 같은 고래의 위대한 진리를 알고 있거나 또는 느끼고 있습니다. '우주를 굽어 살피시는 지고하고 전능하신 신에게 있어서 국가라는 법 아래 모이는 인간의 일치와 모임보다 더 경하할 일은 이 지상에 존재하지 않는다.'*252 그들이 머리와 마음에 대한 이 가르침을 배운 것은 그 가르침과 직접 결부되어 있는 이름으로부터도, 더욱이 그 연원을 이루는 보다 위대한 이름으로부터도 아닙니다.[253] 그것은 대체로 학식 있는 의견에 진정한 무게와 인가를 내려 주는 유일한 것, 즉 인간에게 공통된 본성과 공통된 관계로부터인 것입니다. 그들은 이루어지는 모든 것은 삼라만상이 지향해야 할 비교·대조점과 관련되지 않으면 안 되는 것으로 확신하고 또 실제로 그것들을 그렇게 관련 짓고 있습니다. 그리고 이 이유 때문에 그들은, 비밀스런 마음의 성역에서의 개인으로서 또는 그와 같은 개인의 자격으로 형성하는 무리로서, 자신의 고귀한 기원과 태생을 추억 속에 새롭게 되살릴 의무가 있다고 스스로 믿고 있습니다. 그 뿐만이 아닙니다. 문명사회의 제정자이고 창조자이고 보호자인 절대자에 대한 국민적 충성을, 단체로서의 그들의 자격으로 다해야 할 의무가 있다고도 믿고 있는 것입니다. 실제로 이 문명사회가 없으면 인간은 본성상 가능한 완성의 영역에 도달할 가능성이 전혀 없을 뿐만 아니라, 그 완성과는 훨씬 거리가 먼 지점에 미미하게 접근하는 일조차 불가능합니다. 그들의 사고에 따르면, 자신의 미덕에 의해서 완성되어야 할 것으로서 우리의 본성을 주신 신은 또 그 완성에 필요한 수단까지도 주셨습니다. 즉 신은 국가를 원하시고 또 그 국가가 모든 완전성의 근원이자 대 원형인 것과 결합하길 원하신 것입니다. 그들은 이것이야말로 신의 의지이고 법 중의 법, 주권자 중의 주권자로 확신하고 있습니다. 그렇게 확신하는 그들은 우리가 이렇게 단체로서 하는 신종(臣從)이나 충성이나 지고의 주군에 대한 승인이—나는 자칫하면 국가 그 자체의 이와 같은 봉헌이, 하고 말할 뻔했습니다. 만인의 송사가 울려퍼지는 제단에서의 가치 있는 봉헌물로서 자연에 의해 교육된 인류의 다양한 풍속에 즉응하면서—즉 겸허한 화려함, 존대하지 않은 위엄, 온화한 기품, 절도 있는 장려함 따위로—온갖 공적이고도 엄숙한 행위와 똑같이 많은 건물 속에서, 음악 속에서, 장식 속에서, 연설 속에서 또는 인격의 존엄[254] 속에서 이루어지는 것을 유감으로 생각하지는 못하는 것입니다. 그들은 국부의 일부가 이와 같은 목적을 위해 사용된다면, 그 부가 개개인의 사치에 이바지하는 경우와 같은 정도로는 유익할 수 있다고 생각합니다. 이 부는 국가의 장식이고 국가의 위안입니다. 그것은 국가의 희망을 키웁니다. 가장 가난한 사람조차도 그 자신의 의의와 존엄을 그 안에서 발견합니다. 이에 반해서 개인적인 부나 긍지는, 낮은 신분과 재산밖에 갖지 않은 사람들로 하여금 매시 매초 열등감을 느끼게 하고 그의 처지를 더욱더 비관하게 할 뿐입니다. 국가의 공통적인 부 가운데서도 이 부분이 따로 쓰이고 성별(聖別)되는 것은 가난한 생활을 하고 있는 사람을 위해서이고, 그의 본성을 높이기 위해서이고, 이미 부자의 특권이 없는 상태—그가 본성에 의해서는 타자와 평등하고, 미덕에 의해서는 평등 이상의 것일지도 모르는 상태—를 그의 마음속에 상기시키기 위해서입니다.

보증하건대 나는 기이한 것을 발보이려고 하는 것은 아닙니다. 내가 말하고 있는 것은, 우리들 사이에서는 극히 오랜 시대부터 이 순간에 이르기까지 계속적 보편적 시인을 통해 수용되어 온 사고방식입니다. 실제로 이 사고는 나의 정신 속에 너무나도 깊게 혼입되어 있기 때문에 나는 타자에게서 배운 것과 나 자신의 사색 결과를 식별하지 못할 지경이 되어 있습니다.

잉글랜드 민중의 대다수는 국가적 종교제도를 불법으로 생각하기는커녕 그런 제도 하나 가지고 있지 않은 쪽이 대체로 합법적이지 않은 것이라고 생각하고 있는데, 그것도 이와 같은 원리에 입각한 것입니다. 프랑스에서 당신들이, 우리가 무엇보다도—더구나 어느 국민보다도—그것을 고집하고 있음을 믿지 않는다면 그것은 커다란 잘못입니다. 우리 민중이 그것을 편든 나머지 어리석고 부당한 행동을 한 경우에도(그들이 때때로 그와 같이 행동한 것은 확실한데), 그들의 실패 그 자체 속에서 당신들은 적어도 그들의 열성을 발견해야 합니다.

이 원리는 그들의 정치조직 전 체계를 일관하고 있습니다. 그들은 자체의 교회제도를 자신의 국가에 있어서 편의적인 것이 아닌 본질적인 것으로 생각합니다. 또 그것은 국가와는 성질이 다르고 분리 가능한 것, 타협을 위해 부가된 것, 일시적인 편의의 관념에 따라서 채용하거나 포기하거나 할 수 있는 것은 아니라고 생각합니다. 그리고 그것은 그들의 헌법 전체의 기초이고 헌법 그 자체 및 그것의 모든 부분과 분리할 수 없게 결합되어 있다고도 생각합니다. 교회와 국가는 그들의 정신 가운데서는 불가분의 관념이고, 하나가 언급될 때 다른 하나가 언급되지 않는 일은 없습니다.

우리의 교육은 이 인상을 공고히 하고 부동으로 만들도록 형성되어 있습니다. 우리의 교육은 어느 의미에서 완전하게, 더구나 어려서부터 성년에 이르는 모든 단계에 걸쳐 성직자의 수중에 있습니다. 이 나라의 청년들이 학교 나 대학을 떠나 학업과 경험을 결합하기 시작하는 인생의 가장 중요한 시기에 다다랐을 때조차, 또 이 목적을 위해 그들이 타국을 방문하는 시기에도 우리의 청년 귀족이나 청년 신사를 따라서 국외로 나가는 사람의 4분의 3은, 여러 외국에서 오는 귀인의 교사 일행에서 볼 수 있는 늙은 하인이 아니고 성직자입니다.[255] 그들은 준엄한 주인으로서도 단순한 종자로서도 아니고 보다 훌륭한 성격의 친구 또는 동료로서—게다가 종종 귀족이나 신사에 뒤지지 않게 좋은 가문의 사람으로서—가는 것입니다. 이 성직자가 친척으로서 평생 동안 그들과 친밀한 관계를 유지하는 것도 흔한 일입니다. 우리의 사고에 따르면, 이 관계가 있음으로써 우리는 이 나라의 신사를 교회와 관련 짓고 다른 한편 국가의 지도적 인물과의 교제를 통해서 교회에 넓은 마음을 갖게 하고 있는 것입니다.

우리는 오랜 교회제도의 양식과 틀을 너무나도 고집하고 있으므로 14, 5세기 이래 그것들은 매우 조금밖에 변경되지 않았습니다. 다른 사항에 대해서도 마찬가지지만 우리는 특히 이 점에 대해서 전면적으로나 당장이라도 옛 것에서 벗어나면 안 된다는, 예로부터 확립된 원리에 따르고 있는 것입니다. 우리는 이 예로부터의 제도가 전체적으로는 도덕과 규율에 유익하다는 점을 깨달았고, 그 기반에 변경을 가하지 않아도 수정이 가능하다고 생각했습니다. 또 그것들은, 학문과 문예의 증진이 신의(神意)의 질서에 의해 잇따라 이루어짐에 따라서 이를 받아들이고 개선을 가해 특히 유지할 수도 있다고 생각했습니다. 요컨대 이 고딕적, 수도원적[256] 교육 중 무언가에 의해서(왜냐하면 기초에 있는 것이 이것이므로) 우리는 유럽의 다른 국민과 마찬가지로 현대를 비추고 치장하고 있는 학문과 기술과 문예의 개선에 광범하게, 그 것도 초기부터 참여하고 있었다고 주장할 수 있는 것입니다. 이 개선이 이루어진 주요 원인 가운데 하나는 우리가 선조로부터 전해 받은 지식의 유산을 소홀히 하지 않은 데에 있다고 우리는 생각합니다.

영국 국민은 정치와 군사 두 행정에 대해서 그들이 아무것도 신탁하고 있지 않은 것에—즉 불확실하고 믿을 수 없는 개인적 헌신에—전체의 그 커다란 기본적 이익을 신탁하는 것이 현명하다고는 생각하지 않았는데, 그것도 우리가 교회제도에 집착하고 있기 때문입니다. 그 뿐만이 아닙니다. 그들은 확정된 교회 재산을 바꾸어 연금으로 쓰고 국고에 의존시켜 재정 곤란에 따라서 지연되거나, 중지되거나, 경우에 따라서는 소멸되거나 하는 것에 맡기는 일 따위는 결코 허용하지 않았고 앞으로도 허용하지 않을 것입니다. 이와 같은 재정난은 때로는 정치 목적에 이용될지도 모르고 사실 정치가의 낭비나 태만이나 탐욕에 의해서 종종 일어나는 일이기도 합니다. 잉글랜드민중은 독립한 그들의 성직자를 국가의 교회연금 생활자로 바꿔 버리는 어떤 기도에도 반대할 종교상의 동기뿐만 아니라 헌법상의 동기도 가지고 있는 것으로 생각하고 있습니다. 그들은 왕권에 장악된 성직자의 영향을 생각하고는 자신들의 자유를 위해 전율합니다. 성직자가 왕권 이외의 무언가에 장악됐을 때 발생할 당파적 성직자의 무질서*257를 생각하고는 공공의 안녕을 위해 전율합니다. 그러므로 그들은 그 교회를 왕이나 귀족과 마찬가지로 독립된 존재로 만든 것입니다.

종교정책과 헌법정책 쌍방을 동시에 고려해서, 또 약자에 대한 위로와 무지한 자에 대한 교육을 확실하게 배려해야 할 의무가 있다는 그들의 사고방식에 따라, 그들은 교회재산을 사유재산 속에 포함시켜 그것과 동일시하기로 했습니다. 이 사유재산들에 대해서 국가는 사용이나 지배 어느 목적에서도 소유자는 아니고 단순한 후견인에 지나지 않으며 일종의 규제자입니다. 그들은 이 제도를 유지하는 자산이 그 제도가 세워져 있는 대지와 똑같이 되도록 확고한 것이 될 수 있도록, 주식의 율리파스 해협*258과 함께 변동되지 않도록 정한 것입니다.

잉글랜드인들, 특히 내가 말하고 싶은 것은 솔직하고 겉치레가 없는 지혜의 소유자(적어도 그들이 지혜를 지니고 있는 한)인 잉글랜드의 유식한 지도적 사람들인데, 그들은 자신들의 행동에 있어서는 명백히 소홀히 하고 있는 종교에 대해서 명목뿐인 신앙고백을 하는 일 따위는, 어리석은 기만적 잔꾀를 부끄럽게 생각하는 것과 마찬가지로 틀림없이 부끄럽게 생각할 것입니다. 설사 그들의 행위(거짓말을 하지 않는 유일한 말)로 보아 그들이 도덕적 자연적 세계의 대 지배원리를, 마치 대중을 복종 상태에 머물게 하기 위한 단순한 방편으로 보고 있는 것처럼 생각되는 경우에도, 그들은 그런 행위를 하면 자신들이 지향하는 정치목적이 도리어 좌절되고 말리라는 것은 이해하고 있습니다. 자기 자신은 전혀 믿지 않는 체계를 타인에게 믿게 하기란 어렵다는 것을 그들은 알고 있는 것입니다. 실제로 이 나라의 그리스도교적 정치가들은 무엇보다도 먼저 대중에 대한 배려를 합니다. 왜냐하면 그것이 대중이고 따라서 또 그런 것으로서 교회제도 및 그 밖의 모든 제도의 첫째 목적이기 때문입니다. 복음이 가난한 자를 향해서 역설되었다*259는 사정이야말로 그 진정한 사명을 보여 주는 위대한 증명의 하나임을 그들은 배우고 있습니다. 그러므로 그들의 생각에 따르면, 복음이 가난한 자를 향해 역설되도록 주의를 기울이지 않는 인간은 그것을 믿지도 않고 있는 셈입니다. 그러나 또 그들은 그리스도교적 사랑은 어느 특정한 직업 계급의 사람에 대한 것이 아니라 그것을 필요로 하는 모든 사람들에게 향해져야 하는 것임을 알고 있으므로, 슬픔에 가득 찬 상류인의 괴로움을 적절히 배려하는 연민의 감각을 잃는 일도 없습니다. 비록 후자에게 오만불손한 면이 있다고 해서, 그들이 까다로운 섬세함을 발휘해 그 정신의 부스럼이나 고름이 흐르는 상처에 대해서 의학상의 처치를 거부하는 일은 없습니다. 그들은 이와 같은 사람들에 대한 종교적 교도야말로 다른 어떤 사람들에 대한 것보다도 중요한 일임을 잘 알고 있습니다. 이 사람들이 맞닥뜨리는 유혹의 크기, 그 결함이 낳는 중대한 결과, 그 나쁜 예의 전파, 긍지와 야심이라는 완고한 목을 꾹 내리눌러 중용과 미덕의 멍에에 고개를 숙이게 할 필요성 등으로, 또 인간으로서 꼭 인식하지 않으면 안 될 사항에 대한 치매 정도나 터무니없는 무지—직조공이나 농부들 사이에서와 마찬가지로 궁정이나 군의 수뇌부나 상원에도 만연해 있는 것—에 대한 배려 등등으로, 그들은 그렇게 생각하는 것입니다.

잉글랜드 민중은 상류인에 대해서도 종교적 교도와 마찬가지로 종교적 위안이 필요하다는 점을 납득하고 있습니다. 후자도 또 불행한 사람들인 것입니다. 상류인도 개인으로서의 고뇌와 가정의 슬픔을 느낍니다. 이런 점에 대해서 그들은 면제특권을 지니고 있기는커녕 언젠가 죽어야 할 자에게 부과되어 있는 부과금의 할당량을 완전히 지불할 의무를 지고 있습니다. 마음을 좀먹는 걱정과 불안—동물적 생활을 지탱할 정도의 한정된 필요와 맞서는 일이 더 적은 만큼, 거칠 것 없고 무한한 상상의 세계에서 끊임없이 퍼지고 또 무한한 조합에 의해서 그 종류를 늘려 가는 그 걱정과 불안—밑에서 그들은 이 지고의 위안을 필요로 하는 것입니다. 때때로 진정으로 불행한 이들, 우리의 동포는 이 지상에서는 희망도 두려움도 모르는 정신에 군림하는 음울한 허공을 채우기 위해, 무언가 그리스도교적 사랑의 베풂을 필요로 하고 있습니다. 그들에게는 하는 일이 아무것도 없는 사람들이 절실하게 느끼는 권태와 지나친 우울로부터 그들을 구해 줄 무언가가 필요합니다. 금전으로 메워지는 온갖 쾌락에 따라붙는 맥 빠진 포만의 소용돌이 속에서 삶의 욕구를 부추겨 줄 무언가가 필요합니다. 이 포만 속에서 자연은 그 자체의 과정이 허용되지 않고, 욕망조차 예기되고, 따라서 또 환락을 지향한 인위적 계획이나 연구에 의해서 그 기쁨의 충족은 저해되고, 욕망과 그 달성과의 사이에는 약간의 겨를도 약간의 장벽도 없는 것입니다.

적어도 종교의 교사들이 자신과 교제할 사람들—때로는 그들을 향해 일종의 권위를 행사해야만 할 사람들—과 전혀 격에 맞지 않을 경우 유서 깊은 부자나 권력자에 대해서는 어느 정도의 영향력밖에 가질 수 없는지, 또 벼락출세자에 대한 영향은 그보다도 어느 정도 떨어지는지 잉글랜드 민중은 알고 있습니다. 어느 부분으로 보아도 그들의 하인들과 아무런 다를 바가 없다고 느껴졌다면, 이 교사들에 대해서 그들이 어떻게 생각하는 것이 당연하겠습니까. 빈곤도 자발적인 것이라면 사정은 다소 달라지게 될지도 모릅니다. 강렬한 자기부정의 실례는 우리 정신에 강하게 작용하는 법이고 아무런 욕구를 갖지 않은 인물은 위대한 자유와 견고함을—때로는 위엄조차—달성하고 있는 것입니다. 그러나 어떠한 직업 계급이건, 사람들 대부분은 요컨대 평범한 인간이고 자발적으로 빈곤해지고 있다고는 말할 수 없으므로, 가난한 '속인(俗人)'에게 따라붙는 그 경멸이 가난한 '성직자'에게서 떠나는 일은 없을 것입니다. 그래서 선견지명이 있는 우리의 헌법은 후안무치(厚顔無恥)에 대한 교사이어야 할 사람들이나 오만한 악덕에 대한 감시자이어야 할 사람들이 그와 같은 세간의 모욕을 당하지 않도록, 그들의 베풂에 의존해 생활하는 일이 없도록, 또 부자가 진실된 자기 마음의 치료제를 무시하는 유혹에 빠지지 않도록 배려하고 있는 것입니다. 이런 이유에서 우리는 어쨌든 부모처럼 염려하는 마음으로 가난한 자를 대하고 있는데 그렇다고 해서 종교를 (무언가 남 보이기 창피한 것이라도 되는 듯이) 이름도 모르는 시골이나 한촌으로 내몰지는 않고 있습니다. 전혀 그렇지 않습니다. 우리는 주교의 관을 쓴 종교가 법정이나 의회에서 의연하게 고개를 들기를 바라는 것입니다. 인생 전체에 걸쳐 사회의 모든 계급과 융합하길 바라는 것입니다. 잉글랜드 민중은 전 세계의 오만한 군주와 그 수다스러운 어용 궤변가를 향해, 자유롭고 고귀하며 또한 식견이 풍부한 국민은 자신들 교회의 고위 성직자를 존경한다는 것을 보여 줄 것입니다. 또 부나 칭호의 오만 그 밖에 온갖 종류의 거만한 태도가 그들 국민으로서는 숭경으로 우러러보고 있는 대상을 경멸하듯 내려다보는 일을 용서치 않음을 보여 줄 것입니다. 개인으로서 획득된 작위*260를 유린하려고 덤벼드는 일도 없을 것입니다. 그들은 이와 같은 작위를, 학문과 경건과 미덕의 대가가 아니고 (어찌 그런 것에 대가가 있을 수 있겠습니까) 과실이어야 하는 것으로 늘 생각하고 있고 실제로도 그것은 대개 그렇습니다. 그들은 대주교가 공작의 윗자리에 있어도 불평도 하지 않습니다. 그들은 더럼(Durham) 주교나 윈체스터 주교가 연간 1만 파운드를 얻어도 신경 쓰지 않으며, 왜 똑같은 재산이 이런저런 백작이나 지주의 수중에 있는 것보다도 이것이 더 나쁘다는 것인지 이해하지도 못합니다. 그야 주교가 많은 개나 말을 기르고 민중의 아이들을 길러야 할 음식을 그것들에게 주는 일은 없는 것이 틀림없다고 생각합니다만. 물론 교회의 전 수입이 언제나 1실링마다 자선을 위해 쓰이고 있다고는 말할 수 없고 그래야만 할 이유도 없을 것입니다. 그러나 일반적으로 어느 정도는 그렇게 쓰이고 있습니다. 인간을 정치의 억제된 자선의 단순한 기계나 도구로 해 버리기보다는, 목적으로 볼 때 다소의 손실이 있어도 자유의사에 많은 것을 맡기고 그것으로써 미덕이나 인간성을 키우는 편이 좋은 것입니다. 세계 전체로서 말한다면 하나의 자유라도 그것이 있음으로써 얻는 바가 크고, 이 자유 없이 미덕은 존재가 불가능한 것입니다.

국가가 교회 재산을 후자의 소유권으로서 일단 확정해 두고 더구나 나중에 그 많고 적음을 운운하는 일을 허용하는 것은 도리에 맞지 않습니다. 지나치게 많다거나 지나치게 적다거나 하고 주장하는 것은 재산에 대한 배신 행위입니다. 다른 모든 재산에 대해서와 마찬가지로 이 재산에 대해서도 온갖 악용을 방지하기 위해, 또 명백한 일탈이 있을 때에는 언제라도 그 제도의 목적에 상응하는 지시를 내리기 위해, 최고 권위는 최고로 만전의 감독을 하고 있습니다. 이와 같은 경우 그만한 양의 재산을 누가 가지고 있건 도대체 어떤 악이 발생할 수 있겠습니까.

잉글랜드의 우리들 대부분의 사고에 따르면 누구에게서 빼앗은 것도 아니고 오히려 미덕에 부여하기 위해 나누어진 지위나 명예나 수입을 노리는 것과 같은 행위의 동기는, 자신의 지위와 재산을 구축하기 시작한 사람들[261]에 대한 선망과 악의이지 고대 교회의 자기부정이나 금욕에 대한 사랑 따위가 아닙니다. 잉글랜드 민중의 귀는 예민합니다. 그들은 그런 행위를 하는 자들이 서슴지 않고 이야기하고 있는 것을 듣습니다. 그런데 이들의 혀는 자신들을 배신합니다. 그들은 기만이라는 방언을 이야기하고 또 위선이라는 은어나 빠른 말을 쓰고 있는 것이라고, 이 수다스런 자들이 성직자를 원시 복음적 청빈으로 되돌아가게 할지도 모를 행동을 보일 때 잉글랜드 민중은 틀림없이 이렇게 생각할 것입니다. 본디 그와 같은 청빈은 언제나 그들의 정신 속에(그리고 또 우리가 그것을 얼마나 선호하든지 우리에게 있어서도 똑같이 정신 속에) 깃들어야 하는 것이지만, 그러나 성직자들과 국가의 관계가 바뀌고 습속도, 생활 양식도, 또 실제 인간 세계의 질서 전체도 전면적인 혁명을 치르고 난 뒤의 현실 속에서는 청빈도 형태를 바꾸지 않으면 안 되는 것입니다. 그러므로 우리는 그들 개혁자들이 자기 자신의 소유물을 공유 속에 던져 넣고 자신의 신병을 초대교회[262]의 준엄한 규율에 복종시키는 모습을 보여 준다면, 그때에는 그들도 현재 우리가 생각하고 있는 것과 같은 위선자나 사기꾼이 아니라 정직한 열광가임을 믿을 것입니다.

이와 같은 사고가 마음에 뿌리내리고 있는 영국 하원은 국가적 위급시에도 교회나 빈자의 재산을 몰수해 그것에 의존하려고 생각하지는 않습니다. 성물탈취와 재산몰수는 하원예산위원회의 재원으로 간주되고 있지 않습니다. 거래소 거리의 유태인들은 캔터베리 교구에 속하는 세입을 저당하려는 희망을 일찍이 암시한 일조차 없습니다. 당신들이 증인으로 내세울 만한 이 나라의 공인 가운데 누구 한 사람, 아니 어느 당파나 어느 직업 계급의 누구 한 사람, 국민의회가 강요를 받아 그 재산에 대해서 실시했던 부정직하고 불경하고 잔혹한 몰수—본디 그것을 보호하는 것이 그들의 첫째 의무였습니다—를 비난하지 않은 자는 없다, 이렇게 보증해도 나는 부인될 염려는 없습니다.

우리들 가운데에도 파리의 여러 협회에 대해서 증오의 축배[263]를 들자고 한 자도 있기는 있었습니다. 그러나 그들은 실망하고 있다, 하고 말씀드리는 것에 나는 얼마간 자연스런 긍지*264의 고양을 느낍니다. 당신들의 교회 약탈은 우리의 교회 재산에 대한 안전보증이 되었습니다. 그것은 민중을 눈뜨게 했습니다. 그들은 그 극악하고 파렴치한 재산몰수를 공포와 경악의 눈으로 바라보고 있습니다. 그것은 음험한 인간에게서 일어나는 정신의 이기적인 확대와 도량의 좁음—이 정신은 은밀한 위선과 기만에서 출발해 마지막에는 거리낌 없는 폭력과 약탈로까지 다다랐습니다—에 대해서 그들 민중의 눈을 뜨게 했고 앞으로도 더욱더 뜨게 할 것입니다. 국내에서 우리는 똑같은 일의 시작을 보고 있습니다. 그러므로 똑같은 결론에 이르지 않도록 방비를 굳히는 것입니다.

나는 사회적 결합의 규율이 부과하는 의무감각을 우리가 완전히 잃어버리고 공공에 대한 봉사라는 구실 아래 단 한 사람이라도 죄 없는 시민의 재화를 몰수하는 것과 같은 일이 없기를 소망하는 자입니다. 애당초 폭군(대체로 인간성에 상처를 줄 수 있는 일들 모두를 표현하는 말) 이외에 도대체 누가 고소도 심리도 재판도 받지 않은 온갖 종류의, 더구나 수백 수천에 미치는 사람들의 재산을, 한 묶음으로 빼앗는 일 따위를 생각하겠습니까. 인간성의 흔적을 모두 잃지 않은 자라면 도대체 누가, 고위에 있고 게다가 거룩한 직무를 수행하고 있는 사람들을 쓰러뜨리려는 일 따위를 생각하겠습니까. 이 사람들 가운데 일부는 존경과 동정을 동시에 아울러 불러일으키는 연령에 도달하여 있습니다. 그런 그들을 국가 최고의 지위—그들은 그 지위를 자신들의 토지재산에 의해서 유지해 왔습니다—에서 쫓아내 빈곤과 영락과 경멸의 늪으로 내모는 일 따위를 이들 이외에 도대체 누가 생각이나 하겠습니까.

확실히 몰수자들은 희생자가 자기들이 먹다 남긴 식탁의 음식을 얼마간 얻어먹는 것을 허용했습니다. 다만 후자는 그 이전에 그곳에서 냉혹하게 내쫓기고 대신 그 식탁은 고리대금이라는 하피*265를 접대하기 위해 아낌없이 음식이 차려지고 있었던 것입니다. 그러나 인간을 독립된 상태에서 베풂에 의존하는 생활로 내모는 것 자체가 대단히 잔혹한 일입니다. 어느 생활 상태에 있어 그 밖의 사물에는 익숙지 않은 사람들한테는 어떻게든 참을 수 있는 처지라도, 사정이 완전히 다른 사람들인 경우에는 무서운 혁명으로 느껴질

지도 모릅니다. 아마 일종의 덕이 있는 듯한 정신의 소유자라면, 이 혁명은 반대자의 생명을 요구한다는 점을 제외하고는 그것에 약간이라도 죄를 씌우는 것을 고통으로 느낄 것입니다. 그러나 대부분의 정신에 있어서는 이 영락과 치욕이라는 형벌은 죽음보다도 한층 나쁜 것입니다. 교육에 의해서 또 종교적 임무 수행에서 자신이 차지하고 있는 지위에 의해서 종교를 편들도록 2중의 편견을 배워 온 사람들이 자기 재산의 잔재를, 그 이외에는 모두 강탈한 불경스러운 자들의 손을 통해 베풂으로서 받는다는 것은, 의심할 여지도 없이 이 잔혹한 고통을 무한으로 증대시키는 것입니다. 또 그들이 종교 유지비를 신앙이 두터운 사람들의 그리스도교적 사랑의 기부로부터가 아니고 자타가 모두 인정하는 무신론의 존대한 친절로부터 종교에 할당된 경멸의 기준에 따라서 받는다는 것(적어도 받을 것이 있다면 말인데), 더구나 그 급부를 받는 사람들이 인류의 눈에 미심쩍고 존경할 가치가 없는 사람들로 비치길 바라는 속셈이 거기에 있다는 것, 이것도 또 그들의 고통을 무한히 가중시키는 것입니다.

그런데 이 재정수탈 행위는 아무래도 몰수가 아니고 법에 따른 판결인 듯합니다. 팔레 루아얄이나 자코뱅 등의 아카데미*266에서 그들이 발견한 것은, 어느 부류의 사람들이라도 법이나 관행이나 법정의 판결이나 1000년에 걸쳐서 축적된 시효 따위에 의해서 보유해 온 것을 소유할 권리가 없다고 합니다. 그들에 따르면 성직자란 의제인(擬制人)이고 국가의 피조물이며 그들이 원하는 대로 파괴할 수 있는 것, 물론 모든 면에서 제한을 가해 조절할 수 있는 것입니다. 또 성직자가 소유하는 재화는 고유의 의미에서 그들의 것은 아니고 그 의제를 창출한 국가의 것입니다. 따라서 이 만들어진 인격으로서의 그들에게 가해진 어떤 일 때문에 자연의 감정이나 자연의 인격으로서의 그들이 무슨 고통을 당하건 우리로서는 걱정을 할 필요가 없다는 것입니다. 이것은 도대체 무슨 소리일까요. 대체 무슨 명목 아래 당신들은 사람들을 다치게 하고 한 직업의 정당한 보수를 빼앗으려는 것입니까. 그들은 이 직업에 종사하도록 국가로부터 허락받고 있었을 뿐만 아니라 고무도 되고 있었습니다. 그들은 그 보수가 확실하다는 가정하에 인생 계획을 세우고 채무를 지고 많은 사람들을 그들에게 의지하도록 해 온 것입니다.

내가 장황한 이론으로 고위 사람들의 이와 같은 비참함에 추종할 것을 말하려 한다고는 생각지 말기 바랍니다. 폭군의 논리는 힘이 굉장한 만큼 또 타기(唾棄)해야 할 일입니다. 만일 당신들 프랑스의 몰수자들이 초기의 범죄 행위로써 그 뒤에 범했거나 앞으로 범할 수 있는 온갖 죄에 대한 면책을 확보하고 있지 않았다면, 논리학자의 3단 논법이 아니고 처형인의 채찍이 절도와 살인의 공범자와도 같은 궤변을 거부했을 것입니다. 파리의 폭군적 궤변가들은 그 옛날 세상을 떠들썩하게 했던 폭군적 왕들을 논란하는 일에 크게 소리를 높이고 있습니다. 그들은 옛 주인들의 지하 감옥이나 쇠창살 감옥*267에 감금될 걱정도 없으므로 이처럼 대담한 것입니다. 현대의 폭군들이 우리 눈앞에서 한층 나쁜 비극을 연출하는 모습을 보여 줄 경우에도 우리는 그들을 더욱 부드럽게 다루어야만 할 것입니다. 그들이 행사하고 있는 것과 똑같은 자유를 우리가 똑같이 안전하게 행사할 수 있는 경우에도, 또는 정직하게 진실을 말하기 위해서는 우리가 싫어하는 행동을 하는 사람이 품은 생각을 경멸하면 그것으로 충분할 경우에도, 우리로서는 그와 같은 자유를 행사하지 말아야 합니다.

모든 소유권에 대한 이 폭행은 처음에는 그들의 행동 방식에 따라서 국가적 신의에 대한 고려라는, 대체로 온갖 구실 가운데서도 가장 놀랄 만한 구실로 가려져 있었습니다. 재산의 적들은 우선 국가의 채권자에 대한 왕의 의무를 이행시키기 위해 극히 배려가 깊고 섬세하게 신중한 주의를 기울이고 있는 것처럼 가장했습니다. 이들 인권(人權)의 교수들은 타인을 가르치는 일로 지나치게 바빠 스스로는 아무것도 배울 틈이 없었던 모양입니다. 그렇지 않으면 문명사회의 첫째가는 근본적 신의가 보증되어야 할 것은 국민의 재산에 대해서이지 국가의 채권자의 청구에 대해서가 아니란 점을 그들은 인식하고 있었을 것입니다. 국민의 청구권은 시간에서 선행하고 자격에서 최고이며 형평에서 최우선입니다. 개인재산은 스스로 획득한 것이건 상속에 따른 것이건, 또는 한 공동체의 선에 대한 참여의 선물이건, 명시적으로나 묵시적으로나 채권자의 저당은 아니었습니다. 계약을 했을 때 그와 같은 개인재산은 채권자의 염두에조차 들어 있지 않았습니다. 왕으로 대표되건 상원으로 대표되건 국가가 담보로 제공할 수 있는 것은 공공재산뿐이라는 것, 더구나 일반 국민에 대한 정당하고도 균형적인 부과를 통해 얻는 것 이외에 국가는 공공재산을 가질 수 없다는 것, 이와 같은 것을 채권자는 잘 알고 있없습니다. 이것이 약속이고, 실제로 국가의 채권자에게 그것 말고는 아무것도 약속을 하지 못했을 것입니다. 누구도 자신의 성실함을 담보로 부정을 저당에 넣을 수는 없습니다.

　여기에서 새로운 국가적 신의의 극도의 엄격함과 극도의 문란함이 가져온 모순에 대해서 약간 고찰해 보지 않을 수 없습니다. 그 모순은 이하에 설명할 계약 행위에 영향을 주고 있습니다. 더구나 그것은 채무의 성질에 따라서가 아니고 계약한 상대의 종류에 따른 영향입니다. 구 프랑스 왕 정부의 모든 법령은 국민의회에서 무효로 선언되고 있습니다. 그런데 다른 모든 법령보다도 합법성에서 가장 모호한 금전계약만은 여기서 제외되고 있습니다. 왕 정부의 나머지 법령은 심하게 혐오스런 것으로 간주되어 그 권위 아래 청구권을 주장하는 일은 일종의 범죄로 여겨지고 있습니다. 그런데 연금이란 국가에 대한 봉사의 대가로서 주어지는 것이고, 국가에 융통해 준 금전에 대한 다른 어떤 보증과도 마찬가지로 틀림없이 재산의 훌륭한 기반입니다. 아니, 보다 훌륭한 기반입니다. 왜냐하면 그 봉사를 손에 넣기 위해 금전이 지불되기 때문이고 실제로 그것이 당연하기 때문입니다. 그런데 지난날에는 가장 전제적인 시대의 가장 전제적인 대신에 의해서조차 급부(給付)를 몰수당한 적이 없었던 이 종류에 속하는 다수의 프랑스 민중이 이번 인권의회에 의해서 무자비하게도 강탈되고만 것을 우리는 보아 왔습니다. 그들의 봉사는 현존하는 국가에 바쳐진 것은 아니라는 것이, 자신의 피로 산 빵의 청구에 대해서 그들에게 주어진 회답이었습니다.

　국가적 신의에 대한 이 깔끔하지 못한 태도는 이런 불운한 사람들을 상대로만 한정된 것은 아닙니다. 정말로 논리일관이라고 해야 할 것인데 국민의회는 전(前) 정부가 타국과 체결한 조약에 그들이 어디까지 구속되는지에 대해서 진지한 심의를 하고 있고, 그 위원회는 비준해야 할 조약은 무엇이고 그렇지 않은 조약은 무언인지를 보고하게 되어 있습니다. 이 방법에 따라서 그들은 이 처녀국가의 대외신용을 대내적인 그것과 동등하게 하고 만 것입니다.

　왕의 정부가 두 권력 가운데, 대권에 의해서 봉사에 대한 보수를 주거나 조약을 체결하거나 하는 권력 쪽을 가져야 할 것이 아니라 오히려 채권자들에 대해서 국고수입—실제 있는 것이건 제멋대로 예상된 것이건—을 저당에 포함시키는 권력 쪽을 가져야 한다는 것은 도대체 어떤 합리적 원리에 따른 결론인지, 이해하기가 쉽지 않습니다. 다른 모든 것보다도 나라의 재보는, 프랑스왕의 대권으로서 인정되는 일이 가장 적은 것이었고 유럽의 어떤 왕의 대권에 있어서도 그랬습니다. 국가수입을 담보로 한다는 것은 국가재정에 대한 완전한 의미에서의 주권적 지배를 뜻합니다. 그것은 임시적, 특수적 과세의 신탁 범위조차 초월합니다. 그런데 그 위험한 권력(무제한인 전제의 명백한 징표)의 행위만이 신성시되고 있는 것입니다. 왕정적 지배권력의 행사 가운데서도 가장 위험하고 가장 유해한 것에서 근거를 얻어 온 재산들을, 한 민주적 의회가 크게 선호하는 까닭은 무엇이겠습니까. 이성(理性)은 이 모순을 조화시켜 줄 그 무엇도 제공하지 못합니다. 형평의 원리에 따라서 편협을 설명하는 일도 마찬가지로 불가능합니다. 그렇지만 아무래도 정당화하기 어려운 모순이나 편협에도 그럴 만한 이유가 없는 것은 아닙니다. 그리고 그 이유를 발견하는 것도 어렵다고는 생각되지 않습니다.

프랑스의 방대한 부채로 인해서 일대 화폐소유 계급이 남모르게 성장해 거대한 권력을 갖게 되었습니다. 그런데 그 왕국에서 지배적이었던 옛날부터의 관행에 따르면 재산의 일반적 유동성, 그 가운데서도 토지에서 화폐로 또는 화폐에서 토지로의 변환성은 언제나 까다로운 문제였습니다. 잉글랜드의 경우보다도 오히려 광범하고 엄격한 가족계승적 부동산 처분,[268] 환매권,[269] 왕좌가 보유하고 더구나 프랑스법의 원리에 의해서 양도 불가능한 것으로 간주되던 광대한 토지재산,[270] 교회 단체의 광대한 영지, 이런 모든 것이 이 나라의 경우에 비해 프랑스에서의 토지소유 계급과 화폐소유 계급 사이를 더 벌려놓고, 더 융합할 수 없게 하고, 또 명료하게 다른 두 재산의 소유자를 서로 싫어하도록 만들어 온 것입니다.

화폐재산은 오랫동안 민중으로부터 악의 어린 시선을 받아 왔습니다. 그들은 화폐재산이 자신들의 곤궁과 관계가 있고 그것을 증대시킨다고 보고 있었습니다. 화폐재산은 또 민중에 못지않게 구 토지소유 계급으로부터도 선망이 되고 있었습니다. 그 이유는 부분적으로는 민중이 그것을 혐오했던 이유와 같지만, 그보다는 화려한 과시적 사치에 의해서 그것이 귀족 중에서도 재산이 없는 몇몇 가문이나 단지 작위밖에 갖지 않은 자의 위광을 능가했기 때문입니다. 보다 더 항구적인 토지재산을 대표하는 귀족이 결혼을 통해 또 하나의 계급과 결합했을 때조차(사실 이런 일은 종종 있었습니다), 가족을 파멸에서 구한 그 부가 그 가족을 더럽히고 품위를 떨어뜨리는 것으로 생각된 것입니다. 이리하여 보통은 불화에 종지부를 찍고 다툼을 우정으로 바꿀 수단조차 오히려 두 당사자의 적의와 여한을 증대시켜 버렸습니다. 다른 한편 그 사이에도 귀족도 신귀족도 아닌 부유한 인간의 긍지는 그 원인과 함께 커져 갔습니다. 울분을 품은 채 그들은 스스로 인정하지 않은 근거에서 유래하는 열등감을 느끼고 있었습니다. 자신의 거만과 충돌하는 다른 거만으로부터 받은 모욕에 복수하기 위해, 그리고 그들의 부를 자신이 생각하는 자연스런 지위와 평가로까지 높이기 위해, 그들은 수단을 가리지 않았습니다. 그들은 왕과 교회를 통해서 귀족을 공격했는데 특히 그들이 귀족의 가장 큰 약점으로 생각한 측면, 즉 왕의 은고(恩顧)에 의해서 귀족에게 이양되고 있었던 교회재산에 공격을 집중했습니다. 주교 영지나 위탁 대수도원 영지[*271]는 약간의 예외를 제외하면 모두 귀족 신분이 보유하고 있었던 것입니다.

예부터 귀족적 토지소유 계급과 새로운 화폐소유 계급 사이에 실제로 벌어지고 있었던—단 반드시 언제나 인식되고 있지는 않았던—전쟁상태 속에서는, 가장 이용이 가능하고 그렇기 때문에 또 최대이기도 한 힘은 후자의 수중에 있었습니다. 화폐소유 계급은 본성상 어떤 모험에도 더 대응하기 쉽습니다. 또 화폐를 소유하는 사람은 어떤 종류의 새로운 기획에도 더 몸 던지기 쉬운 것입니다. 화폐는 최근에 이르러 획득이 된 것이므로 어떤 새로운 기축(機軸) 쪽으로도 자연스럽게 흘러갑니다. 그렇기 때문에 그것은 변혁을 원하는 사람이 모두 의존하려는 부(富)인 것입니다.

화폐소유 계급과 함께 새로운 부류의 인종이 성장해 왔는데 곧 전자는 후자와 밀접하고도 두드러지는 관계를 맺게 되었습니다. 그 인종이란 정치적 저술가들입니다. 저술가란 자신을 돋보이게 하려는 인종이어서, 혁신을 기뻐하지 않는 일은 거의 없습니다. 루이 14세의 수명이 다해 가고 위광이 기울어진 이래 그들은 14세 왕 자신, 섭정, 왕위계승자 중 누구에 의해서도 그다지 중요하게 여겨지지 않게 되고, 또 그 화려하고 책략적이기도 했던 치세의 현란한 시기에 비하면 은고나 보수로써 궁정에 조직적으로 고용되는 일도 적어지고 있었습니다. 그래서 그들은 궁정의 보호 속에서 잃은 부분을, 그들 자신의 일종의 조합에 가입함으로써 메우려고 한 것입니다. 이 조합에 대해서는 프랑스의 두 아카데미*²⁷²가, 또 나중에는 이들 신사들의 한 협회가 수행한 백과전서*²⁷³의 거대한 계획이 적지 않게 공헌했습니다.

이 저술가들의 도당은 몇 년인가 전에 그리스도교 파괴를 목적으로 하는 조직적 계획이라고도 말할 수 있는 것을 만들어 내고 있었습니다. 그들은 이 목적을 열심히 추구하고 있었는데 그 열성은 종래 같으면 무언가 신앙상의 주의를 고취하는 자들에게서밖에 볼 수 없는 정도의 것이었습니다. 그들은 최고도로 광신적인 변절자 정신에 사로잡혀 있었으며 그 결과 또 극히 용이하게 자신들의 수단에 따른 박해정신에 사로잡히게 되었습니다.† 그들의 목적에 부응한다는 이유로, 직접적 또는 단적인 어떤 행위에 의해서도 해서는 안 되는 사항이라도 세론이라는 매체를 통해서 더 긴 시간을 들이면 혹시 달성할 수 있을지도 모릅니다. 그와 같은 세론을 자기 뜻대로 하기 위한 첫걸음은, 그 움직임을 제어하는 사람들에 대해서 지배를 확립해 두는 것입니다. 그들은 문필상의 명성에 이르는 길을 모두 자기 것으로 하기 위해 극히 방법적으로 끈질기게 연구했습니다. 실제로 그들 대부분은 문예와 학문 분야에서는 높은 지위에 있었습니다. 세간은 그들을 정의로 대우한 것입니다. 그리고 그들의 일반적 재능을 이유로, 그 기괴한 원리의 유해한 경향을 허용한 것입니다. 이것이야말로 진정한 관대함이었습니다. 그런데 그 보답으로 그들은 감정과 학식과 취미에 대한 명성을 그들 자신 및 그 추종자들에게 한정하려고 했습니다. 감히 말하는데 이 편협하고 배타적인 정신은 문예나 취미보다는 오히려 도덕과 진정한 철학에 유해(有害)했습니다. 이 무신론의 교부들에게도 그들 나름의 편협함이 있어, 그들은 수도사에게 반론을 하는데 수도사의 정신으로 반론하는 것을 몸에 익히고 있는 것입니다. 그런데 사항에 따라서는 그들도 보통 사람이고 논의나 재치로는 부족한 부분을 보완하기 위해 음모에 의존하거나 합니다. 이 문필상의 독점체제에 더해서, 더 나아가 그들의 도당에 가담하지 않는 자 모두를 온갖 방법, 온갖 수단으로 나쁘게 말하고 신용을 떨어뜨리려는 끊임없는 노력이 이루어졌습니다. 그들의 행동정신을 관찰한 사람이라면 누구의 눈에도, 이미 그들에게 부족한 것은 언어나 펜에 의한 불관용을 재산과 자유와 생명에 대한 박해로 옮기기 위한 권력뿐이라는 것이 훨씬 전부터 명확했습니다.

   † 이 부분(다음 문단 첫 번째 글의 끝까지) 및 이곳저곳의 몇 부분은 사망한 내 아들이 초고를 읽고 삽입한 것이다.*274 〔1803—T〕

그들에게는 산발적으로 미약한 박해가 가해졌는데*275 이 박해는 진지하게 분노에 불타고 있었다기보다는 오히려 형식적·의례적으로 이루어진 것으로, 그들의 힘을 약화시키지도 않고 노력을 느슨하게 하지도 않았습니다. 문제의 전체는 요컨대 이제까지 세계에 알려져 있지 않았던 난폭하고도 심보 사나운 열의가 반대나 성공으로 우여곡절을 겪으면서도 그들의 정신을 전면적으로 파악하고, 그렇지 않으면 즐겁고도 교훈 많았을 그 논의 전체를 불쾌하기 짝이 없는 것으로 만들었다는 것입니다. 도당, 음모, 변절자 정신이 그들의 사고와 언어와 행동 전체에 충만했습니다. 그리고 논쟁하길 좋아하는 열의는 곧 생각을 실력 쪽으로 향하게 한다는 예에서 벗어나지 않고, 그들은 외국 군주와의 통신에 은밀히 손을 대기 시작했습니다. 그것도 처음에 겉치레 말을 해 두면 그 권위를 빌려 어쩌면 자신들이 지향하는 변혁을 가져올 수 있을지도 모른다는 기대를 품고 그렇게 한 것이었습니다. 그들로서는 이와 같은 변혁을 달성하는 것이 전제군주의 벽력(霹靂)이건 민중소동의 지진이건, 그것은 전혀 문제가 아니었던 것입니다. 이 도당과 고(故) 프러시아 왕*276 사이에서 오간 통신은 그들의 행동 전체의 정신을 아는 데 적지 않은 빛을 던져 줍니다.† 그들은 또 군주들과 공모한 것과 같은 목적에서 실로 교묘한 방법으로 프랑스의 화폐소유 계급을 키웠습니다. 그리고 각별한 호의로 가장 광범하고도 확실한 통신수단을 그들에게 준 이 사람들이 제공하는 수단에 부분적으로는 의존하면서, 세론(世論)으로의 길을 주의 깊게 모두 점령해 간 것입니다.

   † 나는 신을 모독하는 저속하고도 천박한 그들의 언사로써 도덕적인 독자의 감정에 충격을 줄 생각은 없다.*277

저술가란 특히 하나로 뭉쳐 한 방향을 지향해 행동할 때 공중의 정신에 커다란 영향을 미치는 법입니다. 따라서 이들 저술가의 충성이 화폐소유 계급에 바쳐지게 됨으로써,† 그런 부에 얽힌 민중의 혐오와 선망을 제거하는 데 적지 않은 효과가 나타나게 되었습니다. 이들 저술가는 모든 새로운 기축의 선전자와 마찬가지로 빈민과 하층계급에 대한 위대한 열의를 가장하고, 다른 한편 온갖 과장으로 궁정이나 귀족이나 성직자의 결점을 혐오스럽게 보여 주기 위해 풍자에 힘을 기울였습니다. 그들은 일종의 민중 선동가가 되어 혐오하는 자의 부와, 불안하고 절망적인 빈곤을 결부시키는 연결고리 역할을 수행했는데 그것도 그 같은 속셈에서 한 일이었습니다.

　†그들과 튀르고*278 및 거의 모든 재무 관계자와의 관계. 〔1803―T〕

아무래도 이 두 종류의 인간들이 최근에 벌어진 모든 사건의 주모자인 듯합니다. 그러므로 양자의 결부와 정치적 수법을 보면, 교회 단체들의 모든 토지재산이 공격을 받았을 때의 공통된 격렬함이 설명될 것입니다. 또 그들의 표면적인 원리와는 반대로 왕의 권위에서 비롯된 화폐소유 계급에 행해지고 있는 대단한 배려도 설명이 될 것입니다. 그렇지만 이것은 어떤 법이나 정책의 원리로 설명되는 것은 아니고 하나의 원인으로서 설명된다는 것인데, 대체로 부와 권력에 대한 질투는 모두 또 한 종류의 부의 방향에 작위적으로 향해지게 되었습니다. 도대체 내가 지금 말한 것 이외에 어떤 원리로, 교회 재산―그처럼 많은 시대와 격렬한 내란의 충격을 헤치면서 정의와 편견으로 지켜져 온 교회 재산―이 비교적 최근의 불쾌한 부채, 더구나 비난을 받고 전복된 정부가 계약한 부채의 지불에 충당된다는 극히 이상하고도 부자연스런 현상을 설명할 수 있겠습니까.

애당초 공공재산은 국가의 부채를 지불할 충분한 밑천이었을까요. 가령 그것이 충분하지 않아 어딘가 다른 데에서 손해를 떠맡지 않을 수 없게 되었다고 가정합시다. 즉 유일하게 합법적으로 소유된 재산이고 더구나 거래가 성립한 시점에서 계약 당사자들이 염두에 두고 있던 재산이 공교롭게도 지불에는 부족했을 경우, 자연적·법률적 형평의 원리에 따라 손해를 부담해야 할 사람은 누구이겠습니까. 틀림없이 그것은 빚을 진 당사자이거나 빚을 지도록 그를 설득한 사람이거나 또는 그 양자이지, 거래에 무관한 제3자는 아닙니다. 어떤 파산의 경우에도 불량한 담보로 돈을 빌린 죄 있는 인간이나, 무효인 담보를 속임수로 내놓은 인간이 손해를 부담하지 않으면 안 됩니다. 법은 그 이외의 결정의 준칙을 모릅니다. 그런데 신(新) 인권학파에 의하면, 형평으로 말할 때 본디 손해를 부담해야 할 사람만이 손해 없이 구제되어야 하는 것이고 대주(貸主)도 차주(借主)도 아닌, 저당권 설정자도 저당권자도 아닌 인간이 채무를 떠맡아야 한다는 것입니다.

도대체 이러한 거래에 성직자가 무슨 관계가 있었단 말입니까. 자기 자신의 채무 범위를 넘어 그들이 국가의 계약과 무슨 관계가 있었겠습니까. 물론 전자에 대해서 그들의 영지는 마지막 1에이커까지 구속되어 있었습니다. 성직자의 이 채무에 대해서 의회가 취한 행동을 주목해 보면, 국가적인 재산몰수를 목적으로 회의를 열고 있는 이 의회의 진정한 정신이 그들의 신 형평설이나 신 도덕설과 아울러 더없이 잘 이해됩니다. 몰수자 일당은 화폐소유 계급에 충실하게도—그 때문에 다른 모든 사람들에 불성실하게도—, 성직자에게는 법적 채무를 떠맡을 능력이 있다고 보았습니다. 물론 그들은 성직자에게는 법적으로 재산소유 자격이 있다고 선언했는데 그것은 '성직자는 채무를 지고 영지를 저당잡힐 능력이 있다'는 명제 속에 의미로서 포함되고 있는 것입니다. 즉 그들은 그 박해를 당한 시민들의 권리를, 이처럼 난폭하게 유린한 행위 그 자체를 통해서 승인하는 것입니다.

앞서도 말한 바와 같이 만일 전체로서의 국가 외에 누군가가 국가의 채권자를 상대로 부족분을 메워야 한다면, 그것은 계약에 손댄 사람들이 아니면 안 됩니다. 그렇다면 모든 재무총감의 재산이 몰수되지 않는 이유는 무엇입니까.† 그 거래나 평의 때문에 국가가 가난해지고 있는 사이에도 사복을 채운 오랜 역대의 장관, 재무담당자, 은행가들의 재산이 몰수되지 않는 이유는 무엇입니까. 공채기금의 설정과도, 매매와도 무관했던 파리 대주교*[279]의 영지보다도 오히려 라보르드 씨*[280]의 그것이 몰수로 선고되지 않는 이유는 무엇입니까. 또 금융업자를 이롭게 하기 위해 구(舊) 토지재산을 몰수하지 않으면 안 된다고 해도, 왜 벌(罰)이 한 종류의 사람들에게 한정되어야만 하는 것입니까. 나는 슈아죌 공*[281]의 지출이 그 헤아릴 수 없는 금액—전쟁에도 평화에도 온갖 사치를 다해 오늘날 프랑스 부채에 기여하는 바가 컸던 한 치세의 여러 사건 사이에 그가 주군의 애고(愛顧)에서 끄집어낸 헤아릴 수 없는 금액—가운데 무엇을 남겼는지는 모르지만, 예를 들어 그와 같은 것이 남아 있다고 치면 왜 그것이 몰수되지 않는 것입니까. 나는 구 정부시대에 파리에 갔던 일을 기억하고 있습니다. 그것은 때마침 데귀용 공작*[282]이 전제지배의 보호 덕분에 단두대를 가까스로 피한(일반적으로 그렇게 생각되고 있습니다) 직후의 일이었습니다. 그는 대신이고 그 낭비 시대의 여러 사건에 다소 연관되어 있었습니다. 그런 그의 영지가 해당 지역 지자체에 인도된 것으로 보이지 않는 것은 무엇 때문이겠습니까. 노아유가(家)의 귀족들*283은 오랫동안 프랑스 왕의 가신이었습니다(그것도 공적이 있는 가신이었다고 나는 인정합니다). 그리고 물론 왕의 은혜도 얼마간 받고 있었습니다. 그런 그들의 영지가 국가의 채무를 떠맡았다는 말이 들리지 않는 것은 무엇 때문입니까. 로슈푸코 공의 영지가 로슈푸코 추기경*284의 그것보다 신성하다고 말하는 것은 무엇 때문입니까. 전자가 뛰어난 인물임은 나도 의심치 않습니다. 또 그는 그 수입을 훌륭하게 썼습니다(단 사용 방법이 재산자격에 무언가 영향을 준다고 말해도 일종의 신성모독이 되지 않는다면 하는 이야기지만). 게다가 똑같이 정당한 재산을 사용하면서도 그의 형제인 루앙 추기경 대주교*285에 의한†† 사용 방법 쪽이 훨씬 상찬될 만하고 훨씬 공공정신이 풍부했다고 말해도—나는 권위 있는 정보의 충분한 보증으로 이렇게 말하는 것인데—그에 대해서 실례가 되지는 않습니다. 그런데 그와 같은 인물이 법의 보호 밖에 내몰리고 그 소유물은 몰수되었다는 말을 들었을 때, 누가 분노와 공포를 느끼지 않을 수 있겠습니까. 그와 같은 사태에 그와 같은 감정을 느끼지 않는 자는 인간이 아닙니다. 그 감정을 겉으로 나타내지 않는 자는 자유로운 인간이라고 말할 가치가 없습니다.

　† 모든 것이 차례로 몰수되어 갔다. 〔1803—T〕

　†† 그의 형제도 아니고 가까운 친척도 아니다. 그러나 이 오류는 논지와는 무
　관하다. 〔1803—T〕

야만인 정복자들 중에서도 소유권에 대해서 이 정도로 두려워할 만한 혁명을 일으킨 자는 없었습니다. 모든 약탈품의 경매에 대해서 '그 잔혹한 창'*286을 꽂았을 때, 로마의 여러 당파의 수령들조차 누구 한 사람 피정복 시민의 재산을 그렇게 다량으로 매각하려고 하지는 않았습니다. 이들 고대의 폭군들을 변호하자면, 그들이 한 일들은 처음부터 태연하게 이루어질 수 있다고는 도저히 말하기 어려운 일이었음을 인정해 주지 않으면 안 됩니다. 복수의 정신, 유혈과 약탈로 수없이 진퇴하는 새로운 공격과 보복, 그런 것들과 함께 그들의 정념은 불타오르고 마음은 잔인해지고 판단력은 혼란해졌습니다. 그들은 용서를 구해도 얻게 될 희망이 전혀 없을 정도로 상처를 입

히고 만 상대 가족이 재산을 회복하면 그와 동시에 권력도 또 회복하는 것이 아닌가 하는 불안에 휩싸여, 대체로 어떤 절도의 한계까지도 넘고 만 것입니다.

아직 전제의 초보단계에 있었을 뿐인 이들 로마의 몰수자들은 도발도 받지 않았는데 온갖 잔인한 행위를 서로 행하는 것 따위를 인권이론에서 배운 바가 없었으므로, 자신들의 부정을 위장할 필요가 있는 것으로 생각하고 있었습니다. 그들은 패배자 측을, 무기를 든 반역자이거나 그렇지 않으면 국가에 대해서 악의에 찬 행위를 한 반역자로 간주했습니다. 또 범죄 행위에 의해서 자신들의 재산을 잃은 인간으로도 보았습니다. 그런데 당신들에게는—즉 당신들의 개선된 인간정신에는—그와 같은 수속은 존재하지 않습니다. 당신들은 '그렇게 하고 싶었기 때문에'란 이유로 연지대(年地代) 500파운드를 탈취하고 4만 또는 5만의 인간을 그 집에서 몰아냈습니다. 잉글랜드의 폭군 헨리 8세는 로마의 마리우스나 술라*²⁸⁷ 이상으로는 계몽되어 있지 않았고 당신들의 새로운 학교에서 배운 적도 없었기 때문에, 인간의 권리라는 거대한 공격용 무기 창고 속에 전제지배에 얼마나 효과적인 도구가 있는지 알지도 못했습니다. 자코뱅의 클럽이 모든 성직자를 약탈한 것과 마찬가지로 그가 수도원을 약탈하려고 결의했을 때, 그는 먼저 그러한 수도원 공동체 속에 가득 차 있었던 범죄와 부패를 음미할 조사단을 설치하는 일부터 시작했습니다. 당연히 예기된 일인데 그의 조사단은 진실도 과장도 허위도 보고를 했습니다. 그러나 진실이건 거짓이건 그것은 부패와 해악을 보고했습니다. 그런데 부패는 교정될지도 모르고, 개인에게 어떤 죄가 있어도 그것으로 단체에 대한 몰수라는 결론에 이를 수도 없습니다. 더욱이 그 암흑시대에 사람들은 소유가 편견의 산물임을 깨닫지 못하고 있었습니다. 따라서 그런 모든 부패(실제로 부패는 넘칠 정도로 있었습니다)는 왕의 목적인 몰수를 위한 충분한 근거가 되리라고는 도저히 생각될 수 없었습니다. 그래서 그는 애써 이들 수도원 영지의 정식 양도를 행하게 한 것입니다. 이러한 모든 절차를 필요한 예비행위로서 밟은 것은, 역사에 기록된 가운데서도 특히 단호한 폭군의 한 사람이었습니다. 그가 자신에게 예속하고 있는 양원 의원들에게 이익을 뇌물로 나눠 주고 또 그들에게 항구적인 과세면제를 제안함으로써, 그 부정한 행위에 대한 의회 법령의 확인을 요청하기 위해 나설 수 있게 된 것은 그 뒤의 일이었습니다. 만일 운명의 힘으로 그가 우리들 시대까지 살아남았다면 4개의 술어가 그의 일을 떠맡아 이러한 번거로운 절차를 틀림없이 모두 생략해 주었을 것입니다. 즉 그에게는 하나의 짧은 주문 형식 이외에 아무것도 필요치 않았을 것입니다. 바로 '철학, 계몽, 자유, 인권'입니다.

나는 이들 폭군의 행위를 상찬할 수는 없습니다. 그들의 눈속임에 넘어가 그것을 추천하고 장려한 사람은 일찍이 없었습니다. 그렇긴 해도 눈속임이었을망정 전제지배는 정의에 대한 충성을 바쳤습니다. 온갖 공포와 회한보다 위에 있는 권력도 치욕에는 이길 수 없었던 것입니다. 치욕이 시퍼렇게 살아 있는 한, 미덕이 심정에서 완전히 지워지는 일은 없고 폭군의 정신에서 절도가 완전히 내쫓기는 일도 없습니다.

나는 진지한 인간이라면 누구라도 스스로 반성했을 때, 그 시대의 우리 정치시인(政治詩人)*²⁸⁸에게 틀림없이 공감할 것으로 믿는 자입니다. 그리고 이와 같은 탐욕스러운 전제 행위가 그의 시야나 상상력 속에 모습을 드러낼 때에는 언제라도 그 징후가 멀어지길 기도할 것으로 믿는 자입니다.

……그와 같은 폭풍우가 우리 시대에 몰아치지 않도록.
우리 시대는 폐허를 되살려야 함이다.
(우리의 뮤즈여) 노래하라. 얼마나 무섭고 엄청난 모욕이, 어떤 죄가,
그리스도교의 군주를 그토록 화나게 하거나 했는지.
그것은 사치인가, 색정인가.
그는 그토록 온화하고 그토록 순결하고
그토록 정의로웠는가.
이런 것들은 사람들의 죄였는가.
훨씬 더 그 자신의 죄였다.
그렇지만 가난한 사람들에게 있어서
부는 죄이기에 충분한 것이다.†

† 나머지 시구는 다음과 같다.

자기 왕위의 재보를 탕진한 왕은

자신의 사치에 도움이 되게 하려고 사람들의 사치를 비난한다.

그래도 이 행위는 신성 모독의 치욕을 얼버무리기 위해

신(神)에 대한 헌신의 명의를 도용하지 않을 수 없다.

어떤 죄도 이처럼 대담하지는 않은데

그것은 진정한 선으로 생각되리라. 적어도 표면상으로는.

악을 행하기를 두려워하지 않는데, 그러나 이름은 두려워하는 자,

양심의 가책을 모르는 자, 그것은 명성의 노예.

이리하여 그는 교회를 보호하면서 동시에 망가뜨린다.

하지만 군주들의 검은 그 펜보다도 날카롭다.

이리하여 그는 낡은 시대에 대해서는 스스로를 바로잡고,

그 그리스도교적 사랑을 파괴하면서 신앙은 옹호한다.

그때 종교는 게으른 작은 방에서

공허한 공기와도 같은 묵상 속에 살고

그리고 마치 돌덩어리처럼,

꼼짝도 하지 않았다. 그러나 우리 시대의 종교는

탐욕스런 황새처럼 너무나도 활동적.

지난날의 한대(寒帶)와 우리들의 열대(熱帶)와의 사이에

어디가 온대인지는 알 수 없는 것일까.

그 혼수의 꿈에서 깨어나도

더한층 나쁜 극단 앞에서 두려움으로 떨 수밖에 없었던 것일까.

그 혼수에 대한 치료도

열사병에 내던져질 수밖에 없었던 것일까.

지식은 멈출 줄 모르며 나아가,

우리에게 무지를 원하게 하는 곳까지 갈 수밖에 없는 것일까.

거짓 인도로 밤낮 잘못을 저지르기보다는,

오히려 암흑 속에서 더듬더듬 찾는 것을 우리가 바랄 때까지.

이와 같은 암담한 퇴적을 보고,

어떤 야만인 침입자가 국토를 겁탈했느냐고

묻지 않는 사람이 있을까.

그러나 이 황폐를 가져온 자는 고트도 투르크도 아닌

그리스도교의 군주라고 들었을 때,

우리의 최선의 행위와 그들의 최악의 행위 사이에는

열의라는 명사 외에는 아무 차이도 없다고 들었을 때,

무엇이 우리의 신성모독 행위를 면할 수 있을까 하고 그는 생각할 것이다.

우리의 신에 대한 헌신의 결과가 그런 것일 때에.

《쿠퍼의 언덕》, 존 데넘 경(卿)

바로 여기에 나오는 부(富)가—국가조직의 모습이 어떻든 상관없이 가난하고 탐욕스런 전제주의에서 보면 언제나 반역이고 국민대역죄인 부가—당신들을 유혹해서, 재산과 법과 종교가 일체화한 것*289을 파괴시킨 것입니다. 그러나 프랑스의 상태는 과연 그것을 존속시키기 위해서는 약탈 이외의 방법이 없을 정도로 비참하게 영락해 있었던 것입니까. 이 점에 대해서 나는 무언가 정보를 얻고 싶습니다. 신분제 회의가 소집되었을 때 프랑스의 재정 상태는, 모든 부서가 정의와 자애의 원리에 따라서 절약하고 그 뒤에 모든 신분에 대한 부담의 공정한 재배분을 해도 다시 정비될 가망이 없을 정도였을까요. 예를 들어 그와 같은 평등한 부과로 충분했다면 그렇게 하는 일은 쉽지 않았을까 하는 것은 당신들이 더 잘 알고 있습니다. 베르사유에서 만난 여러 신분에게 제출한 예산안에서 네케르 씨*290는 프랑스 국가의 상태를 상세히 설명하고 있습니다.†

† 왕명에 의해 베르사유에서 이루어진 재무총감 보고. 1789년 5월 5일.

만일 그의 말을 신뢰한다면 프랑스의 세입을 세출로 균형 맞추기 위해 어떤 새로운 부과에도 의존할 필요는 없었습니다. 그가 기술한 바에 따르면 모든 종류의 경상비는 새로운 차입금 4억 리브르의 이자를 포함해도 5억 3144만 4000리브르이고 고정세입은 4억 7529만 4000리브르이므로 5615만 리브르, 즉 220만 파운드 남짓의 적자가 납니다. 그러나 그 균형을 맞추기 위해 그는 그와 같은 적자 금액을 웃돌 정도의 (전부가 확실하다면) 절약과 세입의 개선 방법을 제출했습니다. 그리고 그는 강한 어조로 다음과 같이 결론을 내리고 있습니다. '제군, 유럽에서 이처럼 큰 적자를 과세도 하지 않고 간단하게 눈에 띄지 않는 방법으로 없앨 수 있는 나라가 이 나라 말고 대체 어디 있겠습니까.' 네케르 씨의 연설에서 지적되고 있는 상황이나 감채(減債), 그 밖의 공채나 정치적 처리에 쓸 커다란 재원 따위에 관해 말하자면, 국민에 대해서 차별 없는 부과를 극히 부드럽고 균형 있게 행하면 필요한 정도는 모두 완전히 조달이 가능했음은 의심할 바가 없었습니다.

네케르 씨의 이 설명이 가령 허위였다고 칩시다. 그렇다면 의회는 왕을 강요해 중대하기 이를 데 없는, 또 직무에 직접 연관된 문제에서 자기의 주군이나 의회 자체의 신뢰를 그처럼 공공연하게 배신할 수 있었던 인물을 그의 대신으로서 승인시킨—그리고 왕 폐위 후에는 자신의 대신으로 고용한—책임을 최고도로 지지 않을 수 없게 됩니다. 그러나 만일 이 설명이 정확했다(나는 당신과 마찬가지로 네케르 씨에게는 변함없이 커다란 경의를 느껴 왔으므로 그 설명이 정확했음을 의심하지 않는데)고 한다면, 온화하고 조리에 맞는 통상의 납부금이 있음에도 불구하고 그것에 대신해 냉담하게, 더구나 그렇게 필요하지도 않은데 편협하고 잔혹한 몰수에 호소한 인간들에 대해서는 어떤 변호가 있을 수 있겠습니까.

그 납부금이 면제특권을 구실로 성직자나 귀족 측에서 거부된 적이 있었습니까. 명백히 없었습니다. 성직자로 말한다면 그들은 제3신분의 희망에 앞장서기조차 했습니다. 신분제 회의에 앞장서 그들은 그들의 대표에게 보낸 지시 가운데서 명시적으로 면세권을 포기하도록 명했는데, 이 면세권이야말로 그들을 동포 신민과는 다른 입장에 서게 한 것이었습니다. 이 포기에 대해서 성직자는 귀족보다 훨씬 기치가 선명했던 것입니다.

그러나 우선 네케르 씨가 처음 한 말에 따라서 5600만 리브르(220만 파운드)의 적자가 남아 있었다고 가정합시다. 또 그가 그 적자에 대한 것으로서 든 모든 재원이 뻔뻔스럽게 근거 없이 꾸며진 것이고, 의회(즉 자코뱅에서의 그들의 법안준비 귀족위원회†)가 적자의 부담 전부를 성직자에게 떠넘긴 것은 그때 이후로는 정당했다고 가정합시다. 그러나 이를 전부 인정한다 해도 220만 파운드의 필요에 대해서 500만 파운드를 웃도는 몰수는 정당화되지 않습니다. 성직자에 대한 220만 파운드의 과세는 편협하기 때문에 억압적이고도 부정한 것이지만 그래도 과세된 사람들이 그것으로 완전히 파멸하는 일은 없을 것입니다. 바로 그렇기 때문에 그것은, 그것을 계획한 자들의 진정한 목적에도 부합하지 않습니다.

† 스튜어트 왕조 치하의 스코틀랜드 헌법에서는 법안을 준비하는 위원회가

있고 사전에 그 승인을 받지 않는 법안은 통과될 수 없었다. 이 위원회가 법안 준비 귀족위원회로 불리었다.

프랑스의 사정에 어두운 사람이 '성직자나 귀족은 조세에 대해서 특권을 지니고 있었다'는 말을 듣게 되면, 어쩌면 혁명 전에 이 두 신분은 국가에 대해서 아무것도 부담하지 않은 것으로 생각될지도 모릅니다. 이것은 큰 잘못입니다. 사실 그들은 서로 평등하게 부담하고 있지는 않았고 또 둘 중 어느 쪽도 평민과 똑같이 부담하고 있지는 않았습니다. 그래도 그들은 많은 부담을 하고 있었던 것입니다. 귀족도 성직자도 소비재의 물품세, 관세, 그 밖에 수많은 간접세 가운데 어느 것도 면제받고 있지는 않았습니다. 그와 같은 세금은 이 나라에서와 마찬가지로 국가에 대한 지불 가운데서도 극히 큰 부분을 차지하고 있었습니다. 귀족은 인두세를 납부하고 있었습니다. 그들은 또 20번째의 페니로 불린 토지세를 납부하고 있었는데 그것은 때로는 1파운드당 3실링, 때로는 4실링이나 되는 고액에 달하고 있었습니다. 이 두 가지 세금은 둘 다 본디 결코 가볍지 않은 직접세이고 납부되는 총액도 적지 않았습니다. 정복을 통해 프랑스에 부가된 여러 지방(넓이로는 전체의 약 8분의 1이지만 부로는 훨씬 큰 비율을 차지합니다)의 성직자는 귀족이 지불한 것과 같은 세율로 인두세와 20번째의 페니를 납부하고 있었습니다. 기존 영지의 성직자들은 인두세는 지불하지 않고 있었습니다. 단 그들이 인두세에서 면제된 것은 2,400만 리브르 즉 100만 파운드가 넘는 금액을 납부한 다음의 일이었습니다. 그들은 20번째의 페니에서는 면제되고 있었는데 그 경우 무상의 증여를 하고 있었습니다. 그들은 국가를 위해 채무를 진 것 외에 약간의 부담도 하고 있었으니, 그것은 그들이 얻는 순수입의 약 13분의 1로 계산되고 있었습니다. 또 귀족이 부담하는 몫과 균형을 맞추기 위해 매년 4만 파운드를 추가로 지불해야만 했습니다.

최근의 엄청난 추방의 공포가 성직자에게 밀어닥쳤을 때, 그들은 에쿠스 대주교를 통해서 일종의 부담을 제의했습니다.*291 그것은 엄청난 제안이었기 때문에 본디 용인되어야 할 일은 아니었지만, 그래도 국가인 채권자 입장에서 보면 몰수에서 합리적으로 약속되는 그 어떤 것보다도 명백히 유리한 것이었습니다. 왜 그것이 받아들여지지 않았을까요. 이유는 분명합니다. 교회로 하여금 국가에 대한 봉사자가 되게 할 마음이 그들에게는 전혀 없었기 때문입니다. 국가에 대한 봉사는 교회를 파괴하는 쪽의 구실이 된 것입니다. 그들은 교회를 파괴하는 과정에서 자기 국토를 파괴하는 일에도 주저하지 않았습니다. 그리고 실제로 파괴한 것입니다.*292 만일 몰수계획 대신에 강청(强請)의 계획이 채용되고 있었더라면 그들의 계획 가운데서도 큰 목표가 실패하고 말았을 것입니다. 새로운 공화국과 결부된—존재 그 자체에서 그것과 결부된—새로운 토지소유 계급의 창출은 불가능해졌을 것입니다. 그 당치도 않은 몸값이 받아들여지지 않았던 이유 중 하나는 여기에 있었습니다.

최초로 주장된 계획에 따른 몰수계획이 미친 짓임은 곧 명확해졌습니다. 왕의 광대한 영지를 전부 몰수해 한층 넓어진, 감당할 수 없을 정도로 많은 토지재산을 한꺼번에 시장에 내놓으면 그런 토지뿐만 아니라 실제로 전 프랑스의 토지재산의 가격이 떨어져, 그 때문에 몰수에 의해서 의도된 수입이 줄어들 것은 명료했습니다. 유통하고 있는 프랑스의 화폐 전부가 그렇게 상업에서 토지로 갑자기 흐름을 바꾸는 것은, 폐해의 축적이 될 것이 틀림없었습니다. 그러면 어떤 수단이 취해졌겠습니까. 자신들의 매각계획의 불가피한 악영향을 깨닫고 의회는 성직자의 제안으로 되돌아갔을까요. 아닙니다. 어느 정도 어려움이 있을지언정, 그들은 조금이라도 정의라는 이름으로 더럽혀진 길은 단호하게 선택하려고 하지 않았습니다. 일제히 즉시 판매한다는 희망이 완전히 꺾인 뒤에 다른 계획이 이어질 것처럼 보였습니다. 그들은 교회영지와 교환해서 주식을 받으라는 제안을 했습니다. 그러나 이 계획의 경우에는 교환되어야 할 사물의 가치의 균형을 맞춘다는 큰 어려움이 부상하고 더욱이 그 밖의 장애도 생김으로써 결국 그들은 무언가의 매각계획 쪽으로 돌아가지 않을 수 없게 되었습니다. 지방의 여러 자치체는 경악했습니다. 그들은 왕국의 모든 약탈물이 파리의 주식 소유자의 손에 들어가는 것을 긍정하려고 하지 않습니다. 이들 지방자치체 대부분은 (고의로) 비참한 빈궁의 나락에 떨어져 있었습니다. 화폐는 어디에도 보이지 않았습니다. 이렇게 해서 그들은 가장 소망하고 있었던 지점으로 내몰렸습니다. 그들은 소멸해 가고 있는 자신들의 산업을 부흥시켜 줄 듯한 것이라면 어떤 통화(通貨)든 갈망하고 있었던 것입니다. 그래서 지방자치체에는 약탈품의 분배가 인정되게 되었으며, 그것으로 인해서 최초의 계획(가장 진지하게 생각되고 있었던 것으로서)은 완전히 실시불능이 되었습니다. 국가적 궁핍은 모든 측면에서 압력을 뻗쳐 와, 재무대신은 몹시 다급해진 불안한, 불길한 소리로 세출예산을 되풀이해서 요구했습니다. 이리하여 팔방에서 압력을 받은 그들은 은행가들을 주교나 수도원장으로 바꾼다*293는 최초의 계획 대신—즉 기존 채무를 지불하는 대신—연리 3퍼센트의 새로운 채무를 계약했습니다. 그리고 종국에는 교회영지 매각을 근거로 하는 새로운 지폐*294가 창출되었습니다. 그들이 이 지폐를 발행한 것은 우선 할인은행*295—그들의 거짓된 부를 만드는 대대적인 기계 즉 제지공장—으로부터의 요구를 주로 만족시키기 위함이었습니다.

바야흐로 교회 약탈이 그들의 모든 재정조작의 유일한 재원, 정치 전체의 중심원리, 권력존속을 위한 유일한 보증이 되었습니다. '모든 수단에 호소하고 비록 난폭하기 짝이 없는 방법을 써서라도, 모든 개인을 똑같은 입장에 세워 이 행위와 그것을 행한 지배권위를 지지한다'는 하나의 죄 많은 이해에 국민을 묶어 두는 것이 필요했습니다. 그들은 가장 싫어하는 인간을 억지로 자신들의 약탈행위에 참가시키기 위해 그들의 지폐를 모든 지불에 사용하도록 강요했습니다. 그들의 수법에는 중심인 이 유일한 목적으로 향하는 일반적인 경향이 있고, 더구나 그 중심에서 그들의 나머지 여러 정책이 잇따라 발표되는 것입니다. 이 점을 고려하는 분이라면 내가 국민의회의 이 부분의 행동에 지나치게 오랫동안 얽매여 있다고는 생각하지 않을 것입니다.

왕과 국가적 정의와의 표면상의 결합까지 모두 끊어 버리고 모든 것을 파리의 독재자에 대한 암묵의 복종하에 두기 위해, 고등법원의 낡은 독립적 판사단(判事團)은 그 모든 공과와 함께 전면적으로 폐기되었습니다. 고등법원이 존재하는 한 민중은 언젠가는 그것에 호소해 그들의 낡은 법의 기치 아래 대오를 짜게 되리라는 것은 명백했습니다. 그런데 여기서 다음과 같은 한 문제를 고려하지 않을 수 없게 되었습니다. 즉 이제는 폐기된 법정의 사법관이나 행정관들은 일찍이 대단히 비싼 값으로 그들의 지위를 산 것이고, 그 대가에 대해서 그들은 그들이 수행하고 있었던 의무에 대한 것과 마찬가지로 극히 적은 이자의 담보밖에 받고 있지 않았었다는 문제입니다. 단순한 몰수라는 고마운 은혜는 성직자에게만 주어지는 것이고, 법률가들에 대해서는 다소 형평의 겉모습이 지켜지는 까닭에 그들은 막대한 액수의 보상을 받게 되어 있습니다. 그들에 대한 보상은 국가적 보상의 일부가 되고, 그 상각을 위해서는 한 무진장의 기금이 있는 것입니다. 법률가들은 보상을 새로운 교회지폐로 받게 되어 있습니다. 물론 이 지폐는 사법부와 입법부의 새 원칙과 보조를 함께할 것입니다. 참수된 사법관은 성직자와 마찬가지로 순교자가 되거나 또는 그런 기금에서 그런 방법으로—대체로 낡은 법학의 원리를 배우고 재산 보호를 임무로 하고 있었던 사람들이라면 반드시 공포의 눈으로 보지 않을 수 없는 기금과 방법으로—본디 그들 자신의 재산이었던 것을 받게 될 것입니다. 성직자들조차 성물 모독이라는 지울 수 없는 문자와 그들 자신의 파멸의 상징이 각인되어 있는 값이 떨어진 지폐로부터 비참한 급부를 받게 되어 있는 것입니다. 그렇지 않으면 그들은 굶어 죽을 수밖에 없습니다. 신용이나 재산이나 자유에 대해서 이 강제유통 지폐가 행한 정도의 격렬한 폭행은 어떤 시대, 어떤 국가의 파산과 폭정의 동맹에서도 일찍이 보이지 않았던 것입니다.

한편 이와 같은 조작이 이어지는 가운데 드디어 중대한 비밀이 드러나게 되었습니다. 즉 사실은 정당한 뜻에서 교회의 토지는 전혀 매각되지 않게 되어 있었던 것입니다(그것도 그들의 의사록에서 무언가 확실한 것이 수집될 수 있는 한에서의 이야기인데). 국민의회의 최초의 결의에 따르면 그 토지는 최고 입찰자에게 실제로 인도되어야 하는데 여기서 주의할 사항은 구입 금액의 일정 부분만이 지불된다는 점입니다. 나머지 지불에는 12년이라는 기간이 주어지게 되어 있는 것입니다. 따라서 철학적 구입자는 일종의 보유자 부담금*296을 지불하고 바로 영지의 소유자가 됩니다. 그것은 어떤 점에서 그들에 대한 일종의 증여가 됩니다. 그것은 새로운 제도에 대한 열의라는 봉건적 토지보유권*297에 의거해서 유지되는 것입니다. 이 계획은 명백히 돈이 없는 구매자 일단을 끌어들이기 위한 것입니다. 그 결과 이들 구매자, 아니 오히려 양수인들은 지대 수입을 얻음에 따라 그 돈으로 지불해 갈 것입니다. 이 지대는 정부가 수취하는 경우도 있을지 모릅니다. 뿐만 아니라 그들은 빼앗은 건축 자재, 삼림의 남벌, 그 밖에 고리(高利)를 다루면서 익힌 수법으로 가련한 농민으로부터 짜낼 만큼 짜낸 돈 등을 그러모아 지불을 할 것입니다. 가련한 농민은 온갖 종류의 착취를 굳이 하려는 인간—그들이 그렇게 하는 것도, 새로운 정치조직의 취약한 체제 아래 보유되고 있는 토지로부터의 이윤증가를 요구하는 요청이 높아지는 데 자극이 되어서인데—의 탐욕과 자의에 맡겨지게 될 것입니다.

이 혁명을 가져오고 유지하는 데 쓰인 모든 기만, 사기술, 폭행, 약탈, 살인, 몰수, 강제유통 지폐, 그 밖의 온갖 폭정과 잔혹한 행위, 대체로 이런 것들이 자연적인 본디 효과를 발휘할 때, 즉 모든 유덕하고 진지한 정신의 도덕 감각에 충격을 줄 때, 이 철학적 체계의 선동자들은 즉시 목청을 돋워 프랑스 구왕정부 비판의 목소리를 높입니다. 그들은 우선 폐위한 권력을 충분히 나쁜 것으로 만들어 둡니다. 그러고는 마치 자신들의 새로운 악폐를 시인하지 않는 인간은 당연히 구래의 그 편이 아니면 안 되는 것처럼, 미숙하고 난폭한 그들의 자유 계획을 비판하는 자는 예속을 주장하는 자로서 대우받아야 한다고 논리를 펴는 것입니다. 그들이 자신들의 필요에 의해서 이와 같이 저열하고도 경멸해야 할 사기술을 어쩔 수 없이 쓰고 있는 것은 나도 인정합니다. 역사의 기록 또는 시인의 공상에서 찾아볼 수 있는 가장 타기 (唾棄)해야 할 폭정과 그들 사이에 제3의 길은 없다, 이렇게라도 상정하지 않으면 누구도 그들의 행위나 계획과 화해할 수는 없습니다. 그들의 이런 공허한 수다는 궤변이라고 부를 가치도 없는 단순한 후안무치에 지나지 않습니다. 이론과 현실세계의 전 영역에서는 왕정의 전제와 대중의 전제*298 사이에 무언가가 있다는 것을 이 신사들은 일찍이 들은 적이 없었던 걸까요. 법에 의해서 방향이 정해지고 한 국가의 위대한 세습적 재산과 세습적 품위*299에 의해서 제어되고 평형이 유지되고 있는 왕정—더구나 이 둘이 적합한 항구적 기관을 통해서 행동하는 민중 전체의 이성과 감정으로 건전하게 억제를 받아 다시 제어되고 있는 왕정—의 이야기를 그들은 일찍이 들은 적이 없었을까요. 범죄적인 나쁜 동기도 갖지 않고 동정 받아야 할 부조리함도 모르고, 양극단보다도 그와 같은 융합 중용의 정부 쪽을 선호하는 인물 따위는 애초에 있을 수 없는 것입니까. 어느 국민이 그와 같은 융합 중용의 정부를 쉽게 손에 넣는—아니 오히려 실제로 소유하고 있는 그와 같은 정부를 보다 견고하게 하는—길을 스스로 선택 가능함에도 불구하고 그 선택을 회피하기 위해 숱한 죄를 범하고 자신의 국토에 숱한 재앙을 일으킬 경우, 그와 같은 국민에게는 지혜도 미덕도 없다고 생각하는 인물도 있을 수 없는 것입니까. 순수한 민주정치는 인간사회가 그 안에 던져져도 어떻게든 참을 수 있는 유일한 형태라는 것, 더구나 그 장점에 대해서 회의적인 자는 누구라도 폭정의 친구 즉 인류의 적이라는 혐의를 받게 된다는 것, 이와 같은 것은 과연 그 정도로까지 보편적으로 승인된 진리인 것입니까.

현재의 프랑스 지배 권력을 어떤 부류에 집어넣어 생각해야 할 것인지 나로서는 알 수 없습니다. 그것은 순수 민주정치를 가장하고는 있는데, 또 얼마 안 가서 유해하고 저열한 과두제로 직접 넘어가는 것이 아닐까 생각됩니다. 그러나 우선은 그것을, 간판대로(看板大路)의 성질과 효과를 지닌 기축으로 인정하기로 합시다. 나는 어떤 통치형태이건, 추상적 원리에서만은 비난하지 않습니다.*300 순수 민주정치의 형태가 필요한 경우도 있을 수 있을 것입니다. 그것이 명백히 바람직한 경우도 때로는 있을 것입니다(단 극히 약간의, 극히 특수한 상황 아래에서만*301). 하지만 이것이 프랑스라든가 그 밖의 대국에 들어맞는다고 나는 생각지 않습니다. 오늘에 이르기까지 우리는 거론할 정도의 민주주의의 실례를 본 적이 없습니다. 고대인은 이에 대해서 더욱 잘 알고 있었습니다. 나는 민주정치 헌법을 가장 많이 보고 가장 잘 이해한 저자들의 책을 전혀 읽지 않은 것도 아니어서, 절대적 민주정치는 절대적 왕정 못지않게 정통적 통치형태로 보기 어렵다는 그들의 의견에 동의하지 않을 수 없습니다. 그들은 그것을 한 국가의 건전한 국제(國制)라기보다는 오히려 부패, 타락으로 생각하고 있습니다. 만일 내 기억이 올바르다면, 민주정치에는 폭정과 사이에 놀랄 만한 공통점이 많이 있다고 아리스토텔레스는 보고 있습니다.† 이 문제에 관해서 나는 확신을 가지고 이렇게 말합니다. 즉 민주정치에서 다수자 시민은 소수자에게 가장 잔혹한 억압을 가할 수가 있습니다.*302 격렬한 분열이 그 같은 국가조직 내에 널리 확산될 때에는—실제로 종종 그렇게 되지 않을 수 없는데—언제나 그렇습니다. 그리고 소수자에 대한 그 억압은, 단 한 개의 왕홀(王笏)의 지배에서 대체로 우려되는 거의 어떤 억압보다도 훨씬 많은 사람들에게 미치고 더구나 훨씬 격렬하게 행사됩니다. 이와 같은 민중에 의한 박해 아래에서 개개의 수난자는 다른 어떤 경우보다도 몇 배나 비참한 처지에 놓이게 됩니다. 한 사람의 포악한 군주 아래에선, 그들에게는 상처를 누그러뜨려 주는 인류의 포근한 동정이 있습니다. 고통 당할 때에도 그 고매한 견인불발을 고무하는 사람들의 갈채가 있습니다. 그런데 다수자 밑에서 악에 신음하는 사람들은 온갖 밖으로부터의 위안을 박탈당해 버립니다. 그들은 인간 종속 전체의 음모에 짓밟혀 인류에게 버림을 받은 것처럼 보이게 됩니다.

† 해당 구절은 읽은 지 오래되었으므로, 이를 썼을 때 나는 기억에 의지해 인용했다. 그런데 학식이 있는 한 친구*303가 그 구절을 발견해 주었다. 그것은 아래와 같다.

'윤리적 성격은 동일하다. 쌍방이 모두 시민 가운데서도 더 좋은 계급에 대해서 전제적 지배를 행한다. 그리고 한쪽에서의 포고는 다른 한쪽에서의 명령 및 판결과 같다. 또 민중 선동자와 궁정의 총신은 종종 동일 인물이고 언제나 매우 유사함을 나타낸다. 양자는 제각기 자신의 통치 형태 속에서는 중요한 권력을 지니고 있다. 즉 절대군주에 대해서는 총신으로서, 내가 말한 것과 같은 민중에 대해서는 선동자로서이다.' (아리스트텔레스《정치학》제4권 제4장)

그러나 일단 민주정치에는, 내가 보기에 있는 것으로 생각되는 '당파적 폭정으로 기우는 불가피한 경향'이 없다고 인정하기로 합시다. 또 순수 형태의 민주정치는 그것이 다른 여러 형태와 복합한 경우와 같은 정도로 큰 선(善)을 수반한다고—나는 후자의 선은 확신하고 있습니다—인정하기로 합시다. 그래도 군주정치 쪽에는 추장할 만한 것이 아무것도 없겠습니까. 나는 볼링브룩*304을 많이 인용하는 자는 아니고 일반적으로도 그의 작품이 나의 정신에 무언가 영속적인 인상을 준 적은 없습니다. 그는 불손하고 피상적인 저작가입니다. 그러나 나의 생각으로는 그에게는 꼭 하나, 깊이와 확실함이 없지도 않은 언어가 있습니다. 그는 자기로서는 다른 형태의 통치보다도 왕정 쪽을 선호한다고 말하고 있는 것입니다.*305 공화정 형태에 왕정의 요소를 접목하기보다는 왕정에게 어떤 종류이건 공화정을 접목하는 쪽이 잘된다는 것이 그 이유입니다. 나에게는 그의 주장이 완전히 올바르다고 생각됩니다. 역사적으로 사실 그랬고 그것은 사색과도 잘 일치합니다.

지나간 위대함에 대해서 그 결점을 강조하는 것이 얼마나 안이한 화제인가는 나도 알고 있습니다. 국가에 혁명이 발생했을 때, 어제까지 따르고 있었던 추종자가 오늘은 준엄한 비판자로 바뀝니다. 그러나 견고하고 독립된 정신이라면, 통치기구라는 인류의 중대 문제를 사색의 표적으로 하면서도 풍자가나 미문가(美文家) 역할을 가장하는 따위의 일은 경멸할 것입니다.

그들은 인간의 성격에 대해서 판단하는 것과 똑같이 인간의 모든 제도에 대해서도 판단할 것입니다. 어차피 죽음을 면하지 못하는 인간과 마찬가지로 죽음을 면치 못하는 모든 제도*306 속에 섞여 있는 선을 악 가운데에서 선별할 것입니다.

프랑스에서 당신들의 정부는 일반적으로—더구나 내가 보기엔 정당하게도—수정되지 않거나 잘못 수정된 왕정 가운데에서는 최선의 것으로 평가되고 있었는데 그래도 폐해로 가득 차 있었습니다. 이와 같은 폐해는 오랜 기간에 걸쳐 축적된 것입니다. 민중 대표의 부단한 감시를 받지 않은 왕정에는 그와 같은 축적이 반드시 있는 법입니다. 나는 전복된 프랑스 정부의 실패나 결함을 모르는 것은 아닙니다. 또 나의 성질이나 지향하는 방향으로 보아도, 정당하고도 자연히 비난의 표적이 되어야 하는 것에 대해서 찬사를 보내는 경향이 나에게 있다고도 생각지 않습니다. 그러나 현재의 문제는 그 왕정의 악이 아니라 존재 그 자체입니다. 과연 프랑스 정부는 개혁의 여지가 전혀 없든가 또는 개혁할 가치가 없고, 따라서 건물 전체를 일시에 헐어 버리고 이론에 따른 실험용 건조물을 세울 장소로서 그곳을 공터로 만들어야 할 절대적 필요가 있었던 것일까요. 1789년 당초에는 프랑스 전체가 다른 의견이었습니다. 그 왕국의 모든 지역에서 모여든 신분제 회의의 대표에게 내려진 지시는 정부개혁안으로 가득했는데 그 파괴 계획은 거기에 전혀 암시조차 되어 있지 않았습니다. 만일 그와 같은 계획이 그때 암시라도 되어 있었다면 있는 것은 단 하나의 목소리, 즉 경멸과 공포로 그것을 물리치려는 목소리뿐이었을 것이라고 나는 믿습니다. 인간이란 만일 전체를 일시에 볼 수 있었다면 극히 약간이라도 자신에게 다가오는 것을 용인하지 않았으리라 생각되는 사항을 향해서 때로는 차츰, 때로는 순식간에 끌려들게 되는 것입니다. 앞서 기술한 지시가 내려졌을 때에는, 그와 같은 폐해가 존재하고 그 개혁이 필요하다는 점에서 이론은 없었습니다. 아니, 현재도 없습니다. 그 지시와 혁명과의 중간 시기에 문제가 변형된 것입니다. 그리고 그 변형의 결과 현재의 진정한 문제는, 개혁을 해야 할 사람들과 파괴를 실제로 행한 인간 가운데 도대체 어느 쪽이 올바르냐 하는 곳까지 와 있는 것입니다.

최근의 프랑스 왕정에 대해서 일부 사람들이 말하고 있는 것을 들으면 마치 그들 타마스 쿨리 칸*307의 잔학한 검 아래 피를 흘리던 페르시아에 대해서 이야기하고 있는 것인지, 또는 적어도 튀르크의 야만적이고 무정부적인 전제지배에 대해서 이야기하고 있는 것인지, 상상하고 싶을 정도입니다. 그곳에서는 세계에서 가장 기후가 온난한 땅에 있는 가장 아름다운 나라가, 전화에 시달린 어느 나라보다도 더 평화에 의해서 황폐해지고 있습니다. 그곳에서 기예는 알려지지 않고, 제조업은 활력을 잃고, 학문은 소멸하고, 농업은 피폐하고, 그리고 인류 그 자체는 지켜보는 사람 앞에서 소진해 갑니다. 하지만 이것이 과연 프랑스에서 벌어진 상황이었겠습니까. 나에게 있어서 문제를 결정하는 방법은 단지 사실과 대조시키는 것 이외에는 없는데, 이 유사(類似)에는 사실의 근거가 없습니다. 많은 해악은 있어도 왕정 그 자체 속에 일종의 선이 있습니다. 또 프랑스 왕정은 그 해악을 교정할 어떤 능력을 종교나 법이나 습속이나 세론에서 받고 있었음이 틀림없습니다. 이 교정 능력이 있음으로써 프랑스 왕정은 (자유로운, 그러므로 또 반드시 좋은 국가제도라고는 말할 수 없을망정) 실제보다도 오히려 외견상의 전제가 되어 있었던 것입니다.

어떤 국가에 대해서나 정부의 효과를 평가할 기준이 많이 있는 가운데, 나는 인구의 상태를 적잖이 확실한 기준으로 생각하지 않을 수 없습니다. 인구가 급격히 성장하고 끊임없이 증대하고 있는 나라로서 더구나 극히 폐해가 큰 정부 아래에 있는 국가 따위는 있을 수 없습니다. 약 60년 전, 프랑스의 현(縣) 재무부 장관들이 각자의 지역 인구에 대해서 다른 문제와 아울러 보고한 적이 있습니다. 대단히 분량이 많은 그런 서책을 나는 소장하고 있지 않고 어디서 입수하는지도 모르는데(나는 기억에 의존해 이야기를 해야 하므로 얼마간 부정확해지지 않을 수 없습니다), 그런 책에 의하면 프랑스의 인구는 그 당시에도 약 2200만 명으로 추정되고 있었던 것으로 생각합니다. 전 세기말에는 통상 그것이 천 800만 명으로 계산되고 있었습니다. 그 어느 추정에 의해서도 프랑스의 인구 상태는 나쁘지 않았습니다. 네케르 씨는 그 자신의 시대에 대해서, 적어도 그 장관들이 그 시대에 대해서 지니고 있었던 것과 같은 정도의 권위가 있는데, 그런 그는 명백히 확실한 자료에 입각하면서 1780년의 프랑스 인구를 2467만 명으로 계산하고 있습니다. 그러나 과연 이것이 구 제도 아래에서 있을 수 있었던 최고의 숫자였을까요. 프라이스 박사의 의견에 따르면 프랑스의 인구 증가는 그 해가 절정이었던 것은 결코 아닌 것 같습니다. 나는 이런 추측에 관한 프라이스 박사의 권위에 대해서는 그의 일반적 정치론보다는 틀림없이 훨씬 많은 경의를 표하는 자입니다. 이 신사는 네케르 씨의 자료를 근거로 그 대신*308이 계산한 시기 이후, 프랑스의 인구는 급증한 것으로 강하게 확신하고 있습니다. 그 증가의 격심함에서 그는 1789년 당시 그 왕국의 인구를 3000만 명 이하로 추정하는 데에는 동의하지 않을 것입니다. 나도 프라이스 박사의 낙관적 계산에서 많이 빼고도 (실제 많이 빼야 할 것입니다), 이 후자의 시기에 프랑스의 인구가 실제로 상당히 증가했음을 의심하지 않습니다. 그러나 가령 그 증가가 2467만 명이 2500만 명이 되는 정도 이상은 아니었다고 상정해 보아도, 그래도 2만 7000 평방리그*309의 면적에 2500만 명의 인구가 있고 그것도 계속 증대하고 있다고 생각하면 거대한 수입니다. 이것은 비유해서 말하자면 우리 섬나라의 인구밀도, 아니 연합왕국 가운데서도 가장 인구가 조밀한 부분인 잉글랜드의 그것보다도 훨씬 큰 것입니다.

프랑스가 비옥한 나라라는 것은 반드시 전면적으로 진실은 아닙니다. 그 가운데 상당한 지방은 불모이고*310 더욱이 그 밖의 자연적 악조건 밑에서도 고통을 당하고 있습니다.† 약 10년 전, 릴 현(縣)*311은 (이것이 가장 강한 실례라고는 나도 인정하는데) 404리그 반의 넓이에 인구 73만 4600명을 보유하고 있었습니다. 이것은 1평방리그당 1772명입니다. 프랑스의 나머지 현 평균치는 같은 넓이에 대해서 약 900명입니다.

† 네케르 씨 《프랑스의 재정에 대해서》 제1권 288페이지.

나는 이 인구를, 폐지된 정부의 공적으로 돌리는 자가 아닙니다. 대부분 신의(神意)의 선물인 것을 가지고 인간적 기축(機軸)에 대해 겉치레 말을 하는 것은 좋아하지 않기 때문입니다. 그러나 토양의 성질이건 민중이 지닌 근면의 습관이건, 그 왕국 전체에 걸쳐 그토록 많은 인간을 낳고 특정 장소에서는 그와 같은 경이적 인구조차 나타낸 여러 원인(그것이 무엇이건)의 작용을, 그 비난 공격의 표적이 된 정부가 저해했을 리는 없습니다. 가장 있을 수 있는 것은 그 작용을 도운 일입니다. 경험상 인류의 증가에 공헌하는 작용인(作用因)을 (어느 정도 잠재적이긴 해도) 내포하는 것이 명백한 국가 조직을, 모든 정치제도 중 최악으로 상정하는 일 따위를 결코 나는 하지 않을 생각입니다.

어느 정부가 전반적으로 보아 보호적인지 파괴적인지를 판단하는 데 있어서 무시할 수 없는 또 하나의 기준은 한 국가의 부입니다. 프랑스는 인구가 많다는 점에서 잉글랜드를 훨씬 능가하는데, 내가 이해하는 바로 부에 대해서 비교하면 이 나라에 크게 뒤떨어지고 그 분배는 이 나라만큼 평등하지 않고 유통도 원활하지 않습니다. 나는 잉글랜드의 이와 같은 우위의 한 원인이 두 정부의 형태 차이라고 믿고 있습니다. 다만 여기서 내가 말하고 있는 것은 잉글랜드에 대해서이고 브리튼 영토 전체에 대한 것은 아닙니다. 후자를 프랑스 전체와 비교하면 어느 정도는 우리 쪽 부유함의 우위가 저하되겠지요. 그러나 잉글랜드의 부에 비할 바는 아닐지언정 그만한 부는 대단히 훌륭한 부유함입니다. 1785년에 출판된 네케르 씨의 서책은[†] 국가경제와 정치산술에 대해서 정확하고 흥미 있는 사실들을 포함하고 있고, 더구나 이 문제에 대한 그의 고찰은 일반적으로 신중하고 공정합니다. 그 서책에서 그는 프랑스의 상태에 대해서 하나의 개념을 부여하고 있는데, 거기에서 묘사된 국토의 초상은, 정부가 완전히 불만의 원인 또는 절대적 악이고, 전면적 혁명이라는 난폭하고 불확실한 방책 이외에 어떤 치료법도 허용되지 않는 따위의 것에서는 실로 거리가 멉니다. 그는 1726년부터 1784년까지 사이에 프랑스 조폐국에서 약 1억 파운드나 되는 금은 정화(正貨)가 주조되었다고 단언하고 있습니다.[††]

　[†] 네케르 씨《프랑스의 재정에 대해서》.

　[††] 같은 책 제3권 제8장 및 제9장.

네케르 씨가 조폐국에서 주조된 지금(地金)의 양에 관해서 틀리는 일은 있을 수 없습니다. 그것은 공식 기록의 문제입니다. 단, 이 유능한 재정가의 추측도 그가 책을 쓰고 있던 1785년 당시, 즉 프랑스 왕의 폐위와 투옥 4년 전에 여전히 유통하고 있었던 금은의 양에 관해서는 그 정도로 정확하지는 않습니다. 그래도 그의 추측은 명백히 견실한 기초 위에 이루어지고 있으므로, 그의 계산에 대해서 상당한 정도의 동의를 거부하기란 쉽지 않습니다. 그는 그 시점에서 프랑스에 실제로 존재하고 있었던 정화를 잉글랜드의 같은 화폐로 해서 약 8800만 파운드로 헤아리고 있습니다. 대국이라고는 하지만 한 국가의 부로서는 참으로 거액의 축적이 아닙니까. 그가 집필하고 있었던 1785년 당시, 네케르 씨는 이와 같은 부의 유입이 멈출 것으로 생각하기는커녕 그의 계산의 기초가 된 시기에 프랑스에 유입됐던 화폐 위에 더욱 장래에도 해마다 2퍼센트씩 증가가 있을 것으로 전망하고 있습니다.

무언가 응분의 원인이 작용했기 때문에 조폐국에서 주조된 화폐가 처음에는 모두 그 왕국으로 들어간 것이 틀림없습니다. 또 네케르 씨가 여전히 국내에 유통 중인 것으로 헤아리고 있는 그 거대한 재보의 흐름이 국내에 머문 것도—또는 그곳에 도로 흘러들어온 것도— 무언가의 원인이 작용한 결과임이 틀림없습니다. 가령 네케르 씨의 계산에서 무언가 응분의 할인을 해 보아도 그래도 나머지는 거액이 됩니다. 이처럼 부를 획득하고 보유하게 해 주는 원인을 쇠약한 산업이나, 불안정한 재산이나, 적극적으로 파괴적인 정부 등에서 찾기란 불가능합니다. 나는 프랑스 왕국의 양상, 그 도시 인구의 풍부함과 부유, 유용하고 장대한 폭넓은 주요 도로와 교량,*312 해상교통의 편리를 그 정도로 광대하고 충실한 대륙으로 모두 전하는 인공운하와 수운, 등에 생각이 미칩니다. 경탄할 만한 그 항만 시설, 전쟁에도 무역에도 도움이 되는 항만 시설로 눈을 돌립니다. 참으로 힘차고 훌륭한 기술의 정수로 구축되고, 거액의 비용으로 건설 및 유지되고 있는 요새—모든 방면으로부터의 외적에 대한 무장 전선이고 침공 불가능한 장벽을 이루는 요새—들을 상기합니다. 또 그 광대한 영토 가운데 경작되지 않는 부분이 얼마나 적고, 많은 지상 최선의 작물 재배가 얼마나 문자 그대로 완전히 프랑스에 도입되고 있는지 생각을 하게 됩니다. 또 훌륭한 제품과 직물—이보다 앞서는 것은 이 나라의 것뿐이고 더구나 약간의 물건에 대해서는 그것에도 뒤지지 않는 제품과 직물*313—을 생각합니다. 공사 쌍방의 위대한 자선 단체도 생각합니다. 생활을 미화하고 세련되게 하는 온갖 예술의 상태도 바라봅니다. 그리고 또 전쟁터에서 모국의 명성을 신장하기 위해 키워진 사람들, 우수한 정치가, 수많은 심원한 법률가와 신학자, 철학자, 비평가, 역사가, 호고가(好古家), 시인, 성속(聖俗) 양쪽의 웅변가 등등을 헤아립니다. 나는 이상의 모든 것 속에서 상상력을 경외(敬畏)하게 하고 압도하는 무엇인가를 인정하는 것입니다. 그리고 이 무언가가 성급하고 생각 없는 비난을 가하고 있는 정신을 제압해, 그토록 위대한 건물을 단번에 쓰러뜨려야 한다고 우리에게 허락할 만한 잠재적 악이란 도대체 무엇이고 또 얼마나 큰 것인지를 매우 진지하게 음미하도록 우리에게 요구하는 것입니다. 사태를 이렇게 바라볼 때 나는 그곳에서 튀르크적 전제지배를 인정하지 않습니다. 정부의 성격이 전체적으로 모든 개혁에 완전하게 부적격일 정도로 억압적이고 부패하고 태만했다고도 인정하지 않습니다. 나는 그런 정부에게는 그 탁월성을 높이고, 결함을 교정하고, 그 능력을 개선해서 일종의 영국 국가제도 정도의 것으로도 바뀔 수 있는 가치가 충분히 있었던 것이 아닌가 하고 생각하지 않을 수 없습니다.

그 폐지된 정부의 행동을 몇 년 전까지 거슬러 올라가 검토한 사람이라면 누구라도, 궁정에는 따라붙기 마련인 불안정과 동요의 와중에도 국가의 번영과 개선을 향해 진지한 노력이 이루어지고 있었다는 사실을 간과할 리가 없습니다. 또 여러 해에 걸쳐 이 노력이 이루어짐으로써 국가적으로 만연해 있었던 악습이나 악례가 경우에 따라서는 완전히 일소되고, 많은 경우에 상당한 정도로 교정되고 있었다는 사실도 틀림없이 인정할 것입니다. 더욱이 신민의 신병에 대한 군주의 무한한 권력—의심할 여지도 없이 법이나 자유와는 양립하지 않는 권력—조차 그 행사가 나날이 더욱더 완화되어 갔다는 사실도 틀림없이 인정할 것입니다. 개혁을 거부하기는커녕 그 정부는 비난조차 받을 만큼 너무도 쉽게, 이 개혁 문제에 관한 모든 종류의 계획과 계획자에게 열려 있었습니다. 혁신의 정신에 대해서는 오히려 지나치게 많은 호의가 주어졌을 정도입니다. 그런데 그 정신은 얼마 안 가서 그것을 함양한 사람들에게 칼날을 들이밀고, 마지막에는 그들의 파멸을 가져온 것입니다. 그 몰락한 왕정은 여러 해 동안 몇 가지 행동에서 도를 벗어난 적도 있었으니, 그것은 근면함이나 공덕심이 부족했기 때문이라기보다는 경솔함과 판단력의 결여 때문이었다고 말해도, 그것에 대해서 냉철하게 평가하는 일은 될망정 심하게 추종적인 판결을 내리는 일은 되지 않을 것입니다. 과거 15, 6년간의 프랑스의 통치를, 같은 시기이건 다른 어떤 시기이건 불문하고 현명하고도 구성이 잘된 여러 체제와 비교하는 것은 공정한 행위라고는 말할 수 없습니다. 확실히 화폐 지출의 방만함이나 권력 행사의 엄격함 등의 문제에 대해서는, 그것은 이전의 어떤 치세하고도 변함이 없을지도 모릅니다. 그러나 설사 그렇다고 해도 공평한 심판자라면, 총신(寵臣)에 대한 선물, 궁정의 지출, 루이 16세 치세의 바스티유의 공포 등을 언제까지나 집요하게 거론하는 인간의 선의 따위는 거의 신용하지 않을 것으로 나는 믿습니다.†

† 드 칼론 씨*314는 일부 왕실 비용에 관해서 이루어진 거짓된 설명을 적발하

기 위해 애썼다. 세계는 이 점에서 그에게 감사해야 한다. 이런 과장되거나 거짓된 설명은, 대중을 선동해 온갖 종류의 범죄로 내몰려는 사악한 목적으로 이루어진 것이다.

예부터의 왕정 폐허 위에 바야흐로 확립되고 있는 제도—그것이 제도라 불릴 가치가 있다면—가, 자신의 보호 아래에 둔 국가의 인구나 부에 대해서 종전의 제도보다 나은 보고를 할 수 있을지의 여부는 극히 의문입니다. 변혁에 의해서 개선되기는커녕 반대로, 이 나라가 이와 같은 철학적 혁명이 가져오는 여러 결과로부터 어느 정도로나마 회복하고 국민이 이전의 수준으로 되돌아가는 것이 가능해지기 위해서는 오랜 세월이 필요하지 않을까 나는 우려하고 있습니다. 만일 몇 년 후에 프라이스 박사가 고맙게도 프랑스의 추정 인구를 우리에게 알려 준다고 해도 그의 이야기는, 1789년에 헤아린 것처럼 3000만 명이라든가, 또 국민의회의 같은 해 계산에 의한 2600만 명, 더 나아가 1780년 네케르 씨의 2500만 명이라는 숫자조차 계산해 내지 못할 것입니다. 프랑스에서 망명한 사람이 많다거나, 그 퇴폐한 분위기나 고혹적(蠱惑的)인 키르케의 자유*315를 버리고 캐나다라는 눈과 얼음으로 뒤덮인, 그것도 브리튼의 전제 지배하에 있는 지역으로 피난하는 자가 많은 것으로 나는 듣고 있습니다.

현재와 같이 화폐가 모습을 감추고 있는 상태에서는 이 나라를, 현 재무장관이 정화(正貨) 8000만 파운드를 발견할 수 있었던 것과 같은 나라로는 아무도 생각하지 못할 것입니다. 일반적인 양상으로 미루어 '이 나라는 과거 한동안 라퓨타섬이나 발니바르비국(國)*316의 대학자의 특별한 지도하에 있었던 것이다'라고 결론을 내리는 사람이 있을지도 모릅니다.† 이미 파리의 인구는 많이 줄고 그 때문에 네케르 씨는 국민의회를 향해, 파리의 생활을 유지하기 위한 식량 준비는 전에 필요했던 것보다 5분의 1이나 줄어든 것으로 진술하고 있습니다.†† 소문에 의하면(그 반대는 아직 듣지 못했는데), 이 시에서는 10만 명이 실직을 했다고 합니다. 점거된 궁정과 국민의회가 그곳에 있음에도 불구하고 말입니다. 신뢰할 만한 정보에 의하면 그 수도에서 펼쳐지고 있는 거지들의 광경보다 더 충격적이고 불쾌한 것은 없다고 합니다. 실제로 국민의회의 의결이 그 사실에 대해 의문을 제기할 여지를 주지 않습니다. 그들은 최근 거지에 관한 상임위원회를 임명했습니다. 그들은 이 문제에 대해서 강력한 경찰력과, 처음으로 빈민을 구제하기 위한 과세를 동시에 시도하고 있습니다. 그리고 그 시급한 빈민구제를 위한 거액은 국가예산의 표면에도 나타나 있습니다.[ttt] 더구나 그동안에도 입법 클럽[317]이나 카페에 있는 지도자들은 자신들의 지혜와 능력에 대한 자화자찬으로 도취되어 있는 것입니다. 그들은 자신들을 제외한 세계의 모든 것에 대해서 최고도로 경멸하는 말을 쏟아 내고 있습니다. 그들은 자신들이 입힌 남루한 옷을 몸에 걸치고 있는 민중을 달래기 위해 '그대들은 철학자 국민이다'란 말을 들려줍니다. 그리고 때로는 온갖 거짓 행렬의 기교를 부리거나 구경거리나 폭동이나 소동을 이용하거나 때로는 음모나 침략의 경보를 발령하거나 하면서, 빈궁의 외침을 지워 버리고 관찰자의 눈을 국가적 파멸과 비참함에서 돌리게 하려고 시도하고 있습니다. 확실히 용감한 민중은 부패하고 유복한 예속보다는 미덕으로 충만한 빈곤을 수반하는 자유 쪽을 더 선호할 것입니다. 그러나 위안과 풍요로움이라는 대가를 지불하기에 앞서 살 수 있는 것이 진정한 자유이고 더구나 그 자유는 그 밖의 대가로는 살 수 없다는 것이, 상당한 정도로 확실하게 예상되고 있지 않으면 안 됩니다. 아무튼 나로서는 지혜와 정의를 동반하지 않고 더구나 번영과 풍요로움을 동반하고 있지 않은 자유란 극히 애매한 모습으로 나타나는 것이다, 이런 식으로 언제나 생각하기로 하겠습니다.

† 철학자가 지배하는 국가라는 사상에 대해서는 《걸리버 여행기》를 참조.

†† 드 칼론 씨는 파리의 인구 감소는 훨씬 두드러진다고 말하고 있다. 네케르 씨가 계산한 시기 이후에는 그렇게 되고 있을지도 모른다.[318]

††† 파리 및 여러 지방의 실업자 구제 자선사업비 386만 6920리브르(16만 1121파운드 13실링 4펜스)

부랑자 및 거지 배제비 167만 1417리브르(6만 9642파운드 7실링 6펜스)

곡물수입 장려금 567만 1907리브르(23만 6329파운드 9실링 2펜스)

[319]생계비, 단 이미 회수된 부분은 공제 3987만 1790리브르(166만 1324파운드 11실링 8펜스)

이상 합계 5108만 2034리브르(212만 8418파운드 1실링 8펜스)

*320이 서책을 인쇄에 넘겼을 때 나는 위 표의 마지막 항목의 성질과 범위에 다소 의문을 가졌다. 그것은 일반적인 항목이 있을 뿐 세목을 포함하지 않고 있다. 이후에 드 칼론 씨의 저서를 읽었는데, 그것을 좀더 빨리 이용하지 못했던 것은 나에게 커다란 손실이었다고 생각하지 않을 수 없다. 드 칼론 씨는 이 항목을 일반적인 생계를 위한 것으로 생각하고 있다. 그러나 그는 곡물의 구입과 매각과의 차액에서 왜 166만 1000파운드도 넘는 방대한 손실이 생길 수 있는지 이해하지 못했으므로 이 거액의 지출 항목을 혁명의 기밀비용에 넣고 있는 것으로 생각된다. 이 문제에 대해서 나는 확실한 이야기는 아무것도 말할 수 없다. 독자는 이와 같은 거액의 비용 전체를 바탕으로, 프랑스의 현상과 그 나라에서 행하여지고 있는 국가경제의 향방을 판단할 수 있다. 이들 항목은 국민의회에서 아무런 의문도 질의도 불러일으키지 않았다.

이 혁명의 주도자들은 자국 고래의 정부의 여러 악을 과대하게 부풀리는 것만으로 만족하지 않고, 외국인의 주의를 끌 수 있는 것은 거의 모두—나는 지금 귀족과 성직자를 말하는 것인데—공포의 표적이 되도록 잘 묘사함으로써 자신의 국가 그 자체의 명성에 타격을 가하고 있습니다. 그런 행동이 단순히 빈정대는 것이라면 그다지 큰 문제는 아니었을 것입니다. 그런데 그것은 현실적 귀결까지 수반하고 있는 것입니다. 당신들의 나라에서는 귀족이나 향신(鄕紳)들이 토지소유자의 대부분과 군대장교의 전부를 차지하고 있는데 만일 그들이, 귀족을 상대로 자기 재산을 지키기 위해 한자 모든 도시들이 연합하지 않을 수 없었던 시기의 독일 귀족이나 향신을 닮고 있었다면, 또 요해처에 견고하게 만든 소굴에서 계속 출격해 상인이나 나그네를 습격한 이탈리아의 오르시니 일족이나 비텔리 일족*321과 같았다면, 또는 이집트의 맘루크나 말라바르 해안의 나일*322과도 같았다면, 그런 경우에는 그 애물단지로부터 세계를 해방하는 수단에 대해서 너무나 비판적으로 추궁하는 것은 바람직하지 않으리라고 나는 인정하는 데 주저하지 않습니다. 형평과 자비의 상(像)*323이 한동안은 막에 가려지는 경우도 없다고 말할 수는 없는 것입니다. 인간성에 박해를 가하면서 더구나 창피를 주는 자칭 귀족을 기만과 폭력으로 완전히 타도하고 있는 경우, 즉 도덕이 자체의 원리를 지키기 위해 그 규칙의 일시적 중단을 참고 견뎌야 할 경우, 가장 상처를 입기 쉬운 정신이 두려워할 만한 곤경에 곤혹스러워하며 고개를 돌리는 일도 있을지 모릅니다. 유혈이나 반역이나 자의적 몰수를 가장 혐오하는 사람이, 여러 악이 서로 치고받는 이 내전 속에서 침묵의 방관자로 머무는 일도 있을지 모릅니다.

그러나 왕명에 따라 1789년 베르사유에 모인 특권 귀족이나 그들의 대표자는 과연 최근의 나일이나 맘루크 또는 옛날의 오르시니나 비텔리와 똑같이 간주되어야 할 사람들이었을까요. 만일 그때 내가 이 질문을 했다면 나는 틀림없이 미치광이 취급을 받았을 것입니다. 그러면 그 뒤 그들은 도대체 무엇을 했기에 망명이 불가피해지거나 여기저기서 쫓기거나 고문을 당하거나 그 가족이 뿔뿔이 흩어지거나 집이 잿더미가 되거나 한 것입니까. 도대체 무엇을 했다고 그들의 신분이 폐지되거나, 그들의 이름 자체—그들이 그것으로 세상에 널리 알려졌던 바로 그 이름—를 바꾸라는 지시를 받고, 가능하면 그들의 기억까지 지우려는 위협을 받게 된 것입니까. 그들이 대표들에게 내린 지시를 읽어 보기 바랍니다. 그들은 다른 모든 신분에 못지않게 따뜻한 자유의 정신으로 숨쉬고, 모두가 함께 강하게 개혁을 종용하고 있었습니다. 왕이 당초부터 과세권의 주장 모두를 포기한 것과 마찬가지로, 과세부담을 둘러싼 그들의 특권은 자발적으로 포기되었습니다. 자유로운 국가제도에 관해서 프랑스에는 유일한 의견밖에 없었습니다. 즉 절대왕정은 종언(終焉)의 늪에 빠져 있었습니다. 그것은 외마디 신음도 경련도 움직임도 없이 마지막 숨을 쉬고 있었습니다. 모든 다툼과 모든 불화는 그 뒤, 사람들이 상호견제의 정부 대신 전제적 민주주의를 더 선호하게 된 뒤부터 그것이 원상으로 돌아가 일으키게 된 것입니다. 승리에 들뜬 당파의 개가(凱歌)가 일종의 영국적 헌법원리를 압도한 것입니다.

나는 당신들의 앙리 4세[324]의 추억을 우상화하려는 애석함이 과거 긴 세월에 걸쳐서 완전히 어린애 같은 성격으로 파리에 가득 차 있었음을 보고 있습니다. 왕으로서의 성격에 대한 그와 같은 치장이 만일 사람을 불쾌하게 하는 경우가 있다고 한다면, 이런 과장된 음험한 찬사야말로 그 경우에 해당할 것입니다. 그런데 이 같은 제반 준비를 가장 많이 사용한 것은, 앙리 4세의 후계자이자 자손인 분을 폐위함으로써 찬사를 바치는 일에 종지부를 찍은 자들인 것입니다. 그러나 그분은 적어도 앙리 4세와 같은 정도로 선량하고,

같은 정도로 그의 백성을 사랑하고, 국가의 구폐(舊弊)를 바로잡기 위해서는 그 위대한 왕이 성취한—또는 우리의 확신에 따르자면 그가 성취할 생각이었던—것 이상으로 한없이 노력한 것입니다. 앙리 4세에 대한 찬미자가 4세와 연관을 갖지 않고 있을 수 있는 것은 참으로 다행한 일입니다. 왜냐하면 나발르의 앙리는 결연하고 행동적이고 정략에 뛰어난 군주였기 때문입니다. 확실히 그는 위대한 인간미와 온화함을 갖추고 있었습니다. 그러나 그 인간미와 온화함은 그의 사사로운 이익추구를 방해하는 요소는 결코 아니었습니다. 그는 무엇보다도 두려움을 받는 상태에 스스로를 두는 일 없이 사랑받게 되는 것을 추구하려고는 결코 하지 않았습니다.[*325] 그는 온화한 언어와 단호한 행위를 함께 구사했습니다. 그는 전체에 대해서는 자신의 권위를 주장해 관철하고 단지 세부에 대해서만 양보하는 행위를 나누어 주었습니다. 그는 국왕대권으로부터 얻은 수입을 고귀하게 썼습니다. 그러나 원금을 까먹지 않도록 주의를 게을리하지 않았습니다. 또 기본법[*326]에는 따르면서 자신이 주장한 것 어느 하나도 포기는 하지 않았습니다. 그리고 그에게 맞서는 자에 대해서는 누누이, 전장에서 때로는 단두대 위에서 피를 보는 일을 서슴지 않았습니다. 그는 어떻게 하면 감사를 모르는 인간으로 하여금 자신의 미덕을 존경하게 할 수 있는지를 알고 있었습니다. 그렇기 때문에 그는, 만일 그의 시대에 살고 있었다면 바스티유에 틀림없이 갇혀 있을 자들—그가 파리를 기아로 항복시킨 뒤 교수형에 처한 반역자들과 함께 처형했을 자들—의 상찬을 받은 것입니다.

만일 이들 찬미자들이 진정으로 앙리 4세를 찬미할 생각이라면, 자신들은 4세가 프랑스의 귀족들을 높이 사고 있었던 이상 그를 높이 평가할 수 없다는 것을 그들은 명기해야 합니다. 그 귀족들의 미덕, 명예, 용기, 애국심, 충성이야말로 그의 끊임없는 화제였습니다.

그럼에도 불구하고 프랑스 귀족은 앙리 4세 시대 이후 타락해 오고 있다—이것은 가능한 일입니다. 다만 그것은 어떻게 보아도 내가 진실일 것으로 믿는 범위를 초월합니다. 나는 타인만큼 프랑스에 대해서 정확하게 알고 있는 척할 생각은 없습니다. 그러나 나는 전 생애에 걸쳐 인간성을 알려고 힘써 왔습니다. 그렇지 않으면 나는 인류에 봉사해야 할 자신의 보잘것없는 역할조차 수행하지 못할 것입니다. 그 연구를 하면서 나는, 우리 인간성의 거대한 한 부분이 이 섬나라의 해변으로부터 불과 24마일밖에 떨어져 있지 않은 나라에서 변화하고 있는 듯 보이는 것을 지나쳐 버릴 수는 없습니다. 자신의 최선의 연구에서 인출된 최선의 관찰을 통해 내가 깨달은 것은, 당신들 귀족 대부분은 개개인으로서나 전체로서나 언제나 변함없이 고귀한 정신과 섬세한 명예심의 소유자이고 또 귀족 개개인은 이 전체로서의 귀족에 대해서 타국에서는 보통 있을 수 없을 정도로 감시의 눈을 번득이고 있었다는 점입니다. 그들은 충분히 행동이 우아하고 극히 친절하고, 인간적이고 접대하길 좋아했습니다. 대화를 할 때에는 솔직하고 대범하며 뛰어난 군사적 기풍이 있고 어느 정도는 문예, 특히 그들의 모국어 작가들의 정신에 젖어 있기도 했습니다. 대부분의 귀족들은 내가 말한 것 이상의 자격이 있었으나, 나는 보통 눈에 띄었던 사람에 대해서 말하고 있는 것입니다.

아래 계급에 대한 그들의 태도로 말하자면, 그들은 국가에서 통상 상류계급과 하류계급 사이에 이루어지는 교섭 이상으로 전자에 대해서 선의로 행동하고 거의 가족에 가까운 태도를 취하고 있는 듯 보였습니다. 가장 버림받은 처지에 있는 인간조차 괴롭혔다는 이야기 등은 알려져 있지 않고 또 극히 부끄러운 일로 간주되고 있었습니다. 공동사회의 천한 부분에 대한 그 밖의 학대의 실례는 드물었고 서민의 소유물이나 신병의 자유에 대한 공격 따위를 그들로부터 들은 적은 아직 없습니다. 그 뿐만 아니라 종전의 정부 아래서 법이 힘을 유지하고 있었던 동안은 신민에 대한 그런 폭정이 허용될 리도 없었습니다. 오래전부터 존재했던 영지 대부분에서는 비난해야 할 일도, 변혁이 필요한 일도 많이 있었을망정 토지소유 계급 사람들로서의 그들의 행위에 대해서 나는 아무런 결점도 찾지 못했습니다. 또 토지가 지대(地代)로 임대되고 있는 경우 그들과 농민과의 협약이 억압적이었다고는 볼 수 없었습니다. 종종 행하여진 것처럼 그들이 농민과 절반관계*327에 있었을 경우 사자(獅子)의 몫을 취했다는 이야기도 들은 적이 없습니다. 분배 비율도 불공정하게 보이지는 않았습니다. 물론 몇 가지 예외도 있기야 했겠지만 그것들은 명백히 예외에 지나지 않았습니다. 이러한 여러 점에 대해서 프랑스의 토지귀족이 이 나라의 지주향신(地主鄕紳)보다도 나빴다고 믿을 만한 이유가 나에게는 없습니다. 실제로 그들은 어느 점으로 보아도 그들 국가의 비귀족 신분의 토지 소유자 이상으로 귀찮은 존재는 아니었습니다. 귀족은 도시에서는 아무런 권력도 지니고 있지 않았습니다. 지방에서의 권력도 두드러지게 작은 것이었습니다. 정치 권력의 대부분과 경찰의 본질적인 부분도, 우선 우리의 고찰대상이 되는 그 귀족의 수중에는 없었습니다.[328] 바로 그랬던 것입니다. 프랑스 정부 안에서도 가장 불평이 많았던 부분인 공공수입의 제도와 징집은 무인으로 관리되고 있지는 않았고, 그들은 그 원리상의 여러 가지 해악이나 그 운영상의 복잡함—그와 같은 문제가 있었을 경우—에 대한 책임도 없었습니다.

나는 충분한 근거가 있어, 민중에 대한 억압이 실제로 있었던 경우라도 귀족이 그것에 무언가 커다란 역할을 수행했다는 것은 부정하는 자입니다. 하지만 나는 그 귀족에게도 상당한 결함이나 실수가 없었던 것은 아니라고 인정하는 데 주저하지 않습니다. 그들은 잉글랜드 풍습의 가장 나쁜 부분을 어리석게도 모방해[329] 자신들의 자연적 성격을 손상하고 더구나 그들이 모방할 생각이었던 것[330]으로 그 뒤처리를 하지도 못했는데, 이와 같은 모방은 확실히 그들을 전보다 퇴화(退化)시켰습니다. 습관화한 자기타락의 생활 태도가 인생에 있어서 허용 가능한 기간을 넘어 지속한다는 사태는, 현재의 우리에게 보다도 더 그들에 대해서 일반적이었습니다. 그리고 이러한 자기타락은 우리의 경우보다도 훨씬 외면적인 예의바름으로 가려져 있었기 때문에 해악은 더 적었는지 모르나 그 영향은 치유될 가망이 더 적었습니다. 그들은 자신들의 파멸을 가져오는데 이바지한 그 방종철학을 지나치게 편든 것입니다. 그러나 그들에게는 그 이상으로 치명적인 잘못이 또 하나 있었습니다. 평민 가운데 재산 축적이란 면에서 많은 귀족에게 접근하거나 그들은 능가하거나 한 사람들에게, 도리로 보나 정책상의 현명함으로 보나 모든 나라에서 부가 당연히 가져오게 될 지위와 평가—그것이 다른 귀족신분[331]에서 가져오게 될 지위나 평가와 같다고는 나도 생각지 않는데—가 충분히 허용되고 있지 않았던 것입니다. 이 두 종류의 귀족은 독일이나 그 밖에 약간의 나라에서 만큼은 아닐망정 너무나도 엄하고 확실하게 구분이 되어 있었습니다.

[332]실례를 무릅쓰고 당신에게 여기에서 보여 준 대로, 나는 이 분리야말로 구 귀족 신분이 파멸한 주요 원인의 하나로 생각하고 있습니다. 특히 군사상의 지위는 너무나도 배타적으로 명가 사람들에게만 주어지고 있었습니

다. 그러나 결국 이와 같은 사항은 사고방식의 오류이고, 그것과 반대되는 사고방식이 하나라도 있으면 수정되었을 것입니다. 평민이 권력에 참여하는 항구적 의회가 하나라도 있었다면 이러한 차별 가운데서도 또 극히 지나치게 차별적이고 모욕적인 것은 모두 즉시 폐기되었을 것입니다. 귀족의 도덕적 결함조차, 여러 신분으로 구성되는 국가제도가 가져올 사업상, 목적상의 다양성 증대를 통해서 틀림없이 교정되었을 것입니다.

　귀족에 대한 이와 같은 격렬한 비난의 소리는 모두 사람들이 고의로 만들어 낸 것에 지나지 않는다고 나는 생각합니다. 법이나 여론이나 자국의 오랜 관습—이 관습은 몇 세대에 걸친 편견 속에서 자라나는 것입니다—등에 의해서 명예가 주어지거나 또 특권조차 주어지거나 하는 것은 누구에게 있어서든 공포나 불만을 불러일으키는 일일 수는 없습니다. 그와 같은 특권을 지나치게 고집하는 것조차 절대적으로 죄라고는 말할 수 없습니다. 각 개인이 자신에게 귀속하고 또한 그것이야말로 자기를 남과 구별하는 것으로 생각하는 사항을 계속 가지려고 힘차게 싸우는 것은 부정과 전제에서 벗어나기 위한 보장 가운데 하나이고, 우리 자신의 본성 속에 이 보장이 뿌리내리고 있는 것입니다. 그것은 소유권을 보장하고 사회공동체를 일정한 안정된 상태로 유지하는 본능으로서 작용합니다. 거기에 무언가 사람을 불쾌하게 하는 것이라도 있을까요. 귀족은 문명의 질서라는 기둥식*[333]의 우아한 장식입니다. 세련된 사회의 코린트식 기둥머리입니다. '선량한 사람들은 언제나 귀족을 선호한다',*[334] 이것은 현명하고 선량한 사람의 말이었습니다. 실제로 일종의 편애처럼 귀족에 기우는 것은 마음 넓은 선의의 정신의 한 징표이기도 합니다. 사상에 육체를, 변하기 쉬운 명성에 항구성을 부여하기 위해 마련되어 온 온갖 인위적인 여러 제도를 대체로 수평으로 하길 원하는 자들은, 정신을 고귀하게 하는 동기를 자신의 마음속에 받아들이지 않는 인간입니다. 오랜 세월에 걸쳐서 화려하게, 더구나 명예 속에서 번영해 온 것의 이유 없는 몰락을 보고 기뻐하는 자는 불쾌하기 짝이 없는, 악의로 가득 찬, 질투심 많은 인간입니다. 그는 현실성에 대한 감각도 없는가 하면 미덕을 가시화해 표현하려는 애호도 없는 인간입니다. 나는 무엇이건 파괴되는 것을 보길 싫어합니다. 사회 속에 어떤 진공이, 지표에 어떤 폐허가 생겨나는 것도 싫어합니다. 따라서 나의 검토와 관찰을 통해 프랑스 귀족에게서는 구제할 수 없는 악덕이나 개혁—폐지 따위는 처음부터 논외입니다—으로도 제거할 수 없을 정도의 폐해는 아무것도 발견되지 않았다고 해서, 나에게는 별로 실망도 불만도 없습니다. 당신들의 귀족은 처벌되어야 할 것은 아니었습니다. 그런데 욕을 보이는 것은 바로 처벌하는 것입니다.

나는 또 당신들의 성직자에 대한 나의 검토 결과가 위와 다르지 않다는 데에도 똑같이 만족을 느꼈습니다. 인간의 대집단이 구제하기 어려울 만큼 부패해 있음을 알게 되는 것은 나로서는 유쾌한 일이 아니거니와, 사람이 이제부터 약탈에 착수하려는 상대의 욕을 하는 것도 그다지 신용을 할 수 없습니다. 사람을 처벌한다는 행위 속에서 이익이 추구되고 있는 경우, 나는 오히려 악이 날조되고 과장되고 있는 것이 아닌가 의심합니다. 적은 나쁜 증인이고 도적은 더더욱 그렇습니다. 성직자 신분에도 악덕이나 폐해는 틀림없이 있었습니다. 그것도 당연합니다. 그것은 낡은 제도이고 더구나 그다지 쇄신되지 않은 제도입니다. 그러나 내가 보기에 어느 성직자 개인을 보아도, 재산 몰수나 그토록 잔혹한 모욕 및 폄훼나, 또 개선을 가져오는 규제를 대신한 그 부자연스런 박해에 상응하는 죄를 범한 자는 없었습니다.

이 새로운 종교 박해에도 어쩌면 무언가 정당한 이유가 있었는지도 모릅니다. 그러나 설사 그렇다고 해도 대중을 약탈로 내모는 나팔수 역할을 하는 무신론적 비방자들은, 현재 성직자의 악을 주장하는 것만으로는 수습이 안 될 정도로 정말 아무도 사랑하고 있지 않은 것입니다. 그들은 그것으로는 만족하지 못하고 이전 시대의 역사를 여기저기 탐색해(그것을 찾는 데 그들은 음험하고도 파렴치한 근면함을 발휘했습니다), 성직자들이 직접 행하였거나 또는 그들을 위해 행하여진 억압과 박해의 실례를 하나하나 찾아내지 않으면 안 된다고 생각합니다. 그것은 극히 비논리적이기 때문에 또 극히 불공정한 복수 원리에 입각해, 그들 자신에 의한 박해와 그들 자신에 의한 잔혹함을 정당화하기 위한 것입니다. 그들은 다른 모든 가계(家系)와 가문을 파괴한 뒤에 일종의 범죄 계도(系圖)를 만들어 냅니다. 그러나 애초에 자연적 의미에서의 조상의 죄를 이유로 사람을 징벌하는 일도 결코 정의로운 일은 아닙니다. 그러나 의제(擬制)된 조상을 단체로서의 계승에 적용해서, 단지 이름이나 일반적 호칭 이외에는 죄 있는 행위와는 무관한 사람들*335을 처벌하는 근거로 한다는 것이, 이 계몽시대 철학에 특유한 일종의 점잖은 체하는 부정행위인 것입니다. 그런데 의회가 처벌하는 사람들의 전부는 아닐망정 대다수는, 그들에 대한 현재의 박해자가 할 수 있는 것과 같은 정도로 지난 시대 성직자의 난폭한 행위를 혐오하고 있는 사람들이고 또 그 마음을 소리 높여 강하게 표현하는 데—단 그들은 이와 같은 절규가 모두 무슨 목적에 쓰이는지 충분히 깨닫지 못하고 있을지도 모르지만—에 있어서도 후자에 못 지않은 사람들입니다.

법인단체는 구성원의 이익을 위해서는 불사(不死)입니다. 그러나 그들을 처벌하기 위해 불사인 것은 아닙니다. 여러 국민 자체가 그와 같은 단체입니다. 예를 들어 우리가 잉글랜드에서 모든 프랑스인을 상대로, 서로 대적했던 몇몇 시대에 그들이 가져온 해악을 이유로 해서 보상을 인정하지 않을 정도로 끈질긴 전쟁을 할 생각을 했다고 칩시다. 그렇게 되면 당신들 측에서도 우리의 헨리 제왕(諸王)이나 에드워드 제왕*[336]의 부정한 침입이 프랑스인들에게 가져다 준 미증유의 재앙을 이유로 해서 잉글랜드인 전부에게 덤벼들어도 정당하다고 생각할 것입니다. 어느 쪽이나 이 상호적 절멸전쟁을 정당화할 수 있는 것입니다. 당신들이 같은 이름이긴 해도 다른 시대 사람들의 행위를 이유로 해서, 현재의 당신들 나라 사람들에 대해서 도발되지 않는 박해를 하고 그것을 정당하다고 한다면 결국 그렇게 되지 않을 수 없습니다.

우리는 역사에서 도덕상의 교훈을 얻을 수 있을지 모르는데도 그것을 하지 않습니다. 반대로 역사란 주의를 게을리하면, 우리의 정신을 좀먹거나 행복을 파괴하거나 하는 데 사용될 수도 있는 것입니다. 역사 속에는 우리에게 교훈이 되는 큰 두루마리가 펼쳐져 있어, 과거의 오류와 인간적 약점이 장래의 지혜를 향한 소재로서 인용되고 있습니다. 다른 한편 악용될 때에는, 역사는 교회나 국가 내부의 여러 당파에게 공격용·수비용의 어느 무기도 공급하는 무기고—불화와 적의를 계속 낳고, 부활시키고, 더 나아가 내전의 광란에 기름을 붓는 수단을 제공하는 무기고—로서 도움이 될지도 모릅니다. 역사의 대부분을 이루는 구성요소는 거만, 야심, 탐욕, 복수, 정욕, 반란, 위선, 억제되지 않는 열정, 그 밖에 온갖 혼돈된 욕망의 연속 등등이 이 세상에 가져온 불행인 것입니다. 이 불행은 그

'개인의 처지를 뒤흔들어

인생을 감미롭지 않게 하는

재앙 많은 폭풍*337

과 같은 폭풍으로 국가를 뒤흔들어 버립니다.

역사의 대부분인 이와 같은 악덕은 그런 폭풍의 원인입니다. 종교, 도덕, 법, 대권, 특권, 자유, 인권 따위는 구실입니다. 구실은 언제나 무언가 그럴듯한, 참된 선의 외형을 갖추고 있는 것입니다. 정신 속에서 이러한 기만적 구실 아래 가려져 있는 진정한 원동력을 근절하면 인간을 폭정이나 반란으로부터 지킬 수 있을까요. 설사 지킬 수 있다고 해도 그것은 인간의 마음속에서 가치 있는 것 모두를 근절하는 결과가 되기도 할 것입니다. 그나저나 위와 같은 구실이라면, 대규모 국가적 해악의 경우 흔히 쓰이는 배우나 도구는 왕, 사제, 장관, 원로원, 고등법원, 국민의회, 판사, 군사지휘관 등입니다. 이제는 왕도 국가의 대신도 복음의 목사도 존재해서는 안 된다거나, 법의 해석자도, 총지휘관도, 국가적 회의도 존재해서는 안 된다거나 하는 결의를 해 보아도 해악은 치유되지 않습니다. 명칭을 바꾸는 일은 어쩌면 가능할지도 모르지만 실체는 무언가의 형태로 반드시 남습니다. 공동사회에서는 언제나 일정량의 권력이 누군가의 수중에, 무언가의 명칭 아래 존재해야만 하는 것입니다.*338 현명한 인간이라면 치료법을 명칭이 아닌 악덕에─즉 악을 연기하기 위한 우연한 기관(器官)이나 겉으로 드러난 가짜 모습이 아니고 해악의 항구적인 원인에─써 볼 것입니다. 그렇지 않으면 역사 연구로서는 명료해도 행동으로서는 어리석은 일이 됩니다. 같은 식의 구실이나 같은 양태의 해악을 두 시대가 갖는 일은 좀처럼 없습니다. 인간의 사악함은 좀더 발명에 재주가 있으므로 사람들이 방식을 서로 논하고 있는 사이에도 그 방식은 사라지고 맙니다. 동일한 악덕이 새로운 모습을 가장하는 것입니다. 악덕의 정(精)은 다시 태어나고, 외견의 변화에 의해서 그 생명의 원동력을 상실하기는커녕 새로운 기관을 얻어 청년의 행동과 같은 신선한 활력을 새로이 회복합니다. 사람이 사체(死體)를 드러내 놓고 묘를 파고 있는 사이에도 그것은 활개를 치고 파괴를 계속합니다. 집이 도적들의 거처가 되고 있는데도 사람은 유령이나 요괴를 멋대로 두려워하고 있습니다. 역사의 겉모습에만 시선을 빼앗기면서 자신은 비관용이나 거만, 잔혹함과 싸우고 있는 것이라고 생각하는 인간은 모두 이와 같습니다. 그들은 그런 한편으로 시대에 뒤처진 도당의 나쁜 원리에 대한 증오라는 형태 아래, 똑같이 타기해야 할 악덕을 다른—어쩌면 더한층 나쁜—도당 속에서 시인하고 함양하고 있는 것입니다.

당신들 파리 시민은 일찍이 악명 높은 성 바르톨로메오의 학살 때 칼뱅의 제자들[339]을 살육하는 앞잡이로 자진해서 나섰는데, 그때의 꺼림칙함과 공포를 오늘의 파리 시민들에게 보복하려는 생각을 하는 인간이 있다고 한다면 우리는 그에 대해서 도대체 뭐라고 말해야 좋을까요. 오늘날의 파리 시민들은 확실히 그 학살에는 전율하게 되었습니다. 광포하다고는 하지만 그들에게 그것을 혐오하게 하는 일도 어렵지는 않습니다. 왜냐하면 정치가나 교사들은 그들 파리 시민의 정념에 그대로 완전히 같은 방향을 부여하는 데에는 흥미를 가지고 있지 않기 때문입니다. 그럼에도 불구하고 그들은 야만적 기질 그 자체는 살려 두는 편이 자기들에게 이득이라고 느끼고 있습니다. 얼마 전에도 그들은 문자 그대로 똑같은 이 학살을, 일찍이 그것을 행한 자들의 자손의 기분전환으로 무대 위에서 공연하게 했습니다.[340] 이 비극적이고 속이 뻔히 들여다보이는 연극에서 그들은 로렌의 추기경이 법의를 걸치고 몰살을 명령하는 장면을 연출했습니다. 과연 이것은 파리 시민을 박해로 전율하게 하고 유혈을 혐오하게 할 목적으로 연출된 정경이었을까요. 아닙니다. 그것은 그들 자신의 목자(牧者)를 박해하도록 가르치기 위한 것이었습니다. 또 그들의 성직자에 대한 불쾌감과 공포심을 갖게 함으로써, 한 신분—처음부터 존재해야 할 것이라면 완전하게, 더구나 존경 속에 존재해야 할 한 신분—을 몰아세워 파멸시키기 위한 원기(元氣)를 얻게끔 그들을 흥분시키려고 한 것이었습니다. 그것은 변화와 가미를 통해 그들의 식인종 같은 식욕을 자극하고(아마 전부터 질릴 정도로 먹고 있었겠지만), 그 시대의 기즈가[341]의 목적에 부합하는 새로운 살육과 학살에 대한 대기 상태에 있도록 그들을 재촉하기 위한 것이었습니다. 많은 사제와 고위 성직자가 모여서 개최되고 있었던 그 회의는 이 치욕을 그 문 앞에서 견디지 않으면 안 되었습니다. 이 연극의 작가는 갤리선으로 보내지지도 않았고 배우들도 교도소에 보내지지 않았습니다. 이 상연 후 얼마 안 가서 그 배우들은 그 회의에 얼굴을 내밀고 그들이 놀림감으로 보여 준 바로 같은 종교의 전례(典禮)를 요구하거나, 더러운 그 얼굴을 원로원에 보이거나 했습니다. 그동안에도 파리 대주교—민중에게는 기도와 축복으로만 그 직무가, 또 자선으로만 그 부(富)가 알려져 있었던 대주교—는 그의 집을 버리고 그가 사목하는 무리에서 (마치 굶주린 늑대에게서 도망을 가듯이) 도망을 갈 수밖에 없었습니다. 왜냐하면 확실히 16세기에는 로렌의 추기경이 반역자이고 살인자였기 때문입니다.†

　† 여기서는 이 이야기가 진실이라는 전제에 입각하고 있는데 그때 그는 프랑스에 있지 않았다. 다른 이름으로 하면 그것으로 해결될 일이다. 〔1803—T〕

　대체로 이상이 역사 왜곡의 결과입니다. 이 왜곡을 만든 것은, 똑같이 사악한 목적으로 역사 이외에도 학문의 모든 분야를 왜곡한 자들이었습니다. 그러나 그 이성의 높은 곳—수많은 세기를 우리의 눈 아래 거두고, 진정으로 비교해야 할 점에 모든 사물을 자리매김시키고, 작은 이름은 안개 속에 숨기고, 사소한 당파의 성향은 불식하고, 그곳에 오를 수 있는 자는 단지 인간적 행동에서의 정신과 도덕적 자질로만 결정되는, 그런 이성의 높은 곳—의 위에 서길 원할 정도의 사람이라면 팔레 루아얄의 교사들*342에게 이렇게 말할 것입니다. 즉 로렌의 추기경은 16세기의 살인자였다. 그대들은 살인자인데 영광스럽게도 18세기의 살인자이다. 양자의 차이는 단지 그것뿐이다. 하지만 19세기가 되면 더 잘 이해되고 더 잘 쓰이게 된 역사가, 문명을 아는 자손에게 이 두 야만시대의 잘못된 행위에 전율하도록 가르칠 것이다. 나는 그렇게 믿고 있다. 역사는 또 장래의 사제나 관리에게 이렇게도 가르칠 것이다. 즉 그 가련한 오류를 떠받들고 있었던 옛날의 행동적 열광가나 격렬한 광신가가 범한 극악무도의 죄가 있다고 해서, 현재 시대의 사색적이고 행동은 하지 않는 무신론자들에게 보복을 가해서는 안 된다. 차분히 살펴보면 그와 같은 오류는 단지 마음에 품은 것만으로도 언제나 지나칠 정도의 벌을 받고 있는 셈이다. 더욱이 역사는 자손에게 다음과 같이 가르칠 것이 틀림없다. 즉 종교와 철학 쌍방의 위선자들이 우리 모두의 보호자—모든 점에서 인간이란 종속을 사랑하고 지켜 주시는 보호자—의 은혜로 우리에게 주어진 가장 가치 있는 이 두 축복을 악용했다고 해서, 종교에도 철학에도 활을 겨누어서는 안 되는 것이라고.

*343만일 당신들의 성직자가, 아니 어느 나라의 성직자라도 상관없습니다.

성직자가 인간적 나약함이나 직업적 결점—직업적 미점과 분리할 수 없는 결점—으로서 정당하게 허용되는 한도 이상으로 악덕에 물들어 있는 것이 명확하다면—하지만 그들의 악덕이 있다고 해서 억압의 행사가 정당화되는 것은 아닌데—그 경우에는 중용과 정의의 한계를 넘어 그들을 벌하려는 폭군에 대한 우리의 분노도 결과적으로 자연히 두드러지게 감소할 것이 틀림없습니다. 이것은 나도 확실하게 인정합니다. 나로선 용인할 수 있는 문제지만, 온갖 종류의 성직자에게는 자신의 의견을 완강하게 내세우는 경향이 있고 선교 목적에 대한 그들의 열성이 과잉 기미일 때도 있습니다. 그들 자신의 신분이나 직무에 대한 편애도, 자신들의 단체의 이해에 대한 집착도, 또 그들을 경멸하는 인간보다는 그들의 가르침을 유순하게 듣는 사람들에 대한 편애도 각각 다소는 있습니다. 나는 이런 문제점을 모두 용인하는 자입니다. 왜냐하면 나는 다른 사람들과 연관을 갖지 않으면 안 될 인간이고, 관용을 파괴함으로써 최대의 비관용으로 치닫고 싶지는 않다고 생각하는 인간이기 때문입니다. 나는 나약함의 상처가 곪기 시작해 죄가 되기까지는 그것을 견디지 않으면 안 됩니다.

물론 정념이 자연히 고조되어 나약함에서 악덕으로 나아가는 것에 대해서는, 주의 깊은 감시의 눈과 확실한 수단으로 이를 저지하지 않으면 안 됩니다. 그렇더라도 당신들의 성직자층이 이미 정당한 허용 한도를 넘고 말았다는 것은 과연 진실일까요. 최근 당신들의 모든 간행물에 공통적인 표현을 보면, 프랑스의 성직자는 일종의 괴물로서 미신과 무지와 나태와 기만과 탐욕과 폭정의 기괴한 덩어리였다고 누구라도 믿게 되고 말 것입니다. 그러나 그것이 진실일까요. 세월의 흐름도, 이해 대립의 종언도, 당파적 분노에서 귀결하는 해악의 비참한 체험도, 그들의 정신을 차츰차츰 개선하는 영향력을 전혀 지니지 않았다는 것은 진실일까요. 그들이 국내의 평정을 어지럽히고 정부의 힘을 약화시켜 불안정하게 하면서 세속 권력에 대한 침식을 날로 새롭게 해 나갔다는 것은 진실일까요. 현대의 성직자가 무쇠 같은 손으로 속인을 억압하고 여기저기에서 야만적 박해를 저질렀다는 것은 진실일까요. 그들이 온갖 사기술을 써서 영지의 증가에 힘쓴 것이 사실일까요. 자기 자신의 영지에 대해서 자주 도가 지나친 요구를 했을까요. 또는 정(正)을 사(邪)로 억지로 포장함으로써 합법적으로 요구된 것을 귀찮기 짝이 없는 강청으로 바꾸고 말았을까요. 권력을 지니고 있지 않을 때에는 그것을 선망하는 인간의 악덕으로 가득 찼을까요. 난폭하고 소송하길 좋아하는 논쟁 정신으로 불타고 있었을까요. 지적 최고 권력에 대한 야심에 사로잡혀 매우 쉽게 모든 관헌에게 정면으로 맞서고, 교회를 불태우고, 다른 교파의 목사를 학살하고, 제단을 뒤엎고, 전복한 정부의 폐허 위에 교리의 제국을 세우기 위해 길을 열려고 했을까요. 또 그렇게 하기 위해 사람들의 양심에 때로는 아첨하고 때로는 억압을 가해 그것을 공적 여러 제도의 관할 대상에서 그들의 개인적 권위의 종속물로 바꾸고, 자유의 요구로 시작해 권력의 남용으로 끝내거나 했을까요.

위와 같은 것들, 또는 위와 같은 것들의 일부가 항의의 표적이 된 악덕입니다. 그것도 이전 시대, 그 무렵 유럽을 분열 혼란에 빠뜨리고 있었던 2대 당파*344에 속한 일부 성직자들에 대해서라면 근거가 없지도 않습니다.

다른 여러 나라에서 현재 명확하게 인정되듯이 만일 프랑스에서 이들 악이 조금도 증대하지 않고 오히려 큰 폭으로 감소했다고 한다면, 현재의 성직자에게 타인의 죄나 다른 시대의 혐오스러운 성격을 책임지게 할 수는 없습니다. 반대로 그들의 선배를 더럽힌 정신에서 이탈해 그 거룩한 직무에 걸맞은 정신 상태와 태도를 획득했다는 점에서, 그들은 당연한 형평의 견지에서도 상찬을 받고 고무되고 지지를 얻어야 합니다.

전의 치세가 끝나 갈 즈음, 기회가 있어 프랑스를 방문했는데 이때 나의 호기심의 상당 부분을 차지한 것은 다양한 형태의 성직자들이었습니다. 나는 일종의 간행물이 나에게 당연히 예기하게 한 것 같은 성직자층에 대한 불평불만을 깨닫기는커녕(극히 활발하긴 해도 그 무렵에는 인원이 두드러지게 많지는 않았던 한 무리의 인간을 제외하고) 그들에게서 유래하는 불안 따위는 공사에 걸쳐서 전혀, 또는 약간밖에 느끼지 못했습니다. 조사를 진행함에 따라서 나는 일반적으로 성직자가 온건한 정신과 예의바른 태도를 지닌 사람들임을 알게 되었습니다. 내가 포함하고 있는 것은 남녀 양쪽의 수도사 및 수도회 밖의 성직자입니다. 나는 대단히 많은 교구사제를 알 좋은 기회는 얻지 못했는데 대체로 그들의 도덕성이나 집무에 대한 열의에 관해서는 완전히 훌륭하다는 뜻의 설명을 들었습니다. 나는 또 일부의 고위 성직자를 알게 되었고, 같은 계급에 속하는 나머지 사람들에 대해서도 대단히 좋은 정보를 얻을 방법이 있었습니다. 그들 대부분은 귀족 출신이고 같은 신분의 다른 사람들을 닮았으며, 차이가 있는 경우에도 그들 쪽이 더 뛰어났습니다. 그들은 군사귀족보다도 더욱 충분한 교육을 받고 있고, 따라서 무지 또는 자기의 권위 행사에 대한 적격성의 결함 때문에 그 직업의 명예를 해치는 일은 결코 없었습니다. 내가 보기에 그들은 성직자로서의 성격을 넘어 도량이 있고 대범하며 신사의 혼, 또 명예를 존중하는 사람의 혼을 지니고, 태도와 행동 어느 면에서도 거들먹거리지 않고 그러면서도 비굴하지 않아 보였습니다. 그들은 오히려 최고 계급이고 그 가운데 한 사람의 페늘롱*345을 발견해도 하등 놀랄 것이 못되는 사람들의 일단이라고 나에게는 생각될 정도였습니다. 또 나는 파리의 성직자 중에 많은 학식과 솔직함을 지닌 사람들이 있는 것을 보았습니다(이런 사람들을 어디에서나 만날 수는 없습니다). 더구나 이런 사람들은 파리에만 있는 것이 아니라고 믿어야 할 이유가 있었습니다. 파리 이외의 장소에서 내가 발견한 일은 우연이므로 따라서 적당한 실례로 생각하지 않으면 안 되는데, 나는 어느 지방 도시*346에서 며칠을 지낸 적이 있었습니다. 마침 그때 사제가 부재중이었기 때문에 나는 몇 날 밤을 주교대리인 세 성직자와 함께 했는데, 그들은 어떤 교회에서도 명예가 될 정도의 인물이었습니다. 그들은 모두 충분히 지식이 있었고 특히 두 사람은 고금동서의 사항, 그중에서도 그들의 직업에 관해서 해박하고 심원한 학식을 지니고 있었습니다. 우리의 영국 신학자에 대해서도 그들은 내 예상보다 광범한 지식이 있었고, 이들 저작가들의 진수에 대단히 엄밀하게 다가갔습니다. 이 신사들 가운데 한 사람인 모랑지 목사*347는 그 뒤 사망했습니다. 나는 이 찬사를 주저 없이 그 고귀하고 존경하지 않을 수 없는, 더구나 학식이 있고 탁월한 인물의 추억에 바칩니다. 또 같은 찬사를 그에 못지않은 기쁨으로, 내가 도와드리지 못하고 있는 분들에게 상처를 줄 우려가 없는 한, 아직 생존하고 계신 것으로 믿는 두 분에게 바칩니다.

이들 고위 성직자들의 몇몇은 온갖 근거에서 모든 사람이 존경할 만한 인물이었습니다. 그들은 나에게, 그리고 많은 영국인들에게 선의로 환영받을 자격이 있습니다. 만일 나의 이 편지가 그들의 수중에 들어가기라도 한다면, 그들의 까닭 없는 몰락과 그 재산의 가혹한 몰수에 대해서 남다른 배려로 동정하고 있는 자가 이 나라에도 있다는 것을 그들이 믿어 주길 바랍니다. 내가 그들에 대해 말하고 있는 것은 나약한 한 사람의 목소리가 미치는 한의 증언입니다. 진실 때문에 나는 그렇게 하는 것입니다. 자연에 반한 이 박해의 문제에 관한 한 언제라도 나는 그 증언을 하겠습니다. 내가 정의이자 선의라는 것에 관해서는 누구의 방해도 허용하지 않습니다. 이제 의무를 수행해야 할 때가 무르익고 있습니다. 우리들 및 인류의 호의를 받을 만한 사람들이 대중의 욕설 비방과 억압적 권력의 박해 아래 고통을 당하고 있는 이때, 우리의 정의와 선의를 표시하는 것은 특히 시기적절한 것입니다.

혁명 전 당신들에게는 약 120명의 주교가 있었습니다.*348 그 가운데 소수는 뛰어난 성성(聖性)의 소유자이고 한없는 그리스도교적 사랑의 화신이었습니다. 영웅적 미덕을 이야기할 경우 말할 것도 없이 우리는 아주 드문 그것을 이야기하고 있는 것인데, 그들 가운데서 정도에 벗어나게 타락해 있었던 사람들의 예는 천상(天上)의 선(善)을 지닌 사람들의 예와 마찬가지로 드물 것으로 나는 믿고 있습니다. 탐욕이나 자기 타락을 발견하게 해 주는 탐색에 기쁨을 느끼는 사람들의 손에 걸리면, 그와 같은 실례를 적발하는 일도 어쩌면 가능하겠지요. 나는 그것을 의심하지도 않습니다. 나 정도로 나이가 든 인간이라면 각 계급 성직자 가운데서 몇 사람씩이 부(富)나 쾌락에 대해 그 완전한 자기부정의 생활을 보내지 않고 있다고 해서 놀라지는 않는 법입니다. 그와 같은 생활이 바람직하다는 것은 누구나 생각하고 사람에 따라서는 그런 생활을 기대하는 경향도 있습니다. 그런데 누구보다도 그것을 엄하게 요구하는 것은 실은 자기 자신의 이해에 가장 신경 쓰는 사람, 또는 자기 자신의 정념에 가장 무른 사람입니다. 내가 프랑스에 머물렀을 때 악덕 고위 성직자의 수는 많지 않았던 것으로 나는 확신하고 있습니다. 그들 가운데 생활의 절제라는 면에서 반드시 뛰어나진 않았던 몇 사람들도, 엄격한 미덕의 결여를 도량의 미덕으로 어느 정도는 보완하고 있었고, 또 그들을 교회와 국가에 도움이 되게 하는 많은 자질을 갖추고 있었습니다. 들리는 바에 따르면 루이 16세는 몇몇 예외를 별도로 하고 누군가를 고위 성직에 승진시키는 데 있어서 성격이란 점을 선왕보다도 훨씬 중요시해 왔다고 합니다. 나는 분명히 그랬을 것으로 믿고 있습니다(왜냐하면 치세 전반에 걸쳐서 일종의 개혁 정신이 충만해 있었기 때문입니다). 그런데 현재 그곳을 지배하고 있는 권력이 보여 준 것은 단지 교회를 약탈하려는 기풍뿐이었습니다. 그 권력은 모든 고위 성직자를 처벌했습니다. 그것은 적어도 평판이란 점에서 악덕 성직자를 이롭게 하는 결과가 됩니다. 그 권력은 모욕적인 연금제도*349를 만들었습니다. 신사에게 걸맞은 사고나 신사에게 걸맞은 지위를 지니고 있는 인간으로서, 그와 같은 제도 아래에 아이들을 보낼 생각을 하는 자는 없습니다. 그것은 최저 계급의 민중이 있는 곳에 정착될 것이 틀림없습니다. 당신들의 하급 성직자는 그 임무를 수행하는 데 충분한 만큼의 인원수가 없습니다. 또 그 임무가 한도를 넘어 세분화되어 있고 더구나 그 노고가 지나치게 많습니다. 더욱이 당신들은 중급 성직자를 편하게 해 주지 않았습니다. 따라서 이와 같은 프랑스 교회의 장래에 학문, 학식 따위는 존재할 리가 없습니다. 이 계획을 완성하기 위해 국민의회는 성직 수여권의 권리 따위는 조금도 고려함이 없이 장래의 성직자 선거제를 규정했습니다. 이 조치는 대체로 진지한 사람들, 직무나 행위에 대해서 독립적일 수 있는 사람들을 모두 성직이란 직업에서 몰아내는 결과가 될 것입니다. 그것은 민중의 정신적 지도 모두를 방탕하고, 무모하고, 잔꾀만 많고, 당파성 강하고 추종적인 비열한 자들의 수중에 넘기는 일이 될 것입니다. 이 비열한 자들은 이 성직자들의 몇 푼 안 되는 연금조차(이에 비하면 세리의 봉급이 더 많고 더 명예롭습니다), 비열한 흥계의 대상으로 할 정도의 생활 상태와 생활 습관의 소유자입니다. 그들이 변함없이 주교로 부르고 있는 관리는, 알려져 있는 한의—또는 발명될 수 있는 한의—모든 종교 교리를 주장하는 사람들에 의해서 같은 장치(즉 선거라는 장치)로 선출되고 또 그다지 대단하지도 않은 급여를 받게 되어 있습니다. 교리나 도덕성에 관한 이들 관리주교의 자격에 대해서는 새로운 입법자들은 하급 성직자의 자격과 마찬가지로 아직 아무것도 확실히 정하지 않고 있습니다. 아니, 상급이든 하급이든 어떤 성직자도, 자신이 선호하는 어떤 형태의 종교에서도—또는 비종교에서도—멋대로 실천하거나 설교하거나 할 수 있는 것 같습니다. 주교가 그 부하에 대해 가지는 관할권이 어떻게 되는지, 애초에 관할권 따위를 갖는지의 여부도 나에게는 아직 확실치가 않습니다.

요컨대 이 새로운 종교제도는 과도적인 제도에 지나지 않고 온갖 형태의 그리스도교를 완전히 폐기하기 위한 준비로서 마련되고 있는 것처럼 나에게는 보입니다. 그리스도교의 교역자들을 모든 사람들의 경멸의 표적으로 하는 계획이 완성되어 사람들의 마음이 그것에 대한 이 마지막 타격에 견딜 수 있게 되었을 때에는, 언제라도 그 완전 폐기가 이루어지는 것입니다. 그와 같은 계획을 이들 사건의 선두에 서 있는 철학적 광신자들은 오랫동안 계속 품어 왔다는 것을 믿으려 하지 않는 사람이 있다면, 그 사람은 그들의 성격이나 행동에 대해서 완전히 무지한 사람입니다. 이 열광자들이 공언하길 주저하지 않는 의견에 따르면 국가는 유일한 종교를 가질 때보다는 하나도 종교를 갖지 않을 때 더 잘 존립할 수 있다는 것입니다. 또 종교에 있을지도 모르는 어떤 선도 그들 자신의 계획에 의해서—인간의 물질적 필요에 관한 어느 지식을 기초로 해 그들이 공상한 일종의 교육*350에 의해서—치환(置換)할 수 있다는 것입니다. 이 교육은 사람들을 계몽된 이기심으로 이끌도록 차츰차츰 이루어지고 더구나 그 이해가 진전된 날에는 이 이기심과 더 일반적이고 공공적인 이익이 서로 일치하게 된다는 것입니다. 이와 같은 교육 계획은 옛날부터 알려진 것으로, 최근에 접어들어 그들이 공민교육이란 이름으로 그것을 분류한 것입니다(왜냐하면 그들은 완전히 새로운 술어명명법을 손에 넣었기 때문입니다).

나는 영국에서의 그들의 우군이(내가 그들에게 돌리려는 것은 이 혐오스런 음모 가운데서도 궁극의 목적 쪽이 아니고 오히려 극히 사려 없는 행동 쪽입니다) 성직자 약탈에 성공하거나, 주교직이나 교구 목사직을 민중선거로 임명하는 원리 도입에 성공하거나 하지 않도록 희망하는 자입니다.*351 세계의 현재 상황으로 볼 때 이것이야말로 교회의 최종적 타락과 성직자적 성격의 완전한 파멸이 될 것입니다. 또 종교에 대한 오해를 바탕으로 취해진 조치로서 국가가 일찍이 입은 타격 가운데서도 최대급으로 위험한 일이 될 것입니다. 물론 나는 현재의 잉글랜드나 최근까지의 프랑스에서 볼 수 있듯이, 왕이나 영주의 임명권 아래에 있는 주교직이나 목사직이 때때로 바람직하지 않은 방법으로 입수될 경우도 있다는 것을 잘 알고 있습니다. 그러나 성직자 선거라는 또 다른 방법은 그들을 한없이 더 확실하게, 더 보편적으로, 저열한 야심의 온갖 나쁜 술책에 종속시킵니다. 그것이 더 많은 인원에 대해서 또 더 많은 인원을 통해서 작용하면 할수록, 그것으로 인한 해악도 또 비례해서 커지게 되는 것입니다.

당신들 가운데서도 성직자 강탈에 가담한 사람들은 자신들의 행동을 모든 프로테스탄트 국민과 쉽게 조화시킬 수 있을 것으로 생각하고 있습니다. 왜냐하면 그들이 그렇게 약탈하고 능욕하고 경멸 및 조소의 표적으로 삼은 성직자는 로마 가톨릭의, 즉 제멋대로 그렇게 정했을 뿐인 성직자이기 때문이라는 것입니다. 나는 다른 나라들과 똑같이 이 나라에도 편협한 자가 약간은 있어 그들이 종교의 본질을 사랑하는 것 이상으로 자기 자신과 다른 교파나 당파를 혐오한다는 것을 의심하지 않습니다. 또 이 편협한 자는 우리에게 공통된 희망의 근본을 공격하는 인간을 혐오하는 것보다도 더, 그들의 특수한 계획이나 방법과 어긋나는 인간에게 분노를 느낀다는 것도 의심하지 않습니다. 이들은 그와 같은 기질이나 성격에서 당연히 예기되는 방법으로써 그 문제에 대해서 쓰거나 논하거나 할 것입니다. 버넷*352은 1683년에 프랑스에 머물렀을 때 이렇게 말하고 있습니다. '가장 뛰어난 재능이 있는 사람들을 교황주의로 끌어들이는 방법은 다음과 같았다. 그들은 우선 그리스도교 전체에 대해서 스스로 의문을 품게 되었다. 한번 그렇게 되자 이후 자신들이 겉으로 어떤 입장, 어떤 형식을 계속 취할 것인지는 그다지 문제시하지 않게 된 것이다.' 만일 이것이 그 무렵 프랑스의 교회정책이었다고 한다면 이것이 야말로 그 뒤 그들이 이에 대해서 아무리 후회해도 부족할 것입니다. 그들은 자신들의 사고와 양립할 수 없는 형식의 종교보다도 무신론 쪽을 선호했습니다. 그들은 전자의 형식 파괴에 성공했습니다. 그리고 이제 무신론이 그들의 파멸에 성공한 것입니다. 나는 버넷의 이야기를 쉽게 믿을 수 있습니다. 왜냐하면 우리들 자신 사이에서도 똑같은 정신을 너무나도 많이(그 정신이 다소라도 있다는 것은 '지나치게 많은 것 이상으로 많이' 있다는 이야기가 됩니다) 보아 왔기 때문입니다. 단 이 기풍은 일반적인 것이 되어 있지는 않습니다.

잉글랜드에서 우리의 종교를 개혁한 교사들은 파리에 있는 당신들의 현재 개혁 박사들과 닮은 구석이 전혀 없었습니다. 어쩌면 그들은 (그들이 반대한 사람들과 마찬가지로) 바람직하다고 하기에는 지나칠 정도로 당파 정신의 영향을 받고 있었는지도 모릅니다. 그러나 그들은 가장 진지한 신도이고 가장 열렬하게 고양된 경건함을 지닌 사람들이었습니다. 그들은 자신의 특정한 그리스도교 관념을 지키기 위해서는 진정한 영웅처럼 죽기를 서슴지 않았습니다(실제로 그들 가운데 어떤 자는 그렇게 죽었습니다). 그와 똑같은 강직함으로, 심지어 그보다 더 기꺼운 듯 자신의 피로 다툰 보편적 진리를 위해 죽기를 서슴지 않았습니다. 이 사람들은 그들이 논쟁한 상대의 신병을 약탈하고, 게다가 공통된 종교를 경멸했다는 오직 그 정도의 자격으로 그들과의 동우 관계를 주장한 그 무뢰배들*353을 혐오로써 거부했을 것이 틀림없습니다. 실제로 그들은 이 공통된 종교의 순수함을 위해 열렬하게 노력한 것이고, 이것이야말로 그들이 개혁을 원한 종교 조직의 본질적 부분에 대한 그 최고의 경의를 틀림없이 입증하는 것입니다. 그들의 자손 대부분은 같은 열의를 유지해 왔습니다. 단(분쟁에 휘말리는 일이 더 적었으므로), 더 중용을 유지하고 있을 뿐입니다. 그들은 정의와 자비가 종교의 본질적 요소임을*354 잊지 않고 있습니다. 경건하지 않은 자들이 어느 종류의 인류 동포에게 불공평과 잔혹함을 미치면서 바로 그것을 이유로 우리는 그들의 동료라는 등 자칭하는 것은, 허용될 수 없는 일입니다.

우리는 이 신참 교사들이 자신들의 관용 정신을 끊임없이 자랑하고 있는 것을 듣고 있습니다. 어떤 사고방식에도 평가할 만한 것은 없다는 생각을 가진 자들이 온갖 사고방식을 허용해도 그다지 미점이 되지는 않습니다. 평등한 무시는 공평한 친절과는 다릅니다. 멸시에서 생겨나는 따위의 선의는 진정한 그리스도교적 사랑이 아닙니다. 잉글랜드에는 진정한 관용 정신으로 용서하는 사람이 많이 있습니다. 그들은 종교상의 여러 교리를, 정도의 차는 있을망정 모두 중요하다고 생각합니다. 또 모든 가치 있는 사물 속에는 사람이 무엇을 선호해야 하는가에 대한 올바른 기초가 포함되어 있듯이, 종교의 교리 속에도 똑같은 기초가 있다고 생각합니다. 그러므로 그들은 무엇인가를 사랑하고 다른 것을 용서하는 것입니다. 다양한 사고를 경시하기 때문이 아니라 정의를 존중하기 때문에 그들은 용서하는 것입니다. 그들은 경의를 담아 충만한 애정으로 모든 종교를 보호할 것입니다. 그것은 그들 모두가 동의하는 커다란 원리, 그들 모두가 지향하고 있는 큰 목적을 사랑하고 숭배하기 때문입니다.*355 우리는 모두 공통된 하나의 적을 가지고 있는 것과 마찬가지로 공통된 하나의 대의를 가지고 있다는 것을, 그들은 점점 더 명석하게 인식하기 시작하고 있습니다. 그들은 자신들이 속하는 작은 무리*356에 대해서 호의로 이루어지는 것과 악의로 이루어지는 그것—그들 자신이 다른 명칭으로 속하고 있는 전체 집단을 노려 어느 특수한 인간의 손을 빌려서 이루어지는 행위—을 구별하지 못할 정도로 당파 정신에 현혹되고 마는 일은 없을 것입니다. 물론 나는 우리들 속에 있는 모든 인간의 부류에 대해서 하나하나 그 성격이 어떤지 말할 수는 없습니다. 그러나 나는 대부분의 사람들을 위해 말하고 있는 것이고, 그들을 위해서도 나는 선행에 대한 그들의 교리 속에 성물 탈취는 포함되어 있지 않다고 말하지 않을 수 없습니다. 또한 그들은 그와 같은 자격으로 당신들을 그들의 동료로 부르기는커녕, 만일 당신들의 교수들이 그들의 동료로 받아들여진다면 전자는 죄 없는 자에 대한 재산 몰수의 합법성이라는 자신의 교리를 주의 깊게 숨기지 않으면 안 되고 더구나 빼앗은 재화는 무엇이건 모두 손해배상을 해야 한다고, 나는 말하지 않을 수 없습니다. 그때까지는 이 교수들은 우리의 동료가 아닌 것입니다.

어쩌면 당신들은 주교, 대성당장, 참사회, 교구 사제 등, 토지에서 생기는 독립재산을 보유한 사람들의 수입을 몰수한 것을 우리가 이해하지 않는 것은 우리도 잉글랜드에서 같은 제도를 가지고 있기 때문이라고 생각할지도 모릅니다. 그와 같은 이의는 수도사나 수녀의 재산 몰수와 수도회의 폐지에 대해서는 타당하지 않다고 당신들은 말할 것입니다. 과연 당신들의 전면적 몰수 가운데서도 이 특정 부분은 당면한 선례로서는 잉글랜드에 영향을 주지 않습니다. 그러나 몰수한 이유는 적용됩니다. 더구나 크게 말입니다. 장기의회는 당신들의 의회가 여러 수도회의 토지를 팔려고 내놓은 것과 같은 사고에 입각해서, 잉글랜드에서 대성당장이나 참사회의 토지를 몰수했습니다. 그러나 위험이 내재하고 있는 곳은 부정한 원리 속이지, 그 부정이 최초로 가해진 인물의 종류 가운데가 아닙니다. 나는 우리와 극히 가까운 나라에서 인류의 공통 관심사인 정의에 도전하는 정책이 일관해서 추구되는 광경을 보고 있는 것입니다. 프랑스 국민의회에서 소유권 따위는 아무것도 아닙니다. 법이나 관행 따위도 아무것도 아닙니다. 나는 국민의회가 시효의 이론을 공공연하게 비난하는 모습을 보고 있습니다. 그런데 이 시효란 그들 나라의 대법률가가, 참으로 진리에 걸맞고 자연법의 일부임을 우리에게 말해 준 것입니다. 그에 의하면 시효의 한계를 실제로 확정하고 그것을 침해로부터 보장하는 것은 문명사회 자체가 조직된 목적 중 하나에 속합니다. 한번 시효가 흔들리게 되면, 빈약한 권력의 탐욕을 부추기는 데 족할 정도로 커진 재산이라면 어떤 종류이건 안전한 것은 없습니다. 나는 지금 자연법의 이 위대한 근간적 부분에 대한 그들의 멸시에 완전히 걸맞은 하나의 실제 행동을 보고 있는 것입니다. 나는 몰수자들이 주교와 대성당 참사회와 수도회 등을 첫번째 목표로 삼고 있는 모습을 보고 있습니다. 그러나 거기서 끝난 것으로는 보고 있지 않습니다. 또 그 왕국의 가장 오랜 관행에 의해서 (거의 논의할 여지없이) 대영지를 유지해 왔던 왕족들이 그들의 소유를 빼앗기는 장면을 보고 있습니다. 그들은 그 확고한 독립재산 대신에 금액이 불확실한, 그것도 의회의 뜻대로 베풀어지는 연금을 희망할 정도로 영락하고 있습니다. 물론 이 의회는 합법적 소유자의 권리조차 무시하고 있는 처지이므로 자기 뜻대로 되는 연금 수급자의 권리 따위를 고려할 기색은 거의 없습니다. 그들은 최초의 파렴치한 승리에 대한 자만으로 우선은 의기양양해지고, 다음으로 부정한 벌이에 대한 자신의 갈망이 불러일으킨 곤궁에 압박을 받아—그들은 실망해도 의기소침해지지는 않습니다—, 그런 나머지 대 왕국의 모든 영역에 걸쳐서 온갖 종류의 소유권을 완전히 전복하려고 나선 것입니다. 모든 상거래와 모든 토지 처분과 모든 시민의 일상적 매매에서 또 생활상의 모든 상호적 행위를 통해서, 그들은 모든 인간에게 완전한 지불 수단이자 정당하고도 합법적인 법정화폐로서, 그들의 약탈물 매각 계획 위에 성립하고 있는 투기의 상징*357을 받도록 강요해 오고 있습니다. 그들은 자유와 소유권의 흔적으로 도대체 무엇을 남겼다는 것입니까. 양배추 밭의 소작권이나 잡화 가게의 1년 사용권이나 추정에 의거한 재산권의 그림자에 지나지 않는 선술집 또는 빵집의 영업권조차 이 나라 의회에서는, 당신들이 가장 오래고 가장 가치가 있고 더구나 가장 훌륭한 인물의 수중에 있는 토지재산을 다루는 방법보다도, 또는 당신들 나라의 화폐소유 계급이나 상업계급 전체를 대우하는 그 방법보다도 더 정중하게 다루어지고 있습니다. 우리는 입법 권력을 매우 존중하고는 있는데 그렇다고 해서 의회가 소유권을 유린하고, 시효를 뒤집고, 또는 그들 자신이 멋대로 만들어 낸 통화를 국민들의 법에 의해 승인된 진정한 통화로 바꾸도록 강요하는 따위와 같은 권리를 조금이라도 가지리라고 몽상한 적은 없습니다. 그런데 가장 온건한 제한에 따르기를 거부하는 데에서 시작한 당신들은 미증유의 전제지배 수립에 그친 것입니다. 나는 당신들 몰수자의 논거를 다음과 같이 생각하고 있습니다. 즉 실제로 자신들의 행동이 법정에서는 지지를 얻지 못할지도 모르지만, 그러나 시효의 규칙은 입법부를 구속하는 것일 수 없다는 논리입니다.†† 이렇게 해서 한 자유국의 이 입법의회가 심의를 행하고 있는 것은, 소유권 보장을 위한 것이 아니고 그 파괴를 위한 것이 되었습니다. 그런데 파괴되는 것은 소유권만이 아닙니다. 그것에 안정성을 부여하는 모든 규칙과 원리, 그것을 유통시킬 수 있는 유일한 수단도 파괴되는 것입니다.

† 도마.*358

†† 국민의회의 명에 의해 출판된 카뮈 씨*359의 연설.

일찍이 16세기에 재(再)세례파인 뮌처가 재산에 대한 평등주의적인 방법이나 난폭한 의견 따위로 온 독일을 혼란에 빠뜨렸을 때, 그들의 광기가 더욱 심해지는 모습을 보고 정당하게 놀라지 않았던 나라가 유럽 중 어디에 있었겠습니까. 지혜는 유행성 광신을 무엇보다도 두려워하는 것입니다. 그것은 지혜로서는 다른 어떤 적보다도 더 이 유행성 광신에 대해서 무언가 대책을 강구하기가 어렵기 때문입니다. 우리는 믿기 힘들 정도의 근면함과 비용을 투입해 전파되는 많은 저작에 의해서, 또 민중이 모이는 파리의 모든 거리나 광장에서 이루어지는 설교에 의해서 선전이 되고 있는 무신론적 광신의 정신에 대해서 무지할 순 없습니다. 이들 저작이나 설교는 대중을 야만적이고 흉악한 정신으로 채워 온 것입니다. 대중의 마음속에서 이 흉악한 정신은 온갖 도덕 감각이나 종교 감각뿐만 아니라 보통의 자연적 감정까지도 밀어제쳤고, 그 때문에 가련한 그들은 소유권에 대해서 이루어지고 있었던 터무니없는 격동의 변전이 자신들에게 가져다주는 참기 어려운 곤궁조차도 울적한 인내로 견디게 되고 만 것입니다.† 더구나 이 광신의 정신에는 변절자의 그것이 수반하고 있습니다. 변절자들은 나라 안팎에서 그들의 교리 선전을 책동하고 통신하는 여러 협회를 소유하고 있습니다. 베른 공화국은 대체로 지상에서 가장 행복하고 가장 번영하고 더구나 가장 잘 통치되고 있는 나라들 중 하나입니다. 그런데 이 베른이, 그들이 파괴하려 하는 큰 표적 가운데 하나가 되고 있습니다. 들리는 바에 의하면 그들은 그곳에서 불만의 씨를 뿌리는 데 어느 정도는 성공했다고 합니다. 그들은 독일에서도 바쁘게 움직이고 있습니다. 스페인이나 이탈리아도 표적이 안 된 것은 아닙니다. 잉글랜드도 그들의 포괄적인 악의에 찬 자선 계획의 영역 바깥에 남겨져 있지는 않습니다. 실제로 잉글랜드에는 그들에게 손을 내미는 도배들이 있는 것입니다. 이 도배는 그들의 실례를 한두 곳이 아닌 설교대에서 추장하고, 한두 종류가 아닌 정기집회에서 공공연하게 그들과 통신하고, 그들을 상찬하고 모방해야 할 본보기로서 거론하도록 선택하는 자들입니다.*360 또 이 도배는 그들로부터 맹우(盟友)의 표시나 많은 전례(典禮)와 기적 속에 성별된 기(旗)를 받거나,*361†† 그들에게 영원한 우정의 동맹을 제안하거나 하는 자들입니다. 그것도 하필이면 헌법에 의해서 이 왕국의 화전(和戰) 권한을 위임받고 있는 권력*362이 개전(開戰)의 좋은 기회로 판단할지도 모르는, 바로 그때에 동맹을 맺으려는 것입니다.

†이하의 서술이 엄밀하게 진실인지의 여부를 나는 모른다. 그러나 출판자라면 사람을 분발하게 할 목적에서라도 틀림없이 진실로 해 버릴 정도의 것이다. 그들 신문 중 하나에 게재된 툴로부터의 서간에, 그 지방의 민중에 관한 아래의 한 구절이 있다. '현재의 혁명 와중에 그들은 혁명의 적으로부터 오는 온갖 편협 및 맹신에 대한 유혹이나 박해나 간섭에 저항했다. 그들은 국민의 회를 이끌어 온 전체 질서관에 경의를 바치려고 한 나머지 자신의 최대 이익도 잊고 말았다. 그리고 자신들이 살아가면서 일찍이 의존하고 있었던 그 교회제도들이 억압되는 것을 보고도, 또 온갖 공평의 견지에서도 그들을 위해 남겨질 수 있었던—아니 오히려 남겨져야 했던—유일한 의지 대상인 주교구를 잃고도 불평조차 말하지 않고 있다. 가장 무서운 불행으로 정해지고 일찍이 들어본 적도, 그 가능성도 없는데 그들은 조금도 불평하지 않고 순진하기 짝이 없는 애국주의 원리에 대한 충성심을 계속 품고 있다. 그 뿐만 아니라 바로 이 헌법이 그들의 도시를 가장 비참한 폐허로 만들려 하고 있는데도, 그들은 그것을 유지하기 위해서는 자신의 피를 흘리는 일조차 서슴지 않는다.' 이들 민중이 그와 같은 불행이나 부정에 견딘 것은 자유를 추구하는 싸움의 와중에서였다고는 생각되지 않는다. 왜냐하면 그들은 언제나 자유로웠다는 점을 이 똑같은 설명이 올바르게 보여 주고 있기 때문이다. 거지 생활과 폐허 속에서의 그들의 인내나, 명백히 극악무도한 부정을 항의 한번 하지 않고 인종하고 있는 점 등은, 만일 그것이 엄밀하게 진실이라고 한다면 이 엄청난 광신의 결과 이외에 아무것도 아니다. 프랑스 전 국토의 대다수 민중의 상태와 기분

은 이와 똑같다.

†† 낭트에서의 협회 의사록을 보라.

이 프랑스의 실례에 관해서 내가 두려워하고 있는 것은 이 나라의 교회 재산 몰수가 아닙니다. 물론 그것도 결코 작지 않은 악입니다. 그러나 내 불안의 큰 근원은, 어떤 것에 대해서건 몰수로써 재원을 얻으려 하는 것이 잉글랜드에서 국가 정책으로서 고려되거나, 또 어떤 사람들이건 어느 직업 계급의 시민이 다른 직업 계급 시민을 자신들의 당연한 먹이로 간주하게 되지 않을까*363 하는 데 있습니다.† 여러 국가는 깊게 더욱더 깊게, 한없는 부채의 바다로 접어들려 하고 있습니다. 국가의 부채는 많은 사람들에게 공공적 안정에 대한 관심을 품게 함으로써 처음에는 정부에 대한 보증도 되었으나 이제는 도가 지나쳐 국가를 전복할 수단으로 발전하고 있습니다. 만일 정부가 중세(重稅)로 이 부채에 대처하면 그들은 민중에게 미움을 받아 모습을 감춥니다. 그것에 아무런 손도 쓰지 않으면 모든 당파 중에서도 가장 위험한 당파의 작용으로 정부는 파멸되고 말 것입니다. 나는 지금, 손해를 입고는 있으며, 타도되는 데까지는 이르지 않은 광범한 불만화폐 소유계급을 말하는 것입니다. 이 계급을 이루는 인간은 자신의 안전을 처음에는 정부의 성실함에, 다음에는 그 권력에 요구합니다. 그들은 종래의 정부가 쇠약하고 피폐하고 탄력을 잃어 이제는 그들의 목적에 부응할 만한 활력을 잃었다고 보았을 경우, 더 큰 정력을 지닌 새 정부를 찾게 됩니다. 그 정력이란 재원의 획득에서가 아니고 정의의 멸시에서 추출되는 것입니다. 대체로 혁명이라는 것은 무언가를 몰수할 좋은 기회입니다. 그리고 다음에 오는 몰수가 어떤 불쾌한 이름으로 권위를 부여받는지 알 턱이 없습니다. 확신하건대 프랑스를 지배하고 있는 원리는, 무해한 나태야말로 내 몸의 안전으로 생각하고 있는 모든 나라들의 극히 많은 개개인, 극히 많은 직업 계급에까지 그 손을 뻗치고 있습니다. 소유자들의 이 같은 순진함은 쓸모없는 성격으로 논해지게 될 것이고, 거기서 한술 더 떠 그들 정도의 재산에 대해서는 일종의 부적격한 성격으로 논해지기에 이를 것입니다. 유럽의 대부분은 공공연한 무질서에 빠져 있습니다. 그 밖의 많은 곳에서도 공허한 목소리가 지하에 들립니다. 그리고 정치계에서의 대지진이라도 될 것 같은 혼란한 움직임이 감지됩니다. 이미 이상하기 짝이 없는 성격의 맹약과 공모가 여러 나라에서 형성되고 있습니다.†† 이런 상황에서 우리는 방어를 굳히지 않으면 안 됩니다. 모든 변혁에 있어서(만일 변혁이 꼭 필요하다면 하는 이야기인데), 그 변혁의 해악의 칼날을 무디게 하고 또 그곳에 있을지도 모를 선을 조장하는 데 가장 도움이 되는 일은, 우리의 정신이 정의를 견지하면서 소유권에도 신경 쓰고 있다는 점을 그 변혁이 깨닫는 것입니다.

† '비록 재산을 부당하게 받은 인간의 수가 그것을 부정하게 빼앗긴 인간의 수보다 많다고 해도, 그렇다고 해서 전자의 입장이 후자보다 강해지는 것은 아니다. 왜냐하면 그와 같은 문제는 수가 아니고 일의 중대함에 따라 판단되기 때문이다. 이제까지 재산을 갖지 않았던 인간이 몇 해, 몇 대에 걸쳐 점유되어 온 토지를 자기 것으로 하고 더구나 이제까지의 소유자는 그것을 잃지 않을 수 없는 상황을, 어찌 공정하다고 말할 수 있겠는가. 한편 스파르타인이 그들의 장관 리산드로스를 추방하고, 스파르타의 역사에 일찍이 없었던 일이지만, 아기스 왕을 사형에 처한 것은 바로 이 때문이었다. 이후 심한 내분이 잇따라 발생하고 그 때문에 온갖 가짜 왕들이 등장해, 귀족들은 추방되고 비길 데 없이 훌륭하게 구성되어 있었던 국가도 붕괴하고 말았다. 그러나 붕괴한 것은 스파르타뿐만은 아니었다. 라케다이몬*364에서 비롯되어 더욱더 광범하게 퍼져 나간 해악에 물들어, 나머지 그리스도 또 파멸에 빠지고 만 것이다.' 진정한 애국자의 모범인 시키온의 아라토스가 한 행위—그 정신은 실은 대단히 다른 것인데—에 대해서 말한 뒤, 키케로는 또 다음과 같이 말하고 있다. '이것이 동포 시민에 대한 올바른 행동이다. 그것은 이미 두 번에 걸쳐서 본 바와 같이, 광장에 창을 꽂고 시민의 재산을 경매에 붙이는 것과는 다르다. 그러나 그 고명한 그리스인은 현명하고 탁월한 사람답게 자신은 전체의 이익을 고려해야만 한다고 생각했다. 이와 같이 좋은 시민의 행위규범과 현명함은, 시민의 재산을 분단하지 않고 치우치지 않는 공정함 위에 모든 것을 결합하는 데 있다.'(키케로《의무론》제2권*365)

†† 다음 제목의 두 저작을 보라.《광교단(光敎團)에 관한 1차 자료집》,《광교단의 조직과 장래》,*366 뮌헨, 1787년.

하지만 프랑스에서의 이 몰수에 타국민은 놀랄 필요가 없다고 누군가는 말할지도 모릅니다. 그것은 방자한 탐욕에서 비롯되어 이루어진 것이 아니라, 미신적 해악을 없애기 위해 취해진 국가적 정책의 일대 수단이었다고 그들은 말합니다. 그러나 나로서는 정책을 정의와 구별하는 일은 가능하긴 해도 매우 어렵습니다. 문명사회에서는 정의 그 자체가 위대한 항구적 정책인 것입니다. 어떤 사정이 있건 정의에서 크게 일탈한 것은, 정책이라고 전혀 말할 수 없지 않은가 하고 의심을 받아도 어쩔 수 없습니다.

사람들이 현존하는 법에 의해 일정한 생활양식 안에서 살아가도록 권유를 받고 또 합법적 직업에 종사하고 있는 것과 마찬가지로 그 양식 속에 있는 것을 보호받고 있을 때, 더구나 그들이 자신의 사고나 습관을 모두 그 양식에 적응시키고 있을 때, 또 법이 여러 해에 걸쳐서 이 생활양식의 규칙에 대한 충실함을 사람들의 명성의 근거로 하고, 반대로 그 규칙으로부터의 일탈을 치욕 및 형벌의 근거로 하고 있을 때, 그와 같은 때에 입법부가 자의적 법령에 의해서 사람들의 정신이나 감정에 갑자기 폭행을 가하거나 그들을 그 생활 상태나 조건에서 억지로 밀어내거나, 일찍이 그들의 행복과 명예의 척도가 되어 있었던 그 성격이나 그 관습을 치욕과 오명으로 훼손하거나 한다면, 나는 확신을 가지고 이 입법부는 부정하다고 생각합니다. 만일 더 나아가 그들이 주거지에서 내쫓기고 모든 재화를 몰수당했다면, 사람들의 감정과 양심과 편견과 소유권을 사냥감으로 삼는 이와 같은 전제지배적 수렵과 극악무도한 폭정을 도대체 어떻게 하면 구별할 수 있는지, 나에겐 그런 지혜가 없습니다.

한편 프랑스에서 추구되고 있는 방향의 부정함이 어느 정도인지는 이제 명확합니다. 만일 그렇다고 한다면 그 수단의 현명함, 다시 말해 거기서 기대되는 공공이익의 정도도 또 적어도 그만큼은 뚜렷하고 적어도 그만큼은 중대할 것입니다. 정념의 영향을 받지 않고 행동하는 사람, 무엇인가를 계획할 때 공공적 선 이외에는 안중에 없는 사람이라면 그와 같은 제도를 처음 도입하는 경우에 현명함이 지시하는 것과, 그것을 완전히 폐기하는 문제의 경우—더구나 제도의 뿌리가 널리 깊게 확산되고 또 그 제도 자체보다도 더욱 가치 있는 것들이 오랜 습관 덕분에 그 제도와 잘 맞고, 어느 의미에서는 아예 그것과 짜맞추어져 있기 때문에 하나를 파괴하면 반드시 다른 것도 두드러지게 손상되지 않을 수 없는 상태에서 폐기하는 문제의 경우—에 지시하는 것 사이의 거대한 차이를 순식간에 간파할 것입니다. 다만 그 문제의 양상이, 궤변가들이 하찮은 논쟁 형태로 나타내고 있는 바로 그것과 같다면 이 사람도 곤혹스러울지 모릅니다. 그러나 국가를 둘러싼 대부분의 문제와 마찬가지로 여기에도 중간 항목이 있습니다. 즉 단순히 절대적 파괴인가 개혁이 없는 존속인가 하는 선택지(選擇肢) 이외에 무언가 다른 선택지가 있는 것입니다. '당신은 스파르타를 손에 넣었다. 그것을 치장하는 것이 좋으리라'*367는 말이 있습니다. 나의 생각으로는 이것이야말로 함축성 있는 규칙이고 진지한 개혁자라면 결코 잊어서는 안 되는 것입니다. 누구든 간에 도대체 어떻게 하면 자신의 나라를 백지에 지나지 않는 것, 멋대로 그 위에 글을 갈겨써도 상관없는 것으로 간주할 정도로까지 오만해질 수 있는지, 나로서는 전혀 이해가 되지 않습니다. 몹시 흥분한 사변적 선의로 가득 찬 인간이라면 자신의 사회가 현재와는 다르게 만들어지기를 희망할지도 모릅니다. 그러나 훌륭한 애국자나 진정한 정치가라면, 어떻게 하면 자기 나라에 현존하는 소재로 최선을 다할 수 있을까를 언제나 생각하는 것입니다. 보존하려는 기질과 개선하려는 능력을 합친 것이 나에게는 진정한 정치가의 기준입니다. 그 밖의 모든 것은 생각하기만 해도 저속하고 실행되면 위험합니다.

여러 국가가 거치게 되는 운명 속에는 특정 사람들이, 위대한 정신적 노력에 의해서 개선을 행하도록 소명을 받는 순간이 몇 번 있습니다. 그런데 그와 같은 순간에 그들은, 비록 군주나 국가의 신뢰를 받아 완전한 권위가 부여되고 있는 것처럼 보이는 경우에조차 반드시 적절한 도구를 구사하고 있다고 볼 수는 없습니다. 정치가는 위대한 사업을 하기 위한 하나의 힘—이 나라의 직인(職人)이 지렛대라고 부르는 것—을 요구합니다. 그리고 직인의 세계와 마찬가지로 정치계에서도, 그가 그 힘을 입수해 적용하는 데 어려울 것은 없습니다. 내가 생각하기에 수도원 제도 내부에는 현명한 선의의 장치를 움직이는 커다란 힘이 있었습니다. 그곳에는 국가적으로 규제된 수입이 있었습니다. 공적 유대와 공적 행동원리만을 가지며 완전히 공적 목적을 위해 분류되고 바쳐진 사람들*368이 있었습니다. 그들은 또 공동체의 재산을 개인적 재산으로 전환할 가능성이 없는 사람들, 자기 이익을 부정하고 혹시 탐욕스러움을 보이더라도 그것은 무언가 공동체를 위한 탐욕인 사람들, 개인적 빈곤을 명예로 생각하고 침묵의 복종으로 자유를 대신하는 사람들이었습니다. 이와 같은 덕은 원할 때 필요에 따라서 제조할 수도 없습니다. 바람은 자신이 원하는 곳으로 뽑니다.*369 이러한 수도원 제도는 열광의 소산으로, 지혜가 쓰는 도구이기도 합니다. 지혜는 소재를 만들어 내지는 못합니다. 소재는 자연 또는 우연의 선물입니다. 지혜의 자랑은 무언가를 잘 사용하는 데 있습니다. 법인단체 및 그 재산이 항구적으로 존재한다는 것은 장기적 시야를 지닌 사람, 무언가를 형성하는 데 시간을 필요로 하고 게다가 일단 완성했을 때는 지속을 지향할 계획을 생각하는 사람 등에게는 특히 환영할 만한 일입니다. 그 정도의 여러 단체—그것을 당신들은 경솔하게도 파괴하고 말았는데—의 부(富)나 규율이나 습관 등에 내재하고 있었던 그 정도의 힘에 대한 지휘와 지도를 하면서, 그것을 자국의 위대하고도 영속적인 이익으로 바꿀 방도를 찾지 못하는 인간은, 위대한 정치가의 서열 가운데서 높게 자리매김할 가치가 없을 뿐 아니라 그 줄에 이름을 올릴 가치조차 없습니다. 연구하는 재능이 있는 정신이 이 문제를 바라보면 천 가지 사용 방법이 떠오를 것입니다. 어떤 힘이건 인간정신의 풍부한 산출력에서 저절로 성장해 오는 힘을 파괴한다는 것은, 물질세계에서 물체의 명확히 활동적인 속성을 파괴하는 것과 거의 똑같은 일을 도덕의 세계에서 행하는 것이나 마찬가지입니다. 그것은 말하자면 초석(硝石) 속에 있는 고정기체의 팽창력이라든가, 증기나 전기나 자기 등의 힘을 파괴(그것을 파괴할 능력이 우리에게 있다면 말인데)하려고 시도하는 거나 마찬가지입니다. 이와 같은 에너지는 자연계에 언제나 존재해 왔고 또 그것으로서 인식이 가능했습니다. 과거에 그 중 어느 것은 도움이 되지 않았고 어느 것은 유해하고 어느 것은 기껏해야 아이들 장난감 정도로밖에 보이지 않았습니다. 그러나 이윽고 실천적인 숙련과 결부해 생각하는 능력이 나타나서 그 야생의 성질을 길들여 사용 가능하게 해, 결국 인간의 위대한 의도와 계획에 따르는 가장 강력하고 가장 다루기 쉬운 힘으로 만든 것입니다. 당신들은 5만 명 정도의, 게다가 그 정신적 또는 육체적 노동을 지시하려면 할 수도 있었던 사람들이나, 또 나태나 미신에서 얻은 것이 아닌 수십 만의 연수입(年收入) 등은, 지나치게 커서 통어하기에는 힘에 부친다는 생각이라도 한 것일까요. 당신들에게는 수도사들을 연금 생활자로 바꾸는 것 이외에 그 사람들을 다룰 방법이 없었을까요. 낭비적 매각이라는 천박한 수단에 따르는 것 이외에 그 수입을 이용할 방도가 없었을까요. 당신들이 그토록 지적 자산을 지니고 있지 않았다면 이 행위는 자연스런 귀결이라고 해야 할 것입니다. 당신들의 정치가는 자신의 일을 이해하고 있지 않습니다. 그러므로 때문에 자신의 도구를 팔아넘기는 것입니다.

그러나 이 제도에는 원리 그 자체에 미신의 기미가 있고 더구나 항구적 영향력으로 제도가 그것을 함양하고 있다는 의견이 있습니다. 나는 이 의견에 굳이 의문을 제기할 생각은 없습니다. 그러나 그렇다고 해서 당신들이 미신 그 자체에서조차 어떤 수단을 끄집어내 그것으로 공공의 이익에 이바지해서는 안 된다는 것도 아닙니다. 도덕의 눈으로 보면 미신 자체만큼이나 의심스러운 많은 인간정신의 여러 경향이나 여러 정념 가운데서조차 이익은 끄집어낼 수 있는 것입니다.*370 모든 정념에 대해서와 마찬가지로 이 정념 속에 있는 유해한 요소를 하나씩 모두 교정하고 완화하는 것이 당신들의 일이었을 것입니다. 그런데 애초에 미신이란 있을 수 있는 악덕 가운데 최대의 악덕일까요. 그것이 지나치게 심해지는 일은 있을 수 있고, 그렇게 되면 대단히 큰 악이 된다고 나도 생각합니다. 어쨌든 그것은 미덕과 악덕의 문제이고 당연히 온갖 정도, 온갖 외형의 변화를 허용합니다. 미신이란 약한 정신의 종교입니다. 그렇기 때문에 그와 같은 사람들이 무언가 사소하거나 열광적인 형태로 미신을 정신 속에 혼입시켜 지니고 있어도, 그것은 허용되어야 합니다. 그러지 않으면 최강의 정신에조차 필요함을 우리가 알고 있는 수단을, 약한 정신에서 빼앗는 셈이 됩니다. 의심할 여지도 없이 모든 진정한 종교의 실질은 세계 지상의 절대자에 대한 복종, 그가 한 말에 대한 신앙, 그 완전한 덕의 모방 등에 있습니다. 그러나 그 밖에 나머지는 인간적인 것들입니다. 그것이 그 커다란 목적*371을 저해할 때도 도울 때도 있을 것입니다. 현자란 바로 현자이기 때문에 찬미자는 아닌데(적어도 대지의 선물*372에 대한 찬미자는 아닙니다), 그들은 이와 같은 인간적인 일들에 심하게 집착도 하지 않는가 하면 심하게 혐오도 하지 않습니다. 지혜는 어리석음의 가장 준엄한 교정자는 아닌 것입니다.*373 양자는 오히려 상호 경합하는 어리석음이고 서로 가차 없는 싸움을 계속하고 있으며, 끝내 자신의 우세함을 잔혹하게 이용해 중용이 결여된 대중을 싸움의 한쪽 또는 다른 쪽으로 끌어들이는 일조차 서슴지 않습니다. 신중함은 중립의 입장을 취하겠지만, 그렇긴 해도 사항의 본디 성질로 보아 그다지 흥분할 일도 아닌 문제에 대해서 어리석은 집착과 격한 반감이 대립하고 있는 경우, 만일 열광이 가져오는 오류나 지나침 가운데 어느 한쪽을 비난하고 어느 쪽을 감수하느냐에 대해서 매우 신중한 어느 인물이 선택이 불가피해졌다고 가정하면, 틀림없이 그는 파괴하는 미신보다는 건설하는 미신 쪽이 그나마 참을 만하다고 생각할 것입니다. 마찬가지로 국토를 추하게 하는 미신보다 장식하는 그 쪽을, 약탈하는 그것보다는 주는 그 쪽을, 자극을 해서 진정한 부정으로 치닫게 하는 그것보다는 잘못된 선행으로 기울게 하는 그 쪽을, 자기부정을 지탱하는 약간의 생활양식을 남으로부터 강제로 빼앗는 그것보다는 스스로 합법적 쾌락까지도 거부하도록 사람을 이끄는 그 쪽을, 제각기 더 참을 수 있다고 그는 생각할 것입니다. 나의 생각으로는 이것이야말로 수도사적 미신을 만든 옛날 사람들과 오늘날의 자칭 철학자적 미신과의 사이에 가로놓인 문제의 양상과 대단히 흡사합니다.

그런데 우선은 매각이 가져오는 가상의 공적 이익에 대해서 고려하는 일을 모두 나중으로 미루기로 합시다. 물론 그것은 완전히 기만이라고 생각하는데 여기에서는 그것을 단순한 재산의 전이로 간주하고, 듣기 번거로우시겠지만 그 전이정책에 대해서 약간의 의견을 기술하고자 합니다.

*374모두 번영하고 있는 공동사회에서는 생산자의 생활을 지탱하기에 족한 것 이상의 것이 생산되고 있습니다. 이 잉여는 토지자본가의 소득이 되고 있습니다. 그것은 노동하지 않는 소유자에 의해서 소비되는 셈입니다. 그러나 이 나태는 그 자체가 노동의 원천이고 이 휴식은 그 자체가 근면에 대한 박차입니다. 국가의 유일한 관심사는 토지에서 지대로 거둔 자본이 그 출발점인 근면으로 다시 돌아가는 것이고, 또 그 소비가 소비하는 사람들 및 그 회귀 지점인 민중의 도덕성을 가능한 한 해치지 않는 것입니다.

적어도 진지한 입법자라면 그가 추방하도록 권유를 받은 소유자와, 그 뒤 그 자리에 앉히도록 권유를 받고 있는 외래자 양쪽을, 수입, 지출, 개인적 직업 등 모든 점에 걸쳐서 주의 깊게 비교하고 감안할 것이 틀림없습니다. 광범한 몰수에 의한 소유권의 격렬한 혁명이라면 모든 것이 반드시 수반하는 불이익을 지기에 앞서, 우리는 몰수당한 재산의 구입자가 과거의 소유자—그 소유자를 주교, 대성당 참사회원, 위탁수도원 회원, 수도사, 그 밖에 어떤 호칭으로 부르든 상관없는데—에 비해 상당한 정도로 더 근면하고, 더

덕이 있고, 더 진지하다는 점에 대해서 무언가 근거 있는 보증을 얻고 있어야 합니다. 또 노동자의 벌이를 부당한 비율로 깎거나, 한 개인의 한도로서 적당한 액수 이상으로 많이 소비하거나 하는 따위의 경향이 더 적다는 점과 또는 현명한 소비라는 목적에 걸맞도록 잉여를 더 견실하고 더 평등한 방법으로 소비하는 자질을 지니고 있다는 점 따위에 대해서도 무언가 근거 있는 보증이 필요합니다. 수도사는 게으르다고들 합니다. 그럴지도 모릅니다. 그들은 성가대에서 노래를 부르는 것 이외에는 쓸모가 없을지도 모릅니다. 그래도 그들은 노래도 이야기도 하지 않는 인간들만큼은 유익하게 이용되고 있으며 무대 위에서 노래하는 인간과 비교해도 그만큼은 유익하게 이용되고 있습니다. 그들은 마치 이른 새벽부터 밤늦게까지 노예적이고 굴욕적이고 더럽고 비인간적이고 더구나 종종 건강에 극히 해롭고 병에 걸릴 것 같은 수많은 일—사회조직 때문에 많은 딱한 사람들이 불가피하게 운명적으로 하고 있는 일—을 하고 있는 것과 마찬가지로 유익하게 이용되고 있는 것입니다. 만일 사물의 자연스러운 흐름을 방해하거나 또 기묘하게 조종되고 있는 이런 불행한 민중의 노동이 움직이는 순환의 큰 고리를 어느 정도라도 방해하거나 하는 것이 세상에 유해하지만 않다면, 나는 수도원의 고요한 휴식을 방해하기보다는 그들 민중을 비참한 근로에서 강제로라도 구출하는 쪽으로 한없이 기울 것입니다. 인간성은, 그리고 어쩌면 현명함도 내가 전자보다는 후자를 택하는 것을 올바르다고 할 것입니다. 이것은 내가 종종 성찰해 온 문제이고 더구나 성찰할 때마다 반드시 내 감정을 움직이던 문제였습니다. 인간이란 사치의 멍에와 공상의 전제—그것은 독특하게 고압적인 방법으로 토지의 잉여생산물을 분배하려고 합니다—에는 복종하지 않을 수 없는데, 그 점을 별도로 치면 아무리 생각해 보아도 그런 힘든 일이나 직업이, 규율이 잘 잡힌 국가에서 허용되고 있다는 것은 정당화될 수 없다고 나는 확신하는 자입니다. 그러나 아무튼 이 분배라는 목적을 위해서라면, 수도사의 불필요한 지출도 우리들 세속의 비노동 인간의 불필요한 지출만큼은 목적에 걸맞은 것으로 나에게는 생각됩니다.

소유하고 있는 상태의 이익과 새로운 계획에 의한 이익이 같은 경우에는 굳이 변화를 선택할 이유는 없습니다. 그런데 현재의 경우, 양자는 틀림없이 같지 않으며 그 차이는 오히려 소유 쪽으로 유리하게 기울고 있습니다. 실제로 당신들이 추방하려는 사람들의 지출은 그 사람들의 집으로 당신들이 무리하게 밀어 넣으려 생각하고 있는, 그 마음에 드는 자들의 지출만큼이나 직접적, 일반적으로 그 돈이 경유하는 사람들을 타락시키고 비참하게 하는 방향을 취하고 있다고는 생각되지 않습니다. 대토지재산의 지출 즉 토지의 잉여생산물 확산이 왜 당신들이나 나에게 용서할 수 없는 것으로 보여야 한단 말입니까. 더구나 그 지출의 방향은 방대한 장서(이것은 인간정신의 강함과 약함의 역사입니다)의 축적, 고대의 기록이나 화폐(이것은 법과 관습을 증명하고 설명합니다)의 막대한 수집, 회화와 조각(이것은 자연을 묘사함으로써 창조의 한계를 확대하는 것 같습니다), 죽은 자의 위대한 기념상(이것은 생전의 애정과 유대를, 묘소를 초월해 계속되게 하는 것입니다), 전 세계 온갖 속(屬)·과(科)의 대표회의 수준인 자연계 표본 수집(이것은 그 특질로 보아, 또 호기심을 불러일으킴으로써 과학으로의 길을 쉽게 열어 주는 것입니다) 따위입니다. 만일 위대한 항구적 기관의 손에 의해서 이들 지출 대상 모두가 개인적 변덕이나 개인적 낭비와 같은 불안정한 희롱으로부터 더욱 훌륭하게 보증된다고 한다면, 그래도 같은 취미가 여기저기에 산재하는 개인에게로 퍼져 있는 것보다도 나쁜 사태일까요. 농민의 땀에 못지않게 힘을 내어 일하는 목수나 석공의 땀은 장대한 종교건축을 건설하고 수리할 때에도, 악덕과 사치를 수용하는 페인트칠이 된 흥행무대 장치나 불결한 매춘부의 집을 짓거나 수선할 때와 마찬가지로 즐겁고 또 건강하게 흐르는 것이 아닐까요. 헤아릴 수 없을 정도의 세월이 흘러 낡아 버린 그 신성한 건물을 복구할 때 그들이 흘리는 땀은, 오페라하우스나 창녀의 집, 도박장이나 클럽 건물이나 샹 드 마르스의 오벨리스크*375처럼 변하기 쉬운 관능적 즐거움의 일시적인 그릇을 위해 흘리는 땀과 마찬가지로 명예롭고 또 이익을 가져다 주는 땀이 아닐까요. 올리브나 포도의 잉여생산물이, 한편으로 신앙 깊은 상상력을 낳는 이야기에 의해서 신에 대한 봉사자가 되어 높은 지위에 오른 사람들의 검소한 생계에 충당되고 있는 것과, 다른 한편 인간적 거만에 굴한 쓸모없는 하인으로 전락하고 있는 수많은 인간들의 기를 돋우어 주는 데 사용되는 것을 비교할 때, 과연 전자 쪽이 더 나쁘게 사용되고 있다고 말할 수 있을까요. 훈장의 리본과 몰이나 국가의 모장(帽章)이나 작은 별장이나 그곳에서의 연회나 그 밖에 헤아릴 수 없을 정도의 사치와 놀이—부유는 이런 일들을 통해서 과잉이라는 무거운 짐을 놀이에 던져 버리는 것입니다—에 비해서, 성당을 장식하기 위한 지출 쪽이 현인에게는 걸맞지 않다는 말을 과연 할 수 있을까요.

우리는 전자조차 용서하고 있습니다. 그것을 좋아해서가 아니고 그보다 더 나쁜 것을 두려워하기 때문입니다. 소유권이나 자유는 어느 정도까지 그와 같은 관용을 필요로 하므로 우리는 그것을 용서하는 것입니다. 그런데도 왜 또 하나의, 더구나 의심할 여지도 없이 모든 점에서 훌륭하게 잘 사용되고 있는 재산을 약탈하는 것입니까. 모든 소유권을 파괴하고 모든 자유의 원리에 폭행을 가해 강제적으로 그것들을 더 좋은 것에서 더 나쁜 것으로 하려는 까닭은 도대체 무엇입니까.

새로운 개개인과 오랜 단체를 비교하는 이 방법은 후자에 대해서는 개혁이 애초부터 불가능하다는 전제에서 이루어지고 있습니다. 그러나 내가 언제나 생각하기에 개혁의 문제에 있어서는, 개인으로서의 시민에 대해서 대체로 있을 수 있는—또는 있어야 할—것보다도 법인단체—그 구성원은 단일 개인이든*376 다수자이든 상관없습니다—쪽이 훨씬, 재산의 사용이나 구성원의 생활양식 또는 습관의 규제 등에 관해서 국가권력에 의한 공적 지휘를 받기 쉽습니다. 내가 보기에 이것은, 무슨 일이건 정치상의 일이라고 말할 만한 일을 계획하는 사람들이라면 꼭 고려해야 할 극히 중대한 점으로 생각됩니다. 어쨌든 수도원 재산의 문제에 대해서는 이 정도로 해 두겠습니다.

주교나 대성당 참사회원, 위탁수도원 회원 등이 소유하는 재산에 관해서 말한다면 왜 약간의 토지재산이 세습 이외의 방법으로 소유되어서는 안 되는지, 나로선 그 이유를 발견할 수 없습니다. 토지재산 가운데 일정한, 더구나 대단히 많은 부분이, 그에 대한 자격으로서 고도의 경건함과 도덕성과 학식이 이론상 언제나—실제로도 종종—요구되고 있는 사람들의 손에 차례로 계승되어 간다고 해서 절대적 상대적으로 도대체 어떤 해악이 생겨나게 되는지, 철학적 약탈자 가운데 누구라도 감히 말할 수 있는 인간이 있을까요. 더구나 그 재산은 그 목적에 따라 순차(順次) 공적에 대해서 주어지고 가장 고귀한 가족에게는 쇄신과 지원을, 가장 하층의 가족에게는 고위(高位)와 출세를 가져다줍니다. 또 이 재산을 보유하기 위해서는 무언가 의무를 수행해야 하고(그 의무에 당신들이 어떤 가치를 부여하려고 하건 그것은 별문제입니다), 그 소유자의 성격으로서는 적어도 외면적 예의바름과 장중한 태도를 지니는 것이 요구되고 있습니다. 그들은 또 관대하고 절도 있는 대우를 하지 않으면 안 되고 자신의 수입 일부는 자선을 위한 신탁이라고 생각해 두어야 합니다. 이와 같은 사람들이라면 비록 자신의 신탁을 저버리고 본디 성격도 잃어 단지 보통의 세속귀족이나 세속신사로 몰락했다고 해도, 그래도 그들에게서 몰수되는 재산을 물려받을 사람들보다 조금도 뒤지지는 않습니다. 단 하나라도 무언가 의무를 지고 있는 사람들이 재산을 갖기보다는 아무 의무도 지고 있지 않은 인간이 갖는 것이—즉 성격과 처지 때문에 미덕을 지향하고 있는 사람들보다는 자신의 의지와 욕망 이외에는 아무런 규제도 지시도 받지 않고 재산을 소비하는 인간이 지니고 있는 것이—더 좋다는 말입니까. 게다가 이와 같은 재산보유에는 영구 양도*377에 내재한다고 생각되는 성질이나 해독이 반드시 뒤따르는 것은 아닙니다. 그것은 다른 무엇보다도 빠른 순환속도로 손에서 손으로 전해집니다. 무슨 일이건 지나침은 좋지 않고, 그런 뜻에서 토지재산 가운데 너무나도 많은 부분이 지나치게 직무상의 평생 보유가 되어 있는지도 모릅니다. 그래도 어떤 종류의 재산은 미리 화폐를 소유해 두는 것과 다른 방법으로 획득될 기회가 있다는 것이, 어느 국가에나 중대한 해악을 주리라고는 생각되지 않습니다.

〈주〉

＊1 나에게 돌려지는 세평 : 뒤의 115 참조.

＊2 '헌법협회' 및 '혁명협회' : '헌법협회'는 정식으로는 '헌법지식보급협회'로 일컫고 1780년에 설립되었다. 존 카트라이트, 혼 투크, 토마스 페인 등 급진주의 주요한 논객이 멤버였는데, 피트의 탄압으로 지도자 대부분이 체포되고 1794년에 붕괴했다.

＊3 왕국의 헌법 : 다 아는 바와 같이 영국에는 단일한 성문헌법이 존재하지 않는다. 따라서 여기에서 말하는 '헌법'이란 권리장전, 인신보호법, 왕위계승법, 기타 제정법 가운데서도 중요한 몇 가지 기본법들을 뜻한다. 본디 사물의 구조를 의미하는 constitution을 이와 같은 기본법들 또는 제도의 의미로 사용하게 된 것은 18세기 전반이다. 버크의 용어법도 그것에 따르고 있다. 본 역서에서는 경우에 따라서 '헌법', '국가제도', '국제' 등으로 번역하고 있다.

＊4 명예 '혁명' 원리 : 버크가 대문자로 '혁명'이라고 말할 때는 언제나 명예 혁명을 가리키고 있다. 여기에서는 명예 '혁명'으로 표현되고 있는데 이하 본문에서 대개 단순히 '혁

명'으로 표현되고 있다.

* 5 국민의회의 여러 원리를 잉글랜드에서 신장시키기 위한 한 위원회 : 초판에서 6판까지
는 '한 위원회'가 '일종의 하급위원회'로 나와 있다. 7판에서 고쳐졌다. 표현이 지나치
다고 느껴 어조를 부드럽게 했을 것이다.

* 6 그들의 동료를 제외하고는 모두 그랬을 것입니다 : 이 두 클럽의 구성원, 정계인맥 등
으로 생각할 때 버크가 그것을 몰랐을 것으로는 생각되지 않는다. 나중에 나오는 마리
앙투아네트에 대한 찬사 등과 마찬가지로 드라마화를 위한 고의적 표현일 것이다.

* 7 내가 이의를 제기해야 할 이유는 : 6판 이전에는 '나이건, 또는 성실한 사람이라면 누
구도 이의를 제기할 만한 이유는' 이렇게 되어 있었다. 7판에서 표현이 간략해졌다.

* 8 기꺼이 선을 베풀면서……진정한 그리스도 교도인 정치가들 : 선을 베풀면서 그것을 타
인에게 과시하지 않는 것은 그리스도교 덕목 가운데 하나이다. 그러나 여기에서는, 혁
명협회가 그들에게 있어서는 선인 정치적 계획을 은밀히 실행하고 있다는 빈정거림의
의미가 담겨 있다. 또 이 글의 후단에 있는 '진정한 그리스도 교도인 정치가들'도 또
하나의 빈정거림 또는 비난이다. 즉 버크는 로크 이래의 전통에 따라 정치와 종교의
분리를 전제로 하고 있는데, 이 한마디에 의해서 '혁명협회는 다시 양자를 혼동하려 하
고 있다'는 비난을 표현하고 있다. 혁명협회가 정치에 종교를 끌어들여 그 저주스런 17
세기 퓨리턴혁명의 내란 재현을 꾀하고 있다는 테제는 이 뒤에도 여러 번 되풀이되는
주요 논지 가운데 하나이다.

* 9 파리공화국 : 국민의회의 지배체제를 가리킨다. 뒤에도 나오는 것처럼 이미 실질적으로
공화정이 된 프랑스는 곧 파리시의 다른 여러 지방에 대한 전제지배라는 인식을 버크
가 지니고 있는 데서 이와 같은 표현이 나왔다.

* 10 사건을 말하자면 : 말할 것도 없이 자명하다는 의미의 역설일 것이다.

* 11 인간답고 : 원문 manly. 이 말은 버크가 윤리적 판단을 내릴 때에 자주 사용하는 언어
로서 야만적이지 않다, 예절을 안다는 뜻이다.

* 12 광명과 자유 : 물론 계몽의 빛에 빗댄 빈정거림이다.

* 13 형이상학적 '슬픈 표정의 기사' : 돈키호테의 자칭. 《돈키호테》 3권 제22에, 갤리선의
죄수를 해방한 돈키호테가 그 죄수들에게 몸에 걸친 것을 모두 벗겨지는 사건이 묘사
되어 있다. 돈키호테를 '형이상학적'이라고 형용한 것은 그가 상황도 생각하지 않고
추상적으로 자유를 회복해 주었다는 의미이다. 형이상학적=추상적, 비현실적이라는
용어법은 비난을 표현할 때 버크가 쓰는 상투수단이다.

* 14 자유의 정(精) : 원문 spirit of liberty. 여기에서 버크는 spirit라는 언어를 의인화해서
사용하고 있다. 뒤에서도 똑같은 용어법이 쓰이고 있다.

* 15 고정기체 : 탄산가스를 말한다.

* 16 무대상으로는 가장 시끄럽게 보이는 사람들이 ……진정한 장본인은 아닌 것 같은 상

황 : 프랑스혁명의 흑막은 자유주의 귀족 오를레앙 공(1747~93)이라는 소문이 당시 유포되고 있었다. 이 한 구절은 그것을 말해 준다는 해석도 있다.

＊17 런던에 상경하자 즉시 : 통상 버크는 의회의 휴회 중(5월~10월)에는 런던 서쪽으로 약 30킬로 떨어진 버킹엄주 비콘스필드에 있는, 전에 2만 파운드로 구입한 저택에서 지냈다. 여기서 말하는 런던 상경이란 1789년부터 90년에 걸친 의회 회기를 위해 런던에 온 것을 가리킨다.

＊18 프라이스 박사의 설교 한 토막 :《조국애에 대한 강화》를 가리킨다.

＊19 로슈푸코 공과 에쿠스의 대주교 : 로슈푸코 공(1743~92)은 혁명에 호의적인 자유주의 귀족. 뒤에 나오는 스타노프 백작의 친구. 런던혁명협회의 메시지를 국민의회에 전했다. 에쿠스의 대주교 키세 부아즐랭(1732~1804)은 1789년 11월 국민의회 의장으로 선출된 인물이고 런던과의 통신 책임자이기도 했는데 뒤에 런던으로 망명했다.

＊20 확실히 어떤 상황에서는 ……침묵을 지시할지도 모르는데 : 베이컨《수상록》5.

＊21 산처럼 쌓아올린 나머지 ……이른 것을 : 그리스 신화에서 티탄 신 일족은 서로 맹세하고 테살리아의 산을 세 개 쌓아올려, 하늘에 있는 주피터의 문을 세 번 파괴하려고 시도했다. 베르길리우스《농경시》1·281.

＊22 내가 우려하는 것은 주로 이 나라의 평화입니다 : 이것은 단순한 수사가 아니다. 버크가 독자로서 일차적으로 예상하고 있는 것은 교양 있는 영국의 유산계급이다. 이하 그의 대인논법도 모두 거기에 초점이 맞춰져 있다.

＊23 결국 그 냄비 속의 주된 재료…… : 맥베스 4막 1장. 개막과 함께 어두운 동굴 중간쯤에 펄펄 끓는 큰 가마솥이 있고 마녀들이 그 속에 박쥐 털, 살무사 혀, 고래 위장, 개구리 손가락 등등, 온갖 기괴한 것들을 넣어 끓이고 있다.

＊24 스타노프 백작 : 찰스 스타노프(1753~1816). 제3대 스타노프 백작. 휘그당 급진귀족. 런던혁명협회 회장이고 프랑스혁명을 열렬히 지지했다. 혁명협회의 메시지를 국민의회에 전달하고 또 버크에 대한 비판을 1790년에 공간했다. 그는 그 열렬한 공화주의 때문에 상원에서는 자주 고독했다고 한다.

＊25 설교의 효과로 갓 세뇌된 사람들에 의해서 ……채택되었습니다 : 버크는 극히 초기부터 사상, 특히 추상적 논의가 그 진리성과는 별개로 사람들의 정념에 미치는 효과를 지적하고 있었다.

＊26 정치꾼 같은 신학자, 신학자 같은 정치꾼 : 앞의 8 참조.

＊27 필리포스풍 : 아테네의 정치가 데모스테네스가 정적인 마케도니아의 필리포스 2세에 대해서, 신탁을 전하는 무녀를 정치의 도구로 삼았다며 비난한 사실에 빗댄 표현.

＊28 휴 피터 목사 : 휴 피터(1598~1660)는 퓨리턴혁명의 독립파 목사. 의회군의 목사가 되었는데 왕정복고 때 처형되었다. 또한 다음의 '성직자들'은 '성자의 군대'로 일컬어진 크롬웰의 군대를 가리킨다.

*29 프랑스에서의 당신들의 가톨릭동맹 시대나 잉글랜드에서의 엄숙동맹 및 맹약의 시대 : 모두 16, 7세기 내란 시대의 종교적, 정치적 동맹. 프랑스의 가톨릭동맹은 1576년, 영국의 엄숙동맹 및 맹약은 1643년에 제각기 성립했다. 후자는 물론 프로테스탄트의 서약이다. 아무튼 이 한 구절은 프랑스혁명에서 그런 종교전쟁의 악몽을 상기하게 하려는 버크의 계산이다.

*30 고귀하고도 존경받을 만한 세속 신학자 : 제3대 그래프턴 공 오거스터스 헨리 피츠로이(1735년~1811). 그래프턴 공은 케임브리지 대학총장이고 버크를 후원했던 로킹엄 내각의 일원이기도 했다. 그가 익명으로 그리스도의 신성을 부정하는 유니테리언 계열의 팸플릿을 쓰고 프라이스에게 칭찬을 받은 데서 버크의 이와 같은 말이 나온다. 다음의 "그 밖에 '신분과 학식'이 있는 세속 신학자"가 누구인지는 불확실.

*31 구정파(求正派) : 16, 7세기 섹트의 이름. 기존의 교회적 권위를 부정하는 입장을 취했다. '구정파 각하'는 물론 급진귀족에 대한 비아냥이다. 버크는 프라이스를 이들 급진귀족의 무녀로 비유하고 있다.

*32 그것은 진리의 보급이 아니라 모순의 전파를 지향하고 있는 것입니다 : 울스턴 크래프트는 《인권의 옹호》에서 "이것은 프라이스가 한 말의 심한 왜곡이다. 진리란 무엇인가를 명확히 하면 버크의 비난은 바로 침묵하지 않을 수 없을 것이다"라고 응수하고 있다.

*33 타산적인 신학자 : 프라이스는 유니테리언의 목사였는데 또 재정, 인구문제에 대한 저작가이기도 했다.

*34 '크나큰 설교자들의 큰 모임' : 《시편》 68·11. 앞쪽 '크나큰'은 비아냥을 담은 버크의 강조이다.

*35 지난날의 좋았던 시대 : 퓨리턴혁명의 시대. 물론 '그들'에게 좋았던 시대란 뜻의 비아냥이다.

*36 '그 포학의 나날을⋯⋯' : 로마의 풍자시인 유베날리스가 황제 도미티아누스를 증오해 노래한 것. 《풍자시집》 4·150.

*37 천둥 소리와도 같은 그의 회칙(回勅) : 회칙은 로마교황의 교서. 여기에서는 프라이스를 교황에 빗대고 있다. 영국인의 로마가톨릭 혐오에 호소하는 표현이다.

*38 절정기 12세기의 격렬함으로 아로새겨진 교황의 폐위권 : 교황 인노첸시오 3세가 영국의 존 왕과 신성로마황제 오토를 파문한 고사(故事)를 가리킨다.

*39 '바로 끄집어 낼 수 있도록⋯⋯' : 호라티우스 《서간시》 1·1·12.

*40 겉치레 말로 치장된 자유의 공염불 : 민중에 대해서란 뜻이다.

*41 생명과 재산을 걸고 : '권리장전' 제8조.

*42 권리선언인 법령 : '권리선언'과 '권리장전'은 같다. 1689년 2월 네덜란드에서 건너온 윌리엄은 국민협의회를 소집하고, 이 국민협의회가 기초한 '권리선언'을 승인하고 메

리와 함께 왕위에 올랐다. 이 조치에 법적 효력을 주기 위해 같은 해 12월, 이 선언은 법률로서 제정되었다. 그것이 '권리장전'(정식명칭은 '신민의 권리 및 자유를 선언하고 또한 왕위계승을 확정하는 법률')이다.

＊43 흥분하기 쉽고 무경험인 열광가 : '열광'(enthusiasm)은 17세기의 종교내란을 상기하게 하는 것으로서 18세기에는 가장 혐오를 받던 언어이다. 흄이나 버크는 그 전형이다. 그러나 19세기에 접어들면서 콜리지 등 낭만파 사람들이 이 언어에 다시 긍정적 가치를 부여하게 된다.

＊44 이 법령 : 1701년의 왕위계승법을 말한다.

＊45 '이 왕국의 평화와 평안과 안전을 위해……' 중요하다고도 선언한 것입니다 : '왕위계승법' 제1조. 버크의 인용은 조문의 언어와 반드시 정확하게 일치하지는 않는다. 기억에 의존해 인용했을 것이다.

＊46 '개별적 특권은 선례일 수 없는' : 출전 미상.

＊47 그들이 이의 없이 그 왕의 자식으로 인정한 가운데 최연장자 : 제임스 2세에게는 가톨릭 왕비와의 제2의 결혼에 의해서 1688년에 태어난 아들 제임스 프랜시스 에드워드 스튜어트가 있었는데, 의회는 그의 계승권을 부정했다. 참고로 이 사내는 뒤에 '늙은 참칭자(僭稱者)'로 불리며 프랑스의 원조에 의해서 때때로 왕위회복을 시도했는데 모두 실패했다.

＊48 자신의 종교와 법과 자유 : '왕위계승법' 제3조.

＊49 서머스 경 : 존 서머스(1651~1716). 휘그당의 정치가. 남작. 윌리엄 3세의 고문관, 대법관 등을 역임. 스코틀랜드와의 통일에도 영향을 미쳤다.

＊50 '우리는 상기 두 폐하의 옥체가 ……나의 감사와 찬미를 바친다' : '권리장전' 제7조. 어순은 조문과 정확히는 일치하지 않는다.

＊51 선언적 제정법 : 비제정법인 보통법상의 상호 모순하는 의심스러운 점을 해결하기 위해 제정되는 법률로, 특히 새로운 규정은 정해지지 않고 단순히 사실만이 언급된 것.

＊52 윌리엄 왕의 법령 : '권리장전'을 가리킨다.

＊53 '그것들은 가장 완전무결하게 정당하고도 전면적으로 ……소속되는 것이다' : '권리장전' 제7조.

＊54 '신의 가호 아래 이 나라의 통일과 평화와 안녕은 ……모두 달려 있다' : '권리장전' 제8조.

＊55 '성속(聖俗)의 귀족 및 서민은 ……성실하게 약속한다' : 위와 같은 출처. 조문에서 다소의 어구가 생략되어 있다.

＊56 휘그(whigs) 원리 : 전제에 대항해 자유를 옹호한다는 원리.

＊57 '국가 전체의 공통 약속' : 출전 미상.

＊58 사회의 제1 요소 : 사회계약 이전의 자연상태 안에 있는 독립적 개인의 뜻.

＊59 잉글랜드에서 국왕이 사라진 왕정복고와 ……위기의 시기에 : 찰스 2세(재위1660~
    85), 제임스 2세(재위 1685~88)는 모두 형식적으로는 국왕이었어도 그 친(親) 가톨
    릭정책 등등 때문에 본질적으로는 정당한 국왕으로 인정하기 어렵다는 사고방식일 것
    이다.

＊60 국민은 지난날의 대 건축 속에 있었던 ……분해하지는 않았습니다 : 국가체제를 건축
    에 비유하는 등, 일반적으로 정치나 도덕 문제를 가시적 이미지에 의해서 호소하려고
    하는 것은 버크의 서술 방법 가운데 하나의 특징이다.

＊61 정복한 지 얼마 뒤……의문이 생기게 되었습니다 : 1087년 윌리엄 1세(정복왕)의 사
    후, 부친 윌리엄에 반항하고 있었던 장남 로베르(제2대 노르망디 공)가 상속하지 않
    고 그 뒤 수십 년에 걸쳐서 왕위 문제로 분규가 일어났다. 그 뒤 잇따라 즉위한 정복
    왕의 2남 윌리엄 2세, 헨리 1세, 그 조카인 스티븐은 모두 공동상속인으로서의 성격
    으로, 제각기 가신들의 지지를 이용해 왕위에 올랐다. 직계상속이 실제로 왕위계승
    원리로서 확정된 것은 13세기 중엽 에드워드 1세(재위 1272~1307) 이후의 일이다.
    버크의 글은 역사 서술로서 반드시 정확하지는 않다.

＊62 '아득할 정도로 여러 해에 걸쳐 가운이 견고해지고……' : 베르길리우스 《농경시》 4·
    208(꿀벌 집단을 노래한 것).

＊63 우리의 옛 군주들의 유해를 묘소(廟所)의 정적에서 파헤쳐 끌어냈는데 : 퓨리턴혁명
    때 크롬웰군이 윈체스터 대성당의 묘소를 파헤친 일을 가리키고 있다. 그러나 왕정복
    고 때에 반대로 크롬웰의 묘를 파헤치려는 움직임도 있었다. 버크는 자기의 묘가 파
    헤쳐질까 봐 매우 두려워하고 있었다. 그 때문에 그의 유해도 비콘스필드 교회의 묘
    지 중 어느 곳에 있는지 명확하지 않다.

＊64 왕위계승자를 선제후비(選帝侯妃) 소피아와 ……로 확정한 의회의 법령 : 1701년의
    왕위계승법.

＊65 윌리엄 왕 치세 제12 및 13년의 법령 : 왕위계승법. 단, 버크에 의한 다음 행의 인용
    은 그대로는 왕위계승법에서 발견되지 않는다. 권리장전 제8조 끝 부분과 왕위계승법
    제1조 끝 부분이 유사한 탓에 버크의 기억 속에서 양자가 혼동되어 이와 같은 표현이
    되었을 것이다.

＊66 '선제후 부인이자……제1위 계승권자로서 신고된다' 운운. '또 왕위는 ……프로테스
    탄트 가계 내의 후손에게 인계되어야 한다' : 모두 왕위계승법 제1조 후반에서 발췌.
    문장의 구조가 약간 바뀌어 있다.

＊67 비합법 선박으로 수출하고……다시 이 나라로 밀수하려 하고 있습니다 : 1651년 크롬
    웰은 선박법을 제정해 영국으로의 수입은 모두 원산지 또는 영국의 배로 한정한다고
    정했다. 이것은 네덜란드 선박에 대한 타격을 의도한 것이고 사실 효과도 있었다. 이
    법률은 왕정복고 후에도 계승되어 미국독립혁명의 한 원인도 되었다. 이와 관련해서

이 글은 물론 욕설 섞인 잡소리 따위의 것이기는 하지만, 페인이나 프라이스 등, 18세기 말 영국형 인권이론의 원류 해석으로서는 반드시 황당무계한 것은 아니다. 즉 로크라는 영국 철학이 18세기 프랑스로 들어가 계몽사상이 되고, 거기에서 루소의 계약설이 태어났으며, 그것이 새로운 18세기형 인권이론으로서 프라이스나 그 밖의 영국 급진주의에 강한 영향을 미쳤다.

*68 '제임스 2세 왕은 ……따라서 여기에 왕좌는 비어 있다' : 윌리엄이 즉위에 앞서 1689년 1월에 소집한 국민협의회의 선언.

*69 대신들이 이 선언 조항에 따라서 국왕에게 봉사할 뜻을 정했습니다 : '권리장전' 제6조.

*70 '왕위를 더욱 한정해 신민의 권리와 ……윌리엄 왕 치세 제12 및 13년의 법률' : 왕위계승법의 정식 이름.

*71 '잉글랜드의 국새(國璽)로 하는 ……항변일 수 없다' : 왕위계승법 제3조 말미. 단 조문에는 '일 수'(should)란 단어는 없다.

*72 '이 일을 상기하는 것은 질책을 당하는 것과 거의 같습니다' : 테렌티우스《안드로스에서 온 아가씨》1·1·11.

*73 군주들을 폐위시키는 칙령에는 '어부'의 도장이 찍혀 있었던 것입니다 : 로마교황을 말함. 로마교황은 베드로의 후계자이며, 베드로는 어부였다. 버크는 여기에서도 영국의 반가톨릭 감정에 호소하고 있다.

*74 피어오르는 자유의 정(精) : 앞의 14 참조.

*75 아라곤의 대법관 : 아라곤은 스페인 동북부에 있었던 중세의 왕국. 12세기에 그곳의 대법관은 강력한 권한을 지녀 왕의 재판권에도 간섭할 수 있었다.

*76 무기의 틈새에서 법의 침묵은 불가피해지고 : 키케로《밀로의 변론》4·10.

*77 '전쟁은 그것이 불가피한 사람들에게 정당하다' : 티투스 리비우스《로마 건국사》9·1·10.

*78 ……를 가르는 선은, 사변(思辨) 속에서는 : 원문은 초판 및 6판 이후에서는 speculative line of demarcation인데 2판에서 5판까지는 superative line of demarcation이라고 되어 있다. 후자라면 '……를 가르는 최후의 선은'이라고 번역하지 않으면 안 된다. 버크 스스로 동요했을지도 모른다.

*79 쓰디쓴 약 : 원문은 1790년의 여러 판에선 모두 bitter portion이고 문자 그대로 번역하면 '쓰디쓴 부분'인데 이것으로는 의미가 통하지 않는다. Nimmo판 전집만이 bitter potion으로 정정하고 있다. 이것은 1790년 여러 판의 오식으로 생각해야 하지 않을까. 이 부분만은 전집판에 따라서 번역을 했다. 참고로 펠리칸판도 토드판도 1790년 여러 판을 그대로 답습하고 있다. 에브리맨판과 맥밀란판은 전집판에 따르고 있다.

*80 권한을 자연으로부터 받은 사람들 : 물론 귀족을 가리키고 있다. 이하 귀족의 임무와

의의를 크게 논하기 위한 복선일 것이다.

*81 에드워드 코크 경 및 블랙스톤 : 에드워드 코크(1552~1634)는 제임스 1세 시대의 법학자이자 재판관. 보통법의 옹호자. 국왕의 재판 간섭에 저항했다. 권리청원의 기초자이기도 했다. 윌리엄 블랙스톤(1723~80)은 법률가이자 옥스퍼드 대학 교수. 그의 저작 《영국법 주해》 4권은 근대에 가장 중요한 주석서이다.

*82 헨리 1세 이래 실제로 존재한 또 하나의 헌장 : 헨리 1세(재위 1100~35)가 즉위할 때 지지를 얻기 위해 교회, 가신들, 그 밖에 국민의 특권을 승인한 헌장을 말한다.

*83 '폐하의 신민은 이 자유를 상속해 왔다' : 권리청원(1628) 제1조.

*84 셀던과 그 밖에 학식이 깊은 사람들 : 존 셀던(1584~1654)은 법학자, 정치가. 신수설을 비판하고 권리청원의 기초에 참여, 옥스퍼드 대학 선거구에서 의회로 진출했는데 독립파와 수평파의 압박으로 은퇴했다. '그 밖에 학식이 깊은 사람들'은 코크 등을 가리킨다.

*85 시에예스 신부 : 혁명 직전인 1789년에 《제3신분이란 무엇인가》를 저술한 유명한 엠마누엘 시에예스(1748~1836). 국민의회 성립을 위해 활동했으며 특히 테르미도르 반동 이후 대두해서 99년 나폴레옹과 함께 집정정부를 수립, 스스로 제2 집정이 되었다. 1814년의 왕정복고 후에는 네덜란드로 망명했다.

*86 '그들의 종교, 법 및 자유가 ……선언한다' : '권리장전' 제1조 전반 끝 부분. 인용문 전반과 후반이 조문에서는 위치가 반대이다.

*87 '주장되고 선언된…… 정해지도록' : '권리장전' 제6조. 매번 그렇듯 생략이 많다.

*88 한사(限嗣) 상속재산 : 특정한 직계비속에만 상속이 인정되는 부동산. 자손의 기대권을 해치는 일이 되기 때문에 상속자는 이것을 멋대로 처분할 수 없다.

*89 이로써 당신도 이해해 주실 것으로 생각합니다 : 이상으로 버크는 '권리장전' 및 그 밖에 기본법으로부터의 인용을 마치고 드디어 그 자신의 '성찰'로 나아간다.

*90 우리의 헌법은 그 구성 부분이 그토록 다양하면서도……유지하고 있는 것입니다 : 다양성 속의 통일성이란 관념은 버크의 영국헌법론 근간에 있는 관념이다. 이 관념 자체는 미의식에 의거한 형이상학적 우주상으로서 중세 이래 존재해 왔는데 버크는 그것을, 봉건적 성격과 근대 자본주의적 성격을 겸비한 영국의 옛 제도를 정당화하는 이념으로서 사용했다.

*91 영구 양도 : 교회, 자선단체 등의 법인에 대한 부동산 양도. 양도된 재산은 영구히 남에게 양도할 수 없다.

*92 자연의 방법을 국가 행위 속에 유지함으로써 : 다음 주 93 참조.

*93 철학적인 비교정신에 : 여기에서 말하는 '비교'란 단순한 모방이 아니다. 비교란 철학, 특히 스콜라철학에서의 추리의 일종인데 연역적 추리하고도 귀납적 추리하고도 달리, 어느 하나의 경우에서 다른 경우를 추리함을 말한다. 즉 두 사물이 몇 가지 성격을

공유하고 있을 때, 한쪽에서 볼 수 있는 그 밖의 성격은 다른 쪽에도 존재할 것이라고 추리한다. 여기에서의 문맥에 따라 말하자면 버크는 인위적 제도로서의 국가와 일반적 의미에서의 자연을 비교관계에 두고 있다. 그 의도는 국가가 곧 자연이라고 하는 낡은 스콜라적 또는 신수설적 원리와, 반대로 국가를 계약에 의한 완전히 인위적인 구축물로 보는 급진적 자연권이론 가운데 어느 것과도 연속성을 잃지 않으면서 명확한 한 선을 긋는 데 있고, 여기에도 버크의 치밀한 이론조작의 계산이 나타나 있다. 비교는 철학적 논증으로서는 개연적인 것에 지나지 않는데 버크가 그 개념에 호소하고 있는 것은 물론 정치적 서술 방법으로서이고, 인위적 제도로서의 영국의 국가원리가 가시적으로 체험되는 자연계의 기본원리에 접합해 있음이 이른바 이미지로서 독자에게 감각적으로 납득이 된다면 그것으로 버크의 목적은 달성되는 셈이다.

＊94 기품도 풍격도 있는 성채의 벽 일부와 ……잃지는 않고 있었습니다 : 여기에서도 건축의 가시적 이미지가 비유로 사용되고 있다.

＊95 이들 이해의 대립이나 갈등은 ……통제하는 것입니다 : 이해의 일치만이 아니고 대립의 존재야말로 사람들로 하여금 자기의 정념을 억제하고 타인을 고려하도록 하는 것이며 따라서 또 국가의 안정 조건이다, 이런 정치관은 흄의 것이다. 버크는 흄으로부터 그것을 물려받았을 것이다.

＊96 선택의 문제로서가 아니고 필연의 문제로서 행하게 합니다 : 선택과 필연과의 대립은 이 책에서 되풀이되는 주제 가운데 하나이다. 이 경우 '선택'이라는 단어에는 '자의 (恣意)'의 의미가 담겨 있다. 정치적 행위의 본질은 질서 체계라는 미묘한 균형을 유지하는 데 있다고 늘 생각해 왔던 버크에게는, '자의'는 가장 부정해야만 하는 것이었다.

＊97 문명사회 : 원문은 civil society. civil society라는 말은 이제 '시민사회'로 번역하는 것이 통념이 되어 있는 것 같다. 그러나 '시민사회'라는 역어는, 버크 한 사람만이 아니고 스미스도 포함해서 18세기 또는 그 이전의 civil society라는 영어의 적합한 번역이라고는 생각되지 않는다. 흔히 '시민사회'란 단어는 봉건사회와의 대립개념으로서 부르주아사회, 또는 신분에서 해방된 자유로운 개인이 구성하는 사회라는 의미일 텐데, 그와 같은 이른바 분석하는 측의 주로 경제사적인 관점으로부터의 개념구성을 사상사상의 사실로서의 civil society라는 단어와 겹쳐서 마치 그 역어인 것처럼 다루는 데에는 상당히 무리가 있다. 물론 이 문제는 17·18세기 영국사회의 성격을 기본적으로 어떻게 생각하느냐의 문제이고 간단히 다 논할 수는 없다. 그러나 적어도 버크의 용어법에 한해서 보아도 그가 civil society라는 단어로, 자유로운 독립적 개인이 구성하는 사회를 일차적으로 가리키려 했다고는 생각되지 않는다. 버크 및 그가 강한 영향을 받았다고 생각되는 흄의 경우 civil society에는 기본적인 두 가지 의미가 있다. 하나는 야만상태와 구별된, 긴 역사적 발전을 그 안에 포함한 '문명사회'란 의미이다.

그리고 또 하나는 로크 등의 계약설이 말하는 자연상태와 대립하는 '정치사회'의 의미이다(이 '정치사회'는 전제지배여서는 안 되지만 그렇다고 반드시 신분을 배제하는 것은 아니다. 버크는 신분과 개인을 대립개념으로는 보지 않고 있다). 즉 civil society란 도덕, 종교, 기술 등을 포함한 문명사회이고 또 반드시 정치권력을 포함한 정치사회이다. 따라서 '문명 정치사회'로 번역하는 것이 가장 내용에 적합한데 여기에서는 익숙지 않은 복합어를 피하기 위해, 또 문명 쪽을 보다 포괄적인 개념으로 생각해 '문명사회'라는 역어를 사용했다. 참고로 도시국가와의 강한 연상으로 머릿속에 떠올라 자유로운 도시민이 구성하는 사회라는 의미에서 출발하고 있는 헤겔의 Burgerliche Gesellschaft를 '시민사회'로 번역하는 데에는 나 역시 완전히 찬성이다.

＊98 행동하는 길을 선택했습니다 : 앞의 96 참조. 또한 바로 뒤에도 같은 표현이 있다.

＊99 그와 같은 선조를 : 원문 for those ancestors. 역어로서는 변함이 없는데 6판까지는 for가 to로 나와 있고 7판에서 수정되었다. 신중한 버크의 퇴고를 보여 주는 예이다.

＊100 잡혀 있던 집 : 《출애굽기》 20·2.

＊101 무언가 수상쩍은 허구 : 혁명 프랑스의 인권이론을 말한다.

＊102 틀림없는 : 1790년의 여러 판은 undisguised인데 토드판 및 펠리칸판은 uudignified (품위가 없다)로 되어 있다. 이것은 토드판과, 그것을 답습한 펠리칸판의 오식일 것이다.

＊103 무언가 종교적 전례를 창시하거나 ……데에서부터 시작했을 것입니다 : 마키아벨리 《로마사론》이나 루소 《사회계약론》 등의 논의를 상기하고 있을 것이다.

＊104 국가를 위한 약이 독으로 바뀌고 만 : 현실정치가 버크가 보기에, 국가에는 처형이나 그 밖의 질서유지를 위한 유혈이 때로는 필요하다. 하지만 그것은 위험한 부작용이 뒤따를지도 모르는 약이므로 신중하게 처치하지 않으면 안 된다. 그러나 프랑스에서 현재 행하여지고 있는 정치적 항쟁의 유혈은 그야말로 독 이외에 아무것도 아니다.

＊105 불안정한 권력이 발행하는 지폐 : 귀족으로부터 몰수한 토지를 기초로 발행된 이른바 아시냐 지폐. 본문 제2부 참조.

＊106 2대 정화(正貨) : 금과 은.

＊107 선진이 그들 앞을 나아가 ……탄탄하게 해 둔 것입니다 : 길을 평탄하게 하는 의미와 수평화, 평등화의 의미가 포함되어 있다. 선진이란 계몽철학자 및 루소를 가리키는 말일 것이다.

＊108 구두 장식 : 혁명정부가 재정궁핍에 대처하기 위해 은제품의 자발적 헌납을 호소한 것을 야유하고 있다.

＊109 따로 강요되지도 않은 이 선택 : 앞의 96 참조.

＊110 어떤 조직에서나 지도하려는 사람들은 ……복종도 하지 않으면 안 됩니다 : 정치지도란 지도하는 측의 자유재량을 결코 의미하지 않고 오히려 피지도자의 단체로서의

성격에 따라서 결정적일 정도로 좌우된다는 것, 그런 의미에서 지도하는 자는 동시에 또 지도를 받는 자라는 것, 이것은 정치가로서의 버크가 초기부터 지니고 있었던 정치인식이다.

＊111 제3신분의 대표가 600명으로 구성되어 있는 것을 나는 알았습니다 : 1788년까지 세 신분의 대표는 각각 300명이었다. 88년 말에 제3신분의 압력에 의해서 그 수가 배가하고, 다음으로 89년에는 계층별 회의가 부정되어 합동 회의가 되고 명칭도 국민의회로 바뀌었다.

＊112 한편 그 의회의 대부분 ……상상해 주기 바랍니다 : 버크는 크게 놀란 척해 보이는데, 본디 고급법조는 제2신분에 속해 있으므로 이 문단의 언명은 당연한 사실을 말하고 있는 것에 지나지 않는다. 그렇긴 해도 표현은 과장되어 있다. 제3신분의 중심부는 하급심의 판사, 변호사, 그리고 부유한 상인들이었다.

＊113 지적 전문직 : 원문 profession. 법률가, 목사, 의사, 교수 등을 말한다.

＊114 예외로 말하자면 그들 가운데 최고위에 있는 …… 인정되고 있었습니다 : 이른바 법복귀족을 말한다. 그러나 법복귀족의 대부분은 돈으로 그 지위를 산 신흥계급이었다. 버크도 나중에 본문에서 이 점에 언급하고 있다.

＊115 좋은 세평 : 원문 character. 이 경우에는 타인으로부터 평가되는 성격을 말하며 reputation에 가까운 의미이다. 이와 같은 타인에 의한 평판, 세평이라는 이른바 일종의 타인지향적인 관념은 버크의 시대에는 인간의 행동원리로서 극히 커다란 비중을 차지하고 있었다.

＊116 혹시, 이 사람들은 ……말씀하시려는 겁니까 : 여기에서 버크는 가상의 비판자에게 대답하고 있다.

＊117 약간의 비율로 의사들이 참여하고 있었습니다 : 16명이었다고 한다.

＊118 신성한 정의의 의식 : 원문 The rites of sacred justice. 전집판에서는 rites가 rights로 되어 있다. 전집판의 오식 예이다.

＊119 인도에서의 법의 파괴자가 ……틀림없이 그럴 것입니다 : 구체적으로 누구를 가리키는지는 명확하지 않다. 아마 인도무역에서 비합법적 행위를 한 인물이 축적한 재력에 의해서 하원의원이 되거나, 또 이른바 자기네 표밭을 이용해 자신의 영향력이 미치는 자를 의회로 보내 자기들에게 유리한 입법을 하거나 한 사실이 그 무렵에 있었음을 가리키고 있을 것이다. 버크는 영국 의회제의 문제점은 제도 그 자체에 있다기보다 이와 같은 의원이나 유권자 등, 인간 쪽에 문제가 있는 것으로 생각하고 있었다.

＊120 엄격한 관습 : 그 무렵 영국하원의 의사규칙 대부분은 의원의 투표에 의해서 결정된 관습적 규칙이었다.

＊121 '천사가 두려움으로 걷는 곳을 어리석은 자는 돌진하는' : 포프 《비평론》 5·625.

＊122 한낱 시골 사제에 불과한 인간 : 프랑스 지방의 교구 사제는 대부분 농민 출신이고 경제적으로 빈곤했다. 그것이 프랑스혁명 및 그 이후, 프랑스의 성직자가 급진파와 귀족 출신의 보수파로 분열하는 커다란 바탕이 되었다.

＊123 또 하나의 회의 : 신분제 회의의 제3신분.

＊124 명문 출신이면서 성질이 거칠고 불만이 많은 사람들 : 오를레앙 공 미라보 백작, 노아유 자작 등 프랑스의 자유주의 귀족이나, 스타노프 백작, 베드퍼드 공 등 영국의 급진 귀족을 가리킨다.

＊125 우리를 이끌어 조국애로 ……긴 사슬 : 포프《인간론》4·361. '조국애'라는 단어는 프라이스의 설교 제목에 대한 야유이기도 하다. 앞서와 마찬가지로 여기에서도 버크는 국가의 형성원리와 가족의 형성원리와의 연속성을 강조하고 있다. 이것은 버크와 그 후의 보수주의 정치원리의 특징 가운데 하나이다.

＊126 홀랜드 백작 : 헨리 리치 홀랜드(1590～1649). 처음에 찰스 1세의 은고를 입었는데 1642년에는 의회군에 가담, 이어서 이듬해에는 찰스 쪽으로 붙고 다시 의회 쪽으로 붙었다. 1648년에는 세 번째로 찰스에게 붙고 결국 의회군에 붙잡혀 참수되었다.

＊127 변혁을 ……가져오고 : 원문 effected changes, 전집판에서는 affected changes로 되어 있다. 전집판의 오식 예이다.

＊128 '귀하가 더욱 높이 오를 때 ……광경이 바뀌듯이' : 에드먼드 윌러(1606～87)의 시. 크롬웰의 친척이었던 그는 의회로 들어가 왕당파에 속해서 국외로 추방되었는데, 뒤에 용서를 받아 귀국해서 이 시를 크롬웰에게 바쳤다. 왕정복고 후에는 찰스 2세의 은총을 받고 왕의 송사(頌辭)를 썼다.

＊129 기즈가, 콩데가, 콜리니가 ……리슐리외 : 모두 16세기 프랑스의 명문.

＊130 앙리 4세와 쉴리 : 앙리 4세(재위 1589～1610)는 낭트 칙령(1598)에 의해서 위그노 전쟁을 끝내고 부르봉 왕조를 창시했다. 내외 정책으로 프랑스의 재건을 도모했는데 뜻을 이루지 못하고 암살되었다. 쉴리(1560～1641)는 앙리 4세를 모시고 보좌했다. 본디 프로테스탄트였던 앙리 4세의 가톨릭 개종도 쉴리의 권고에 따른 것으로 알려져 있다. 왕의 사후 그는 정치에서 물러났다.

＊131 그 크기로 보아도 지상에 두어야만 하는 구조물 : 다수의 민중을 말한다.

＊132 파리공화국 : 앞의 9 참조.

＊133 편견과 싸우고 있다고 생각하겠지요 : 여기에서 비로소 '편견'이란 단어가 사용된다. 뒤에 나오는 유명한 편견옹호론의 복선이다.

＊134 의무에 대한 견식을 지닌 인간을 뽑거나 인간을 의무에 적응시키거나 하는 경향 : 초판 및 2판에서는 단순히 '인간을 의무에 적합하게 하는 경향'으로 되어 있다. 통치자의 조건을 더 명확하게 기술하기 위해 고쳐 썼을 것이다. 3판에서의 수정이다.

＊135 명예의 전당은 높은 곳에 자리잡아야 합니다 : 포프《명성의 전당》2·27～8.

＊136 우리의 재산을 우리들 가족의 손 안에서 : 이 문단 처음부터 이하의 '선의를 접목시킵니다.'(＊＊표)까지는, 초판 및 2판에서는 다음과 같다. '우리 가족의 손 안에서 재산이 영속한다는 것은 재산에 얽힌 가장 가치 있는, 가장 흥미로운 사실입니다. 즉 소유자의 따뜻한 기질을 가장 잘 증명하고 또 사회 그 자체의 영속에 가장 잘 작용한다는 사실이 있는 것입니다.' 버크가 초판과 2판의 표현으로는 약하다고 생각했는지 3판에서 수정되었다. 재산은 본디 소유욕에서 획득되는 것인데 그 소유의 동기 속에 가족 전체의 번영에 대한 소망이 들어감으로써 욕망의 추악함도 미덕에 봉사하는 것이 된다는 논지이다. 이 논의는 가족의 적극적인 윤리적 의미를 매개로 해서 비로소 성립하는 이론인데, 어쨌든 이 논리조작에서는 괴로워했던 흔적이 생생하게 감지된다. 참고로 이 부분의 서술에 대해서 울스턴크래프트는, 이와 같은 가족재산이야말로 2, 3남의 빈곤, 여성의 예속과 지성 상실, 사회적으로 쓸모없는 나태한 창출 등, 온갖 인간적 타락의 근원이라고 통렬하게 비판했다. 보수주의와 급진주의의 대립이 가장 노골적으로 드러난 부분이다.

＊137 이 같은 주장은 가로등 기둥이나 찬성자로 삼으면 됩니다 : 파리의 민중이 사형(私刑)을 위해 증오하는 인물을 가로등 기둥에 매단 것을 말한다.

＊138 우리의 자유라는 보물을……지키는 것이야말로 : 헤스페리데스 정원의 황금 사과를 용인 라돈이 언제나 잠을 자지 않고 지키고 있었다는 그리스 신화의 유명한 한 구절이 있다.

＊139 모든 법인 : 원문 corporations. 어느 단체를 법인으로서 승인하는 것은 왕의 특허나 입법인데, 영국에서는 일찍부터 정부, 지방자치체, 길드, 회사 등은 모두 공사(公私)의 법인으로 생각되었다. 따라서 여기에서 말하는 '모든 법인'이란 왕국을 구성하고 있는 공사(公私)의 모든 조직을 뜻한다.

＊140 투표에 의해서 상원은 불필요하다고 결정해야만 하는가 : 1649년에 하원에서 상원폐지가 결의된 적이 있다.

＊141 토지세나 주세(酒稅)를 은제 구두 장식으로 대신해 : 토지세와 맥주세는 그 무렵의 2대 세입원이었다. '은제 구두 장식'은 앞의 108 참조.

＊142 급료 증가를 먹이로 쓰는 무서운 선례 : 로마황제가 군대의 충성을 확보하기 위해 중요한 시기에는 그들에게 일정한 증여를 하는 관례가 있었음을 가리킨다.

＊143 강제적 지폐 통화가 이 왕국의 합법적 통화가 되어야 하는가 : 이 한 구절이 초판 및 2판에서는 '그들의 도시에서 징집된 공공수입은 모두 그들의 관리 아래 두어야 하는가'라고 되어 있다. 3판에서의 수정이다.

＊144 상호 감시하고 노려보는 두 군대 : 프랑스에서의 국민위병과 자치체의 군대.

＊145 '혁명' : 18세기 영국에는 문학・정치・사회 등을 논하는 다양한 클럽이 있었다.

＊146 그들은 무언가를 파괴하지 않으면 안 됩니다…… : 이 문단의 처음부터 '……라는 사

실을 굳이 숨기려고도 하지 않습니다'(✳✳표)까지는, 초판 및 2판에서는 다음과 같다. '그들 중 일부는 자신들만의 종교이론에 지나치게 열중해 있기 때문에 정치권력의 몰락과 그 몰락에 뒤따르는 두려워할 만한 결과도, 그것이 자신들의 이론에 도움이 되는 한 그들로서는 승인하기 어려운 것도 아니고 희망과 동떨어진 것도 아니라는 사실을 굳이 숨기려고도 하지 않습니다.' 3판에서의 수정이다.

✳147 교회와 국가와의 가상동맹 : 국교회의 신학자 윌리엄 워버튼 주교(1698~1779)의 출세작 가운데 국교제를 옹호한《교회와 국가의 동맹》(1736)이 있다. '가상'이란 말을 붙인 것은 그것이 현실의 것이 아니고 워버튼의 머릿속에 있는 것에 지나지 않는다는 의미일 것이다. 앞 행의 '그들 안의 대 권위'란 급진주의 목사 조셉 프리스틀리(1733~1804)를 가리킨다.

✳148 '이 부자연스럽기 짝이 없는 동맹을 …… 비탄의 재료일 수 있을까' : 프리스틀리《그리스도교 부패의 역사》(1782) 끝 부분.

✳149 '그곳에서……지배하는 게 좋다' : 베르길리우스《아이네이스》1·140.

✳150 레반트의 동풍 : 레반트는 동부 지중해 지방, 특히 시리아, 레바논, 팔레스티나 등을 가리킨다. 그 지방에서는 강한 동풍이 분다고 한다.

✳151 정의를 요구할 권리 : 재판을 받을 권리.

✳152 죽음에 관한 위로 등등에 대한 권리 : 국교회 참가권.

✳153 이 사회라는 조합에서는…… : (1) '이 사회라는 조합'에서 '권리는 없습니다'(✳✳표)까지가 초판 및 2판에는 없다. 3판에서의 가필이다. 또 초판 및 2판에서는 이 다음의 '그런데'가 '그러나'로 되어 있다. 또한 3판에서의 가필 부분 가운데 세부적인 두 부분이 5판에서 정정이 되고 있는데 중요하지 않으므로 생략한다. 아무튼 여기서는 버크의 세밀한 퇴고를 엿볼 수 있다. : (2) '조합', partnership. 두 사람 이상이 제각기 금전, 자산, 노무, 기술 등을 출자해 이익을 목적으로 공동해서 의무를 수행할 경우, 그런 사람들 사이의 관계 또는 계약을 partnership이라고 한다. 버크는 종종 사회나 국가를 이런 의미에서의 조합으로 비유하고 있다.

✳154 누구도 자기가 관여하는 사건에 대해 재판관이 되어서는 안 된다는 것 : 영국의 법언(法諺). '……재판관이 될 수 없다'라고도 한다.

✳155 목적합리성 : convenience. 통상 '편의'로 번역되는데, 어느 사항이 어느 목적에 대해서 편리하게 적합하다는 의미이다.

✳156 한 국가를 구성하고 쇄신하고 개혁하기 위한 학문…… : 이 줄바꿈은 초판 및 2판에는 없다. 3판에서의 수정이다.

✳157 선악판단이라는 원인 : 원문 moral causes, 의미를 택했다.

✳158 '그는 홍련처럼…… 사라지는 것이 좋다'고 말했는데 : 그리스의 철학자 시인 엠페도클레스는 시칠리아의 에트나 화산 분화구로 뛰어들어 죽었다고 하는데, 이 죽음에

대한 로마 시인 호라티우스의 말. 호라티우스 《시론》 465 및 466. 뒤에 나오는 '불타는 슬리퍼'는 엠페도클레스가 뛰어든 후 분화구에서 치솟은 것으로 알려져 있다.

＊159 칸타리스 : 가뢰의 일종의 분말이고 성적 자극제로서 사용되었다고 한다. 수은 증기는 성병 치료제.

＊160 '학교에서 많은 학생이……시해(弑害)할 때' : 유베날리스 《풍자시집》 7·151. 기원 1, 2세기 무렵의 로마에 대해서 말한 것.

＊161 명문 출신의 공화주의자 거의 대부분은 ……이 되고 말았습니다 : 휘그당 가운데 베드퍼드파, 채텀파 등 조지 3세에 접근한 그룹을 가리키고 있다.

＊162 우리 파의 면면 : 버크가 속한 로킹엄파. '지루하고 온화하지만 현실적인 저항'이란 조지 3세의 전제에 대한 의회에서의 저항을 가리킬 것이다.

＊163 실은 그들도 사소한 가치밖에 인정하지 않고 있는 것 : 추상적 이론을 말한다.

＊164 함께 당파를 꾸릴 상대로서는 전혀 신뢰할 수 없습니다 : 버크는 이미 70년대부터, 정치가가 그 무렵의 일반적 풍조였던 이해나 은고관계가 아니라 '원리'에 의해서 서로 결합하고 그것에 따른 정치 노력을 할 필요를 역설하고 있었다. 그는 그와 같은 결합을 정당 또는 당파(party, connection)라고 불렀다. 그가 근대 정당정치 원리의 첫 번째 제창자로 일컬어지는 이유이다.

＊165 그들은 자기 자신 및 그들을 따르는 사람들의 내면에서…… 모두 왜곡해 버렸습니다 : 인간은 본디 타자에 대한 공감을 지니고 있다. 그런데 혁명정치는 보통 인간이라면 당연히 느끼는 그것을 느끼지 못하게끔 이른바 도덕감각을 잠들게 하고 만다. 앞의 '심정을 단련한다'는 것은 그런 의미이다. 여기에서 버크는 스미스의 도덕감각론을 채용하고 있다.

＊166 피스가 산 : 사해(死海) 북단의 동쪽에 있는 산. 이 산꼭대기에서 죽음을 앞둔 모세가 약속의 땅을 바라보았다. 《신명기》 34·1~4.

＊167 '주여, 이제야말로 당신의 종을……보았사오니' : 예수가 양친에게 이끌려 예루살렘 신전에 처음으로 참배했을 때 늙은 신앙가 시므온이 예수를 껴안고 한 말. 《누가복음》 2·25~31.

＊168 이들 존경할 만한 신사들 가운데 다른 한 사람으로……보고 온 인물 : 인물 미상.

＊169 휴 피터 목사 : 앞의 28 참조.

＊170 정부 건설자이고 영웅적 왕정 추방자단이고 군주 선거인이고 : 앞서 소개했던 3원리와 대응하는 말.

＊171 그것이 스타노프 경을 통해서 ……보내진 것입니다 : 앞의 24 참조.

＊172 인간답지 않은 : 앞의 11 참조.

＊173 미국의 야만인들이 ……연행하고 있는 것입니다 : 뉴욕주 중부 오논다가호 주변에 있었던 인디언의 한 부족. 버크의 서술은 그 지역에 들어간 프랑스 예수회 수도사의

보고에 따르고 있다.

＊174 이방(異邦) 공화국 : 버크의 이른바 파리공화국.

＊175 자국 왕의 권위에 의해서도 ……징모된 적이 없는 군대 : 1789년 7월 네케르 해임 뒤에 만들어진 국민위병.

＊176 그들은 의회를 열고는 있는데 …… : '그들은 의회를'에서 '잡혀 있는 몸이면서'(＊＊ 표)까지는, 초판에서 6판까지의 표현에 따랐다. 제7판 및 그것에 따르고 있는 모든 판은 다음과 같다. '그곳에서 그들은 의회를 열고는 있는데 이미 그들 가운데 수백 명은 암살자 일단에 의해서 추방되고, 다른 한편 똑같은 중용의 원리를 더욱 끈기 있게 품은 사람들, 또는 더 좋은 희망을 계속 품고 있는 사람들은 광포한 모욕과 살인 위협에 계속 노출되고 있었던 것입니다. 그 의회의 다수파—때로는 진정한, 때로는 겉모습뿐인 다수파—는 스스로도 잡힌 몸이면서.' 버크는 각 판에서 퇴고를 하고 있는데 이 부분은 제7판에서의 가장 중요한 수정 부분이다. 수정의 동기가 된 것은 프랑스 국민의회의 보수파 의원 므농빌이 11월 17일 버크에게 보낸 서간이었다. 그는 버크의 서술이 국민의회의 대부분에 대해서는 진실인데 그러나 그 가운데에는 신변의 위험도 무릅쓰고 국민의회에 머문 자도 있다고 항의했기 때문에, 버크는 그것을 고려해 위와 같이 수정했다. 또한 이 점은《국민의회의 한 의원에게 보내는 편지》가운데서도 언급이 되어 있다. 이 역서의 본문에서 수정 부분은 원칙적으로 모두 제7판을 채택하고 있는데, 이 부분만은 버크 자신의 최초의 내발적(內發的) 논리를 재현하기 위해 수정 이전의 표현을 채택했다.

＊177 단 세 번째로 : 정책의 최초이자 사실상의 결정자는 자코뱅 클럽으로, 그것이 두 번째로 국민의회에 의해서 승인되고, 마지막인 세 번째로 국왕이 그것을 칙령으로서 공포하는 순서로 되어 있다는 비아냥.

＊178 카틸리나조차 소심하고 케테구스조차 온건·중용 : 카틸리나(BC 108~62)는 로마 공화정 말기 '카틸리나 사건'의 주모자. 정치적 야망에 불타 통령이 되려고 했으나 실패하고, 그 무렵의 모든 불만분자들을 모아 음모를 꾀했는데 키케로 등과 싸워서 패사했다. 케테구스는 카틸리나의 공모자.

＊179 심지어 그가 저지른 죄를 이유로 그 범죄자의 친인척을 높은 지위에 오르게 하면서 : 1790년 1월에 아가스 형제가 지폐위조의 죄로 사형에 처해졌는데 그에 관련해서 국민의회가, 그 처분이 옛 체제하의 그것과는 달리 단순히 아가스 형제 개인에게만 연관된 것임을 보여 주기 위해 그 친척에 해당하는 인물을 국민위병의 사관으로 승진시키고 그에 공적 축복을 부여한 사건.

＊180 그들의 기관인 국민의회는…… : 앞 문단의 '그들'은 명백히, 버크의 이른바 '국민의회의 잔재'를 가리키고 있다. 그런데 여기에서의 '그들'은 지시하는 자가 반드시 명확하지는 않다. 의미로 볼 때 그 잔존 의회를 뒤에서 조종하는 자들을 가리키고 있

는 것으로도 해석할 수 있다. 그러나 두 번째 문장, 즉 '그들은 마치 시장 바닥의 익살꾼처럼……' 이하의 '그들'은 다시 국민의회를 가리키고 있다. 또는 혁명 프랑스 전체의 무법을 독자에게 각인시키기 위해 일부러 광범위한 언어 사용을 했을지도 모른다.

＊181 이제는 관람석이 극장 그 자체를 대신 : gallery는 관람석＝방청석, house는 의원＝극장이라는 언어유희일 것이다.

＊182 '제국의 모습도 원로원의 모습도 없었던' : 루카누스《내란기》9·207.

＊183 '국가라는 배는 재생을 향해……전진할 것이다' : 뒤의 89～90쪽 원주 참조.

＊184 '흘린 피는 반드시 깨끗한 것은 아니었다' : 미움 받는 지주였던 프론과 그의 아들 베르티에가 민중을 모욕했다는 이유로 1789년 7월 길거리에서 살해되었을 때 변호사이자 국민의회 의원이었던 바르나브(1761～93)가 한 말로 알려져 있다.

＊185 금년의 새해 축사 : 1790년 1월 3일에 국민의회 의원 대표 60명이 왕과 왕비에게 새해 인사를 했을 때 그와 같이 말했다.

＊186 지상에 뒹구는 자들 가운데서도 가장 모욕을 당한 인간 : 이어서 기술되는 루이 16세의 수난을 가리킨다.

＊187 국민에 대한 대역죄 : 국민의회는 왕에 대한 반역으로 간주되고 있었던 종래의 대역죄를 '국민에 대한 대역죄'로 명칭을 바꾸어 존속시켰다.

＊188 '마음의 상처에 쓰는 고약' :《맥베스》2·2·38.

＊189 공적 신의를 안전의 구두약속으로 : 파리 국민위병 사령관 라파이에트의 보증. 라파이에트에 대해서는 2부의 주석 124 참조.

＊190 파리의 낡은 궁전 하나 : 튈르리 궁전. 버크가 이 책을 쓰고 있는 동안, 국왕 일가는 그곳에 있었다.

＊191 테베와 트라키아의 축제 : 테베와 트라키아 지방은 주신 바카스의 숭배가 가장 대단한 곳이었다.

＊192 성자이면서 예언자인 인물 : 프라이스 박사.

＊193 고귀한 성자 : 예루살렘 신전의 시므온. '평화의 왕'은 물론 그리스도이다. 같은 행의 '천사의 목소리로 ……알려진 출현'은《누가복음》2·8 이하.

＊194 천년왕국이나, 또는 ……모습을 드러내기 시작한 제5왕국 : 천년왕국은 최후의 심판에 앞선 1000년 동안 그리스도가 재림해서 이 세상을 다스리는 것. 제5왕국은《다니엘서》2·44에 나오는 네브카드네자르 왕의 꿈. '이 나라는 영원에 이른다'고 쓰여 있다. 17세기 영국의 급진적인 한 종파 제5왕국파는 크롬웰의 체제를 아시리아, 페르시아, 그리스, 로마에 이어서 나타난 제5왕국으로 믿고 이것이야말로 천년왕국의 시초라고 생각했다.

＊195 인권과 출신 거장의 어떤 대담한 필치로 ……앞으로 두고 볼 일이지요 : 버크는 퓨리

턴혁명을 떠올리곤 국왕의 처형을 막연히 예감하고 있었는지도 모른다.

＊196 Tous les Eveques a Lanterns : Lanterns의 철자는 버크. Lanternes가 올바르다.

＊197 드 랄리 톨랑달 씨 : 드 랄리 톨랑달 후작(1758~1830). 10월 6일 사건 이후 스위스
로 망명한 귀족. 버크는 여기서 톨랑달을 높이 평가하고 있는데, 이 평가에 대해 므
농빌은 버크에게 보낸 편지에서 톨랑달을 최후까지 국민의회에 머물러 싸우지 않고
도망을 간 예로 들며 다소 항의 비슷한 말을 하고 있다. 므농빌의 비판에 대응해서
버크의 톨랑달 평가는 그 뒤 다소 변했다. 그것은《국민의회의 한 의원에게 보내는
편지》에 언급이 되어 있다. 톨랑달 자신은 1792년에 귀국해 국왕 구출을 위해 노력
하고 다시 망명했다. 그러나 그는 입헌왕정주의자로, 버크가 도와 반혁명십자군의
중심으로 삼으려 했던 코블렌츠의 반동적 망명귀족에는 비판적이었다. 한편 이 서간
은 프랑스어 그대로 인용되고 있는데 철자에 오류가 많다.

＊198 바이 씨 : 장 실뱅 바이(1736~93). 천문학자이고 정치가. 이른바 ‘테니스 코트의 서
약’을 지도했다. 바스티유 사건 이후 파리 시장이 되었는데 그 뒤, 샹 드 마르스 학
살 사건의 책임을 물어 처형되었다.

＊199 미라보 씨 : 미라보 백작(1749~91). 국민의회 지도자. 입헌군주정주의자였는데 왕
이나 왕비에게는 따르지 않았다. 한때 자코뱅의 의장이기도 했다. 많은 사람들의 아
쉬움 가운데 병으로 사망했다.

＊200 무니에 씨 : 장 조세프 무니에(1758~1806). 삼부회를 국민의회로 발전시키는 데 힘
을 쏟고 그 의장이 되었는데 군주제 논자였다. 1790년 스위스로 망명. 귀국한 뒤 나
폴레옹에게 발탁되었다.

＊201 신앙과 용기로 이름을 떨친 여제 : 마리아 테레지아를 가리킨다.

＊202 로마 부인의 위엄에 공감해 : 전세기 로마의 부인 루크레티아가 섹스투스에게 능욕을
당하자 남편에게 복수를 요구하고 자살했다는 고사가 있다.

＊203 이럭저럭 16, 7년 전의 일이었습니다 : 버크는 1773년에 파리를 방문해 루이 15세를
알현했다. 이 한 구절은 그녀에 대한 추종의 도가 지나치다고 해서 버크의 한 친구
에게 비난을 받기도 했는데, 버크는 그에 대해 이것이야말로 나의 진심이라고 반론
을 했다. 마리 앙투아네트는 이 부분을 듣고 감동의 눈물을 흘렸다고 한다.

＊204 존경받는 칭호를 그녀가 얻었을 때 : 황후로 즉위한 것을 말한다.

＊205 살아서 볼 줄은 꿈에도 생각지 않았습니다 : ‘살아서 봄’은 앞서 인용한 프라이스의
말을 그대로 받은 비아냥이다.

＊206 노예신분에서조차 일종의 격조 높은 자유의 정신을 생생하게 유지시킨 일들 : 봉건제
속에서 진정한 자유의 정신이 숨 쉬고 있었다는 것은 동시대 역사가 기번(1737~
94)의 주장이기도 했다. 버크는 이 명제를 이후에도 되풀이해서 주장하고 있다.

＊207 인간적 감정 : 앞의 11 참조.

*208 이와 같이 사상과 감정이 켜켜이 짜내는 직물의 기원은 옛 기사도에 있습니다 : 유럽에서 볼 수 있듯이 문명사회의 출발점은 그리스나 로마문명이 아니라 오히려 중세 봉건제 속에 있다, 이런 사고방식에서 이 한 구절은 쓰였는데 이것은 버크의 독자적 견해는 아니다. 이를테면 유명한 퍼거슨의 《문명사회사》(1767) 제4장에도 똑같은 견해가 기술되어 있다. 버크의 견해는 그것을 답습하고 이른바 이데올로기로 만든 것이라고 보아야 할 것이다.

*209 사회의 평판 : 앞의 115 참조.

*210 인생의 기품 있는 옷은 거칠게 잡아 찢기려 하고 있습니다 : 이하 인간과 예절과의 관계를 육체와 의복에 비유해 기술하고 있다. 의복은 육체 그 자체는 아니지만 그것 없이는 문명적 인간일 수 없다는 의미에서 역시 인간에게 본질적인 요소라는 말을 하고 싶었을 것이다.

*211 이 사고방식에 따르면 국왕은 한 사내에 ……반드시 최고급 동물은 아닙니다 : 울스턴크래프트는 비록 왕비일지라도 그녀가 인간적 의무를 준수하지 않는 한 바로 그렇다고 비아냥 비슷이 반론을 하고 있다.

*212 '지구는 아름다움으로……한다' : 호라티우스 《시론》 99.

*213 비록 습속이나 사상을 절멸시킬 정도의 ……살아남을 것입니다 : 인간사회가 존재하는 한 권력의 존재가 불가피하다는 것은 버크만이 아니고 일반적으로 보수주의자에게 공통되는 정치인식의 대전제이다. 같은 명제가 1부 끝 부분에서도 되풀이되고 있다.

*214 그것이 권력을 획득한 것과 똑같은 기교로 그 권력을 유지할 것입니다 : '권력을 획득한 때와 똑같은 기교를, 그 권력은 유지하지 않으면 안 된다.' 앤드류 마블 〈크롬웰의 아일랜드로부터의 귀환에 붙이는 호라티우스 송사〉(1650).

*215 돼지와 같은 군중의 발 아래 짓밟히게 될 것입니다 : '거룩한 것을 개에게 주지 말며 진주를 돼지 앞에 던지지 마라. 틀림없이 발로 이를 짓밟고 그대를 물어뜯을 것이다.' 《마태복음》 7·6.

*216 〔1803—T〕 : 1792년판에 버크가 스스로 기입한 것으로 추정되고 있는 몇몇 주석 가운데, 토드는 이 주에 대해서만 버크 자신의 것인지 여부를 의문으로 삼고 있다.

*217 인간다운 긍지도 없으며 : 앞의 11 참조.

*218 '이 민족의 요람' : 베르길리우스 《아에네이스》 3·105.

*219 이 위대한 드라마의 지고한 감독 : 신을 말한다.

*220 일찍이 개릭 때문에, 최근에는 시돈스 때문에 : 개릭도 시돈스도 그 무렵의 명우(시돈스는 여배우). 버크는 젊어서부터 연극을 선호하고 특히 개릭하고는 친한 친구였다.

*221 여기에 한 사람의 군주가 있습니다 : 루이 16세에 대한 이 서술은 사실로서 반드시

정확하진 않다.

*222 그들은 왕들이 왕좌를 굳게 지키는 방법이나……왕을 우러러보는 것입니다 : 계몽전 제군주 프리드리히 대왕과 계몽사상가들과의 관계를 가리키는 비아냥일 것이다.

*223 가령 네로나 아그리피나나……잡혔다고 가정합시다 : 아그리피나(15~59)는 네로의 모친이며 클라우디우스를 독살하고 네로를 옹립했는데 네로의 명으로 살해되었다. 루이 11세(재위 1461~83)는 주변 제후와 싸워 프랑스 절대왕정의 기초를 확립했다. 샤를 9세(재위 1560~74)는 종교전쟁 시대의 프랑스 왕. 성 바르톨로메오의 학살에도 관여했다. 요한 라이홀트 폰 파쿨(1660~1707)은 리보니아(현재의 라트비아 공화국과 에스토니아 공화국의 일부)의 정치가. 그는 스웨덴 왕 카를 12세(재위 1697~1718)에 대한 반역죄로 처형되었다. 잔 리날도 모날데스키(1657 사망)는 이탈리아 출신의 가난한 귀족. 그는 데카르트를 초청한 '왕좌의 여성 철학자'인 스웨덴의 크리스티나 여왕(재위 1632~54) 퇴위 후의 총신이었는데 극비 서한을 누설한 죄로, 재정 재정립을 위해 파리 체재 중인 그녀의 명으로 프랑스 국내에서 살해되었다.

*224 프랑스인의 왕 : 1789년 8월 4일 이후, 프랑스 국왕이라는 호칭은 봉건적 찬탈을 상기하게 하는 것으로서 '프랑스인의 왕'으로 고쳐졌다.

*225 흰 백합꽃의 증거를 어깨에 달고……자들의 중상 : 프랑스에 라 모트 백작부인(1756~91)이라는 여성 사기꾼이 있었다. 그녀는 마리 앙투아네트의 측근으로 자칭하고 한 추기경을 통해 다이아몬드 목걸이를 사취하려다 들켜서 투옥되었는데, 그 뒤 탈옥해 그 목걸이를 가지고 런던으로 도망을 갔다(다이아몬드 목걸이 사건). 그녀의 어깨에는 프랑스에서 범죄자의 어깨에 찍히는 흰 백합의 낙인이 찍혀 있었다고 한다.

*226 조지 고든 경 : 조지 고든(1751~93)은 영국의 반가톨릭 운동의 지도자. 1778년에 '가톨릭구제법'이 성립한 이듬해(1780년), 그는 이 법률에 반대하는 청원을 의회에 제출했다. 그때 폭도들이 많은 가톨릭교회 외에 뉴게이트, 그 밖의 감옥에 방화를 하고 또 잉글랜드 은행 등을 공격했다. 고든은 그들을 선동한 혐의를 받아 대역죄로 기소되었는데 결국 무죄로 석방되었다. 그 후 1787년, 프랑스 왕비 등을 비방한 죄가 선고되고 한 번은 도망쳤지만 결국 옥중에서 사망했다. 그는 옥중에서 유대교로 개종했다.

*227 우리는 뉴게이트를 재건하고 : 뉴게이트 감옥은 폭동 2년 뒤인 1782년에 재건되었다.

*228 탈무드 : 히브리어로 '교훈'이라는 뜻. 유대교의 구전 율법을 교사(랍비)들이 집대성한 것.

*229 은 30개를 원금으로 하는 장기복리의 ……살 수 있을지도 모릅니다 : 은 30개는 유

다가 유대 교도에게 그리스도를 판 값이다. 유다는 그 돈을 유대 교도에게 돌려주었는데 그리스도는 팔린 채로 있었기 때문에 이 은 30개는 그리스도 교도가 유대 교도에게 맡긴 것이고, 이에 대해서 유대 교도는 당연히 이자를 지불하지 않으면 안 된다. 단 그것을 반환할 때에는 수수료를 빼기 때문에 그것이 유대 교도의 수입이 된다는 의미이다. '프라이스 박사가 우리에게 친히 교시해 주셨다'는 것은 프라이스가 재정에 정통했던 것에 대한 야유이다.

＊230 40년에 걸친 주의 깊은 관찰：버크는 1750년(20세) 전후에 런던으로 나와 그 무렵부터 문필로 출세할 수련을 쌓고 1765년에 정계에 입문했다.

＊231 우리는 일찍이 그런 상태에 놓인 프랑스 왕을 맞이한 적이 있는데：푸아티에 전투에서 흑태자 에드워드(1330~76)에게 붙잡혀 영국에서 사망한 장 2세(재위 1350~64)를 가리킨다.

＊232 아득한 옛날 우리 민중은 ……변경하는 것은 거부했습니다：존 왕(재위 1199~1216)이 교황 인노첸시오 3세와 싸우다가 패하자 파문을 용서받기 위해 잉글랜드를 교황에게 바쳐 다시 봉토로서 받은 것에 대해서 제후나 서민이 반대한 것과 14세기에 잉글랜드 주교의 로마에 의한 임명에 반대한 것 등을 말한다.

＊233 가로등의 철 기둥：앞의 137 참조.

＊234 콜린스, 톨랜드, ……볼링브룩을 읽겠습니까：존 안토니 콜린스(1676~1729), 존 톨랜드(1670~1722), 매튜 틴들(1657~1733), 토마스 챕(1679~1747), 토마스 모건(1743 사망)은 모두가 이신론자(理神論者), 자유사상가이다. 그들과 정통 국교회 신학자와의 사이에 이신론 논쟁이 벌어졌다. 존 볼링브룩(1678~1751)도 이신론자인데 토리당의 정치가이기도 했다. 그의 《애국왕의 사상》(1738)은 버크의 오랜 적 조지 3세에게 강한 영향을 주었다. 버크는 최초의 저작 《자연사회의 옹호》에서 볼링브룩의 패러디를 묘사했다.

＊235 '캐풀렛가 대대'의 가족묘소 행：《로미오와 줄리엣》 4·1.

＊236 국가적 당파로서 알려져 있지도 않았습니다：앞의 164 참조.

＊237 우리의 적나라한 모습이 고스란히 드러났다고 칩시다：도덕적 상상력이 벌거벗은 인간성의 결함을 덮기 위해 필요하다는, 앞서 나온 내용 참조.

＊238 우리들의 기존 제도에서 그것에 존경을 가져다주는 자연스런 인간적 모든 수단：부와 지위를 말한다.

＊239 일찍이 고대 로마인들은 ……조사단을 파견했는데 ：기원전 450년 무렵의 일이다. 파견한 곳은 그리스 여러 도시, 특히 페리클레스 치하의 아테네였다.

＊240 봉급 증가 때문에 프랑스 왕이 ……목격해 왔습니다：프랑스혁명 당시 곳곳에서 군대가 봉기한 민중측으로 붙었다. 《성찰》에 대한 비판으로서 《프랑스의 옹호론》을 쓰고 버크는 혁명의 필연성을 간과하고 있다고 지적한 매킨토시는, 군대의 이와 같은

민중으로의 가담은 결코 봉급 증가 때문이 아니고 전국으로 퍼진 국민적 감정에 대한 공감 때문이었으며 버크는 사실을 몹시 왜곡하고 있다고 말하였다.

*241 명성과 평판에 대한 감각 : 앞의 115 참조.

*242 그들에게는 자신들이 안전하다고 해서 ……납득시키지 않으면 안 됩니다 : 버크가 보기에 국가, 특히 영국헌법 체제는 여러 힘의 미묘한 균형 위에 성립하고 있는 구조물이고 시스템이다. 이와 같은 구조물 또는 시스템에 있어서 가장 파괴적인 것은, 그것을 구성하는 요소 가운데 어느 하나라도 남을 고려하지 않고 자기야말로 전체의 주인이라고 자의적으로 행동하는 것이다. 국왕의 자의도, 귀족의 자의도, 대중의 자의도, 이 점에서는 아무런 구별 없이 비판되지 않으면 안 된다.

*243 거짓 자유라는 겉치레 아래 : 타키투스《역사》1·1.

*244 무슨 일이건 다수자가 범한 일은 처벌되지 않는다 : 루카누스《내란기》5·260.

*245 위임의 서열 : 신이 그의 권력을 민중에게 위임하고 민중은 그것을 정부에게 위임한다. 정부는 더 나아가 그것을 개개의 관리에게 위임한다.

*246 한사(限嗣) 상속의 제한을 해제하거나 : 앞의 88 참조.

*247 확실히 사회란 일종의 계약입니다…… : 유명한 구절이다. 버크는 사회계약설로 치장하는 동시에 계약의 의미를, 생존을 위한 타산이라는 홉스나 로크의 의미로 한정하지 않고 거기에 더욱 적극적인 윤리적 가치를 부여하려고 한다. 그런 의미에서는 완전히 입장을 달리하는 루소의 계약론과 닮았다고 말할 수 있다. 국가를 '조합'으로 보는 두 번째 행 이하의 논의에 대해서는 앞의 153(2) 참조.

*248 영원한 사회에서의 대 원초계약 : 이 경우의 '계약'은 구약성서 등에서 말하는 신과 인간과의 사이의 약속이다. 버크는 한편으로는 근대 계약설의 계약 개념에 따름으로써 국가의 작위성과 작위에서의 사람들의 선택 자유를 승인하는데, 다른 한편 여기에서 볼 수 있는 것처럼 같은 계약이란 단어를 신과 인간과의 약속이라는 의미 쪽으로 미묘하게 옮김으로써 그 계약에 의해서 성립하고 있는 국가와 사회의 절대적 가치, 인간에게 있어서의 소여성(所與性)과 필연성을 독자에게 각인시키려고 한다. 이것은 어느 의미에서 위험한 논리의 줄타기이다.

*249 불가침의 서약 : 신의 말씀.

*250 이 보편적 왕국의 지방조직 : 국가를 가리킨다.

*251 비사회적, 비문명적, 비결합적인 제1요소 : 사회에서 분리된 원자 상태의 개인.

*252 '우주를 굽어 살피시는 지고하고……존재하지 않는다' : 키케로《국가론》6·13.

*253 그 가르침과 직접 결부되어 있는 이름으로부터……도 아닙니다. : '그 가르침과 직접 결부되어 있는 이름'은 스키피오, '더 위대한 이름'은 키케로를 가리킨다.

*254 인격의 존엄 : 주교 및 그 이하 국교회 성직자들을 말한다.

*255 우리의 청년 귀족이나 청년 신사를 따라서……성직자입니다 : 18세기 영국에서는 귀

족 자제 교육의 마무리로 그들을 대륙, 특히 프랑스와 이탈리아로 유학 보내는 습관
이 있었다.

＊256 고딕적, 수도원적 : '고딕'도 '수도원'도 이 시대에는 일반적으로 부정적인 상징이다.
특히 계몽사상가나 급진주의자는 그것을 암흑, 야만, 몽매 등의 의미로 사용했다.
버크의 용어법은 그와 같은 의미를 전제로 한 데다가 '옛것'의 가치를 강조하기 위한
역설이고, 따라서 '편견'의 강조와 동공이곡(同工異曲)의 표현 기법이다. 영국에서
이러한 말이 널리 적극적으로 좋은 의미로 쓰이게 되려면 19세기의 중세주의자들을
기다리지 않으면 안 된다. 한편 몇 행 전의 '14, 5세기 이래에는……'이라는 말도
종교개혁 이전과 이후의 영국 그리스도교의 연속성을 주장하는 역설이다.

＊257 성직자가 왕권 이외의 무언가에 장악됐을 때 발생할 당파적 성직자의 무질서 : 로마
가톨릭과 퓨리턴혁명 쌍방을 동시에 상기하게 하려고 한다.

＊258 율리파스 해협 : 그리스 제도 사이의 한 해협. 간만 때의 격류로 유명.

＊259 복음이 가난한 자를 향해서 역설되었다 :《마태복음》11·5,《누가복음》7·22.

＊260 개인으로서 획득된 작위 : 보통 귀족은 세습인데, 귀족과 같은 위치인 고위성직자의
지위는 문벌을 필요로 하지 않고 개인의 재능과 노력에 의해서도 도달이 가능했다.

＊261 자신의 지위와 재산을 구축하기 시작한 사람들 : 앞의 주 참조.

＊262 초대교회 : 원문 primitive church. 초판 및 2판에서는 primative church로 되어 있다.
primate(대주교)를 바탕으로 만든 말일지도 모르지만 그보다는 아마 오식일 것이다.
3판 이후에는 primitive로 되어 있다. 한편 '자기 자신의 소유물을 공유 속에 던져 넣
고'는《사도행전》2·44.

＊263 증오의 축배 :《요한 묵시록》17·4

＊264 자연스런 긍지 : natural pride인데 전집판, 에브리맨판, 맥밀란판에서는 national
pride로 되어 있다. 전집판의 오식과 그것에 따라서 생긴 오식일 것이다.

＊265 하피 : 그리스 신화에 나오는 조신인면(鳥身人面)의 마녀. 탐욕스런 괴물로 알려져
있다.

＊266 팔레 루아얄이나 자코뱅 등의 아카데미 : 팔레 루아얄은 자유주의 귀족 오를레앙 공
의 저택. 자코뱅은 생 자크 교회에서 온 말. 모두 혁명파가 머문 곳이었다. 한편 '자
코뱅'이란 말은 처음에는 그곳에 모이는 사람들의 별명으로 붙여졌는데 1792년 이후
클럽 회원의 자칭이 되었다.

＊267 옛 주인들의 지하 감옥이나 쇠창살 감옥 : 모두 루이 15세 시대의 형벌.

＊268 가족계승적 부동산 처분 : 결혼할 때 계승적 부동산처분 증서(부부의 한쪽 또는 쌍방
의 사후에도 부동산이 직계 비속에게 계승되도록 정한 증서)를 작성한 자가, 그 자
식이 성년에 달했을 때 종전의 계승적 부동산 처분을 일단 취소하고 새롭게 그 아들
과의 사이에, 아들을 일생의 보유자로서 계승적 부동산을 설정하는 것.

＊269 환매권 : 앙시앵 레짐(구제도) 아래 프랑스 귀족이 보유하고 있었던 권리이다. 종전의 봉토는 이미 양도한 것일지라도 언제든 강제로 환매할 수 있다는 권리.

＊270 왕좌가 보유하고 ……양도 불가능한 것으로 간주되던 광대한 토지재산 : 프랑스 왕의 재산에는 왕의 개인재산과 왕좌 보유의 재산이 있었다. 여기에서는 후자가 언급되고 있는데 1566년 이후에는 쌍방이 모두 양도 불가능으로 되어 있었다. 그러나 실제로는 자주 양도되고 있었다고 한다. 단 그것도 환매권이 발동되어 무효가 된 경우가 많았다.

＊271 위탁 대수도원 영지 : 어느 수도원 영지에 그것을 소유해야 할 수도사가 없게 된 경우, 소유자가 정해지기까지 일정한 사람에게 그 관리를 위탁하는 일이 행하여졌다. 그 영지로부터의 수입은 그 관리인의 것이 되었으므로 사실상 그 땅은 관리자의 소유 영지였다.

＊272 프랑스의 두 아카데미 : 아카데미란 본디 문학이나 과학 진흥을 지향해 온 학자나 호고가(好古家)의 단체이고 르네상스 이래 각국에서 각종 아카데미가 성립했는데 특히 프랑스에서는 루이 14세 시대부터 절대왕정에 의해서 조직화하게 되었다. 이 시대 프랑스에는 실제로 5개(아카데미 프랑세즈, 예술, 과학, 비문(碑文), 왕실음악 각 아카데미)가 존재하고 있었다. 버크가 언급하고 있는 '두 아카데미'란 비문 아카데미, 과학 아카데미로 추정되고 있다.

＊273 백과전서 : 물론 디드로가 중심이 되어 편찬한 《백과전서》 전 28권(1751~72)를 가리킨다. 볼테르, 몽테스키외, 루소, 케네 등도 기고를 했다. 초판은 3000부였다.

＊274 이 부분(다음 문단 첫 번째 글의 끝까지)……것이다 : 이 원주가 사실이라는 증거는 아무것도 없다. 문체나 문의(文意)의 명석함으로 보아도 에드먼드의 글로 추정하는 쪽이 타당할 것이다. 아들 리처드의 재능을 선전하기 위한 잔재주로도 생각된다.

＊275 그들에게는 산발적으로 미약한 박해가 가해졌는데 : 1751년부터 시작된 백과전서에 대해서는 예수회, 얀세니스트 쌍방으로부터의 고발과 59년 정부에 의한 발행금지 등, 여러 가지 탄압과 박해가 있었다. 버크의 말은 그와 같은 장애에도 불구하고 디드로가 그것을 완성할 수 있었던 사태를 가리키고 있을 것이다.

＊276 고(故) 프러시아 왕 : 프리드리히 대왕(재위 1740~86)을 가리킨다.

＊277 나는 신을 모독하는 저속하고도……없다 : 이 원주는 초판과 2판에는 없다. 3판에서의 가필이다. 본문의 설득력을 높이기 위해 가필했을 것이다.

＊278 튀르고 : 안 로베르 자크 튀르고(1727~81)는 정치가, 경제학자. 백과전서에서도 2항목을 집필했다. 루이 16세의 재무총감으로 임명되어 자유주의적 개혁을 하려고 했으나 귀족, 성직자의 반대를 받고 마리 앙투아네트의 책동으로 파면되었다.

＊279 파리 대주교 : 루크렐 드 주네(1728~1811). 자선으로 유명했고 뒤에 망명했다. 국민의회에 의한 교회영지 몰수는 1789년 11월이다.

＊280 라보르드 씨 : 그 무렵 라보르드로 불리는 부유한 인물이 두 사람 있었다. 한 사람은 은행가, 다른 한 사람은 궁정 재무관이었는데, 특히 후자는 본문에도 나오는 애국적 헌납을 관리했으며 또 제헌의회의 활발한 멤버이기도 했다. 버크가 누구를 가리키고 있는지는 불확실하다.

＊281 슈아죌 공 : 슈아죌 공(1719~85)은 루이 15세에 봉사했으며 방대한 부채를 남기고 사망했다. 한편 이 구절은 슈아죌 미망인의 눈에 띄어, 그녀는 남편의 명예를 위해 정정하도록 버크에게 제의했다. 버크는 할 수 없이 친구인 뒤퐁을 통해서 프랑스어 판에는 이를 설명하는 주를 넣겠다고 약속했는데 이 사실이 서간집에 보인다.

＊282 데귀용 공작 : 데귀용 공작(1720~88)은 알자스의 총독. 권력남용의 혐의로 1770년 재판에 회부되었으나 루이 15세의 명에 의해 그 재판은 중지되었다.

＊283 노아유가(家)의 귀족들 : 노아유가는 1023년 이래 프랑스의 명문. 버크가 여기에서 염두에 두고 있는 것은 루이 마리 노아유 자작(1765~1804)이다. 그는 유명한 1789년 8월 4일의 국민의회에서 귀족의 봉건적 여러 특권의 폐지를 제안했다. 이에 찬성한 것이 앞 주에 소개된 데귀용 공작의 아들(똑같이 데귀용 공작)이다. 본문의 버크 말에는 이 두 사람의 행동에 대한 비아냥이 담겨 있다.

＊284 로슈푸코 공 ……로슈푸코 추기경 : 로슈푸코 공에 대해서는 앞의 19 참조. 로슈푸코 추기경에 대해서는 불명.

＊285 그의 형제인 루앙 추기경 대주교 : 루앙 대주교 로슈푸코 추기경(1713~1800). 혁명 당초부터 혁명에 반대하고 1792년에 망명했다. 출신은 가난했던 것으로 알려져 있다.

＊286 '그 잔혹한 창' : 키케로《의무론》2·8·29. 고대 로마에서는 전리품을 경매할 때 창을 지면에 꽂는 습관이 있었다.

＊287 마리우스나 술라 : 마리우스(기원전 157~86)는 로마의 장군. 전쟁에서 두각을 나타내고 평민파를 대표해 통령이 되어 술라와 다투었다. 술라(기원전 138~78)도 로마의 장군. 귀족을 대표해서 마리우스와 다투고 그를 격파해 독재를 했다.

＊288 우리 정치시인(政治詩人) : 존 데넘(1615~69). 아일랜드 출신의 왕당파 시인.

＊289 재산과 법과 종교가 일체화한 것 : 교회를 말한다.

＊290 네케르 씨 : 자크 네케르(1732~1894). 제네바의 은행가. 파면된 튀르고의 뒤를 이어 루이 16세에 의해 재무총감에 임명되고(1776), 적자재정의 처리에 임했다. 그러나 귀족의 반대로 81년에 파면. 88년에 복직했는데 또다시 귀족의 반대로 파면. 혁명정세가 고조되면서 왕은 세 번째로 그를 재무총감에 임명했다. 90년 공채정책에서 국민의회와 대립하고 스위스로 돌아갔다. 낭만주의 문학자 스탈 부인의 부친이기도 하다. 한편 버크는 Necker란 이름을 초판 및 2판에서는 Neckar로 쓰고 있었는데 3판에서 정정했다.

＊291 그들은 에쿠스 대주교를 통해서 일종의 부담을 제의했습니다 : 교회영지의 보유를 조

건으로 십일조를 전면적으로 포기한다는 제안. 십일조는 교회가 교구 주민의 수확에서 거두고 있었다. '에쿠스 대주교'에 대해서는 앞의 19 참조.

＊292 그들은 교회를 파괴하는 과정에서 ⋯⋯그리고 실제로 파괴한 것입니다 : 이 글은 초판 및 2판에는 없다. 표현을 강화하기 위해서인지 3판에서 가필되었다.

＊293 은행가들을 주교나 수도원장으로 바꾼다 : 화폐계급을 토지소유자로 하는 것.

＊294 교회영지 매각을 근거로 하는 새로운 지폐 : 뒤에 본문에 나오는 아시냐 지폐.

＊295 할인은행 : 할인은행은 1776년 튀르고에 의해서 설립되고 93년 국민공회의 명령으로 폐쇄되었다.

＊296 보유자 부담금 : 봉신이 봉토를 받을 때 영주에게 지불한 부담금.

＊297 봉건적 토지보유권 : 봉건제 아래에서, 토지는 본디 국왕의 소유이고 현실로 토지를 보유하고 있는 자의 권리는 국왕에 대한 어떤 봉사의 대가로서 주어진 것이라는 원리가 작용하고 있었다. 여기에는 국민의회로부터 은고를 입은 '철학적 구매자'는 국민의회에 충성이라는 봉사를 바쳐야만 한다는 비아냥이 담겨 있다.

＊298 왕정의 전제와 대중의 전제 : 앞의 242 참조.

＊299 한 국가의 위대한 세습적 재산과 세습적 품위 : 상원을 말한다. 같은 행의 '적합한 항구적 기관'이란 당연히 하원이다.

＊300 나는 어떤 통치형태이건 ⋯⋯비난하지 않습니다 : 본문의 제1부 초반 참조.

＊301 단 극히 약간의, 극히 특수한 상황 아래에서만 : 사회계약론에서의 루소의 이론을 생각하고 있는 것일까. 루소의 정치이념에 비판적이었던 버크도 정치와 인간성에 대한 인식자로서의 루소에 대해서는 높은 평가를 하고 있었다.

＊302 민주정치에서 다수자 시민은 소수자에게 ⋯⋯가할 수가 있습니다 : 이것은 버크의 독창적 견해는 아니다. 마키아벨리, 몽테뉴, 흄 등은 모두 그렇게 생각하고 있었다.

＊303 학식이 있는 한 친구 : 만년의 버크와 가장 친했던 친구인 프렌치 로렌스(1757~1809)로 추정되고 있다. 로렌스는 법률가이고 버크의 첫 번째 저작집(제1권 1792년 간행)의 편집자이기도 했다. 한편 2행 뒤의 아리스토텔레스로부터의 인용은, 원문에서는 그리스어와 영어가 병기되어 있다.

＊304 볼링브룩 : 앞의 234 참조.

＊305 자기로서는 다른 형태의 통치보다도 ⋯⋯말하고 있는 것입니다 : '내가 다른 어떤 형태의 통치보다도 왕정을 선호하기로 결정한 것에는 여러 가지 이유가 있으니 주요 이유는 다음과 같다. 즉 본질적 형태로서 왕정인 정부는, 똑같이 본질적 형태로서 귀족정치나 민주정치 또는 그 쌍방인 정부를 왕정에 조화시킬 수 있는 것 이상으로 더 쉽고 유익하게 그것들과 조화시킬 수가 있다. ⋯⋯상당한 크기의 귀족정 또는 민주정 형태의 권력이라도, 어느 정도이건 본질적 형태를 변경할 만큼 군주의 영광을 줄이거나 그 권력과 권위를 제한하거나 함이 없이 왕정이라는 그루터기에 접목할 수

가 있다.'(볼링브룩《애국왕의 사상》저작집 제3권 51~2페이지).

*306 인간과 마찬가지로 죽음을 면하지 못하는 모든 제도 : 어떤 좋은 제도도 절대적일 수 없고 언젠가는 반드시 사멸한다는 인식도 마키아벨리, 루소, 몽테스키외, 흄 등에 공통된다.

*307 타마스 쿨리 칸 : 1688~1747. 페르시아에서 아프간인과 투르크인을 몰아내고 1734 년 이후 스스로 페르시아 왕 나디르를 자칭하며 그곳을 지배했다. 그의 전제는 그 무렵 전 유럽에 이야기로 전해지고 있었다. 음모로 살해되었다.

*308 그 대신 : 네케르를 말한다.

*309 2만 7000 평방리그 : 1리그는 거의 3마일(약 5킬로미터).

*310 그 가운데 상당한 지방은 불모이고 : 1846년에도 프랑스 총면적의 약 7분의 1, 특히 해안지방이 모래땅이나 그 밖의 불모지였다고 한다.

*311 릴 현(縣) : 현재의 노르 현의 수도인 릴을 중심으로 하는 지방. 벨기에와의 국경에 가깝다. 플랑드르의 중심으로 중세 이래 인구밀도가 높고 산업의 중심지였다.

*312 유용하고 장대한 폭넓은 주요 도로와 교량 : 프랑스에서는 루이 14세와 15세 시대에 도로와 교량이 크게 정비되어, 그 점에서는 잉글랜드보다 선진국이었다.

*313 약간의 물건에 대해서는 그것에도 뒤지지 않는 제품과 직물 : 프랑스에 추월당한 견 직물을 말한다.

*314 드 칼론 씨 : 샤를 알렉상드르 드 칼론(1734~1802). 1783년 루이 16세에 의해서 재무총감으로 임명되었으나 87년에 파면. 같은 해 영국으로 망명하고 혁명 중에는 버크와 긴밀한 연락을 취하면서 망명귀족을 도왔다. 나폴레옹의 사면을 받고 귀국했 다. 참고로 이 원주는 초판 및 2판에는 없고 3판에서 가필되었다.

*315 키르케의 자유 : 키르케는 전설의 섬 아이아이에에 사는 마법이 능숙한 여신.《오디 세이》에서 그녀는 이 섬에 온 오디세우스와 그 부하에게 술을 대접하는 척하면서 모 두 돼지로 바꾸려고 했다. 그러나 오디세우스만은 운 좋게도 난을 벗어나 키르케에 게 맞서 부하를 다시 인간으로 되돌아가게 하고, 그 뒤 1년간 그들은 이 섬에서 방 탕하게 지냈다. '키르케의 자유'란 방탕한 생활의 형용이다.

*316 라퓨타섬과 발니바르비국(國) : 모두 걸리버가 찾은 나라. 라퓨타섬에서는 주민이 수 학과 음악에만 열중하고 실용적인 것을 돌아보지 않는다. 발니바르비국에서는 수도 를 비롯해 모든 도시에 '발명가의 아카데미'가 있고 발명가들이 인류의 행복을 위해 서라며 공상적 계획에 열중하고 있다.

*317 입법 클럽 : 자코뱅 클럽을 말한다.

*318 드 칼론 씨는 파리의 인구 감소는……모른다 : 이 원주는 초판 및 2판에는 없다. 3판 에서의 가필이다.

*319 생계관계비, 단…… : 초판 및 2판에서는 이 행과 앞의 행(곡물수입 장려금 운운하

는 행) 사이에 다음과 같은 소계(小計) 및 문장이 삽입되어 있었는데 3판에서 삭제되었다. '계 1121만 244리브르(46만 7093파운드 10실링) 나는 국가예산에 붙여져 있는 항목의 성질이나 범위에 대해서는 충분히 납득하기 어려우므로 그것은 위의 참조표에 삽입하지 않았다. 그러나 만일 그것을 빈민을 위한 식료구입비로 이해하면 그 액수는 실로 거대하고 합계는 엄청난 금액이 된다.'

＊320 이 서책을 인쇄에 넘겼을 때 나는…… : 이하 이 원주의 끝까지가 초판 및 2판에는 없다. 3판에서의 가필이다.

＊321 오르시니 일족이나 비텔리 일족 : 오르시니가는 이탈리아의 명문. 12세기에서 15세기에 걸쳐 교황파로서 황제파와 사투를 되풀이했다. 비텔리가는 페루자에 가까운 카스텔로 시의 지배자. 버크가 말하고 있는 것은 이 두 가문이 모두 성공하기 이전의 일일 텐데 어떤 사실을 가리키는 것인지 확실치 않다.

＊322 이집트의 맘루크나 말라바르 해안의 나일 : 맘루크는 13세기에서 15세기에 걸쳐 시리아와 이집트를 지배한 왕조. 십자군을 격렬하게 공격했다. 왕조로서는 오스만 튀르크에 의해서 1517년에 붕괴되었으나, 그 후에도 이집트에서 세력을 유지했다. 1811년에 멸망. 말라바르 해안은 인도 서안이고 나일은 그 지방을 지배한 군사적 카스트.

＊323 형평과 자비의 상(像) : 형평과 자비는 모두 고대 로마의 여신.

＊324 앙리 4세 : 앞의 130 참조.

＊325 그는 무엇보다도 두려움을 받는 상태에 스스로를 두는 일 없이……결코 하지 않았습니다 : 마키아벨리《군주론》제17장에, 군주는 우선 사랑을 받기보다는 두려움을 받지 않으면 안 된다는 한 구절이 있다.

＊326 기본법 : 자연법일 것이다. 프랑스인 독자의 비위를 상하지 않게 하려는 배려를 엿볼 수 있다.

＊327 절반관계 : 원문 partnership. 문자 그대로 번역하면 공동관계 또는 조합관계이지만, 대부분의 주석은 프랑스의 절반관계(분익 소작제로도 번역되고 있다) metayage의 의미로 보고 있으므로 그것에 따르기로 했다. 절반관계는 특히 앙시앵 레짐 아래에서 흔히 있었던 경영형태로 지주가 종자와 그 밖의 자본 일부를, 소작인이 자본의 다른 부분과 노동을 제공하고 생산물의 2분의 1이나 3분의 1을 지대로서 지주가 받았다.

＊328 정치 권력의 대부분과 경찰의 본질적인 부분도 ……수중에는 없었습니다 : 이것은 버크가 말한 그대로이다. 정치권력은 절대왕정에 흡수되고 귀족은 아무런 책임을 지지 않고 봉건특권만을 향수했다.

＊329 그들은 잉글랜드 풍습의 가장 나쁜 부분을 어리석게도 모방해 : 앙시앵 레짐 아래의 프랑스 귀족 중에는 영국헌법을 동경하는 이른바 자유주의적인 분자가 있었으니, 여

기에서 언급되고 있는 것은 그 이외의 풍습에 대한 '앵글로 마니아'일 것이다.

*330 그들이 모방할 생각이었던 것 : 원문 what perhaps they meant to copy. 초판 및 2판 에서는 to copy라는 두 마디가 없다. 그대로 번역하면 '그들이 의도한 듯한 것'이 된 다. 3판에서 정정되었다.

*331 다른 귀족신분 : 전통적인 토지귀족을 가리킨다.

*332 실례를 무릅쓰고…… : 이 줄바꿈은 초판에는 없다. 2판에서의 몇 안 되는 개정 가운 데 하나이다.

*333 문명의 질서라는 기둥식 : 원문은 civil order이다. order라는 말은 질서라는 의미 외 에 고대 그리스 건축의 기둥식(도리아, 이오니아, 코린트의 3양식)의 의미로도 사용 되고 이 주식이라는 의미와 다음 문장의 '기둥머리'가 대응한다. 세 주식 가운데서는 코린트식이 가장 장식성이 강하다. 이 구절은 정치원리의 문제를 시각적 언어로 표 현하려는 버크의 서술 특징이 잘 드러나 있는 부분이다.

*334 '선량한 사람들은 언제나 귀족을 선호한다' : 키케로 《세스티우스 변호론》 9·21.

*335 단지 성명이나 일반적 호칭 이외에는 죄 있는 행위와는 무관한 사람들 : 가톨릭의 성 직자, 특히 고위 성직자는 귀족으로서의 특권을 지니고 있지만 성직자 독신제로 인해서 그 지위는 세습적이 아니라는 사실을 근거로 한 발언이다.

*336 우리의 헨리 제왕(諸王)이나 에드워드 제왕 : 프랑스의 왕위계승권을 주장해 출병한 헨리 5세(재위 1413~22), 헨리 6세(재위 1422~61), 에드워드 3세(재위 1327~ 77)나 그 밖에 프랑스와 싸운 흑태자(1330~76), 에드워드 4세(재위 1461~83) 등 을 말한다.

*337 '개인의 처지를 뒤흔들어……많은 폭풍' : 스펜서 《요정의 여왕》 2·7·14.

*338 공동사회에서는 언제나 일정량의 권력이 ……존재해야만 하는 것입니다 : 앞의 213 참조.

*339 칼뱅의 제자들 : 프랑스의 칼비니스트 즉 위그노를 가리킨다. 한편 성 바르톨로메오 의 학살은 1572년 8월 4일.

*340 얼마 전에도 그들은 문자 그대로 똑같은 이 학살을……했습니다 : 마리-조제프 드 셰니에 작 《샤를 9세》. 1787년에는 상연이 금지되었으나 89년 11월에 상연되어 대 성공을 거두었다.

*341 그 시대의 기즈가 : 기즈가는 프랑스 귀족 가문. 16세기 프랑스 내란의 중심 세력 가 운데 하나. 로렌가의 클로드가 16세기 초 군공에 의해서 기즈 공으로 봉해진 때부터 시작된다. 성 바르톨로메오의 학살도 기즈가의 앙리가 크게 관여해 야기되었다. 앞 뒤에 나오는 '로렌의 추기경'도 기즈 가문의 일원이다.

*342 팔레 루아얄의 교사들 : 앞의 266 참조.

*343 만일 당신들의 성직자가 …… : 매킨토시는 틀림없이 아래의 한 구절을 염두에 두면

서 '버크는 성직자 개개인의 덕, 악덕을 운운하고 있는데 그것은 핵심에서 벗어난 논의이다. 문제는 단체로서의 성직자의 존재가 자유의 보증에 대해서 유해하다는 점에 있는 것이다'라고 비판하고 있다.

*344 그 무렵 유럽을 분열 혼란에 빠뜨리고 있었던 2대 당파 : 가톨릭과 프로테스탄트.

*345 페늘롱 : 프랑수아 드 라 모트 페늘롱(1651~1715). 명문에 태어나 성직자가 되고 뒤에 캉브레의 대주교가 되었다. 보쉬에의 제자로서 데카르트주의자, 자유사상가에 반대했다. 그 학식, 신앙, 섬세함, 우아함으로 유명한데 루이 14세의 비위를 거스른 적도 있다.

*346 어느 지방 도시 : 1773년 2월에 파리 동남쪽 약 150킬로 떨어진 도시 오세르에서 아내 제인에게 보낸 편지가 있어 그곳으로 추정된다. 다음 행에 그가 언급하고 있는 주교는 뒤에 망명해 버크의 도움을 받았다.

*347 모랑지 목사 : 인물 미상.

*348 당신들에게는 약 120명의 주교가 있었습니다 : 실제로는 131명이다.

*349 모욕적인 연금제도 : 국민의회에 의해서 성직자가 모두 관리로서 국가로부터 급여를 지급받게 된 것을 가리킨다.

*350 그들이 공상한 일종의 교육 : 엘베시우스의 《인간론》(1772)에서의 교육론을 말했을 것이다. 한편 뒤에 나오는 '공민교육'도 엘베시우스 《정신론》의 공교육론을 가리키는 것으로 생각된다.

*351 나는 영국에서의 그들의 우군이 ……희망하는 자입니다 : 성직자가 선거제로 뽑히게 되면 뇌물, 추종, 증오 등 선거에 통상 뒤따르는 온갖 악덕을 그곳에 끌어들이고 교구에, 나아가서는 가정에 이르기까지 당파성에 의한 분열을 가져오게 된다는 것이, 버크와도 친했던 유명한 존슨 박사의 주장이었다.

*352 버넷 : 길버트 버넷(1643~1715). 글래스고 대학 신학교수. 찰스 2세를 비판하고 제임스 2세의 즉위와 함께 국외로 추방되었는데 윌리엄 3세와 메리에 이끌려 귀국해 솔즈베리 주교가 되었다.

*353 그들과의 동우 관계를 주장한 그 무뢰배들 : 종교개혁의 급진파를 가리킨다. 뒤에 독일의 급진적 개혁자 토마스 뮌처(1489~1525)가 나오는데 그것을 위한 복선일 것이다.

*354 정의와 자비가 종교의 본질적 요소임을 : 《미가서》 6・8.

*355 그들 모두가 지향하고 있는 큰 목적을 사랑하고 숭배하기 때문입니다 : 다양성에서의 통일성이라는 테제의, 종교문제에 대한 적용일 것이다.

*356 자신들이 속하는 작은 무리 : 자신이 소속한 교파를 말한다. 다음 행의 '전체 집단'은 그리스도교 전체란 뜻.

*357 약탈물 매각 계획 위에 성립하고 있는 투기의 상징 : 아시냐 지폐를 가리킨다.

*358 도마 : 쟝 도마(1625~96). 프랑스의 법학자. 주저《자연 질서에서의 민법》은 뒤에 프랑스 민법전 자료의 하나가 되었다. 파스칼의 친구이고 얀세니즘의 옹호자이기도 했다.

*359 카뮈 씨 : 아르망 가스통 카뮈(1740~1804). 얀세니스트 법률가. 제헌의회 의원이고 '성직자 시민헌장'의 기초자.

*360 본보기로서 거론하도록 선택하는 자들입니다 : 앞의 96 참조.

*361 그들로부터 맹우(盟友)의 표시나 ……성별된 기(旗)를 받거나 : 런던혁명협회는 우 정의 표시로서 낭트의 애국자협회로부터 그 대회에서 사용된 기를 기증받았다.

*362 이 왕국의 화전(和戰) 권한을 위임받고 있는 권력 : 의회를 말한다. 화전 권한은 형 식적으로는 현재도 국왕대권인데 버크는 물론 실질을 가리키고 있다.

*363 간주하게 되지 않을까 : lest it should ever be considered로서 초판 및 2판에서는 least ……로 되어 있고 3판에서 정정되었다.

*364 라케다이몬 : 외국인에 대한 스파르타의 자칭.

*365《의무론》제2권 : 구체적으로는 2·22·79〜23·80 및 83.

*366《광교단의 조직과 장래》: 광교단은 바이에른의 프리메이슨계 결사. 프랑스혁명은 유럽 의 종교와 여러 정부에 대한 이 결사의 음모라는 풍설이 그 무렵에 있었다.

*367 '당신은 스파르타를 손에 넣었다……' : 라틴문학에서 자주 사용되는 격언. 출전은 에우리피데스. 에라스무스는 이 격언이야말로 군주의 방 구석구석에 걸어야 한다고 말했다고 한다.

*368 공적 유대와 공적 행동원리만을 가지며 ……분류되고 바쳐진 사람들 : 수도사가 모 두 독신이라 가정관계에서 분리되어 있음을 가리킨다.

*369 바람은 자신이 원하는 곳으로 붑니다 :《요한복음》3·8.

*370 도덕의 눈으로 보면 미신 자체만큼이나 ……이익은 끄집어낼 수 있는 것입니다 : 포 프《인간론》2·183.

*371 그 커다란 목적 : 신의 세계계획.

*372 대지의 선물 : 호라티우스《송사(頌辭)》2·14·10. 하늘에서 인간에게 주어진 은총 가운데서 정신적 은총에 대해 물질적인 그것을 의미한다.

*373 지혜는 어리석음의 가장 준엄한 교정자는 아닌 것입니다 : 이 부분은 에라스무스의 《바보예찬》을 떠올리게 한다.

*374 모두 번영하고 있는 공동사회에서는…… : 이하 2개의 문단에서는 버크 경제이론의 일단이 기술되어 있다. 우선 버크는 가치를 낳는 것은 농민이라고 생각한다(이것은 중농주의에 가까운 사고방식이다). 토지의 잉여생산물은 지대(地代)로서 지주의 손 에 들어간다. 그러나 지주의 불로소득도 사회적으로는 무의미하지 않다. 왜냐하면 지주는 그의 욕구 만족을 위해 그것을 소비하기 때문이다. 그것은 그의 집에서 일하

는 자, 또는 그가 원하는 재화의 생산에 종사하는 노동자에게 임금으로 지급된다. 그런 의미에서 불로소득자의 '사치의 명예와 공상의 전제'야말로 '토지의 잉여생산물을 분배하고', 사회적 '순환의 큰 고리'를 돌리는 원동력이다. 뒤집어 말해서 산업의 형식이나 방향을 정하는 것은 불로소득자의 사치와 욕망이다. 버크는 이와 같은 경제순환을 불가피한 것으로 생각하고 있는데 다른 한편 기분상으로는, 어쩌면 적어도 글 속 표현으로서는 가능하면 그곳에 놓여 있는 민중을 '비참한 근로에서 강제로라도 구출'하고 싶다고 생각한다. 버크의 태도는 미묘하다. 뒤에 나오는 '농민의 땀에 못지않게 힘을 내어 일하는 목수나 석공의 땀은…… '도 같은 문맥으로 이해된다.

*375 샹 드 마르스의 오벨리스크 : 샹 드 마르스는 그 무렵 파리시 서단에 있었던 사관학교 연병장. 1790년 7월 14일에 바스티유 함락 1주년을 축하해 '조국'을 상징하는 제단이 설치되고, 그곳에서 30만 군중을 모아 국왕 임석 아래 전국 연맹제가 거행되었다. 오벨리스크는 틀림없이 그 행사를 위한 구조물이었을 것이다. 그것을 '관능적 즐거움의 일시적 방편'과 병렬한 데에서 버크의 비아냥이 날카롭게 표현되고 있다. 한편 샹 드 마르스는 이듬해 91년 7월 17일, 이른바 샹 드 마르스 대중학살의 무대가 되었다.

*376 법인단체—그 구성원은 단일 개인이든 : 국왕, 주교 등은 단일 인격의 법인으로 간주된다.

*377 영구 양도 : 앞의 91 참조.

제2부

　이 편지는 너무 길어지고 말았습니다. 그래도 문제가 무한하게 확산된 것에 비해 실제로는 짧은 것입니다. 본 줄거리 이외의 다양한 일들이 때때로 나의 마음을 주제에서 벗어나게 했습니다. 나는 국민의회의 여러 행동들이 나의 최초의 느낌을 얼마만큼 바꿀 수 있는지, 또는 수정할 만한 이유를 발견할 수 있는지 생각하는 데 시간을 소모했습니다. 그렇다고 그 일이 언짢다는 것은 아닙니다. 그러나 이제까지의 모든 일들이 나의 최초의 생각을 더한층 확인시켜 주었습니다. 나의 최초의 목적은, 중요하고도 근본적인 여러 제도에 대한 국민의회의 여러 원리를 개관하고, 또 당신들이 파괴하고 그 뒤 후계자로 삼은 것 전체를 영국 헌법의 부분적인 요소와 비교해 보는 일이었습니다. 그러나 이 계획은 내가 최초로 생각한 것보다 범위도 넓고 더구나 당신들이 무언가 실례에 의지하는 것 따위는 우선 원하지 않고 있음을 나도 알고 있습니다. 그래서 우선 나는 당신들의 여러 제도에 대해서 다소 의견을 말하는 것만으로 만족하고 현실 그대로의 영국 왕정, 귀족원, 민주정치의 정신에 관한 나의 생각에 대해서는 다른 기회가 올 때까지 보류하지 않으면 안 됩니다.[*1]

　나는 이제까지 프랑스의 현재 지배 권력이 무엇을 해 왔는지를 대강 살펴보았습니다. 틀림없이 나는 그것에 대해서 자유롭게 말했다고 생각합니다. 인류고래의 영구적인 감정을 소홀히 하고 새로운 원리 위에 사회계획을 세우는 것을 자신들의 원칙으로 삼는 자들에게는 당연한 일이지만, 우리처럼 인류의 판단을 그보다 좋다고 보는 인간의 눈으로 보면 그들과 그 계획은 모두 공판 중의 인물이나 계획으로서 비친다는 것을 예기(豫期)해야 합니다. 우리는 그들의 이유에 크게 주목하고 있는 것이고, 그들의 권위 따위는 전혀 안중에 없다는 것도 자명하다는 것입니다. 가장 중요하고 영향력 있는 인류의 편견 중 하나도 그들에게 있어 유리한 것은 없는 것입니다. 그들은 여론에 대한 적의를 공언하는 데 서슴지 않습니다. 물론 그들은 자신들이 다른 모든 권위와 아울러 본래의 관할권 자리에서 추방한 영향력에 의해 지지를 얻을 생각은 기대할 수 없습니다.

나는 이 의회를 상황에 편승해 국가권력을 탈취한 자들에 의한 한 임의단체 이외의 무엇으로도 간주할 수 없습니다. 그들에게는 최초의 성격에 갖추어져 있던 것과 같은 정당성의 근거도 권위도 없습니다. 그들은 처음과는 매우 다른 별도의 성격을 지니게 되어 자신들이 최초에 입각해 있던 모든 관계를 완전히 바꾸었습니다. 그들이 행사하고 있는 권위는 어떤 뜻에서도 국가의 기본법 아래 존재하지 않습니다. 그들은 자신들을 선출한 민중의 지시에서 벗어나고 말았습니다. 그러나 이 의회는 어떤 옛 관행 내지 확정한 법 등을 버팀목으로 하여 행하고 있는 것도 아닌 이상, 그 지시야말로 그들 권위의 유일한 원천이었을 것입니다. 그들의 여러 법령 가운데 가장 중요한 것은 절대다수에 의해 정해진 것이 아닙니다. 그리고 결과가 작은 차이일 경우에는 추정에 의한 전체의 권위가 있을 뿐이므로 제3자는 결의뿐만이 아닌 그 이유까지도 계산에 넣게 될 것입니다.

만일 그들이 이 새로운 실험적 정부를, 추방된 폭정을 대신하는 데 필요한 대체물로서 세운 것이라면 인류는 그 시효가 완성할 때를 기다릴 수도 있습니다. 시효야말로 초창기에는 폭력적이었던 정부를 오랜 세월의 관행을 통해서 숙성시켜 합법성 범위 안으로 받아들이게 되는 것입니다. 애정이 있고 또 그 애정으로 문명의 질서를 유지하려는 사람이라면 누구나 납득이 가는 편의의 원리로, 태어난 아이는 이미 요람 속에서조차 적출자(嫡出子)로서 인지할 것입니다. 모든 정당한 정부는 이 원리에서 태어나 또 그 원리 위에 자체의 존속을 정당화하고 있습니다. 그러나 또 이와 같이 생각하는 사람들이라면 법으로 태어난 것도 필연성에서 태어난 것도 아닌 권력—사회의 결합을 가끔 방해하고 때로는 파괴까지 하는 그 악덕이나 나쁜 행위 속에 기원을 지닌 권력—의 활동에 대해서는 어떤 종류의 지지를 보내는 것조차 주저할 것입니다. 이 의회는 여전히 겨우 1년의 시효밖에 달성하지 않고 있습니다. 그들은 자신들이 혁명을 한 것이라 말합니다. 혁명을 일으킨다는 것은 방법으로서 '얼핏 봐도' 변명을 필요로 하는 사항입니다. 혁명을 일으킨다는 것은 자기의 옛 국가를 전복시키는 것이고 그 정도로 격렬한 수속을 정당화하기 위해서는 보통 이유가 요구되는 것이 아닙니다. 다른 한편 인류의 감각이 우리에게 보증해 주는 바에 따르면 새로운 권력을 획득하는 방법을 음미하거나 그 권력을 비판하거나 하는 데 대해서는 확립된 권위에 항상 부여되고 있는 정도의 경외는 불필요합니다.

이 의회가 권력을 획득하고 보전하면서 따르는 원리는 그 권리 행사에서 그들을 이끄는 것처럼 보이는 원리와는 정반대입니다. 이 차이를 한번 관찰함으로써 그들 행동의 진정한 정신을 알 수 있을 것입니다. 우선 자신들의 권력을 획득, 유지하기 위해 그들이 한 일 내지 계속하고 있는 일은 모두 가장 진부한 기술에 속합니다. 그들은 선조 야심가들의 행동을 반복합니다. 그들의 술책이나 속임수, 폭력의 흔적을 떠올리십시오. 새로운 것은 아무것도 발견할 수 없을 것입니다. 그들은 마치 소장이나 답변서 작성 변호사*2처럼 치밀하고 정확하게 선례나 예시에 따르고 있습니다. 그리고 전제와 찬탈(簒奪)이라는 권위 있는 서식에서 조금도 벗어나지 않습니다. 그런데 공공의 이익에 관한 규칙을 세우는 단계가 되면 그 정신은 정반대가 되는 것입니다. 그들은 여기에서 전체를 이제껏 실제로 시도된 적도 없는 사변에 맡기거나, 국가에 있어서 가장 중대한 이해를 조잡한 이론에 맡기기도 합니다. 그러나 그들 가운데 어느 한 사람, 자신의 사적 이해라면 어떤 사소한 일이라도 그것을 의지하는 일 따위는 하지 않을 것입니다. 이와 같은 차이가 그들에게 나타나는 이유는 권력의 획득과 보전의 욕구에 대해서 그들은 철저하게 진지하기 때문입니다. 이 점에 대해서 그들은 이미 확실하게 다져진 길을 갑니다. 그런데 공공의 이익이 되면 그들은 그것을 진정으로 우려하지는 않으므로 전부 우연에 맡기고 마는 것입니다. 나는 굳이 우연이라고 말했는데 그것은 경험적으로 보아 그들의 계획에는 유익한 경향성을 증명하는 것이 아무것도 없기 때문입니다.

사항이 인류 행복에 연관된 문제가 되면 자기 자신의 사고방식에 겁을 먹고 회의하는 사람들이 있습니다. 그런 사람들이 오류를 범했다고 해도 우리는 항시 약간의 존경하는 마음을 담은 일종의 연민이 어린 시선으로 봐야 합니다. 그런데 이 신사들 중에는, 실험을 위해 유아에게 칼을 대는 것을 두려워하는 자상한 부모로서의 우려와 같은 것은 전혀 가지지 않습니다. 그들의 허황된 약속, 자신의 예언에 대한 자만은 돌팔이 의사의 허풍을 능가합니다.

그 거만한 자부심이 우리에게 일종의 자극과 도발을 부여하고 그 기초가 무엇인지 추구하게 하는 것입니다.

국민의회의 민중지도 중에는 상당한 재능의 소유자도 있었다는 사실은 나도 충분히 인정합니다. 그들 가운데 일부는 연설이나 저술로 웅변하고 있습니다. 그와 같은 웅변은 힘차고 더구나 갈고 닦은 재능 없이는 불가능합니다. 그러나 웅변은 그에 걸맞는 정도의 지혜 없이도 존재할 수 있을지 모릅니다.*³ 거기에서 능력에 대해 이야기할 경우, 나는 구별지어야 합니다. 그러면 그들이 자신들의 방식을 옹호하기 위해 해왔던 것에서 범상치 않은 인간을 엿볼 수 있습니다. 그런데 국민의 번영과 안전을 확보하고 게다가 국력과 위대함을 증진하기 위해 구성된 공화정의 계획이란 의미에서 그들의 방식 자체에는 포괄적이고도 정합적(整合的)인 정신의 작용은커녕 흔해 빠진 신려(愼慮) 수준조차 표시되고 있는 실례를 한 가지도 발견할 수 없다는 것을 나는 고백하지 않을 수 없습니다. 모든 곳에서 곤란을 회피해 빠져나오는 것이 그들의 목적이었던 것처럼 생각됩니다. 그러나 종래 온갖 기술에서 거장들의 영광이란 이 곤란을 직시하고 극복해, 최초의 곤란을 극복하자마자 새로운 곤란의 새로운 정복을 위한 도구로 삼아 자신의 학문제국의 확대를 가능하게 하고 그뿐만 아니라 인간오성(人間悟性) 그 자체의 경계를 최초 자신들이 생각하고 있었던 한계를 넘어 더욱 멀리까지 밀고 나간다는 것에 있었던 것입니다, 곤란이란 준엄한 교사입니다. 이 교사를 우리에게 주신 것은 부모와도 같은 후견자이고 입법자인 분—우리가 자신을 사랑하는 것 이상으로 우리를 사랑하고 마찬가지로 우리들 자신보다도 우리를 아시는 분—의 지고한 지시였습니다. '아버지이신 신 자신이 경작의 길은 용이하지 않기를 원하신다'*⁴는 것입니다. 우리와 격투하는 인간은 우리의 신경을 단련해 예민하게 해주십니다. 나의 적대자는 나의 지원자인 것입니다. 곤란과의 사이에 벌어지는 이 우의적 싸움은 우리에게 자신의 목적을 숙지하게 하고 그것을 모든 관계성 가운데서 고려하도록 강요합니다. 그는 우리에게 피상(皮相)이길 허용하지 않습니다. 자의적 권력을 행사하는 정부를 전 세계의 그처럼 많은 장소에서 창출해온 것은 그와 같은 일*⁵을 이해하는 신경의 결여입니다. 또 속임수의 지름길 또는 사소한 거짓 편의에 대한 타락한 애호입니다. 그와 같은 결여나 애호가 최근 프랑스에 자의적인 왕정을 만들어냈고 자의적인 파리공화국을 만들어냈습니다. 그들은 지혜의 결여를 넘쳐나는 힘으로 보충하려 하는데 그것으로는 아무것도 얻을 수 없습니다. 그들은 나태라는 원리에 의거해 자신의 노동을 시작하고 나태한 인간에게 공통되는 운명의 길을 거칩니다. 그들이 도망을 갔다기보다는 몸을 피한 곤란은 도중에 다시 그들 앞에 나타나 수를 늘려 그들을 덮칩니다. 거기에서 그들은 혼란의 미로를 지나 무한하고도 방향성 없는 근로로 끌려들어가 결국 그 일 전체가 빈약하고 유해하고 불확실하게 되는 것입니다.

프랑스의 자의적 의회가 개혁의 폐지와 전면적 파괴를 닮은 개혁계획을 시작해야 했던 것은 곤란에 대처하는 데 무능력하다는 이유 때문이었습니다.† 그러나 기량이 나타나는 것이 과연 파괴와 전복에서인지 의문입니다. 그렇다면 당신들의 폭도라도 적어도 당신들의 의회 정도만큼은 잘 할 수 있습니다. 천박하기 이를 데 없는 이해력이나 조잡하기 이를 데 없는 수법조차 이 일에는 지나치게 과분할 정도입니다. 심려, 숙고, 선견지명 등이 100년에 걸쳐 완성되는 건축물 등을 분노와 비이성이라면 불과 반 시간 안에 쓰러뜨릴 것입니다. 옛 여러 제도의 오류와 결함은 명명백백합니다. 그것을 지적해 보이는 데 능력 따위는 불필요합니다. 절대 권력만 있으면 악덕과 제도 두 가지 모두를 완전히 없애는데 불과 한 마디면 충분합니다. 이들 정치가들이 스스로 파괴한 것의 자리를 메우려고 일하기 시작했을 때, 귀찮음에 의해 안정감이 없는 그 똑같은 기질—게으르고 정밀(靜謐)을 싫어하는 기질—이 그들에게 지시를 하는 것입니다. 모든 것을 이제까지 자신들이 보아온 것과 반대로 하는 것은 파괴와 마찬가지로 쉬운 일입니다. 이제까지 한 번도 시도되지 않았던 것에 대해서 혼란은 생기지 않습니다. 존재하지 않았던 것의 결점을 발견하는 것에 있어서 비판은 실패하기 마련입니다. 그리고 격렬한 열광과 기만적 희망은 어떠한 반대와도 거의 또는 전혀 부딪히지 않고 광대한 상상의 미개척 벌판을 맘껏 뛰어다닐 수 있는 것입니다.

† *[6]국민의회 지도자 중 한 사람인 라보 드 산테티엔 씨*[7]는 그들의 행동 전체의 원리를 비할 나위 없이 명확하게 표기하고 있다. 이 이상으로 간명한 것은 없다. 즉 '프랑스의 모든 제도는 민중의 불행을 지고의 자리에 앉히고 있다. 그들을 행복하게 하기 위해 그들을 개조해야 한다. 그들의 사상·법·습속을 바꾸는 것이다. ……인간을 바꾸는 것이다. 사물·언어를 바꾸는 것이다.

…… 모든 것을 파괴하는 것이다. 그렇다, 모두를 파괴하는 것이다. 모두가 재생해야만 하기 때문에.' 이 신사는 어느 의회의 의장으로 선출되었는데 그 의회의 개회 장소는 맹인원(盲人院)도 광인원(狂人院)도 아니었고, 덧붙여 그 구성자는 이성적인 존재라 자칭하는 사람들이었다. 그러나 그의 사상이나 언어, 행위도 현재 프랑스에서 작용되고 있는 기구의 기능을 지휘하고 있는 의회 내외 사람들의 주장이나 의견, 행동과 조금도 다를 바가 없다.

보존과 개혁을 동시에 행한다는 것은 위와는 전혀 별개의 사항이다. 낡은 제도의 유익한 부분이 여전히 유지되고 게다가 부가된 것이 보존되는 것에 잘 접합되는 때야말로 발랄한 정신, 착실하고 끈질긴 주의력, 비교 종합하는 다양한 힘, 기략이 풍부한 판단력이 되풀이하는 여러 가지 수단 따위가 발휘되는 때인 것입니다. 그런 것들은 서로 대립하는 여러 악이 결합한 힘과의 사이에서 끊임없이 싸우는 가운데 발휘됩니다. 또 온갖 개량을 거부하는 완고함, 자기의 소유물 모두에게 질려서 혐오를 느끼고 있는 변덕스러움 등과의 싸움 가운데 발휘됩니다. 그러나 당신들은 이렇게 항의할지도 모릅니다. 즉 '이런 진행 방법으로는 느리다. 몇 세대에 걸쳐서 해야 할 일을 몇 달에 수행한다는 영광스러운 의회에게 이는 걸맞지 않는다. 그와 같은 개혁 방법으로는 틀림없이 몇 년을 필요로 하지 않을까.' 틀림없이 그렇게 될 것이고 또 그래야만 합니다. 그 작용 속도가 느리고 거의 그것을 인식하지 못하는 경우에는, 시간의 도움을 받는 방법이 지니는 탁월한 이유의 하나입니다. 만일 생명이 없는 물질에 작용하는 경우조차도 상황에 대한 세심한 주의나 경계가 지혜의 일부를 이루는 것이라면, 더더욱 파괴와 건설의 주제는 벽돌이나 재목이 아니고 정이 있는 존재이며 나아가 그 상태나 처지, 관습 등을 갑자기 변경하면 많은 인간이 불행해질지도 모르는 경우에 그와 같은 신중함은 틀림없이 의무의 일부가 되는 것입니다. 그러나 파리의 지배적인 사고방식은 무감각한 마음과 의문을 갖지 않는 믿음이 완벽한 입법자의 유일한 자격으로 여겨지고 있는 것 같습니다. 그러나 그토록 고귀한 직무에 대한 나의 관념은 크게 다릅니다. 진정한 입법자는 감수성이 풍부해야 합니다.*8 그는 인류 동포를 경애하고 자기 자신을 두려워해야 합니다. 그가 자신의 종국적인 목표를 직관적으로 파악하는 것은 기질로서는 허용될 수 있겠지만 그것을 향한 그의 움직임은 신중해야 합니다. 정치상의 여러 조치란 사회적 목적을 지향하는 작업이므로 사회적 수단에 의해서만 수행되어야 합니다. 그곳에서는 정신과 정신이 함께 숨 쉬고 있어야 합니다. 우리가 목표로 하는 선을 불러올 유일한, 그와 같은 정신의 일치를 낳기 위해서는 시간이 필요한 것입니다. 우리의 인내는 우리의 역량 이상의 일을 성취해 줄 것입니다. 만일 내가 파리에서는 대단히 유행에 뒤떨어지고 만 것에—즉 경험에—호소해도 좋은 것이라면, 나는 당신에게 이렇게 말하고 싶습니다. 즉 나는 내 자신의 이제까지의 길에서 위대한 사람들을 지기로 얻었고 내 나름의 방법으로 그들과 협력도 해 왔습니다. 더구나 그런 나도 아직 그 문제를 지도한 인물보다도 판단력에서 훨씬 뒤떨어지는 사람들의 관찰에 의해 수정이 가해지지 않았던 모든 계획도 이제껏 본 적이 없습니다. 완만하긴 해도 확실하게 지탱받는 진보에서 한 걸음 한 걸음의 결과는 감지할 수 있는 것입니다. 최초 단계의 성공 또는 실패가 제2단계에서는 우리를 비춰줍니다. 이렇게 해서 빛에서 빛으로 우리는 전 과정을 통해 완전하게 인도됩니다. 우리는 체계의 여러 요소가 상호 충돌하지 않는 것을 압니다. 극히 유망한 방책에도 내재하는 해독에 대해서는 발생과 함께 조치가 취해집니다. 하나의 이점이 다른 이점의 희생이 되는 것은 가능한 한 적어야 됩니다. 우리는 보완하고, 조정하고, 균형을 취합니다. 그리고 인간의 정신이나 사상(事象) 속에 발견되는 다양한 이상성이나 상호 모순된 여러 원리 등을 조화된 전체로 결합시키는 것*⁹이 가능해집니다. 여기에서 발휘되는 것은 단순함에서의 탁월성이 아닌, 그를 훨씬 뛰어넘는 배합에서의 탁월성을 낳게 되는 것입니다. 인류의 최대 이해가 몇 세대에 걸쳐 오래 계승되면서 문제가 되고 있는 경우, 그들의 이해에 그 정도로까지 깊은 영향을 주는 여러 회의에서는 그와 같은 계승이라는 측면으로부터의 발언도 얼마만큼 인정되어야 합니다. 이것은 정의가 요구하는 것인데, 그뿐만 아니라 그 일 자체가 단일의 시대에서는 공급할 수 없을 정도의 많은 정신적 지원을 요구하는 것입니다. 사물에 대한 이와 같은 견해 때문에 최선의 입법자들은 종종 무언가 확실하고 견고한 주요 원리—일종의 철학자들이 소산적 성질*¹⁰로 부른 것에 가까운 권력—을 통치기구 속에 확립함으로써 만족했습니다. 그들은 우선 그 원리를 확정해두고 나중에는 원리 자체의 작용에 맡긴 것입니다.

나에게 있어서는 이와 같은 방법으로 진행해나가는 것, 즉 지도원리와 풍부한 행동력을 지니고 나아가는 것이야말로 심원한 지혜를 측정하는 기준이 됩니다. 당신들의 정치가들이 대담하고 용감한 재능의 표시로 생각하고 있는 것은 실은 한심한 능력 결여를 증명하는 것에 불과합니다. 자신의 난폭하고 성급함, 자연과정의 무시 때문에 그들은 투기꾼이나 사기꾼, 연금술사, 돌팔이 의사 등이 나타날 때마다 맹목적으로 그자들의 말에 따르게 됩니다. 그들은 보편적 사항들은 전부 이용 불가능한 것이라 체념하고 있는 것입니다. 그들의 치료법 체계 가운데서는 식이요법이 무시되고 있습니다. 그러나 그 가운데서도 가장 나쁜 것은, 그들이 보편적인 방법으로 보편적인 질환을 고치는 것을 단념하고 있는 것이 단순히 이해력의 결함에 기인하는 것은 아니라 무언가 심보가 나쁜 성질에 따른 것이 아닌가 의심되는 것입니다. 당신들의 입법자는 모든 지적 직업, 높은 신분, 공적 지위 따위에 대한 자신의 의견을 풍자꾼들의 아우성이나 희롱 소리를 빌려 형성해 온 것 같습니다. 그러나 이 풍자꾼들이 자신의 말 한마디 한마디에 책임을 져야 한다면 분명 경악하겠지요. 이와 같은 목소리에만 귀를 기울임으로써 당신들의 지도자들은 모든 사항을 단지 악덕이나 오류라는 측면에서만 보고 맙니다. 나아가 그러한 악덕이나 오류를 과장되게 보는 것입니다. 역설로 들릴지 모르지만 일반적으로는 오류를 발견해 이를 과시하는 것이 습관화된 인간은 개혁의 일을 감당하지 못합니다. 이는 의심할 여지 없는 진실입니다. 그것은 그들의 정신이, 공정하고 선의 사항을 인식하기 위한 틀을 갖추고 있지 않을 뿐만 아니라, 습성에 의해서 그와 같이 공정하고 선한 일을 바라보는 것에 아무런 기쁨을 느끼지 않기 때문입니다. 그들은 악덕을 증오하는 나머지 인간을 사랑하는 마음이 현저히 줄어들고 있습니다. 그렇게 되면 그런 그들이 인간에게 봉사할 마음도 지니지 않고 능력도 지니지 않는 사실에 놀랄 필요는 없습니다. 당신들의 일부 안내인은 무엇이건 분쇄하고 마는 체질적 경향을 지니고 있는데, 그 경향은 이로부터 오는 것입니다. 이 심보가 나쁜 장난을 칠 때 그들은 네발짐승과 같은 활동의 전부를 보여줍니다. 그와 같은 놀이 이외의 경우는 자신의 재능을 시험하고, 이목을 집중시키고, 놀라움을 주기 위한 순수한 공상적 유희로 일컬어진 웅변의 저작자 역설*11도 이 신사들에 의하면 취미를 함양해 문체를 갈고 다듬기 위한 수단이라는 최초의 저자의 정신과는 다른 식으로 해석되고 맙니다. 그들에게 있어서는 이와 같은 역설이 진정한 행동의 기초가 되고, 그들은 그것에 입각해 국가의 가장 중요한 이해를 규제하려는 것입니다. 키케로는 카토가 스토아 철학을 배우고 있는 어린 학생들의 기지훈련에 쓰인 학교를 향한 역설에 입각해 국가활동을 수행하려고 시도했다고 경멸을 담아 말하고 있습니다.*12 만일 카토가 그렇다면 이 신사들은 카토의 동시대적 인간과 같은 태도이고 카토를 빼닮았다는 의미가 됩니다. 바로 '맨발의 카토여'*13입니다. 흄 씨는 나에게 일찍이 루소 자신으로부터 제작원리의 비밀을 들었다고 말했습니다.*14 기묘하지만 동시에 날카로웠던 그 관찰자는 독자에게 인상을 남기고 관심을 갖게 하기 위해서는 우선 경이로움을 낳게 해야 한다는 것을 인식하고 있었습니다. 또 이교신화의 경이가 이미 그 효력을 잃은 지 오래고 그것에 이어 거인이나 마술사나 요정, 전설적 영웅 등도 제각기 시대 나름의 믿기 쉬운 마음을 소진해 버린 것도 밝혀져 있었습니다. 그리고 또 여전히 창출이 가능할지 모르고, 나아가 방법은 다를망정 똑같은 효과가 있는 경이로서 현대의 저술가에게 남겨져 있는 것이라고는 정치나 도덕의 세계에서 예기치 않은 새로운 타격을 불러일으킬 정도의 생활이나 습속이나 성격, 이상사태 등에서의 경이뿐이라는 것도 인식하고 있었습니다. 만일 아직도 루소가 생존하고 게다가 불규칙했던 그의 명징(明澄)한 시기 중 어딘가에 해당하고 있었다면 그의 학도들—역설에서 루소의 노예적인 모방자이고 불신앙자조차 루소에 의한 암묵적 신앙이 드러나는 집단—이 현실행동으로 보여주고 있는 광란에 충격을 받았을 것으로 나는 믿습니다.*15

중대한 일을 도모하는 인간은 설사 보편적인 방법을 사용하는 경우에도 능력을 추정할 만한 근거를 우리에게 보여주어야 합니다. 하물며 질환을 치유하는 것만으로는 만족하지 않고 국가제도의 재생까지도 도모하는 국가의 의사인 자는 남다른 역량을 보여야만 합니다. 어떤 관행에도 호소하지 않고 어떤 본보기도 따르려고 하지 않는 사람들의 계획에는 무언가 비범하기 이를 데 없는 지혜의 용모가 자연스럽게 나타나야 합니다. 그러나 그와 같은 무언가를 보여주었을까요. 아래에 나는 국민의회가 진행해 온 것을 개관하겠습니다(그래도 문제와의 균형으로는 참으로 짧은 것입니다). 이 개관은 우선 첫째로 입법부의 구성에 대해서, 다음으로 집행부, 사법부에 대해서, 그리고 군대의 양식에 대해서 이루어지고 마지막으로 재정조직에 대해 결론

지을 생각입니다. 그것을 통해서 나는 그들 계획의 어느 부분에서나 경이적 노력의 발견 여부를 검토해 보려고 합니다. 만일 그것이 발견된다면 이들 대담한 계획가들이 인류에 대해서 지니고 있다는 탁월성도 정당화될 것입니다.

우리가 그들의 대전시(大展示)를 기대해야 하는 것은 우선 이 새로운 국가의 최고지도 부분의 양식에 대해서입니다. 그들은 이곳에서 그 자랑스러운 요구에 대한 자신들의 자격을 증명할 것입니다. 계획 그 자체의 전반 및 그에 대한 충분한 근거를 주는 이유에 대해서 내가 참조한 것은 1789년 9월 29일의 의회일지 및 그 계획에 무언가 변경을 가한 그 이후의 의사록입니다. 다소 혼란스러운 사항 가운데, 내가 인식하는 한 그 조직은 최초에 형성된 것과 실질적으로 바뀌지 않았습니다. 나는 그 조직의 정신과 경향, 그리고 한 민중국가—그들은 자신들의 것이야말로 그렇다고 자칭하고 있습니다— 를 모든 국가 특히 그와 같은 국가가 만들어지는 목적에 맞게 형성해 가는 데 있어서의 적성 따위에 대해서 조금 언급해 볼 생각입니다. 동시에 나는 그 조직이 그 자체 및 그 자체의 원리에 대해서 모순되지 않는지의 여부도 고려할 생각입니다.

낡은 여러 제도는 그 효과에 따라서 실험됩니다. 만일 민중이 행복하고 통일되어 있고 유복하며 활기차면 나머지도 추정할 수 있습니다. 선을 낳는 것은 선이다, 라고 우리는 결론을 짓습니다. 지난 날의 여러 제도에 있어서는 그런 것들이 이론에서 일탈한 경우에 대한 다양한 교정수단*16이 있음을 인식했습니다. 그리고 그것들은 오히려 다양한 필요나 편의의*17 귀결인 것이고, 종종 아무런 이론에도 따르지 않고 형성되는 것입니다. 그리고 그곳에서 이론이 추출되는 것입니다. 그곳에서는 최초의 계획과 수단이 완전히 조화되지 않을 것처럼 보이는 경우에 목적은 완벽히 달성되는 일이 종종 있습니다. 또는 경험에서 배우는 수단 쪽이 최초의 계획 중에 연구된 것보다도 정치적 목적에 적합한 것인지도 모릅니다. 또 그런 경험적 수단은 다시 당초의 헌법구조에 반작용하고 때로는 이반한 듯 보였던 계획 그 자체를 개선할 때도 있습니다. 나는 이러한 모든 것이 영국헌법 속에서 불가사의하게 예증되는 것이 아닌가 생각하고 있습니다. 최악의 경우에서조차 배의 위치를 추산하는데 온갖 오류나 나침반의 오차가 모두 발견되고 계산되어 배는 결국 올바른 항로로 계속 나아갈 수 있는 것입니다. 이것이 바로 낡은 여러 제도의 경우입니다. 그러나 단순히 새로운 이론적인 것에 지나지 않는 조직의 경우, 온갖 기축(機軸)은 단순히 표면적으로만 보게 되어 그 목적에 걸맞는 것이라 예측되고 맙니다. 새로운 건물의 벽에 대해서건 기초에 대해서건, 그것을 낡은 건물과 조화시키려는 노력 등에서 계획자들이 조금의 번거로움도 없을 경우 특히 그러합니다.

프랑스의 건축가들은 눈에 들어오는 것 모두를 단순한 잡동사니로 몰아 일소해 버리고, 그리고 그들 나라의 장식정원사 또한 모든 것을 완전히 똑같은 수준으로 만든 후 지방과 중앙의 전 입법조직을 기하학적, 산술적, 재정적이라는 각기 다른 3종의 기초에 입각시키도록 제안했습니다. 그들은 제1의 것을 지역의 기초, 제2의 것을 인구의 기초, 제3의 것을 조세부담의 기초로 부릅니다. 이러한 여러 목적 가운데 제1의 것을 달성하기 위해 그들은 국토를 가로세로 18리그씩 83 지역으로 분할합니다. 이러한 큰 구분은 현(縣)으로 일컬어지고 있는데 그들은 계속해서 정사각형원리를 적용해 그것을 자치제(코뮌)란 이름의 720개 지역으로 구분합니다. 그리고 이 도시를 정사각형원리에 의해서 구(區)라는 한 층의 소지구로 세분화해 그 수는 전부 6,400이 됩니다.[18]

언뜻 보기에 그들의 이와 같은 기하학적 기초에는 칭찬도 비난도 불필요하게 여겨집니다. 그것은 그다지 입법상의 위대한 재능 따위를 필요로 하지 않습니다. 이 같은 계획을 위해서는 정확한 측량기사가 체인과 조준기와 경위의(經緯儀)만 가지고 있다면 그것으로 충분합니다. 제2차 세계대전의 국토구분에 있어서는 여러 시대의 다양한 우연, 다양한 영지나 재판권의 영고성쇠(榮枯盛衰) 등이 분계선을 정한 것이었습니다. 의심할 여지 없이 이와 같은 분계선은 무언가 고정적인 원칙에 따라 세워진 것은 아니었습니다. 그것은 일종의 불편을 수반하고 있었습니다. 그러나 이 불편에 대해서 도움이 된다는 것이 구제수단이 되고, 또한 관습이 적응과 인내까지도 가져다주었습니다. 그런데 이 새로운 정사각형 중의 정사각형인 석축 밑에서는, 즉 현명한 원리 위에서가 아닌 엠페도클레스와 뷔퐁의 체계[19] 위에 만들어진 조직이나 반조직하에서는 사람들이 친숙하지 않은 지방적 불편이 생기기 마련입니다. 그러나 나는 이러한 문제들은 일단 접어 두기로 합니다. 그것은 내가 지니지 않은 이 나라에 대한 정확한 지식이 필요하기 때문입니다.

이 국가 측량기사들은 자신의 측량 일을 얼핏 보고서는 정치에서의 가장 큰 오류는 기하학적 증명임을 바로 깨달았습니다. 거기에서 그들은 잘못된 기초 위에서 흔들리고 있는 건물을 지탱하기 위해 다른 기초(라기보다는 버팀목)에 의존해야 했습니다. 토양의 비옥함, 사람들의 부유 정도, 조세부담의 크기 따위는 거의 각 정사각형마다 무한한 다양성이 존재하므로 측량으로 국가의 권력 기준으로 하는 것은 어리석기 짝이 없고 인간을 배치하는 수단으로서 기하학적 평등은 가장 불평등하다는 것이 명백했습니다. 그런데 그들은 체념하지 않았습니다. 그래서 그들은 그 정치적·사회적 대표를 3부분으로 나누고 그 하나를 이 정사각형측량에 할당했는데 그때 대표의 이와 같은 지역비율이 공정하게 배분되고 있는지의 여부, 또 본디 무슨 원리에 의해 그것은 실제의 3분의 1이어야 하는지 등을 확인하기 위한 유일한 사실을 계산한 것도 아니었습니다. 아무튼 그들은 기하학이라는 숭고한 학문에 대한 경의에서—라고 나는 상상하는데—그 원리에 대해 이와 같은 할당을 해 두고(미망인의 몫으로서 3분의 1*[20]이라는 것입니다) 나머지 3분의 2에 대해서는 다른 부분, 즉 인구원리와 조세부담 원리와의 쟁탈에 맡긴 것입니다.

한편 인구원리를 처리할 단계가 되자 그들은 기하학원리의 분야에서처럼 원활하게 일을 진행할 수 없게 되었습니다. 여기에서는 그들의 셈이 법률론적 형이상학에 대한 압박으로 다가온 것입니다. 만일 그들이 자신들의 형이상학원리에 고집했다면 산술상의 처리는 실로 단순명쾌했을 것입니다. 그들에게 있어서 인간은 엄밀히 평등하고 자신들의 정부에 대해서 평등한 권리를 지닙니다. 이 원리에 따르면 각자는 자신의 투표권을 소유하고 또 누구나 입법부에서 자기를 대표해줄 인물에게 직접 투표할 것입니다. 그런데 '서서히 보편적인 진행방법으로'*[21]라는 이유로 법, 습관, 관행, 정책, 이성 등에 길을 비키게 할 예정이었던 이 형이상학원리도 그들의 제멋대로인 행동에 스스로 길을 비켜줘야 합니다. 즉 대표가 그를 선출하는 유권자에게 접촉할 수 있기 위해서는 많은 등급과 몇 개의 단계를 거쳐야 한다는 것입니다. 그러나 사실 바로 뒤에서 언급하듯이 대표와 유권자라는 이 두 인물 사이에는 상호 아무런 공동관계도 가지지 않습니다. 우선 첫째로 그들의 이른바 초급의회를 구성하는 구(區)의 유권자가 되기 위해서는 일정한 자격이 필요합니다. 그런데 이게 말이 됩니까. 취소해서는 안 될 인권에 일정한 자격제한이라도 있다는 것입니까. 어쨌든 그는 사실입니다. 그러나 아주 약간의 제한이다, 우리의 부정은 아주 약간만 억압적이다, 지역에서 3일치의 노임에 달하는 것으로 평가되는 금액을 국가에 지불하면 된다, 는 것입니다. 아무튼 대수롭지 않은 일이라 인정하겠습니다. 단, 그것이 당신들의 평등화원리를 완전히 뒤집는 것이 아니라면 말입니다. 실제로 그것은 자격제한으로서 보면 방치해도 무관할지 모릅니다. 왜냐하면 그것은 자격제한을 정하는 목적은 한 가지도 달성되지 않기 때문입니다. 어쨌든 당신들의 사고에 따르면 이 자격제한으로 인해 다른 모든 사람들 중에서도 자연적 평등의 입장에서 보호와 방어를 가장 필요로 하는 사람—내가 말하고 있는 것은 자신을 지키는 것으로는 자연적 평등 이외에 아무것도 갖지 않은 사람을 말하는 것인데—이 한 표에서 배제됩니다. 당신들은 이 사람에게 한 표의 권리를 사라고 명하는 것입니다. 그런데 그 권리야말로 전에 당신들이 그에게 그의 출생과 함께 자연히 그에게 무상으로 부여된 것이고 지상의 어떤 권위도 그에게서 그것을 합법적으로 빼앗지 못한다고 말해준 것입니다. 당신들의 시장에 찾아올 수 없는 인간을 가로막듯이 폭군적인 귀족정치가 그 불구대천의 원수라 자칭하는 당신들의 손으로 최초부터 세워져 있는 것입니다.

등급구분은 진행됩니다. 이러한 구의 초급의회는 선거자격이 있는 주민 200명에 대해서 한 사람의 비율로 자치단체에 대의원을 선출합니다. 여기에 제1차 선거인과 대표제 입법자*22 사이에서 최초의 중간 과정이 세워지게 됩니다. 인간의 권리에 대해서 제2의 자격제한이라는 과세를 하는 새로운 통행세 징수소가 설치됩니다. 그것은 10일간의 노임에 상당하는 금액을 지불하지 않는 인간은 누구나 자치체에 선출되지 못하기 때문입니다. 그러나 그것에 그치지 않고 또 하나의 등급이 존재합니다.† 구에서 선출되는 이들 자치체는 현을 위한 대의원을 선출하고 나아가 현의 대의원이 그 대표를 국민의회로 선출하는 것입니다. 여기에는 또한 무의미한 자격제한인 제3의 장애가 존재해 국민의회로 선출되는 모든 대표는 은 1마르크 상당*23액을 직접세로서 지불해야만 합니다. 요컨대 우리로서는 이와 같은 자격제한 모두에 대해서 동공이곡(同工異曲)이라 생각해야 할 것입니다. 그들은 의원의 독립성을 보장하기 위해서는 무력하고*24 단지 인간의 권리를 파괴하기 위해서만 강력한 것입니다.

　†국민의회는 그 위원회 안을 실시함에 있어*25 약간의 변경을 가했다. 그들은 이러한 등급 구분 가운데서 1단계를 폐지했다. 이는 이의를 일부분 삭제한 것을 의미한다. 그러나 주요한 이의, 즉 그들의 계획에 따르면 최초의 유권자와 대표제 입법자가 아무런 관계도 갖지 않고 있다는 이의는 여전히 조금의 힘도 상실하지 않는다. 이 밖에도 몇 가지 변경이 있다. 그 가운데 어떤 것은 어쩌면 개선이라 할 수 있고, 또 어떤 것은 확실한 개악이라 할 수 있다. 아무튼 필자가 보기에 계획 그 자체가 근본적으로 악이고 부조리한 이상 이러한 소규모 변경의 득실에는 아무런 의의도 없다.

기본적 원리로서는 자연권이라는 하나의 원리에 입각해 단지 인구만을 고려하고 있는 듯 보이는 이 모든 과정을 통해 실은 재산에 대한 명확한 배려가 이루어지고 있는 것입니다. 그와 같은 일은 그들 이외의 계획에 있어 정당하고 조리에 맞더라도 그들에게는 전혀 지지할 수 없는 것입니다.

　그들의 제3의 기초, 즉 조세부담을 보면 그들이 자신들의 인권론을 더욱더 완전히 잃어버리고 있음을 우리는 깨닫게 됩니다. 이 마지막 기초는 시종일관 재산에 의거하고 있습니다. 인간의 평등과는 전혀 다른, 그것과는 문자 그대로 조화 불가능한 원리가 이곳에서 승인되는 것입니다. 그러나 이 원리는 승인되자마자*26(예에 따라서) 즉시 뒤집힙니다. 더구나 그 뒤집는 방법은 부(富)의 불평등을 자연적 수평으로 근접시키는 것은 아닙니다. 즉 대표의 제3부분 중에는 특별히 배분된 부분(오로지 고액 납세자를 위해 보류된 부분)이 존재하는데 그 배분은 지역만을 고려해 이루어져 있고 그 지역 내의 납세자 개개인은 고려되지 않고 있는 것입니다. 그들이 구차한 변명을 하는 것으로 보아 인권과 부자의 특권이라는 자신들의 모순된 관념으로 그들이 얼마나 곤혹스러워했는지 쉽게 알 수 있습니다. 헌법위원회는 양자가 완전히 조정 불가능함을 인정하고 있는 것과 같습니다. '개인 상호간의 정치적 권리의 균형을 문제삼을 경우(라고 그들은 말합니다), 의문의 여지없이 조세부담에 의한 관계부여는 무효이다. 실제로 이 균형이 없으면 개인의 평등은 파괴되고 부자의 귀족정권이 세워질 것이다. 그러나 조세부담의 비율관계를 대집단 간, 즉 지방과 지방 사이에 대해서만 생각하면 이 불편함은 완전히 소멸한다. 이 경우 그것은 여러 도시간의 올바른 상무적 균형형성에만 도움이 되고 시민의 개인적 권리에는 아무런 영향을 미치지 않는다.'

여기에서 조세부담의 원리는 개인과 개인 사이에서는 무효이고 평등을 파괴하는 것, 유해한 것으로서 배격(排擊)하고 있습니다. 그것은 부자의 귀족정권 수립으로 인도하기 때문입니다. 그렇다고 해서 그것을 포기할 수도 없습니다. 그리고 그 혼란을 배제하는 방법은 각 현 내에 있는 개인 모두 대등한 상태로 두고 현과 현 사이에 불평등을 세우라는 것입니다. 그러나 이 여러 개인 간의 대등성은 이미 현 내에서 자격제한이 정해지자마자 파괴되고 있음을 고려해두기 바랍니다. 또 인간의 평등이 집단적으로 손상되건 개인적으로 손상되건 그것은 그다지 중요한 문제로 생각되지 않는다는 것도 고려해두기 바랍니다. 소수자에 의해서 대표되는 집단에 속하는 한 개인과, 다수자에 의해서 대표되는 가운데에 있는 한 개인과는 중요도가 다릅니다. 자신의 평등에 대해 주위 깊게 경계하고 있는 인간에게 선거인은 3명의 의원을 선출하든 10명의 의원을 선출하든 같은 선거권을 지니는 것이라 말해주는 것은 너무하다는 것입니다.

그런데 이 문제를 다른 관점에서 봅시다.*27 그리고 조세부담 즉 부유 정도에 따른 대표제원리란 구상의 묘(妙)를 얻은 것이고 그들의 공화정에 있어서 필요한 기초라 상정해 봅시다. 이 제3의 기초에서 그들은 다음의 것을 전제합니다. 즉 부를 존중할 것, 또한 정의와 정책이 요구하는 바에 따르면 부란 부자가 무언가의 형태로 공적문제의 경영에 더 큰 발언권을 갖는 자격을 부여할 것이라는 전제입니다. 다음으로 이 의회가 유복함을 이유로 부자가 사는 지역에, 보다 큰 권력—개인으로서의 부자에게는 거부되고 있는 것—을 허용하고 그것으로 그들의 우월뿐 아니라 보증에까지 어떻게 배려하는지 봅시다. 물론 나는 민주주의적 기초를 지닌 공화정 정부하에 있는 부자에게는 왕정하에서 필요로 하는 이상의 보증이 강하게 요구된다는 것을 인정한다. (실제 그것은 일종의 근본원리라고 나는 제시해야 할 것입니다*28). 그들은 선망(羨望)에 노출되고 선망을 통해서 억압에 노출되고 있습니다. 하지만 현재의 계획 가운데서 여러 현 간의 불평등한 대표성의 근거가 되는 귀족적 편향에서 부자들이 어떤 이점을 추출할 수 있을지 점치는 것은 불가능합니다. 부자가 품위의 유지나 재산에 대한 보증으로서 이익을 느낄 수는 없습니다. 왜냐하면 그것은 이 귀족주의적 현이란 순수하게 민주주의적 원리에서 생겨난 것이기 때문입니다. 또 전국적 대표 가운데서 그 현에 부여되는 지배적 지위도 그 현의 우월을 정하는 이유가 된 재산소유자인 개인과는 아무런 관계나 결부를 지니지 않기 때문입니다.** 만일 계획 입안자들이 조세 부담을 이유로 부자에게 무언가 우대를 할 생각이었다면, 그들은 그 특권을 부자개인이나 또는 부자에 의해 구성되는 모든 계급에도 부여해야 했습니다 (역사가가 전하는 바에 따르면 로마의 초기 국제(國制)에서 세르비우스 툴리우스*29가 그러했다는 것입니다). 왜냐하면 부자와 빈자의 싸움은 법인단체 간의 투쟁이 아닌 사람과 사람의 싸움이기 때문이고 또한 지역 서로 간의 경쟁이 아니며 계급간의 경쟁이기 때문입니다. 이 계획은 오히려 틀어지는 것이 더 목적 합리적이었습니다. 그랬다면 각 현의 투표권이 평등해지고 현 내에서의 투표권이 재산에 비례했을 것입니다.*30

어느 지역의 한 인물이*31 이웃 사람 100명을 합친 것과 같은 액수의 세를 부담했다 가정해봅시다(이 상정하는 것은 용이합니다). 이 100명에 대해 그는 단 한 표만 가질 뿐입니다. 그러므로 만일 이 집단에 대해 한 명의 대표만이 존재한다면 그 가난한 이웃들은 그 한 사람의 대표를 선출함에 있어서 100표 대 1표로 그를 이기게 됩니다. 곤란한 일입니다. 그래서 그를 위한 수정이 가해진다는 것입니다. 방법인즉슨 그 지역은 그의 부로 인해, 이를테면 한 사람이 아닌 10명의 의원을 선출한다는 것입니다. 다시 말해서 그는 극히 많은 액수의 조세를 지불함으로써 한 의원을 선출하는 데 있어 100표 대 1표로 빈자에게 지는 것이 아닌 10명을 선출하는 데 있어 같은 비율로 지는 것입니다. 다시 말해 부자는 대표의 양적 우세로 인해 이익이 되기는커녕 그보다 더한 압제에 놓이게 됩니다. 지방 내부의 대표 증가, 더해진 9명의 민주주의적 후보가 있으면 9명 이상의 인물이 세워져 그의 비용이 그를 압박하도록 도당을 짜고 음모로 꾸미며 민중에게 아첨하는 것입니다. 이와 같은 수단에 의해 품성이 야비한 대중에게 하나의 이익이 제공됩니다. 즉 파리에 사는 쾌적함과 왕국정부로의 참가에 더해져 1일 18루브르의 급여(그들에게는 거액입니다)가 들어오는 것입니다. 야심의 대상이 증가하고 민주적으로 되면 될수록 그것에 정비례하여 부자를 위협하는 것입니다.

귀족주의적으로 간주되고 있었던 지방에서의 빈자와 부자와의 관계는 반드시 이러했습니다. 그 내부 관계는 귀족주의적이라는 성격과는 정반대입니다. 그 대외관계, 즉 다른 여러 지방과의 관계에 대해서 말하자면 부 때문에 여러 현 간에 허용되고 있는 불평등한 대표성이 도대체 어떻게 국가의 평형(平衡)과 정밀(靜謐)을 유지하는 수단이 되는지, 나로서는 이해할 수 없습니다. 실제로 약자가 강자에 의해 분쇄되지 않도록 보증하는 것이 국가목적의 하나라고 한다면 (의문의 여지없이 모든 사회에서 그렇습니다) 이들 여러 현 가운데서 약소하고도 빈곤한 현을 더 부강한 것의 압정으로부터 지키려면 어찌해야 합니까. 부강한 현에 대해서 약체인 현을 압박하기 위한, 그 이상의 조직적인 수단을 부여해야 한다는 것입니까. 여러 현 사이의 대표성이 평형에 도달하려면 즉 그런 것들 가운데 지방적 이해나 경쟁, 질투가 마치 개인과의 사이와 마찬가지로 많이 발생해야 할 것입니다. 여러 현의 분열은 개인 간의 경우보다도 더욱 심한 불화의 정신을 자아낼 것이고 나아가 전쟁이 일어날 위험성조차 가지게 될 것입니다.

이들 귀족주의적 현은 이른바 직접세의 원리에 따라서 이루어진 것으로 나는 인식하고 있습니다. 그러므로 이토록 불평등한 기준은 달리 없습니다. 이 직접세의 기준에 비하면 소비에 대한 부과에서 비롯되는 간접세 쪽이 실태적으로도 보다 적절한 기준이고, 보다 자연스럽게 부를 추적해 그 소재를 명확히 할 수 있습니다. 그래도 직접세건 간접세건 그 양자를 이유로 해서 각 지방 간 대표의 우열을 정하는 기준으로 삼는 것은 곤란합니다. 그것은 어느 지방은 이 중 어느 한쪽 또는 양자가 타지방보다 많이 납입될지도 모르는데, 그 원인이 그 지역에 내재하는 것이 아니고 외견상의 납세를 근거로 그들이 우세를 획득한 바로 그 상대 지역 쪽에 있을지도 모르기 때문입니다.** 만일 각 현이 독립해 주권을 지닌 조직이고 명확한 분담금으로 연방재정에 대비하기로 되어 있고*32 더구나 세입에는 전국 공통의 부과—단체중심이 아니고 개인중심으로 영향을 주고 따라서 그 성질상 각 지역의 모든 경계를 모호하게 하는 부과—라는 면이 (현재와는 달리) 조금밖에 없다고 한다면 그 경우에는 현에 입각하는 조세부담이라는 기초에도 얼마간의 몫이 있다고 말할 수 있을지 모릅니다. 그러나 각 지역을 하나의 전체 구성원으로 생각하고 있는 나라에서 이와 같은 조세부담에 의해서 측정되는 대표성을 형평의 원리상에 기초로 삼는 것은 가장 곤란한 일입니다. 왜냐하면 파리나 보르도 같은 대도시는 거의 다른 곳과는 비교도 안 될 정도의 거액을 납세하고 따라서 이 두 도시가 속하는 현도 그와 같이 간주되기 때문입니다. 그러나 실제로 이 도시들은 그 비율로 조세부담을 하고 있을까요. 그렇지는 않습니다. 보르도에 수입된 물자의 소비자는 전 프랑스에 흩어져 있고 그들이 보르도의 수입세를 지불하고 있는 것입니다. 또 기아나나 랑그도크 산의 포도주가 수출무역에서 생기는 조세부담의 재력을 그 도시에 부여합니다. 재산을 파리에서 소비하는 지주들은 그러한 이유로 파리시의 창조자이기도 한데 그들은 자신들의 수입이 발생하는 여러 지방에서 파리를 위해 납세하고 있는 것입니다.*[33] 이와 매우 비슷한 논의가 직접세를 이유로 하는 대표배분에도 들어맞습니다. 왜냐하면 직접세는 실질 내지 추정에 의한 부에 부과되어야 하고 나아가 지방의 부는 그 자체가 지방적 원인에서 발생하는 것이 아닌 이상 형평의 견지에서도 그는 한 지방의 편중을 가져와서는 안 되기 때문입니다.

특히 눈에 띄는 것은 직접세를 기초로 현의 대표를 결정한다는 이 근본규정에 관해서 그 직접세를 어떻게 부과하고 어떻게 할당할 것인가에 대해서 그들은 여전히 결정짓지 않는다는 점입니다. 이 기묘한 절차 중에는 어쩌면 현 의회를 지속시킬 숨겨진 정책이 있을지 모릅니다. 그러므로 결정하지 않는 한은 그들에게 확고한 국가제도는 존재할 수 없습니다. 그것은 세제에 따라 정해지게 되고 세제의 변화에 따라서 변화할 수 밖에 없습니다. 즉 그들이 연구한 바에 따르면 그들의 세제가 국가제도에 의존한다기보다는 국가제도가 세제에 의존하고 있는 것입니다. 이 사태는 각 현 사이에서 대혼란을 야기하게 될 것이 분명합니다. 왜냐하면 만일 정말로 선거전이 벌어지게 되면 지역 내에서의 지역 내 투표자격의 가변성으로 인해서 무한한 내부 논쟁을 불러오게 될 것이 분명하기 때문입니다.**

위와 같은 3개의 기초를 그 정치적 이유에 대해서가 아닌 국민의회가 입각하고 있는 사고방식에 대해서 비교할 경우, 또한 국민의회 자체의 논리적 일관성을 시험하려 할 경우, 우리가 간과해서는 안 되는 것으로, 헌법위원회의 소위 인구의 기초가 되는 것은 지역 및 조세부담의 기초—이 두 가지는 모두 귀족적 성격의 것인데—라 불리는 다른 두 원리와 같은 지점에서 작용하기 시작하지 않는다는 것입니다. 그 결과 3개가 동시에 작용하기 시작하면 전자가 후자의 두 원리들에 작용하여 극히 부조리한 불평등을 낳게 됩니다. 각 구는 4리그 평방의 넓이를 지니고 평균인구 4000명 또는 초급의회 유권자 680명을 지닌 것으로 추정되고 있습니다. 이 유권자 수는 구의 인구에 따라 다른데 유권자 200명마다 1인의 대의원을 자치체에 보냅니다. 그리고 9구로 한 자치체가 형성됩니다.

한 예로 무역해양 도시이자 대제조업 도시를 포함한 한 구를 들어보겠습니다. 이 구의 인구는 1만 2700명, 유권자는 2193명이고 3개의 초급의회를 형성해 자치체에 대해서 10명의 대의원을 보내는 것이 상정됩니다.

이 한 구에 대해서 동일 자치체 내의 나머지 8구 가운데 2구를 대치시켜서 생각해 봅시다. 이들 자치체는 각각 약 4000명의 인구와 680명의 유권자를 지니고 양자를 합쳐서 인구 8000명에 유권자 1360명으로 가정하면 이 둘은 단 2개의 초급의회를 형성하고 자치체에 대해서 대의원을 6명만 보내게 됩니다.

한편 자치체 의회가 지역의 기초에 입각해 투표를 할 단계가 되면(이 의회에서 지역의 원리는 최우선으로 작용하는 것으로 되어 있습니다), 다른 둘에 비해 반의 지역밖에 갖지 않은 단일의 구가, 현의회로 보내는 대의원 3명의 선출에 대한 6표에 대해 10표를 갖게 됩니다. 현의회에의 대표는 명시적으로 지역의 기초로 이루어지고 있는 것입니다.

이 불평등은 그 자체가 놀랄 만한 것입니다.[34] 그러나 만일 해당 자치체 내의 주요한 한 구의 인구가 평균을 넘고 그것과 비례해 다른 서너 구가 그것을 나눌 경우를 상정—이 상정은 정당하다고 생각합니다—해 보면 그 불평등은 더욱 가중됩니다. 그것은 그렇고 다음으로 조세부담의 기초를 봅시다. 이 원리도 또 자치체 의회에서는 최우선이 되고 있는 것입니다. 재차 위와 같이 하나의 구를 상정합니다. 이를테면 대무역 도시나 대형 제조도시가 납부하는 직접세 전체를 그 주민 사이에서 균등하게 분할해보면 각 개인은 같은 평균의 시골 거주의 개인보다도 훨씬 많이 납세하고 있음을 알 수 있습니다. 전자의 주민에 의한 납세총액은 후자의 그보다 많을 것입니다. 대충 3분의 1만큼 많다고 생각해도 될 것입니다. 따라서 인구 1만 2700명에서 유권자가 2193명인 구는, 인구 1만 9050명에서 유권자 3289명인 다른 여러 구와 같은 액수를 납세하는 것인데, 그것은 다른 5구의 인구 및 유권자의 추정과 거의 흡사합니다. 한편 앞서 말씀드린 바와 같이 2193명의 유권자는 자치체의회에 대해서 10명의 대의원을 보내는 데 비해 3289명의 유권자는 16명을 보냅니다. 이렇게 해서 자치체 전체의 조세부담에서는 평등한 할당을 지고 있음에도 불구하고 자치체 전체를 통하는 조세부담을 대표한다는 원리에 입각해 이루어지는 현 대의원의 선출에 대해서는 16표 대 10표의 차이가 생기는 것입니다.

똑같은 계산방법에 따르는 자치체 전체의 조세부담에 대해서는 6분의 1 적게 지불하고 있는 다른 여러 구의 인구 1만 5875명, 유권자 2741명이 한 구의 인구 1만 2700명, 유권자 2193명보다도 3명이나 많은 대의원이 존재하는 것을 알 수 있습니다.

이상이 지역 원리와 조세부담 원리에서 비롯한 이 기묘한 대표권 배분시의 여러 집단 사이의 기괴하고도 부정(不正)한 불평등입니다. 여기에서 이루어지는 자격부여는 사실 부정적인 것이고 자격을 지닌 것에 반비례하는 권리를 부여한다는 것입니다.

3개의 기초로 이루어지는 이 기축 전체를 당신들이 어떤 시점에서 고찰하건 자유이지만 나로서는 그곳에 다양한 목적이 일관된 하나의 전체 속에 통합되고 있다고 볼 수 없습니다.[35] 내가 보기에는 서로 모순된 여러 원리가 당신들 철학자의 손으로 억지로 상호 조화되지 못한 채 하나로 뒤섞인 것이고, 그것은 마치 우리 속에 갇힌 야수가 서로 물어뜯어 결국에는 서로 파멸하는 것과 같습니다.

내가 기본적 국가 제도의 형성에 관한 그들의 사고방식에 깊이 파고든 경향이 있는지도 모릅니다. 그들은 많은, 다만 잘못된 형이상학을 지니고 있고, 많이 잘못된 기하학을 지니고 있습니다. 또 잘못된 비례산술(比例算術)도 지니고 있습니다. 그러나 설사 그것이 형이상학이나 기하학, 산술로서 당연히 모두 정확하고, 그들의 계획 각 부분이 또한 상호 일관성이 있다 해도 단순히 조금 아름답고 보기 좋은 경치가 완성되는 것일 뿐입니다. 인간을 재편성한다는 대작업 중에 도덕성이나 정치성에 대한 고려가 무엇 하나 발견되지 않고 인간적 관심사나 행동, 정념, 이익에 관한 것도 전혀 발견되지 않는다는 것은 놀라운 일입니다. '그들은 인간미가 없다'[36]는 뜻입니다.

아시는 바와 같이 나는 이 국가제도를 단순히 단계적으로 국민의회에 이르는 선거제도로서 인식합니다. 나는 현의 내부 통치기구에 파고들 생각은 없고 자치체나 구를 통해 현에 이르는 계보에 파고들 생각도 없습니다. 최초의 계획에 따르면 이들 지방적 통치기구는 거의 선거제 의회와 똑같은 형태이고, 또 같은 원리 위에 구성되어 있습니다. 그것들은 각각 폐쇄적으로 완결된 조직입니다.

당신은 이 계획 중 프랑스를 다양한 여러 공화국으로 분열시키고 그것들을 서로 완전히 독립한 것으로 보는 직접적이고 단적인 경향을 느끼게 될 것입니다. 그곳에서는 그러한 독립된 여러 공화국으로부터 파견되는 대사들에 의한 총회의 결정에 말없이 따르는 것 외에 일치나 결합, 복종을 가져오는 헌법상의 직접적 수단은 존재하지 않습니다. 국민의회가 그 예입니다. 물론 세계에는 그와 같은 정부가 확실히 존재한다는 것을 나도 인정하지만*[37] 그런 것들은 모두 민중을 둘러싼 지방적 관습적 여러 사정과 비교도 안 될 정도의 적합한 형식을 지니고 있습니다. 단 그와 같은 국가조직이랄까 연합체는 일반적으로 필연이 가져온 결과이지 선택에 의한 것은 아닙니다.*[38] 그러므로 내가 믿는 한에서는 프랑스의 현 권력은 자국에 대해서는 무엇을 함에 있어서든 제멋대로인 절대권위를 손에 넣어, 이와 같은 야만적인 방법으로 그를 분열시키려고 선택한, 그야말로 최초의 시민단체인 것입니다.

이와 같은 기하학적 분할과 산술적 처리의 정신 속에 이들 자칭 시민들이 프랑스를 문자 그대로 피정복국과 다름없이 다루고 있는 것을 간과할 수는 없습니다. 정복자로서의 그들은 가혹한 인종의 가장 가혹한 정책을 모방하고 있습니다. 피정복 민중을 경멸하고 감정을 모욕하는 그 같은 야만적인 승자(勝者)의 정책은 예나 지금이나 똑같이 종교, 국가조직, 법의 습속 등에 머물고 있는 유서 깊은 나라의 자취를 모두 파괴하는 일이었습니다. 또 모든 지역적 경계를 혼란시키고 모든 곳에 빈곤을 만들어내 사람들의 재산을 경매하고 군주나 귀족, 고위 성직자들을 짓밟는 것이었습니다. 그리고 수준 이상의 세력을 가진 자, 또는 뿔뿔이 흩어진 민중을 곤궁 속에서도 낡은 사상의 기치 아래 일치 결합시키는 데 도움이 될 만한 것, 이와 같은 것 모두를 폄훼하는 일이었습니다. 그들은 프랑스를 자유롭게 했지만 그 수법은 인류의 권리에 대한 성실한 친구였던 로마인들이 그리스나 마케도니아, 그 밖의 민족을 자유롭게 한 것과 같았습니다. 그들은 이들 민족의 여러 도시에 각각 독립을 부여하는 척하며 통일의 유대를 파괴한 것입니다.

이러한 구, 자치체, 현 등의 새로운 조직군―혼란이라는 수단에 호소해 의도적으로 생긴 여러 제도―을 구성하는 사람들이 활동을 개시할 때 그들은 자신들이 두드러지게 타지 사람으로부터 소외당하고 있음을 깨닫게 될 것입니다. 어디든지 간에, 특히 농촌구에서 선거인과 피선거인이 아무런 사회적 습관도 결부도 공유하고 있지 않거나 진정한 국가의 혼(魂)인 자연적 규율이 완전히 결여되어 있는 사태가 종종 발생할 것입니다. 이제 판사나 징세인은 자신의 지역을 모르고 주교는 그 관구(管區)를, 사제는 그 교구를 모를 것입니다. 인권의 이러한 신 식민지는 타키투스가 쇠퇴기의 로마정책에 대해서 간파한 군사 식민지와 흡사합니다. 더 뛰어나고 더 현명했던 나날의 로마인들은(이민족과의 관계에서 어떤 과정을 거치건), 조직적 정복의 요소와 식민의 요소 두 가지가 병행하도록 주의를 기울이고, 또한 무인적 (武人的) 규율 속에 문민적인 것의 기초를 부여하는 것조차 유의했습니다.†

그러므로 온갖 뛰어난 기술이 폐물이 되고 말았을 때 그들은 당신들의 의회와 마찬가지로 인간평등론에 따라 사려 분별도 없이 또 국가로 하여금 불만이 없게 하는―또는 지구력을 필요로 하는―사항에 대한 주의도 없이 행동하게 된 것입니다. 그러나 다른 대부분의 경우와 마찬가지로 당신들의 새로운 국가조직은 타락하고 피폐한 공화국이 보여 준 그 부패 속에 태어나 키워지고 길러지고 있는 것입니다. 당신들의 아이는 죽음의 증상을 띠고 이 세상에 태어납니다. '히포크라테스의 얼굴'*[39]이 그와 같은 특징을 이루고 또 그 운명을 예시하고 있는 것입니다.

† 사령관, 백인대장, 각 백인대의 병졸 등, 전 군단이 식민을 하고 나아가 전원 일치와 우정에 의해서 한 작은 국가를 창조한 나날은 이미 지난 일이다. 이제 식민자들은 서로 타인이고 전혀 다른 부대에서 찾아온 사람들이다. 그들은 지도자도 없고, 서로 애정도 없어 마치 인류의 다른 종족이 갑자기 한 곳에 모이게 된 것처럼 식민지라기보다는 오히려 군중이 되었다. 타키투스 '연대기' Ⅰ―14. 27. 이런 모든 것은 이 부조리하고 무의미한 국가 제도에서의 정리가 안 된 윤번제 2년 임기의 국민의회에 훨씬 잘 들어맞을 것이다.

고대 공화국을 형성한 입법자들은*[40] 그들의 일이 많은 노력을 필요로 하고 학생풍의 형이상학이나 물품세 평가 관리용 기하산술 등의 도구만으로는 도저히 수행할 수 없다는 것을 인식하고 있었습니다. 그들은 인간을 다루어야 했으므로 인간성을 배워야 했습니다. 그들은 시민을 상대로 해야 하고, 사회생활의 다양한 일들을 통해 전해지는 습관의 작용을 배워야 했습니다. 그들은 이 제2의 자연이 제1의 것에 작용해 새로운 조합을 불러온다는 것, 그렇기에 태생, 교육, 직업, 수명, 도시에 사는 것, 시골에 사는 것의 차이, 각자가 재산을 취득·유지하는 방법의 차이 그것도 재산 그 자체의 성질에 따른 차이 등에서 생기는 인간의 다양성, 나아가 이와 같은 모든 사항에 의해 사람들은 이른바 다른 많은 종류의 동물처럼 되고 만다는 것 등을 충분히 느끼고 있었습니다. 이런 이유에서 그들은 또한 시민들을 각각의 특수한 습관을 기준으로, 두기에 적당하다고 생각되는 계급으로 편성시켜 국가 내에서 그들에게 걸맞은 환경에 정착시킬 필요가 있다고 생각했습니다. 그리고 그들에 대해서 제각기 특수한 경우에 따라 필요한 것이 보증되는 것과 같은 고유한 여러 특권—복잡한 사회에는 반드시 존재해 서로 겨루지 않을 수 없는 다양한 이익을 불러일으키는 충돌 속에서 각 계급을 보호할 수 있는 힘을 제각기 부여해 줄 여러 특권—을 할당해야 한다고도 생각했습니다. 실제로 거칠고 세련되지 못한 농부조차도 자기의 양이나 말, 황소 따위를 어떻게 선별해 사용할 기술을 충분히 터득하고 있으며, 또한 이들 가축에 제각기 필요한 먹이와 주의점, 운동의 필요성을 모두 포괄시켜 동물로서 추상해 균등화하지 않을 정도의 상식은 지니고 있을 것입니다. 하물며 입법자인 자는 그 동족의 가계유지자, 세입자, 목자이므로 그런 그가 꿈과 같은 형이상학자로라도 승화한 것처럼 자기 무리에 대해서는 일반인이라는 것 외에는 아무것도 모른다고 마음먹었다면 그는 그를 부끄럽게 여겨야 할 것입니다. 몽테스키외는 고대의 대입법자들이 그 힘을 최대한으로 발휘해 자신의 역량 이상으로 높게 비상한 것은 이 시민의 구분에서였다, 라고 정당하게 이해했는데*41 그가 그렇게 말한 것은 위와 같은 이유에서였습니다. 다른 한편 당신들의 현대 입법자가 그것과는 반대인 인간들의 열(列)에 깊이 가담해 자신이 무(無)임에도 불구하고 무보다도 쇠퇴해간 것도 이 점에서였습니다. 즉 전자에 속하는 입법자들이 다양한 종류의 시민들에 착안해 그들을 한 국가 속에 결합해 간 것에 대해 형이상학적, 연금술사적 입법자인 후자는 전혀 반대의 과정을 밟고 있는 것입니다. 그들은 나아가 시민들을 혼합시켜 하나의 등질적(等質的) 덩어리로 할 계획을 꾸미고, 나아가 자신이 만든 이 합금을 분할해 상호 무관계인 다수의 공화국을 만들었습니다. 그들은 인간을 단순히 계산되기 위해서만 존재하는 수로 인식하고 자신의 장소에서 일어설 힘을 갖춘 인간으로는 만들지 않았습니다. 그러나 그들 자신의 형이상학 요강조차 이보다는 나은 교훈을 가르치고 있었을 것입니다. 그들이 자신들의 범주표를 돌아가면서 읽기라도 했었다면 지적 세계에는 실체와 질량 외에도 무언가가 있다는 것을 배웠을지 모릅니다. 또 형이상학의 교훈문답으로부터 그들이 생각지도 못했던 항목이 복잡한 헤아림의 하나하나에 대해서 나머지 8개나 있다는 것을 배웠을지도 모릅니다. 전부 합쳐서 10항목 가운데 이들 8항목은 인간의 기량에 의해 조종할 수 있는 것입니다.†

  † 성질, 관계, 능동, 수동, 장소, 시간, 위치, 상태.

프랑스의 현대 입법자는 인간의 도덕성 상태나 경향을 신중하고 엄밀하게 추구한 고대 공화국 입법자들의 탁월한 정신과는 전혀 다르고, 자신들의 눈에 띄는 신분 질서는 모조리 평준화시켜 무차별로 분쇄시키고 말았습니다. 나아가 공화국 정도의 국민의 계급구분이 중요하지 않은 통치 형태인 소박하고 자연스런 왕정적 신분편성하에서도 그리 하겠다는 것입니다. 그런데 확실히 그와 같은 계급구분은 모두 잘 행해지기만 하면 모든 통치 형태에 있어서 이롭기는 합니다. 그것은 대체로 공화정이라는 것에 실효성과 영속성을 부여하는 데 있어 필요한 수단임과 동시에 전제지배의 지나침에 대해서도 강력한 장벽이 됩니다. 그런데 현재의 공화국 건설계획에는 이 같은 배려가 결여되어 있고, 그 때문에 실패할 경우에는 그것과 함께 절도 있는 자유에 대한 모든 보장이 와해되는 것입니다. 전제지배를 완화하는 온갖 간접적 억제도 사라지게 됩니다. 그 결과 설사 왕정이—왕조 모두—프랑스에서 완전한 지배를 회복하게 되더라도 출발점에서 왕에 의한 현명하고 덕이 있는 조언이 있어 자발적으로 그 왕정이 누그러지게 되는 것이 아닌 한 틀림없이 그 왕정은 일찍이 지상에 출현한 가장 철저하고 자의적인 권력이 될 것입니다. 이는 전혀 가망이 없는 도박을 하는 것입니다.** *42

그런데 그들은 이와 같은 행동들에 따르는 혼란은 자신들이 의도하는 바다라고 공언조차 합니다. 그리고 자신들의 국가제도를 작성하는데 수반한 여러 악이 다시 되돌아온다는 공포를 부추기면 그 국가제도를 유지할 수 있다는 희망적인 생각을 가지고 있습니다. '이렇게 해두면'—이 같이 그들은 말합니다—'지배자가 그것을 파괴하는 것은 곤란하다. 그가 그것을 파괴하려 하면 반드시 국가 전체의 완전한 조직분해가 이루어진다.' 그들의 가정에 의하면 만일 이 지배자가 그들이 획득하는 것과 같은 정도의 권력을 갖게 되는 경우에도 그 지배자는 그들보다도 온건한 중용으로 자신의 권력을 행사할 것이고 그들이 한 것과 같은 야만적인 방법으로 국가를 분해시키는 일 따위는 두려워서라도 하지 못할 것이다, 라고 하는 것입니다. 즉 복귀하는 전제 지배의 미덕에 의해 그들이 탄생시킨 중우적(衆愚的) 악덕 후예들의 안전은 보장될 것이라고 그들은 기대하는 것입니다.

　나는 당신이나 내 편지의 독자가*⁴³ 이 문제에 대해서 칼론 씨의 저작을 주의 깊게 탐독했으면 합니다. 실제로 그것은 웅변일 뿐만 아니라 탁월하고도 교훈이 풍부한 작품입니다. 나는 우선 그가 신 국가의 기본제도와 세입의 상태에 대해서 기술하고 있는 것에 한정시킬 생각입니다. 대신 칼론과 그의 경쟁자 사이에 오간 논쟁에 대해서는 나는 언급할 것이 없습니다. 또 예종(隸從), 무질서, 파산, 구걸 등 그의 조국이 현재 빠져 있는 치욕으로 가득 찬 한심한 상태에서 벗어나기 위해 그가 취한 재정적 정치적 수단과 방법에 대해서도 무언가 논평할 생각은 없습니다. 나는 그 정도로 낙관적이지 않지만 그는 프랑스인이므로 그러한 문제에 대해서 나 이상의 강한 의무를 지고 있으며 또한 나 이상의 판단력도 지니고 있습니다. 당신들이 특히 치밀하게 주목해 줬으면 하는 것은 그 공식적 언명—국민의회의 정책이 프랑스를 왕정에서 공화정으로 이행시킬 뿐만 아니라 공화정에서 단순한 연방제로 이행시키는 경향까지도 지니고 있는 것에 관련해서 의회의 주요 지도자 한 사람이 말한 언명—에 대해 그가 언급하고 있다는 점입니다. 칼론 씨의 말은 나의 관찰에 새로운 힘을 더해 줍니다. 실제로 그의 저작은 새롭고 힘찬 이론들로 나의 이 편지가 논하고 있는 문제의 대부분에 걸쳐 나의 부족한 점을 보완해줍니다.†

　† 《프랑스의 상태》 363쪽 참조.

　자기 나라를 파괴해 개개의 공화국으로 만들려는 이 결의야말로 그들에게 많은 혼란과 여러 모순을 가져다주는 것입니다. 이와 같은 결의조차 하지 않앉더라면 개개인의 권리나 인구, 조세부담 등의 엄밀한 평등성이라든가, 그런 것들의 균형—결코 달성될 리가 없는 균형—문제는 전부 불필요했을 것입니다. 또 대표자의 의무도—비록 그것이 국가의 각 부분에서 비롯된 것이라 할지라도—똑같이 전체를 고려할 수 있었을 것입니다. 의회에 대한 대표 개개인은 프랑스의 대표이고[*44] 또 모든 직업계급, 다수자와 소수자, 부자와 빈자, 대지역과 소지역의 대표이기도 했을 것입니다. 이러한 개개의 지역 자체가 모두 그런 것들과는 독립해 존재하는 고유한 권위—그들의 대표 및 그것에 귀속하는 모든 것이 그곳에서 비롯되고 또 그곳을 지향하는 권위—에 따르고 있었을 것입니다. 이 고유하고도 근본적인 통치기관이 나라의 영토를 진정한 본래적 의미에서의 전체로 만들어내고 있었을—실제로 그것을 할 수 있는 것은 그것밖에 없습니다—것입니다. 내 나라의 경우에 대해서 말하자면 우리는 민중의 대표를 선출하고 그들을 하나의 회의로 보내는데 그 회의 안에서는 누구나 개인으로서는 피통치자이고 일상적 기능을 완전히 수행하고 있는 정부에 복종합니다. 당신들의 경우 선거된 의회는 유일한 주권자입니다. 따라서 모든 의원은 부분이면서 이 유일한 주권 속에 녹아든 존재입니다. 그러나 우리의 경우 그와는 전혀 다르고 대표는 다른 부분과 단절되어서는 아무런 행위도 할 수 없고 존재조차 불가능합니다. 정부야말로 우리의 대표제도에서의 여러 부분과 여러 지역이 제각기 모두 비교 대조점인 것입니다.[*45] 즉 우리의 통일 중심입니다. 이 대조점으로서의 정부는 전체를 위한 수탁자이지 각 부분이 아닙니다. 이 나라의 국가적 회의의 또 하나의 부분, 즉 상원도 이에 포함됩니다. 이 나라에서는 왕과 귀족이 제각기 독립하고 나아가 연대해 각 지역, 각 지방, 각 도시의 평등을 보증하고 있는 것입니다. 당신들은 언젠가 그레이트 브리튼의 어느 지방이 대표의 불평 따위로 혼란을 겪는다거나 어딘가의 지역이 전혀 대표되지 않아 혼란스럽다는 말을 들어본 적이 있습니까. 우리의 왕정과 귀족은 단순히 우리의 통일의 기초인 평등을 보증하는 것에 불과하고 실은 하원 자체의 정신이기도 합니다. 대표의 불평등성—어리석게도 그것에 불만을 터뜨리는 자들도 있기는 한데—그 자체가 우리를 지역의 대표로서 생각하거나 행동하는 것을 억제시키고 있는 사정을 가리키는 것이 분명합니다. 확실히 콘월은 전 스코틀랜드와 거의 같은 수의 의원을 선출합니다. 그렇다고 해서 콘월이 스코틀랜드 이상으로 배려되지는 않습니다. 이 나라에서 허술하기 짝이 없는 여러 클럽에서 나온 당신들의 논거들에 정면으로 상대할 사람은 극히 소수입니다. 납득가는 근거에 입각해 변혁을 희망하는 사람들 대부분은 당신들과는 다른 사고방식에 입각해 그를 소망하고 있는 것입니다.

당신들의 새로운 국가제도는 원리로 볼 때 우리의 것과는 정반대입니다. 그런데 그곳에서 이루어지고 있는 일들이야말로 영국을 위한 실례라고 해 거론하고 싶은 몽상가도 존재할 것이란 사실에 나는 놀라고 있습니다. 당신들의 국가제도에서는 제1차적 유권자와 최종적 대표 사이의 결부가 거의 없습니다.*46 국민의회에 속하는 의원은 민중에 의해서 선발된 것도 아닐뿐더러 그들에 대해 책임을 지는 것도 아닙니다. 후자가 선출됨에 앞서 3번의 선거가 있고 그와 초급 의회 사이에는 두 조(組)의 권력자 층이 존재합니다. 그 결과 의원은 앞서 말했듯이 한 나라 안에서의 민중의 대표가 아닌 오히려 한 국가의 대사(大使)와 같습니다. 이것이 선거의 정신 전체를 바꾸는 것입니다. 당신들의 헌법 선전자들이 생각해 낸 어떤 광정책(匡正策)으로도 이 대표를 현실로 보이는 것과는 다른 것으로 만들 수 없습니다. 그와 같은 일이 만일 가능하다 해도 만일 그를 시도하면 반드시 현재보다도 더욱 전율해야 할 혼란을 불러일으키게 됩니다. 현재로서 본래의 유권자와 국민의회 의원과의 결부를 만들어내는 유일한 방법으로는 제1차 선거인이 이어지는 두 선거인단에 대해 자신들의 희망에 따라 선택하도록 권위적 지시(또는 그 이상의 것)를 할 수도 있다는 것을 기대시켜 의원 후보자로 하여금 우선 최초에 제1차 선거인에 호소하게 하는 것과 같은 간접적인 방법뿐입니다. 그러나 그렇게 하면 분명 전체 구조가 전복될 것입니다. 그는 민주선거에 따르기 마련인 그 소동과 혼란—그들은 등급선거를 중간에 둠으로써 그것을 회피할 생각이었습니다—속에 그들을 다시 내던지는 꼴입니다. 그리고 결국에는 국가에 대한 지식이나 이해를 갖는 소수의 손 안에 국가의 전 명운이 걸리는 결과가 될 것입니다. 이것은 영겁(永劫)의 이율배반(二律背反)입니다. 그들은 스스로 선택한 잘못된 원리, 약하고 모순된 원리에 의해 그 속에 등떠밀린 꼴입니다. 만일 민중이 궐기해 이 단계구분을 수평으로 되돌리지 않는 한 실질적으로 그들은 국민의회를 선거하고 있지 않다는 것은 명백합니다. 실제로 그들은 실질적으로나 외견상으로나 전혀 선거에 관여하지 않습니다.

우리 모두가 선거 속에서 추구하는 것은 대체 무엇입니까. 선거의 진정한 목적을 달성하려면 당신이 뽑으려는 인물의 적성을 알 수단이 있어야만 합니다. 다음으로 개인적 의무관계나 의존관계를 통해 그에 대해서 무언가의 지배력을 유지해 두어야 합니다. 그런데 프랑스의 이 제1차 선거인은 무엇이 목적이고 선거와 같은 추종을 바친다—라기보다는 그것으로 바보 취급을 당한다—는 것입니까. 그들은 자신들에게 봉사해야 할 인물의 자질 따위는 전혀 알 턱이 없고 이 인물 또한 그들에 대한 의무를 지니지 않습니다. 판단을 위한 사실상의 방법을 지니고 있는 사람들에게 있어 위탁하기에 걸맞지 않은 권력이 많은데, 특히 인간의 선택에 관한 권력은 적합하지 않습니다. 이 권력이 악용되면 제1차 선거인단은 대표에 대해 행위의 책임을 추궁하는 일이 불가능해집니다. 후자는 대표의 연쇄(連鎖) 속에서 전자와 너무나도 멀리 떨어져 있는 것입니다. 설사 그가 2년간의 임기 말 무렵에 무언가 의원으로서 불미스러운 행위를 해도 그것이 다가오는 2년간의 그에 대해 아무런 영향력도 가지지 않습니다. 프랑스의 새로운 국가제도에서의 가장 탁월하고 현명한 의원이나 최악의 의원이나 모두 똑같이 '올바른 사람들 밑에 존재하는 곳'*[47]으로 향하게 되어 있습니다. 즉 의원이라는 그들의 배 밑에는*[48] 조개껍데기 등이 붙어 있어 손질을 위해 독(dock)으로 들어가야 한다는 것과 같이 한 의회에서 2년 일한 의원은 누구나 그 뒤 2년간은 피선거권이 없는 것입니다. 정치를 임무로 하는 이 사람들이 바로 자신의 일을 느끼기 시작할 때쯤 마치 굴뚝청소 소년*[49]처럼 그들은 그 일을 실천할 자격이 박탈되는 것입니다. 당신들의 장래 통치자 모두의 숙명적 성격은 이미 습득하고 있다고 말하면 피상적이고 익숙하지 않은 짧은 소견들뿐이고, 그 기억은 끊기기 쉽고, 내키지 않는 허접하고 부정확한 것일 뿐입니다. 당신들의 국가제도는 많은 분별을 갖추기에는 너무나도 질투심에 가득 차 있습니다. 당신들은 의원 측의 신탁위반의 일만을 지나치게 의식하기 때문에 우선적으로 그가 그 신탁의 임무를 수행하는데 적격인지의 여부를 조금도 고려하지 않습니다.

　원래 이 정죄(淨罪)를 위한 기간은 악덕 통치자였던 것에 비례해 좋은 책사(策士)로 여기는 불성실한 의원에게 있어서는 나쁜 것만은 아닙니다. 그 사이에도 그는 가장 현명하고 유덕한 사람들에 대항해 우위를 점하기 위한 책략을 세울 수 있을 것입니다. 결국 이 선거에 의한 국가제도에서의 모든 구성원은 누구나 순간의 존재일 뿐으로 오직 선거를 위해서만 존재하므로 이와 같은 악덕 대의원이 자신의 신탁변경을 요구할 때에 책임을 지는 대상이 되는 사람들은 일찍이 그를 선출한 사람들과는 다를 것입니다. 자치체의 제2차 선거인 모두에 대해서 책임을 묻는다는 것은 부조리하고 비현실적이며 부정한 것이 되기도 합니다. 그들 자신도 선거를 하는 데 대해서 기만을 당하고 있을지도 모르는 것입니다. 현에서의 제3차 선거인도 마찬가집니다. 요컨대 당신들의 선거에 있어서는 책임성 따위는 존재 불가능한 요소입니다.*** *50

한편 나로서는 프랑스 신 공화제국(共和諸國)의 각(各) *51 기본제도나 성질 중에는 상호 응집하는 힘이 무엇 하나 존재하지 않음을 깨달았으므로 다음으로 이 나라의 입법자가 여러 공화국을 위해 어떤 접합제를 외부로부터의 소재에 의해 준비했는지에 대해 고찰해보겠습니다. 그렇지만 그들의 연합행위,*52 외견적인 것, 세속적 제전(祭典), 열광하는 모습 등은 언급하지 않을 생각입니다. 그런 것들은 단순한 속임수에 불과합니다. 그러므로 그들의 행동을 통해 그 정책의 자취를 더듬어보면 그들이 여러 공화국을 통합하기 위해 계획하고 있는 방책을 분명히 할 수 있을 것이라 생각합니다. 그 첫째는 몰수입니다. 여기에는 강제적인 지폐유통이 뒤따릅니다. 둘째는 파리시의 최고 지배입니다. 그리고 셋째는 국가의 정규군입니다. 단, 마지막에 대해서는 그 자체가 독립된 항목이기에 군대를 고찰할 때까지 말하는 것을 보류해 두겠습니다.

우선 단순한 접합제로서의 첫째의 것(즉 몰수 및 지폐)의 작용에 대해서 말하자면 상호 의존관계에 있는 이 두 가지가 일정 기간은 일종의 접합제가 될지도 모른다는 것을 나는 부정하지 않습니다. 단, 그것도 그 운영이나 여러 지방의 통합에 수반하는 광기(狂氣)나 우행(愚行)이 출발점 그 자체이고 반작용을 불러일으키지 않는 한에서의 이야기입니다. 그러므로 비록 그 계획에 어느 정도의 응집력과 지속력을 인정했다고 해도 가령 잠시 후에 몰수물이 지폐 액수에 비례하지 않는다고 판명될 경우(당연히 부족하다고 나는 생각하고 있는데), 그 때는 이 계획이 접합제가 되기는커녕 연합한 여러 공화국 상호의 관계뿐만 아니라 각 공화국 내부의 부분에서도 분열과 무질서,

혼란을 무한히 증대시키지 않을까 생각합니다. 다른 한편 만일 몰수에 의해서 순조롭게 지폐가 상환된다면 이 접합제는 유통하면서 사라져 버리게 됩니다. 어쨌든 그 결합력은 참으로 불확실해 지폐 신용의 성쇠에 따라 강해지거나 약해질 것입니다.

이 계획 중 단 하나 확실한 점은 이 사업을 운용하고 있는 사람들의 마음속에 불러올 일견 간접적인, 실은 직접적인―것이라 나는 믿고 있습니다―효과입니다. 즉 그것은 각 공화국 안에 과두지배를 불러올 효과가 있는 것입니다. 다시 말해 지불준비 내지 보증이 있는 정화(正貨)라는 확실한 증거를 갖지 않는 지폐가 잉글랜드의 금액으로 이미 4400만 파운드에 달할 정도로 유통되고 있고 나아가 이 통화는 이전의 프랑스 왕국 화폐를 강제적으로 대신해 국고수입의 대부분을 이루며 또한 모든 상업적·사적 거래수단을 이루고 있는 것입니다. 이와 같은 지폐유통은 어떤 형태로든 남겨진 권력, 권위, 세력이 전부 이 유통의 관리자, 조종자의 수중에 포함될 것은 불을 보듯 뻔합니다.

잉글랜드에서도 우리는 사실 임의적인 거래의 중심에 불과한 은행 세력을 느끼고 있습니다. 더욱이 우리의 어떤 금융사업보다도 훨씬 범위가 넓고, 성질상 보다 관리자에게 좌우되는 바가 많은, 한 금융사업을 관리하는 것에서 생기는 힘을 인식하지 않는 사람은 금전이 인간에 대해서 지닌 영향력을 이해하지 않고 있는 사람입니다.*53 더구나 이 금융사업은 단순한 금융사업이 아닙니다. 그 구조 속에는 이 금융사업과 불가분하게 결합하는 또 하나의 요소가 있습니다. 즉 몰수한 토지의 일부분을 팔기 위해 마음대로 인출하거나 지폐를 토지로, 토지를 지폐로 끊임없이 전환하는 과정을 진행하는 수단이 그러합니다. 우리는 변환과정을 그 결과까지 추구해 가면 이 구조를 작용하게 하고 있음이 분명한 힘의 강함을 어느 정도는 이해할 수 있을지도 모릅니다.** 이와 같은 수단에 의해서 화폐조작과 투기의 정신이 대량으로 토지 속에 파고 들어가 그것과 일체화합니다. 또한 이 같은 작용에 의해서 토지재산은(이른바) 휘발성이 부여되어*54 부자연스럽고 기괴하기 이를 데 없는 움직임을 보입니다. 그리고 크건 작건, 파리 사람이건 지방 사람이건 개개의 금융 지배자의 수중에, 화폐의 대표라 할 수 있는 모든 토지가 들어가게 됩니다. 그와 같은 토지는 프랑스 전 국토의 10분의 1이나 될 것입니다. 지금 그러한 토지는 지폐유통이 가져오는 악 중에도 최악의, 게다가 가장 유해한 악, 즉 생각할 수 있는 한 가장 심한 가치의 불안정성을 구현하게 되었습니다. 그들은 토지재산 델로스에 대한 라토나의 친절*55의 반대를 행한 것입니다. 그들은 자신들의 토지재산을 마치 난파선의 세세한 조각이라도 되는 것처럼 '여기저기 해변에'*56 흩어져 버리게 한 것입니다.

새로운 거래자는 모두 타고난 투기꾼들입니다.*57 그들은 안정된 생활습관이라든가 지방적 애착 같은 것은 무엇 하나 지니지 않은 자들이므로 지폐건 화폐건 토지의 시장이건 벌 수 있는 전망이 있는 한 또 한 번의 전매(轉賣)를 노리고 그들을 매입할 것입니다. 다만 거룩한 주교님*58은 몰수 교회재산을 구입하려는 '개화된' 고리대금 업자로부터 농업은 많은 혜택을 얻을 것이라 생각하는 듯합니다. 그러나 훌륭하지도 않고 단순히 늙은 농민에 불과한 사노(私奴)*59는 두려운 마음에 전 주인님*60에게 이렇게 말하고 싶습니다. ─고리대금 업자는 농업의 스승이 아닙니다. 또한 당신들의 신학파(新學派)가 언제나 그렇듯 최신의 사서(辭書)에 따라서 '개화계몽'이란 언어를 해석함에 있어서도, 그렇다 해서 어느 사내가 신을 믿지 않는다는 것으로 인해 어째서 대지의 경작 방법이 조금이라도 숙달하거나 활기찬지 나에게는 이해 불가능한 일입니다─. 한편 연로한 어느 로마인이 쟁기를 잡고 있는 손이 아닌 다른 손을 이미 사신(死神)에게 잡히고 있으면서도 '나는 영원한 신들을 위해 씨앗을 뿌린다'*61고 말했습니다. 만일 당신들이 두 아카데미*62의 지도부 전부와 할인은행의 지배인들을 더해 위원회를 만들었다 해도 그들 전부를 한 묶음으로 해도 늙고 경험이 많은 농부 한 사람의 가치를 능가할 수 없습니다. 나는 카르투지오회*63의 수도사와 한 번 짧은 대화를 나눈 것만으로 흥미진진한 농업의 한 부문에 대해서 이제까지 나와 대화했던 은행 지배인 모두에게서 얻은 것보다도 훨씬 많은 지식을 얻은 적이 있습니다. 그러므로 화폐거래인이 농촌경제에 참견하는 것을 우려할 필요는 없습니다. 이 신사들은 그 시대의 인간 가운데서 지나치게 영리한 사람들인 것입니다. 그들의 섬세한 상상력은 때묻지 않아 처음에는 돈벌이와 무관한 전원생활의 기쁨에 매료될지도 모릅니다. 그러나 얼마 안 가서 농업은 그들이 버린 생활보다도 훨씬 노고가 많고 나아가 돈벌이가 안 되는 일임을 깨닫습니다. 이에 따라 그들은 농업에 우선 찬사를 보낸 후, 그들의 대선배이고 원형이기도 한 대금업자 알피우스와 같이 그에 등을 돌릴 것입니다. 즉 알피우스와 같이 그들 또한 '그는 행복하다'고 노래하겠지만 마지막에는

'장래에는 농민이 되려고
늘 생각하고 있었다
대금업자 알피우스는
그렇게 말하면서도 달 반이 되자
빌려준 자기의 돈을 모두 모아
다음 달 초에 다시 한 번 빌려주기 위해'*64

이처럼 틀림없이 그들은 주교님의 거룩한 허가를 얻어 교회의 금고라도 일구게 될 것입니다. 그편이 같은 교회의 영지라도 포도밭이나 옥수수 밭을 일구는 것보다는 훨씬 이익이 되기 때문입니다. 그들은 자신의 습관이나 이익에 따라서 재능을 발휘할 것입니다. 재정을 지배하거나 여러 지방을 주름잡을 수 있는 한 그들은 쟁기 뒤를 뒤쫓는 일 따위는 하지 않을 것이 분명합니다.

모든 일에서 새로운 유행을 쫓길 좋아하는 당신들의 입법자들은 도박 위에 국가의 기초를 부여하고 그곳에 생명의 입김으로서 도박정신을 불어넣은 최초의 사람들입니다. 이와 같은 정치의 대목적은 프랑스를 변형시켜 대 왕국에서 대도박장으로 만드는 것에 있습니다. 그것은 프랑스의 주민을 도박꾼인 국민으로 바꾸고 투기를 생활 그 자체로 일반화시켜 국가의 모든 문제 속에 엮으려 하고 있습니다. 또 민중의 희망이나 두려움을 모든 통상의 수로에서 탈선시켜 우연에 의존해 사는 인간의 충동이나 정념, 미신 쪽으로 흘러가게 하고 있습니다. 소리높이 외쳐지고 있는 그들의 의견에 따르면 그들이 지향하는 현재의 공화국 조직은 이 같은 도박자금 없이는 존재할 수 없고 더구나 공화국의 생명줄 그 자체가 이와 같은 투기라는 섬유로 짜내고 있다는 것입니다. 옛날의 주식투기는 분명 해로운 것으로 그 해로움은 개인에 한정되고 있었습니다. 미시시피회사와 남해회사*65 등을 둘러싸고 그것이 가장 심해졌을 때조차 영향을 받은 것은 비교적 소수였습니다. 또 그것이 확대된 복권과 같은 것이라도*66 복권이란 사고는 단 하나의 목적을 지니고 있는 것에 불과합니다. 법이란 대개의 경우 도박을 금하고 또 모든 경우에서 그것을 권장하는 일은 없습니다. *67그러나 그 법 자체가 타락하고 가장 단편적인 것

에 대해 도박의 정신과 상징을 지님으로써, 또 모든 사람을 모든 문제에 대해서 도박으로 끌어들임으로써 법 본래의 성질이나 정책과 완전히 정반대의 것이 되어 버리고, 더구나 국민은 이 파멸의 테이블에 앉도록 강요되고 있는 곳에서는 이 세상에 일찍이 없었을 정도의 무서운 그 유행성 질환이 만연하게 되는 것입니다.** 당신의 나라에서는 모두가 투기를 하지 않고서는 입에 풀칠을 하거나 구매할 수 없습니다. 아침에 받은 사물도 저녁에는 더 이상 똑같은 가치를 지니지 않습니다. 오래 된 채무의 변제로 어쩔 수 없이 받은 물건이라도 그가 스스로 진 채무를 그것으로 지불하려는 단계가 되면*68 같은 물건으로 건네 줄 수는 없습니다. 돈으로 지불함으로써 채무를 완전히 피하려 해도 결과는 똑같은 것입니다. 당신들 나라에서 근면은 사라지고 근검절약은 내몰릴 것이 분명합니다. 신중한 배려도 존재하지 않게 될 것입니다. 우선 받을 금액도 모르는데 도대체 누가 일을 하겠습니까. 아무도 값을 정할 수 없는 물건을 늘리려고 힘쓰는 인간이 어디 있겠습니까. 절약의 가치도 모르는데 누가 저축을 하겠습니까. 도박에 사용한다는 효용에서 분리해 버리면 당신들의 종이 쪽지의 부를 축적하는 일 따위는 인간의 지혜로 할 일이 아닙니다. 그것은 미친 갈까귀*69의 본능입니다.

　그러나 조직적으로 노름꾼 국민을 만들어내는 정책의 사실상 암담한 부분은 분명 다음과 같은 점에 있습니다. 즉 여기에서는 모두 내기를 하도록 강요받음에도 불구하고 그 내기를 이해하는 것은 소수자에 불과하고 나아가 그 지식을 자신의 밑거름으로 삼는 것은 더욱 소수에 불과하다는 점입니다. 다수자는 이와 같은 투기의 맥을 조종하는 소수자에게 기만당하게 될 것이 틀림없습니다. 그것이 시골 민중에게 어떤 효과를 미칠 것인지는 불 보듯 뻔합니다. 도시인은 그날그날 계산이 가능해도 시골 주민은 그렇지 않습니다.*70 농민이 곡물을 가지고 시장으로 향하면 도시의 관리는 액면대로 아시냐(assignat) 지폐를 줍니다. 그러고 나서 농민이 그 돈을 호주머니에 넣고 점포로 들어가면 길을 가로질렀다는 이유로 그것이 7퍼센트나 가치가 떨어진 것을 깨닫는 것입니다. 이런 시장을 두 번 다시 신용하지 않을 것입니다.** 도시의 인간은 격앙해 시골의 인간에게 곡물을 가져오도록 강요할 것입니다. 거기서부터 저항이 시작되고 그렇게 되면 파리나 생두니에서의 학살이 모든 프랑스에서 또 한 번 발생할지도 모릅니다.

당신들의 대표이론을 보면 본래 주어질 리 없는 여분의 대표할당을 함으로써 농촌에 바쳐진 아첨은 도대체 무엇을 뜻하는 것입니까. 화폐와 토지의 유통을 지배하는 진정한 권력을 당신들은 어디에 둔 것입니까. 각자의 자유보유지*71의 값을 정하는 수단은 어디에 둔 것입니까. 스스로 움직이면 전 프랑스인의 소유를 10% 늘리거나 줄이거나 할 수 있는 인물이야말로 모든 프랑스의 지배자일 것입니다.*72 이 혁명에 의해 획득된 모든 권력은 도시로 굴러들어가 도시민, 게다가 그들을 통솔하는 금융지배자의 수중에 들어가게 될 것입니다. 지주향신(地主鄕紳), 자작농, 농민 모두가 여전히 프랑스에 남겨진 이 같은 유일한 권세의 원천에 조금이라도 참여할 수 있는 습관도 성질도 지니고 있지 않습니다. 모든 농촌적 직업이나 또 직업이 주는 환희 속에 내재하는 농촌생활의 성질 그 자체, 토지재산의 성질 그 자체가 농촌 사람들 사이에서 인적 결합이라든가 조종(세력을 확대하는 유일한 방도)과 같은 것을 불가능하게 하고 있는 것입니다. 시험삼아 가능한 모든 술책, 모든 수고를 총동원해 그들을 결합시켜보기 바랍니다. 그들은 반드시 다시 개개인으로 분해하고 맙니다. 단체를 만드는 따위의 일은 그들 사이에서 우선은 실현 불가능합니다. 희망, 공포, 경악, 질투, 사상누각(沙上樓閣)과 같은 소문, 지도자가 추종자의 마음을 억제하거나 내몰기 위해 사용하는 채찍이나 당근은 산재해 있는 민중 속에서는 용이하게, 아니 전혀 사용할 수 없습니다. 그들이 집회를 하거나 무장하거나 행동을 하려면 굉장한 어려움과 지출이 뒤따릅니다. 게다가 그와 같은 그들의 노력은 비록 착수는 할 수 있어도 유지할 수는 없습니다. 그들은 조직적으로 나아갈 수 없는 것입니다. 설령 향신(鄕紳)들이 그들의 재산수입만을 믿고 세력을 뻗치려 한들 그들 수입의 10배나 팔아치울 수 있는 사람들의 세력에게 상대가 될 리 있겠습니까.*73 후자는 자신들이 손에 넣은 약탈물을 시장에 가지고 와 전자의 재산과 대항시켜 괴멸시킬 수도 있는 것입니다. 또 지주가 토지를 저당잡히려고 해도 그것은 스스로 토지의 가치를 하락시켜 아시냐 지폐의 가치를 끌어올리게 됩니다. 그는 자신의 적과 싸우기 위해 반드시 취해야 할 수단 그 자체에 의해 적의 힘을 증대시키는 것입니다. 이러한 연유로 해륙의 사관이기도 하고, 신사에 걸맞은 사고방식과 습관을 지니며 나아가 특정 직업에는 오르지 않고 있는 향신(鄕紳)은 마치 입법문제에 대한 권리를 박탈당한 것처럼 자기 나라의 통치기구에서 완전히 배제되고 말 것입니다. 도시에서 향신(鄕紳)에 대항해 이루어지고 있는 계략은 모두 금융의 조종자에게 유리한 인간의 결합을 만들어내고 있는 것이 분명합니다. 본래 도시에서는 인간의 결합이 자연스러운 것입니다. 도시민의 습관, 직업, 기분전환, 분망(奔忙), 나태 등 모두가 끊임없이 그들을 상호 접촉시킵니다. 그들의 미덕도 악덕도 모두 사교성인 것입니다. 그들은 항시 이른바 수비 태세로 부대(部隊)를 형성하고, 반은 훈련이 끝난 상태로 그들을 군사적·정치적 행동을 위해 조직하려는 인간의 수중에 들어오는 것입니다.*74 **

만일 이 국가제도의 요괴가 계속 존재한다면 프랑스는 여러 집단을 이루는 선동자들, 즉 아시냐를 나누어주는 자, 교회영지 매각의 수탁자, 대변인, 알선업자, 금융업자, 투기꾼, 사기꾼 등으로 이루어지는 도시의 여러 단체에 의해 전면적으로 지배당하게 될 것입니다. 이 자들은 왕과 교회, 귀족과 민중과의 파멸 위에 야비하고 저속한 과두제를 구축할 것입니다. 이제까지 말해온 것 모두를 고루 생각했을 때 나는 그렇게 될 것이 분명하다고 생각하는 것입니다. 인간의 평등과 권리라는 기만적인 꿈과 환상은 모두 여기에서 종말을 고합니다. 그것들은 모두 이 저속한 과두정치의 '세르보니스의 늪'*75 속으로 빨려 들어가 영원히 사라지는 것입니다.

이렇게 생각하면 프랑스에서 범해지고 있는 몇 가지 큰 죄로 인해 일어난 호소는 비열하고 파렴치한 지배에 대한 예속으로 프랑스를 벌해야만 한다고 생각하신 하늘에까지 도달하고 있음이 분명합니다—물론 그를 뒷받침하는 것은 인간의 지혜가 미치지 않는다 해도—라고 누구나 생각하게 되는 것이 아닐까요. 이 예속에서는 그 거짓 영광—그들의 것과는 다른 전제지배 주위에서는 찬란하고 그로 인해 인류로 하여금 억압당하고 있을 때조차 자기 명예가 더럽혀지고 있다고 느끼는 것을 방해하는 거짓 영광—중에서조차 아무런 위로나 보상도 발견할 수 없습니다. 여기서 고백해 줄 것이 있습니다. 자신은 잠시 높은 신분에 있었고 지금도 크게 명성을 지니고 있는 분들 중에서도 극히 일부의 행동에 대해서 나는*76 다소 분노까지도 섞인 일종의 개탄을 느끼지 않을 수 없습니다. 그들은 그럴듯한 외면에 기만당해 자신의 이해력으로는 헤아리기 어려울 정도의 깊은 일에 손을 대거나 스스로는 면식조차 없었던 자들의 계략에 훌륭한 명성이나 권위를 빌려주기도 하며 자신들의 미덕이 국가의 파멸을 초래하도록 힘쓴 것입니다.

첫째의 접합원리에 대해서는 이 정도로 해두겠습니다.

그들의 새 공화국을 위한 접합재료의 제2는 파리시의 우월입니다. 나아가 이 점은 또 하나의 접합원리인 지폐유통이나 몰수와 강하게 결합하고 있다고 생각하고 있습니다. 성속(聖俗) 양면에 걸친 예로부터의 모든 지방적 경계나 재판관할권의 경계가 파괴되고 사물의 낡은 결부 모두가 분해된 원인도, 또 그처럼 많이 서로 흩어진 여러 공화국이 만들어진 원인도 모두 그들 계획의 부분에서 찾아야 합니다. 분명 파리시의 권력은 그들의 모든 정치의 대 원천입니다. 지금은 투기의 중심·초점이 되고 있는 파리시의 권력을 통해 이 도당의 지도자들이 모든 입법행정 기구를 지휘—라기 보다는 명령— 하고 있는 것입니다. 그러므로 다른 여러 공화국에 대한 파리시의 권위를 더 확고하게 할 수 있는 사항이라면 무엇이든 해야만 합니다. 파리는 작게 통합 되어 있습니다. 그것은 어떤 정방형 여러 공화국*77의 힘과 불균형한 강대한 힘을 지니고 있으며 나아가 그 힘은 좁은 범위 안에 응축되어 있습니다. 파 리를 구성하는 여러 부분은 자연스럽고도 용이하게 결합할 수 있습니다. 이 결합은 어떤 기하학적 국제계획(國制計劃)의 영향도 받지 않습니다. 또 그 저인망 속에는 어군(魚群) 모두가 들어 있는 이상 대표비율의 다과 문제도 그다지 영향을 끼치지 않습니다. 왕국의 파리 이외의 여러 부분은 작게 분할 되어 이제까지 지니고 있던 모든 통일수단은 물론 그 원리마저 빼앗기고 있 으므로 적어도 한동안은 파리에 대항해 연합할 수 있을 것 같지 않습니다.*78 프랑스의 그와 같은 종속적 구성원 모두에게 남겨져 있는 것은 취약함과 분 열과 혼란뿐입니다. 국민의회는 그들의 계획 중에서도 특히 이 부분을 한층 확실히 하기 위해 최근 여러 공화국 가운데 두 공화국이 동일한 사령관을 추 대해서는 안 된다는 결의를 채택했습니다.

이렇게 만들어진 파리의 강함은 사물을 전체적으로 보는 사람에게는 전반 적으로 취약한 체제로 비칠 것입니다. 기하학적 정책을 채용한 목적은 온갖 지방적 사고를 쇠퇴시키고 민중이 이제는 가스코뉴인, 피카르디인, 브르타 뉴인, 노르만인도 아닌 하나의 조국, 하나의 마음, 하나의 의회를 가진 프랑 스인이 되기 위해서라고 자랑스럽게 떠들어대긴 합니다. 그러나 훨씬 가능성 있는 일로 모든 사람이 프랑스인이 되기는커녕 그 지역의 주민은 곧 조국을 가질 수 없게 된다는 것입니다. 정방형측량 같은 것에 긍지나 편애나 진정한 애정의 마음에서 애착을 품은 인간은 이제껏 없습니다. 모두가 제71구라든가, 그밖에 무슨 구획표지 따위에 속하는 것을 명예로 생각할 리가 없습니다. 우리는 국가에 대한 애정을 자기 가족 안에서 시작합니다.[*79] 냉정한 친척이 열렬한 국민일 수는 없습니다. 우리는 다음으로 이웃에게, 그리고 관습에 의해 정해진 각 지방의 인간적 연계로 나아갑니다. 그와 같은 것은 이른바 숙소이자 휴식처인 것입니다. 관습에 의해서—지배권력의 당돌한 한마디에 의해서가 아닌—형성된 이 나라의 여러 지방은 제각기 위대한 국토의 작은 모습을 보여줍니다. 인간의 혼은 그 속에서 자신이 공헌할 수 있는 무언가를 발견해온 것입니다. 그러나 전체적으로 보면 하위에 속하는 이 같은 편애에 의해서 그 전체에 대한 사랑을 완전히 잃는 일은 없습니다. 오히려 그것은 더 고차적이고 광범위한 관심을 함양하기 위한 일종의 기초훈련이 됩니다. 이와 같은 훈련에 의해서만 사람들은 자기 자신의 이해(利害)에 대하는 것과 마찬가지로 프랑스 정도로 광대한 한 왕국의 번영에도 관심을 가질 것입니다. 시민이 예로부터의 지명에 대해 관심을 갖는 것은 고래(ancient)로부터의 편견과 무반성의 관습 결과이고 그 형태의 기하학성 때문은 아니지만 전체로서의 영토 그 자체에 대한 관심도 같은 것입니다. 확실히 파리의 권력과 우월이 존속하는 한 여러 공화국을 압박해 상호 연결해 둘 것입니다. 그러나 이제까지 언급한 이유로 나에게는 그것이 오래 지속할 것이라고는 생각하지 않습니다.

이 국가제도를 사회적으로 창출·접합시키고 있는 여러 원리를 고찰하고 나아가 주권자로서 행동하는 국민의회도 고찰해 본다면 우리는 대부분 권력을 지니고 게다가 외적 규제를 최소화시킨 한 단체입니다. 즉 우리가 보는 것은 기본법도, 확립한 원리도, 존중되고 있는 수속 규칙도 없는 한 단체, 나아가 어떤 의미로는 통일성도 지니지 않는 한 단체입니다. 자신들의 권력에 대한 그들의 사고방식은 언제나 입법부 전능론을 최대한으로 확장한 것이고 통상의 문제에 대해서 그들에게서 볼 수 있는 실례는 필연성에서 생기는 예외로부터 취해온 것뿐입니다. 분명 장래의 의회도 거의 모든 점에서 현의회와 똑같아질 것입니다. 그러나 새로운 선거방식이나 새로운 통화의 경향 등으로 볼 때 그것은 소수파―본디 다양한 이해관계 속에서 선발되고 게다가 그 정신을 무언가의 형태로 계속 유지하고 있는 소수파―속에 존재하는 약간의 내적 규제도 상실할 것입니다. 가능하다면 다음 의회는 현 의회보다도 한층 나빠질 것이 분명합니다. 현 의회는 온갖 일들을 파괴하고 변경하고 있으므로 후계자에 대해 민중의 지지를 얻을 수 있는 사업의 여지를 하나도 남기지 않을 것이 명백합니다. 그래서 다음 의회는 질투나 실례로 이성을 잃어 부조리한 일들을 계획할 생각을 할 것입니다. 그 같은 의회가 조용히 끝날 것으로 예상한다면 어리석은 일입니다.

당신들의 전능한 입법자는 모든 것을 한꺼번에 해치우려고 서둔 나머지 가장 본질적인 하나의 사항―내가 아는 한 적어도 공화정의 계획자라면 이론상으로나 실천상으로나 일찍이 제외한 적이 없는 사항 ―을 망각하고 말았습니다. 즉 그들은 하나의 원로원 내지 그 같은 성질이나 성격의 것을 마련하는 것을 잊은 것입니다. 그와 같은 회의를 전혀 하지 않고 입법하고 행동하는 유일의 의회와, 그 집행자인 관리에 의해서만 구성된 정치조직은 고래에는 듣지 못했던 것이었습니다. 여러 외국에서조차 그것과 결합할 수 있는, 통치의 일상적인 세세한 문제에서 민중이 올려다 볼 수 있는, 국가의 행동 가운데 어떤 경향성과 견고함을 부여해 일종의 일관성을 유지하는 무언가를 이 국가조직에서는 결부시키는 것입니다. 왕들은 항시 고문회의로서 그와 같은 일단을 지니고 있습니다. 그러나 왕정은 그 없이도 존재할 수 있고 오히려 그 같은 회의는 공화정부의 본질 그 자체에 속하는 것이라 생각합니다. 그것은 민중이 행사하거나 또는 그들로부터 직접 위임된 지고의 권력과 단순한 집행권력 사이의 중간점을 차지하는 것입니다. 그런데 당신들의 국가제도에는 이 점을 표시하는 것이 존재하지 않습니다. 그리고 이 같은 것을 전혀 만들지 않았으므로 당신들의 소론과 누마[80]는 다른 모든 문제와 마찬가지로 무능력을 명백히 드러내고 있는 것입니다.

다음으로 우리는 행정권을 형성하기 위해 그들이 무엇을 해왔는지 생각해 보겠습니다. 그들은 이 목적을 위해 이미 폄훼(貶毁)한 한 사람의 왕을 발탁했습니다. 그런데 그들의 첫 행정관리는 단순히 하나의 장치여야 하고 그 임무를 수행하는 데 있어서 모든 행위에 대해서 어떤 재량권도 가져서는 안 되는 것입니다. 드높여진 그는 국민의회라는 단체에 있어서 알아둘 필요가 있는 문제를 전하기 위한 수로(水路)에 불과합니다. 그래도 만일 그가 유일의 수로였다면 그 권력에도 중요성이 존재했을 것입니다—물론 그 권력을 굳이 행사하려는 인물에게 있어서는 그것이 매우 위험한 것에는 변함이 없습니다. 그러나 국가에 관한 정보나 사실의 진술은 다른 전달로를 통해서도 국민의회에 도달할 수 있고 나아가 전부 같은 신빙성을 지닐 수 있습니다. 따라서 권위를 부여한 보고서의 진술에 의해 정책에 방향성을 부여하기 위한 수단이란 점에서 말한다면 이 정보관으로서의 지위는 불필요한 것입니다.

  프랑스에서의 행정관 조직을 개인적·공적이라는 두 가지의 자연스러운 분류 방법에 따라 고찰하려 할 경우, 우선 첫째로 주목해야 할 것은, 새로운 국가제도에 따르면 개인적·공적의 어느 선을 더듬어보아도 사법부의 상급부문이 왕권 중에는 없다는 것입니다. 프랑스왕은 정의의 원천이 아닌 것입니다. 일심에서도 상고심에서도 판사는 왕에 의해서 지명되지 않습니다. 왕은 판사 후보자를 제안하지도 않고 선택된 자에 대해서 거부권도 없습니다. 그는 검찰관조차 아닌 것입니다. 그의 역할은 단지 각 지구에서 이루어진 판사의 선정에 대해 공증인으로서 증명을 하는 것에 불과합니다. 왕은 그의 관리의 손을 빌려 판사가 내린 판결을 집행하는 것입니다. 왕의 권위의 성질에 대해서 조사해보면 그는 하급순경, 집달리, 포리(捕吏), 옥리(獄吏), 교수형 집행리 등의 두목 정도라고 생각합니다. 그래도 왕위로 불리는 자를 이 이상 모욕적으로 대우하는 것은 불가능합니다. 현실로 보는 바와 같이 사법의 임무 중에서도 존경받을 만한 것, 위안이 될 만한 것은 모두 박탈되고 소취를 제기할 권력도, 법의 정지나 형의 경감이나 은사의 권력도 없는 이상, 이 불행한 군주의 존엄에 있어서 사법의 집행과는 아무런 연관도 갖지 않는 것이 훨씬 배나 좋았을지도 모릅니다. 사법 중에서도 저속하고 불쾌한 부분은 모두 그에게 던져지고 있습니다. 국민의회는 얼마 전까지 그들의 왕이었던 인물을 처형리보다 약간 위, 또는 그와 다름없는 지위와 직무를 맡도록 결의하고 동시에 일종의 직무로부터는 오욕(汚辱)을 불식하는데 급급했는데 전부 책략입니다. 현재의 프랑스인 왕*[81]과 같은 지위에 놓이고 그 인물이 품위를 갖추거나 타자로부터 존경을 받는 일이 가능하다는 것은 부자연스럽습니다.

이번에는 국민의회의 명령하에 행동하는 이 새 집행관을 공적 기능의 측면에서 바라보겠습니다. 법을 집행하는 것은 왕의 직무에 속합니다. 명령의 집행자라면 그는 왕이 아닙니다. 그래도 공적인 집행권자의 직무란 단순히 위대한 신탁입니다. 이 신탁은 실제로 그 직무의 장 및 모든 하위관료가 성실근면하게 의무를 수행하는 것에 크게 의존하고 있습니다. 이 의무를 수행하는 수단은 규칙에 따라서 주어져야 하고, 그 일을 수행하려는 마음이 신탁을 이룰 때의 여러 사정에 의해 고무되어야 합니다. 그것은 존엄과 권위와 경의를 주위에 돌리게 하고 또한 영예를 가져오는 것이어야 합니다. 집행자의 지위는 노력하는 지위이기도 합니다. 우리는 권력행사의 일을 무능력자에게 기대해서는 안 됩니다. 그런데 행정의 지휘를 하면서 그것에 대한 수단을 무엇 하나 지니지 않은 왕이란 도대체 어떤 인간이겠습니까. 그는 종신직에 의해서도 토지의 하사에 의해서도, 뿐만 아니라 50파운드의 연금, 무의미하고 하찮을 정도의 이 칭호에 의해서조차 보답할 수가 없는 것입니다. 프랑스에서 왕은 더 이상 정의의 원천이 아닙니다. 마찬가지로 명예의 원천도 아닙니다. 포상이나 특별대우는 모두 다른 수중에 장악되고 있습니다. 왕에게 봉사하는 사람들 모두를 움직일 수 있는 자연의 동기는 공포뿐입니다. 나아가 그 공포야말로 그의 주군을 제외한 온갖 사물에 대한 공포인 것입니다. 국내의 세제에 대한 왕의 임무도 사법부문에서 그가 수행하는 임무와 마찬가지로 타기(唾棄)해야 할 일입니다. 무언가 지방단체에 지원하려 할 경우 그를 부여하는 것은 의회인데 그들을 의회에 복종시키기 위해 군대를 파견하기라도 한다면 그 명령을 집행하는 것은 왕입니다. 그러므로 모든 경우에서 그는 자신의 인민의 피를 뒤집어쓰게 됩니다. 그에게는 거부권이 없습니다. 그럼에도 불구하고 가혹한 법령을 강요할 때에는 항시 그의 이름과 권위가 쓰입니다. 그뿐 아니라 그를 해방시키려 하는 인간이나 그의 신병, 예부터의 그의 권위에 대해서 조금이라도 애착을 표하는 인간 등을 장사지내는 것조차 그는 동의해야 하는 것입니다.

집행권이란 직무는 그 직무의 구성원이 자신이 복종해야 할 사람들을 경애하는 마음이 들도록 조직되어야 합니다. 고의적인 무시라든가 그보다 악질인 것은 말뿐으로 실제로는 심보가 사악한 복종 따위는 가장 현명한 간언조차 망쳐버리고 말 것이 분명합니다. 법이 그와 같은 무시나 기만적 준수를 예상하거나 그 뒤를 쫓는다 한들 헛수고입니다. 사람들을 진심으로 행하게 하는 것은 법 권한 밖입니다. 왕들은—사실상의 왕자조차—자신은 불쾌한 신민의 자유조차 참을 수 있고, 또 참아야 합니다. 그들은 또한 그 같은 불쾌한 인간의 권위조차도 그들의 봉사를 촉진하는 한 참을 것입니다. 그렇다고 해서 그것으로 자신을 욕되게 하는 것도 아닙니다. 루이 13세는 리슐리외 추기경을*⁸² 마음속 깊이 증오하고 있었습니다. 그러나 그의 경쟁자를 배제하고 그를 지지한 것이 그의 치세의 모든 영광의 원천이 되고, 나아가 그의 왕위 자체의 견고한 기초가 되기도 했습니다. 즉위했을 때의 루이 14세는 마자란 추기경을*⁸³ 좋아하지 않았습니다. 그러나 자신의 이익을 위해 그를 권력에 머물게 했습니다. 늙어서는 르보아*⁸⁴를 싫어했는데 그가 왕에게 충실하게 봉사하고 있었을 때 오랫동안 그 인물에 대해 참고 견뎌냈습니다. 조지 2세*⁸⁵는 분명 자신에게는 언짢을 인물이었을 피트 씨*⁸⁶를 고문회의에 참여시켰을 때 현명한 주군에게 치욕이 될 만한 일은 전혀 하지 않았습니다. 그러나 애고(愛顧)에 의해서가 아닌 사항에 의해 발탁된 이 대신들은 왕의 이름으로 더구나 왕으로부터의 신탁으로 행위를 한 것이지 후자에 대한 헌법상의 공연(公然)한 주인으로서 행위를 한 것은 아닙니다. 내가 생각하기에 최초의 공포에서 가까스로 벗어난 왕이 그 자신을 혐오하는 인간의 차액(差額)인 여러 정책에 진심으로 생기와 활기를 불어넣는 것은 애초부터 불가능한 일입니다. 그와 같은 왕(또는 그가 무엇으로 부르건)에 대해서 표면상의 존경만으로 봉사하고 있는 대신들 가운데 도대체 누가 왕의 이름으로 얼마 전까지 바스티유로 보냈던 자들의 명령에 기분 좋게 복종 따위를 하겠습니까. 이 대신들은 그자들 위에 서서 전제적 사법권을 행사하면서도 자신은 자비로웠다고 믿고 나아가 투옥을 하면서도 안식처를 부여받았다고 생각하고 있었던 것입니다. 그 대신들이 어떻게 그들의 명령에 복종 따위를 하겠습니까. 만일 당신들이 이미 행해진 그 밖의 많은 혁신이나 재생에 더해 복종까지도 기대하고 싶다면 당신들은 자연 속에까지 혁명을 해야 할 것이고 새로운 인간정신을 만들어두어야 합니다. 그렇게라도 해야 당신들의 최고 정부는 그 집행체제와 적합한 것이 될 수 있습니다. 사항에 따라서는 이름이나 원칙에 우리가 만족하지 못하는 경우도 있습니다. 당신들이 우리에게 공포와 혐오를 줄 만한 이유가 있는 서너 명 정도의 중심인물을 국민 그 자체로 부르게 되는 것도 좋습니다. 그래봤자 차이는 그들에 대한 우리의 공포와 혐오를 증대시키는 것뿐입니다. 만일 그와 같은 혁명을 당신들의 수단으로 그 같은 인물을 통해 하는 것이 정당하고 편리한 것으로 생각되었다면 10월 5일과 6일의 소행*87은 완성해 두는 것이 한층 현명했을 것입니다. 그랬다면 이 새 집행관은 그의 처지를 창출자이고 주인이기도 한 자들*88에게 지우게 했을 것이고 또 죄로 가득 찬 사회에 있으면서도 이익과 보은의 생각에 묶여 (그것도 죄의 와중에 미덕이 있을 수 있다면) 그를 큰 돈벌이와 육체의 환희가—그것에 좀 더 다른 것도 부가해서—얻어지는 지위에 승진시켜준 자들을 위해 봉사했을지 모릅니다. 좀 더 다른 것도 부가해서, 라고 한다면 틀림없이 이들은 자신이 돌봐준 괴뢰에 대해서는 항복한 적에 대하는 것 정도로 제한적이지 않은 이상 틀림없이 무언가를 여분으로 그들에게서 받고 있는 것이 분명하기 때문입니다.

현재와 같은 처지에 놓인 국왕이 그 불운 때문에 치매에 걸려 영광은커녕 오로지 먹고 자는 것을 살아가기 위해 필요한 것으로는 생각치 않고 오히려 인생의 여록(餘祿) 또는 특권처럼 생각하고 있다면 그는 결코 국왕이란 지위에 걸맞는 존재일 수 없습니다.*89 만일 그가 보통 사람의 감각을 지니고 있다면 그와 같은 처지의 지위란 어떤 명성도 평판도 이겨낼 수 없는 지위임을 감지하고 있을 것입니다. 그에게 자신을 행동하게 하는 고귀한 관심은 무엇 하나 없습니다. 그 행위는 수동적이고 방어적인 것에 불과할 것입니다. 하층 민중에게는 그 같은 지위라도 명예로운 일이지만, 실제로 그곳까지 오르면 그곳에 떨어지는 것과는 다른 것이므로 다르게 느끼는 것은 당연합니다. 왕은 실제로 대신들을 지명하는 것일까요. 그렇다면 그들도 왕에게 공감을 표시할 것입니다. 그렇지 않으면 대신들은 왕에 대해서 밀어붙이는 것입니까. 그렇게 되면 대신들과 명목상의 왕과의 사이의 일은 모두 상호 반발이 될 것입니다. 어떤 다른 나라에서도 국무장관의 지위에는 최고의 존엄이 뒤따르고 있습니다. 그러나 프랑스에서는 위험투성이고 영광 따위는 존재치 않는 지위인 것입니다. 그러므로 천박한 야심이 이 세상에 존재하는 한, 또는 빈약한 봉급에 대한 소망조차 막연한 탐욕에 있어서는 자극인 한 그와 같은 지위에도 경쟁자는 있을 것입니다. 당신들의 헌법에 따르면 이들 대신의 경쟁자는 대신들을 위협할 수 있도록 되어 있지만 후자는 미결수라는 굴욕적 자격에서만*[90] 그들의 비난을 물리칠 수단을 지니고 있는 것에 불과합니다. 프랑스의 국무장관들은 국가적 회의에서 전혀 발언권이 부여되지 않은 유일한 사람들인 것입니다. 이것이 무슨 대신, 무슨 회의, 무슨 국민입니까. 나아가 책임을 지는 것은 그들 대신인 것입니다. 책임으로 묶는 것에서 얻어지는 것은 가난한 봉사뿐입니다. 정신의 고양도 공포에서 도출되는 것이라면 한 국민을 영광스럽게 하는 것은 결코 아닙니다. 책임으로 묶으면 범죄는 저지됩니다. 그것은 법을 위반하려고 하는 온갖 시도를 위협합니다. 그러나 웬만한 바보가 아닌 한 그를 활력이 있고 열성으로 가득 찬 봉사를 위한 원동력으로 삼자는 생각을 할 리가 없습니다. 과연 전쟁의 지휘를 그 원리를 혐오하고 있을 듯한 인물에게, 즉 전쟁을 승리로 이끌기 위해 밟아가는 단계 하나하나에서 자신을 압박하는 측의 힘을 더욱더 견고하게 하는 인물에게 맡겨야 하겠습니까. 처음부터 화전(和戰)의 대권*[91]을 지니지 않은 인물과, 뿐만 아니라 그 자신도, 그의 대신을 통해서도, 또는 그가 세력을 미칠 수 있는 인물을 통해서도 단 한 표도 갖지 않는 인물과 외국이 진정으로 조약을 맺겠습니까. 모멸받는 처지는 군주에게 적합한 처지가 아닙니다. 즉각 그를 폐위하는 것이 낫습니다.

당연히 궁정이나 정부에서의 이 같은 분위기는 현재 세대 동안만 이어질 것이라거나, 황태자에게는 그 지위에 어울리는 교육을 시켜야 한다고 왕이 선언했다고 말할 것이라는 것은 나도 알고 있습니다. 그러나 황태자가 그 지위에 상응하게 된다는 것은 즉 아무런 교육을 받지 않는다는 말입니다. 그의 훈육은 전제적인 왕보다도 한 층 혹독해질 것이 분명합니다. 만일 그가 문자를 읽을 수 있게 되면, 그를 이끄는 선악의 구름이 그에게 너의 조상은 국왕이었다고 알릴 것입니다. 그때 이후 그는 자기를 내세우고 양친의 복수를 목표로 삼을 것이 분명합니다. 그것은 그의 의무가 아니다, 라고 당신들은 말할 것이지만, 그것이 사실이고 자연이라는 것입니다. 당신들은 자연 쪽이 당신들에게 화를 내도록 해두면서 어리석게도 의무 쪽은 신뢰하려는 것입니다. 이와 같은 불모의 조직계획을 통해서 국가는 우선 취약함과 혼란과 반동과 무력과 조락의 근원을 품안에 키우고 있습니다. 그리고 자신의 최종적인 파멸에의 길을 준비하고 있습니다. 요컨대 나는 이와 같은 집행권력(나는 이것을 권위로 부를 수는 없습니다) 속에서는 외견적인 생기조차 발견하지 못하고 그것과 최고권력—현행의 것이건, 장래의 정부를 위해 계획된 것이건—과의 사이에 올바른 대응이나 조응(照應)이나 우의적 관계 등이 최소 한도로 존재하고 있다고도 생각되지 않습니다.

당신들은 그 정략과 같은 정도로 부정한 방침에 따라 실질, 허구라는 두 종류의 통치제도[†*92]를 세웠습니다. 그 모두가 거액의 비용으로 유지되는 것이지만 허구(虛構)인 정부 쪽에 최대의 비용이 걸려 있으리라 생각됩니다. 그러나 후자와 같은 기계 장치에는 바퀴에 칠하는 윤활유 정도의 가치도 없습니다. 지출은 엄청나면서도 외견상으로나 실용성으로나 모두 지출의 10분의 1 값어치도 안 되는 것입니다. 아니 그대는[*93] 입법자들의 재치를 정당하게 평가하지 않고 있습니다. 본래는 필연성도 참작해야 하는데 그도 하지 않고 있습니다. 그들의 집행권력 계획은 그들이 선택한 것이 아니었고 이 흥행은 유지해 두어야 하는 것입니다. 민중은 그와 멀어지는 것에는 동의하지 않을 것입니다.[**] 사실 그렇습니다. 당신들은 큰 이론을 지니고 있고, 삼라만상의 것을 그 규격에 맞추어야만 한다는데 그래도 아직 사물의 자연과 주변의 상황에 자기 자신을 순응시키려면 어떻게 하면 좋을지를 확실히 알고 계십니다. 그러나 그렇게까지 상황에 순응하는 것이 불가피해졌다면 당신들은 자신의 복종을 더 파고들어야 했습니다. 그리고 당신들이 사용해야만 했던 것을 본래의 도구로 완성해 그 목적에 활용해야만 했습니다. 당신들에게는 그럴 힘이 있었던 것입니다. 수많은 문제 중 한 예를 들자면 당신들에게는 왕에게 화전(和戰)의 권리를 남겨 둘 권리가 있었습니다. 뭐야, 많은 대권 중에서 가장 위험하기 짝이 없는 것을 집행관리에게 남겨주는 것인가, 라고 당신들은 말할 것입니다. 과연 그 이상의 위험한 것은 없다고 생각합니다. 그러나 그렇게 신탁하는 것 이상으로 필요한 사항도 없다고 생각합니다. 물론 나도 당신들의 왕이 그와 함께 다른 부수적 신탁이 주어져 있는 것도 아닌 한 이 같은 대권을 그에게 위탁해야 한다는 등의 발언을 할 생각은 없을 뿐더러, 현재 그에게는 그와 같은 위탁이 주어져 있지도 않습니다. 확실히 골치 아픈 일이었겠지만 만일 그가 그와 같은 위탁을 맡고 있었다고 한다면 위험을 보상하고도 남을 이점이 헌법에서 생겼을 것입니다. 몇 사람의 유럽

군주*94가 당신들의 의원과 사적으로 내통하거나 당신들의 모든 이해에 간섭하거나, 당신들 나라의 은밀한 곳에서 모든 당파 중에서도 가장 유해한 그것—즉 외국 세력의 이해에 봉사하고 그 지휘하에 있는 당파—을 조장하는 것을 막기 위해서는 다른 방도가 없습니다. 다행스럽게도 우리는 여전히 그와 같은 최악의 해독으로부터는 벗어나 있습니다. 당신들도 기량만 지니고 있으면 그 기량을 잘 활용해 이 같은 위험한 신탁에 대한 간접적인 교섭법과 억제를 발견할 수 있었을 것입니다. 설사 당신들이 영국에서 우리가 선택해 온 것을 좋아하지 않는다 해도 당신들의 지도자들은 그 이상의 것을 생각해 내기 위해 그 능력을 발휘할 수 있었을지도 모릅니다. 큰 문제를 처리함에 있어서 당신들과 같은 정부가 초래하는 결과를 예증할 필요가 있다면 나는 국민의회에 대한 몽모랑 씨*95의 최근 보고나 영국·스페인 간의 분쟁에 관한 그 밖의 의사록 전부를 참조하도록 당신들에게 요구해야 할 것입니다. 당신들에게 그것을 지적해 보이면 당신들의 이해력을 경멸적으로 평가하는 것이 되지만.

† 지방의 공화주의적 여러 제도도*96 계산해보면 실제로는 3종류이다.

나는 대신으로 불리는 사람들이 그 퇴임의 의지를 표명한 것으로 알고 있는데 그 이후로도 오랫동안 그들이 사임하지 않는 것에 오히려 놀라고 있습니다. 천지에 맹세코 나라면 그들이 과거 12개월간 서 있었던 상황에 서지는 않을 것입니다. 물론 나도 그들은 혁명을 위해 잘 되기를 소망했을 것이라 생각합니다. 그러나 그것이 사실이라 해도 높은 지위—당연히 그것은 굴욕의 높이인데—에 있었던 그들은 그 혁명이 가져온 여러 악을 집단으로서 최초로 보고 나아가 각자의 부서에서 제각기 느낀 최초의 인간이 되어야 했습니다. 스스로 쟁취했다기보다는 쟁취하는 것을 견딘 하나하나의 처리에서 그들은 국가의 상황이 악화하고 있는 것, 나아가 국가에 봉사해야 할 자신들이 완전히 무력하다는 것을 느끼고 있었던 것이 분명합니다. 그들은 고래에도 없던 일종의 굴욕적인 노예 상태에 있습니다. 그들에게는 그들을 밀어붙이는 군주로부터의 신탁도 없을뿐더러 그들을 군주에게 밀어붙인 의회로부터의 신탁도 없으며 그 지위에 수반하는 고귀한 직무는 모두 의회의 위원회 수중에서—더구나 그들의 개인적 내지 공적 지위에 대한 고려는 일체 이루어지지 않은 채—집행되고 있습니다. 그들은 권력 없이 집행하고 재량권 없이 책임지며, 선택권 없이 평가해야 합니다. 스스로는 영향력이 없는 두 군주 밑에서 어리둥절한 상황에 놓인 그들은(의도하는 바가 무엇이건 결과적으로는) 때로는 한 쪽을, 때로는 다른 쪽을, 나아가 당시 자신을 기만하는 방법으로 행동해야 했습니다. 그것이 이제까지 그들의 상태였습니다. 그들의 후계자 또한 그렇게 될 것이 분명합니다. 나는 네케르 씨를 매우 존경하고 있고 그에 대해서는 많은 호의를 품고 있습니다. 또 그의 배려에는 감사를 표하는 바입니다. 그의 적들이 베르사유에서 그를 추방했을 때*97 나는 그가 망명을 하면 진지하게 축복할 만하다고 생각했습니다. '그러나 많은 도시와 국가의 기도의 힘에 의해'*98 지금 그는 프랑스의 재정과 왕정의 폐허 위에 앉아 있습니다.

신정부 집행부문의 기묘한 구성에 대해서는 이 이상의 많은 사항이 인정될 것입니다. 그러나 문제 그 자체가 끊임없을 거라고 하지만 지치게 되면 그 검토에도 자연히 한계점이 보이기 마련입니다.

나는 국민의회에 의해서 만들어진 사법부 계획 가운데에도 앞서 말한 바와, 뛰어난 재치와 재능을 발견할 수 없습니다. 당신들의 국가제도 형성자들은 여느 때의 수법과 조금도 다를 바 없이 우선 여러 고등법원*99을 완전히 폐기시키는 것에서부터 시작했습니다. 설사 왕정은 변경할 생각이 없었다 해도 고색창연한 이들 여러 조직은 구 정부와 마찬가지로 확실히 개혁의 필요성이 있었고 그것을 자유로운 국가제도의 체계에 접합시키기 위해서는 몇 가지 변경이 더 필요했습니다. 그 구조에는 현인(賢人)에게도 승인을 얻을 수 있을 정도의 많은 점이 있었습니다. 거기에는 또 하나의 근본적인 우월성이 있었습니다. 즉 독립성이라는 것입니다. 그 지위를 둘러싼 가장 수상쩍은 일은 매매된다는 것이었는데, 그 일조차 이 독립적 성격에 기여하고 있었습니다. 그것은 종신직이었고 실제로 상속에 의해 보유되고 있었다고 할 수 있습니다. 또 왕에 의해 임명되면서도 그의 권력 밖에 있는 것으로 간주되고 있었습니다. 그것에 대한 가장 단호한 왕권의 행사조차 그의 본질적인 독립을 보여준 것에 불과합니다. 여러 고등법원은 자의적인 혁신에 저항하기 위해 구성된 항구적인 정치조직을 이루고 있던 것입니다. 그리고 그 단체로서의 구조나 형태 등에서 여러 법의 확실성과 안정성의 쌍방을 부여하도록 교묘하게 계산되고 있었습니다. 그것은 분위기나 사고방식의 온갖 변천을 능가해 그러한 법을 지키는 안전한 피난처였습니다. 전제적인 왕들의 치세나 자의적인 여러 당파 간 투쟁 속에서도 국가로부터 위임받은 신성한 수탁물을 지켜왔습니다. 그것은 헌법의 기억과 기록을 그대로 유지해 왔고 사유재산에 대한 위대한 보증이기도 했습니다. 실제로 프랑스에서 사유재산은(신체의 자유가 존재하지 않았던 때에도) 다른 어떤 나라에도 뒤지지 않을 만큼 훌륭하게 보호되었다고 할 수 있을 것입니다. 대체로 국가에서의 최고 권력이란 가능한 한 그 최고 권력에 의존하지 않을 뿐더러 어느 의미에서는 그와 평형을 취하도록 구성된 사법적 권위를 지녀야 합니다. 또 자체의 권력이 침범당하지 않도록 사법에 보증을 부여해야 합니다. 즉 사법부를 그 국가에 대한 일종의 외적인 것으로 해야 하는 것입니다.

이들 여러 고등법원은 왕정의 지나침과 해독에 대해서 최선이라고는 할 수 없지만 상당한 교정을 가하고 있었습니다. 민주정이 국가의 절대 권력이 되었을 경우 그와 같은 독립적 사법부의 필요성은 10배나 증가합니다. 민주정적 국가제도에 있어서는 당신들이 생각해낸 선거된, 임기가 있고 지방적이며, 게다가 좁은 사회 안에서 종속자로서의 기능을 수행하는 판사란 모든 사법 가운데서도 최악의 것임이 분명합니다. 타지 사람이나 혐오의 대상인 부자나, 패배한 소수파나, 선거에서 낙선 후보자를 지지했던 사람들에 대한 공정함은 외견상으로도 발견할 수 없습니다. 새로운 재판소를 최악의 당파 근성으로 깨끗이 한다는 것은 우선 불가능할 것입니다. 비밀투표에 의한 온갖 고안도 불공정이 표면화하는 것을 막는 방도로서는 쓸모 없고 유치하다는 것은 실험을 통해 우리는 인식하고 있습니다. 즉 그것이 비밀이라는 목적에 가장 적합한 경우에는 동시에 의혹을 낳는데도 적합하다는 것이고 나아가 유해한 불공정의 원인도 되는 것입니다.

국민에게 있어서 그 정도로 파멸이 된 변혁에 임해 여러 고등법원이 해체되지 않고 유지되었다면 그것들은 일찍이 아테네의 아레오파고스 언덕의 원로원 법정[100]과 완전히 같지는 않을망정(나는 엄밀한 대응을 말하고 있는 것은 아닙니다) 거의 비슷한 목적에 활용된 적이 있을지 모릅니다. 다시 말해 경박하고 불공정한 민주정치의 여러 악(惡)에 대한 평형 내지 교정제(矯正劑)의 하나로서 도움이 되었을지도 모르는 것입니다. 이 아테네의 재판소가 국가의 위대한 버팀목이었던 것은 누구나 알고 있고 그것이 어떻게 유지되고, 어떻게 커다란 종교적 외경으로 성별(聖別)되고 있었는지도 다 아는 사실입니다. 나는 여러 고등법원이 당파성에서 완전히 벗어나 있었던 것이 아니라는 것은 인정하지만, 이 해악도 6년 임기의 선거제 재판소라는 당신들의 새로운 발명이 이루어질 수 없었던 것과는 달리, 외적 우연적인 것이고 그 구조 그 자체에서 오는 해독은 아니었습니다. 영국인 중 소수는 구 재판소가 모든 사항을 뇌물과 매수로 결정한 것이라 생각해 폐지를 찬양하고 있습니다. 그러나 그는 왕정과 공화정에 의한 음미라는 시련에 견디어 온 것입니다. 1771년에 그것이 해체되었을 때*¹⁰¹ 궁정은 그 조직이 부패했었다는 것을 어떻게든 증명하고 싶었던 것인데, 그것을 해체한 자들도 가능하다면 같은 일을 하고 싶었을 것입니다. 그러나 이 두 가지 추구가 모두 실패로 끝난 이상 나는 그들 가운데서 두드러진 금전적 부패는 오히려 희유했던 것이 분명하다고 결론을 짓는 자입니다.

고등법원 그 자체의 유지도 물론이거니와 그것이 왕정시대에 제정된 법에 대해서 행하고 있었던 것처럼 국민의회의 모든 법령을 기록한다—적어도 그것에 항의하는—는 고래의 권력도 함께 유지되고 있었던 것이 사려에 적합했던 것이라 생각합니다. 같은 권력은 민주정에서의 임시적 여러 법령을 보편적인 법학의 여러 원칙 중 어느 한쪽에 적합시키는 수단도 되었을 것입니다. 예부터 내려온 민주정의 해독이고 그 몰락의 원인이기도 한 것은 그들이 바로 당신들이 하고 있는 임시적 법령 즉 프세피스마타*¹⁰²에 의해서 통치한 것이었습니다. 이 관행은 금세 법률의 연속성과 일관성에도 영향을 주어 법에 대한 민중의 존경이 감퇴해 결국 전면적으로 파괴하고 만 것입니다.

당신들은 왕정시대에는 파리고등법원에 부여되고 있던 항의권을 수석 집행관에게 부여하고 나아가 상식에 반해서 태연하게 그를 왕으로 부르고 있는 것이지만 이것은 정말이지 부조리의 극치입니다. 본디 집행하는 역을 맡고 있는 인물로부터 항의 따위를 수용해서는 안 됩니다. 그렇게 되면 평의도 집행도, 권위도 복종도 또한 모두 그 무언가를 풀지 않게 됩니다. 당신들이 왕이라 칭하는 인물은 그와 같은 권력을 가져서는 안 됩니다. 그는 그 이상의 것을 가져야만 하는 것입니다.

당신들의 현재의 방법은 너무나도 사법적입니다. 당신들의 목적은 자국의 왕정을 모방하거나 판사들을 독립된 자리에 두는 일이 아니라, 오히려 그들 판사들에게 맹목적인 복종을 강요하는 데 있습니다. 모든 것을 바꿔 버린 당신들은 새로운 질서원리를 발명했습니다. 당신들은 우선 판사를 임명합니다. 내가 생각하기에 판사란 법에 따라서 재판을 하는 것일 텐데 당신들은 임명을 한 다음에 언젠가는 그들이 따라야 할 법률을 부여할 생각이라고 그들에게 말하고 있는 것입니다. 그들이 그때까지 해 온 공부는 모두 (공부를 한 경우의 이야기인데) 그들에게 아무런 도움도 되지 않습니다. 그러나 그와 같은 공부의 보충으로서 그들은 때때로 국민의회로부터 받게 되는 규칙이나 명령이나 지시의 일부에 시종일관 복종할 것을 서약하게 됩니다. 그러므로 만일 그것에 복종하게 되면 그들은 해당 문제에 대해 법이 기능할 여지를 전혀 남기지 않게 됩니다. 그들은 지배권력의 수중에 있는 완전체의 상당히 위험한 도구가 되는데, 이 지배 권력이야말로 하나의 소송 중에, 또는 그것이 예상되고 있을 때에 결정의 규칙이 전면적으로 변경될 지도 모르는 것입니다. 만일 국민의회의 이 같은 명령이 각 지방에서 판사들을 선출하는 민중의 의지와 충돌이라도 하는 날엔 끔찍한 혼란이 반드시 오게 될 것입니다. 그것은 판사들의 지위는 지방 당국이 지고 있는 것이지만 다른 한편으로 그들에게 복종을 맹세케 하는 명령은 그들의 임명에는 전혀 관여하지 않는 사람들에게서 오기 때문입니다. 아무튼 그들에게는 자신들의 역할 수행을 고무하고 지도해 주는 샤틀레의 법정*103 이란 실례가 있습니다. 그 법정은 국민의회에서 보내졌거나 또는 다른 고발 경로를 거쳐서 기소된 범죄자를 재판하기 위한 것입니다. 판사들은 자신의 생명을 지키기 위해 호위하에 심리를 하는데, 자신이 도대체 어떤 법에 의해서 재판을 하는지, 어떤 권위하에 판결을 내리는지, 또 어느 정도의 임기가 있는지 거의 모른다고 할 수 있습니다. 그들은 때로는 자신들의 생명의 위험을 무릅쓰면서까지 유죄판결을 내려야만 한다는 것은 인식하고 있습니다. 확인된 바 없는 실례로, 그들이 무죄를 언도하여 석방된 인물이 그들의 법정 입구에서 교살당하고 더욱이 가해자는 전혀 벌을 받지 않는 등의 것을 그들이 경험하고 있는 것을 우리는 알고 있습니다.

당연히 의회는 약속을 부여해 간결, 단순, 명쾌한 일단의 법을 장래에는 만들 것이라 말은 하고 있습니다. 그것은 말하자면 간결한 법에 의해서 대부분을 판사들의 자유재량에 맡긴다는 것인데, 모순되는 행동으로서 그들은 재판관의 자유재량(최선의 경우라도 위험한 것)이 건전한 재량이라 불릴 만한 온갖 학문적 권위는 제외시키는 것입니다.

여기에서 기묘한 일을 깨닫게 됩니다. 그것은 새로운 행정부의 여러 기관은 이들 새로운 재판소의 관할권에서 전부 제외되고 있다는 것입니다. 다시 말해서 법의 힘에 가장 전면적으로 복종해야 할 사람들이 법으로부터 벗어나 있는 것입니다. 본디 공적인 금전의 위탁을 집행하는 사람들은 모든 사람들 가운데서 가장 엄격하게 그 의무에 구속되고 있어야 합니다. 당신들이 그런 행정기관을 문자 그대로 전권을 장악한 독립국가로 만들려 했던 것도 아닌 한 당신들은 우선 최초로 나라의 이제까지의 고등법원이나 왕좌 재판소*104와도 같은 엄숙한 재판소—실제 이와 같은 재판소에서야말로 기관의 모든 관리는 그 직무의 합법적 수행에 대해서 보호를 받게 되고 또 법적 의무에 위반한 경우에는 강요를 하게 되는 것인데—를 형성함으로써 유의해야 할 일의 하나로 헤아린 것이 틀림없다고 누구나 생각하려 합니다. 그러나 제외한 원인은 다른 곳에 있습니다. 이들 행정기관은 현재의 지도자들이 민주정치를 통해서 과두정치로 나아가기 위한 대대적인 도구인 것입니다. 그러므로 그것은 법 위에 두어져야 합니다. 당신들이 만든 법률상의 재판소는 그들을 강제로 복종시키는 것은 부적당하다고 말하는 사람이 있을지 모르지만 그것은 사실일뿐더러 비이성적인 목적입니다. 다른 한편 그 여러 행정 기관은 국가적 의회에 대해 책임을 지고 있는 것이라고 말하는 사람도 있을지 모르지만 그것은 의회나 이들 여러 기관의 성질을 충분히 고려하지 않은 것이라 할 수 있습니다. 아무튼 보호를 위한 것이건, 구속을 위한 것이건, 그 의회의 뜻대로 되는 것은 법에 복종하는 것이 아닙니다.

이 재판관 제도*105는 완벽하다 할 수 없습니다. 왜냐하면 앞으로 새로운 재판소를 지닐 것이고 후자는 대국사(大國事) 재판소로 될 것이 예정되어 있기 때문입니다. 그것은 국민이—라기보다는 의회의 권력이란 뜻이지만—범한 죄에 대해 재판해야 하는 것입니다. 아무래도 그들은 대 찬탈(簒奪)의 시대에 잉글랜드에 세워진 고등재판소*106와 같은 성질의 것을 생각하고 있는 것 같습니다. 다만 그들은 계획 가운데서도 이 부분이 미완성 상태이므로 그것에 대해 직접적인 판단을 내릴 수는 없습니다. 그러나 그것을 형성함에 있어서 국사범의 심리에서 그들을 이끌어온 것과는 크게 다른 정신으로 행하도록 많은 주의가 기울어지지 않는 한 조사위원회*107—그들의 이단 규명소 —에 종속하는 이 재판소는 프랑스의 마지막 빛마저 끄고 말 것입니다. 그리고 모든 국민에게 예부터 알려진 것 가운데서도 가장 끔찍한 자의적 전제를 확립하게 될 것입니다. 만일 그들이 이 재판소에 조금이라도 자유와 정의를 부여하려 한다면 그들 의원에게 관계하는 소송을 멋대로 이송하거나 송부해서는 안 됩니다. 또한 그 재판소의 자리를 파리공화국 밖으로 옮겨야 합니다.†*108

† 이들 사법부 전체 및 조사위원회의 문제에 대해서 이 이상의 설명을 원한다면 카론 씨의 저작을 참조하기 바란다.

당신들의 군대를 구성함에 있어서도 사법부 계획에서 발견되는 이상의 예지가 발휘되고 있는지 모르겠습니다. 군대를 처리하는 것은 더욱 어려울 뿐더러 큰 기술과 주의력을 요합니다. 그것은 단순히 사항 자체가 중대할 뿐만 아니라 당신들이 프랑스 국민으로 부르고 있는 새로운 공화정 단체의 세 번째 접합원리*109이기도 하기 때문입니다. 그 군대가 최종적으로 어떻게 되는지 예측하는 것은 쉬운 일이 아닙니다. 당신들은 표면상으로 지불능력이 충분한 거대하고도 장비가 풍부한 군대를 갖도록 의결하고 있는데, 그렇다면 그 규율의 원리는 무엇이겠습니까. 그것은 누구에게 복종하는 것입니까. 당신들은 늑대의 귀를 잡고 있는 것입니다.*110 부디 당신들이 스스로 택해 차지한 행복한 처지를 즐기길 바랍니다. 당신들은 군대에 대해서나 그 밖의 무엇에 대해서나 자유롭게 생각할 수 있는 상황에 놓여 있습니다.

군사담당 국무장관은 드 라 튀르 뒤 팡 씨*111입니다. 이 신사는 정권에 있는 그의 동료와 마찬가지로 혁명에 대해 대단히 열성적인 주도자이고 또 혁명이란 사건에 의해 생긴 신 국가체제에 대한 낙관적 찬미자입니다. 그런 그가 프랑스의 군대에 대해서 말하고 있는 사실은 단순히 그가 공사를 불문하고 권위 있는 인물이라는 이유에서 뿐만이 아니라 프랑스 군대의 실상을 명확히 나타내며 나아가 이 위험물의 운영에 대해서 의회가 현재 취하고 있는 원리에 빛을 비추고 있다는 점에서도 중요합니다. 그로 인해 프랑스의 군사정책을 이 나라에서 모방하는 것이 어느 정도까지 적합한지에 대해서 판단을 내릴 수 있을 것입니다.

공교롭게도 6월 14일 드 라 튀르 뒤 팡 씨는 국민의회의 후견 아래에 있는 그의 성(省)의 상태에 대해 보고하고 있습니다. 이 문제에 대해서 그만큼 잘 알고 있는 인물은 없고 그만큼 잘 설명할 수 있는 인물 또한 없습니다. 국민 의회에 대해서 그는 다음과 같이 연설하고 있습니다. '국왕폐하께서는 금일, 혼란의 증대에 관해서 여러분에게 통고하기 위해 나를 보내셨습니다. 폐하는 이 혼란에 대한 매우 침통한 보고를 매일 받고 계십니다. 군대는 불온한 무질서에 빠지려 하고 있습니다. 법, 국왕, 여러분의 법령에 의해서 세워진 명령, 더 없이 엄숙하고 장엄하게 그들이 한 서약 따위에 대해서 바쳐야 할 존경을 모든 연대가 전부 유린해버리고 말았습니다. 이러한 폭거에 대해서 여러분에게 보고 드리는 것이 나의 의무이지만 감히 누가 그 같은 폭거를 저질렀는지를 생각하면 나의 마음은 피를 토하는 심정인 것입니다. 그들에 대해서 비통한 항의를 하지 않는 것은 내가 능히 할 수 있는 일이 아니기 때문입니다. 더욱이 그들은 오늘날까지 명예와 충성으로 50년간에 걸쳐서 동료로서 친구로서 나와 삶을 함께 해온 바로 같은 군대의 일부인 것입니다.'

'착란과 환상의 불가해한 정(精)이 그들을 혼란시켰을지도 모릅니다. 모든 제국에 통일을 가져오고 전체를 하나의 조직으로 형성하기 위해 여러분이 불퇴전의 노력을 기울이고 있는 사이에도, 또한 법이 인권에 대해서 시민이 법에 대해서 바쳐야 할 존경을 모두 여러분에 의해 프랑스인이 가르침을 받고 있는 동안에도 군대의 관리는 소동과 혼란만 일으키고 있습니다. 많은 부대에서 규율이 문란 내지 파괴되고 있는 것을 목격합니다. 또 이제까지 없는 주장이 거리낌 없이 공언되고, 명령은 무력해지고, 대장은 권위를 실추시키고, 군자금과 군기는 빼앗기고, 국왕 자신의 권위가〔웃지 않고 견딜 수 있을까*112〕라고 공공연하게 무시되고 들어본 적도 있습니다. 사관들이 경멸, 모욕, 협박을 받고, 추방되고, 그 가운데 몇 사람은 부대 내 영창 깊숙이 갇혀서 증오와 치욕 속에 가까스로 생명을 부지하고 있습니다. 이러한 모든 공포 정도를 높이기 위해 많은 지구의 사령관들은 자신의 병사들 앞에서 나아가 그들의 팔에 안겨 목이 잘려 나갔습니다.'

'이와 같은 악은 심대합니다. 그러나 그것도 그와 같은 군대의 반란에서 초래되는 최악의 결과는 아닙니다. 조만간 그들은 국민에게 위협적인 존재로 될 것입니다. 사물의 본질로 보아 분명 군대는 단순한 도구로서 행위하는 것에 그칠 리가 없습니다. 군대가 스스로 심의기관이 되고 자체의 결의에 의해서 행동하게 되는 바로 그 순간, 모든 정부는 즉각 군사적 민주정으로 퇴행하는 것입니다. 그와 같은 민주정은 일종의 정치적 괴물이고 낳아준 사람들을 다 먹어치우는 것입니다.'

'이러한 모든 사실을 보았을 때 몇몇 연대에서처럼 상급자도 모르게 또는 상급자의 권위를 무시하면서까지 병졸이나 하사관으로 이루어지는 반항적인 위원회가 형성되거나 하는 것을 알고도 놀라지 않을 수가 있겠습니까. 설령 그들 상급자의 출석이나 동의가 있었다 해도 그와 같은 괴물적인 민주정 집회(코미스*113)에 권위가 갖추어질 일은 없다.'

이와 같이 완성되고 나아가 화폭(畫幅)이 허용하는 한 빽빽이 그려 넣은 그림에 많은 것을 부가할 필요는 없습니다. 그러나 내가 아는 바로는 그 그림에는 이 군사적 민주정이 지닌 무질서의 성질과 복잡함이 전부 그려져 있지는 않습니다. 그런데 군사장관이 현명하게 인식하고 있는 대로 그려져 있지 않은 것이야말로 형식상으로는 어떤 명칭으로 불리던 군사적 민주정이 존재하는 곳이라면 어디든 국가의 실제 기본적 구조임이 분명한 것입니다. 그것은 그의 의회보고에 따르면 군대의 대부분은 여전히 충성을 맹세하며 의무를 지키고 있다는 것이지만 여행자들이 보기에는 행실이 좋은 부대라도 규율이 존재한다기보다는 반항이 행해지지 않는다고 보기 때문입니다.

나는 여기서 잠깐 군사장관이 폭거에 대해서 무심코 내뱉은 놀라움의 표현을 떠올렸습니다. 이 장관에게 있어서 군대가 지난날의 충성과 명예의 원리에서 생긴 괴리(乖離)는 참으로 불가해한 점이라 합니다. 그러나 그가 연설하고 있는 상대들은 분명 그 원인을 너무나도 잘 안다는 것입니다. 그들은 자신들이 역설한 교리나, 통과시킨 법안이나 부추긴 행위 따위를 알고 있습니다. 한편으로 병사들은 10월 6일을 기억하고 있고 프랑스 근위병을 상기하기도 합니다. 그들은 파리나 마르세유에서의 왕성의 점거를 잊지 않았습니다. 쌍방의 장소에서 사령관이 살해되고, *114 더욱이 그 죄가 추궁되지 않은 사실은 그들의 마음속에 여전히 자리잡고 있습니다. 그들은 인간의 평등에 대해서 끊임없이 주장된 원리를 포기하지 않고 있고 프랑스에서의 귀족 전체의 조락이나, 신사라는 개념 그 자체의 억압 등을 못 본체 할 수도 없습니다. 그들은 여전히 칭호나 높은 신분을 전면적으로 없애야 한다고 생각하는 것입니다. 그런데 뒤 팡 씨는 의회의 박사들이 병사들에게 그와 같은 일들과 더불어 법에 바쳐야 할 존경까지도 가르치고 있는데도 불구하고 충성스럽지 않다는 점에 경악하고 있는 것입니다. 그러나 무기를 든 인간이 이 두 가지 가르침 가운데 어느 쪽을 배우려 할지 판단하는 것은 용이합니다. 왕의 권위는(이 논제도 전혀 부질없는 것은 아니라고 가정합니다), 군대에서 고려할 가치가 전혀 없는 사항이라는 취지를 장관의 말에서 파악할 수도 있는 것입니다. 그는 다음과 같이 말하고 있습니다. '국왕 폐하께서는 이러한 폭거를 중지시키기 위해 계속해서 명령을 내리신 것입니다. 그러므로 이러한 위기에서 국가를 위협하는 해악을 저지하기 위해 여러분(즉 의회)의 협력이 필요하게 되었습니다. 여러분은 입법권력의 힘에, 여론의 힘을 통합시켜야 합니다.' 군대가 국왕의 권력이나 권위 등을 멸시하고 있음이 분명합니다. 분명 현재 병사들은 의회 자체도 그 국왕과 비교해 각별한 자유를 향수하고 있지도 않다는 것을 깨달았을 것입니다.

그렇다면 이 위기, 즉 한 국가에서 발생되는 최대 위기에 임해서 도대체 무엇이 제안되었을까요. 우선 대신은 의회 자체가 공포를 불러일으키는 모든 옷을 몸에 걸치고 온갖 위엄을 초래하고 있습니다. 의회가 장엄하고도 엄격한 원리를 고지하면 왕의 선언이 힘을 얻게 될지도 모른다고 희망하고 있는 것입니다. 그와 같은 희망이 표명된 이상 우리는 통상·군사의 두 법정이 어느 부대에는 해산을, 다른 것에는 10명에 1명의 처형*115을 명하는 것을 기대하고 있었습니다. 또한 대체로 모든 해악 가운데서도 가장 두려운 해악의 진행을 저지하기 위해 필요한 전율할 만한 여러 방책이 취해지길 기대하고 있었습니다. 특히 자신의 병사 앞에서 이루어진 지휘관 살육에 대해서는 진정한 추구가 행해질 것이라 여긴 사람도 있었을 것입니다. 그러나 어찌 생각이나 했겠습니까. 그와 같은 말 내지 그에 유사한 말은 한 마디도 하지 않았습니다. 의회는 국왕이 선포한 의회의 법령을 병사들이 유린한 후에도 새로운 법령을 통과시켜 다시 새로운 선언을 할 권한을 왕에게 부여했던 것입니다. 군사장관이 여러 연대는 장엄한 의식에 의해서 이루어진 선서를 전혀 존중하지 않고 있다고 언명한 뒤에 의회는 제안합니다. 더 많은 선서를 제안합니다. 그들은 자신들의 무력한 경험을 거듭함에 따라서 법령이나 선언을 새로이 하고 자신들이 사람들의 마음속에서 종교의 구속력을 약화시키는 데 비례해 선서를 늘려 나갑니다. 나로서는 영혼 불멸, 개개의 혼을 다스리시는 섭리, 내세의 상벌 따위에 대한 볼테르나 달랑베르, 디드로, 엘베시우스 등의 설교의 간편한 요약이 시민으로서의 선서와 함께 병사들에게도 내려질 것을 희망합니다. 분명 그렇게 될 것입니다. 그것은 내가 아는 한 일종의 독서가 그들 병사들의 군사교련의 대부분을 이루고 있고, 그들은 탄약통의 탄약만큼 많은 팸플릿 탄약이 지급되고 있기 때문입니다.

내가 아는 바로는 음모, 수상쩍은 상담, 반역적 위원회, 병사들의 기괴한 민주주의적 집회 등등에 기인하는 해독, 또 나태나 사치나 낭비, 불복종 등에서 오는 온갖 무질서를 막는다는 핑계로 일찍이 고안된 것 가운데서도—더구나 현대라는 다산성(多産性) 시대의 모든 발명 가운데서조차—가장 놀랄 만한 여러 수단이 사용되고 있습니다. 그것은 요컨대 다음과 같은 것입니다. 즉 모든 연대에 보낸 회장(回狀) 가운데서 국왕은 각 연대 그 자체가 해당 지방의 클럽이나 결사에 참가하고 그것들이 주최하는 축제나 세간적인 행사에 참여해야 한다는 국왕으로서의 직접적인 재가와 권장을 선언하고 있는 것입니다. 이 유쾌한 규율은 병사들의 마음을 누그러뜨려 다른 부류의 인간들과 그들의 사이를 중재해 특정 음모를 일반적인 결사로 녹게 하는데 도움을 줄 것입니다.† 드 라 튀르 뒤 팽 씨도 묘사하고 있는 것처럼 이와 같은 시책이 병사들에게 있어서 쾌적할 것이라는 것은 나로서도 용이하게 믿어지고 다른 점에서는 아무리 반항적이라도 그들이 이러한 국왕선언에는 스스로 충실히 복종할 것이라는 것도 믿어집니다. 그러나 이러한 모든 시민으로서의 선서나 클럽가입이나 축제가 현재의 그들이 생각하는 것 이상으로 상관에게 복종하도록 가르칠 수 있는지, 준엄한 군사적 규율에 복종하도록 가르칠 수 있는지, 나는 의문이 생깁니다. 그들을 프랑스의 훌륭한 시민으로는 만들어도 좋은 군인으로 만들지는 않을 것입니다. 그와 같은 대화가 그들의 성격과 잘 부합될지 의문이 생기는 것도 당연합니다. 실제로 이 노련한 장교이자 정치가이기도 한 사람이 올바르게 간파하고 있듯이 사항의 성질로 볼 때 군대란 그와 같은 것이 요구되는 것입니다.

† 폐하께서는 그곳에 특수한 결사원리뿐만 아니라 국가적 질서의 유지와 더불어 공동사회의 자유와 번영을 촉진할 수 있는 모든 프랑스인의 의지의 결합

도 존재한다고 인정하셨다. 또한 시민과 군대의 결부의 폭을 넓혀 양자 간의 유대를 공고히 하기 위해 각 연대는 이러한 시민의 축제에 참여해야 할 것이라는 생각을 품게 했다.[116]

—신용이 안 되는 것은 나로서는 본의가 아니므로 민중의 결사와 군대가 함께 모여 축제를 벌이는 것을 허가한 말을 삽입해두는 바이다.

병사들이 칙허칙인(勅許勅認)의 이 같은 공적인 권장을 받고 지방의 축제단체와 자유롭게 교제하는 이 규율개선이 무엇을 초래할지, 이 점에 대해서는 다름아닌 이 연설 가운데 군사장관이 우리에게 전해 주고 있는 각 지방자치체 자체의 현상에서 판단할 수 있을 것입니다. 그는 일부 연대의 좋은 경향으로 보아 지금은 질서회복을 지향하는 노력이 성공하지 않을까, 라는 낙관적인 희망을 품고 있지만, 그러나 장래에 대해서는 다소 의문을 느끼고 있습니다. 혼란의 재발을 방지하는 문제에 대해서 '이에 관해서(라고 그는 말합니다), 당국은 여러분에게 책임질 수는 없습니다. 여러 지방자치체가 여러분의 제도로 볼 때 전면적으로 왕에게 유보되고 있는 군대의 지배권을 제 것인 양 알고 있는 한 그것은 불가능합니다. 여러분은 군대의 권위와 지방자치체 권위의 한계를 정했습니다. 그러나 여러분의 법령은 장교를 해임하거나, 소송하거나, 병사에게 명령을 내리거나, 수비명령을 받은 주둔지에서 그들을 이동시키거나, 왕명에 의해 행진 중인 그들을 정지시키거나, 즉 한 마디로 그들이 통과하는 각 도시—이를테면 그것이 시장일지라도—의 자의대로 군대를 예속시키는 것을 여러 지방자치체의 일반인에게 인정하지 않았을 것입니다.'

병사들을 교정해 진정한 군대의 복종원리로 되돌리고, 그리고 국가의 최고권력 수중에 있는 기관으로 만들기 위한 자치적 지방사회의 성격이나 경향은 이와 같은 것입니다. 프랑스 군대의 병폐나 그것에 대한 구제책도 이러합니다. 그리고 육군이 그러한 것처럼 해군 역시 그러합니다. 지방자치체가 의회의 명령을 대신하면 이번에는 수병이 지방자치체의 명령을 대신합니다. 나는 진심으로 이 군사장관과 같은 훌륭한 공복의 처지에 동정하는 사람입니다. 노령임에도 불구하고 그는 시민의 축제를 대신해 의회를 위해 건배하거나 또는 백발임에도 이들 풋내기 정치가의 온갖 기교한 추태에 가담하거나 하는 것이 불가피해지고 있습니다. 그의 계획은 인생 50년의 온갖 고초를 다 겪은 인물이 할 제안 같지는 않습니다. 그것들은 오히려 국가에서 자기 학위에의 길을 단축하는 정치상의 학위 및 금전 취득자[117]에게 기대해야 할 계획인 것 같습니다. 그들은 모든 문제에 대해서 일종의 내적 광신적 확신과 광명을 지닌 자이고, 실제로 그와 같은 확신과 광명을 믿은 박사들 가운데 한 사람은 의회를 향해 노인이나 자신의 경험을 믿는 모든 인물의 말에 귀를 기울여서는 안 됩니다. 따라서 안 된다는 주의를 촉구해야 한다고 생각하고 그것으로 큰 갈채를 받아 대성공을 거둘 정도였습니다. 짐작컨대 모든 국무장관은 경험 및 관찰이라는 오류와 사설(邪說)을 부인해 자격을 획득하고 시험에 합격해야 합니다. 누구에게나 취향은 있지만 나는 그 지혜에 도달하지 못해도 얼마간 확고하고 의연한 노년의 위엄만은 적어도 유지하고 싶다고 생각하는 사람입니다. 이 신사들은 다시 태어나는 것을 거래 재료로 하고 있습니다. 그러나 나라면 어떤 값이 매겨지더라도 그들의 손으로 나의 견고한 성질을 재생시켜 주길 바라는 일 따위는 결코 승인하지 않을 것이고, 대 액년[118]이라도 되어 그들 식의 새로운 악센트로 아우성을 치거나 제2의 요람 속에서 그들의 야만적인 형이상학의 초보적 발음을 횡설수설하거나 하는 일은 결코 하지 않을 것입니다.† '만일 내가 용서를 받아 다시 아이로 태어날 수가 있고 그들의 요람에서 우는 것이 허용된다 하더라도 결단코 사양하고 싶다.'[119]

† 이 군사대신은 뒤에 이 학파를 떠나 직책에서 사임했다.[120]

그들이 헌법이라 부르는 이 어린애 같은 현학적(衒學的)인 조직은 어딘가 일부분이 취약해지면 동시에 그것과 상접하는—경우에 따라서는 가장 먼 관계일 뿐인—다른 모든 부분의 무능력과 해악이 불문곡직하고 표면에 나타나게 됩니다. 즉 의회의 허약함을 보이지 않고 왕좌의 무력에 대한 구제책을 제안할 수는 없으며, 국군의 혼란에 대해서 심의하려고 하면 그보다 심한 무장 지방자치체의 무질서를 드러내게 됩니다. 군대의 무질서는 시민의 무질서를, 시민의 무질서는 군대의 혼란을 드러나게 합니다. 나는 모든 사람들이 드 라 튀르 뒤 팡 씨의 웅변인 연설(실제로 그런 것입니다)을 주의 깊게 숙독해야 한다고 생각합니다. 그는 지방자치체의 구원을 일부 부대의 좋은 행동이라 보고 있습니다. 이들 부대는 지방자치체 가운데서도 좋은 경향에 있는—단 취약한—부분을 최악의—단 최강의—부분에 의한 약탈로부터 지킬 것이라 합니다. 그러나 여러 자치체는 일종의 주의를 내세우고 있으므로 자신들을 지키는데 필요한 부대에 대해서 명령을 내릴 것입니다. 실제로 전자는 후자에게 호령을 하거나 빌붙지 않으면 안 되는 것입니다. 여러 자치체는 놓인 상황의 필연성에서 또 스스로 장악한 공화정적 권력에서 군대와의 관계는 주인이 되든가, 하인이 되든가, 동맹자가 되든가, 또는 그것들에 따르는 수밖에 없습니다. 그렇지 않으면 정세의 추이에 따라 모든 것에 뒤섞이게 될 것입니다. 애초부터 지방자치체를 제외하고 군대를 억제할 수 있는—또는 군대를 제외하고 지방자치체를 억제할 수 있는—어떤 통치기관이 존재할 수 있겠습니까. 권위는 상실하더라도 화합만은 유지하기 위해 국민의회는 모든 결과를 걸고 병폐를 병폐 그 자체로 치유하려고 시도하고 있습니다. 또 지방자치체에 대한 부정한 관심을 군대에 부여함으로써 순수 군사 민주주의에서 스스로를 지키길 원하고 있습니다.

비록 짧은 기간일망정 한 번 병사들이 지방의 클럽이나 도당이나 결사 등과 뒤섞이면 선거의 매력에 의해서 그들은 최악의 방향으로 끌려가게 됩니다. 그들의 습관도 애착도 공감도 그와 같은 부분과 일치해 갑니다. 군대 내 음모에 대한 구제책으로서 시민의 결사가 이루어지고 또 본디 자치체의 질서를 유지하는 것이 목적이어야 할 국군 그 자체를 부추기는 수단을 반항적인 전자에 부여함으로써 그것을 진정시키려고도 하는데, 이와 같은 온갖 기괴하고 불길한 정책은 반드시 그 정책을 산출한 혼란을 증가시킬 뿐입니다. 유혈은 불가피합니다. 그들이 지닌 온갖 종류의 물적 힘을 구축함에 있어서, 또 온갖 종류의 행정적 사법적 권위 속에 정상의 판단이 결여되어 있다는 사실이 유혈을 초래하는 것입니다. 일시적으로, 국부적으로 혼란은 진정될지도*121 모릅니다. 그러나 다른 시기, 다른 곳에서 그는 재차 발생하게 됩니다. 악은 근원적이고 내재적이기 때문입니다. 반항적 병사들을 폭동적 시민과 교류하게 하려는 이 계획은 병사와 장교의 군대적 결부를 더욱더 약체화시킬 것이 틀림없습니다. 또 소동을 일으키려는 직인이나 농민들의 군사적 반역적 방약무인함을 더욱더 증대시킬 것이 틀림없습니다. 본디 진정한 군대를 유지해두기 위해서 사관된 자는 병사의 시선 속에서 최초이면서 마지막 존재여야 합니다. 병사가 바치는 주목, 복종, 존경 어느 것에 있어서나 그래야만 하는 것입니다. 그런데 여기에서는 장교가 존재하고 있는 외관은 있어도, 인내가 그의 주된 자격이어야 하는 것입니다. 그들은 선거기술에 의해서 부대를 움직여야 합니다. 명령자가 아닌 후보자에 만족해야 합니다. 그러나 그와 같은 수단에 의해서 그들이 간혹 권력을 장악할지라도 결국엔 그들을 지명한 권위가 더 높은 중요성을 차지하게 되는 것입니다.

당신들이 최종적으로 무엇을 할 수 있는지 아직은 확실치가 않습니다. 그러나 당신들의 군대와 공화국의 각 부분과의 기묘하고도 모순된 관계, 또 그런 부분상호간이나 부분과 전체와의 혼란한 관계 등이 현상태로 지속되는 한 무엇을 할 수 있을 것인지는 그다지 중요하지 않습니다. 당신들은 장교의 예비적 지명권을 국민의회에 의한 승인이라는 단서를 달아 제1의적으로 왕에게 준 것처럼 보입니다. 그러나 추구하려는 이익을 지니고 있는 인간은 권력의 진정한 소재가 어디인지를 유달리 예리하게 발견합니다. 결국 그들은 끊임없이 거부할 수 있는 자가 실은 임명하는 것임을 깨닫게 될 것이 분명합니다. 그래서 장교들은 유일하고도 확실한 승진의 길로 그 의회 속 계략에 의지하게 됩니다. 그럼에도 불구하고 당신들의 새로운 국가제도에 의하면 그들은 그 간청을 궁정에서부터 시작해야 합니다. 군대 내의 지위를 지향하는 이 2중 거래는 나로선 마치 그 이외의 목적은 아무것도 지향하지 않는다고 생각될 정도로 이 방대한 군사적 등용권을 둘러싸고 의회 자체 내부에서 당쟁을 촉진하는 목적에 적합한 연구인 것입니다. 뿐만 아니라 어떤 기초 위에 선 정부이건 대체로 정부의 안전에서 한층 위험하고 나아가 최종적으로는 군대 그 자체의 효율에서도 파괴적인 당쟁으로 그 장교단을 해치려는 목적에도 그것은 적합한 것입니다. 왕이 주려고 생각했던 승진을 놓친 장교들은 그들의 요구를 물리친 의회와 대립하는 당파가 되어 지배 권력에 맞서는 불만을 군대의 핵심으로 조성해갈 것이 틀림없습니다. 다른 한편으로는 세력을 통해서 의회 공작을 진행하면서도 의회의 호의로 말하자면 제1위이기는 하지만, 왕의 그것에서는 기껏해야 제2위에 불과함을 느끼고 있는 장교들은 그들을 승진시키려 하지도 않고 그렇다고 정체시킬 수도 없는 권위를 경멸할 것이 분명합니다. 이와 같은 해악을 회피하기 위해 당신들이 만일 연령순 외의 지휘 규칙이나 승임 규칙을 갖지 않는다면 그 군대는 형식주의로 되고 맙니다. 그와 동시에 그것은 보다 독립적인, 보다 군사 공화국적인 것이 되고 맙니다. 기계인 것은 그들이 아니라 왕입니다. 국왕인 자를 중도에 파면시킬 수는 없습니다. 군대의 지휘에 대해서 그들은 전부가 아니면 곧 무(無)인 것입니다. 그 군대에게 감사의, 공포의 대상도 아닌 군사적 수장의 손에 명목적으로 놓여 있는 권력의 효과란 도대체 무엇이겠습니까. 그와 같이 이름뿐인 존재는 군인의 최고 지휘라는, 온갖 것 가운데서 가장 미묘한 사항을 관리하는 데 걸맞지 않습니다. 군인이란 진정으로 활기가 넘쳐나고 게다가 효과적이고 단호한 인격적 권위에 의해서 고삐가 죄어져 있어야 합니다(실제 그들은 자연의 경향에서 자신의 필요한 쪽으로 향하는 것입니다). 의회의 권위 자체도 그들 군인이 택한 이 같은 쇠약일로의 경로로 전달됨으로써 손상되어 가는 것입니다. 얼마 안 가서 군대는 허위의 외관과 명명백백한 기만으로 아로새겨진 기관을 통해 행동하는 의회를 믿지 않게 될 것입니다. 죄수에게 복종하는 일 따위도 하지 않게 될 것입니다. 그들은 흥행을 경멸하거나 또는 잡혀 있는 왕을 동정할 것입니다. 만일 나의 심한 착각이 아닌 한 당신들의 군대와 국왕과의 이 같은 관계는 당신들의 정치에서 중대한 자가당착이 되어 갈 것입니다.

그리고 다음과 같은 것도 고려해야 합니다. 설령 자신의 명령을 전달하기 위해 별도의 기관을 가지고 있어도 당신들과 같은 의회가 군대의 충성과 규율을 증진시키기에 적당한가의 문제입니다. 알려져 있는 바와 같이 예부터 군대는 대체로 원로원이라든가, 민중적 권위에 대해서는 믿을 수 없는 모호한 충성밖에 바치지 않았습니다. 하물며 2년의 임기를 지니는 의회에 대해서는 최소한의 충성만을 바칠 것입니다. 만일 장교들이 300명의 대리인들의 지배에 완전히 복종해 존경을 바치게 되기라도 한다면 그들은 특징적인 군인 기질을 완전히 잃게 됩니다. 특히 끝없이 나타나는 300명의 대리인에 대해서 새로운 추종을 해야 하고 나아가 그들 300명의 군사정책이나 명령의 재간은 (그것도 있다면 말인데), 그 임기가 쓸데 없고 허술한 것임을 그들이 깨닫는 경우에는 특히 그렇게 될 수밖에 없습니다. 한 종류의 권위는 약체이고 나아가 모든 종류의 권위가 동요하고 있을 때 군대의 장교는 반항적이 되어 끊임없이 당쟁을 일삼게 됩니다. 그러나 이 상태가 잠시 이어진 뒤, 이윽고 인기 있는 장군—병사를 달랠 줄 알고 게다가 진정한 통솔 정신을 지니는 장군—이 나타나 만인의 시선을 한 몸에 집중시킬 것입니다. 군대는 개인에 대한 존경으로 그에게 복종하는 것입니다. 사태가 거기까지 이르렀을 때 군대의 복종을 확보하는 데 그 외의 방법은 없습니다. 그러나 그와 같은 사태가 발생하는 바로 그 순간에 군대를 진정으로 통솔하는 그 인물이 당신들의 주인이 되는 것입니다. 그 사람이야말로 당신들 국왕의 주인이고 (그것은 그다지 문제되지 않습니다), 당신들 의회의 주인이고, 당신들 공화국 전체의 주인인 것입니다.[122]

애초부터 지금 정도의 권력밖에 갖지 않은 의회가 어떻게 군대보다 앞서게 되었을까요. 분명 병사들을 부추겨 그 장교들을 배신하게 하는 데 따른 것이었습니다. 그들은 정말로 무서운 작전으로 시작한 것이었습니다. 그들은 군대를 구성하는 분자가 안심하고 휴식을 취할 수 있는 중심점에 접촉한 것입니다. 그들은 군대적 복종이라는 연쇄가 시작되는 지점에서 장교와 병사를 잇는 위대하고 본질적인 정묘한 고리—군대의 모든 조직이 의존하는 고리—에 내재하는 복종원리를 파괴하고 말았습니다. 병사는 '그대는 시민이고 인간의 권리와 시민의 권력을 소유한다'는 통고를 받습니다. 인간의 권리란 자신의 통치자인 것에 있고, 또 그와 같은 자기통치를 맡기는 사람들에 의해서만 다스려지게 되는 것에 있다는 것도 알려집니다. 그렇다면 그가 최대급의 복종을 해야만 할 곳에서 더욱이 자신의 선택권을 행사해야 한다고 생각하는 것도 당연합니다. 거기에서 가장 있을 수 있는 것으로는 병사는 현재 때때로 행하는 것을 조직적으로 행하려 할 것입니다. 즉 자기의 장교 선임에 대해서 거부권을 행사하려 할 것입니다. 현재 장교들은 행동만 괜찮으면 간과해도 된다고 생각하고 있는데 실정은 그들이 자기 부대에서 추방된 예도 많은 것입니다. 이것은 왕이 행한 선택에 대한 제2의 거부권이고 적어도 의회가 지닌 또 하나의 거부권 정도로 유효한 것입니다. 이미 병사들은 그들이 자신들의 장교 내지 그 일부분의 직접 선임권을 가져서는 안 되는지의 여부가 세상에 문제가 되고 나아가 그 사고는 의회 내에서는 반드시 평이 나쁘지는 않았던 것을 알고 있습니다. 그와 같은 일이 문제가 되고 있는 때에는 병사들은 자기주장 쪽으로 기울게 될 것이라고 생각해도 과대망상은 아닙니다. 같은 국토에 또 하나의 군대[123]가 자유로운 국가체제의 자유로운 군대로 간주되고 있는데, 그 군대와도 교환(交歡)하고 동맹해야 할 자신들은 구속받는 왕의 군대로 지목되고 있다는 것에 분노하는 것입니다. 그러므로 그들은 다른 쪽의 보다 항구적인 군대로 눈을 돌릴 것입니다. 나는 자치체 군대에 대해서 말하고 있는 것이지만 이 군대가 사실상 자체의 장교를 선임하고 있는 것은 그들도 인식하고 있습니다. 그렇다면 그들에게는 자기들 자신의 한 사람인 드 라파이에트 후작*[124]을 왜 선거해서는 안 되는지, 구별할 근거를 모르는 것이 아닐까요. 총사령관을 이러한 방법으로 뽑는 것이 인간의 여러 권리 가운데 일부라고 한다면, 어떻게 그것이 그들의 여러 권리의 일부가 아니라는 등의 말을 할 수 있겠습니까. 그들은 선거제 치안판사, 선거제 재판관, 선거제 사제, 선거제 주교, 선거제 지방 당국, 선거제 파리 군사령관 등을 보고 있습니다. 그런데도 왜 그들만이 제외되어야 하는지 모르겠습니다. 용감한 프랑스 군대만은 군사적 공적과 총사령관에 필요한 자격의 판정자로서 그 국민 중 유일한 부적격자라는 것입니까. 그들은 국가로부터 봉급을 받고 있으므로 인간의 권리를 상실하는 것일까요. 아닙니다. 그들 자신이 국민의 일부이고 그 봉급 지불에 공헌하고 있는 것입니다. 왕도 국민의회도 국민의회를 선거하는 모든 사람들도 모두 똑같이 봉급을 받고 있습니다. 그들은 봉급을 받음으로써 자신의 권리를 잃는다고 생각하기는커녕 권리의 행사에 대해 봉급을 받는 것으로 인식하고 있습니다. 이제까지 당신들의 모든 결의, 모든 의사록, 모든 논의, 종교와 정치에 관한 당신네 박사들의 온갖 작품 등이 자주 그들의 수중에 던져졌습니다. 그들이 당신들의 교리나 실례를 당신들이 소망하는 대로 자신들의 경우에 적용시키는 것도 당연한 추세일 것입니다.

당신들의 정부는 모든 사항이 군대에 의존하고 있습니다. 당신들은 정부를 지지하는 모든 사상이나 편견뿐 아니라 자신 안에 있는 본능까지도 모두 열심히 파괴하는데 힘써왔기 때문입니다. 따라서 국민의회와 국민의 어떤 부류 사이에 일단 무언가 어긋남이 생기자마자 당신들은 즉시 힘에 호소하게 됩니다. 당신들에게 그 밖의 방법은 없습니다. 그보다는 오히려 당신들은 자신들을 위한 무엇 하나 남기지 않았던 것입니다. 당신들의 군사장관이 한 보고를 보면 군대의 배치가 대부분 대내적 제압을 목적으로 이루어지고 있음을 알 수 있을 것입니다.† 당신들은 군대에 의존해 지배해야만 합니다. 그러나 지배를 할 때 의존해야 할 군대 내에, 나아가 국민 전체 안에까지 자신들이 이용하려고 결의한 용도를 망쳐버리고 말 것이 분명한 여러 원리를 불어넣고 말았습니다. 국왕이 인민에 맞서서 행동하기 위해 군대를 출동시키려 해도 이미 세간에는, 군대는 시민에 대해서 발포해서는 안 된다는 것이 포고되어 있고 그 주장은 아직 우리들 귀에 울리고 있는 것입니다. 식민지는 자신들을 위해 독립된 헌법과 자유무역을 주장합니다. 그것은 군대의 힘으로 억제해야 합니다. 그러나 식민지 사람들은 도대체 당신들의 인권 법전 어느 장(章)에서 자신들의 상업은 타인의 이해를 위해 독점되고 제한되어야 한다는 것이 인간 권리의 일부분이라는 식으로 읽을 수가 있겠습니까. 식민지 사람들이 당신들에게 대항하면 이번에는 니그로가 그들에게 대항합니다. 그리고 다시 군대입니다. 학살과 고문과 교수형입니다. 당신들의 인간권리인 것입니다. 뻔뻔스럽게도 입에 올리고 수상쩍고 정체를 알 수 없는 형이상학적 신탁의 과실인 것입니다. 당신들의 지방 농민들이 영주에 대해서 일종의 지대 지불을 거부한 것은 바로 얼마 전의 일이었는데 그 후, 당신들은 이렇게 포고했습니다. 즉 농촌의 인간들은 우리가 가혹하다 여겨 철폐한 것을 제외하고 모든 지대와 부과를 지불해야 하고, 만일 그들이 그것을 거부한다면 우리는 국왕에게 명령해 군대를 보낼 것이다, 라는 것입니다. 당신들은 우선 보편적인 귀결을 수반하는 형이상학적 명제를 설정한 후 전제에 의해서 논리를 제한하려 하고 있습니다. 현 체제의 지도자들은 민중에게, 그대들에게는 의회에 의한 수권의 최소한 흥행조차 갖지 않고 보루를 공격하거나, 위병을 학살하거나, 왕을 습격하거나 하는 인간으로서의 권리가 있다는 말을 들려줍니다. 그것도 주권적인 입법기관으로서의 의회가 국민의 이름으로 개회하고 있는 동안에도 그렇다는 것입니다. 그럼에도 불구하고 이 지도자들은 그들 자신의 승인이라는 필적이 있는 원리에 따라서 판단하거나 그 실례에 따르려고 하는 자들을 억압하기 위해, 바로 이와 같은 혼란에 관계 깊은 군대를 출동시킬 생각인 것입니다.

   † '프랑스정보' 1790년 7월 30일부. '국민의회보고' 제210호.

  지도자들은 민중에게 모든 봉건성을 폭정의 만행으로서 혐오하고 거부하도록 가르친 후, 민중은 그와 같은 야만적인 폭정을 어디까지 인내해야만 하는지를 말해줍니다. 지도자들은 불만을 드러내는 광명은 전부 소비했습니다. 그러나 막상 구제할 단계가 되면 극단적으로 인색해진다는 것을 민중은 깨달을 것입니다. 그들은 당신들이 한때 돈에 의한 상각을 허용한(상각에 필요한 금전은 주지 않았는데) 일종의 면역 지대나 개인적 부과 등은 당신들에 의해 아무런 조치도 받지 못했던 여러 부담보다는 쓸데없는 것이라고 인식합니다. 뿐만 아니라 토지재산의 모든 제도가 기원부터 봉건적이라는 것, 그와 같은 토지재산은 본디 소유자의 소유물을 빼앗은 분배인 것이고 야만적인 정복자가 똑같이 야만적인 앞잡이에게 준 것이라는 것, 또 명백하게도 정복의 가장 가혹한 효과란 모든 종류의 지대라는 것, 이와 같은 것을 민중은 인식하고 있습니다.

농민들은 옛날 소유자인 로마인이거나 골(Gaul)인의 자손일 것입니다. 그러나 그들은 비록 고고학 연구가나 법률가의 원리에 따른 자격 요구에 다소 실패해도 이번에는 인간의 권리라는 성채에 틀어박힙니다. 그 성채 안에서 그들은 인간은 평등하다는 것을 깨닫습니다. 또 모든 사람들의 따뜻하고 평등한 어머니인 대지는 그들보다 본성적으로 결코 뛰어나지는 않은—빵을 위해 일하고 있지 않다면 그들보다 한층 뒤떨어진—인간의 오만이나 사치를 조장하기 위해서도 독점해서는 안 된다는 것을 인식합니다. 그리고 자연법에 따라 토지의 점유자와 개척자야말로 진정한 소유자라는 것, 자연에 반한 시효는 있을 수 없다는 것, 예속의 시대에 영주와의 사이에 교환된 협약은 (그와 같은 것이 있는 경우) 신체적 강제와 폭력의 결과에 불과한 것, 이제 민중이 인간의 여러 권리를 회복한 이상 지난날의 봉건적·귀족적 폭정의 지배 하에서 정해진 다른 모든 사항과 마찬가지로 이러한 협약은 무효인 것 따위도 인식합니다. 그들은 당신들에게 자신들은 모자와 국가 모장(帽章)을 달고 있는 게으른 자와, 승복(僧服)과 승모(僧帽)를 착용한 게으른 자*125를 구별하지 않는다고 할 것입니다, 만일 당신들이 지대를 받을 권리를 상속과 시효에 근거하려 한다면 그들은 국민의회가 그들의 계몽을 위해서라고 간행한 카뮈 씨*126의 연설을 빌려 이렇게 대답할 것입니다. 즉 잘못된 시작을 지닌 사항은 시효를 원용할 수 없다. 이러한 영주의 권리는 기원부터 사악하다. 힘은 사기와 마찬가지로 악한 것이다, 등등. 또한 상속에 의한 권리에 대해서도 그들은 당신들에게 이렇게 말할 것이다. 즉 토지를 경작해온 사람들의 발자취야말로 진정한 소유의 계보인 것이고 썩은 양피지나 바보 같은 대역*127이 그러하지는 않다. 영주는 자신이 행한 찬탈을 너무나도 오랜 세월 동안 향수했다. 만일 우리가 이들 속인(俗人) 수도사*¹²⁸에게 무언가 동정의 연금을 주기라도 한다면 수도사들은 본디 우리의 것인 재화를 가장해 요구하는 자에 대해서 그리도 관대한, 진정한 소유자의 은혜에 감사해야 한다, 등등.

백성들이 당신들에게 그 궤변적 이성의 화폐—그 표면에 당신들은 자신의 상과 이름을 새겼는데*¹²⁹—를 되찾으려 했을 때 당신들은 이는 조악한 금이라고 외쳐 물리치고 앞으로는 프랑스의 위병이나 기병, 경기병이 지불하겠다고 그들에게 고합니다. 당신들은 그들을 응징하기 위해 왕이라는 낡은 권위를 내세웁니다. 그러나 그 왕이야말로 인민뿐 아니라 자신의 신병조차 보호할 힘을 전혀 지니지 않는 단순한 파괴도구에 지나지 않습니다. 당신들은 그런 그를 통해 복종을 얻으려하는 것 같은데, 그에 대한 그들의 대답은 이렇습니다. 그대들은 태생이 좋은 인간 따위는 존재하지 않는다고 우리에게 가르치지 않았는가. 그대들 원리 중 어느 것이 우리가 택하지 않은 왕에게 고개를 숙이라 가르쳤는가. 토지는 봉건적 고위·칭호·직무를 지탱하기 위해 급여된 것이라는 것쯤은 그대들에게 배우지 않아도 우리는 알고 있다. 그대들이 가혹하다는 이유로 원인을 제거했음에도 한층 더 가혹한 결과가 남는 것은 무엇 때문인가. 이제 세습적 영예도 이름난 가문도 존재하지 않는다 하는데 존재해서는 안 되는 것으로서 그대들이 우리에게 들려준 것을 유지하기 위해 왜 우리가 과세되는가. 그대들은 우리의 지난날 귀족적 영주를 그대들의 권위에 복종시키는 비정한 세리일 뿐인 지위와 자격으로 우리에게 파견했다. 도대체 그대들은 이와 같은 그대들의 지대 수금인이 우리에게 존경받을 만한 것이 되도록 노력한 적이 있는가. 없을 것이다. 그대들은 그들의 무기를 역으로*¹³⁰ 방패를 깨뜨리고 그 방패에 찍힌 문장을 더럽히고 그리고 그들을 우리에게 보냈다. 그토록 심하게 날개가 찢기고, 능욕되고, 모습이 바뀌고 만 날개가 없는 두 발 달린 동물*¹³¹ 따위를 우리는 이제 모른다. 우리에게 있어서 그들은 완전히 타인인 것이다. 우리의 조상 이름을 일컫는 것조차 그들에게 통용되지 않는다. 육체적으로 보면 그들은 동일 인물일지 모른다. 단 인격의 동일성에 관한 그대들의 신 철학이론에 따르면 정말로 그렇게 말할 수 있는 것인지 알 바 아니지만 그 밖에 모든 점에 대해서 그들은 완전히 다른 사람이 되고 말았다. 그대들에게는 그들의 영예와 칭호와 지위를 모두 폐기할 만한 권리가 있다. 그런데 마찬가지로 우리가 그들에 대해서 지대 지불을 거부할 정당한 권리가 없다는 것은 무엇 때문인지 우리는 납득할 수 없다. 우리는 아직 한 번도 전자의 폐기를 그대들에게 맡긴 기억이 없다. 그대들은 위임되지 않은 권력을 실로 많이 참칭하고 있으나, 이것도 그 한 예에 불과하다는 것이다. 우리는 파리의 시민들이 그들의 클럽이나 폭도나 국민위병의 손을 통해 제멋대로 그대들을 움직이거나 그와 같은 방종을 법으로서 그대들에게 밀어붙이는 것을 보고 있다. 더구나 그것이 이번에는 그대들의 권위 아래에 우리에게 법으로서 다시 전가되는 것도 보고 있다. 이 시민들은 그대들의 손을 통해서 우리의 모든 생명과 재산을 마음대로 하고 있는 것이다. 그대들은 그들과도 우리들과도 전혀 무관한 높은 지위나 칭호나 영예 등에 대해서 이 오만한 시민들의 요구에 크게 귀를 기울이고 있지만 우리에게 미치는 영향이 심대한 지대에 대해서도 왜 같은 정도로 일하는 농부의 소망에는 귀를 기울이지 않는 것인가. 그러나 그대들은 우리의 필요에 대해서보다도 그들의 변덕 쪽에 한층 더 주의를 기울이는 것으로 우리는 보고 있다. 도대체 동등한 자에게 공납을 하는 것이 인간권리의 일부라도 된다는 것인가. 그대들의 이 정책이 행하여지기 이전에 우리 모든 사람들은 완전히 평등한 것은 아니란 생각을 하고 있었는지도 모른다. 또 이런 영주들에게 편리한, 고루하고 무의미한 편견을 지니고 있었는지도 모른다. 그렇다 해도 그들에 대한 모든 존경을 파괴 외에 무슨 목적으로 그대들은 그들을 폄훼할 법을 제정했는지 우리로서는 이해하기 어렵다. 그대들은 우리에게 고래의 형식에 따른 존경으로 그들을 대하는 것을 모두 금지했는데 이번에는 군대를 보내 샤브르(유럽의 기병이/사용하는 검)와 총검으로 공포와 물리력에 복종시키려 하고 있다. 같은 복종을 세론이라는 온화한 권위에 대해서 바치는 것을 우리에게는 허용하지 않았다고 하는데.

이성을 지닌 모든 사람이 듣기에 대체로 이와 같은 논의의 논거는 용열하고 우스꽝스러운 것이지만 궤변의 학교를 개설하거나 무정부용(無政府用)의 제도를 수립한 형이상학파 정치꾼의 귀에는 그것은 견고하고 다툴 여지가 없는 것으로 들릴 것입니다. 말하는 것의 권리를 조금이라도 생각해보면 의회의 지도자들은 칭호나 가문과 더불어 지대를 폐기하는데 조금도 주저하지 않았을 것이 분명합니다. 그것은 그들의 추론원리에 충실히 따르고 또 그들의 행동유형을 완성하는 것에 불과할 것입니다. 그러므로 그들은 최근 몰수에 의해서 방대한 토지재산을 자기 자신이 소유하게 된 것입니다. 그들은 이 상품을 팔기 위해 내놓고 있습니다. 그들 자신이 그토록 공공연하게 빠져 있는 투기 속에 농부들이 설치는 것을 허용하면 시장은 완전히 파괴되고 말 것입니다. 어떤 종류의 것이건 재산이 향수하는 유일한 안전은 누군가 타자에게로 향해진 그들의 탐욕스런 이해와 관심에서 온다는 것이고 그들은 어떤 재산이 보호되어야 하고 어떤 재산이 파괴되어야 함을 결정함에 있어 자신들의 자의적 편의 외에는 무엇 하나 남기지 않았습니다.

그들은 또한 지방자치체 전부에 대해서도 복종을 유지시킬 만한 원리를 남기지 않았고 전체에서 분리해 독립화하거나 어딘가 타국과 결합하는 것을 양심적으로 만류할 수 있는 원리조차 남기지 않았습니다.[132] 아무래도 리옹의 민중은 최근 납세를 거부한 것 같은데, 그들이 그래선 안 될 이유가 어디에 있겠습니까. 도대체 그들로부터 강제적으로 징수할 어떤 합법적 권위가 남겨져 있었을까요. 그 조세의 일부는 왕이 부과한 것이었습니다. 그보다 훨씬 오래된 것은 여러 신분으로 조직되어 있었던 구 등족회의(等族會議: 신분제의회)가 정한 것이었습니다. 민중은 의회에 이렇게 말할 것입니다.

도대체 그대들은 누구인가. 우리의 왕은 아니고 우리가 선출한 등족회의도 아니며, 우리의 원리에 따라서 회의를 하고 있는 것도 아닌 그대들은 누구인가. 우리는 그대들이 납부하도록 명령한 염세(鹽稅)[133]를 완전히 무시한 적도 있고, 불복종 행위가 후에 그대들 자신에 의해서 시인된 적도 있는데, 그런 우리가 어느 세금을 납부하고 어느 세금을 납부해서는 안 되는지를 판단해서는 안 되거나, 그대들이 다른 인간에 대해서 타당하다고 승인한 것과 똑같은 권력을 행사해서는 안 된다는 것인가. 그조차 불가능한 우리는 도대체 누구인가.

한편 이와 같은 말에 대해서 우리는 너희들에게 군대를 보낼 것이다, 라는 대답이 돌아올 것입니다. 왕들에게는 최후의 수단이 당신들의 의회에는 언제나 최초에 오는 것입니다. 봉급의 상승이라는 인상이 이어지는 한, 또 온갖 분쟁에서의 심판관이라는 허영심에 이끌리고 있는 한, 이 같은 군대의 도움은 잠시에 불과합니다. 그러나 이 무기는 그것을 쓰고 있는 자에 대해서 불충실하게도 갑자기 깨질 것입니다. 의회는 일종의 학교를 개설하여 그곳에서 조직적으로, 불굴의 인내로 문무 양면의 온갖 복종 정신을 파괴하는 원리를 가르치고 나아가 그를 위한 원칙을 만들어 내고 있습니다. 그렇게 함으로써 그들은 무질서한 군대에 의해 무질서한 민중을 복종시켜 둘 수 있다고 기대하는 것입니다.

그들의 새로운 정책에 의해 이 국군에 대해 균형을 취하기로 되어 있는 자치체의 군대는 그 자체만을 보면 훨씬 단순하게 구성되어 있고 모든 점에서 이의를 제기할 여지는 국군만큼 많지는 않습니다. 그것은 왕위와도 왕국과도 아무런 연계가 없는 단순한 민주정적 조직이고 각 부대가 소속되어 있는 지구 마음대로 무장되고 훈련되고 통솔되고 있습니다. 또 대원 개개인이 한 단체에 하는 봉사, 내지 한 단체에 의한 봉사를 대신하는 부담금도 같은 권력에 의해서 처리되고 있습니다.† 이 정도까지 획일적인 것은 달리 없습니다. 그런데 그것을 국왕이나 국민의회나 국가적 재판소나 다른 군대와의 연관으로 고찰하거나, 또는 그 내부 여러 부분 간의 일관성 내지 결부라는 견지에서 고찰해 보면 그것은 괴물이고 그 혼란스러운 운동이 국가적인 무언가의 대재앙은 피할 수 없습니다. 그것은 구성에 실패한 정치조직이 가져온 빈곤 속에서 국가체제 전반을 유지하는 수단으로서 크레타 여러 도시방위 연합이나 폴란드 제방 동맹*134이나, 그 밖에 이제까지 공상된 온갖 교정법—그것도 실패한 것—등의 어느 것보다도 더욱 떨어지는 것입니다.

† 네켈 씨의 보고에서 내가 알게 된 것은 파리의 국민위병은 그들 자신의 도시에서 징수되는 금액을 훨씬 초과해 국고에서 정화 14만 5,000 루브르를 받고 있다. 이 금액이 그들이 성립한 뒤 9개월 간의 실제 봉급인지, 또는 연간보수액의 예산인지, 정확히 알 수는 없지만 확실한 것으로 그들은 원하는 만큼 받을 수 있으므로 그것은 그다지 문제가 되지는 않는다.

이상으로 나는 최고권력, 집행권력, 사법권력, 군사권력 등의 구성 및 이러한 여러 제도의 상호관계에 대한 간단한 검토를 마쳤습니다. 그리고 다음으로 당신들의 입법자들이 재정수입 쪽에서 보인 능력에 대해 잠시 언급하기로 합니다.

이 문제에 관한 그들의 행동 가운데 정치적 판단이나 재정적 수완 등의 흔적은 발견되더라도 이제까지 말해 온 사항보다 적게 인정됩니다. 등족회의

가 소집되었을 때의 큰 목적은 세입의 체제를 개선하고, 징수액을 증대하고, 억압이나 고충을 일소하고, 그리고 최대한의 확고한 기반 위에 그것을 확립하는 것에 있었을 것입니다. 이와 같은 점들에 대해서 전 유럽이 안고 있었던 기대는 실로 컸습니다. 프랑스가 일어서는 것도 쓰러지는 것도 이 대사업에 걸려 있었습니다. 내가 보기에 그것은 지극히 당연하면서도 그 의회에 의해 지배되고 있었던 사람들의 기량과 애국심이 시험되는 시련이기도 했습니다. 국가의 세입이란 즉 국가 그 자체입니다. 유지이든 개혁이든 모두 세입 여하에 달린 것입니다. 본디 모든 직업의 품위는 그 직업을 수행하면서 발휘되는 미덕의 양과 종류에 전적으로 의존합니다. 국가 안에서 작용하는 단순한 인종적(忍從的)·수동적이지 않은 정신이 그 모든 것의 위대한 자질을 발휘하기 위해서는 힘을 필요로 하는데, 그렇기 때문에 그와 같은 자질이 존재하기 위해서라도 모든 힘의 원천인 세입의 경영은 모든 활동적 미덕*135이 작용하는 영역이 된다고 나는 말하고 싶은 것입니다. 공사(公事)에서의 미덕—본래 현란하고 호화스러우며, 대 사업을 수행하기 위해 정해진, 나아가 큰 문제에 통달하고 있는 미덕—이 작용하기 위해서는 광대한 공간 범위가 필요합니다. 그것은 제약되거나 답답하고 비좁은 곳에 놓이면 발전도 성장도 할 수 없습니다. 국가조직이 진정한 정신과 성격을 발휘해 행동할 수 있는 것은 오직 세입을 통해서뿐입니다. 따라서 국가는 그것이 얼마나 정당한 세입을 지니는지의 양에 따라서 집단으로서의 미덕이나 또 그것을 움직이는 사람들—말하자면 그 생명이고 지도원리이기도 한 사람들—의 특징을 나타내는 미덕의 양을 표시하게 되는 것입니다. 왜냐하면 정신의 위대함, 아량의 넓이, 선의, 호의(豪毅 : 굳세고 의젓함), 심려, 온갖 훌륭한 기예에 대한 후견적인 보호 등이 그 식품이나 기관의 성장을 얻게 되는 것이 정당한 세입 때문이라는 것이 아니라 극기심, 자기부정, 근면, 용의주도, 검약, 그 밖에 무엇이건 단순한 욕망 이상의 정신이 그에 걸맞는 기능을 하는 장(場)도 또 국가적 부의 정비(整備)와 분배라는 일이기 때문입니다. 따라서 실로 많은 보조적 지식분야에 의논해야 할 학문인 재정학(이론적·실천적)이 평범한 사람에 의해서뿐만 아니라 가장 현명하고 가장 훌륭한 인간들 사이에서도 높은 평가를 받고 있다는 것은 당연한 것입니다. 또한 이 학문이 그 대상의 발전과 함께 성장해온 것과 마찬가지로 여러 국민의 번영과 개선 또한 항시 그 세입의 증가에 비례하여 증대해 왔다는 것, 더욱이 개인의 노력을 강화시키기 위해 남겨져야 할 부분과 국가에서의 공동적 노력을 위해 모아지는 부분 사이의 균형*136이 서로 응분의 비율을 유지하고 긴밀한 조화 연계를 유지하고 있는 한 재정학과 국민은 상호 번영해 갈 것이라는 것도 지극히 당연합니다. 물론 재정구조에서 구폐(舊弊)가 발견되고 그 사실상의 성질이나 합리적인 이론을 더 완벽히 이해하게 되는 것은 분명 세입이 클 뿐만 아니라 국가적 필요성이 임박하고 있다는 것에도 따를 것입니다. 그만큼 비록 개인적 부와 세입과의 사이의 비율은 여전히 같아도 시대에 따라서는 세입이 적은 것이 다른 시대에서 그보다 훨씬 많은 세입으로 고통받던 것 이상의 고통을 받을지 모릅니다. 실제로 이와 같은 상태 속에서 프랑스 의회는 그들의 세입 가운데 어느 것을 폐기·변경함과 동시에 어느 것은 유지·보전해서 현명하게 운영해야 한다는 것을 깨달았습니다. 그들의 오만한 태도로 볼 때 엄격한 심사를 거쳐야 마땅하지만, 나는 재정적 조치에 관한 그들의 능력을 시험해보는데 있어서는 월례적인 재무장관의 자명하고 지극한 의무만을 고려하고, 그에 의거해서—즉 이상적 완벽함의 틀에 따라서가 아니고—판단하기로 하겠습니다.

본디 재무 담당자의 목적은 풍부한 세입을 확보해 그것을 판단력과 평등성을 잃지 않고 부과해 경제적으로 운영하는 것에 있습니다. 또 만일 공채에 의존할 필요가 있는 경우에는 자신이 취하는 조치를 깨끗함과 공평무사, 계획의 정확함, 기금의 확실함 등에 의해서 현재와 미래에 걸쳐서 그 기초를 확고하게 하는 데 있습니다. 우리는 이와 같은 항목에 의해서 국민의회 안에서 이 어려운 문제를 직접 맡아온 사람들의 업적이나 수완을 간단명료하게 개관할 수 있을 것입니다. 지난 8월 2일에 재무위원회에서 나온 베르니에 씨*137의 보고에 의하면 혁명 이전과 비교해서 국고수입액은 연수 2억 리브르, 즉 800만 파운드—이것은 총액의 3분의 1 이상에 해당합니다 —나 감소하고 있다는 것입니다.

만일 이것이 위대한 수완이 가져온 결과라고 한다면 수완이라는 것이 이정도로까지 훌륭하게 표시된 적도, 그토록 힘찬 결과를 가져온 적도 분명 이제까지 없었을 것입니다. 이만큼 단기간에 대왕국의 재정과 아울러 국력까지도 이정도까지 완벽히 파괴하는 일 따위를 어떠한 어리석은 행위, 중우적

(衆愚的) 무능력, 일상적 직무 태만, 나아가 어떠한 공적 범죄, 매수, 횡령도—틀림없이 현대 세계에서 우리가 경험한 직접적인 적의(敵意)조차도—능히 할 수 없는 일이었습니다. '그대들이 나의 위대한 국가가 이리도 빨리 무로 돌아가게 된 것은 도대체 어찌 된 일인지, 말해 달라.'*138

궤변가들이나 선동 연설자들은 의회가 소집되자마자 맨 처음 소금의 전매 등 극히 중요한 많은 부문에 대해서 종래의 세입구조에 대한 비난을 쏟아 내기 시작했습니다. 그들은 그에 대해 현명함이 부족한 방법이고 서툰 방법이며, 억압적, 불공정하다며 비난했습니다. 그들은 이와 같은 표현을 무언가의 개혁을 위한 예비연설에서 쓰는 것에 그치지 않고 장엄한 결의, 즉 그 개혁안에 대해서 이른바 사법적으로 내려진 공적인 판결 가운데서 주장하며 그를 온 나라에 퍼뜨렸습니다. 나아가 그 법령을 통과시킴과 동시에 그를 대신할 세입이 발견될 때까지는 부조리하고 억압적이고 불공정한 이 세금을 납부해야 한다고 명령한 것입니다. 결과는 뻔했습니다. 이와 같은 소금의 전매를 언제나 면제되어 온 여러 지방—그 일부는 어느 정도 그와 동등한 조세가 부과되고 있었는데 —은 평등한 배분을 하면 다른 지방에 대해 보충해야 하는 부담을 전혀 질 생각이 없었습니다. 다른 한편으로 의회는 인간의 권리를 선언하거나 유린하는 것에 몰두하고 또 전국에 혼란을 가져오기 위한 조치에 열중하고 있었으므로 그 세금을 바꾸거나, 공평화하거나, 여러 지방에 보충하게 하거나, 또는 구제되어야 할 다른 구역과의 조정계획을 만들도록 여러 지방의 마음을 바꾸거나, 아무튼 그와 같은 사항에 관한 어떤 종류의 어떤 계획도 연구할 시간도 없었거니와 재능도 없고 또 그것을 실시할 권위도 없었습니다.

조세납부를 명령하는 당국에 의해서 강요된 저주스러운 세금 밑에서 초조해하던 여러 지방의 제염업자들은 금세 인내의 한계를 느꼈습니다. 그들은 파괴에 대해선 자신들도 의회와 마찬가지로 익숙해졌다고 생각해 조세부담 전부를 내던져 자력 구제를 한 것입니다. 그리고 각 지방 또는 지방 내의 일부도 이 실례에 자극을 받아 자기 감정에 의해 자체의 고통을, 자기의 사고에 의해 자체의 구제책을 제각기 판단하고 다른 조세에 대해서도 같은 행동을 했다는 것입니다.

그런데 이번에는 그들이 각 시민의 능력에 따라서 그와 같은 부—공공의 재산도 결국은 그곳에서 나오지만—를 낳는 데 쓰이고 있는 활동자본에 대해서 무겁게 부과될 가능성이 가장 적은 평등한 과세를 연구하는 문제에 대해서 어떻게 행동했는지를 살펴보겠습니다. 그들은 개개의 지구 및 각 지구에 사는 개개인에게 종래의 조세 가운데 어느 것을 납부하지 않아도 될지의 판단을 맡기고 말았습니다. 그 때문에 더 나은 평등원리는커녕 더욱 억압받게 되는 신종의 불평등이 도입되었습니다. 납세는 그 개개인의 성질 여하에 따라 결정되게 된 것입니다. 왕국 가운데서도 가장 순종적이고 가장 질서정연한 부분 내지 국가에 대해서 가장 풍부한 애정을 가진 부분이 나라 안의 모든 부담을 떠맡게 되었습니다. 결과적으로 무력한 정부보다도 억압과 부정이 되고 만 것은 분명합니다. 따라서 권위가 없는 국가에 있어서 종래의 과세 부족분을 보충하고, 반드시 생길 온갖 종류의 신규 부족분을 메우기 위해 도대체 무엇이 남겨질 리 있겠습니까. 국민의회는 납부자 본인의 명예를 걸고 평가한 바에 따라 모든 시민은 수입의 4분의 1을 자발적으로 헌금하라고 요구했습니다. 그에 대해 그들은 상식적으로 계산되는 것보다는 다소 이익을 봤지만 실제로 그것은 자신들이 정말로 필요로 하는 것과는 거리가 멀고 그들의 기대에는 못 미치는 것이었습니다. 이성적인 사람들이라면 헌금을 가장한 이와 같은 그들의 세금에는 그다지 기대도 하지 않았을 것입니다. 그것은 무력하고 실효성이 없는 불평등한 세금이고 사치와 탐욕과 이기성은 숨기고 생산적 자본이나 염직(廉直)함이나 관대함이나 공공정신에는 무거운 짐인 세금, 즉 미덕을 규제하는 세금인 것입니다. 최종적으로는 그 가면을 벗어던지고 이제 그들은 힘으로 헌금을 강요하는 수단을 (거의 성공도 하지 못한 채) 시도하고 있습니다.

허약함이 낳은 걸음마 수준의 어린애인 이 헌금은, 다산인 같은 무능력에서 태어난 쌍둥이 형제인, 또 하나의 수단에 의해서 지탱받게 되었습니다. 애국적 헌납이 애국적 헌금의 실패를 보충하게 된 것입니다. 존 도가 리처드 로*139의 보증을 하는 것입니다. 이 계략에 의해서 그들은 시여자(施與者)로부터 고가의 물건들을 탈취했습니다. 받는 자에게 있어 그 가치는 상대적으로 낮습니다. 그들은 몇 가지 장사를 파멸시켰고 왕관으로부터는 장식을, 교회로부터는 은접시를, 민중으로부터는 개인용 장식물을 약탈했습니다. 하지만 이들 풋내기 자유 참칭자들의 발명도 실은 노쇠한 전제가 사용하는 궁상

맞은 수단의 하나를 모방했을 뿐입니다. 그들은 루이 14세 시대의 헌 옷을 넣어 둔 헛방에서 옛날식의 길게 늘어뜨린 가발을 꺼내 그것으로 국민의회의 젊은 대머리에게 씌워 주는 것입니다. 그들은 이와 같이 유행에 뒤지고 틀에 박힌 우행(愚行)을 연출한 것인데, 그는 생 시몽 공작*140의 회상록을 읽으면 충분히 발견됩니다. 그래도 범용한 인간에게는 그것이 유해할 뿐 아니라 불충분하다는 것을 말해 주는 논증이 충분치 않다고 느낄지 모릅니다. 내 기억으로도 루이 15세도 똑같은 시도를 했지만*141 언제나 그 목적은 달성되지 못했습니다. 다만 파멸적인 전쟁에 내몰릴 필요가, 가망이 없는 계획의 변명이 되기도 했습니다. 재앙 속에서의 선택 판단이 현명했던 예는 거의 없습니다. 그러나 이번엔, 취해야 할 조치를 숙고할 수 있었습니다. 그들이 이 절망적 잔꾀에 대한 호소를 5년에 걸쳐 계속하고, 나아가 그보다 훨씬 지속되었을 평화로운 때였습니다. 위급한 상황에서 그들은 그 의사록의 반을 채우고 있는 재정이라는 완구와 장난을 쳤습니다. 그렇게 함으로써 그들이 완구에서 얻을 수 있는 초라하고 잠시 모면하는 보충이었기에 비판을 받는 것은 참으로 당연한 일이었습니다. 아무래도 그와 같은 계획을 채용한 자들은 자신들의 상황에 대해서 완전히 무지했거나 또는 전혀 대응할 수 없는 자들이었던 것 같습니다. 연구로서 어떤 이점이 있었던 간에 애국적 헌납도 애국적 헌금도 두 번 다시 쓸 수 없는 것은 자명합니다. 공약이 행하여지는 우행(愚行)의 수단은 바로 고갈(枯渴)하는 것입니다. 실제로 그들의 세입계획 모두는 어떻게든 계책을 세워 우선 저수지에 물이 가득한 것처럼 보이게 하려는 것과 같습니다. 그렇게 함과 동시에 그들은 영원한 보급원인 샘이나 우물을 단절하고 있는 것입니다. 그 뒤 얼마 지나지 않아 나온 네켈 씨의 보고는 명백히 낙관을 가장한 것이었습니다. 그는 그 해를 어떻게든 넘길 방도에 대해서 일시적인 견해를 표시하고 예상대로 이듬해에 대해서 얼마간 우려를 표명했습니다. 그런데 이 후자의 예언에 대해서 네켈 씨는 당연히 전망을 세워 예견된 해악을 막기 위해 우려의 근거를 재촉받기는커녕 국민의회 의장으로부터 이른바 우의적 견책을 받고 있는 것입니다.

그 밖의 그들의 조세계획에 대해서는 무엇 하나 확실한 것은 없습니다. 그것들은 아직 작동되지 않고 있기 때문입니다. 그러나 그와 같은 계획이 그들의 무능력함으로 세입에 난 큰 상처의 일부만이라도 확실히 보전(補塡)할 수 있을 것이라 생각할 정도로 낙관적인 인간은 없습니다. 현재 그들의 금고는 날이 갈수록 줄고 다른 한편으로 부정한 대체물로 부풀려지고 있습니다. 이제 안이나 밖이나 지폐—부유가 아닌 결핍을 나타내는 지폐, 신용이 아닌 권력이 낳은 지폐—뿐입니다. 따라서 그들은 영국이 번영한 것은 그 은행권(銀行券) 때문이라고 생각하게 되는 것입니다. 그리고 은행권이야말로 이 나라 상업의 번영 상태나 신용의 견실함, 거래행위의 온갖 부분으로부터의 권력관념에서 완전히 배제되는 것이다, 라고는 생각하지 않게 됩니다. 그들은 또 영국에서는 어떤 종류의 1실링 지폐라 할지라도 그럴 생각만 없으면 받을 수 없다는 것, 전 지폐는 실제로 예금된 현금에 기초라는 것, 원한다면 즉시 최소한의 손실도 없이 지폐를 다시 현금으로 태환(兌換)할 수 있다는 것 따위의 것도 잊고 맙니다. 이 나라의 지폐는 법적으로 무이기 때문에 상업에서 가치가 인정되고 있는 것입니다. 국회의사당에서는 무력하기 때문에 주식거래소에서는 힘이 있는 것입니다. 20실링의 부채지불에서조차 채권자는 영국 은행권을 모두 거부할 수 있습니다. 또 이 나라에서는 어떤 품질, 어떤 성질의 것이건 권위에 의해서 강요되는 공채는 없습니다. 실제로 이 나라 지폐의 부는 진짜 화폐를 감소시키지 않고 오히려 증가시키는 경향이 있다는 것, 화폐에 대한 대체물이기는커녕 그 유입유출 순환을 용이하게 할 뿐이라는 것, 번영의 상징일망정 곤궁의 표시는 아니라는 것 등을 보여주는 것은 실로 용이한 일입니다. 현금이 바닥이 나거나 지폐의 횡행이 이 나라에서 불만의 원인이 된 적은 이제까지 없었습니다.

그런데 이게 어찌 된 일입니까. 유덕하고 현명한 의회가 시작한 절약만으로 낭비와 세입수입고에 생긴 결손을 메울 수 있다, 적어도 그 점에 대해서 그들은 재정가의 의무를 수행했다고 말하는 자들은 국민의회 자체의 경비*142를 살펴본 적이 있을까요. 여러 지방자치체나 파리시, 두 군대의 봉급 증가, 새로운 경찰, 새로운 사법부 등의 경비를 살펴 본 적이 있는지요. 도대체 현재의 연금 일람표를 종전의 그것과 주의 깊게 비교한 일조차 없겠지요. 이 정치꾼들은 경제가이기는커녕 잔혹합니다. 낭비적이었던 이전 정부의 지출이나, 그 무렵 세입에 대한 관계 등을 새로운 국고의 상태와는 정반대인 이 새로운 체제의 지출과 비교해보면 현행 쪽이 훨씬 비난받아야 할 점이 많음을 알게 될 것이 분명합니다.†

† 내가 프랑스의 재정 상태를 그 재정에 요구되고 있는 사항과 연관해서 약간 언급했을 뿐인(나의 계획에서 그 이상은 필요치 않았다) 것에 독자는 깨달을 것이다.*143 만일 내가 본문에서 한 외의 것을 계획했다 해도 그 일을 위한 자료가 나에게는 준비되어 있지 않다. 이 문제에 대해서 나는 독자에게 칼론 씨*144의 저작을 참조하도록 권한다. 또 무지무능이라는 오만한 선의에 의해서 야기된 공공재산, 그 밖에 프랑스의 모든 문제에 걸친 황폐와 참상에 대해서 그가 행한 두려워 할 만한 보고까지도 참조하길 권한다. 그와 같은 원인은 반드시 그런 결과를 낳게 된다.*145 엄격한 눈으로, 엄격하게 보고를 음미하고 또 면직이 된 재정가—그의 적의 눈으로 보면 자신의 대의를 최대한으로 이용하려는 인물—의 보고로 돌아가게 될 모든 점의 과부족을 계산한다 해도 프랑스라는 대가에게 산 이 교훈 이상의*146 쇄신자들의 무모한 정신에 대한 유익한 경고의 교훈은 인류에게 부여된 적이 이제까지 없었다는 것을 깨달을 것이다. 나는 그렇게 믿고 있다.

이제 남은 문제는 프랑스의 현 당국자가 신용을 예측하고 예산안을 제출하려 했을 때에 발휘한 재정적 능력의 증명을 음미하는 것뿐입니다. 그런데 여기에서 나는 다소 망설이지 않을 수 없습니다. 그것은 그들이 본디 의미의 신용 따위는 전혀 지니지 않기 때문입니다. 옛 정부의 신용이 반드시 최선이었다고 말하는 것은 아니라도 그들은 언제나 무언가의 조건으로 국내뿐 아니라 잉여자본이 축적되어 있는 곳이라면 전 유럽의 거의 모든 나라로부터 돈을 모을 수 있었습니다. 그리고 그 정부의 신용은 나날이 개선되어 갔던 것입니다. 본디 자유로운 제도가 수립되기만 하면 정부의 신용은 새로운 힘을 획득하는 것이라 생각되는 것은 마땅하고 나아가 자유로운 제도가 진정으로 확립된 것이라면 그렇게 되었을 것입니다. 그러나 자유를 참칭하는 그들의 정부가 그들의 지폐 거래에 대해 네덜란드에서, 함부르크에서, 스위스에서, 제노바에서, 잉글랜드에서, 무슨 제의를 받았겠습니까. 무슨 이유로 이들 상업적·경제적인 여러 국민이 사물의 성질 그 자체를 전복시키려 하는 자들과의 금전적 거래관계에 뛰어들겠습니까. 이들 가운데에는 채무자이면서 채권자에 대해 총검으로 자신의 지불수단을 지시하거나 하나의 채무를 다른 채무로 변제하거나, 궁핍 그 자체를 재원으로 하거나, 휴지로 이자를 지불하거나 하는 수단을 그들은 보고 있는 것입니다.

교회약탈의 전능성(全能性)에 대한 이들 철학자의 광란적 신뢰는 그들로 하여금 공공재산에 대한 모든 주의를 간과시키는 결과가 되었습니다. 그것은 마치 철학자의 돌*147과 같은 꿈에 넋나간 자에게 연금술이라는 좀 더 그럴듯한 환상을 주어 자신들의 재산을 개선하는 온갖 합리적 수단을 무시하게 하는 것과도 거의 비슷합니다. 그들 철학적 재정가에 의하면 교회의 미이라로 만들어진 이 만능약이 국가의 모든 악을 치유해준다는 것입니다. 틀림없이 이 신사들은 신앙상의 기적은 믿지 않아도 교회를 터는 영험에 대해서는 진심에서 우러나오는 신앙심을 지닙니다. 틀림없습니다. 자신들을 압박하는 채무가 있으면 —아시냐를 발행하라. 자신들 때문에 지위의 자유보유*148를 박탈당했거나, 직업에서 추방되었거나 한 사람들에 대한 보상과 부조를 정해야 한다면—아시냐이다. 함대를 의장(艤裝)해야 한다면—아시냐이다. 만일 1600만 파운드의 아시냐를 민중에게 강요해도 국가의 궁핍이 전과 다를 바 없다면—3000만 파운드의 아시냐를 발행하라고 누군가 말하면 —더욱 8000만 파운드의 아시냐를 발행하라고 다른 인간이 말하는 것과 같습니다. 재정 문제에 관한 여러 도당들 사이의 유일한 차이는 사람들의 희생 위에 부과해야 할 아시냐 양의 다과를 둘러싼 것뿐이고 그들은 모두 누구에게도 뒤지지 않는 아시냐의 신봉자인 것입니다. 천부적인 양식과 상업에 대한 지식을 철학에 의해 말살되지 않은 채 지니고 있고 그것으로 이와 같은 환상에 대한 결정적 반론을 가할 수 있는 사람들조차 논의를 매듭지을 때에는 아시냐의 발행을 제안할 정도입니다. 그들은 마치 다른 언어로는 이해될 리도 없다는 듯이 아시냐에 대해서 말하고 있는 것이 분명하다고 나는 생각합니다. 효능이 없다는 것을 아무리 경험해도 그들은 조금도 좌절하지 않습니다. 구 아시냐는 시장에서 가치가 하락하고 있는가. 대책은 무엇인가. 신아시냐의 발행이다. '만일 병이 낫지 않을 것 같으면 다음에 쓸 수단은 무엇인가. 아시냐이다. 또 아시냐이다. 다시 한 번 아시냐이다.'*149 이 말은 다소 변경하고 있습니다. 현재의 당신네들 박사들의 라틴어는 당신들의 옛날 희극보다는 나을지 모르지만 지혜나 기지의 풍부함에 대해서는 떨어집니다. 그들의 노랫소리 수는 뻐꾸기보다 많지는 않습니다. 그들의 목소리는 여름과 풍요를 미리 알리는 부드러움이 있기는커녕 철새처럼 불쾌하고 불길한 소리입니다.

철학과 재정 양쪽에서 가장 무모한 사기꾼 외에 어느 누가 공채에 대한 유일한 보증인 안정된 국고수입의 파괴—그것도 몰수재산을 재료로 재건한다는 희망 하에—따위를 생각했겠습니까, 그러나 만일 신앙심이 깊고 존경할 만한 고위 성직자[150](교부의 한 사람으로 오르게 되리라 예상되는[†] 분)가 국가를 열성적으로 생각한 나머지 자신의 수도회를 약탈하려고 하거나 교회와 민중을 위해 스스로를 몰수 담당 재무관이나 교회털이 담당 재무총감으로 위장하는 일이 있다 해도 그와 그 보조자들은 그 뒤의 행동을 통해서 자신들이 인수하려는 직무에 대해 무언가의 지식을 보여주어야만 했습니다. 또한 자신들이 정복한 국토의 토지재산 일부를 세수에 충당하려 했을 때 그 은행에 미칠 수 있는 신용이라는 확실한 기금을 주기 위해 노력하는 것도 그들의 임무였을 것입니다.

　† 보시에의 라 브뤼에르[151]

토지은행[152]에 의존하면서 신용유통을 확립하는 것은 어떤 사정에서든 곤란하다는 것이 증명되고 있습니다. 항시 그와 같은 시도는 파산으로 끝났습니다. 그러나 국민의회가 도덕적 원리의 멸시뿐 아니라 경제적 원리까지도 멸시하게 되더라도 이 곤란을 조금이라도 완화해 파산의 확대를 저지하기 위한 노력은 아낌없이 기울일 것이라는 것쯤은 기대하는 것이 당연했습니다. 또 당신들의 토지은행을 어떻게든 인내 가능할 정도로 하기 위해 담보계산서의 공명정대함을 명시하는 수단이나 청구에 대한 상환에 도움되는 방도라면 무엇이든 강구된다는 것을 기대해도 좋았을 것입니다. 사태를 가장 호의적으로 보고 당신들의 상황은 마치 대토지재산을 소유하고 있는 인물이 채무이행이나 무언가 급부에 대한 지불을 지배하기 위해 그 토지를 처분하려 하고 있는 것이었습니다. 당신들은 즉각 매각하는 것은 불가능했기에 저당잡을 생각을 했습니다. 그와 같은 상황에 놓인 경우, 공정한 의도와 평균적인 명석한 판단력을 지닌 사람이라면 어떻게 하겠습니까. 그가 해야 할 일은 우선 토지의 총체로서의 가치, 관리와 처분에 필요한 비용, 그 재산에 영향을 주는 온갖 종류의 항구적·일시적 부담을 확인하는 것이고, 그 뒤, 순수한 잉여를 확인한 후에 조세의 정확한 가치를 계산해야 할 것입니다. 그 잉여(채권자에게는 유일한 보증인 것)가 명료하게 확인되고 관재인(管財人)의 손에 정당하게 맡겨진 다음에야 비로소 어느 부분을 팔 것인지, 매각의 시기와 조건은 어떻게 할 것인지 등을 그가 명확히 할 수 있는 것입니다. 그 뒤, 만일 그가 원한다면 일반 채권자에 대해서 자신의 돈으로 이 새로운 기금에 참가하는 것을 허용할 수도 있었을 것입니다. 경우에 따라서는 이 같은 담보를 구입하기 위해 돈을 미리 내려는 사람들로부터 아시냐에 의한 지불신청을 받아 그것을 수락하는 일도 있을 수 있습니다.

이는 실업가답게 방법적·합리적으로 일을 진행하는 방법이고, 세상에서 현실적으로 이루는 사적·공적 신용에 대한 유일한 원리에 따른 방법이라고도 할 수 있습니다. 이런 것이라면 매수자 자신이 무엇을 샀는지 정확하게 알 수 있습니다. 그의 마음에 걸리는 유일한 의념은(경우에 따라서는 형벌이라는 부담까지 안고) 언젠가는 행하여질지 모를 전리품의 탈환—무고한 동포 시민들이 행하는 경매에서 매수자로 변할 수 있는 그 저주스러운 자들의 손쉬운 탈환—공포뿐입니다.

재산의 실질 가치, 매각의 일시, 조건, 장소 따위를 솔직 정확하게 진술할 것, 이런 것은 종래 온갖 토지은행에 붙여진 오점을 가능한 한 말끔히 없애기 위해 필요한 것이었습니다. 그것은 또 다른 원리로도 필요했습니다. 즉 그들이 최초의 채무에 대해서 충실하다면 그를 통해서 믿을 수 있는 사업이라도 그것에 대한 그들의 장래의 충성도 인정될 것이라는, 이와 같은 문제에 대해서 전부터 주장되고 있던 신의의 보증 원리에서 필요했던 것입니다. 교회로부터 빼앗은 전리품으로 국가재원에 충당한다는 것을 그들이 최종적으로 결정한 1790년 4월 14일, 그들은 그 문제에 대해서 장엄한 결의를 하고 자기들 국가에 다음과 같이 맹세했던 것입니다. 즉 '국가가 자유롭게 처분할 수 있는 재산 및 재화를 모든 부담에서 청산하고 국가의 대 위기사태를 향해 대표 또는 입법부에 의해 사용 가능한 상태로 해두기 위해 연례적인 공공지출 보고에서 가톨릭교회 여러 비용, 사제의 생활비, 구제비, 수도원 내외의 남녀 성직자에 대한 연금 등을 지불하기에 충분한 금액을 계산에 넣지 않으면 안 된다.' 그들은 더욱 같은 날, 1791년에 필요한 금액을 즉시 정할 것도 약속했습니다.

이 결의에서 그들은 위 사항의 비용을 명확히 제시하는 것이야말로 자신들의 의무임을 인식하고 있습니다. 그는 그들이 다른 결의에 의해 제1순위로 배려되어야 할 사항으로 전부터 약속한 것이었습니다. 재산은 정확히 모든 부담을 청산이 된 것으로 표시해야 하고, 또 자신들은 즉각 그렇게 해 보이겠다고 그들은 인식하고 있는 것입니다. 그러면 그들은 즉각, 아니 도대체 언제 그랬을까요. 한 번이라도 그들은 자신들의 아시냐를 위해 몰수된 부동산의 지대장부를 작성하거나 동산목록을 보여 준 적이 없었습니다. 재산의 가치나 부담량의 확증을 보여 주지도 않고 도대체 어떻게 '모든 부담청산제의 재산'을 공공용으로서 내놓는다는 약속을 이행할 수 있는지, 그것을 설명하는 것은 영국의 그들의 찬미자에게 맡기도록 하겠습니다. 그들은 그 언질을 주자마자 그를 근거 있는 것으로 하기 위해 시도하기 전에 그와 같은 미사여구를 신용해 1600만 파운드나 되는 지폐를 발행했습니다. 참으로 사내다운 방법입니다. 이 정도로 거장적(巨匠的)인 일필(一筆)을 본 이상 누가 그들의 재정적 능력에 의문을 제기할 수 있겠습니까. —거기에서[153] 이와 같은 재정에서의 면죄부를 그 이상 발행하기 전에 그들은 적어도 자신들의 최초의 약속만은 뒷받침하는 배려도 했을 것이라는 분도 계실지 모릅니다. 그들이 그와 같은 재산의 가치나 부담의 총량 평가를 했다면 분명 내가 그것을 간과한 것이겠지요. 나는 그에 대해 들어 본 적이 없습니다.[154]

그들은 최종적인 말로 그 타기할 만한 속임수의 정체를 완전히 드러냈습니다. 즉 종류를 불문하고 온갖 부채, 온갖 급부에 대한 담보로서 교회 영지를 내놓은 것입니다. 그들은 한결같이 자신들의 사기(詐欺)를 가능케 하기 위해 강탈합니다. 그러나 순식간에 강탈과 사기의 두 목적을 손상하고 맙니다. 그것은 다른 목적에서 한 설명이 그들의 폭력과 속임수의 구조 전체를 날려 버리기 때문입니다. 카론 씨는 이 터무니없는 사실을 증명하는 기록에 대해 언급하고 있는데, 나는 이 일에 대해 그에게 감사하는 자입니다. 어찌된 연유인지 나는 그것을 간과하고 있었습니다. 실제로 1790년 4월 14일 선언에 대한 신의 파기에 대해 나는 아무것도 주장할 필요가 없었던 것입니다. 그들 위원회의 보고에서 다음과 같은 것이 밝혀지고 있습니다. 즉 규모가 축소된 교회 여러 조직의 유지비 및 종교 관계의 다른 여러 경비, 잔류 피허가자와 연금수급자 쌍방을 포함한 남녀 수도사의 생계비 및 이번의 소유권 전복으로 인해서 그들이 스스로 지게 된 같은 성격의 부수적 여러 비용은 그 전복에 의해서 얻게 된 재산으로부터의 수입을 연 200만 파운드의 거액을 웃돌고 더구나 700만 파운드를 넘는 부채는 계산 외라는 것입니다. 이야말로 사기꾼의 계산 능력입니다. 이야말로 철학자의 재정입니다. 이야말로 가련한 민중을 반항과 학살과 교회털이로 내몰아 국가의 파멸을 가져오는 도구로 만들기 위해 제공된 온갖 환상의 결과인 것입니다. 어떤 경우이건, 시민으로부터의 몰수에 의해서 국가가 스스로 풍요롭게 된 예는 일찍이 없습니다. 이 새로운 실험도 그것을 모방해 왔습니다. 정직한 정신을 지닌 모든 사람, 자유와 인간성을 진실로 사랑하는 모든 사람은 부정이 반드시 옳은 정책은 아니라는 것, 약탈은 부유에 이르는 대도가 아니라는 것을 깨닫고 기뻐해야 합니다. 나 또한 기꺼이 이 문제에 관한 카론 씨의 탁월하고도 용감한 서술을 주(註)로써 다음에 곁들입니다.†

　† 나는 여기에서 의회 전체를 향해 말할 생각은 추호도 없다. 내가 말하고 싶은 것은 자신들의 의회를 이끌려는 목적을 매혹적인 엷은 비단으로 은폐하고 그것으로 의회를 이끌려는 사람들뿐이다. 이들에게 나는 이렇게 말하고 싶다. 여러분도 부정하지 않을 것이다. 여러분의 목적은 성직자로부터 모든 희망을 빼앗고 파멸시키는 것에 있다. 여러분이 조금이라도 탐욕에 사로잡혀 있다거나 공공재산을 가로챌 생각으로 있는 것이라 의심을 품는 것은 아니지만 그래도 여러분이 제안하는 끔찍한 조작을 통해서 계획되고 있는 것은 그 목적이고 또 결과적으로 그렇게 되리라고 누구나 믿게 된다. 그러나 여러분이 관심을 가지는 민중은 그와 같은 사항에서 어떤 이점을 발견할 수 있을까. 여러분은 언제나 민중을 이용하고 있는데 그 민중을 위해 여러분은 무엇을 했는가. 무엇 하나 하지 않았다. 문자 그대로 전무하다. 오히려 여러분이 하고 있는 것은 새로운 부담으로 그들을 괴롭히는 것뿐이다. 여러분은 4억 루브르의 헌금을 거부해 그들에게 손해를 입혔는데 그것을 받았다면 그들의 고통을 경감하는 수단도 되어 있지 않았을까. 그리고 이익도 되고 합법적이기도 했던 그 재원의 대체로서 여러분은 파멸적이라고도 할 수 있는 부정을 저질렀다. 이 부정은 여러분 자신의 고백에 의해서도 적어도 해마다 500만 루브르의 지출증가와 나아가 1500 루브르의 상환이라는 부담을 국고에—따라서 또 민중에게—부과하게 되었다.

　불행한 민중이여, 이야말로 교회 재산의 약탈과 자애심 많은 종교 사제들의 봉급을 꾸려나가는 과세조례의 가혹함에 의해 그대들이 최종적으로 손에 넣는 것이다. 반드시 그들은 그대들에게 무거운 짐이 될 것이다. 사제들의 자애는 종종 빈민을 구제했지만 이번에는 그들의 식생활비 때문에 그대들에게 세금이 부과되는 것이다. —'프랑스의 상태' 81페이지. 또한 92페이지 이하도 참조하라.

한편 교회로부터의 몰수가 깊이 있는 재원임을 세간에 납득시키기 위해 의회는 지위에 따라 보유되는 재산에 대한 또 다른 몰수에 나섰습니다. 그러나 후자를 이상하게 여기지 않도록 하기 위해서는 전자의 토지재산 몰수 가운데에서 보상해야 했습니다.** 즉 그들은*** 모든 부담을 청산한 후의 잉여를 보여 주기 위한 이 새로운 자금에 새로운 부담을 추가한 것입니다. 해체된 사법부 전체와 억압된 모든 지위와 재산에 대한 보상이 그것입니다. 이부담을 나로서는 확인 불가능하지만 몇백만 리브르에 달하는 것은 분명합니다. 또 하나의 신규 부담은 제1회의 아시냐 이자로서 매일 지불되어야 할 (그것은 그들이 신의를 지킨다는 선택을 한다면 말인데) 48만 파운드의 연지출입니다. 도대체 그들 스스로 지방자치체 수중에 있는 교회영지의 관리를 공정하게 규정하는 수고를 한 적이 있습니까. 처음부터 그들은 몰수재산에 필요한 부담을 지방자치체나 그 밑에 있는 수많은 정체불명의 하급관료의 배려와 숙련과 근면에 맡기는 것입니다. 그 결과는 낭시의 주교*155에서 지적한 그대로였습니다.

그러므로 이 같은 당연한 부담항목에 대해서 장황하게 말할 필요는 없습니다. 대체로 그들은 모든 대규모 부담—내가 말하고 싶은 것은 온갖 종류의 전국적 지방적 여러 조직 전체를 말하는 것인데—에 대해서 명확하게 말하고 그것과 세수에 의한 정규세입을 비교하는 따위의 일을 한 번도 한 적이 없다는 것입니다. 이러한 적자 하나하나가 채권자가 교회영지 1에이커를 경작해 자기의 양배추를 심을 수 있기 전부터 몰수재산에 대한 부담이 되고 있는 것입니다. 국가 전체가 쓰러지지 않도록 해 두기 위해서는 이 같은 몰수 이외의 버팀목은 없는 것입니다. 이 상황에서 그들은 우선, 본디 꼼꼼하게 명확히 해 두어야 할 사항 모두를 짙은 안개 속에 고의적으로 내던지고 말았습니다. 그리고 뿔로 칠 때에는 무모한 황소처럼, 자신들도 눈가리개를 하고 총검으로 노예—실은 그들도 주인 못지않게 눈가리개를 하고 있는데—를 몰아붙여 많은 거짓을 통화로 받게 하거나 한 번 복용하는데 3400만 파운드나 되는 종이 알약을 복용하게 하는 것과 같습니다. 이렇게 해서 자신들의 과거약속은 모두 무효이고 나아가 잉여재산은 최초의 저당—나는 4억 리브르(즉 1600만 파운드)의 아시냐를 말하고 있는 것입니다—보다 많이 부족하다는 것이 명확해졌는데도(그것도 만일 그와 같은 문제로 무언가가 명확해진다면) 그래도 그들은 자랑스러운 듯이 장래의 신용에 대해 요구합니다. 이 모든 수법 중에서 나는 정직한 거래의 견실한 감각도, 사기의 치밀한 교묘함도 발견할 수가 없습니다. 이와 같은 사기홍수 방지용의 수문을 끌어올리는 것에 대해서 의회 내에 있던 반대에는 응답하지 않고, 다른 한편으로 그는 10만 명이나 되는 가두의 재정가에 의해 철저히 거부당하는 것입니다. 이것이야말로 형이상학적 산술가가 헤아리는 숫자입니다. 이야말로 프랑스에서 철학적 공채에 입각한 기초계산입니다. 그것은 보충세입을 조달할 수는 없어도 폭도를 조달할 수는 있습니다. 댄디의 클럽*156은 시민으로부터의 약탈 물품을 국가용으로 충당한 그들의 지혜와 애국심에 대해 박수갈채를 보냈으니, 그들이 그것을 받고 좋은 기분으로 있게 해 둡시다. 나는 이 문제에 대해서 영국 은행의 지배인들—신용이라는 잣대로는 이 사람들의 상찬이 댄디클럽의 그것보다는 다소 무게가 있는 것으로 생각하는데—로부터의 말은 듣지 않고 있습니다. 그러나 이 클럽에 대한 공정성을 잃지 않기 위해 말해 두거니와 그 구성원인 여러 신사들은 생각보다 현명하다고 생각하고 있습니다. 그들은 금전에 관해서 호소할 정도로는 대범하지 않고 당신들이 가장 아끼는 아시냐 지폐 20매에 대해서 자신이 지니고 있는 스코틀랜드 지폐 중 가장 구겨지고 닳아버린 지폐 한 장조차 주지 않으려는 사람들인 것입니다.

올해 초 의회는 1600만 파운드나 되는 지폐를 발행했습니다. 그런데도 그토록 막대한 보충세입이 불려 온 구원의 손길을 느끼지 못했다니 도대체 의회는 당신들을 어떤 사태에 내몰고 만 것입니까. 이 지폐도 순식간에 5% 감가당했는데 그 하락폭은 7%나 되었습니다. 세입의 징집에 대한 이 아시냐의 효과는 현저했습니다. 네켈 씨에 따르면 징세인은 화폐로 받아두고 국고에는 아시냐로 지불했습니다. 징세인은 이 같이 정화(正貨)로 받고 감가한 지폐로 청산해, 7%를 호주머니에 넣은 것입니다. 그렇게 되는 것은 불가피했다고 전망하는 것은 용이했지만 그렇다고 해서 번거로움이 덜어진 것도 아닙니다. 네켈 씨는 조폐국을 위해(대부분은 런던시장에서라고 나는 생각하지만) 금과 은을 구입하는 것이 불가피해졌으니, 그것은 얻은 이익의 가치를 약 1만 2000 파운드나 웃도는 것이었습니다. 아시냐에게 어느 정도 숨겨진 자양력이 있다 해도 국가는 그것에만 의존할 수는 없다는 것이 그 대신의 의견이었습니다. 또 그는 그다지 인내력을 지니지 않았을 자들이 정화가 자신들에게 약속되어 있음에도 불구하고 손에는 무기를 들고 감가한 지폐가 기만적으로 다시 하락할 것같이 느끼고 있을 때에는, 특히 이 자들을 만족시킬 만한 어느 정도는 진짜 은화가 필요하다는 의견이기도 했습니다. 이 예상된 궁지에서 장관은 의회에 대해, 징세인은 정화로 받은 것은 정화로 지불하게 명령하도록 호소했습니다. 통화가 쓰이기 위해 국고가 3퍼센트의 지출을 하고 나아가 그 통화가 대신이 발행한 때보다도 7%나 빠져서 돌아오는 거래가 국가를 풍요롭게 할 리 없다는 것을 그가 간과할 리도 없었습니다. 그러나 의회는 그의 권고에 주의를 기울이지 않았습니다. 그들은 다음과 같은 궁지에 빠지고 만 것입니다. 즉 만일 그들이 아시냐의 수령을 계속하면 그들의 국고에서 현금은 거의 없게 됩니다. 다른 한편으로 만일 그와 같은 지폐라는 부적을 거부하거나 폄훼하면 그들은 유일한 재원인 신용을 깨뜨리는 것이 됩니다. 이에 따라 그들은 결심했을 것이고 스스로 받음으로써 자신들의 지폐에 일종의 신용을 부여하고 동시에 연설 가운데에서 금속제 화폐도 그들의 아시냐도 가치에 있어서 다를 바가 없다는, 자랑스러운 선언—이는 입법부로서는 월권이라고도 할 수 있지 않을까 나는 생각하지만—을 행한 것입니다. 이야말로 이 철학적 종교회의의 존경스러운 교부들에 의해서 이른바 저주로 나오게 된 단호한 신앙시험 조항이었습니다. 누구나 '믿고 싶다면 믿게 하라'입니다. —그러나 결코 '유태인 아페루라로 하여금' 이렇게는 되지 않습니다. [157]

그런데 재정이라는 그들의 흥행 중의 환등기가 로 씨[158]의 부정 전시와 비교되었다는 것을 알게 되면, 당신들 민중 지도자의 마음에는 고귀한 울분이 끓어오르게 됩니다. 그들은 자신들의 체제의 기초로 삼는 교회라는 바위가 로 씨의 미시시피 모래와 비교되는 것을 참을 수 없습니다. 그러나 그들의 아시냐를 그 위에 세울 수 있는 무언가 견고한 토지—그들이 다른 부담의 선점을 아직 하지 않은 토지—가 한 필지라도 있는지, 그것을 세간에 보여주기까지는 이 같은 교만한 정신은 억제해주길 바라는 것입니다. 그런 자들이 그 위대한 사기를 자신들의 타락한 모방과 비교하는 것은 전자에 대한 부정이 분명합니다. 그는 동인도 무역을 추가했고 아프리카 무역도 추가했습니다. 징세 청부인에게 맡겨진 프랑스의 세수 전체 가운데에서 국고 상납금도 증가시켰습니다. 물론 이러한 모든 것을 합쳐도 민중의 열광이—그의 열광은 아닙니다—기초로 세우려 했던 건물을 지탱하기에는 부족했습니다. 굳이 말하자면 그것은 고귀한 환상이었습니다. 이 환상은 프랑스 상업의 증대를 예상하고 그를 지향하여, 두 반구(半球) 전체를 증대시키기 위해 연 것이었습니다. 프랑스를 프랑스인 자신의 재산으로 먹여 살린다는 생각조차 하지 않았습니다. 웅대한 상상력은 이 상업의 날개 짓 속의 무언가가 자신을 매료시켰습니다. 그것은 독수리의 눈도 현혹시킬 만한 것이었습니다. 그것은 어머니인 대지에 코를 비벼대고 파고드는 두더지의 후각을 유인하는—이것이 당신들의 경우입니다—식은 아닙니다. 그 무렵의 인간은 상스럽고 천박한 철학 때문에 자연의 치수에서 완전히 왜소화되고 말아 저속한 기만에 안성맞춤인 상태는 아니었습니다. 특히 기억해 두어야 할 것은 그 무렵의 체제를 운영하고 있었던 사람들이 상상력을 지배하는 것을 통해서 인간의 자유에 대한 경의를 표했다는 것입니다. 그들의 사술(詐術)에는 폭력이 섞여 있지 않았습니다. 폭력은 이 계몽시대의 암흑*159에 비집고 들어올지 모를 이성의 작은 빛을 지우기 위해 우리의 시대까지 간직된 것입니다.

돌이켜보면 나는 이 신사 여러분의 능력을 주장하는데 있어서 도움이 될 듯한 하나의 재정계획—국민의회 가운데에서 최종적으로 채용된 것은 아직 아니지만 흥을 돋우며 등장한 계획—에 대해서 아무 말도 하지 않았습니다. 그는 유통지폐의 신용도를 높여주는 확실한 무언가를 지니고 있었고 실제로 그 효용성과 세련됨에 대해서 소문이 자자했습니다. 내가 말하고 있는 것은 탄압된 교회의 종을 녹여서 화폐를 주조하려는 계획입니다. 이것이 그들의 연금술인 것입니다. 세상의 어리석은 행위 중에는 애초부터 논의할 가치도 없거나, 시시해서 과장시켰다거나 우리에게 있어서 불쾌감으로 다가오는 일도 종종 있는 것입니다. 그러므로 그에 대해서는 이 이상 아무 말도 하지 않기로 하겠습니다.

그들에 의한 어음의 발행과 또 재발행, 액일(厄日)*160의 도래를 연장시키기 위한 유통방식, 국고와 할인은행 사이의 연극, 그 밖에 뻔한 상업상의 사기 수법들—그런 것들은 이제 국가의 정책까지 넘보고 있다—에 대해서도 마찬가지이고 이 이상 무언가를 말할 필요는 없습니다. 국고수입은 가볍게 다룰 수 없고 인권에 대한 수다는 한 개의 비스킷이나 한 파운드의 화약 때문에 지불하는 것이 아닙니다. 그러므로 형이상학자들은 이번에는 꿈과 같은 사색에서 내려와 전례에 충실히 따르는 것입니다. 어떤 전례이겠습니까. 파산의 전례입니다. 그러나 패배와 좌절과 굴욕 때문에 호흡도 힘도 연구도 공상도 모두 잃었을 때에도 그들의 자만은 여전히 건재합니다. 자신들의 무능력함을 깨닫는 와중에 그들은 그 자선(慈善)으로써 신용을 넓히려고 합니다. 이미 수중의 세입이 사라지고 말았는데, 최근의 몇몇 의사록 가운데서 그들은 교만하게도 민중에게 베푼 구제를 스스로 자랑하고 있습니다. 그러나 민중을 구하지는 않았습니다. 만일 그들이 그와 같은 마음을 품고 있었다면 왜 그들이 원망의 표적이 되고 있는 세금을 납부하라는 명령을 했겠습니까. 민중은 의회와는 무관하게 자력으로 구제한 것입니다.

그러나 이와 같은 속임수 구제의 공적을 요구하는 도당에 대한 논의는 모두 무시한다고 해도, 민중에 대한 구제가 어떤 형태의 것이건 정말로 이루어졌는지 알 수 없습니다. 지폐유통의 하수인인 바이 씨*[161]는 이 구제의 성질이 무엇인가에 대해서 당신들을 안내해 줍니다. 국민의회를 향한 그의 연설 가운데에는 파리 주민들이 그 간난신고(艱難辛苦)를 어떻게 확고한 결의로 견뎌냈는지에 대해서 과장되고 치밀한 찬사가 포함되어 있습니다. 이것이야말로 사람들의 지복(至福)을 묘사한 한 폭의 명화입니다. 실로 위대한 용기와 굴복하지 않는 정신의 강인함으로, 은혜에 견디고, 구제를 참는 그림입니다. 파리인들은 실제로는 그들 자신의 광기나 어리석은 행동, 그들 자신의 가벼운 믿음이나 뒤틀림과 같은 적 이외의 무엇에도 포위되는 것은 아니지만, 이 박식한 시장의 연설을 듣고 있으면 마치 그들은 과거 12개월간, 끔찍한 봉쇄의 궁지에 빠져 있었다거나, 앙리 4세가 그 보급로를 끊고 있었다거나, 쉴리*[162]가 파리의 성문을 포격하고 있었다고 생각하게 됩니다. 그러나 바이 씨는 파리가 허위와 무감동의 철학이라는 '건냉(乾冷)한 것 모두 돌로 만드는 지팡이'*[163]로 계속 맞고 있을 때에도 중심의 열을 되찾아주기보다도 빨리 그의 아틀란티스 지방*[164]의 만년 얼음이라도 녹일 것입니다. 이 연설이 있은 지 얼마 후, 그러니까 지난 8월 13일, 같은 시장께서는 같은 의회의 법정에 그의 정부 상황을 다음과 같이 보고하고 있습니다. '1789년 7월 파리 시의 재정 상태는 아직 양호했습니다. 지출에 균형이 있는 수입이 있고, 그 시점에 100만 리브르(40만 파운드)의 은행예금도 있었습니다. 혁명에 수반해 시가 떠맡게 된 지출은 250만 리브르에 달합니다. 이러한 지출 및 자발적 헌납의 거대한 하락의 결과로서 지속되는 전면적인 금전 부족을 초래한 것입니다.' 이것이 과거 1년간 전 프랑스의 주요 부분에서 모아진 그 정도의 거액을 소비해 키워진 파리인 것입니다. 고대 로마적인 지위를 차지하고 있는 한, 파리는 종속하는 여러 지방에 의해 계속 유지될 것입니다. 그것은 민주주의 공화국을 주권자로 삼는 지배에는 불가피하게 수반되는 해악입니다. 이 해악은 로마가 그랬던 것처럼 그것을 가져온 공화국의 지배가 망한 뒤에도 남아 있을지 모릅니다. 그런 경우에는 전제 그 자체가 민중의 인기라는 악덕에 굴복하게 됩니다. 황제 지배하의 로마는 두 체제의 해악을 더불어 지니고 있었습니다. 그리고 이 자연에 반한 결합이야말로 멸망의 큰 원인이었던 것입니다.

민중을 향해서 너희들은 자신의 공공재산을 황폐하게 함으로써 구제되는 것이다, 라고 말하는 것은 잔혹하고 오만합니다. 정치가는 국고수입을 파괴하면서까지 민중을 구제했다고 자만하기 전에 우선 다음 문제의 해결에 세심한 주의를 기울여야 합니다. 즉 민중에게 있어 자신들이 어느 정도 납부해 두고 그에 걸맞게 받는 것과, 또는 아무것도 받지 않지만 온갖 과세를 면하는 것과 도대체 어느 쪽이 이익이 되는가 하는 문제입니다. 나로서는 전자의 제안이 좋다고 생각합니다. 내 경험으로 봐서도 최선의 의견이라고 생각합니다. 국민 쪽에서 획득하기 위한 힘과 그가 대응해야 할 국가 쪽으로부터의 요청 사이에 균형을 유지한다는 것은 진정한 정치가의 기량의 근본적인 부분에 속합니다. 그 경우, 획득을 위한 수단 쪽이 시간적으로나 순서로서나 선행하는 것입니다. 옳은 질서는 온갖 옳은 일들의 기초가 됩니다. 민중이 예종(隷從)함이 없이 획득할 수 있기 위해서는 그들은 온화하고 순종적이어야만 합니다. 정부 당국자는 존경을, 법은 권위를 지녀야만 합니다. 민중 전체가 자연적 복종의 원리가 작위적으로 자신들의 마음에서 근절되었다고 느끼는 일이 있어서는 안 됩니다. 그들은 스스로 부여할 수 없는 재산에 대해서도 존경을 표해야 합니다. 또 노동에 의해서 입수 가능한 것을 입수하기 위해 일해야 하고, 종종 노동의 성과가 노력에 비해 부족하다고 느끼는 경우에도 영원한 정의의 최종적 균형 속에서 스스로를 위로해야 합니다. 누구건 그들로부터 이 위안을 박탈하는 자들은 그들 민중의 근면함을 둔하게 하고 온갖 보존, 온갖 획득의 근원을 파괴하는 것입니다. 그것을 굳이 하는 인간은 가난한 자, 불행한 자에 대한 잔혹한 억압자이고 무자비한 적입니다. 동시에 그는 그 사악한 생각에 의해서 성공한 근면의 과실과 축적된 재산을 게으른 자나 실의에 빠진 자나 영락한 자에게 약탈되도록 방치하는 것입니다.

직업적 재정가의 대부분은 국고수입으로서 은행이라든가 유통이라든가 톤티 씨식 연금*[165]이라든가 영구지대(永久地代)라든가, 그 밖의 여러 가지로 점포 앞의 자질구레한 것으로만 여기는 경향이 있습니다. 국가질서가 안정되어 있는 경우에는 이런 일들도 소홀해져서는 안 되고 그에 대한 수완도 낮게 평가해서는 안 됩니다. 그들 모두 옳은 것입니다. 단, 안정된 질서의 결과를 전제로 해서 그 위에 구축되어 있는 경우에만 그러합니다. 그러나 이와 같은 구걸과도 같은 잔꾀가 공공질서의 기초파괴에서 생기는 여러 악과, 소유권 원리의 전복을 불러오거나, 당하거나 하는 것에서 생기는 여러 악 따위의 결손을 메울 것이라 사람들이 생각하게 된다면 그때에 그들은 자기 나라의 폐허 위에 자연에 반한 정치와 오만하고 편협한 지혜의 결과로서 암담하고도 영구한 기념비를 남기게 되는 것입니다.

이제야말로 국가의 중요인물 가운데서도 특히 민중 지도자가 드러낸 능력 부족의 귀결이 자유라는 '모든 것을 속죄하는 미명'*[166]에 의해 가려지려 합니다. 내 눈에는 일부 사람들만 실로 커다란 자유를 누리고, 그 외에 많은 사람들이 억압적이고 굴욕적인 예종을 강요당하고 있는 것이 보입니다. 지혜도 미덕도 없는 자유란 도대체 무엇이겠습니까. 그것은 대체로 존재하는 모든 해악 가운데서도 최대의 것입니다. 그것은 교도(敎導)도 억제시킬 수 없는 어리석은 행위이고, 악덕이고, 광기이기 때문입니다. 덕이 있는 자유가 무엇인지 아는 사람들이라면 무능한 두뇌가 얼핏 훌륭하게 들리는 말을 입에 올리고 그를 이유로 자유의 품위를 손상시키는 것을 차마 볼 수 없습니다. 나는 자유라는 위대하고 가슴 설레는 감정을 결코 가볍게 여기지 않습니다. 자유의 감정은 마음을 따뜻하게 해 줍니다. 우리의 정신을 광대하게 하고 고귀하게 해 줍니다. 전쟁을 할 때에 우리의 용기를 북돋아 줍니다. 늙었다고는 하지만 나는*167 루카누스와 코르네유*168의 멋진 환희를 기꺼이 읽는 자입니다. 또 나는 민중의 인기를 얻기 위한 잔재주를 전면적으로 비난하는 자도 아닙니다. 그것은 많은 중요한 것을 실행하는 것을 용이하게 합니다. 그것은 민중의 통일을 유지하고, 노력하는 정신에는 생기를 주고, 도덕적 자유의 엄숙한 얼굴에 양기를 불어넣습니다. 대체로 정치가는 미의 3여신*169에게 희생해야 하고 이성과 상냥함을 결부시켜야 합니다. 그러므로 프랑스에서 행해지는 계략에는 도움을 주게 될 이 같은 감정이나 연구는 불필요합니다. 정부를 꾸리는 데 위대한 신중함 따위는 필요치 않습니다. 권력의 자리를 정하고 복종을 가르치면 그것으로 일은 끝입니다. 자유를 부여하는 것은 더욱 용이합니다. 교도할 필요는 없고 고삐를 놔주면 그만입니다. 그러나 자유로운 정부를 만들기 위해서는, 즉 자유와 억제라는 대립 요소를 조합(調合)해 하나의 일관된 작품으로 하기 위해서는 많은 사색과 현명하고 힘에 넘치는 종합력이 있는 정신이 필요합니다. 국민의회를 주름잡고 있는 자들 중에는 없습니다. 다분히 그들도 그 정도로 비참한 능력 부족은 아닐지 모릅니다. 오히려 나는 그렇게 믿습니다. 그렇지 않으면 그들을 항시 인간의 이해력 수준보다 떨어진다고 보게 됩니다. 그러나 민중적 인기의 경매에서 이 지도자들이 스스로 입찰자의 길을 선택할 때 국가 건설자로서의 그 재능은 아무런 도움도 되지 못할 것입니다. 그들은 입법자가 아닌 추종자로, 민중을 이끄는 자가 아닌 도구가 될 것입니다. 설령 그들 가운데 누군가가 적당한 한정과 적절한 한계로 구분된 자유의 계획을 제안한다 해도 그보다 훨씬 민중의 인기를 얻을 무언가를 제안하는 경쟁자가 순식간에 입찰해 그를 패배시킬 것입니다. 그리고 대의에 대한 그의 충성에 의혹을 품을 것입니다. 중용은 겁 많은 덕으로서, 타협은 반역자의 배려로서 낙인을 찍히게 될 것입니다. 결국 그 민중 지도자는 신용—그것이 있기에 때로는 적당한 정도와 중용이 가능해질지도 모르는 신용—을 유지하기 위해, 자신이 궁극적으로 지향하는 목적으로 머지않아 모두를 파괴시킬 교리를 선전하거나, 나아가 그와 같은 권력을 수립하는 데 목숨을 거는 것입니다.

그런데 나는 이 의회의 불퇴전(不退轉)의 노력 가운데 무언가 칭찬할 만한 점을 전혀 발견하지 못할 정도로 왜곡하는 자일까요. 헤아릴 수 없는 폭력 행위와 어리석은 행위 중에도 일종의 선이 행해졌을지 모른다는 것을 부정하는 것은 아닙니다. 모든 것을 파괴하는 인간이라면 틀림없이 불만도 약간은 제거할 것입니다. 온갖 사물을 새롭게 하는 인간에게는 무언가 유익한 것을 수립할 수 있는 기회가 있습니다. 스스로 찬탈한 지배권력 덕분에 생긴 일에 대해서 그들을 인정해 주고 또 그 지배권력을 손에 넣었을 때의 범죄를 용서해 주기 위해서는 바로 그와 같은 혁명이 존재했어야만 똑같은 일을 달성할 수 있었다는 것이 명확해져야 합니다.[170] 그러나 분명 그것들은 혁명 없이도 달성되었을 것이 틀림없습니다. 그것은 그들이 작성한 규칙 가운데에서도 확실한 것은 거의 모두가 등족회의(等族會議) 석상에서 자발적으로 이루어진 왕에 의한 양보이거나 또는 그와 동시에 행해진 여러 신분에 대한 명령 속에 있기 때문입니다. 확실히 약간의 관행은 정당한 근거에 의해 폐기되었습니다. 그러나 그런 것들은 설령 그대로 영원히 존속했다 해도 어느 신분의 행복도 번영도 거의 손상시키지 않는 것이었습니다. 국민의회에 의한 개선은 피상적이지만 그 오류는 근본적입니다.

그들이 무엇이건 나는 우리들 자신의 개선을 위해 그들로부터 모범을 택하는 것이 아니고 오히려 영국헌법의 실례를 우리의 이웃에게 권장하도록 동포들에게 희망하는 것입니다. 그들은 영국헌법 가운데에서 평가받을 만한 보물을 이미 손에 넣고 있는 것입니다.[171] 그들에게도 다소의 불안이나 불만거리가 있으리라 생각하지만, 그 근원은 그들의 헌법이 아닌 그들의 행동에 있는 것입니다. 나는 우리의 행복한 상태는 우리의 헌법에—그것도 어느 한 부분이 아닌 전체에—있다고 생각합니다. 다시 말해 서너 번의 음미와 개혁을 통해서 부가 변경되어 온 곳만이 아니라, 우리가 손을 대지 않고 놓아둔 것에도 크게 힘입은 바가 있다는 것입니다. 이 나라의 사람들은 참으로 애국적이고 자유독립의 정신에 있어서는 자신들이 소유하고 있는 것을 파괴로부터 지키기 위해 해야 할 일이 많은 것을 분명 생각할 것입니다. 나는 변경 또는 배제하는 자는 아닙니다. 그러나 비록 변경을 가한다고 해도 그것은 보수(保守)하기 위한 것이 아닙니다. 큰 고통이 있으면 나는 무언가 대책을 강구해야 하는데, 막상 실행할 단계에서는 우리들 선조의 실례에 따르게 됩니다. 나는 수선을 할 경우에는 가능한 한 건물과 같은 방법을 취할 생각입니다. 현명한 주의, 면밀주도함, 기질적이라기보다는 오히려 선악판단을 한 소심함, 이러한 것들이 가장 단호한 행위를 할 때에 우리 선조가 따른 지도원리 속에 존재했습니다. 그들은 그 빛—즉 프랑스인 신사 여러분이 자신들은 그것에 크게 관여하고 있다고 우리에게 선전하는 그 빛—에 비쳐져 있지 않았으므로 인간이란 무지하고 잘못을 저지르기 쉬운 것이라는 강한 인상으로 행동한 것입니다. 그리고 그들을 그렇게 틀릴 수도 있는 존재로 만드신 신은 그들이 그 행위에서 자신의 성질에 순종했던 것을 치하한 것입니다. 만일 우리가 그들의 운명에 도움이 되길 원하고 또 그들의 유산을 유지하길 원한다면 그들의 주의 깊음을 모방해야 할 것입니다. 부가하고 싶다면 그도 좋습니다. 그러나 그들이 남긴 것만은 유지해야 할 것입니다. 그리고 프랑스 공중 모험가들의 광란스런 비행 뒤에 따르려고 하기보다는 영국헌법이라는 확고한 지반에 확실히 입각해 찬미의 눈으로 올려다보는 것으로 만족해야 할 것입니다.

나는 자신의 감정을 솔직하게 말했습니다. 그렇다 해도 당신의 감정을 바꿀 수는 없을 것입니다. 또 그럴 필요도 없습니다. 당신은 젊습니다. 당신이 나라의 운명을 이끌 수는 없습니다. 그것에 따라야 합니다. 그러나 이제까지 말한 나의 감정으로도 그 나라에서 취하게 될지도 모를 장래의 형태에 대해 앞으로 무언가 당신에게 도움이 될지도 모릅니다. 현재 당신의 나라는 남아날 것 같지 않습니다. 그러나 최종적으로 낙착을 보기 전에 당신의 나라는 우리의 시인 한 사람의 말을 빌린다면 '아직 시도되지 않은 다양한 일들'*172이나, 불과 피로 정화되어야 할 환생(還生)을 빠져나가야 합니다.

나는 오랫동안의 관찰과 뚜렷한 공정함 외에 내 의견으로서 권할 수 있는 것은 우선 지니지 않습니다. 이제까지 권력의 도구도 높은 신분의 추종자도 아니었던 인물, 마지막까지도 자신의 인생 기조에 거스르지 않길 염원하는 인물, 이 의견은 그 같은 인물로부터 온 것입니다. 그것은 나아가 공적 활동의 대부분을 타인의 자유를 위해 하는 투쟁에 바친 인물, 스스로 전제로 간주한 것 외에는 가슴 속에 어떤 영속적 또 격렬한 분노까지도 불태운 적이 없는 인물, 심한 억압이 쟁취하고 있는 신용을 빼앗기 위해 선량한 사람들이 지불하고 있는 노력에 참가하는*173 한편으로 당신들의 문제에 소비할 시간을 어떻게든 짜내려는 인물, 더구나 그와 같이 행동하면서도 자신은 일상적 임무를 포기하는 것은 아니라고 스스로 말하는 인물, 이와 같은 인물들로부터의 의견인 것입니다. 더 말하자면 그것은 명예나 지위나 이득을 거의 원하지 않고 또 조금도 그것을 기대하지 않는 인물, 명성을 가볍게 여기지 않고 오명을 두려워하지 않으며 의견을 시도해보는 일은 있어도 다툼은 기피하는 인물로부터의 것이고 또 일관성을 유지하려 하면서 자신의 목적인 통일성을 유지하기 위한 수단을 변경함으로써 그 일관성을 유지하려는 인물, 자신이 타고 있는 배에 실은 짐이 한쪽으로 지나치게 치우쳐 배의 균형이 위태롭게 될지도 모를 경우에는 자기 이성의 작은 무게조차 그 균형 유지에 도움이 되길 원하는 인물, 이와 같은 인물로부터의 의견인 것입니다.

〈주〉

＊1 그래서 우선 나는 당신들의 여러 제도에 대해서……보류하지 않으면 안 됩니다 : 버크는 이미 영국의 전통적 여러 제도에 대해서 이야기할 것을 약속하고 사실 국가나 국교제(國敎制)의 정신 등에 대해서는 언급은 했지만 그 뒤 논술은 결국 프랑스혁명에 대한 비판의 방향으로 흘러갔다. 여기에서 그 문제는 단념한다고 새삼 언급하고 있는 이유이다. 그러나 버크가 예상하는 독자는 주로 영국 유산계급이므로 그것이 옳다는 판단도 작용하고 있을 것이다. 계산된 연기로 볼 수도 있다.

＊2 소장이나 답변서 작성 변호사 : 보통법에 있어서 소송에 관한 공식서류를 준비하는 변호사. 단 법정에 설 수는 없다.

＊3 웅변은 그것에 걸맞는 정도의 지혜 없이도 존재할 수 있을지 모릅니다 : 살르스티우스 《카틸리나》의 음모 5·4.

＊4 '아버지이신 신 자신이 경작의 길은……' : 베르기리우스 《게오르기카》 1·121.

＊5 그와 같은 일 : such a task인데 토드판과 펠리컨판은 such a talk 로 되어 있다. 명백한 오식이다.

＊6 국민의회의 지도자 중…… : 이 주는 초판 및 2판에는 없다. 3판에서의 가필이다.

＊7 라보 드 산테티엔 씨 : 1743~93. 프로테스탄트의 목사이고 국민공회의 지론드파 의원이었는데 교수대의 이슬로 사라졌다.

＊8 진정한 입법자는 감수성이 풍부해야 합니다 : 냉혈한으로 알려진 세이에스에 대한 비아냥일까.

＊9 인간의 정신이나 사상(事象) 속에 발견되는 ……로 결합시키는 것 : 이것도 다양성 속의 통일성이라는 기본적 테제의 한 표현일 것이다.

＊10 소산적 성질 : 자신 안에 무언가를 자연적으로 산출 또는 성장시키는 원리를 내재시키

고 있는 것. 또는 그 자체의 성질.

*11 순수한 공상의 유희로 일컬어진 웅변 저작자의 역설 : 틀림없이 루소를 가리킨 말일 것이다. 버크는 루소를 부인하면서도 가장 높게 평가한 한 사람이다. 이미 1759년 루소의 《달랑베르에게 보내는 연극에 관한 편지》(Lettre a d'Alembert, 1158)에 대한 서평으로서, 그는 문명사회나 학문에 대한 루소의 역설은 뛰어난 상상력에서는 상당한 즐거움이지만 한 걸음 벗어나면 도덕성에서 극히 위험한 것이라 말하고 있다.

*12 키케로는 카토가 스토아 철학을 배우고 있는…… 고 경멸을 담아 말하고 있습니다 : 키케로 《무레나를 위해》 29·31.

*13 '맨발의 카토여' : '만일 누군가가 카토를 모방해 맨발로 걷고, 허술한 옷을 걸치고, 험상궂은 얼굴로 걸어다녔다고 해서 그가 카토와 같은 덕성을 표시한 것이 될까.' 호라티우스 《서간시》 1·19·12~4.

*14 흄 씨는 나에게 일찍이 루소 자신으로부터…… 고 말했습니다 : 흄이 1766년부터 7년에 걸쳐 프랑스에서 추방된 루소를 따뜻이 맞아준 사실은 유명하다. 그러나 두 사람의 우호관계는 오래 지속되지 않았다. 본문에서 버크가 한 말의 진위 정도는 불확실하다.

*15 만일 아직도 루소가 지금 생존하고 ……로 나는 믿습니다 : 이는 루소에 대한 개연적 추리로서는 나쁘지 않다.

*16 그런 것들이 이론에서 일탈한 경우에 대한 다양한 교정수단 …… : 이하 한동안, 선박 항로의 비유이다.

*17 그것들은 오히려 다양한 필요나 편의의…… : 이 '그것들은' 문장구조로 볼 때 '구 여러 제도'를 가리키고 있다. 그러나 여기에서 그가 논하고 있는 것은 '구 여러 제도'라는 특정의 여러 제도가 아닌 오히려 여러 제도 일반이다. 대명사의 의미를 미묘하게 바꾸는 것도 버크의 기술 중 하나라고나 할까. 여기에서는 '구 여러 제도'가 여러 제도 일반과 상통한다는 착각을 낳는다. 한편 앞의 제1부 180 참조.

*18 그들은 국토를 가로세로 18리그씩 ……전부 6,400이 됩니다 : 이 서술은 잘못된 것이다. 83개의 현이 생긴 것은 사실인데, 그러한 구분은 예부터의 풍습이나 언어 등을 고려한 자연적 구분이었다. 또한 현 이하의 세분된 것은 디스트릭트, 칸톤, 코뮌이고 이것도 버크가 기술하고 있는 것과는 다르다.

*19 엠페도클레스와 뷔퐁의 체계 : 엠페도클레스(기원전 493 무렵~33 무렵)는 그리스의 철학자. 만물은 불, 바람, 물, 땅 4원소의 혼합이고 여기에 사랑과 증오라는 두 힘이 작용해 결합 또는 분리되었다고 했다. : 뷔퐁백작(1707~88)은 프랑스의 박물학자, 철학자. 뉴턴물리학을 프랑스로에 소개한 사람. 버크가 왜 여기에서 뷔퐁을 비경험적, 추상적 이론의 예로 들었는지 그 이유는 확실치 않다.

*20 미망인의 몫으로서 3분의 1 : 보통법에서 과부산은 항시 남편 토지의 3분의 1의 생애

소유권이 있다.

＊21 '서서히 보편적인 진행방법으로' : 포프 《도덕론》 4·129를 다소 비꼬고 있다.

＊22 대표제 입법자 : 국민의회를 가리킨다.

＊23 은 1마르크 상당 : 마르크는 주로 금은을 계량하는 데 쓰인 중량 단위이고 통상 약 8 온스.

＊24 그들은 의원의 독립성을 보장하기 위해서는 무력하고 : 의원은 그를 선출한 선거구 개개의 이해에 사로잡히지 않고 독립성을 유지해 전체로서의 국가이익을 위해 행동해야 한다는 것이 1770년대부터 버크가 일관되게 주장해 온 대의제 이념이다.

＊25 국민의회는 그 위원회 안을 실시함에 있어 : 이 원주는 5판까지 없다. 6판에서 마지막의 한 센텐스가 가필되고 더욱이 제7판에서 그보다 전의 부분이 가필되었다. 어쩌면 버크는 쓰면서 자신의 정보 부족을 깨닫고 고민했을 것이다. 아무튼 본문의 서술은 사실을 정확하게 파악하지 않고 있다.

＊26 그러나 이 원리는 승인되자마자 : 초판 및 2판에서는 '그러나 이 원리, 즉 재산에 관한 한 원리는 승인되자마자'라고 되어 있다. '즉 재산에 관한 한 원리'라는 삽입구가 3판에서 삭제되었다.

＊27 그런데 이 문제를 다른 관점에서 봅시다 : 이 단락의 처음 '그런데 이 문제를'에서부터 '……결부를 지니지 않기 때문입니다'(＊＊표까지), 3판에서 바뀌었다. 또한 일반적으로 이 몇 페이지는 특히 3판, 4판에서의 수정이 심하다. 사실에 대한 논의임을 생각해 신중을 기했을 것이다. 초판 및 2판에서 이 부분은 아래와 같다. : '그런데 이 문제를 다른 관점에서 다루어봅시다. 그리고 우리도 조세부담 즉 부유도에 따른 대표제 원리란 훌륭한 기초를 갖는 것이고 그 공화정에 있어 필요한 기초라고 상정해봅시다. 그러면 그들은 부자의 극히 큰 조세부담을 이유로 의원수를 늘리는 권력을 지역에 대해서―라는 것은 즉 구라든가 자치체라든가 지역의 다수자인 빈자에 대해서,란 것인데―줌으로써 부자에 대해서는 도대체 어떤 배려를 했다는 것입니까. 이웃 10명을 합친 것보다도 더욱 10배나 많이 조세를 부담하는 한 인물을 상정하기 바랍니다(이는 용이한 상정입니다). 이 조세부담에 대해서 그가 갖는 것은 10표 중 한 표입니다. 그가 극히 크게 조세부담을 함으로써 빈민은 단 한 사람의 의원을 뽑는데 대해서가 아닌 (이를테면) 10명의 의원을 뽑는데 대해 그를 9표 대 1표로 깨는 것입니다. 부자들이 긍지에 대한 대가로서도, 또는 재산에 대한 보장으로도 결코 느낄 수 없는 귀족적 편향 등으로 어떻게 부추김에 우쭐해질 수 있겠습니까. 실제로 부자는 민중적 권력이 지배하고 있을 때에는 그들이 위험에서 벗어나기 위해 보통 이상의 보증을 필요로 하는 것입니다. 그러나 여러 현 사이가 불평등한 이 방식 하에서 그들이 어떻게 보호되는지 예측하는 것은 불가능합니다. 그것은 그 귀족정적 현이란 민주정적 원리에서 낳은 것이기 때문입니다. 또 전국의 대표 가운데에서의 그 지배적 지위도 이와 같은 우

월이 부여되는 원인이 된 재산을 소유하는 사람들과는 아무런 관계도 없기 때문입니다.'

*28 실제 그것은 일종의 근본원리라고 나는 제시해야 할 것입니다 : 괄호에 넣어진 이 한 글은 4판에서 추가되었다.

*29 세르비우스 툴리우스 : 로마 제6대 왕(기원전 578~35). 전하는 바에 따르면 병역의 의무와 투표권에 대해서 시민을 재산의 다소에 따라 각 100명씩의 그룹으로 나누었다 한다. 또 로마시에 성벽을 설치해 시내를 4구로 나누었다고도 한다. 한편 괄호 속의 이 글도 전주와 마찬가지로 4판에서의 가필이다.

*30 ······재산에 비례했을 것입니다 : 초판 및 2판에서는 이 글 뒤에 '그렇지 않은 모든 사고방식을 취하고 있는 경우에 나는 여러 현 사이의 불평등에서 위험만을 느낍니다'라는 글이 부가되며 이 단락을 마치고 있다. 3판에서 삭제되었다.

*31 어느 지역의 한 인물이 ······ : 이 단락의 처음부터 다음 페이지 '······바로 그 상대 지역 쪽에 있을지도 모르기 때문입니다'(**표)까지는 3판에서의 가필이다.

*32 만일 각 현이 독립해 주권을 지닌 조직이고 ···대비하기로 되어 있고 : 이 일절은 초판 및 2판에서는 '실제 만일 각 현이 명확한 부담금으로 공통재정에 대비하기로 되어 있고'라고 기술이 되어 있다. 3판에서 가필 수정되었다.

*33 파리를 위해 납세하고 있는 것입니다 : (1) 초판 및 2판에서는 여기에서 단락이 끝나고 행을 고쳐 다음의 한 단락이 삽입되어 있었는데 3판에서 그 단락 전체가 삭제되고 삭제된 문장의 대부분이 다소 표현을 달리하여 가필부분 일부로서 쓰였다. 초판은 다음과 같다. '여러 현에 의해서 확인된 이 조세부담의 기초는 형평이란 점에서 불공평한 것임과 동시에 나아가 정책으로서도 타당하지 않습니다. 약자가 강자에 의해서 분쇄되지 않도록 보증하는 것이 국가목적의 하나라고 한다면 (의문의 여지없이 모든 사회에 있어서 그렇습니다), 이들 여러 현 가운데에서 약소하고도 빈곤한 현을 더 부강한 그것에 의한 압정에서 지키려면 도대체 어떻게 하면 좋겠습니까. 후자에 대해서 전자를 압박하기 위해 그 이상의 수단을 주면 좋겠습니까. 여러 현 사이의 대표성이 어느 균형에 도달할 때에는 즉시 그들 사이에서 지방적 이해나 경쟁이나 질투가 마치 개인 상호간과 마찬가지로 발생하게 될 것입니다. 그러한 여러 현의 분열은 개인간의 경우보다도 더욱 심한 불화의 정신을 빚어내게 될 것이고 전쟁에 가까운 상태조차 낳게 될 것입니다' : (2) 이 글에 이어지는 '이와 매우 비슷한 논의가' 이하 '불러오게 될 것이 분명하기 때문입니다'(**표)까지는 4판에서의 가필이다.

*34 이 불평등은 그 자체가 놀랄 만한 것입니다 : 전집판과 에브리맨판은 여기에서 개행하지 않고 3행 아래에서 개행(改行)하고 있다. 전집판의 해석을 에브리맨판이 답습했을 것이다.

*35 다양한 목적이 일관된 하나의 전체 속에 통합되고 있다고 볼 수 없습니다 : 앞의 제1

부 90 참조.

＊36 '그들은 인간미가 없다' : 출전 미상. 마르티알리스《잠언》10·4·10 '우리의 작품에는 인간미가 있다'는 것을 비꼰 것이라는 해석도 있다.

＊37 세계에는 그와 같은 정부가 확실히 존재한다는 것을 나도 인정하지만 : 미국이나 네덜란드의 예를 염두에 두고 있었을 것이다.

＊38 일반적으로는 필연성이 가져온 결과이지……는 아닙니다 : 앞의 제1부 96 참조.

＊39 '히포크라테스의 얼굴' : 그리스의 의학자 히포크라테스(기원전 460 무렵~375 무렵)가 죽음을 앞둔 환자 얼굴의 특징을 설명했다는 고사(故事)에 따른 말.

＊40 고대 공화국을 형성한 입법자들은 …… : '고대 공화국'으로 시작되는 이하 두 단락 (**표를 한 '이는 전혀 가망이 없는 도박을 하는 것입니다'까지)은 초판 및 2판에서는 ***표 뒤에 개행을 해 놓고 3판에서 서술의 순서가 변경되었다. 또한 주석자에 따라서는 이 단락을 아들 리처드의 필적으로 추정하는 이도 있다. 그러나 문체로 보면 특별히 바뀐 것으로 보이지는 않는다. 다른 한편 장식적 레토릭은 여전한데 동시에 버크 문체의 특징인 명석성이 다소 부족하고 신중한 표현에는 도리어 난삽(難澁)한 면이 없지 않다.

＊41 몽테스키외는 ……라고 정당하게 이해했는데 : 몽테스키외《법의 정신》2·2. '민중적 국가에서 인민은 몇 개의 계급으로 나누어진다. 이 구분의 방법이야말로 위대한 입법자가 그 이름을 내건 것이고 또 민주정의 영속과 번영이 걸려 있는 것이다.'

＊42 전혀 가망이 없는 도박을 하는 것입니다 : 앞의 40 참조.

＊43 나는 당신이나 내 편지의 독자가 : 이 단락의 전부 및 단락의 마지막에 붙여져 있는 원주(《프랑스의 상태》참조)는 초판과 3판에는 없다. 3판에서의 가필이다.

＊44 의회에 대한 대표 개개인은 프랑스의 대표이고 : 앞의 24 참조.

＊45 정부야말로 우리의 대표제도에서의 ……비교 대조점인 것입니다 : 여기에서 말하는 정부란 국민으로부터 선거에 의해서 선출되는 입법부 즉 하원 및 그 위탁을 받아 행동하는 행정부 쌍방이다.

＊46 당신들의 국가제도에서는 ……결부가 거의 없습니다 : 전출 본문 233페이지 이하 참조.

＊47 '올바른 사람들 밑에 존재하는 곳' : 스콜라 철학에서 그리스도 승천 이전에 죽은 유태의 올바른 사람들은 이윽고 그리스도가 강림해 그들을 구출할 때까지 천국과 연옥의 중간에서 대기하고 있는 것으로 생각되었다. 국민의회에서 전 의원은 재선되지 않는 규정이었기 때문에 그것을 빈정댄 것이다.

＊48 의원이라는 그들의 배 밑에는 : 버크는 여전히 배와 항해의 이미지를 사용하고 있다. 앞의 16 참조.

＊49 굴뚝청소 소년 : 그 무렵 굴뚝청소는 브러시를 든 소년을 굴뚝에 넣어서 했다. 여기에

서는 소년이 조금 일에 익숙해질 때쯤에는 몸이 성장해 쓸모가 없게 됨을 비유하고 있다.

＊50 책임성 따위는 존재 불가능한 요소입니다 : 앞의 40 참조.

＊51 프랑스의 신 공화제국(共和諸國)의 각(各) : 프랑스는 이제 일체로서의 국가가 아닌 국가연합에 불과하다는 테제의 반복이다. 앞의 본문 242페이지 7행째 이하 참조.

＊52 그들의 연합행위 : 프랑스혁명에서는 다양한 도시나 지역의 대표가 자주 만나 국민의회에 대한 충성을 서로 맹세했다.

＊53 더구나 이 금융사업은 ……어느 정도는 이해할 수 있을지도 모릅니다 : '더구나 이'에서 5행 뒤의 '이해할 수 있을지도 모릅니다'(＊＊표)까지 3판에서 고쳐져 있다. 초판 및 2판은 다음과 같다. '그러나 만일 우리가 본질적으로 불가분인 또 하나의 부분을 고려해보면(그것은 즉 몰수한 토지를 끊임없이 부분적으로 매출하는 것, 결국 이와 같이 토지를 끊임없이 지폐로 변환하고 또 그 지폐를 유통에 포함시키는 것인데), 그 심한 작용에 대해서 우리도 어느 정도는 납득이 갈 것입니다'(괄호 원문).

＊54 휘발성이 부여되어 : volatilized 초판에서는 volatized 로 되어 있다. 철자의 잘못을 깨닫고 3판에서 수정되었다.

＊55 토지재산 델로스에 대한 라토나의 친절 : 델로스는 그리스의 작은 섬. 원래는 근거 없는 부도(浮島)였는데 라토나가 아폴론과 아르테미스를 낳자 제우스가 바다 밑으로 연결했다고 한다. 버크는 라토나가 델로스를 연결한 것처럼 말하고 있는데 착각일 것이다. 본문의 의미는 종래 토지는 한 사람의 소유로 안정되어 있었으나 이제는 이 사람 저 사람에게로 빠르게 옮기는 불안정한 상태가 되고 말았다는 것이다.

＊56 '여기저기 해변에' : 베르길리우스 《아이네이스》 3·75.

＊57 새로운 거래자는 모두 타고난 투기꾼들입니다 : 이 개행은 초판 및 2판에는 없다. 3판에서의 개정이다.

＊58 거룩한 주교님 : 탈레랑 페리골(1754~1838)을 가리킨다. 탈레랑은 백작 가문의 태생이고 성직자가 되어 오탄의 주교가 되었다. 혁명 발발 후에는 교회재산 국유화에 힘쏟고 국민의회 의장도 되었다. 91년 교황으로부터 파문된 후, 외교사절, 외무장관으로서 활약, 나폴레옹과의 대립의로 파면되었지만 그의 몰락으로 부활했다. 그는 대혁명시대부터 7월 혁명 이후까지 계속해서 활약한 정치가이다. 지조가 없다는 비판도 있다.

＊59 늙은 농민에 불과한 사노(私奴) : 버크는 비콘스필드에 저택과 농원을 가지고 있었다. 앞의 제1부 17 참조.

＊60 전 주인님 : 탈레랑을 말한다. 국민의회가 모든 작위를 폐기함으로써 이런 표현이 되었다.

＊61 '나는 영원한 신들을 위해 씨앗을 뿌린다' : 키케로 《노년론》 7·25

*62 두 아카데미 : 앞의 제1부 272 참조. 또한 바로 밑의 '할인은행'에 대해서는 앞의 제1
부 295 참조.

*63 카르투지오회 : 11세기 말에 프랑스에 창설된 수도회. 엄격한 규율, 검소한 생활을 준
수하며 기도와 농업노동에 종사한다.

*64 '장래에는 농민이 되려고 ……다시 한 번 빌려주기 위해' : 호라티우스 《서정시집》 2
권.

*65 미시시피회사와 남해회사 : 모두 18세기 초에 무역독점을 지향해 만들어진 회사. 전자
는 아메리카 대륙 무역을 위한 프랑스 회사. 후자는 남미 스페인 식민지와의 무역에
관한 영국 회사. 쌍방 모두 그 회사의 주(株)에 대한 비정상적인 투기열을 불러일으
켜 결국 단기간에 와해되었다. 각각 미시시피 포말사건, 남해 포말사건으로 불리고
있다. 뒤의 158 참조.

*66 복권과 같은 것이라도 : 버크시대에 복권에 의한 조달이 종종 이루어졌다.

*67 그러나 그 법 자체가 타락하고 ……만연하게 되는 것입니다 : 이 글('그러나' 이하 6
행 후의 **표까지)은 초판 및 2판에서는 다음과 같이 명백히 표현을 강화하기 위해,
3판에서는 본문처럼 다시 고쳐졌다. '그런데 가장 사소한 일에까지 도박의 유행을 끌
어들이거나 모든 사람, 모든 사항을 도박 속에 끌어들이는 것을 통해서 이 세상에 이
제까지 없었을 정도의 무서운 일종의 유행성 질환이 만연하게 되는 것입니다.'

*68 그가 스스로 진 채무를 그것으로 지불하려는 단계가 되면 : 초판부터 6판까지는 '그가
새로운 채무를 계약하려는 단계가 되자'로 되어 있는데 7판에서 수정되었다. 앞의 주
와 같은 취지일 것이다.

*69 미친 갈까마귀 : 갈까마귀 jackdaw는 영국에 많고 교회의 탑 등에 모여서 울음이 시
끄러운 것과 도벽(盜癖)으로 알려져 있다. 여기에서는 물론 교회재산의 몰수와 추상
적·철학적 논의가 활발한 것에 대한 비아냥이다.

*70 도시인은 그날그날 계산이 가능해도 시골 주민은 그렇지 않습니다 : 초판 및 2판에서
이 글은 254페이지 **표인 곳에 삽입되어 있었다. 3판에서의 변경이다.

*71 자유보유지 : 자유보유권, 즉 자기 또는 타인이 평생 보유할 수 있는 권리 내지는 그
보다 큰 권리에 의해서 보유되고 있는 토지.

*72 스스로 움직이면 ……지배자일 것입니다 : 이 한 문장(6행째 '지배자일 것입니다'까
지)은 초판 및 2판에서 이 단락의 마지막, 즉 256페이지 8행째, '들어오는 것입니다'
(**표)의 뒤에 놓여 있었는데 3판에서 변경되었다.

*73 설령 향신(鄕紳)들이 그들의 재산수입만을 믿고……상대가 될 리 있겠습니까 : 농촌
의 본디 토지소유자인 향신이 설령 그 토지재산을 팔아 수입으로 삼으려고 해도 교회
영지를 손에 넣은 투기꾼은 그 10배나 팔 수 있으므로 토지가격은 필연적으로 하락해
적게 가지고 있었던 자가 최대의 타격을 입는다는 뜻이다.

＊74 인간의 수중에 들어오는 것입니다 : 앞의 72 참조.

＊75 '세르보니스의 늪' : 밀턴 《실낙원》 2·592. '세르보니스의 늪'은 이집트에 있는 세르보니스의 호수. 이 호수는 끝 모르는 늪이고 일찍이 군대를 고스란히 삼켜버린 것으로 전해졌다.

＊76 잠시 높은 신분에 있고 …… 일부의 행동에 대해서 나는 : 혁명을 지지하는 프랑스의 자유주의 귀족, 영국의 급진귀족은 버크가 용서할 수 없다고 생각하는 대상이다. 앞의 제1부 124 참조.

＊77 정방형 여러 공화국 : 앞의 18 및 51 참조.

＊78 파리에 대항해 연합할 수 있을 것 같지 않습니다 : 초판 및 2판에서 이 뒤, 다음의 문장이 삽입되어 있었다. 틀림없이 사실적 근거가 희박하다고 생각했을 것이다. 3판에서 삭제되었다. : '파리라는 새로운 단체가 프랑스를 완전히 또 결정적으로 지배하기 위해서는 파리의 힘에 필적할 만한 모든 결부를 파리 이외의 프랑스 중 이르는 곳마다 파괴하는 것 외에 방법은 없었던 것이다. 이는 명백하다.'

＊79 우리는 국가에 대한 애정을 자기 가족 안에서 시작합니다 : 가족의 일원으로서의 행동원리와 국가의 일원으로서의 그것을 연속적으로 생각하는 것은 버크의 근본적인 테제의 하나이다. 앞의 본문 47페이지 2행째 이하 및 60페이지 23행째 참조.

＊80 당신들의 소론과 누마 : 소론(기원전 640무렵―560무렵)은 아테네의 귀족제에서 민주정에 걸친 과도기 최대의 개혁자. 그리스 7현 가운데 한 사람. 누마는 로마 제2대의 왕(전승에 의하면 재위 기원전 715~673). 뛰어난 인격 때문에 왕에게 발탁되어 다양한 개혁을 한 것으로 알려져 있다.

＊81 프랑스인 왕 : 앞의 제1부 224 참조.

＊82 루이 13세는 리슐리외 추기경을 : 루이 13세(재위1610~43)는 특별히 뛰어난 왕은 아니었는데 이 무렵부터 프랑스 절대왕정은 확립기로 접어들었다. 리슐리외(1585~1642)는 루이 13세의 고문관, 사실상의 재상으로서 외교와 내정에 힘을 발휘했다. 특히 고등법원의 권한을 압축해 중앙집권을 추진하고 문예의 보호에도 힘을 쏟았다.

＊83 루이 14세는 마자란 추기경을 : 루이 14세(재위1643~1715)는 물론 빛나는 태양왕, 프랑스 절대주의의 완성자, 중상주의 무역정책을 채택하고 또 유럽 제일의 육군을 육성해 권세를 발휘했다. 그러나 다른 면에서는 유그노의 압박, 농민의 수탈, 화려한 궁정생활의 소비 등으로 인해 국력의 약체화도 가져왔다. 마자란(1602~61)은 이탈리아 출신이었는데 리슐리외 신임을 얻고 프랑스의 정치가가 되어 외교와 내정에 임했다. 밖으로는 30년 전쟁을 유리하게 종결시키고, 안으로는 귀족을 누르며 중앙집권을 진행했는데 이에 반대하는 봉건귀족의 반란인 프롱드의 난(1648~53)도 초래했다.

＊84 르보아 : 1641~91. 처음 루이 14세의 은총으로 육군건설에 임했으나 나중에는 왕의

총애를 잃었다.

＊85 조지 2세 : 재위 1727~60. 부친 조지 1세와 함께 하노바에서 영국으로 건너갔다. 즉위 후에도 월폴이 정치의 실권을 장악하고 그 뒤에는 버크가 말하는 바와 같이 본래 좋아하지 않은 피트에게 국정을 거의 맡긴 탓에 이 시기에 영국 의원내각제가 크게 발달했다.

＊86 피트 씨 : 윌리엄 피트(1708~78), 제1대 차탐백작. '위대한 서민'으로서 여론의 지지를 얻어 서너 번에 걸쳐 사실상의 수상으로서 7년 전쟁, 아메리카에서의 프랑스와의 식민지 획득전쟁 등을 지도했다.

＊87 10월 5일과 6일의 소행 : 앞의 본문 87페이지 이하 참조.

＊88 창출자이고 주인이기도 한 자들 : 이 한 구절은 초판 및 2판에서는 '그 진정한 주인들'로 되어 있는데 3판에서의 가필이다.

＊89 그는 결코 국왕이란 지위에 걸맞는 존재일 수 없습니다 : 이와 같은 표현으로 버크는 헛되게 살면서 모욕을 당하고 있는 루이 16세와 왕비에 대해 간접적으로 비난을 가하고 있는 것이라 생각된다.

＊90 미결수라는 굴욕적 자격에서만 : 프랑스의 대신은 영국과 달리 자신은 그 일원이 아닌 국민의회에 의해서 명운이 장악되고 있는 약한 존재라는 의미일 것이다. 국민의회는 각료의 행정을 감시하는 권한을 지니고 있었다.

＊91 화전(和戰)의 대권 : 대권이란 국왕이 의회의 협찬 없이 행사할 수 있는 통치상의 권능.

＊92 두 종류의 통치제도 : 하나는 자코뱅 클럽과 그 괴뢰인 국민의회, 다른 하나는 왕정의 뜻.

＊93 아니 그대는…… : '아니 그대는'에서 14행째 '동의하지 않을 것입니다'(＊＊표)까지 버크는 자신에 대한 비판자의 말을 상정해서 기술하고 있다.

＊94 몇 사람의 유럽군주 : 초판 및 2판에서는 '다른 군주들'로 되어 있다. 3판에서의 가필이다. '몇 사람의 유럽군주'로서 버크가 생각하고 있는 것은 분명 계몽사상에 호의적인 러시아의 에카테리나 2세나 스웨덴의 구스타프 3세 등일 것이다. 그러나 이들 군주도 혁명에는 최초부터 확실히 적대적이었다. 사실을 확인하지 않고 썼을 것이다.

＊95 몽모랑 씨 : 몽모랑 백작(1745~92)은 당시의 외상. 1791년 6월, 루이 16세의 국외도망미수사건 뒤 사직하고 92년 9월 학살되었다.

＊96 지방의 공화정적 여러 제도도…… : 이 원주는 초판과 2판에는 없다. 3판에서의 가필이다.

＊97 그의 적들이 베르사유에서 그를 추방했을 때 : 1789년 7월 11일에 루이 16세는 네케르를 파면하고 즉각 국외퇴거를 명했는데 수일 후에 다시 부르지 않을 수 없게 되었다.

＊98 '그러나 많은 도시와 국가의 기도의 힘에 의해' : 유베날리스《풍자시집》10·284. 폼페이우스가 캄파니아에서 병에 걸렸을 때 나폴리 밖의 도시민이 그 회복을 기도했다는 고사를 가리키고 있다. 그러나 폼페이우스의 그 뒤는 결코 행복하지 않았던 점에서 유베리나스의 말에는 오히려 회복하지 않았던 쪽이 폼페이우스 자신을 위해 좋았을 것이라는 의미가 담겨져 있다. 버크도 여기에서 네케르도 재임되지 않았던 쪽이 그를 위해 좋았을 것이라는 뜻을 담고 있다. 그러나 버크의 말과는 반대로 네케르는《성찰》출판 약 2개월 전인 90년 9월 9일에 이미 다시 사임하고 있었다.

＊99 여러 고등법원 : 15세기 이래 파리를 비롯해서 고등법원은 전국에 13개가 있었다. 고등법원은 상급재판소로서 그 판사의 직책은 파면되는 일이 없었으므로 절대왕정에 대한 귀족저항의 아성이기도 했다. 본문 269페이지 14행째에 언급되고 있는 대로 국왕의 명령도 여기에 등록됨으로써 비로소 효력을 갖게 되었다.

＊100 아테네의 아레오파고스 언덕의 원로원 법정 : 귀족지배 시대 아테네의 최고 법정. 아크로폴리스 서쪽의 '아레스 언덕'(아래이오스 파고스)에 있었다. 일찍이 신화 속의 아레스가 하리로티오스를 살해했을 때 이곳에서 재판이 열렸기 때문에 이 이름이 되었다 한다. 이 법정은 일찍이 집정관이었던 자로 이루어지고 살인, 방화 등의 중대 범인을 다루었다.

＊101 1771년에 그것이 해체되었을 때 : 데기온 공의 브르타뉴에서의 압정에 대해 파리 고등법원이 그의 귀족특권 정지를 선고해 이 판결을 둘러싸고 데기온 공을 지지하는 왕과 고등법원이 다투고, 왕은 결국 전국의 고등법원을 폐지하기에 이른 사건.

＊102 프세피스마타 : 아테네의 인민집회에서 투표에 의해 결의되고 법으로 정해진 명령.

＊103 샤틀레의 법정 : 바스티유 파괴 후 국민의회는 왕당파 분자를 국민대역죄로 재판하기 위해 파리의 또 하나의 낡은 감옥인 그랑 샤틀레를 사용하기로 결정했다. '고무하고 지도해주는'이라는 것은 물론 비아냥이고 글의 뜻은 국민대역죄의 공포하에 라는 것이다.

＊104 왕좌 재판소 : 민사 형사 쌍방에 대해서 포괄적인 관할권을 지닌 보통법상의 최고 재판소. 옛날에는 종종 국왕이 임석하고 그 기록은 왕의 이름으로 보유되었기 때문에 이 호칭이 붙여졌다.

＊105 이 재판관 제도는 …… : 이 단락 전체가 초판과 2판에는 없고 3판에서 삽입되었다.

＊106 잉글랜드에 세워진 고등재판소 : 퓨리턴혁명 때에 찰스 2세를 반역죄로 재판하기 위해 특별히 설치된 재판소.

＊107 조사위원회 : 국민(나시온)에 대한 음모를 발견하기 위해 설치된 국민의회의 한 위원회.

＊108 그 재판소의 자리를 파리공화국 밖으로 옮겨야 합니다 : 버크는 프랑스혁명의 체제를 프랑스 전체에 대한 파리시의 전제로 보고 있다는 것과 대응하는 말.

＊109 세 번째 접합원리 : 제1 및 제2에 대해서는 앞의 본문 250페이지, 257페이지 참조.

＊110 당신들은 늑대의 귀를 잡고 있는 것입니다 : '늑대의 귀를 잡는다'는 것은 로마의 황제 티베리우스의 말. 계속 잡고 있을 수도 없고 그렇다고 놓는 것도 위험하다는 의미로 진퇴유곡의 상태를 가리킨다.

＊111 드 라 튀르 뒤 팽 씨 : 드 라 튀르 뒤 팽 백작(1727~94)은 온건파이고 왕정지지자였다. 네케르에 의해서 89년에 군사장관에 임명되고 국민의회 군사위원회 위원장이 되었지만 이듬해 사임 후 단두대의 이슬로 사라졌다.

＊112 〔웃지 않고 견딜 수 있을까〕 : 호라티우스 《시론》 5·5

＊113 코미스 : 고대 로마의 민회(民會). 장관을 선임하고 법률을 제정했다.

＊114 쌍방의 장소에서 사령관이 살해되고 : 초판 및 2판에서는 '그들은 쌍방의 장소에서 사령관을 살해하고'로 되어 있다. 3판에서 '그들'을 주어로 한 능동형이 '사령관'을 주어로 한 수동형으로 고쳐졌다. 정보가 불확실하다고 생각했을 것이다. 실제로 바스티유에서도 마르세유의 성채에서도 사령관은 살해되었다.

＊115 10명에 1명의 처형 : 상관에 대한 저항의 처벌로서 추첨으로 10명에 1명꼴로 병사를 택해 처형하는 것.

＊116 ……는 생각을 품게 했다 : 이 원주는 여기까지 프랑스어로 인용이 되어 있다. '신용이 안 되는 것은' 이하는 그것에 대한 버크의 코멘트이다.

＊117 정치상의 학위 및 금전 취득자 : 학위 및 금전 취득자란 대학에서 소정의 과정을 완전히 마치기 이전에 특별납부금을 지불해 학위를 취득한 자. 여기에서는 정치라는 일에 필요한 연구도 경험도 쌓지 않은 미숙한 부적격자 또는 벼락부자란 의미이다.

＊118 대 액년 : 63세. 이와 관련해서 버크는 당시 61세이다.

＊119 '만일 내가 용서를 받아 다시 아이로 ……' : 키케로 《노년론》 23·83

＊120 이 군사대신은 뒤에 이 학파를 떠나 직책에서 사임했다 : 이 원주는 초판과 2판에는 없다. 3판에서의 삽입이다. 그가 온건파라는 무언가의 정보를 얻어 수정할 생각으로 가필했을 것이다.

＊121 진정될지도 : 1790년의 여러 판은 quieted인데 토드판과 펠리칸판만 quited로 되어 있다. 후자의 오식일 것이다.

＊122 그 사람이야말로 ……당신들 공화국 전체의 주인인 것입니다 : 대중의 에너지가 억제되지 않고 정치의 표면에서 폭발할 때에는 즉 전제의 시작이다. 그것은 흄의 정치관이고 버크도 또 그 점에서 공통이었다. 이 일절도 그 중 하나의 표현이다.

＊123 같은 국토에 또 하나의 군대 : 국민위병을 가리킨다.

＊124 드 라파이에트 후작 : 1757년~1834. 군인이고 자유주의 귀족 지도자의 한 사람. 인권선언의 기초자. 이 무렵에는 파리 국민위병 사령관이었다. 10월 6일 사건에서는 국왕을 지켰다. 탈레랑과 마찬가지로 대혁명 시대에서부터 7월 혁명까지 살아남은

정치가 중 한 사람이다. : 한편 '그의 새로운 이름은 무엇일까'는 90년의 작위 폐지에 의해서 그는 이제 라파이에트 후작은 아닐 것이다, 라는 야유이다.

*125 모자와 국가 문장을 달고 있는 게으른 자와 수도승의 승모를 걸친 게으른 자 : 성직자 지주와 속인 지주.

*126 카뮈 씨 : 앞의 제1부 359 참조.

*127 썩은 양피지나 바보 같은 대역 : 낡은 재판기록이나 혼인에 의한 재산청구 등.

*128 이들 속인(俗人) 수도사 : 새로운 인권의 철학자들이란 뜻. 일찍이 수도사가 그리스도교 교리를 내걸면서 실은 사복을 채운 것과 마찬가지로 그들 또한 인권의 철학을 내걸고 혁명 중에 토지를 매점하고 있다는 비아냥이 담겨져 있다.

*129 그 표면에 당신들은 자신의 상과 이름을 새겼는데 : 누가 20·24참조.

*130 그들의 무기를 역으로 : 중세에 항복한 기사에 대해 그에게 창피를 주기 위해 행한 관습.

*131 날개가 없는 두 발 달린 동물 : 그리스에서 인간을 우스꽝스럽게 표현한 것.

*132 그들은 또 지방자치체 ……남기지 않았습니다 : 이 개행은 초판과 2판에는 없다. 3판에서 수정되었다.

*133 그대들이 납부하도록 명령한 염세(鹽稅) : 염세는 앙상 레짐하에서 가장 불만이 큰 세금의 하나였다.

*134 크레타 여러 도시방위 연합이나 폴란드 제방 동맹 : 크레타 섬은 그리스 시대부터 도시국가로 분열되어 외적의 침공이 있었던 경우에만 방위연합을 맺었다. 폴란드는 일단 통일국가의 형식은 갖추고 있었지만 중세 이래 봉건 제후의 상호 반목과 당파싸움이 격렬했다. 버크는 프랑스혁명과 마찬가지로 83개의 공화국으로 분열해 실질적으로는 통일을 상실한 것으로 보고 있다.

*135 활동적 미덕 : 정치가의 자질을 말한다. 버크는 1770년대부터 정치가란 '행동의 장에서의 철학자'라는 의식을 안고 있었다. 그것과 공통의 표현일 것이다. 다음 행의 '공사(公事)에서의 미덕'도 똑같이 정치가의 자질이다.

*136 개인의 노력을 강화시키기 위해 남겨져야 할 부분과 …모아지는 부분 사이의 균형 : '국민으로부터 취하는 부분과 남겨두는 부분의 문제보다도 더 지혜와 신중에 의한 제어를 필요로 하는 것은 없다.' 몽테스키외《법의 정신》13·1.

*137 베르니에 씨 : 몽트리앙 백작 테오도르 베르니에(1731~1818). 국민의회의 재정 전문가.

*138 '그대들이 나의 위대한 국가……' : 키케로《노년론》6·20.

*139 존 도가 리처드 로 : 존 도는 1852년 이전의 부동산 회복 소송에서 법적 수속의 복잡함을 피하기 위한 규제로서 통상 원고를 사용한 가공의 인물. 리처드 로는 피고가 사용한 인물의 이름(윌리엄 스타일이란 이름도 사용되었다). 본문의 뜻은 실체가 없

는 것이 똑같이 실체가 없는 것을 보증하려고 하는데 있다.

＊140 생 시몽 공작 : 1675~1755. 프랑스의 문인정치가. 은퇴한 뒤에 쓴 《회상록》은 당대의 인물 이야기로서 유명하다. 공상적 사회주의자 생 시몽과는 같은 가계의 다른 사람.

＊141 루이 15세도 똑같은 시도를 했지만 : 루이 15세(재위1715~74)의 치세는 잇따른 전쟁으로 재정이 특히 피폐했던 시대이다. 본문에 언급되고 있는 것은 7년 전쟁 말기인 1762년의 일이다.

＊142 국민의회 자체의 경비 : 국민의회 의원은 유급이었다.

＊143 내가 프랑스의 재정 상태를…… : 이 원주는 초판과 2판에는 없다. 3판에서 가필되고 4판에서 부분 수정된 것이다.

＊144 칼론 씨 : 앞의 제1부 314 참조.

＊145 그와 같은 원인은 반드시 그런 결과를 낳게 된다 : 이것은 3판에서의 가필에 더해 4판에서 수정한 글이다. 3판에서는 '그와 같은 원인이 빠짐없이 권력과 결부될 때 반드시 그와 같은 결과를 낳게 된다'고 되어 있다.

＊146 프랑스라는 대가에게 산 이 교훈 이상의 : 4판 이후에서는 than what has been supplied at the expence of France인데 3판에서는 than this, which has been supplied ……로 되어 있다. 3판 표현 쪽의 '이것'이 약간 강조되고 있는 것으로 보아야 할 것이다.

＊147 철학자의 돌 : 그것에 언급함으로써 모든 금속이 금으로 바뀌는 것으로 믿게 된 돌.

＊148 자유보유 : 관직 또는 부동산을 자기 또는 타인의 일생 동안 절대적으로 보유하는 권리.

＊149 '만일 병이 낫지 않을 것 같으면…… ' : 몰리에르 《상상으로 앓는 사나이》 가운데서 의학의 학위시험 수험자가 어느 질문에나 똑같이 대답하는 것을 취해 비꼬았다.

＊150 신앙이 깊고 존경할 만한 고위 성직자 : 탈레랑을 가리킨다.

＊151 보시에의 라 브뤼에르 : 이 원주의 의미는 알 수 없다. 보시에와 라 브뤼에르는 모두 17세기 프랑스인으로 서로 다른 사람이다.

＊152 토지은행 : 토지를 담보로 은행권을 발행하는 은행. 18세기 초에 존 로(뒤의 158 참조)가 제안하고 프랑스에서 실행하려 했지만 실패했다.

＊153 거기에서 : 이 대사는 원문 그대로지만 단 초판과 2판에는 없다. 3판에서 삽입되었다. 혐오감을 비아냥을 담아 최대한으로 강조하고 싶었을 것이다.

＊154 나는 그에 대해 들어 본 적이 없습니다 : 초판과 2판에서는 이 뒤에 '물론 그들은 하나의 일은 했는데 그것은 전체로서는 명쾌한 것일망정 세부는 여전히 모호합니다'라는 문장이 들어가고 그대로 개행하지 않은 채 302페이지 8행째 '즉 그들은 ……'(***표)에 이어지고 있다. 이 글은 3판에서 삭제되고 대신 본문처럼 단락을 고쳐

302페이지 8행째 '……보상해야 했습니다'(**표)까지의 긴 가필이 이루어졌다(따라서 301페이지에서 302페이지에 걸친 긴 원주(†)도 초판과 2판에는 없다).

*155 낭시의 주교 : 앙리 드 라 팔(1752—1829). 후에 라 팔은 성직자를 국가의 관리로 하는 혁명정부의 방침에 찬성하지 않고 망명했다가 왕정복고로 귀국했다.

*156 댄디의 클럽 : 스코틀랜드의 댄디에 있었던 급진주의 단체 '자유의 벗' 협회.

*157 '믿고 싶다면 믿게 하라'입니다. —그러나 ……되지 않습니다 : 호라티우스《풍자시》1·5·100. 원래는 아페를라라는 유대인의 많은 미신에서 말한 것인데, 버크는 여기에서 그를 유대인 즉 국민의회의 배경에 있는 금전 문제에 민감한 투기꾼들은 누구나 진정으로 국민의회의 아시냐 의존 재정의 유효성 따위는 믿지 않고 있다는 의미로 사용하고 있다.

*158 로 씨 : 토지은행의 제안자 존 로(1671—1729). 그는 영국에서는 받아들여지지 않았는데 프랑스에서 영향력을 획득하고 발권은행 설립의 허가를 얻어 미시시피회사를 설립했다. 그러나 미시시피회사는 새로운 투기열을 불러일으켜 실패하고 발권은행도 지폐의 남발로 난관에 직면해 로는 이탈리아로 몸을 피해 빈궁 속에서 사망했다. : 한편 본문의 '사기전시'도 '미시시피의 모래'도 로의 일에 대한 경멸적 형용이고 특히 후자는 '교회라는 바위'와의 대구(對句)이다.

*159 계몽시대의 암흑 : 말할 것도 없이 '계몽의 시대'는 '빛에 비쳐진 시대'(enlightened age)이기도 하고 따라서 그것을 '암흑'으로 하는 것은 버크의 비아냥이다.

*160 액일(厄日) : 지불, 또는 지불불능을 명확히 해야 할 날.

*161 바이 씨 : 앞의 제1부 198 참조.

*162 쉴리 : 앞의 제1부 130 참조.

*163 '건냉(乾冷)한 것 모두 돌로 만드는 지팡이' : 밀턴《실낙원》10·293.

*164 아틀란티스 지방 : 그리스인이 생각한 공상의 섬. 지브롤터 해협의 서쪽 대서양상에 있는 것으로 알려졌다. 아름답게 번영했지만 주민이 신을 믿지 않았기 때문에 신의 벌로 바다 속에 가라앉았다 한다.

*165 톤티 씨식 연금 : 이탈리아인 톤티가 1653년에 발의한 일종의 생명보험. 일정한 기금에 불입한 사람이 거기에서 평생 연금을 받는데 불입자 가운데 누군가가 사망하면 그 사망자의 불입분이 생존자에게 분배되고 이렇게 해서 생존자에 대한 연금액은 차츰 증대해 마지막 생존자가 전액을 받는 구조로 되어 있다.

*166 '모든 것을 속죄하는 미명' : 드라이든《압살롬과 아히도벨》1·179.

*167 늙었다고는 하지만 나는 : 앞의 118 참조.

*168 루카누스와 코르네유 : 루카누스(39~65)는 로마의 서사시인. 세네카의 조카. 네로의 암살음모에 대한 가담이 발각되어 살해되었다. 코르네유(1606~84)는 프랑스의 극시인. 프랑스 고전비극의 완성자, 성격희극의 창시자. 라신의 호적수이고 의지와

감정, 의무와 사랑을 대립시키고 이성과 의지의 승리를 묘사했다.

*169 미의 3여신 : 그리스 신화에서는 제우스의 아이 세 자매. 제각기 빛남·기쁨·꽃피움을 상징하고 사람에게 미와 우아함을 준다.

*170 바로 그와 같은 혁명이 존재했어야만…… 명확해져야 합니다 : 버크는 혁명을 반드시 부정하지 않는다. 그러나 그것은 다른 정치적 행동과 마찬가지로 자의적으로 선택해야 하는 것은 아니고 필연성에 의해서 불가피해진 경우에만 정당화된다. 이것이 본서의 테마 가운데 하나였다. 앞 페이지의 정치가론과 아울러 이 테마가 회상되면서 종결로 향해간다는 구상이다.

*171 그들은 영국헌법 가운데서 평가받을 만한 보물을 이미 손에 넣고 있는 것입니다 : 구체적으로 무엇을 가리키는지 명확하지는 않다. 아무튼 프랑스에 대해서 끊임없이 문화적 열등을 의식하고 있는 영국인에게, 헌법은 스스로 우위를 자랑할 수 있는 사항의 하나라는 감정에 버크는 호소하고 있다.

*172 '아직 시도되지 않은 다양한 일들' : 애디슨 《카토》 5·1.

*173 심한 억압이 쟁취하고 있는 신용을……노력에 참가하는 : 1780년대의 버크는 인도 총독 위렌 헤이스팅스가 인도에서 민중을 억압한 이유로 격렬한 탄핵 활동을 의회에서 전개했다. 그를 말하고 있을 것이다.

에드먼드 버크의 생애와 사상

버크의 생애와 저작들

초기 삶

에드먼드 버크(Edmund Burke)는 1729년 1월에 아일랜드 더블린에서 사무 변호사의 아들로 태어났다. 그는 1765~95년 무렵에 크게 활약했으며, 정치 이론사에서 중요한 위치를 차지하고 있다. 특히 1790년에 《프랑스혁명 성찰 (Reflections on the Revolution in France)》을 발표해 프랑스혁명은 전 유럽의 옛 체제를 파괴로 이끌어 간다고 비판했다. 이 책은 보수주의의 고전으로서 유럽 전체에 강력한 영향을 주게 된다.

버크는 1744년 더블린의 트리니티대학에 입학했으며, 1750년 미들 템플에서 연구를 시작하기 위해 런던으로 이사했다. 그곳에서 방황기가 시작되어 버크는 법률 공부에 대한 흥미를 잃고 아버지와 멀어졌으며 한동안 잉글랜드와 프랑스의 여러 곳을 떠돌아다녔다. 1757년 미학 이론에 공헌한 그의 저서 《숭고함과 아름다움에 관한 우리의 이상들의 기원에 대한 철학적 탐구 (A Philosophical Enquiry into the Origin of Our Ideas of the Sublime and Beautiful)》가 출판되어 영국에서 이름이 어느 정도 알려지면서 드니 디드로, 임마누엘 칸트, 레싱 등의 주목을 받았다. 출판업자 로버트 도즐리와의 합의로 버크는 1년 동안의 세계적인 문제들을 개관하는 《연감》 제작에 착수해, 1758년 그의 편집 아래에서 그 첫 권이 나왔으며 이러한 관계를 그는 약 30년 동안 지속했다.

1757년에 버크는 제인 뉴전트와 결혼했다. 이 무렵부터 그는 새뮤얼 존스 박사, 올리버 골드스미스, 조슈어 레이놀즈 경, 데이비드 개릭을 포함한 수많은 문인 및 화가들과 사귀기 시작하였다.

정치활동

정계에 투신하려다 1차 실패한 후 버크는 1765년 의회 내의 자유주의자들을 중심으로 한 휘그당의 한 파벌의 지도자인 로킹엄 후작의 비서로 임명되어 하원에 들어갔다. 버크는 1782년 로킹엄이 죽을 때까지 그의 비서 생활을 계속했다.

버크는 얼마 지나지 않아 조지 3세의 통치에 대한 국내의 헌법 논쟁에 적극 가담했다. 당시 왕은 명예혁명의 결과로 정해진 왕권의 한계에 저촉되지 않으면서 과거의 두 조지 왕의 치세 중에 없어졌던 국왕의 보다 적극적인 역할을 재천명할 길을 찾고 있었다. 버크가 이 문제에 대한 그의 논지를 밝힌 것이 그의 글 〈현재 불만의 원인 고찰(Thoughts on the Cause of the Present Discontents, 1770)〉이다. 그는 조지의 조치들은 헌법의 문자가 아니라 정신에 저촉된다고 주장했다. 이 책자에는 당을 새로이 정당화한 버크의 유명한 정의가 들어 있다. 그는 당은 공공의 원리를 중심으로 결합된 사람들의 집단이며, 국왕과 의회를 연결하면서 일관성 있고 강력한 행정수단이나 원리에 입각한 야당의 비판을 제공하는 헌법기관이라고 정의했다.

1774년 버크는 브리스틀을 대표하는 의원으로 선출되었는데, 당시 브리스틀은 영국 제2의 대도시이자 순수한 경선을 바라는 개방 선거구였다. 그는 이 의석을 6년 동안 차지했지만 선거구민들의 신임을 계속 받는 데는 실패했다. 그 이후의 의원 생활을 그는 로킹엄 경의 독점 선거구인 몰튼을 대표하는 의원으로서 보냈다. 버크가 의원의 역할에 관한 유명한 성명을 발표한 것은 브리스틀에서였다. 그는 선출되는 의원은 대리인이 아니라 대표자여야 한다고 말했다. 선거인들은 그의 성실성을 판단할 수 있으며 그는 선거인들의 관심사를 경청해야 하지만, 보다 중요한 것은 그가 자기를 대표로 뽑는 선거인들의 지령이나 사전 지시에 구애됨이 없이 자신의 판단과 양심에 따라 공동체 전체의 이익을 위해 애써야 하는 것이라고 버크는 강조했다.

버크는 그의 주된 관심사가 왕권을 줄이는 일이었던 만큼 의회개혁운동에도 조건부 지지를 보냈을 뿐이었다. 그러나 그는 합리성과 공격적인 타당성의 금지 및 공동의 이익을 위한 헌신이 보장된다면 정치 참여의 폭을 넓히는 데 동의할 수 있다고 밝혔으며, 단순한 수의 지배를 주장하는 논리는 모두 물리쳤다. 이 문제에 대한 일반원칙을 견지한 것과 별도로 버크는 경제개혁

운동의 지도자 가운데 한 사람으로서 국왕의 영향력을 줄이기 위한 실질적인 시도를 했으며, 그것이 국왕의 관직임명권과 왕실경비를 의회가 통제해야 한다는 그의 강변이었다. 1782년 로킹엄 휘그당원들이 집권했을 때 버크 자신의 것을 포함하여 관직에 따른 연금 및 봉급의 삭감 법안들이 통과되었다. 버크는 특히 국왕의 개인 경비와 왕실 운영비를 위해 의회가 정하는 금액을 규제하는 법안에 관여했다.

1765년에 버크가 부딪힌 2번째로 큰 문제는 아메리카 식민지들과의 분쟁이었다. 1765년에 실시된 인지세법의 부과는 다른 조치들과 함께 소요와 반대를 부채질했으며 그것은 불복종·실력대결·탈퇴로 번져 나갔다. 영국의 정책은 계속 흔들려 식민지 관리를 종전대로 유지하겠다는 결의는 위압 전술과 무력진압 및 불행한 전쟁으로 끝났다. 위압 전술에 반대한 로킹엄 집단은 1765~66년에 걸친 단기 집권 기간에 인지세법을 철회했지만 선언법에 의해 국왕의 과세권을 밝혔다.

이 문제에 대한 버크의 가장 유명한 성명을 담고 있는 것이 〈아메리카 과세에 대해(1774)〉와 〈식민지들과의 화해를 위한 국왕 폐하의 결단을 촉구하며(1775)〉라는 제목의 두 차례 의회 연설 및 〈아메리카 문제에 관해 브리스틀의 행정관들에게 보내는 편지(1777)〉이다. 영국 정책은 왕권을 밝히면서 무분별·무절제하기도 했지만 무엇보다도 법의존적·비타협적이었다고 그는 주장했다. 권력과 여론의 충돌이 없으려면 권능은 거기에 종속하는 사람들의 기분을 고려하여 행사되어야 한다. 이 진리가 미국 식민지와의 분쟁에서 무시되고 있으며, 국민 일반의 불복종을 범죄로 취급하는 것은 불합리하며, 국민의 전체적인 반란은 중대한 실정의 결과라고 그는 강조했다. 버크는 식민지들의 성장, 식민지들의 성격을 이룬 특수한 전통과 환경들, 최근에 일어난 혁명적 변화들, 그리고 식민지 경제 문제들을 역사적으로 폭넓게 개관했다. 편협한 법해석 대신에 이런 새로운 요인들에 비추어 왕국 관계 속에 포함된 가치들을 창조적으로 재해석할 수 있는 법리를 추구해야 한다고 그는 내세웠다. 문제의 중대성에 비추어 볼 때 버크가 내린 특별 처방이 적절한 것인지는 의문의 여지가 있지만, 그가 논증의 기초로 삼은 원칙들은 〈현재 불만의 원인 고찰〉에서 기초로 삼은 원칙들과 같은 것이다. 곧 정부는 통치자와 피치자의 관계를 서로 자제하고 모두가 협동하는 것을 이상으로 삼아야 하며, 가능하면 전통과 과거 방식들을 지켜야 하지만 그에 못지 않게 중요한 것이 변화의 사실과 그에 따른 포괄적이고 식별력 있는 대응의 필요성을 인지하여 새로운 상황에서 전통 속에 구현된 가치들을 재확인해야 한다는 원칙들이었다.

아일랜드는 왕국의 입법에서 또 하나의 특별한 문젯거리였다. 아일랜드는 정치적으로 잉글랜드에 엄격히 예속되었으며 대내적으로는 토지의 태반을 소유한 앵글로아이리시계의 소수파 신교도들의 득세에 시달리고 있었다. 로마가톨릭신자들은 형법전에 의해서 정치 참여와 공직 취임으로부터 제외되었다. 이러한 압제에 시달리는 데다가 농촌의 빈곤이 널리 퍼졌고 낙후된 경제생활은 잉글랜드 상인들이 아일랜드 상인들을 시기한 결과로 생긴 상업규제 조치들로 인해 더욱 악화되었다. 버크는 항상 자기 고향 사람들의 부담을 덜어주는 데 관심을 가졌다. 그는 그의 브리스틀 선거구민들과 사이가 벌어지고 가톨릭 옹호자라는 의심과 편파적이라는 비난을 불러올 위험을 무릅쓰고 한결같이 경제적·형법적 규제 완화와 입법의 독립을 위한 단계적 조치들을 취할 것을 주장했다.

버크가 오랜 세월에 걸쳐 고심해서 연구했고 가장 애쓸 만한 가치가 있는 일로 꼽았던 문제는 인도 문제였다. 특허 상사인 영국 동인도회사의 상업활동은 하나의 드넓은 제국을 이루어 놓았다. 1760~1770년대에 버크는 이 회사의 업무에 대한 영국 정부의 간섭을 특허권의 침해라고 반대했다. 그러나 그는 1781년에 인도에서의 법 집행을 조사하기 위해 구성되었지만 이내 활동범위를 일반 분야로까지 확대시킨 한 특별위원회 위원으로 가장 적극적으로 일하는 동안 이 회사의 행정 실태에 관해 많은 것을 배웠다. 버크는 인도 정부의 부패상은 인도 정부가 손을 떼야 할 광범위한 관직 임명권이 어떤 회사나 국왕의 수중에 들어가지 않아야만 치유될 수 있다는 결론을 내렸다. 그는 1783년의 동인도법안을 기초하여 인도의 통치를 런던에 주재하는 독립적인 판무관들로 구성되는 기관에 맡겨야 한다고 제의했다. 이 법안이 부결된 후 버크의 울분은 1772~85년 벵골 총독을 지낸 워런 헤이스팅스에게 쏠리게 되었다. 1787년 버크의 사주에 의해 헤이스팅스는 탄핵소추되었으며, 버크는 서양의 권위와 합법의 잣대를 동양의 행정에 적용하는 것은 불가능하다는 헤이스팅스의 주장에 도전했다. 그는 만물의 질서에 뿌리를 두고 있어 모든 인종과 인간 상황이 순응하게 되어 있는 도덕률인 자연법 개념에 호소했다.

일반적으로 헤이스팅스에 대한 무고로 여겨지는 그 탄핵은(헤이스팅스는 결국 무죄 방면되었음) 버크가 1782~1783년 두 차례 단기간 맡았던 군경리 감직을 포함하여 모든 공직에 있는 동안 내내 빠지기 쉬웠던 잘못들 가운데 가장 두드러진 실례라고 할 수 있다. 그의 정치적 입지는 때로 터무니없는 건강부회와 오판으로 훼손되었다. 인도에 관한 그의 연설들은 때때로 감정과 폭언의 횡포에 빠져 자제와 균형을 잃었다. 헤이스팅스를 불구대천의 원수로 생각하고 있는 인물 가운데 한 사람인 필립 프랜시스 경의 지론에 대한 버크의 믿음은 그가 사람의 성격을 정확히 판단하지 못한다는 사실을 입증한다. 그의 의회 활동은 때때로 무책임했고 파당적이기도 했다.

버크는 인도 문제에서 개인적인 이권에 얽혔다는 비난을 피할 수 없었다. 공직 생활을 시작한 이래 그는 줄곧 재정적·정치적으로 그의 형 리처드나 친척으로 보이는 윌리엄 버크와 결탁해 왔는데, 그들은 둘 다 동인도회사의 증권에 손댔다가 실패한 것으로 알려진 의심스러운 인물들이었다. 그 두 사람이 공유한 재원은 항상 불안정한 상태에 있었으며, 에드먼드는 자기의 근친 두 사람의 정치적 입지가 나아지기를 항상 바랐던 만큼 에드먼드에게 적대적이었던 몇 사람의 눈에 그가 한 사람의 아일랜드계 투기꾼 이상으로는 좀처럼 비치치 않았으리라는 것도 충분히 있을 수 있는 일이다. 에드먼드 자신이 동인도회사의 증권에 손댔다는 증거는 들어나지 않았는데, 그는 친족을 감싸는 마음이 앞선 나머지 그들의 행동의 본질을 보지 못했거나 잊어버린 것이지 이권 개입은 없었던 것이 아닐까 생각된다. 그의 정치적인 실수들 역시 최악의 경우에도 유난히 날카롭고 격정적인 성격을 억누르지 못한 데서 일어난 것이지 사리의 추구나 비열한 동기에서 비롯된 것은 아니었을 것으로 보인다.

1789년 프랑스혁명의 발발은 영국에서 처음에는 많은 갈채를 받았다. 판단을 잠시 보류했던 버크는 이내 혁명에 적대감을 느꼈고 동시에 혁명에 대한 영국인의 호의적인 반응에 놀랐다. 그는 국교 반대파인 신교도 리처드 프라이스가 혁명을 환영하는 설교를 한 데 자극받아 《프랑스혁명 성찰(1790)》을 집필하게 되었다. 그는 그 새로운 운동에 깊은 적대감을 느낀 나머지 일반 정치사상의 방면으로 뛰어들게 되었던 것이며, 그것은 많은 영국인의 반론을 불러왔는데 그 가운데 가장 유명한 것이 토머스 페인의 《인간의 권리(1791~92)》였다.

우선 첫째로 버크는 혁명의 진행과정을 논하면서 그 지도자들의 성격과 동기와 정책들을 분석했다. 한층 깊이 들어가 그는 혁명운동을 드높이는 근본 이상들의 분석을 시도했으며, '인간의 권리'와 민중 통치라는 혁명 개념들을 집중 겨냥하여 추상적이고 단순한 수의 지배에 바탕을 둔 민주주의가 세습 귀족들의 책임 있는 지도력에 의해 통제되고 지도되지 않을 때 일으킬 위험들을 강조했다. 더 나아가 그는 혁명가들의 합리주의적·이상주의적인 기질 전체에 도전했다. 단순히 종래의 사회질서를 무너뜨리고 있다는 이유만은 아니었다. 그는 나아가 혁명의 도덕적 열기와 정치 재건이라는 거창한 투기적 계획들이 전통과 전래의 가치들을 평가절하하고 애써 얻은 사회의 물질적·정신적 자원들을 무분별하게 파괴하고 있다고 내세웠다. 이런 모든 무분별에 대응하는 분별의 표본으로 그는 영국헌법의 모범과 가치를 내세웠다. 영국헌법은 지속성과 비조직적인 성장을 추구하며, 순전히 이론적인 혁신이나 추상적인 권리보다 전통적인 지혜 및 관례와 시효에 의해 얻게되는 권리를 존중하며, 신분과 재산의 계층구조를 받아들이며, 세속의 권능을 종교적으로 성별하고 모든 인간적인 공헌의 근본적 불완전성을 인정한다고 그는 늘어놓았다.

혁명의 진행을 분석하고 예언한 프랑스어로 된 버크의 글들은 빈번히 말씨가 과격해졌을지라도 어떤 면에서 놀라울 정도로 날카로웠다. 그러나 혁명의 건설적인 이상들에 대한 공감이 빠져 있으므로 그는 혁명의 보다 결실 있고 영속적인 가능성들을 보지 못했다. 《프랑스혁명 성찰》《휘그당의 기성세대에 대한 신세대의 호소(An Appeal from the New to the Old Whigs, 1791)》 등이 신선함·타당성·설득력 등을 유지하는 것은 정치적인 기본자세의 비평과 긍정 때문이다.

버크는 죽을 때까지 프랑스혁명에 반대하여 신생 공화국에 대해 전쟁을 선포할 것을 주장했고 유럽적인 평판과 영향력을 얻었다. 그러나 프랑스혁명에 대한 그의 적대의식은 당내의 대다수 사람들의 수준을 넘어섰으며 특히 폭스로부터 도전을 받았다. 버크와 폭스의 오랜 우정은 1791년 5월에 벌어진 의회 토론에서 극적으로 끝장이 났다. 결국 당대의 과반수가 버크의 편에 서서 윌리엄 피트 내각을 지지했다. 1794년 헤이스팅스 탄핵사건이 매듭지어진 후 버크는 의정활동으로부터 은퇴했다. 그는 만년을 그가 정치적 야망을 전적으로 물려주려고 했던 외아들의 죽음으로 인해 우울하게 지냈다. 그는 집필을 계속하여 비판자들의 공격에 대해 자기 방어를 하고, 아일랜드의 참상을 개탄하고, 어떤 식으로든 프랑스 정부를 인정하는 것에도 반대했는데, 특히 〈프랑스 집정부와의 평화제안 건에 관해 현재 의회의원에게 보내는 세 통의 편지(1796~97)〉에서 두드러졌다. 버크는 1797년 7월 9일 잉글랜드의 버킹엄셔 비컨스필드에서 죽었다.

버크의 사상

프랑스에 관한 버크의 저작은 비록 그의 작품들 가운에 가장 심오한 것이기는 하지만 그의 정치관의 완전한 진술로 볼 수는 없다. 사실 버크는 자기의 근본 신조들을 체계적으로 펼친 적이 한 번도 없다. 오직 구체적으로 제기된 문제들과 관련해서 밝혔을 뿐이다. 따라서 그는 정치활동을 하는 동안 일관성 문제로 많은 비판을 받았다. 버크 자신은 일관성이 없다는 비난을 받아들이지 않았는데, 그의 글들을 현실적인 태도들의 밑에 깔린 항구적인 원칙들이라는 면에서 하나의 통일된 전체로 볼 수도 있다. 버크는 감정생활과 인간의 영적 생활을 보다 큰 우주 질서 속에 있는 하나의 조화로 생각한다. 곧 자연적인 충동은 그 자체 속에 자제와 자아비판을 포함하며, 도덕적이고 영적인 삶은 자연적인 충동과 연속되고 자연적인 충동으로부터 만들어지고 본질적으로 자연적인 충동에 맞춘다. 따라서 사회와 국가는 인간의 가능성을 완전 실현할 수 있게 하며, 공동의 선을 구현하고, 규범과 목적들에 관한 묵시적이거나 명시적인 합의를 대표한다. 이상적인 정치사회는 하나의 통일체로서 작용한다. 정치 참여는 사회의 일부와 다른 일부 사이에서 그리고 시대와 시대 사이에서 당연히 차이가 생기겠지만, 호전적인 사리추구는 언제나 물리쳐야 하고 전체의 선과 서로 어긋나지 않는 합리적인 자기 권익의 표현은 허용되어야 한다는 것이 그의 기본 입장이다.

자연과 자연 질서에 대한 이러한 해석은 역사의 발전과 세월에 따라 쌓인 관습과 사회적 업적들을 깊이 존중하고 있음을 뜻한다. 따라서 사회적 변화는 결코 불가능한 것이 아니며 불가피하고 바람직하기까지 하다. 그러나 사회 전체의 개혁을 추진하는 수단으로서 작용하는 사상의 범위와 역할은 한정된다. 그 수단은 안정되고 관습화된 사회생활을 대대적으로 뜯어 고치는 다분히 투기적인 계획들에서가 아니라 변화의 세부적인 진행과 밀접한 융합 속에서 구체적인 긴장이나 구체적인 가능성에 촉구되어 기능해야 한다. 또한 그것은 어떤 목적을 지나치게 강조하는 나머지 다른 목적들을 희생하는 일이 있어서는 안 된다. 요컨대 버크의 희망은 프랑스혁명의 자유와 평등 같은 특정 목표를 실현하는 데 있는 것이 아니라 사회를 발전시키기 위해 존재하는 선한 생활의 다양한 요소들을 강화하고 조화시키는 데 있다.

프랑스에 관한 버크의 저작들은 그 시대에 독일과 프랑스의 반혁명 사상을 드높이는 데 중요한 역할을 했다. 영국에서 그의 영향력은 보다 널리 퍼졌고 보다 안정적·영구적이었다. 그는 오래 계속된 헌법관례들, 당 이념, 대리인이 아닌 자유로운 대표로서의 의원 역할에 관한 독창적인 해설자로 꼽힌다. 특히 과거에 애매한 상태로 있던 어떤 정치적·사회적 원칙들에 관한 그의 가장 설득력 있는 성명은 영국에서 오랫동안 널리 존중되었는데, 신분과 계층구조의 효용 및 사회생활에서 정치가 갖는 역할의 한계에 대한 성명이 그것이다.

《프랑스혁명 성찰》에 대하여

프랑스혁명 발발과 정치가 버크

1789년 7월 14일의 바스티유 습격이 런던의 신문지상에 보도된 것은 4일 뒤인 7월 18일, 에드먼드 버크가 60세 때인 여름이다. 그때 그는 정계에서 깊은 고독감을 맛보면서 세월을 보내고 있었다. 20대 초에 더블린에서 청운의 뜻을 품고 런던에 상경해, 1765년에 정계에 등장한 이래 거의 4반세기, 그 재능과 변설의 날카로움으로 모든 사람에게 인정받은 그였지만 정치가로서 행복한 생애를 회고할 수 있는 만년을 맞이했던 것은 아니었다. 그의 재능을 인정해 하원에 들여보내고 자신의 심복으로 삼을 정도로 신뢰했던 지난날의 후원자 로킹엄 후작이 죽은 지 이미 7년의 세월이 흘렀고, 구 로킹엄 휘그파의 주도권은 그보다 20세 연하인 찰스 폭스의 수중에 들어가 있었다.

특히 1780년대 후반, 버크가 전력을 쏟은 인도총독 워렌 헤이스팅스 탄핵 문제에 대해서 둘의 태도 차이는 뚜렷했다. 인도 지배에서 정의의 실현을 끝까지 요구하고 의회에서의 탄핵을 철저하게 밀어붙이려는 버크에 대해서 폭스는 냉정했다. 또 1788년에서 9년에 걸친, 국왕 조지 3세의 병세 악화로 황태자의 섭정 취임이 예상되어, 황태자가 폭스에 가까웠던 점에서 폭스내각이 예상되었을 때에도, 폭스가 버크에게 제공할 생각이었던 지위는, 그 자신이 바라고 있던 인도감독성 장관이 아닌 7년 전의 로킹엄 내각시절에 부여된 것과 같은 지불(支拂)총감이었다(이 예상 내각은 국왕의 건강 회복으로 실현되지 못했다).

이미 1770년대부터 국왕 조지 3세 주변이나 톨리로부터는 최대로 적대시되고, 현재 또한 휘그로부터 소외된 버크는 그야말로 정계의 고아나 다름없었다. 버크는 출신 성분의 이점이 없는 그 무렵의 정치가로서 한편으로는 귀족인 파트로네지에게 의지해 입신을 꾀했고, 다른 한편 그에 만족하지 않고 언제나 정치 세계에 자신이 믿는 행동원리의 실현을 위해 꾸준한 노력을 한 인물이기도 했다. 오늘날의 시각으로 보면 시대 감각이 날카롭고 근대 정치가로서의 그의 탁월함을 보여주는 것이기도 했으나, 동시에 그의 인간적인 고집스러움과도 표리의 관계였으므로 만년의 그가 정계의 고아가 된 것은 당연한 결과였다고도 할 수 있을 것이다.

그런데 혁명의 발발로 인해 사태는 급변한다. 1790년 11월에《프랑스혁명 성찰》(이하《성찰》로 약칭)이 출판되어 큰 반향을 일으킨 이후, 보수층의 대변자로서 버크의 명성은 나날이 올라갔다. 특히 1792년의 이른바 9월학살 이후에는 영국 여론의 추세가 전체적으로 우파(보수파)로 기울어짐으로써 여전히 혁명에 동정적인 입장에서 프랑스와의 전쟁에 반대하는 폭스파가 차츰 고립되었다.

그러나 정치사상가로서의 그와 같은 명성에도 불구하고 정치가로서의 버크는 결코 다시 행복해질 수 없었다. 정치가로서의 버크의 생명은 종말에 다다르고 있었다. 1794년에 그는 의회에서 은퇴하고 같은 해에는 끔찍이 사랑했던 아들 리처드가 요절한다. 그와 같은 개인적 사건은 프랑스혁명의 진행과 더불어 그에게 사상가로서의 사명감을 더 없이 불타게 했다. 그는 피트가

지도하는 대프랑스전쟁 중에 반자코뱅 십자군으로서의 사명감을 강하게 요구하고, 국가 이익의 견지에서 하는 프랑스와의 타협에는 끝까지 고상하게 반대로 일관했다. 그리고 그 자세 그대로 1797년 생을 마감했다.

《프랑스혁명 성찰》의 저술배경

오늘날의 시점에서 돌아볼 때 때때로 지적되는 바와 같이 《성찰》에는 다른 그러나 서로 뒤엉키는 두 역사적 성격이 있다. 하나는 프랑스혁명이 영국에 부여한 최초의 직접적인 충격의 하나로서의, 이른바 시론(時論)으로서의 성격이다. 앞서 말한 바와 같이 정치가에게 행동원리의 중요성을 강조한 버크는, 훨씬 이전부터 정치가 곧 행동의 장에서의 사상가라는 자기 규정을 하고 있고, 그 의식은 변함이 없었다. 그런 그가 프랑스혁명의 중대함을 깨달아 영국에서의 프랑스혁명 지지자를 비판하고 동시에 영국에 대한 그 영향에 대해서 지배층을 사상적으로 무장시킬 의도로 자신이 지닌 정치적 경험과 변설과 수사의 힘을 모두 쏟아 저술한 것이 《성찰》이다. 따라서 이 책은 당연히 혁명지지자들로부터 강한 반론을 불러와 이후 양자가 논쟁을 벌이는 시발점이 되었다. 이 논쟁은 '영국에서의 프랑스혁명'의 문제로서 특히 영국의 역사가에게는 적절한 주제가 되고 있다.

하지만 《성찰》의 역사적 생명은 그와 같은 시론성에 그치지 않았다. 유럽의 지배층이 혁명의 충격에서 다시 일어나고, 또 일반적으로도 혁명에 대한 환멸감과 보수적 분위기가 확산되는 19세기 초 이후, 그것은 보수주의의 고전으로서 단순히 영국뿐 아니라 프랑스와 독일, 나아가 미국에까지 드넓은 영향을 주게 되었다. 세월의 흐름과 함께 혁명 당시의 논쟁에 가담했던 팸플릿의 대부분이 일반인에게는 망각되고 있었던 것에 대해, 《성찰》은 19세기를 통해 루소의 《사회계약론》이 급진주의자에 대하는 것과 같은 관계를 유럽 전체의 보수주의자에 대해서 지속했다. 뿐만 아니라 특히 영국에서는 《성찰》이후, 개혁론자들조차 그를 지나칠 수는 없었다. 왜냐하면 《성찰》안에서 버크는 19세기의 사상 상황을 거의 본능적으로 날카롭게 예견하고 그것에 대한 처방전을 제기했기 때문이다. 더 나아가 그 주장은 정치인식에 깊게 뒷받침된 이념으로서 강인한 논리성과 설득력을 갖추고 있었기 때문이다. 이렇게 해서 《성찰》은 이후 역사의 여러 단계에서 제각기 다르게 이해되고,

바스티유 습격

1789년 7월 14일 아침, 파리는 바스티유를 접수하려는 군중들로 넘쳤다. 버크는 1790년에《프랑스 혁명 성찰》을 출판하게 된다.

점차 유럽 근대정치 사상사의 고전으로서 부동의 지위를 차지하게 되었다.

우선《성찰》의 시론으로의 측면을, 버크가 그것을 저술하기에 이른 사정을 통해서 알아보기로 하자. 이 책은 1790년 1월 하순 집필이 시작되고 일찌감치 2월 13일자 〈더 월드〉 지상에 '프랑스사태에 관한 1789년 11월 4일자 혁명협회의 몇몇 행동에 대한 성찰'이란 긴 제명으로 '지금 인쇄 중 곧 출판'이란 광고가 실렸다. 그러나 실제의 집필은 뜻밖에 오랜 시간이 걸렸으니 결국 8월 말쯤 탈고하여, 같은 해 11월 1일에 간행되었다.

여기서 말하는 '혁명협회'란 정식명칭으로 '그레이트브리튼에서의 혁명을 기념하기 위한 협회', 또 다른 명칭으로 '런던혁명협회'로 불리며, 휘그파 급진귀족이나 특히 유니테리안파인 프로테스탄트 비국교도 지식인을 중심으로 1788년에 조직되어 의회개혁이나 종교적 관용의 완전 실시를 위한 계몽운동을 하던 단체이다. 이 협회는 그 무렵 영국에 있었던 같은 종류의 몇몇 클럽 중 대표적 존재였다. 그러므로 이 책이 예고된 최초의 제명은 프랑스혁명 그 자체가 아닌 혁명협회라는 국내의 클럽 행동에 대한 비판을 정면으로 내세우고 있는 것은 주목할 만하다. 곧 버크의 표적은 처음부터 확실하게 프랑스혁명에 대한 영국에서의 지지자에게 초점이 맞춰져 있었던 것이고, 이는 《성찰》의 성격을 살피는 데 있어 가장 중요한 점이다. 최종적으로 이 긴 표제는 보는 바와 같이 약간 변경된 문제로서 다루게 되었다.

그렇다면 버크는 왜 그와 같은 책을 출판할 생각을 하게 된 것일까. 그가 프랑스혁명에 대해 언급한 최초의 기록은 1789년 8월 9일자 편지였다. 그 안에서 그는 다음과 같이 말하고 있다. 이 편지는 혁명 후에 그의 태도의 싹틈을 모두 포함하고 있으므로 중심 내용을 인용한다.

"영국은 자유를 위한 프랑스인의 투쟁을 놀라움으로 바라보면서 비난해야 할 것인지 상찬해야 할 것인지를 모릅니다.

사항에는—무언가 그와 같은 일들이 몇 년간 진행하고 있었던 것을 나도 보고 있었다고는 생각하지만—아무튼 여전히 부조리하고 불가해한 것이 있습니다. 그 의기야말로 경탄하지 않을 수 없습니다. 그러나 파리인의 지난날 난폭함이 소름끼치는 방법으로 폭발하고 있습니다. 어쩌면 그도 순간의 폭발에 불과할지 모릅니다. 그렇다면 거기에서 증상 따위를 이해할 수 없습니다. 그러나 만일 그것이 우발적인 것이 아니고 성격적인 것이라 한다면 그 민중은 자유에는 걸맞지 않고 그들을 제압하기 위해 전의 주인들처럼 강력한 수단을 필요로 합니다. 사람은 자유의 권리를 갖기 위해서는 자연의 절도라는 일정한 기반을 갖추어야 합니다. 그렇지 않으면 그 자유는 그들을 깎아내리고 타인 모두에게 골칫거리가 됩니다. 사태가 앞으로 어떻게 전개될지, 무언가를 말하기에는 아직 곤란합니다. 견고한 국가제도를 이루기 위해서는 의기뿐이 아닌 지혜도 필요합니다. 프랑스인들 사이에 현명한 두뇌가 있는지의 여부, 있다고 해도 그 사람들이 자신의 지혜에 걸맞는 권위를 갖느냐의 여부가 앞으로의 문제입니다."

확실히 버크는 아직 혁명에 대한 최종적 평가는 신중하게 회피하고 있었고 그를 위한 정보를 수집하고 있었다. 그러나 여기에서 볼 수 있듯이 그의 판단은 애초부터 명백히 회의적 내지 부정적인 방향으로 향하고 있었다. 나아가 이 부정적 판단은 나날이 확고한 신념으로 성장해 갔다. 1789년부터 1790

년 초에 걸쳐서 영국에서는 프랑 스혁명은 최악 사태의 고비를 지 나 앞으로는 질서가 회복될 것이 라는 관측이 일반적이었고, 특히 혁명 지지자들은 그와 같은 판단 을 자신들 주장의 근거로 삼고 있었던 것과 같은 시기에, 오직 버크만은 프랑스가 질서를 회복 하려면 긴 우여곡절을 필요로 할 것이라는 비관적 예측을 하고 있 었다. 그것은 적어도 결과적으로 그의 판단이 이례적으로 정확했 음을 보여주는 것이었다.

영국 국왕 조지 3세(1738~1820)

그런데 그가 왜 그와 같은 예 측을 했느냐 하는 이유 또한 그의 편지 가운데서 이해할 수가 있다. 요컨대 그는 프랑스혁명을 오로지 정치에서의 대중의 비합리적 열광의 폭발이라는 시점에서 보고 있었다. 이는 급진주의자들이 똑같은 혁명을 자신들이 바라 고 있던 종교적 관용이나 의회 개혁의 이웃 나라에서의 실현과 그 원리의 영 국에의 이른바 역수입의 첫걸음이라는 자신의 소망을 통해서 바라본 것과는 두드러지게 대조적이고, 이 둘은 처음부터 물과 기름이었다고 해야 할 것이 다.

버크의 프랑스혁명 반대론

버크의 견해에 따르면, 발달된 사회는 매우 크고 복잡해서 한 인간의 정신 으로는 도저히 이해할 수 없다. 발달된 사회는 몇 세대에 걸쳐 개인과 집단 의 끝없는 주도적인 행위와 조직을 통해 존재하게 된다. 사회 제도와 협정은 끝없는 수의 선택과 결정을 이끌어 내고 균형감 있는 판단은 지식에 바탕을 둔 선호와 경험을 통해 얻어진다. 사회는 굉장히 크고 복잡한 유기체와 같기 때문에 필요에 따라 새로운 능력을 개발하고 늘 변화하는 환경에 적극적으 로 대응한다.

사회는 처음부터 청사진에 맞추어 지어질 수 없다. 또 각 부분들이 언제든 없애거나 대체될 수 있는 기계와 같은 것이 결코 아니다. 이론과 실천 어느 면에서나 어떤 정치사상가나 정치지도자 소집단도 발달된 사회를 없애 버리고 적합한 사회로 대체해 버릴 수는 없었다. 이것이 프랑스혁명에 대한 버크의 근본적인 반대이다. 버크가 생각하기에 정치적 변화 중 유일하게 받아들일 수 있는 양식이며, 실재와 합치될 수 있는 것은 유기체적인 것이지 혁명적인 것이 아니다.

각 세대는 자신이 사회의 자산을 소유했다고 볼 것이 아니라 사회의 자산을 보살펴야 한다고 여길 필요가 있다. 사회는 될 수 있으면 줄이지 말고 늘려서 미래 세대에 전해 주어야 하는 유산을 물려받았다.

본디 버크는, 그 무렵 정치가들 사이에서는 드물게 정치에서 민중의 역할을 강조하고 그 본질적 건전함을 강조한 인물이다. 버크의 〈현재 불만의 원인 고찰〉에도 나오는 것처럼 조지 3세의 독재와의 투쟁 때, 그는 조금이라도 지적 수준까지 이른 민중이라면 자기 자신의 권리나 복지에 대해 스스로 결정하고 스스로 판단할 충분한 합리성을 갖추고 있다 생각하고, 위기적인 상황일 때에는 민중이 직접 정치에 진출해 자신들의 대표를 감독해야 마땅하다고 주장하였다.

그와 같은 그들의 사고에는 4반세기에 걸친 정치생활 가운데서 정권의 일익을 담당한 것은 1882년부터 3년에 걸친 (그것도 중단을 포함해) 약간의 기간이라는 이른바 만년 야당의 체험 가운데에서는 강화될망정 약화되는 일은 없었다. 야당에게 있어 의지해야 할 것은 원외의 민중뿐이라는 것은, 그때나 지금이나 변함없는 의회제의 진리이다. 급진주의자로서 뒤에 버크 비판의 유명한 저작 〈인간의 권리〉를 쓴 토머스 페인(1737~1809)이 미국독립전쟁 이래 1790년 봄까지 버크를 동지로 단정할 수 있었던 것도 이런 이유에서였다. 그러나 이는 버크의 민중관이라는 방패의 반면(半面)이었다. 약간 역설적일지 모르지만 그렇기 때문에 버크는 또 정치에서의 민중의 힘을 경외하던 당시의 얼마 안 되는 정치가 중의 한 사람이었다.

시대는 이제 궁정정치가 종막을 고하고 민중정치의 막이 오르기 시작하고 있었다. 이때 그는 긴 야당 생활을 통해서 어떤 정치가도 민중의 뜻에 반해

보스턴 대학살 사건
1770년 3월 5일에 일어난 미국독립혁명에서 처음 발생한 유혈사건이다.

서는 모든 것이 불가능하다는 것을 깨닫고 있었다. 그 만큼 민중에 대한 정치 지도는 정치가에게 있어 최대의 과제이다. 앞의 편지에도 있듯이, 현명한 두뇌가 그에 걸맞은 권위로 지도를 하지 않으면 안 된다. 그러나 그는 그와 같은 지도에는 한계가 있다는 것, 정치가에게 있어 민중의 의지는 어느 의미에서 절대적인 것이고, 비록 정치가로서 자신의 원리와 신념에 어긋나는 경우라도 그것을 받아들여야 한다는 것을 알고 있었다. 더욱이 그때까지 그가 상대해 온 영국의 민중은, 버크식으로 말하면 단순한 동물적 생존을 위한 버팀목 이상의 수입이 있고 조금이나마 지적이고 공동체 생활에 관심을 가질 층이었다. 그러나 버크가 보기에 지금 프랑스에서 폭발해 차츰 프랑스의 사실상 지배자가 되어 가는 것은 그 이하의 돈에 눈이 먼 자들이 날뛰는 것 같았다.

그의 이런 판단은 본문에도 언급되고 있다. 10월 6일 루이 16세가 파리 왕궁으로 연행되는 정보에 의해서 더 한층 명확해졌다. 혁명시에 무엇보다도 우선적으로 대중의 동향에 주목하는 그의 이 같은 사고방식은 지금 말한 바와 같이 분명 그 자신의 직접적 정치적 체험에 의한 것이다. 또 그 경험에 펠리컨 판 《성찰》의 편집자 오브라이언이 지적한 대로 영국 식민제국의 피억압자 아일랜드의 반가톨릭 가족 출신자이므로 버크는 대중의 분노 저력을 스스로 알고 있었다고 하는, 다소 심리적 요소를 더해 해석해도 틀림없을 것이다. 자신도 피난을 한 1780년의 고든폭동의 공포를 잊지 않았을 것이다. 그러나 그의 이 같은 사고방식에는 젊은 날에 그가 존경하고 있었던 흄의 영향을 생각하게 하는 바가 있다. 흄은 로마사의 사실상 그리고 어쩌면 크롬웰이라는 최근의 경험에서 정부기구가 없어져 대중이 자유를 얻으면 그들 대중은 무질서에 빠져 결국은 군대가 그 대중을 지배하고 최종적으로는 그 지휘자가 독재자가 된다는 원칙을 말하고 있었다.

한편 이렇게 신중하게 정보를 수집하고 있었던 1789년 11월, 버크는 메츠현 지사의 아들이고 그 자신과 같은 파리의 고등법원에 근무하고 있었던 프랑스인 샤를 장 프랑소아 뒤퐁이란 청년으로부터 편지를 받게 된다. 이때 뒤퐁은 국민의회의 지지자로서 일찍이 부친과 함께 버크를 방문한 이래, 버크를 자유를 위한 투사로서 은연중에 존경하고 있었고, 혁명이 일어난 이후 자신의 행동에 대한 시인을 버크로부터 받고 싶다고 생각한 것이다. 뒤퐁의 편지에는 자신은 프랑스인의 이제까지의 행동이 자유를 위한 것이었다는 것, 프랑스인은 자유와 방종을 구별할 수 있다고 생각한다는 것, 자신은 지난날 방문했을 때의 버크의 말을 떠올리고 그에 용기를 얻어 새로운 조국을 위해 일하고 있다는 것이 기술되고, 그에 대한 버크의 지지를 요구하고 있다.

물론 이것은 버크에 대한 뒤퐁의 일방적인 생각과 같은 것으로, 이에 대해서 그는 《성찰》의 주지를 생각하게 하는 장문의 회신을 보냈다. 그러나 개인적인 인간관계에서는 극히 부드러운 인물이었다. 버크는 검열의 결과가 뒤퐁의 신상에 미칠 것을 두려워해 이듬해 초까지는 발송을 미루고 대신 짧은 회신을 보냈다. 이 회신은 12월 늦게 뒤퐁에게 전달되고, 뒤퐁은 이제 위기는 벗어나고 있으므로 버크가 장문의 편지를 보내 주지 않은 것은 참으로 유감이라고 쓰고, 또 그때까지의 혁명의 성과에 대한 긍정과 불안이 뒤섞인 심정을 말하면서 버크의 의견과 격려를 요구하고 있다.

1790년 1월에 버크는 앞서 미뤘던 제1 회신을 보내고 제2 회신에도 착수했는데, 그 과정에서 본문에서도 기술되고 있는 1789년 11월 4일의 유니테리안 목사 리처드 프라이스(1723~1791)의 설교 〈조국애에 대해서〉를 입수해 읽고 난 뒤 분노해 사적 서간이라는 형식을 남긴 채 표적을 프라이스 쪽으로 정해 최종적으로 《성찰》을 출판했다. 버크가 이 책의 '머리말' 및 본문의 첫머리에서 기술하고 있는 사정(단 버크는 제1 회신을 '10월에 썼다'고 했는데 이는 '11월'의 착각이다)이란 이러한 구체적 사실을 가리킨다.

《성찰》의 출판의도

다음으로 《성찰》의 동기, 그 배후에 있는 버크의 인간관, 가치관 등에 대해 차례로 말해 보자. 물론 이는 이 책에 대한 옮긴이 자신의 이해임을 전제로 한다. 첫째로 서술의 형식인데 본문에서 볼 수 있는 바와 같이 《성찰》은 전문이 편지글 형식으로 쓰여 있다. 그는 앞서 말한 성립시의 사정에도 따른다 하였지

프랑스 국왕 루이 16세(1754~1793)
그의 치세에 프랑스는 왕정에서 공화정으로 바뀌었고, 그 뒤 그는 처형되었다.

만, 더 본질적으로는 버크가 자신의 의도는 편지글 형식에 따름으로써 잘 달성할 수 있다고 믿었기 때문일 것이다.

《성찰》은 무엇보다도 우선 논쟁의 책이고 설득을 위한 책이다. 버크의 의도는 철학이나 과학 책처럼 독자의 여하를 불문하고 오직 진리 가치에만 입각한 이론을 제출하지 않고 특정 독자층을 특정 목적을 향해 전인격적으로 뒤흔드는 곳에 있었다. 그것을 위해서 때로는 상대에 대한 호소를 섞거나 자유롭게 화제를 전후 배치시키거나 할 수 있는 편지글 형식 쪽이 확실히 바람직하다. 그럼에도 불구하고 전체의 논지와 인상은 분명하고 똑똑해야 한다. 그렇기 때문에 의회를 상대로 몇 시간이나 즉석 연설을 할 수 있는 인물이 8개월이나 되는 시간을 투입한 것이다.

둘째로 동기에 대해서 말하자면, 앞서 말했듯이 혁명 발발 이래 버크가 줄곧 주목해 온 것은 대중의 에너지 해방이고, 그것이 기존 체제에 미치는 영

향이었다. 이 시점이 이 책 안에서도 이어져 하나의 굵은 세로줄이 되고 있는 것은 당연하다. 그러나 《성찰》에는 또 하나의 중요한 세로줄이 있다. 그것은 정치 세계에서 사상이 수행하는 역할에 대한 주목이다. 그는 일찍이 첫 저작 《자연사회의 옹호(1775)》의 서문에서 다음과 같이 말하고 있다.

"사람은 최초에 제출되었을 때에는 전혀 동의하기 어렵다고 생각한 주장이라도 그것에 대해서 무언가 유리한 말을 듣게 되면 차츰 자기 자신의 이유에 대해서 불안해지게 된다. 그들은 일종의 기분 좋은 놀라움 속에 던져지게 된다. 그리고 모두가 불모이고 가망이 없다고 생각한 곳에 풍부한 추리의 수확을 발견하고, 매료되고, 사로잡히고, 화자와 하나가 되어 내닫기 시작한다. 이것이 철학이라는 나라의 이야기이다. 그리고 그것이 실체가 없는 것임을 이성(理性)이 완전히 확신한 뒤에도 상상력에 대한 그 쾌적한 인상은 계속해서 효과를 가져온다. …… 생각하건대 정신이 자신의 나약함의 의식이나 창조에서의 자신의 종속적 지위의 의식……등에서 아무런 제약도 느끼지 않고 있을 때 그 정신은 가장 존경해야 할 모든 사항을 진정으로 그럴싸하게 공격할 수 있는 것이다."

이는 요컨대 사상을 반드시 그 진리성에서가 아닌 오히려 인간의 감정에 작용하는 하나의 연극적 효과에서 보는 시점이고 본질적으로 정치가의 시점이다. 이 시점은 명백히 《성찰》까지도 꿰뚫고 있었다. 그 무렵 실제 정치세력의 관점에서 말하자면 혁명지지파는 결코 큰 것은 아니었다. 이미 1770년대부터 차츰 세력을 기르고 있던 도시 부르주아파를 중심으로 하는 비국교 신자들은 되풀이해서 의회개혁과 관용의 완전 실시를 요구하고 있었다고는 해도 그것이 체제를 위협하지는 않았다.

1792년 이후의 피트에 의한 탄압으로 대부분이 무너져버린 것은 명확한 증거이다. 정치가 버크가 그 현실을 모를 리는 없다. 그러나 그와 같은 현실에도 불구하고 그는 특히 프라이스의 논리가 사람들의 정신에 미치는 효과를 몹시 두려워했다. 그리고 그와 같은 그의 공포에는 후자의 주장이 갖는 특질을 고려하면 근거가 있었을 것이다. 그는 수많은 급진파 논객 가운데서도 특히 프라이스는 정치 문제를 단순한 제도의 문제에 그치지 않고 더 나아가 그리스도교 신자 개개인의 종교적 실존의 문제와 결부시켜 그리스도교적 사랑이라는 이른바 전인격적인 인간성의 문제로서 논했기 때문이다. 그들은 그 설교의 첫머리에서 기독교가 조국애에 대해서 결코 말하지 않았던 것처럼 진정한 조국애란 네 이웃을 자기처럼 사랑하라는 보편적 인간애라고 말했다. 그는 프랑스 인권선언 가운데 그 이념의 현실화를 본 것이다. 그리고 이와 같이 정치 문제를 인간 존재의 윤리성 문제와 결부시켜 논하는 자세는 《성찰》에 대한 최초의 반론을 쓴 프라이스의 열렬한 지지자, 여성해방론자, 후(後) 윌리엄 고드윈의 아내, 시인 셸리의 장모인 메리 울스턴크래프트(1759 ~1797)에게도 뚜렷하게 나타나고, 그곳에는 이미

프랑스 인권선언문(1789)
루소의 이론과 미국의 독립선언서에 바탕한 이 선언문은 절대군주 치하에서 프랑스 인들에게 용납되지 않았던 자유를 구체화하는 것을 목표로 삼았다.

낭만과 시인들을 떠올리게 하는 것이 있다.

아무튼 분명 버크는 온갖 정치사상 가운데에서도 정치를 단순히 이해의 문제로서가 아닌 (버크 자신이나 울스턴크래프트가 즐겨 쓴 언어로 말한다면) 전인격적인 '인간다움'의 문제로서 논하는 것이야말로 특히 위기에서 가장 강하게 독자를 감동시키는 힘이 있음을 알고 있었다. 그는 프라이스의 설교나 프랑스 인권선언 중에 모습을 바꾼 종교전쟁의 가능성을 간파하고 있었다. 나아가 이 새로운 종교전쟁은 지난날과 달리 훨씬 다양한 대중을 끌어들이고 있다. 정치 세계로의 민중의 참여가 진행되면 될수록, 전(前) 세기의 홉스나 파스칼처럼 정치를 오로지 물리적 힘의 문제로 파악하는 것은 곤란해지고, 지배란 더욱 정신의 지배나 다름 없게 된다는 진리를 정치에서 민

중을 계속 지켜 본 버크는 충분히 인식하고 있었다.

이와 같은 의미에서는 버크도 프라이스도 루소의《사회계약론》이후의 사상가였다. 그렇다면 그가 취해야 할 길은 명확해질 것이다. 버크는 스스로 독자의 실존 그 자체에 작용할 수 있을 정도로 강력한 사상의 연기에 의해서 프라이스를 물리쳐야 했다. 그는 '인간다움'이란 무엇인가를 명확히 하고 전통이야말로 '가장 인간다움'에 적합한 것임을, 나아가 프랑스혁명은 그것을 영구히 파괴하는 것임을 최고의 수사(修辭)를 구사해 독자의 이성과 감정에 호소해야 했다. 그리고 그에게는 그럴 능력도 있었다.

《성찰》가운데 버크가 왕제와 귀족제의 전통을 옹호하고 프랑스에서 폭발하고 있는 민주정을 몹시 공격하고 있는 것, 또 영국의 혼합정체가 사회의 온갖 이해의 조정기구로서 인간이 만들어 낼 수 있었던 최적의 것이고, 다른 한편 프랑스에서는 모브(mob)가 지배한 결과로서 국가의 재정, 군사, 사법의 모든 기구가 파멸에 빠져 있다고 논하고 있는 것 등은 본문을 한 번 읽기만 하면 자연히 알게 되므로 여기에서 옮긴이가 새삼스레 해설할 필요는 없을 것이다. 그 주장이 신흥 부르주아에 대한 틀림없는 옛 지주귀족의 대항 이데올로기였던 것에 대해서도 마찬가지이다.

버크의 인간관과 가치관

다음으로 이 책의 이 같은 논의의 배후에 있는 인간관, 가치관은 무엇이고 또 그것은 정치사상사에 있어 어떻게 자리매김되는 것일까. 정치적 논쟁서의 상례로서 같은 측면은 때때로 신중하게 위장되어 한 마디 말 속에 숨겨져 있는데, 이런 점에 대한 옮긴이의 이해를 대강 말해 두고자 한다.

우선 확인해야만 할 중요한 점은 버크의 정치적 인간상이 본질적으로는 성악설이라는 사실이다. 과연 그는 전통 속에 있는 인간의 지혜를 찬미하고 그를 풍부하게 하고 있는 영국 헌법체제의 탁월성을 강조했다. 그러나 그런 것들이 칭찬되어야만 하는 것도 본디 그런 것에 의해 악한 인간이 가져오는 해독이 그나마 교정되거나 베일에 가려져 그 가혹한 현실에 인간이 견딜 수 있게 되기 때문이었다. 본문의 다음 말을 상기하기 바란다.

"충절이라는 오랜 봉건적 기사도 정신이 사람들의 마음속에서 사라지는 그때, 예방 살인과 예방 몰수, 음산하고 피로 물든 격언의 장대한 목표—

자신의 명예와 복종자의 명예에 기반을 두지 않은 온갖 권력의 정치적 법전—를 전조로 한 음모와 암살이 찾아올 것입니다"(96페이지). "역사의 대부분을 이루는 구성요소는 거만, 야심, 탐욕, 복수, 정욕, 반란, 위선, 억제되지 않는 열정, 그 밖에 온갖 혼돈된 욕망의 연속 등등이 이 세상에 가져온 불행인 것입니다"(165페이지). 또는 94페이지 27행째의 "그러나 이제는 모든 것이 바뀌려 하고 있습니다" 이하의 한 단락도 같은 취지로 볼 수가 있다.

명백히 버크에게 있어 인간성은 '알몸으로 떠는' 수밖에 없는, 결함으로 가득 찬 것이고 내버려 두면 인간세계는 반드시 혼돈에 빠져든다는 것이었다. 그러나 그 점에 대해서만 말하면 이 같은 인간관은 버크에게 특유한 것은 아니다. 인간성—적어도 정치적 인간성—의 본질을 무질서에의 경향으로 규정하고 그것을 대전제로, 악한 인간을 소재로 삼아 그곳에 어떻게 질서(또는 질서다움)를 만들어 내느냐 하는 과제야말로 마키아벨리나 홉스뿐만 아니라 루터나 칼뱅 등의 종교개혁자, 유마니스트, 파스칼 그 밖에 프랑스의 모럴리스트에서 몽테스키외, 루소, 흄으로 이어지는 버크 이전의 근대 정치사상에서의 공통 과제였다. 인간의 이성에 많은 믿음을 두고 계몽사상의 출발점이 된 로크조차 반드시 그 예외는 아니다. 그리고 그들은 모두 그 혼돈과 무질서에서 벗어나기 위해 국가라는 실정법과 권력 장치를 수반한 공동체 형식을 고안했는데, 다만 그 국가에게 어떤 구체적 구성을 추구할 것인가 하는 점에 대해서는 초인적 입법자 기대론, 억제 균형론, 계약에 의한 실력의 공동 포기론 등 어느 것을 택할 것인지, 각 사상가에 따라 다르고 거기에 각자의 시대, 개성, 입각하는 계급적 입장 등이 집중적으로 나타나게 되었다.

그런데 여기에서 주목해야 할 것이 있다. 그것은 그와 같은 국가의 구성에 대한 논의는 다양해도 그 국가의 인간에 있어서의 논리적 의미에 대해서 적어도 18세기 전반 이전의 사상가에 있어서는 공통의 전제가 존재했다는 것이다. 곧 일반적으로 18세기 전반 이전에는 모든 사상가가 무언가의 의미로 인간에게 있어 국가의 필연성을 승인하면서도 그와 같은 국가는 인간성이 가져오는 필요악이거나 기껏해야 윤리적으로 중성인 것으로 생각되고 있었다. 그 시대에는 후에 볼 수 있는 것처럼 국가를 인간의 윤리성 내지 도덕성의 적극적 원천으로 하는 발상은 사상가 사이에서 거의 존재하지 않았다. 그곳에는 국가를 자기 목적으로 하는 것을 엄하게 금지하는 기독교의 전통이 아직 살아 있었던 것이다. 유마니스트의 출현 이래 특히 세속적인 사상가 사이에서는 '인간다움'이란 무엇인가라는 문제 제기가 되풀이되었는데 그래도 모두 인간은 국가에 의해서 윤리화된다고는 생각하지 않았다.

이와 같은 사상 상황을 확 바꾼 것이 루소의 《사회계약론》이다. 루소에게 있어 역사 속에서 완전히 타락한 인간이 다시 한 번 진실로 인간적으로 되는 길은 사회계약에 의해서 국가에 들어가는 것 외에는 불가능하고 계약국가야말로 인간의 모든 윤리성, 도덕성의 근원이었다. 그리고 루소의 이론적 추구력의 날카로움은 그 무렵의 상식의 틀을 훨씬 초월해 기독교는 국가적 충성에 있어서 유해하다고 주장하는 데까지 이르렀다. 19세기로 접어들자 적지 않은 사상가가 당연하다고 생각한 이 점을 루소 이전에 간파한 것은 틀림없이 마키아벨리뿐일 것이다. (《로마사론》제2권 제2장 참조) 그러나 루소의 똑같은 이론적 추구력은 그의 이념을 역사 속에 발견하는 것을 불가능하게 했다. 그의 계약국가도 또 영원한 생명은 승인하지만 국가적 충성은 저해하지 않는다는 시민종교도 모두 지나친 논리적 구축물이고 누군가의 손으로 그가 현실화된다면 반드시 무언가 희화화(戱畵化)되거나 실질적 변경이 가해질 수밖에 없었다.

이야기를 버크로 되돌리면 어느 의미에서 루소가 이와 같이 단순히 논리적으로만 구상할 수 있었던 인간적 가치의 원천으로서의 국가를 대담하게도 역사, 특히 영국의 전통적 국가체제(British Constitution) 속에서 발견하려고 했던 것이 《성찰》이었다. (물론 무엇이 인간적 가치인가에 대해서 버크와 루소는 일치할 리 없고 그곳에 이 두 사람의, 근대 정치사상 전체를 통하는 두 개의 기본적 가치관의 대립이 있다고 해야 할 것이지만 제각기 국가를 인간적 가치의 포괄적 원천으로 보는 것에서 두 사람은 너무나도 일치하고 있었다.) 버크에 의하면 British Constitution이란 일면으로는 보편적인 어법대로 영국의 기본법군(基本法群)이고 그 위에 성립하는 국가제도 전반이지만, 다른 면에서는 그와 같은 단순히 법적개념 이상의 것, 곧 그곳에 영위되는 사람들의 국가적 공동생활 그 자체이기도 하다. 그 특질은 우주의 시간적, 공간적 구조와 걸맞게 "자연 세계에서도 정치 세계에서도, 서로 모순되는 여러 세력의 싸움 가운데서 우주적 조화를 이끌어 내는 그 작용과 반작용"(48

페이지)에 있다.

그곳에는 왕정적 귀족정적 요소가 있는 것과 동시에 민중적 요소가 있다. 국가적, 공적 요소와 함께 사적, 가족적 요소가 있다. 자유가 있는 것과 함께 감정의 억제도 있다. 윤리성과 함께 심미성이 있다. 진정한 이성이 있는 것과 동시에 부드러운 타자에 대한 공감이 있다. 노력하는 재능에는 성공이 있고 이미 얻은 재산에는 안전이 있다. 또 영원한 생명을 가르치는 종교가 있고, 명예가 있고, 용기가 있고, 예절이 있다. 즉 British Constitution이란 우주의 본질인 다양성을 그 안에 포함한 통

마키아벨리 (1469~1527)
이탈리아의 정치가이자 철학자인 마키아벨리는 귀족 출신 피렌체 관료들로부터 많은 공격을 받았다.

일 그 자체이고 그렇기 때문에 국가이념의 실현태(實現態)이다. 그리고 여기에서 중요한 것은 본디 인간은 국가 없이는 인간일 수 없다는 점이다. 따라서 국가 내지 사회(루소와 마찬가지로 버크도 국가와 사회를 결코 구별하지 않았다)를 로크 이래의 개념에 따라 계약에 의해 성립하는 목적단체, 즉 하나의 조합사업으로 생각하는 것도 반드시 잘못되지는 않았지만 이 국가라는 조합의 목적은 결코 한정적일 수 없다.

인간은 국가를 필요로 하는 이상, "그것은 모든 학문에 대한 조합, 모든 기예(技藝)에 대한 조합이고 모든 미덕과 모든 완전함에 대한 조합"(117페이지)이다. 따라서 어느 정도 포괄적인 조합의 목적은 "많은 세대를 거쳐도 달성 불가능한 이상, 국가는 현실로 존재하고 있는 자 사이의 조합에 불과하고 현존하는 자, 이미 사망한 자, 또 장래 태어날 자 사이의 조합"이 될 수밖에 없다. 《성찰》은 이와 같은 의미에서의 국가를 문명사회로도 부르고 있다. 이 문명사회는 인간성의 사실에서 반드시 권력이라는 요소를 포함하는 점에서 사회계약설의 논자가 자연 상태와 대립시킨 정치사회이기도 한데,

그 특징은 오랜 발전을 거쳐 전제를 극복한 문명의 소산이란 점에 있다. 유럽인은 문명사회를 형성하고 있다는 점에서 미개사회 내지 야만 상태와는 확연히 구별된다. (이와 같은 문명사회론에는 그가 존경한 흄, 내지 흄을 포함한 스코틀랜드학파의 영향을 볼 수 있다. 이는 앞으로 버크연구 중 하나의 문제점이 될 것이다). 어쨌든 인간은 이 문명사회 없이는 "본성적으로 왕성의 영역에 도달할 가능성이 전혀 없을 뿐 아니라 그에 대해서 아득히 먼 지점에 약간 접근하는 것조차" 불가능하다. 국가는 인간적 완성에 이르기 위한 "필요 수단" "모든 완전성의 근원"(119페이지)이다.

여기에서 우리는 이 같은 버크의 국가예찬론이 인간성악설의 전제 위에 성립하고 있는 것을 다시 한 번 상기할 필요가 있다. 요컨대 버크에 따르면 방치하면 구제할 수 없는 상태로 전락할 인간성을 조금이라도 바로잡기 위해 인간은 신의 도움을 받으며 꾸준히 노력해 온 것이고, 그 성과가 문명사회이고 영국 국가체제이다. 그러나 인간성의 사실이 불변인 이상, 이 문명사회는 구축하기는 어려워도 파괴하는 것은 쉽다. 그것은 거대한 축적임과 동시에 여러 요소의 미묘한 밸런스 위에 가까스로 서 있다. 그리고 이와 같은 밸런스의 파괴자로서 특히 경계해야 할 것은 인간의 오만과 자의(恣意)이다. 전제군주의 오만과 자의 또한, 프랑스혁명의 이성의 그것도 대중의 그것도 이 점으로 보아 구별지을 수 없다. 사람은 그 자신이 가져오는 위험에 빠지지 않기 위해서는 계몽사상의 이성신앙에서 이성에 의해 빠지게 된 전통과 편견의 개선으로 가치의식을 전환시켜야 한다.

어쨌든 이 같은 버크의 이론이 정치적으로는 명백히 보수적 입장에 서면서도 논의로서는 철저한 가치의 세속주의라는 극히 새로운 성격의 것이었던 것에 주목해야 한다. 바로 낭만주의 시인 노바리스가 말한 대로 《성찰》은 '혁명에 반대하는 혁명적 서책'이었다. 물론 공동체의 전통 가운데 인간의 예지가 축적되어 있다는 사고 자체는 이미 중세의 관습법주의 가운데에서도 인식할 수 있을 것이다. 그러나 그렇다고 해서 국가라는 공동생활 양식은 인간적 가치와 완전성의 거의 배타적인 원천이라는 결론과는 필연적이지 않다. 그것과 이것과는 본질적으로 다른 주장이다. 실제로 근대의 정치사상 중 이렇게까지 국가가 구체적인 역사적 실재의 이미지를 포함한 채 공격적으로 자기 주장을 한 적은 이제까지 없었다. 앞서 말한 대로 본디 그리스도교의 가치관은 그 같은 발상을 허용하지 않았다. 근대로 접어들어 종교에 대해서 정치 세계의 자율성이 차츰 모습을 드러내기 시작했지만 적어도 17세기에 있어서는 가장 철저한 국가주권론자였던 홉스조차 인간의 양심만은 그 관할 밖에 두고 그것으로 국가는 인간을 결코 종합하여 파악하는 것은 아니라는 전제를 유지했다(본디 그 양심도 언어로서 일단 외면적으로 표현되기만 하면 순식간에 질서 문제로서 국가의 손에 의해 억제된다고 홉스는 말하는데, 여기에서 문제가 되는 것은 원리 그 자체의 성격이다). 또 버크로의 서곡이 었던 루소의 계약국가조차 초월적, 규범적인 성격의 것으로 역사적 현실과의 대응은 결코 주장하지 않고 오히려 그것에 대한 페시미즘으로서 뚜렷했던 것도 앞서 기술한 대로이다.

《성찰》 출판에 대한 반응

《성찰》은 1790년 11월 1일에 출판되었다. 큰 반향을 일으켜 발간한 지 6일 사이에 7000부, 같은 달 29일까지 1만 2000부가 팔렸다. 같은 29일에는 더블린판이 나온 것 외에 전부터 번역 작업에 착수하고 있던 뒤퐁(앞서 말한 뒤퐁과는 다른 사람)에 의한 프랑스어판이 파리에서 출판되고 이듬해 2월까지 1만 부가 팔려나간 것으로 알려져 있다. 그 직후, 나중에 메테르니히의 협력자가 된 프리드리히 겐츠에 의한 독일어 번역도 착수되고(완성은 1793년, 출판은 1794년), 이탈리아어로도 번역이 되었다 한다. 런던의 출판업자 도즐리는 증판을 거듭해 1790, 91년 두 해에 모두 14판을 판매했다.

《성찰》의 출판은 버크에게 거액의 수입과 명성을 가져다 주면서 그 밖에도 여러 가지 파문을 던졌다. 버크의 서술이 부분적으로 다르다고 써 보낸 독자도 있었다. 집필의 직접적인 계기가 된 뒤퐁은 이미 자코뱅에 가맹하고 있었는데, 버크를 몹시 잘못 보았다고 써 보내 그 뒤 이 둘의 통신은 단절되었다. 그의 친구들 중에도 마리 앙트와네트에 대한 버크의 대 시대적 찬미는 아무리 보아도 지나치다고 비판하고 돈키호테의 역할을 하지 않도록 충고한 자도 있었다. 또 명백히 《성찰》은 폭스, 셰리단, 그 밖에 버크의 오랜 동지였던 몇몇을 그에게서 더욱 멀어지게 하고 휘그파의 분열에 박차를 가하게 되었다. 버크는 피트파에게 합류할 것이라는 소문도 나돌았다.

그러나 《성찰》에 대해 가장 날카롭게 반응한 것이 버크의 표적이 된 급진주의자들이었던 것은 당연하다. 반작용처럼 프라이스의 설교는 효과를 발휘하지 못했을뿐더러 이미 1790년 중에 전기 울스턴크래프트의 《인권의 옹호(A Vindication of the Rights of Man)》 이듬해 3월에는 페인의 《인간의 권리(The rights of Man)》 제1부 (제2부는 1792년 2월), 같은 해 4월에는 제임스 매킨토시(1765～1832)의 《프랑스의 옹호(Vindiciae)》, 그 밖에 브리스트리, 크리스티에 의한 편지글 형식의 반론 등이 출판되었다. 이렇게 보면 급진주의 이론가들 대부분이 《성찰》의 출판 후, 반년 이내에 무언가 반론을 발표한 것이 된다.

이런 반론의 내용에 대해서 말한다면 공통점으로서는 무엇보다도 이제까지 정치적 입장에서나 개인적 입장에서나 그들과 가까웠던 버크가 자유의 대의를 버리고 경멸해야 할 왕과 귀족의 앞잡이가 되고 만 것을 비난했다. 그들이 보기에 버크는 왕족의 개인적 고통에는 연극과도 같은 과장된 눈물을 보이면서도 그들에게 몇 년간 고통당한 민중의 고통에는 무감각한, 이미 인간성을 상실한 존재이고 연금과 명성 때문에 그 웅변을 권력에게 판, 증오해야 할 매판(買辦)이었다. 이러한 저작들은 이와 같은 버크에 대한 비판과 더불어 그들의 정치원리인 자유와 정의의 실현, 봉건적 신분제를 대신하는 민중의 의지에 입각한 정부, 이성의 계몽으로의 신앙들을 선전하고 있다. 또 타락한 영국국교회와 부패한 하원선거를 비판하고 진정한 이성적 원리에 의해 새롭게 만들어진 민중적인 프랑스 국민의회를 기리고 있다.

다만 이들 급진적 사상가가 모두 일률적으로 똑같은 사상을 똑같은 스타일로 말한 것은 아니다. 위에 작품명을 든 세 사람에 대해서 차례로 보아 나아가면 우선 가장 빠르게 가장 격렬한 비판을 쓴 것은 울스턴크래프트였다. 그녀는 이미 말한 바와 같이 근원적인 인간적 자세의 문제로서 정치를 문제로 삼고, 그 시점에서 버크를, 고딕적 우아(고딕이라는 언어에는 12세기의 중세주의자가 찬미한 경우와는 달리 무지와 야만과 미신에 대한 야유의 의미가 담겨져 있다. 마음을 빼앗겨 자연스런 인간다운 감정을 잊은 인물이라고 비판하고 반면 프라이스의 인격의 고결함을 강조했다. 또 전통적 체제가 인간성을 상실시킨다는 시점을 강조하고 가족제도나 여성의 예종 비판에서 더 나아가 국교회 비판과 직업인의 실업 문제 등에 이르기까지 일관된 시점으로 시종했다. 자연권을 이성적 피조물로서 독립적으로 선악 판단을 하는 권리라는 식으로 두드러지게 내면화해 해석하고 있는 것도 그녀의 특징이다.

다음으로 매킨토시인데 울스턴크래프트가 이른바 관념 라디칼적이고 화려한, 그러나 조금은 혼란한 인상까지 주는 문장으로 이야기한 데 대해 매킨토시는 보다 산문적이고 보다 실증적이었다. 그는 사실을 세심하게 거론하면서 프랑스에서 혁명은 필연적이었다는 것, 혁명은 버크가 비난하는 것처럼 돈을 목적으로 한 대중과 그 선동자의 결탁에 의한 것이 아닌, 전 국민적 행위였다는 것을 논증하고 있다. 나아가 그는 국민의회의 구성과 관

《프랑스혁명 성찰》제1판 속표지 (1790)

련해 상업적 계급이야말로 토지계급과 비교하면 보다 편견이 적은, 보다 자유로운, 보다 지적인 계급이고, 1688년 영국의 명예혁명과 마찬가지로 프랑스혁명에서도 이 계급의 주도에 의해 사상의 자유와 사회적 안정을 가져다줄 것이라고도 논했다.

끝으로 페인은 위의 두 사람에 비하면 다분히 교양적이지는 않았을 것이다. 그는 버크의 시효(時效)와 관습의 논리를 부정하고 정부에 대한 동의는 각 세대마다 갱신된다고 말하고 있는데, 그 같은 그의 이론은 어떤 의미로는 가장 고전적이고 가장 로크에게 충실했다. 또 그 문체는 가장 간결했다. 급진주의자들 가운데에서는 페인이 대중에 대한 직접적 영향력이 가장 강했던 것도 틀림없이 이것과 무관하지는 않을 것이다. 페인 논지의 최대 특징은 특히 미국 혁명과의 유추로 영국 사회를 피정복사회로 파악하고 이제 그를 타파해 진정으로 민중적인 영국 사회를 건설해야 할 때라고 강조한 것 등에 있었다.

버크 이후 시대《성찰》의 영향

버크는 이들 급진주의자들에게 직접 반론하지는 않았다. 설령 그렇게 했다 해도 어차피 둘 사이는 물과 기름이었으므로 정확하게 그것을 논쟁이라 부를 수도 없었을 것이다. 《성찰》 이후 버크는 그곳에 펼친 주장의 논리를 더욱 스스로 추구하고 철저하게 해 나가는 길을 택했다. 그러나 그것을 상세하게 뒤쫓을 필요는 없었을 것이다. 아래에서는 만년의 버크 문제를 뛰어넘어 버크 이후 시대에 대한 《성찰》의 영향, 특히 19세기 전반의 영국에 대한 영향 문제에 대해서 말하기로 한다. 처음부터 프랑스혁명이라는 영국의 앙시앵 레짐(구정체)에 있어서 반드시 현실적이진 않을지언정 적어도 원리적인 위기에 임해서 체제의 적극적 가치론으로서 버크는 왜 그와 같은 주장을 할 수 있었고, 왜 그것이 상당한 갈채를 받고, 더욱이 다음 세대에까지 강한 영향을 미칠 수 있었는가. 이 문제를 생각하는 것은 요컨대 한 시대와 사회에서 사상이라는 통신의 발신자와 수신자 사이에 존재하는 양해의 구조를 생각하는 것이고 그 회답은 어떻든 간에 두드러지게 가설적인 것일 수밖에 없다. 그것을 인식한 다음 하나의 설명을 가하면 옮긴이에게는 버크의 영향력이 영국사회의 근대화＝세속화의 진행과 깊게 연관이 있었던 것이라 생각된다.

18세기 특히 그 후반의 영국은 세속화 시대였다. 전(前) 세기 종교전쟁에 대한 혐오, 오랜 국내의 안정, 생활 수준의 향상은 위아래를 불문하고 사람들의 눈을 현재 생활의 향락으로 향하게 했다. 이는 문화사를 읽으면 명확하다. 국교회의 신학은 침체하고, 영혼의 구원이나 양심의 자유에 대해서 논하는 것은 열광으로서 꺼리게 되고 대신 세평 또는 명성, 우정, 치욕과 같은 본질적으로 사회적인 가치가 사람들의 행동기준이 되어 갔다. 물론 그리스도교가 한꺼번에 쇠퇴했다는 것은 아니다. 18세기는 또 버크의 시야에는 반드시 들어오지 않는다기보다 하층의 대중 사이에서 웨슬리의 신앙 부흥운동이 성공한 세기이기도 했다(그러나 그 웨슬리조차 신앙은 사람의 영혼을 구함과 동시에 그를 사회적으로도 선량하게 한다고 논하고 있다). 프라이스는 당연하겠지만 울스턴크래프트 또한 인간적 우정이나 쾌락으로는 채울 수 없는 공허를 채우는 것은 신에서의 휴식 이외에 무엇이 있을까라고 논했다.

또 오늘날의 우리는 약 10년 후에는 옥스퍼드운동이라는 지적 최고 엘리트의 종교부흥운동이 있었던 것도 알고 있다. 그럼에도 불구하고 세속화는 착실히 진행되고 있었다. 어쩌면 이러한 운동은 그와 같은 조류 자체가 불러일으킨 반작용이고 세속화라는 점에서 영국사회는 과도기에 있었다는 것이 정확할지 모른다. 버크의 본질적인 세속주의는 그와 같은 경향의 정확한 반영이고 또한 유력한 한 인자이기도 했다. 그러나 시대는 과도기였으므로 만일 버크가 세속국가의 윤리적 자기 충족성을 너무나도 명확히 주장하고 있었다면 틀림없이 《성찰》의 영향력은 보다 약했을

버크(1729~1797)
휘그당 정치가이며 정치이론가인 버크는 영국에서 활동했던 매우 훌륭한 정치 지도자이다. 그는 정치이론의 역사에 중요인물로 남아 있다.

것이다. 그리고 그가 그와 같은 이른바 양면작전과도 같은 곤란을 극복할 수 있었던 것은 오로지 '자연'이란 언어의, 적어도 결과적으로 봤을 때 교묘한 조작에 따른 것이었다.

독자는 버크가 자신의 이론의 결정적인 단계가 되면 때때로 '자연'이란 언어에 호소하고 있는 것을 깨달았을 것이다. 즉 British Constitution이 뛰어난 것은 사람들이 자연에 따른 행복한 결과이다. 그것은 인위적 제도이면서 자연이란 규범에 따르는 것을 기본정책으로 삼았으므로 제도로서 뛰어난 유효성과 고귀함을 지닐 수가 있었다(버크는 British Constitution은 자연 그 자체라고는 결코 말하지 않는다. 수사의 교묘함, 신중함의 표현이다). 즉 자신이 프라이스와 그만큼 다르게 느끼는 것은 요컨대 그렇게 하는 것이 자연이기 때문이다. 영국인이 신이나 왕이나 성직자나 귀족을 존경하는 눈으로 우러러보는 것도 그것이 자연이기 때문이다. 이에 대해 프랑스혁명의 행동은 모두 자연에 반하고 자연을 격노시키는 방향으로 향하고 있다 운운.

물론 이 시대, 또는 그 이전에 '자연'이란 언어에 궁극적으로 주장의 정당화를 요구하는 것이 그다지 바뀐 것은 아니었다. 급진주의자들 또한 버크를 비난할 때는 자연에 호소했다. 그러나 그들을 포함한 버크 이전의 용어법에는 개념내용의 온갖 다양성에도 불구하고 공통된 하나의 특징이 있었다. 그것은 (카를 만하임식으로 말하면) 유토피아성(性)이다. 홉스를 제외하고 정치사상에서의 자연개념은 언제나 현실초월적인 성격을 강하게 띠고 있었다. 자연이란 그러므로 현실을 비판하기 위해 논자의 개념 중에서 구축된 초월적 개념이었다. 그와 같은 초월적 개념에 논자를 둘러싼 현실이 투영되어 있던 것도 확실한데, 그렇다고 해서 초월성을 그곳에서 잃게 되지는 않았다. 그러므로 버크의 용어법은 이러한 것과는 아주, 틀림없이 본질적이라고 해도 좋을 만큼 다르다.

　위에 열거한 용어의 예 가운데 프라이스 운운 이하의 후반은 요컨대 자신의 감정을 자연으로 바꿔 말한 것에 불과하다. 이에 대해 전반의 British Constitution에서 말하고 있는 자연에는 초월적 규범으로서의 무언가 구체적 내용이 있을 것 같은 생각이 드는데, 그 부분의 본문을 읽어보면 일목요연해지듯이 그 의미는 여러 요소를 포함한 시스템으로서의 완전성 내지 완결성, 또는 다양성 중의 통일성과 같은 두드러지게 형식적인 성격의 것이다. 그리고 그 시스템이나 통일성의 실질적, 구체적 규정을 부여하고 있는 것은 역사라는 사실이다. 똑같은 것을 버크가 자연과 같을 정도로 때때로 호소하는 '신의(神意)'라는 언어에 대해서도 그에 대해서 새삼 예를 들어 설명할 필요는 없을 것이다. 그런 의미에서 버크의 자연이나 신의의 개념에는 유토피아성(性)이 두드러지게 결여되어 있다. 그리고 그와 같은 유토피아성의 결여와 그의 비관적인 인간상과는 깊은 관련이 있다고 생각할 수 있을 것이다.

　그러나 깊이 생각해 보면 과연 버크에게는 정말로 유토피아가 없었을까. 만일 그렇다면 어떤 결과가 됐든 그는 있는 그대로의 현실 그것이야말로 자연이고 신의라고 용인했을 것이다. 또 일이 성사되었음에도 불구하고 끝까지 프랑스혁명을 비판할 수 없었을 것이고 실제로 그럴 필요도 느끼지 않았을 것이다. 이제까지 미국 독립에 대한 태도를 생각해도 버크에게 그런 경향이 본디 전혀 없었다고는 생각되지 않고, 버크의 영향을 받은 사람들 가운데서도 드 메스트르 등에게는 혁명을 신의로 받아들이려는 충동이 강했다(이와 관련해 메스트르는 그 바탕 위에서 왕정의 재건을 생각한다. 따라서 단순한 귀족의 반혁명운동은 비판한다). 하지만 버크는 죽음이 가까워짐에 따라 반혁명의 불길을 더욱 강하게 지속적으로 타오르게 했다. 그렇다면 그처럼 유토피아성이 결여된 것처럼 보이는 버크의 사상에 일관하는 규범의식이란 어떤 것이었을까. 또는 아이러니를 안에 간직한 연기자가 이제 자신의 생애에는 다른 연기의 가능성이 없음을 깨닫고 그 연기에 빠져버린 것으로 보아야 할까.

결론부터 말하자면 한 사상가를 앞에 두고 너무나도 당연한 평계가 될지도 모르지만 버크에게도 일관된 규범의식이 있었다. 그러나 그 규범의식에 버팀목이 되는 근거는 전통적인 것과는 이질의 것이었다. 규범으로서 전통적인 자연개념에 버팀목이었던 것은 언어와 그것이 낳는 논리에 입각한 윤리적 명제의 진실성에 대한 신앙이다. 어떠한 내용이건 누구나 감각적으로 완전히 경험한 적이 없는 자연법에 사람들을 복종시키는 것은 불가능하다. 그리고 그와 같은 태도를 사람들에게 가르친 것이 신의 언어에 대한 절대적인 복종을 요구하는 그리스도교였던 것은 확실할 것이다. 이에 대해 버크는 논리적으로 어느 정도 정합적(整合的)이라도 경험으로 뒷받침되지 않은 언어의 진실성을 믿지 않았다.

거꾸로 추상적으로는 모순된 명제도 경험이 진실로 인정하면 조금의 모순도 아니었다. 추상적 형이상학에 대한 그의 혐오는 너무나도 명백하다. 그리고 그와 같은 인물이 규범의 궁극적인 근거를 인간적 경험의 총체, 즉 역사와 물리적 자연 속에서 추구하고 나아가 그 전체를 자연으로 표상했다 해도 이상할 것은 전혀 없다. 그것은 말하자면 사실로서 존재한 것 중에 가장 완전한 것을 당위의 근거로 하는 태도이다. 그 같은 태도는 전통적인 그리스도교, 유독 엄격한 프로테스탄티즘의 규범의식으로는 몰(沒)규범적인 것에 불과하지만, 규범의식의 근거가 미의식에 있는 경우에는 오히려 당연한 태도일 것이다. 존재한 사실 가운데 무엇이 가장 완전한지는, 어쩌면 정확하게 말해 시각적 이미지가 결정해 줄 것이다. 거꾸로 시각적 이미지를 언어에 의해 완전히 표현하는 것은 불가능하므로 《성찰》의 전통용호론은 필연적으로 '편지'라고 하기에는 너무나 길고 때로는 논리적이어서 모순되어 보이기도 한다. 그러나 그것은 버크에게 있어 모순이 아니다. 실제로 《성찰》에서의 가치의 세계 내지 유토피아는 미의식에 근거가 부여되고 있는 것으로 볼 때 고도의 일관성을 나타내는 것이다.

그러나 시야를 버크로부터 다소나마 넓게 해보면 존재하고 있는 그대로의 자연 가운데 선택적으로 규범이어야 할 가시상(可視像)을 추구하는 이 사고방식은 이제까지의 전통적 규범개념으로부터는 동떨어져 있더라도 적어도 버크의 시기, 내지 그 이후의 영국에서는 반드시 예외적인 것은 아니었다. 좁은 의미에서의 정치사상으로서는 반드시 모습을 드러내고 있지는 않지만, 예를 들어 번즈가 자연을 노래하고 그레이가 시골 교회의 풍경을 그곳에 잠자는 이름 없는 농부와 함께 노래할 때, 분명 그 같은 자연의 심상은 관조의 대상임과 동시에 사람에게 무언가 삶의 방식을 지시하는 것이었다.

프랑스혁명에 대한 정열이 식은 워즈워스가, 영국의 자연 속에서 양 떼 속에 혼자 선 목자에게서 진정한 인간적 모습을 느꼈을 때, 그리고 그것을 노래한 시에 이른바 정신의 위기에 있었던 젊은 J.S. 밀이 구원되었을 때, 워즈워스와 밀과 자연과의 사이에 똑같은 일이 생긴 것이다. 또는 이에 더해 본질적으로 시각적인 우주와 인간의 이미지를 구가하고 있는 한 시대 전의 포프의 장편시가 온갖 윤리적 기준의 객관성을 의심하면서 그것과는 대상적으로 미적 체험의 객관성을 강조하고 있는 것도 상기해 볼 가치가 있을 것이다.

물론 위에 든 예와 버크의 자연개념이 내용적으로도 고스란히 같다고는 할 수 없다. 그레이나 워즈워스에게 자연은, 특히 18세기에 고도화한 도시문명에 대한 비판으로서의 의미가 담겨져 있다고 보아야만 하는 데 대해, 버크가 인위(人爲)라는 원칙을 부정하는 일 없이 실질은 그 자연이라고 독자에게 설득하는 데 힘쓴 것은, 우아하고 장중한 궁정이나 귀족이나 국교제(國敎制) 등 아주 도시문명적 성격이 강한 것이었다. 그럼에도 불구하고 둘 사이에는 의식적이건 무의식적이건, 규범의 확실한 근거로서 미의식에 호소한다는 공통점이 있었다. 게다가 버크는 이와 같이 오늘의 시점에서 돌아보면 전통적 종교성과 비교해 이제는 명확히 세속화한 가치의식을 지니고 있는 영국의 독자에 대해서도 본질적으로는 세속적인 그 국가이론을 강요할 수 없는, 자연이라는 전통적 규범개념의 오블라트로 싸는 것을 잊지 않았다.

만일 뛰어난 사상가란 시대를 정확하게 비쳐내는 거울이고, 또 그 거울의 제작자라는 판단기준을 세울 수 있다고 한다면 버크는 그야말로 위대한 사상가였다고 해야 할 것이다. 같은 것을 다른 비유로 말한다면 18세기 이상으로 미의식의 세기가 된 19세기에 대한 《프랑스혁명 성찰》의 영향은, 마치 하나의 바이올린 위에 주의 깊게 조율된 현(弦)과 그것에 공명하는 악기로 이해할 수 있지 않을까.

Reden an die Deutsche Nation

독일 국민에게 고함

요한 고틀리프 피히테

1강 예고와 전체의 개관

이제 시작하는 강연은, 예고한 대로 3년 전 겨울 내가 이 곳에서 강연한, 뒤에 《현대관의 대요》라는 책으로 낸 그 강연의 계속이다. 나는 강연에서, 인류 전체의 발달 경로를 5기로 나누어 현대는 그 3기에 속하며, 모든 활동은 오직 관능적 이기의 충동에 의존한다고 말하였다. 또 현대는, 이 충동으로 움직일 수 있는 경우에만 자기를 완전히 발휘할 수 있다고 생각한다고도 말하였다. 이어 현대는, 자기의 그와 같은 본성을 명찰(明察)해서, 이러한 강력한 본성 바탕 위에 굳건히 서 있는 것이라고도 말하였다.

그런데 우리의 시대는 이제까지 볼 수 없을 정도로 변화가 빨라서, 내가 시대의 설명을 시도한 지 불과 3년도 되지 않았는데 그 짧은 기간 동안에, 어떤 나라(독일)에서는 그러한 시대가 이미 모두 과거의 것이 되고 말았다. 어떤 나라에서는 사람들이 이기심을 더할 나위 없이 조장시켰으므로, 자신과 자신의 독립을 잃고 마침내 자멸에 빠져 있다. 이기심은 자기 말고는 그 어떤 목적도 용인하지 않았으므로, 자기와 자기의 독립을 잃고 마침내 자멸에 빠져 있다. 이기심은 자기 말고는 그 어떤 목적도 용인하지 않았으므로, 오히려 다른 권력의 제압을 받아 자기와는 관계가 없는 다른 목적을 쫓지 않으면 안 되게 되어버린 것이다. 나는 먼저 이 시대의 설명을 시작한 이상, 이 시대의 사정이 급변한 오늘날 다시 새로운 설명을 할 의무가 있다고 느낀다. 즉, 이 시대가 이미 현재가 아닌 것이 된 오늘날, 한때 이 시대를 현재라고 설명한 청중에 대해서 그것은 이미 과거가 되었음을 말할 의무가 있다.

독립을 잃은 나라는 그와 함께 조류에 영향을 미치는 능력, 시대 조류의 내용을 자유롭게 좌우할 능력마저도 잃어버린 것이다. 만약에 그러한 나라가 이 상태를 개선하지 않을 때에는, 그 시대와 그 나라 자체는 외국에 의하여 해체되어, 그 운명을 제압당하고 만다. 따라서 이러한 나라는 이미 자기의 독립적 존재는 누리지 못하고, 다른 민족, 다른 국가의 사건이나 시대를 표준으로 해서 자신의 연대(年代)를 세지 않으면 안 되게 된다. 이와 같은 상황에서는 그는 이제까지 세계에 대해서 자발적으로 위력을 발휘할 수 없게 되고, 그에게는 다만 다른 사람에게 종속하는 명예만이 남는다. 이러한 상황으로부터 다시 일어나기 위해서는 하나의 새로운 세계를 열고, 하나의 새로운 그 나라 자신의 시대를 만들어 이 새로운 세계를 진보시키며, 이 새로운 시대의 내용을 충실하게 만드는 것 말고는 달리 길이 없는 것이다. 그러나 그 나라는 먼저 외국의 힘에 굴복한 일이 있으므로, 이 새로운 세계는 정복자의 눈에 띄지 않도록, 또 결코 그 시기심을 자극하는 일이 없도록 해서 만들지 않으면 안 된다. 그리하여 정복자로 하여금 그 때문에 오히려 자기가 이익을 얻게 된다는 것을 느끼게 하고, 피정복자의 새로운 건설에 대해서 아무런 방해도 가하지 못하도록 하지 않으면 안 된다. 앞서 이제까지의 자기와, 자기의 이제까지 시대와 세계를 잃어버린 민족이, 새로운 자기, 새로운 시대를 창조하는 수단으로서, 이와 같은 하나의 새로운 세계를 만드는 일이 가능하다고 하면 이러한 세계를 설명한다는 것은, 현재와 미래에 걸쳐 시대의 설명을 하려고 하는 사람에게 절실한 일일 것이다.

그렇다. 나의 입장으로서는 여기에 그와 같은 세계가 존재해야 한다는 것을 믿는다. 따라서 이 강연의 목적은, 여러분에게 이와 같은 세계의 본질과, 그 참다운 소유자를 지시하여 이 새로운 세계의 비전을 여러분 앞에 제시하고, 이러한 세계를 창조하는 수단을 서술하는 일이다. 그런 뜻에서 이 강연은, 앞서 그즈음 현황에 관해서 한 강연의 계속으로, 이기심을 중심 동기로 하는 국가가 외국의 힘에 의해 파괴된 뒤 직접 일어나야 할, 또 일어나지 않을 수 없는 새로운 시대를 설명하려는 것이다.

그러나 이 일을 시작하기에 앞서 나는 여러분이 다음과 같은 여러 점을 전제로 하여 잊지 않기를 바라고, 또 다음의 여러 점에 관해서 필요가 있는 한 나와 의견을 같이 할 것을 확실이 바라지 않을 수가 없는 것이다.

첫째, 나는 독일인 전체를 위하여, 독일인 전체에 대해서 말하는 것이다. 과거 수백 년 이래 여러 재앙이, 본디 동일한 국민에 속하는 우리 내부에 만들어 낸 모든 괴리적(乖離的) 차별을 인정하지 않고, 전적으로 이를 도외시하고 파기하여 독일인을 독일인으로서 논하는 것이다.

경애하는 청중 여러분, 나의 눈은, 독일 국민의 제일이자 직접적인 대표자인 여러분, 독일 국민의 사랑스러운 특징을 나에게 보여 주고, 또 나의 강연의 불같이 타오르는 초점을 형성하고 있는 여러분을 보고 있을 뿐이지만, 나의 마음의 눈은 전 독일 국민의 교양 있는 인사가, 그들이 살고 있는 모든 나라들로부터 와서 나의 주위에 모인 것을 느끼고, 우리 모두에게 공통된 정세를 고찰하여, 아마도 여러분을 움직일 수 있는 이 강연의 생생한 힘의 일부분이 무언의 인쇄물이 되어, 이것을 읽는 것으로만 만족하지 않는 여러 사람의 눈앞에 올 때에도 그 힘을 발휘해서, 도처에 독일인의 심정을 불타게 하여, 결심과 실행을 촉진할 것을 바라는 것이다. 오직 독일인 전체에 대해서, 또 단적으로 독일 전체에 대해서—라고 나는 말했다. 나는 앞으로 적당한 시기에 제시할 생각이지만, '독일' 이외의 통일적 명칭 또는 국민적 연계대(連繫帶)는 이제까지 진실성과 의의를 가지지 못했다. 만약에 가령 가졌다 해도, 이러한 결합점은 우리의 현황에 의해 파괴되고, 우리로부터 박탈되어, 결코 복구되지 않을 것이다. 우리 국민이, 외국과 융합되어 멸망에 빠지는 것을 면하게 하고, 또 우리 국민이 자신의 특징을 살려 그것을 확보함으로써, 그 어떤 형태로도 남에게 종속할 수 없는 자아를 다시 획득할 수 있게 하는 것은, 독일의 혼이라고 일컬어지는 우리에 공통된 특징이다. 우리가 이러한 자아를 통찰한다면, 이 주장이 다른 의무 및 신성시되는 사항과 모순되는 일이 아닐까 하고 염려하는 많은 현대인의 기우는 모두 사라질 것이다.

나는 독일인 일반에 대해 논하는 것이므로, 여기게 모인 여러분에게는 우선 관계가 없는 일도 관계가 있는 것으로, 또 당장 여러분에게만 관계가 있는 일도 모두 독일인에게 관계가 있는 일로서 말하는 일이 있을 것이다. 이 강연에서 용솟음치는 나의 마음속에는 착잡한 하나의 통일체를 생각하고 있는 것이다. 이 통일체 안에서는, 그 누구도 다른 사람의 운명을 자기와는 무관하다고 생각하지 않고, 또 이 통일체는 우리의 파멸을 막기 위해서는 당연히 성립되어야 하고 또 통일되지 않을 수 없는 것이다. —나는 이 통일체가 먼저 성립, 완성되어, 엄연히 거기에 존재하는 것을 마음으로 느끼는 것이다.

둘째, 나는 다음과 같은 독일인의 청중을 전제한다. 즉, 나의 청중은, 자기가 입은 손해에서 생기는 고통에 전적으로 몸을 맡기고, 그 고통 안에 있으면서도 스스로를 자위하고, 또한 비참한 상태에 만족함으로써 이러한 감정에 의해서 그들에게 다가오는 실행에의 요구와 타협하려는 사람은 아닐 것이다. 오히려 나의 청중은, 이 정당한 고통을 넘어서, 명석한 사고와 관찰의 높은 경지에 이른 사람, 혹은 적어도 이와 같은 높은 곳에 이를 수 있는 능력을 가진 사람일 것이다. 나는 그의 고통을 알고 있다. 나는 그 누구에게도 못지않게 이 고통을 느끼고 있다. 나는 이 고통을 존중한다. 음식을 얻고 아무런 육체적 고통을 받지 않으면 만족하고, 명예와 자유와 독립을 공허한 명칭이라고 생각하는 우둔한 사람들은, 이와 같은 고통을 느끼는 능력을 가지고 있지 못하다. 그러나 그 고통도 오직 우리를 사려와 결심과 실행으로 몰아세우기 위해 존재하는 것이다. 만약에 이 궁극적인 목표를 잃는다면, 고통은 우리로부터 사고와 얼마 남지 않은 모든 힘도 빼앗아, 우리를 극도의 불행으로 이르게 한다. 그때 또한 고통은 우리의 태만과 나약의 실증자로서, 우리의 이 불행이 당연한 운명이라는 것을 여실히 증명하는 것이다. 나는 밖에서 원조가 있어야 한다는 위안에 의해서, 또는 이 시대가 가져와야 할 여러 가지 가능한 일과 변혁을 지적함으로써, 여러분으로 하여금 이 고통을 벗어나게 할 생각은 없다. 왜냐하면 이와 같은 사고방식은, 오히려 동요가 예사인 가능의 세계를 방황할 뿐, 필연성 위에 자기를 확립하려고 하는 것이 아니라, 자기의 구제를 자기의 힘으로 얻으려고 하느니보다는 오히려 맹목적인 우연에 의하려고 하는 것으로, 그 자체가 크게 비난을 받아야 할 경솔한 마음과, 가장 깊은 자기 멸시의 존재를 나타내는 것인데, 이러한 종류의 모든 위로나 지적은 우리의 위치에는 전혀 적용할 수 없는 것이기 때문이다. 우리는 엄정한 증명을 하기 위하여, 또 적당한 시기에 이를 이루려고 생각하고 있는 것이지만, 어떠한 인간도, 어떠한 신도, 또한 우연의 범위에 속하는 모든 사건 그 어느 것도 우리를 도울 수는 없다. 우리를 도우려고 할 경우, 우리는 오직 우리의 힘에 의존하지 않으면 안 되는 것이다. 나는 오히려, 여러분으로 하여금 이 고통을 극복하게 하기 위해서는, 우리의 위치, 우리에게 아직도 남은 힘, 우리를 구조할 실제적 수단 따위를 뚜렷하게 통찰하는 수단에 의존하고자 하는 것이다. 그러므로 나는, 어느 정도의 사려와 어느 정도의 독립 활동과, 약간의 희생을 요구하는 것으로, 이러한 요구에 응해 주기를 여러분에게 기대하는 것이다. 이러한 이 요구 조건은 모두 손쉬운 것으로, 특별히 큰 힘을 필요로 하는 것이 아니다. 이 정도의 힘은 우리 시대에 이것을 기대할 수 있다고 나는 믿는다. 이 조건을 충족시키는 데에 그 어떤 위험이 있는가? 여기에 위험 같은 것은 전혀 존재하고 있지 않은 것이다.

셋째, 나는 독일 국민으로 하여금, 그들의 현재의 위치를 독일 국민으로서 뚜렷하게 통찰하게 할 생각이므로, 자신의 눈을 가지고 이런 종류의 사물을 보려고 하는 청중 여러분을 기대하는 것이다. 외국의 안경은, 고의적으로 환각을 일으키도록 만들어져 있거나, 또는 자연 그대로라도 본래 입장을 달리하므로 명찰의 정도가 약해지므로 도저히 독일인의 눈에는 적합하지 않은 것이지만, 이들 문제의 통찰에 그와 같은 가짜를 사용하려고 하는 안이한 청중을 나는 결코 기대하지 않는다. 또 나는, 청중 여러분이, 이와 같이 자기 눈으로 관찰을 함에 있어, 거기에 존재하는 것을 있는 그대로 바라보고, 자신의 눈에 비치는 것을 있는 그대로 인정하는 용기를 가지고, 세상에 흔히 있는 경향, 즉 자기의 사건에 관해서 자신을 기만하고, 실제로 존재할 수 있는 것보다는 비참의 정도가 적은 형상을 그리며 안주하려는 경향을 전적으로 이겨내거나 혹은 적어도 이것을 이겨내는 능력을 갖추고 있기를 기대한다. 이러한 경향은, 자신의 사상이 무서워서 비겁하게 도피하는 것이라고 할 만한 것으로, 어린애 같은 생각이라고 할 수 있다. 즉 자기의 불행을 보지 않고, 혹은 적어도 이것을 보았다고 고백하지 않으면, 그에 의해서 그 불행이 자신의 생각에서 사라지는 것처럼 현실 속에서도 사라졌다고 믿는 어린애 같은 생각이다. 이에 반해 불행을 똑바로 바라보고, 이에 떳떳이 대결하고, 이 불행을 침착하고 냉정하고 자유롭게 꿰뚫어봄으로써 이 불행을 구성 요소로 분석하는 것은 사나이답고 용감한 작업이다. 우리는 또 이와 같이 명확한 통찰에 의하지 않고서는 불행을 지배하는 위치에 설 수가 있다. 따라서 우리는, 각 요소 안에 전체의 모습을 통관하고, 항상 자신의 위치를 알고, 일단 얻은 명찰(明察)에 의해서 자기 입장을 확실하게 함으로써만이, 비로소 확고부동한 걸음으로 불행과 맞설 수가 있다. 이에 반해서, 확고한 지침도 확고한 신념도 결여된 사람은 맹목적으로, 몽상적으로 모색하지 않으면 안 된다.

이러한 명확한 인식을 두려워하는 이유는 어디에 있는가? 재난은 이것을 모르고 있다고 해서 감소되는 것은 아니고, 또 이것을 인식한다고 해서 증대하는 것은 아니다. 아니 이것을 인식하지 않으면 이것을 고칠 수가 없는 것이다. 그러나 우리는 지금 과거의 책임을 운운하는 것을 전적으로 삼간다. 필연적인 결과인 재난이 아직 극도에 이르지 않고, 개선에 의한 구원과 완화의 여지가 존재하는 동안에는, 혹독한 비난, 뼈아픈 조롱, 살을 깎는 것 같은 모욕에 의해, 태만과 이기심을 억제하는 것도 좋다. 이리하여 우리를 자극해서, 비록 개선에는 이르지 못하더라도, 적어도 경고자 그 사람에 대한 증오와 분개를 자극하여, 격동을 느끼게 하는 것도 좋다. 그러나 이러한 화(禍)가 일단 극단에 이르러, 죄악을 계속해 갈 가능성조차도 빼앗긴 뒤에는, 이미 죄를 범할 능력도 없어진 사람을 새삼 비난하는 것은 아무런 보람도 없고, 단지 쓸데없는 심술로 보일 뿐이다. 이러한 경우, 문제는 이미 윤리의 영역을 벗어나, 모든 사건을 이전의 사건의 필연적인 결과로 보고, 자유를 과거의 것으로 여기는 역사의 영역으로 옮아가는 것이다. 우리의 강연에서 현재의 관찰로서는 오직 이 역사적 관찰이 남아 있다. 그러기 때문에 우리는 결코 다른 관점을 취하지 않을 것이다.

나는 여러분이, 자기를 단적으로 독일인으로 생각하고 고통에 의해서조차도 속박당하지 않으며, 진리를 보려 애쓰고 또 진리를 똑바로 바라보는 용기를 갖는 자각을 가질 것을 기대하며, 내가 지금부터 하려고 하는 모든 말을 듣고 그 자각을 갖기를 바라는 것이다. 이와는 다른 생각을 가지고 이 자리에 오는 사람이 있다면, 어쩌면 불쾌한 생각을 갖는 사람이 있을지도 모른다. 그러나 그것은 그 사람의 잘못이다. 이것은 단 한 번 여기에서 양해를 얻는 것으로 그치고 앞으로 나는 나의 강연의 근본 내용의 개관(槪觀)을 말하려고 하는 것이다.

나는 이 강연 첫머리에서 말했다. 어떤 곳에서는 이기심이 그 완전한 전개로 말미암아 스스로를 망치고, 동시에 그에 따라 자아를 잃고, 또 독립적으로 자기 목적을 정하는 능력을 잃었다고 말이다. 이렇게 이기적 입장이 스스로를 멸망시키기에 이른 것은, 내가 이전에 말한 시대의 흐름이자 그 시대의 전혀 새로운 사건으로, 그것은 나의 생각에 따르면 내가 이전에 했던 시대 묘사의 계속을 가능하게 하고 또 필요한 것으로 만들었던 것이다. 즉 이 멸망 상태는 우리의 실제적인 현황이고, 내가 마찬가지로 그 존재를 주장한 하나의 새로운 세계에서의 우리의 새로운 생활이, 직접 여기에 결부되지 않으면 안 되는 것이므로, 이 멸망 상태는 이번 강연의 본래의 출발점이기도 한 것이다. 따라서 나는 우선, 어떻게 해서 또 무엇 때문에 이기심이 최고의 발달에 이르러 이와 같은 파멸을 필연적으로 초래했는가를 제시하지 않으면 안 된다.

이기심은 매우 소수의 예외를 제외하고는, 피통치자의 전체를 덮친 후 다시 만연해서 통치자 계급도 덮치고, 마침내 그들 생활의 유일한 충동이 되기에 이르러 그 발달이 최고점에 이른 것이다. 이러한 정부로부터는, 우선 대외 관계에서는 자국의 안녕을 타국의 안녕으로 결부시키는 모든 연계를 등한시하는 경향, 자기가 한 성원으로서 속해야 할 전체를 단지 자신의 안일만을 탐욕하기 위해 포기하는 경향, 자기 나라의 국경만 침범당하지 않는 한 평화로울 수 있다는 이기심의 한심스러운 기만 등이 생긴다. 또 대내 관계에서는 정치의 고삐를 쥐는 손에 이러한 연약한 태도가 생긴다. 이것을 외국어로는 인도주의, 자유주의, 민중주의라고 부르지만 독일어로는 바로 무기력 또는 위엄 없는 행동이라고 부를 만한 것들이다.

만약에 이기심이 통치자 계급도 덮칠 때—라고 나는 말했다. 국민 모두가 타락하고, 모든 타락의 원인이 이기심에 의해 지배되기에 이르러도, 정부만이 이러한 타락으로 빠지지 않는 한 그 나라의 국민은 여전히 존재할 수 있을 뿐만 아니라, 외관적으로도 빛나는 업적을 이룩할 수가 있는 것이다. 아니, 정부도 밖을 향해서는 신의 없이 의무와 명예를 잊은 행동을 해도, 만약에 안쪽으로 향하여 정치의 고삐를 힘있게 쥐고 자신에 대한 피통치자의 공포를 더욱더 크게 조장시킬 수가 있다면, 국가의 유지에는 지장이 없는 것이다. 그러나 통치자와 피통치자가 다 같이 타락한다면, 밖으로부터의 최초의 마음먹은 공격을 받기만 해도 그 국가는 이내 쓰러진다. 국가가, 한때 자신이 한 성원이었던 단체를 배신하고 떠난 것처럼, 지금은 국내에서 인민이 통치자를 두려워하지 않고 다른 나라를 더욱 두려워한 나머지, 신의를 저버리고 자기 정부로부터 이탈하여 각기 자기의 길로 달려가는 것이다. 이렇게 산산이 흩어진 국민들은 외군에 대한 큰 공포에 사로잡혀, 조국의 방어자에게는 매우 적은 양을 마지못해서 내놓는 데에 비해 적에게는 많은 양을 억지웃음을 띤 얼굴로 주게 되는 것이다. 이리하여 모든 면에서 버림을 받고 배반을 당한 통치자는, 외국의 계획에 굴복하고 따름으로써 간신히 자신의 존속을 유지하는 비경(悲境)에 빠지고, 조국을 위한 싸움에서 무기를 버리고 항복한 사람도, 외국의 깃발 밑에 서서 조국을 적으로 삼아 배반하게 되는 것이다. 이렇게 이기심은 최고로 발달하여 망하고, 이기심 이외의 다른 목적을 추구하지 않으려고 하는 사람들은 외세에 의해 다른 목적을 강요받게 되는 것이다.

이와 같은 종속 상태에 빠진 국민은, 종래의 관용적인 수단으로는 도저히 이 경지에서 빠져나올 수가 없다. 그들이 아직도 모든 힘을 갖고 있었을 때조차도 그들의 반항은 소용이 없었는데, 하물며 그들이 그 힘의 대부분을 빼앗기고 난 후 그 저항이 무슨 소용이 있겠는가? 이전에 그들의 정부가 정치의 고삐를 강하게 쥐고 있었을 때에는 아직도 쓸 수 있었을 수단도, 이 고삐가 단지 형식적이고 그 손이 이미 외세의 간섭을 받고 조종을 받게 된 지금에 이르러서는 이미 소용이 없는 것이다. 이러한 국민은 이미 자기 자신에게 의지할 수가 없다. 그렇다고 또 그들의 정복자에게 의지할 수도 없다. 왜냐하면 이 정복자도 또한 획득한 이익을 굳게 지키고, 모든 방법을 다해서 이를 추구하는 일을 잊는다면, 이전에 정복당한 국민이 빠졌던 것 같은 무사고(無思考)와 비겁과 절망에 빠지지 않을 수 없기 때문이다. 만약에 이 정복자가 시간의 경과에 따라 무분별해지고 비겁해지면, 그 정복자는 우리와 마찬가지로 멸망을 면치 못할 것이다. 더욱이 그 멸망은 우리의 이익이 되지 못한다. 왜냐하면 그들은 새로운 정복자의 먹이가 될 것이기 때문이다. 그런데 이렇게 몰락한 국민이 구제받을 여지가 있다면, 그것은 지금까지 사용된 적이 없는 새로운 수단에 의해, 아주 새로운 사물의 조직을 만들어 내는 것으로만 가능할 것이다. 그렇다면 우리는 우선 관찰해야 한다. 지금까지의 사물이 갖는 질서의 바탕은 무엇이었는가? 왜 이러한 질서가 마침내 필연적으로 종말을 고해야 했는가? 우리가 만약에 이것을 안다면, 우리는 멸망의 원인과는 정반대 사실에서 하나의 새로운 요소를 찾아내어, 이것을 시대에 적용하여 이로써 침체된 국민을 재기하게 하는 하나의 새로운 생활로 인도할 수 있을 것이다.

우리가 만약에 그 멸망의 원인을 탐구한다면, 종래의 모든 제도에서 전체의 참여는 개인 신상의 관여와 결부되어 있음을 알게 된다. 더욱이 그 결부는, 현재와 미래 생활 전체의 운명에서 생기는 개인의 사항을 혹은 두려워하고 혹은 희망을 갖는 데에서 왔는데, 그 연계가 어떤 곳에서는 전적으로 단절되어 전체의 이해를 생각하는 사람이 없어졌다는 사실을 알게 될 것이다. 관능적, 물욕적인 이기심에 집착한 결과는, 미래의 생활과 현재의 생활을 결부시키는 종교를 버리고, 또 종교의 결함을 보충하거나 그것을 대신하는 도덕적 수단, 즉, 명예심, 국가의 체면 등을 공허한 환상으로 여기게 하는 바탕이 되었다. 정부의 힘이 미약하므로, 의무의 태만을 벌하지 않는 일이 겹쳐서, 개인이 전체에 대한 태도에서 생기는 개인 신상의 사항에 대한, 더 나아가서는 현재의 생활에 대한 공포심마저도 잃게 하고, 또 개인의 전체에 대한 공적 여하를 돌보지 않고 전적으로 다른 규칙이나 동기에 의해서 개인의 희망을 만족시키는 일이 빈번해짐에 따라 희망의 힘도 잃게 한 것이다. 전체와의 연계는 이렇게 해서 어떤 곳에서는 전적으로 단절되는 것이고, 이에 따라 공공적 단결은 해체되는 것이다.

하지만 정복자는 이제부터라도 정복자만이 할 수 있는 유일한 일을 애써 하려고 할 것이다. 그 유일한 일이란, 이 연계 수단의 마지막 부분인 현재 생활에 대한 공포와 희망을 다시 결합시켜 다시 강화하는 일이다. 그것은 오직 그 자신을 위해 하는 것으로 우리를 위해 하는 일이 아니다. 왜냐하면 그는 자기 이익을 확실하게 이해하기 때문에 이와 같이 회복된 유대에 최우선적으로 그들의 문제만을 결부시키는 한편, 우리의 관심은 정복자 자신의 목적 실현의 수단으로서 그들 자신의 사항이 되는 경우에만 채용할 것이기 때문이다. 이처럼 몰락한 국민에게서는 장래도 이미 공포도 없고 희망도 없다. 공포와 희망을 이끄는 힘은 그들의 손에서 떠나 있다. 그리하여 그들 자신은 두려워하고 희망을 가질 수는 있어도, 앞으로는 어떠한 사람도 그들을 두려워하는 일이 없고 그 누구도 그들에게 기대를 걸지 않는 것이다. 그러기 때문에 그들에게는 하나의 전적으로 새로운, 공포와 희망을 초월한 연계 수단을 발견해서 그들 전체의 사항을 그들 개개인의 관심에 자연스럽게 연결시키는 일 외에는 달리 길이 없는 것이다.

공포나 희망 같은 관능적 동기를 초월하여 이 동기와 가장 가까운 것은 도덕적인 시인과 부인이라는 정신적인 동기이며, 또 우리와 다른 사람의 상태에 대한 쾌(快), 불쾌라고 하는 고상한 정서이다. 더러움과 난잡함에 익숙한 자는 태연하게 있는데, 청결과 질서에 익숙한 육안(肉眼)은 한 오점이 비록 직접 신체에 고통을 주지 않아도, 또 잡다하게 산재하는 물체를 보는 일이 비록 고통이나 불안을 주지 않아도 이것을 직접적인 고통처럼 느끼는 법이다. 마치 그것처럼 인간의 정신의 눈도 사람이 하나의 혼란을 이루는 것, 파렴치한 것을 자신과 자신의 동포에게서 목격할 때에는, 그것이 그의 관능적 쾌적에 대해서는 선악 모두 아무런 관련을 가지지 않음에도 불구하고, 그를 충심으로 마음 아프게 할 정도로, 또 이러한 고통이 이러한 심안(心眼)을 가진 사람으로 하여금, 다시 관능적 혹은 희망 여하에 상관없이, 가능한 한 이 혐오스런 상태를 없애고 자신이 원하는 유일한 상태로 이를 대신할 때까지는 안심하지 못하도록 순치(馴致) 육성할 수가 있는 것이다. 이러한 마음의 눈의 소유자에게는 그를 둘러싼 전체의 관심사가 시인 또는 부인이라는 동기 감정에 의해서 그 자신의 일과 불가분하게 결부되는 것이다. 그리고 그의 확장된 자아는 자기를 전체의 한 부분으로서만 느끼고, 주어진 전체 속에서만 존립할 수 있는 것이다. 이렇게 자신의 심안을 수양한다는 것은, 자기의 독립을 또 그와 함께 일반적인 공공의 공포와 희망에 대해서 미치는 자기 세력을 잃은 국민이, 이미 입은 파멸 상태에서 다시 독립적 존재로 들어가서, 자기의 멸망 이래 사람도 신도 저버린 자신의 국민적 사항을, 성립된 이 고상한 감정에 확실히 위탁하기 위해 쓸 수 있는 확고하고 유일한 수단이다. 따라서 내가 예고한 이 멸망한 국민을 구제할 수 있는 수단은 전적으로 새로운, 이전에는 아마도 개인의 경우에는 예외적으로 조재했지 결코 일반적, 국민적 자기로서는 존재하지 않았던 자기를 양성하는 일이다. 국민 전체를 교육하는 일이다. 이전의 생활은 사라지고 다른 생명의 부가물이 될 수 있는 국민을 교육해서, 하나의 전혀 새로운 생명을 얻게 하고 이 생명을 전적으로 이 국민 특유의 것으로 만드는 것이다. 이리하여 비록 이 생명이 다른 국민에게 나누어 주는 일이 있을 수 있다고 해도, 무한히 분할해도 여전히 전체로서 존재하여 그 내용이 감소되지 않게 하는 데에 있다. 한 마디로 말하자면 종래의 교육을 전적으로 개혁하는 일이야말로, 내가 독일 국민이 생존을 유지할 수 있는 유일한 수단으로서 제의하려고 하는 것이다.

어린이에게 좋은 교육을 실시해야 한다는 것은, 우리 시대에도 자주 논의되고 귀찮을 정도로 되풀이되고 있다. 따라서 우리도 이 자리에서 그와 마찬가지 일을 되풀이한다고 하면 그것은 시시한 일일지도 모른다. 오히려 우리처럼 종래와는 다른 일을 할 수 있다고 믿는 사람은, 도대체 어떠한 결점이 종래의 교육에 있었는가를 명확하게 연구하여, 새로운 교육은 종래의 인간양성법에 전혀 새로운 요소를 어떻게 부가해야 하는가를 지시할 의무가 있을 것이다.

이와 같은 연구를 한 후, 우리가 종래의 교육에 허용하지 않으면 안 될 일은, 종래의 교육에도 종교적, 도의적, 법률적 사고방식이나, 여러 가지 질서 및 선량한 풍속의 그림을 학생들의 눈앞에 제공하는 것을 게을리하지 않고 있었다는 것, 또 종래의 교육도 도처에서 학생을 타일러 이들 그림을 베낀 그림이 될 생활을 하도록 주의했다는 점이다. 그러나 매우 드문 예외의 인물—이들 예외적인 인물은 교육에 의해서 만들어진 것이 아니다. 만약에 교육에 의한다고 한다면, 적어도 이 교육을 받은 모든 사람에게서 이 예외가 규칙적으로 나타났어야 했을 것이다. 그들은 다른 원인에 의해 만들어진 것이다—이들 극히 소수의 예외를 제외하고 옛날 교육의 자제들은, 모두 이 교육의 도의적 관념이나 훈계에 따른 것이 아니다. 오히려 그들은 그들 자신의 충동, 즉 교육술로부터 아무런 도움을 받지 않고 전적으로 그들 자신에게 자연적으로 생긴 이기심의 충동에 따른 것이다. 이 사실은 옛날의 교육법이 약간의 언어나 문구를 가지고 기억력을 채우고, 약간의 불투명하고 색이 바랜 그림으로 냉담하고 무관심한 상상력을 채우는 일은 잘 할 수 있었지만, 도의적 세계 질서의 그림을 생생하게 고조시키고 학생으로 하여금 이에 대한 뜨거운 사랑과 갈망으로 움직이게 하며, 또 실제 생활에서의 실현을 촉구해서 이기심을 마른 잎처럼 떨어버리게 하는 열렬한 정서로 움직이는 힘이 결여되어 있었다는 것, 따라서 이 교육은 참다운 생활 활동의 근원까지 그 힘을 미치게 하여 근원을 기를 힘이 결여되어 있다는 것을 부정할 수 없을 정도로 증명하고 있는 것이다. 이 근원은 맹목적이고 무력한 교육에 의해 돌아보게 되지 않고, 도처에 산산이 흩어져 신의 영감을 받은 소수의 사람에게서만 좋은 열매를 맺고 많은 사람에서는 나쁜 열매를 맺고 있었던 것이다. 이 교육이 이와 같은 실패로 끝난 것을 더 이상 지적할 필요는 없을 것이다. 교육이라고 하는 나무의 열매는 먼저 익어서 땅에 떨어지고, 전 세계 사람들의 눈앞에 그 열매를 생기게 한 것의 내성(內性)을 뚜렷하고 알기 쉽게 폭로하고 있으므로, 지금 새삼 그 나무의 내부로 들어가서 그 액즙(液汁)이나 맥락을 분석할 필요는 없을 것이다. 이상의 관찰에 따라서 엄밀히 말하면, 종래의 교육은 결코 인간을 양성하는 길은 아니었다. 교육자 자신도 인간 양성을 선언하지 않고, 오히려 교육적 성공의 조건으로서 학생이 타고난 재능 혹은 천재됨을 요구함으로써, 교육이 얼마나 무력한가를 고백하고 있었던 것이다. 그렇다면 우리는 우선 인간 양성의 기술을 발명하지 않으면 안 된다. 이것을 발명하는 일이 바로 새로운 교육의 주된 임무일 것이다. 생활 활동의 근원에까지 힘을 미치는 일이 종래의 교육에는 결여되어 있다. 그렇다면 이것을 보충하는 것이 새로운 교육의 임무이다. 종래의 교육은 인간에게 있던 약간의 것을 만들어서 주는 일에 지나지 않았지만, 새로운 교육은 인간 자체를 만들지 않으면 안 된다. 그리하여 이 교육을 종래와 같이 학생 소유물의 일종으로 하지 말고 오히려 이것을 학생 그 자체를 형성하는 요소로 하지 않으면 안 되는 것이다.

또 지금까지는 이 불완전한 교육조차도 매우 소수의 사람에게만 실시되고, 따라서 이들 소수의 인사가 교육이 있는 계급이라 불린다. 국가 본래의 바탕을 이루는 대다수, 즉 일반 인민은 교육법으로부터 거의 등한시되어, 맹목적인 자연의 추세에 맡겨져 있었다. 우리는 새로운 교육을 통해, 독일 국민이 모든 성원이 하나의 공통된 관심사로 생동하는 하나의 전체로 만들고자 한다. 우리가 이때에도 또한 새로 발달된 도의적 시인 혹은 부인의 동기에 의해서 움직여지는 이른바 교육 있는 계급을, 이른바 교육이 없는 계급과 나눈다면, 교육이 없는 계급을 움직여야 할 유일한 수단인 희망 및 공포는 이미 우리를 위해 작용하는 일이 없이 오히려 우리의 방해가 되어가고 있으므로, 이 교육 없는 계급은 우리를 배반하고 떠나서 우리로부터 사라져갈 것이다. 그러므로 우리로서는 적어도 독일에 속하는 사람에게는 빠짐없이 이 새 교육을 실시하여, 이 교육이 어떤 특정한 계급의 교육이 아니라 독일 국민 전체의 한 사람의 예외도 없는 교육이 되어, 옳은 것에 대한 충심으로부터의 쾌감을 느끼게 하는 교육이 여러 발달 분야에서 여전히 생길지도 모를 모든 계급적 차별을 배제하고 없어지도록 하는 외에는 길이 없다. 이와 같이 해서 우리 사이에, 이른바 평민 교육이 아니라 오히려 참다운 뜻에 있어서의 독일 국민 교육을 일으키게 하는 외에는 길이 없는 것이다.

나는 우리가 갈망하는 이와 같은 교육법이 실은 이미 발명되어 실행되고 있으므로, 우리는 우리에게 제공된 것을 받아들이기만 하면 된다는 사실을 여러분에게 알리려고 하는 것이다. 이것을 받아들이기 위해서는 전에 구제 수단의 제의에 대해서 말한 바와 같이, 틀림없이 우리 시대로부터 우리가 당연히 미리 생각하고 기다릴 수 있을 만한 힘으로 충분한 것이다. 나는 이것을 말했을 때 또 한 가지를 덧붙여 말했다. 즉, 우리의 이 제의를 실천하는 데에 위험이라고 하는 것은 하나도 존재하지 않는다. 왜냐하면 우리의 정복자는 우리의 이러한 행동이 그들의 이익이 된다는 것을 알기 때문에, 우리의 이와 같은 행동을 장려하면 했지 그것을 방해하는 것은 아니기 때문이다. 나는 이것을 제1회인 이 강연에서 분명하게 말해 두는 것이 좋을 거라고 생각한다.

하기야 고대나 근대에 피정복 국민을 유혹하여 도의적으로 타락시키는 술책이 그들을 지배하는 한 수단으로서 자주 사용되어 성공을 거두었던 것이다. 즉 정복자들은 거짓말을 꾸며 내거나 여러 개념과 언어를 일부러 교란시킴으로써 피정복국의 군주(君主)를 국민에게 비방하고 민중은 군주를 비방하게 하여, 이간된 양자를 더욱 확실하게 지배하려고 시도했던 것이다. 또한 그들은 간악하게도 허영심이나 이기심의 모든 충동을 자극, 조장하여 피정복자를 멸시받을 만한 자로 만들어, 일종의 비양심적인 생각을 가지고 피정복자를 유린하려고 시도했던 것이다. 그러나 만약에 이러한 방법을 독일인에게 응용하려고 한다면, 그 자체가 파멸을 초래하는 잘못을 저지르게 될 것이다. 공포와 희망이라는 연계 요소는 차치하고서라도, 우리 국민이 현재 접촉하는 외국과의 결합은, 명예와 국민적 명성을 구하려고 하는 동기에 입각하고 있다. 그러나 독일인의 명석한 머리는 움직일 수 없는 확신이 되어, 이러한 것들은 공허한 환영에 지나지 않는다는 것과, 국민 각자의 부상이나 불구(不具)는 국민 전체의 명예에 의해 치유될 수 있는 것이 아니라는 것을 이미 깨닫고 있는 것이다. 따라서 우리가 만약에 보다 높은 인생관을 가지지 않는다면, 매우 납득하기 쉽고 많은 자극을 수반하는 사상의 위험한 선전자가 될지도 모른다. 그렇다면 우리는 이 이상 타락하는 일이 없어도, 지금 있는 그대로의 자연 상태에서도 정복자에게는 재난의 원인이 되기 쉬운 전리품이다. 다만 여기에서 말한 제언을 실천함으로써만이, 우리는 복지를 가져올 수가 있다. 그렇다면 외국의 입장에서 자신의 이익을 생각한다면, 자기의 이익을 위해 우리를 재래의 상태로 두느니보다는, 오히려 우리에게 새로운 뜻의 좋은 교육을 받게 할 것을 바랄 것이다.

　이러한 제언을 가지고, 나의 강연은 특히 독일의 교양 계급을 대상으로 하고 있는 것이다. 교육을 받은 계급은 가장 빨리 이 제언을 이해할 것이라고 기대하기 때문이다. 따라서 이 강연은 이들 교육 계급 사회에 요구하기를, 이 새로운 창조의 창시자가 되고 이에 의해서 한편으로는 그들이 미친 종래의 영향으로 세상 사람을 화해시키며, 다른 한편으로는 그들의 장차의 존속을 가능하게 하려는 것이다. 나는 이번 강연을 진행해 가는 동안에 기회를 보아서 설명할 작정이지만, 종래의 인류 진보를 위한 사업은 독일 국민의 경우 모두 평민으로부터 출발한 것으로, 중대한 국민적 관심사는 우선 평민의 손에 맡겨지고 그들에 의해서 배려되고 촉진되었다. 또 교육 있는 계급에게 국민의 근본적 교육의 임무가 맡겨지는 것은 이번이 처음이다. 만일 교육받은 계급이 이 일을 진실로 자기 임무로 삼는다면 그것도 역시 처음 있는 일일 것이다. 교육받은 계급은 자기가 언제까지 이러한 관심사의 선두에 서는 권력을 가질 것인가를 예측할 수 없다는 것을 우리는 알게 될 것이다. 이미 이러한 사항은 평민에게 호소할 정도까지 준비가 되어 있고 때는 무르익어서, 평민 중 어떤 사람은 이미 그것을 실행하고 있다. 얼마 후에는 그들은 우리의 어떠한 도움 없이도 스스로 자기 자신을 도울 수 있게 될 것이다. 그렇게 되면 오늘의 교육을 받은 계급과 그 자손은 평민이 되고, 종래의 평민은 면목을 일신해서 한층 높은 교육 있는 계급이 되는 결과만이 생길 것이다.

　이것을 요약하면 나의 강연의 대체적인 목적은, 산산이 부서진 사람들 사이에 용기와 희망을 주고 깊은 슬픔 속에 기쁨을 알려 주며, 가장 어려운 때를 수월하고 무사하게 넘길 수 있게 하려는 것이다. 현대는 마치 죽은 자처럼 보인다. 많은 병으로 몸 안에서 쫓겨나, 이제까지 소중히 여겼던 죽은 몸을 차마 버리지 못하여 우두커니 서서 비탄에 잠기고 절망하면서 이 병에 걸린 둥지로 다시 돌아갈 수 있는 수단은 없을까 하고 헛되이 애쓰는 망령(亡靈)처럼 보인다. 다른 세계로 가버린 죽은 자를, 다른 세계의 생명을 불어넣을 바람이 이미 이를 받아, 따뜻한 사랑의 입김으로 그를 감싸고 있다. 자매들의 환성은 그를 친히 맞이하고 있다. 그의 마음속에서는, 이전에 있었던 세상의 모습보다도 한층 더 아름다운 모습이 되어 뻗어나가려고 하는 충동이 움직이기 시작하고 있다. 그럼에도 불구하고 그는 아직도 이 바람에 대해 무감각하고, 그 소리에 귀를 기울이는 일도 없다. 비록 그가 이것을 느끼려고 해도 그의 모든 감각은 시체의 손실에 관한 고통 때문에 녹아 없어져서 이 시체와 함께 자기의 전체를 잃은 것처럼 생각하고 있다. 이러한 망령의 시대, 즉 지금 이 시대는 어떻게 이를 다루어야 하는가? 새로운 세계의 서광은 이미 시작되었다. 산꼭대기는 황금빛으로 물들고, 앞으로 다가올 새벽을 준비하고 있다. 나는 가능한 한 이 서광의 빛을 묶어서 이것을 하나의 거울로 만들고 그 속에 슬픔으로 나를 잃은 시대의 모습을 비치게 하여 그가 아직 멸망하지 않고 거기에 있다는 것을 믿게 하고 싶다. 또 거울 안에 그의 참다운 핵심을 비추어서 그에게 보이고, 이 핵심의 전개와 형상을 예언적인 환상으로 삼아 그의 눈앞을 스치게 하고 싶다. 이것을 목격하면 그의 종래의 생활 모습은 반드시 그의 눈 앞에서 사라지고, 망령인 그는 지나친 슬픔 없이 그의 휴식 장소로 옮겨갈 수 있을 것이다.

2강 새로운 교육 일반의 본질에 대하여

하나의 독일 국민 일반을 유지하는 수단으로서 내가 제의하는 것을, 나는 앞으로의 강연에서 우선 여러분에게, 이어서 여러분과 함께 독일 국민 전체의 명확한 통찰에 호소하려고 하는 바이지만, 이러한 수단은 원래 이 시대의 특성과 독일 국민의 특성으로부터 필연적으로 나온 것으로, 시대와 국민의 특성 교양에 그 힘을 미쳐야 하는 것이다. 그렇다면 이 수단을 완전히 그리고 분명하게 이해시키기 위해서는 이 수단을 이들 특성과 결합시키고, 이들 특성을 이 수단과 결합시켜서 양자를 완전히 관통시켜서 표현하지 않으면 안 된다. 이를 하는 데에는 상당한 시간이 필요하다. 그러므로, 이 문제를 완전히 밝히는 일은 이 강연이 끝날 무렵에 비로소 이루어질 일이다. 그러나 설명은 어떤 한 부분에서 시작할 수밖에 없으므로, 우선 그 첫 단계로서, 이 수단 그 자체의 시간과 공간이라는 주변을 제거하고, 오직 이 수단 그 자체의 내적 본질에서 고찰하는 것이 적당한 순서일 것이다. 오늘의 강연과 다음 번 강연은 바로 이 목적을 위해 진행될 것이다.

제1강에서 소개한 수단은 독일 국민에게 전혀 새로운, 아직 어느 국민 사이에서도 존재하지 않았던 국민 교육을 실시하는 일이라고 말했다. 이 새로운 교육은 이미 제1강에서 종래의 흔해빠진 것과 구별하기 위해 다음과 같이 말했다. 즉, 종래의 교육은 기껏해야 선량한 질서와 도의를 지향하기 위한 훈계를 주는 데에 지나지 않았다. 그러나 실제 생활은 일종의 특별한, 따라서 이와 같은 교육에는 도저히 미칠 수 없는 근거에 의해 형성된 것이므로, 이러한 훈계도 그 효과를 거둘 수가 없었다. 이에 반해서 새로운 교육은 법칙에 따라서 확실하게, 그리고 과오 없이 학생의 실제적 생활 활동을 만들고 이를 좌우할 수 있는 것이어야 한다고 말했다.

만약에 이에 대해서 종래의 교육에 종사하던 사람들이 한결같이 말하고 있는 것처럼, "교육은 학생에게 옳은 것을 제시하고, 그로 하여금 충실하게 이에 향하도록 훈계해야 한다. 이 훈계에 따르느냐 안 따르느냐는 학생 자신의 일이므로, 만약에 학생이 따르지 않는다면 그것은 그 자신의 죄이다. 그는 자유의사를 가지고 있다. 그 어떤 교육도 이것을 그로부터 빼앗을 수는 없다. 어떻게 해서 이 이상의 일을 교육에 요구할 수가 있는가" 하고 말하는 사람이 있다고 한다면, 나는 내가 생각하는 교육을 한층 강조하기 위해, 이에 대해서 다음과 같이 대답할 것이다. 원래 이렇게 학생들의 자유의사를 인정하고 이를 미리 정하는 일이야말로, 종래의 교육이 지닌 첫째 잘못으로, 종래 교육이 무력하고, 하는 일이 없었다는 명확한 고백이 여기에 존재하고 있다고. 왜냐하면 종래의 교육은 아무리 힘을 다해서 실시한다 해도 한편에서 의지의 자유, 즉 선악 사이에서 한곳을 정하지 못하고 동요하고 있는 의지가 있다는 것을 인정하는 이상은, 스스로 의지를, 그리고 이 의지가 인간 그 자체의 본래의 바탕이므로, 인간 그 자체를 형성하는 힘이 전혀 없고, 또 이를 구하지도 않고 갈망하지도 않고, 처음부터 이것을 불가능하다고 보고 있다는 것을 고백하고 있는 것이다. 이에 반해 새로운 교육은, 그 세력을 미쳐야 할 기반 위에서 의지의 자유를 모두 파기하고, 모든 결심이 엄밀하고 필연적으로 와서 그 반대가 전혀 불가능하도록 의지를 인도하여, 이와 같은 의지에 기대와 신뢰를 두도록 할 수 있는 점에 그 특징을 두지 않으면 안 되는 것이다.

　모든 수양은 확고부동한 실재 즉 생성 도중에 있는 것이 아니라, 처음부터 존재하여 그대로 조금도 바꿀 수 없는 실재에 도달하려고 노력하는 일이다. 만약에 수양이 이러한 실재에 이르기 위해 노력하지 않는다면, 그것은 수양이 아니라 일종의 무익한 유희에 지나지 않는다. 만약에 또 수양이 이러한 실재에 도달할 수 없다면 그 수양은 완성되었다고 할 수가 없는 것이다. 선(善)을 행하여야 한다고 스스로를 타이르고 또 타이름을 받을 필요가 있는 사람은, 아직도 확실히 정해진 의욕이 없는 사람으로 필요한 경우에 임해서 그때마다 이러한 의욕을 갖추려고 하는 데에 지나지 않는다. 그러나 확실한 의욕을 가진 사람은 내가 원하는 것을 바라되 영원이 변하지 않는다. 이리하여 이러한 사람은 언제 어떠한 경우에 임해도 그가 평소에 원하고 있는 것 이외의 것을 바라는 일은 있을 수가 없다. 이러한 사람은 의지의 자유는 파기되고 필연이라고 하는 것으로 변해 있는 것이다. 이렇게 보면, 이제까지는 사람을 사람답게 만드는 교육에 대해서 올바른 개념을 가지지 않고, 또 이 개념을 실천할 힘도 없이 오직 훈계와 설교에 의해서 인간을 개선시킬 것을 시도하였고, 이 설교의 효과가 오르지 않는 것을 보고 분개하고 매도(罵倒)한 데에 지나지 않았다는 것이 분명해진다. 이러한 설교가 도대체 어떻게 해서 효과를 올릴 수 있단 말인가. 인간의 의지는 훈계를 듣기 이전에 이미 훈계 같은 것과는 전혀 관계없이 확정된 방향을 갖는 것이다. 만약에 이 방향이 교육자의 훈계와 일치한다면, 훈계는 무용지물이다. 그 사람은 훈계가 없어도 교육자가 훈계하고자 하는 것을 할 것이다. 만약에 이 방향이 훈계와 서로 맞지 않을 경우에는 이 훈계는 불과 얼마 동안만 이 사람의 마음을 헷갈리게 하는 데에 지나지 않을 것이다. 기회가 오면 그는 자기 자신도 교육자의 훈계를 잊고 자신의 자연적인 경향에 따르는 것이다. 만약 교육자로서 그에 대해서 그 이상의 영향을 미치려고 한다면, 단순한 훈계 이상의 것을 하지 않으면 안 된다. 교육자는 그를 만들어야 한다. 당신이 그에게 바라는 것을 그가 자연히 하지 않을 수 없도록 그를 만들어야 한다. 날개가 없는 사람에게 '날아라!' 하고 말하는 것은 부질없는 일이다. 아무리 훈계를 하더라도 그는 땅 위에서 두 발자국도 날지 못할 것이다. 그러나 당신에게 그만한 능력이 있다면, 그에게 정신적 날개를 낳게 하여 이를 연습시키고 이것을 강화하게 하라. 그러면 그는 당신이 전혀 훈계하지 않더라도 오직 날아오르는 일을 바라게 될 것이다. 바라지 않을 수 없을 것이다.

　새로운 교육은 이와 같이 확고하고 더 이상 동요하지 않는 의지를, 확실하고 널리 효과를 나타내는 법칙에 의해서 양성하지 않으면 안 된다. 새로운 교육은 자신이 기도(企圖)하는 필연을 만드는 데에 스스로 필연의 법칙을 쓰지 않으면 안 된다. 이전에 선량하게 된 사람은, 자연의 선량한 소질이 나쁜 주위의 영향을 이겨내어 선량하게 된 것이다. 결코 교육의 힘에 의한 것이 아니다. 왜냐하면, 교육의 힘에 의한 것이라면 교육의 문을 지나온 사람은 모두 선량해야 했던 것이다. 타락한 사람 또한 교육 때문에 타락한 것이 아니다. 그들은 자기의 본래의 소질에 의해 타락한 것이다. 왜냐하면 만약에 교육 때문이라면 교육의 문을 지나온 사람은 모두 타락했어야 했기 때문이다. 그들은 자신의 본래의 소질에 의해서 타락한 것이다. 이렇게 생각하면 종래의 교육은 하는 일이 없었다. 사람을 타락시킬 힘조차도 없었다. 사람을 만드는 요소는 오직 정신적 소질이었다. 우리는 이러한 어둡고 믿을 수 없는 힘의 손으로부터 인간 형성의 사명을 빼앗아, 신중히 숙고된 기술의 지배 밑으로 옮기지 않으면 안 된다. 이 기술은, 자신에게 맡겨진 모든 사람들에 대해서 확실하게 그 목적을 달성하고, 혹은 달성할 수 없다고 해도 적어도 그것을 달성할 수 없었다는 것을, 따라서 그 교육이 아직 완성에 이르지 않았다는 것을 자각할 수 있는 정도의 것이어야 한다. 인간의 마음에 확고하고 틀림없는 선량한 의지를 만들어낼 확실하고 신중한 기술이야말로 내가 제안하는 교육법으로, 여기에 그 제1의 특징이 있는 것이다.

인간은 오직 자기가 사랑하는 일만을 원하는 법이다. 그의 사랑은 그의 의욕과 그의 생활 활동의 유일하고 확실한 원동력이다. 사회적 인간의 교육으로서의 종래의 정치는, 확실하고 예외 없이 타당하다는 법칙으로서, 각자가 자기의 관능적 즐거움을 사랑하고 원하는 것을 전제로 하였다. 그리고 국가가 원하는 선량한 의지, 즉 공공심을 공포와 희망에 의해서 이 자연적인 사랑에 인공적으로 결부시킨 것이다. 그러나 이러한 교육 방식에 의하면 겉보기에 해가 없는 혹은 유용한 공민이 된 사람도, 마음속으로는 여전히 교활하고 악독한 사람임을 면치 못한다. 왜냐하면 인간의 조악성(粗惡性)은 오직 관능적 기쁨만을 사랑하고, 현재 또는 장래의 생활을 생각하여 이를 위한 공포와 희망에 의해서만 움직이는 점에 있기 때문이다. 그러나 이러한 결점은 잠시 제쳐놓고서라도 이미 말한 대로 이러한 규제는 우리에게는 이미 적용할 수가 없다. 공포나 희망은 이미 우리를 위한 것이 되지 못하고, 또 관능적인 자기애(自己愛)는 도저히 우리로 하여금 유리한 전개를 할 수 있게 해주지 못하는 것이다. 그렇다면 우리는 내면적으로, 또한 근본적으로 선량한 인간을 만들 것을 원하도록 부득이하게 강요되고 있다고 해도 좋다. 지금 독일 국민은 오직 선량한 인간으로서만 존속할 수 있는 것으로, 나쁜 인간이 되면 필연적으로 외국에 동화되는 것을 면할 수 없기 때문이다. 그렇다면 우리는 우리에게 아무런 선(善)도 가져다주지 못하는 자기애 대신에, 직접 선 그 자체를 위해서만 움직이는 고상한 사랑으로 이를 대체하여, 이를 우리 국민에 속하는 모든 사람의 마음에 심고 이를 배양하지 않으면 안 된다.

선 그 자체를 위하고, 우리들에 대한 그 효용 때문에 하는 것이 아닌 사랑은, 이미 말한 바와 같이 선에 대한 쾌감, 더욱이 실생활에 실현하려고 하는 마음을 일으킬 정도로 절실한 쾌감의 형태를 취하게 된다. 그렇다면 이 절실한 쾌감이야말로 새로운 교육이 그 학생의 항구 불변한 본질로서 만들어내야 하는 것이다. 이렇게 하면 이 쾌감은 저절로 학생의 변함없는 선한 의지를 필연적으로 확립시키게 될 것이다.

실제로는 존재하지 않는 어떤 상태를, 실제 세계에 만들어 내려고 하는 마음을 일으키게 하는 일종의 쾌감은, 이 상태의 그림을 우선 그리지 않으면 생기지 않는다. 이 그림이 그 상태가 실현되기 전에 우선 마음에 떠오르고, 그 실현을 위해 노력하는 쾌감을 환기시키지 않으면 안 되는 것이다. 그렇다면 이 쾌감을 환기시키려고 하는 사람은 실제의 사정과는 전혀 관계가 없고, 실제의 사정 뒤에 그리는 모사(模寫)가 아니라 오히려 그 이전의 원화(原畵)가 될 그림을 생각해낼 능력을 가지고 있지 않으면 안 된다. 나는 우선 이 능력에 대해서 말하지 않으면 안 된다. 그래서 나는 다음과 같이 부탁하는 바이다. 이 능력에 의해서 만들어진 그림은 단순한 그림으로서, 그 안에 우리의 창조력을 느끼게 하는 그림으로서 우리에게 쾌감을 줄 수는 있지만, 아직은 이것을 하나의 실제의 원화로 볼 수 있는 것이 아니고, 또 그 실현을 위한 활동을 자극할 정도로 강한 쾌감을 주는 것이 아니라는 것, 우리가 원하는 그림은 이와는 전혀 다른 것으로, 그쪽이 우리의 본래의 목적이며—그것은 후에 말하지 않으면 안 되는 것이지만—이 미약한 그림은 교육의 진실과 궁극적인 목적을 달성하기 위한 단순한 전제 조건을 포함하는 데에 지나지 않는다는 것을, 이를 관찰하는 동안에 여러분이 한시도 잊지 않기를 바라는 것이다.

현실 세계의 모사가 아니라 오히려 그 원화가 될 수 있는 자격을 가진 그림을 혼자의 힘으로 작성하는 능력은, 새로운 교육에 의한 이 시대 교육의 제1의 출발점이 되어야 할 것이다. 나는 혼자의 힘으로 만든다고 말했다. 즉 학생이 자기를 위해 자기의 힘으로 이를 작성하는 것을 말하는 것으로, 그가 교육에 의해 주어진 그림을 수동적으로 받아서 그것을 충분히 이해하고, 그것이 주어진 대로 마치 이러한 그림 존재 자체가 중요한 것처럼 반복하는 능력을 가지면 좋다는 것이 아니다. 이러한 그림을 작성하는 능력을 요구하는 이유는 다음과 같다. 이것을 조건으로 하지 않으면 작성된 그림이 학생의 활동적 쾌감을 일으킬 수 없기 때문이다. 어떠한 것을 감수하고 이에 대해서 아무런 반항도 하지 않는 것과, 활동적 쾌감은 전혀 다른 것이다. 이러한 수동적 감수는 약간이라도 일종의 수동적 복종심이 있으면 일어날 수 있는 것이다. 어떤 것에 대해서 쾌감을 느끼고 그 쾌감이 창조적이 되어 우리 모두의 힘을 자극해서 창조적인 작용을 하게 할 경우는, 이와는 매우 그 취향을 달리하고 있다. 이러한 수동적 쾌감은 종래의 교육에서도 존재했던 것이지만, 우리는 지금 그것을 말하는 것이 아니다. 이와는 달리 후자 즉 창조적 쾌감에 대해서 말하려고 하는 것이다. 이 쾌감은 학생의 독립 활동이 동시에 자극되어, 주어진 문제에서 그 활동이 그에게 자각되고 또 이 문제가 단순히 그 자체로서 뿐만 아니라 동시에 또 그의 정신력을 발휘한다는 문제의 의미에서도 그의 뜻에 알맞은 것이 아니라면 환기될 수 없는 것이다. 자신의 정신력 발휘라고 하는 것은, 직접적, 필연적으로, 또 아무런 예외 없이 쾌감을 주는 것이다.

학생 내부에서 전개시켜야 할 이 정신적 형성의 활동은 말할 것도 없이 규칙에 의한 활동으로, 이 법칙은 활동하는 사람에게 제시되고, 활동하는 사람의 직접적인 경험이 아니면 파악할 수 없는 통찰에 이르게 할 것이다. 즉 이 활동은 인식을, 일반적이고 예외 없이 적용할 수 있는 법칙이 존재한다는 인식을 가져오는 것이다. 그리고 이 출발점에서 시작되는 자유 형성에서도, 법칙에 위반해서 이루어지는 것은 모두 불가능한 것으로, 법칙이 준수되지 않으면 그 어떤 사업도 생기지 않는다. 그렇다면 이러한 자유로운 정신 형성의 활동은 처음에는 맹목적인 시도로부터 출발한 것이라 할지라도, 결국은 법칙의 넓은 인식에 이르지 않으면 안 된다. 그렇다면 이 교육의 마지막 성과는 학생의 인식 능력의 양성에 있는 것이다. 더욱이 사물의 기존 상태에 대한 역사적 인식이 아니라, 한층 높고 철학적인 인식, 즉 사물의 이러한 기존 상태를 필연적으로 도출하는 법칙의 인식이다. 학생은 배우게 되는 것이다.

나는 덧붙여서 말한다. 학생은 기꺼이 즐기며 배우는 것이다. 그리고 그들은 힘의 긴장이 계속되는 한 배우는 것 이외에는 아무것도 하지 않으려고 한다. 왜냐하면 학생은 배움으로써 자주적 활동을 하고 더욱이 그것에 그들은 직접적으로 최고의 즐거움을 느끼게 되기 때문이다. 우리는 여기에서 일부는 직접 눈에 비치고 일부는 결코 헷갈릴 수 없는 참교육의 외적 특징을 발견하는 것이다. 그것은, 교육을 받는 학생의 타고난 소질의 차별을 논하지 않고, 또 아무런 예외도 없이 전적으로 학문 그 자체를 위하여, 더욱이 그 어떤 다른 이유 때문이 아니라 즐거움과 사랑을 가지고 학문을 한다는 특징 때문이다. 우리는 이 순결한 사랑을 불타게 할 수 있는 수단을 발견하였다. 그것은 학생의 자주적 활동을 직접 자극해서 이것을 모두 인식의 바탕으로 삼게 하고, 배우는 것은 모두 자주적 활동으로 배우게 한다는 것이다.

다만 학생의 이러한 자기 활동을, 우선 우리가 잘 알고 있는 그 어떤 점에서 자극하는 일이야말로 이 교육법의 제1의 요령인 것이다. 이것이 되면 그 뒤에는 오직 이 점을 중심으로 해서 이의 자극을 받은 활동에 끊임없이 활기를 주면 된다. 이것은 오직 규칙 바른 전진에 의해서만 가능하며, 또 교육상의 그 어떤 실책도 바라는 성과를 달성하지 못함으로써 바로 나타나는 경우에만 가능하다. 그렇게 되면 우리는 또 의도한 성공을, 앞에서 말한 교육의 실제 방법과 불가분하게 결부시키는 고리도 발견할 것이다. 이 고리는 곧, 인간은 직접 정신적 활동을 지향하는 것이라고 하는, 인간의 정신적 성질의 영원하고도 보편적인 원칙이다.

만약에 누군가가 우리 시대의 흔해 빠진 경험에 속아 이러한 원칙의 존재까지도 의심을 품는 사람이 있다면, 우리는 그 사람을 위해 노파심을 가지고 다음과 같이 말할 것이다. 인간은 직접적인 곤란이나 현재의 관능적 욕구에 몰려 움직이는 한, 어떠한 정신적 욕구나 어떠한 신중한 반성도 감성적 욕망의 충족을 방해할 수는 없을 것이다. 그러나 그가 일단 이 욕구를 뚫고 나왔을 경우에는, 이 욕구의 애처로운 그림을 자신의 상상 속에 떠올리고 그것이 끊임없이 마음속에 떠오르는 것을 좋아하지 않고, 오히려 그의 관능의 관심을 자극하는 것들을 자유롭게 관찰하는 일에, 속박을 벗어난 생각을 즐겨 그쪽으로 돌리는 법이다. 더 나아가 그는 이상 세계를 향한 시인적(詩人的) 비약을 시도하는 일도 마다하지 않는 법이다. 그에게는 원래 현세의 일을 가볍게 보는 일종의 마음이 숨어 있어서, 그것 때문에 영원에 대한 그의 마음에 다소 발달의 여지가 주어져 있다면. 이것은 모두 고대 민족의 역사에 의해서, 또 그들이 우리에게 전한 여러 가지 관찰 및 발견에 의해서 증명되고 있다. 이것은 오늘날까지 아직도 남아 있는 야만 인종 중, 기후에 의해서 그다지 고통을 받지 않은 사람들을 관찰함으로써, 또 우리 자신의 아이들을 관찰함으로써 증명되고 있다. 뿐만 아니라 이것은 우리의 열렬한 반(反) 이상

주의자의 기탄없는 고백에 의해서도 증명되고 있다. 즉, 그들은 명칭이나 연대표 등을 배우는 것은, 그들의 이른바 공허한 이상의 들판에 날아오르는 것보다도 더 싫은 일이라고 한탄하고, 그들이 만약에 주의로써 허용된다면 전자를 하는 것보다는 오히려 후자를 하고 싶다는 식이다. 그런데 우리 시대에 이 자연적인 명랑한 마음 대신 고생을 마다 않는 마음이 생겨, 배부른 자도 장차 굶주릴 때가 있을까 하고 걱정하고, 훗날 굶주리는 일이 있는 경우의 기우(杞憂)를 마음속에 그려서, 끊임없이 걱정에 사로잡혀 불안한 마음으로 쫓기게 된 것은, 인공적으로 양성되었으므로 그러는 것이다. 어린이의 경우, 타고난 명랑한 마음이 훈육을 통하여 억제되고, 성인의 경우에는 현명한 사람으로 인정받고 싶다는 노력에 의해 억제된 것이다. 무릇 현명한 사람의 명예는 이와 같은 기우를 한시도 버리지 않는 사람에게만 주어지는 세상의 관습이기 때문이다. 따라서 이것은 결코 우리가 믿을 수 있는 자연의 상태가 아니라, 오히려 강제로 자연의 상태를 억압한 일종의 타락으로, 이 외력(外力)을 제거하면 다시 자연 상태로 복귀할 것이다.

우리는 앞에서, 학생의 정신적인 독립 활동을 직접 자극하는 교육이 인식을 낳는다고 말했다. 그리하여 이것은 새로운 교육을 종래의 교육에 대비시켜서, 우리에게 한층 깊게 새로운 교육의 특징을 알 수 있는 기회를 주는 것이다. 즉 새로운 교육은 규칙 바르게 전진하는 정신 활동을 자극하고자 하는 일을 본래 또는 직접 계획하는 것이다. 인식이라고 하는 것은, 위에서 말한 바와 같이 부차적으로 또 면할 수 없는 결과로서 생기는 것이다. 성인이 된 학생의 장래의 진지한 활동을 자극한 실제 생활의 그림은 이 인식에 의하지 않고서는 포착하기가 힘들고, 따라서 인식은 우리가 달성하려는 교양의 중요한 부분이기는 하지만, 새로운 교육이 직접 기도하는 것이 이 인식이라고는 말할 수 없다. 오히려 인식은 이 교육에 수반해서 생기는 것에 지나지 않는다. 종래의 교육은 이와는 반대로 인식 그 자체를 목표로 하고, 약간의 인식 재료를 얻게 하려 했던 것이다. 또 새 교육에 수반해서 생기는 인식과 종래의 교육이 기도한 인식 사이에는 하나의 커다란 구별이 존재한다. 예컨대 학생이 자유로운 상상에 의해 직선을 가지고 하나의 도형을 만들 것을 시도한다고 하자. 이것은 이 학생이 처음으로 일으킨 정신 활동이다. 이 시도에서, 그가 세 개보다 적은 직선을 가지고서는 그 어떤 도형도 만들 수 없다는 것을 발견한다면, 이것은 제2의 전혀 다른 활동이다. 즉, 인식이 처음의 자유로운 상상 능력을 제한하는 능력이 되어, 처음의 정신 활동에 수반해서 생긴 것이다. 이 교육에 의하면, 처음부터 이미 모든 경험을 초월하는 초감각적인, 엄밀하게 필연적이고 보편적인 인식이 생겨서 장차 해야 할 모든 경험을 이미 그 자체 속에 포괄하는 것이다. 이와는 반대로 종래의 수업은 획일적으로 사물의 현재의 상태로만 향하고, 그 상태가 생기는 이유를 알게 하는 힘도 없이 다만 이것을 이렇게 존재한다고 보고 믿게 한 데에 지나지 않는다. 따라서 단순히 사물을 위해 동원되는 기억 능력에 의해서 사물을 수동적으로 파악하는 데에 머물러, 사물 그 자체의 근본적 원리로서 정신의 예감에 이른다는 것은 일반적으로 전혀 불가능했다. 이 비난에 대해 근대 교육학이 기계적 암기를 크게 싫어하고 있다거나, 소크라테스식 문답법의 응용을 주 특기로 삼고 있다는 것을 들어, 이것을 잘 반박할 수 있다고 생각한다면 그것은 큰 오해이다. 왜냐하면 이 소크라테스식 변론법은 단지 기계적으로만 암기하는 것으로, 더욱이 학생들이 생각을 동원하고 있지 않는데도 마치 학생들이 생각을 구사하고 있는 것 같은 외관을 보이는 암기법이므로 오히려 그 위험이 크다는 것, 또 근대 교육이 자기 사색 능력의 발달을 위해 제공하는 재료를 가지고서는 도저히 그 이상 나간다는 것은 불가능하므로, 진정으로 사색 능력을 발달시키기 위해서는 이와는 전혀 다른 재료를 사용하지 않으면 안 된다는 것은 충분히 증명된 일이기 때문이다. 이와 같은 종래의 수업 상태를 보면 학생이 항상 배우는 것을 좋아하지 않고, 따라서 학습의 진보가 지지부진하거나 미약했었다는 이유, 또 그들이 학습에 대한 흥미가 없었기 때문에 다른 종류의 충동에 압도되지 않을 수가 없었다고 하는 것, 종래의 교육법에서 우수한 학생이 드물었던 이유가 명백해지는 것이다. 기억이 아무런 정신적 목적에 제공되지 못하고 단지 기억으로서 요구될 경우에는, 이것은 정서의 활동이 되지 못하고 오히려 그 고민이 된다. 학생들이 이러한 고민을 싫어할 것은 것은 말하지 않아도 분명하다. 또 학생들이 전혀 모르는, 따라서 아무런 흥미도 느끼지 못하는 사물 및 이들 사물의 성질을 가르친다고 하는, 물론 이 고민을 보상하기에는 부족하다. 이때 학생의 혐오의 정을 억제하는 수단으로서, 종래의 교육법에서는 그 지식의 획득이 장차 유용하다거나 그것을 획득하지 않고서는 의식(衣食)과 명예를 얻을 수 없다는 것을 타이르고, 또 그 자리에서의 상벌도 쓰지 않으면 안 되었던 것이다.
—이와 같이 인식은 처음부터 이미 관능적 기쁨의 하인으로서 취급되고 있
었다. 그리하여 이러한 교육은, 그 내용을 가지고서는 위에서 말한 바와 같
이 도의적인 사고방식을 발달시킬 힘이 없고, 다만 학생의 마음의 겉면을 자
극하는 데에 지나지 않으므로, 때로는 도덕적 타락까지도 심어서 길러 교육
의 관심을 이 타락의 관심과 결부시키지 않으면 안 되었던 것이다. 더 나아
가 사람들은 다음과 같은 사실을 발견하게 될 것이다. 즉 타고난 재능은 종
래의 교육을 하는 학교에서 잘 배우고, 그의 마음에 넘치는 사랑에 의해 주
위의 도덕적 타락을 이겨내면서 그의 마음을 순결하게 간직하고 있다. 그는
자연의 경향에 의해서 교과에 대한 실제적 흥미를 느끼고, 선량한 본능에 인
도되어 사물을 기계적으로 파악하지 않고 사물에 대한 참다운 인식을 스스
로 만들어내어, 다수의 학생 중에서 이채를 띠고 있다. 또 수업 과목 중에서
이 구식 교육법이 예외적으로 가장 성공을 보이고 있는 것은 어떠한 과목인
가 하면, 그것은 학생으로 하여금 활동적으로 연습을 하게 했던 과목이다.
예를 들어 쓰는 것과 말하는 것까지도 연습을 시킨 고전어 같은 것에서는 거
의 모든 학생들이 상당한 진보를 나타내고 있다. 이에 반해서 쓰는 것과 말
하는 것에 대한 연습을 등한시하여 일반적으로 조잡하고 표면적으로 학습된
어학은 나이가 조금만 들어도 망각되고 있다. 따라서 지금까지의 경험을 통
해서 보아도 분명히 알 수 있는 바와 같이, 인식 그 자체에 대한 즐거움을
불어넣고 도덕적 수양의 마음을 열게 하기 위해서는, 정신적 활동의 발달을
주로 하는 수업이다. 이에 반해서 단순히 수동적인 학습은, 도의심을 근본적
으로 타락시키는 일이 그 본래의 욕구인 것처럼 인식 능력을 마비시키고 또
한 죽이는 일이다.

　다시 새로운 교육을 받게 될 학생에 대해서 말하자면, 그는 사랑을 동기로
하여 많은 것을 배우고 또 그는 모든 것을 전체와 관련시켜서 이를 파악하
며, 파악한 것을 직접 행위에 의해서 연습하기 때문에 많은 것을 잊지 않도
록 올바르게 배우게 될 것은 분명하다. 그러나 이것은 아직은 새 교육의 주
안점이 아니다. 이보다도 더 가치가 있는 것은 이러한 사랑에 의해서 학생의
'자아'가 고상해지고, 지금까지는 소수의 천재만이 우연히 도달할 수 있었던
경지, 즉 사물이 전적으로 새로운 질서 속으로, 깊은 뜻이 있는 손에 의해서

도움을 받으면서 일정한 규칙에 따라 인도된다는 것이다. 그는 곧 관능적 향락을 기도하지 않은 사랑에 의해서 움직여진다. 관능적 향락과 같은 것은 이미 그의 행동의 원동력이 아니다. 그를 움직이는 사람은 활동 그 자체를 위하여 정신적 활동을 원하고, 법칙 그 자체를 위해 법칙을 원하는 사랑이다. 도의심이 향하는 곳은 오직 이와 같은 정신적 활동 일반뿐만이 아니라, 이 활동의 또 하나의 특별한 방향이 거기에 가담하지 않으면 안 되지만, 도의적 의지의 일반적 성질과 형식은 바로 그의 정신적 활동의 사랑이다. 따라서 이러한 방법에 의한 정신적 수양은 도의적 수양에 이르는 직접적인 단계이다. 또 이 사랑은 결코 관능적 향락을 행동의 동기로 삼지 않으므로, 부도덕성 (不道德性)의 뿌리를 근절시키게 된다. 그런데 지금까지는 학생을 개조하지 않았고, 그러면서도 학생에게 다소의 영향을 미칠 수 있다고 믿고 있었기 때문에, 교육자는 우선 이 관능적 동기를 자극하고 조장한 것이다. 그리하여 마침내 훗날에 이르러 도의적 동기를 발달시키려 해도 때는 이미 늦어서 마음은 이미 다른 사랑에 점유되어 막혀 있는 상태가 된다. 그러나 새로운 교육에서는 이 순서를 바꾸어서 순수한 의지의 양성을 제1의 사업으로 하여 후에 이기심이 마음속에서 각성하거나 밖으로부터 자극되거나 하는 일이 있어도 때는 이미 늦어, 마음은 이미 순결한 사랑에 의해 점령되어 이기심이 들어갈 여지가 없도록 해야 하는 것이다.

학생이 처음부터 끊임없이 이 교육의 영향을 받아, 속세와 전적으로 격리되어 그 접촉을 방지하도록 하는 것이 이 제1 목적과 이에 이어서 말할 제2 목적의 요점이다. 인간이 자기 자신의 유지 및 안락을 위한 생활에서 활동할 수 있다고 하는 것 등은 결코 학생에게 들려주어서는 안 된다. 또 이러한 일을 위해 배운다고 하거나, 또 배운다는 것은 이러한 일에 도움이 되게 하기 위한 것이라는 것을 결코 들려주어서는 안 된다. 따라서 위에서 말한 것 같은 방법에 의해서 정신을 발달시키는 것이 학생을 교육하는 유일한 방법으로, 학생들로 하여금 끊임없이 이에 몰두하게 하게 하되, 결코 이것을 그 반대가 되는 관능적 동기를 필요로 하는 교수법으로 대체해서는 안 된다.

그런데 이러한 정신적 발달은 이기심의 발동을 억제하고 또 일종의 도의적 의지의 형식을 준다고는 하지만, 그렇다고 해서 그 자체가 도덕적 의지는 아니다. 그러므로 우리가 주장하는 교육이 그 이상 진전이 되지 않을 경우에는, 이 교육은 약간 뛰어난 학술 연구자를 양성할 수 있는 데에 지나지 않을 것이다. 이러한 연구자는 종래에도 있었다. 그러나 그다지 필요한 것은 아니었다. 따라서 그들은 우리 본래의 인도적 국민적 목적에 대해서는 종래의 사람들이 할 수 있었던 이상의 공적을 올릴 수 있는 것이 아니다. 이러한 사람은 다른 사람에 대해서 훈계하고 또 훈계한다. 그래서 때로는 사람들이 그를 우러러보지만, 때로는 오히려 기피당하는 것이 고작이다. 그러나 정신적 자유 활동이라고 하는 것은, 학생이 의에 의해서 실제 생활에서의 도의적 질서의 그림을 자유롭게 그리고, 이 그림을 이미 발달한 사랑으로 파악하며, 이 사랑의 동기를 받아 이 그림을 그의 생활 안에 또 그의 생활에 의해서 실현하려고 하는 의도에서 발달되는 것이라고 하는 것은 이미 말한 바와 같이 분명하다. 이 새로운 교육이 학생에 대해서 그 본래의 궁극적인 목적을 달성했는가의 여부를 어떻게 알 수 있는가 하는 것이 문제이다.

학생의 정신 활동을 미리 다른 사물에서 연습시키고, 이를 더욱 자극해서 인류사회의 조직에 대한 그림을 더욱이 단적으로 이성의 방법에 '따라 작성하도록 자극하는 것이 우선 필요하다. 교육자 자신이 이러한 올바른 그림을 지니고 있어야만 학생들이 작성한 그림이 옳은가의 여부를 쉽게 판정할 수 있다. 이 그림이, 학생들 자신의 독립된 활동에 의해 작성하되 결코 수동적으로 파악된 것이 아니고, 또 학교에서 배운 것을 모사한 것이 아닌가 하는 여부를, 또 그 그림이 명확성과 생명으로 승화되어 있는가의 여부를, 이 교육이 앞서 다른 문제에 대해서 동일한 방향에서 정확한 판단을 내린 것과 같은 방법으로, 충분히 결정할 수 있을 것이다. 이들은 모두 아직은 단순한 인식에 속하는 것이고, 더욱이 인식으로서도 이 교육에서는 매우 손쉬운 부분을 벗어나지 못한다. 그것과 전혀 다른 더욱 높은 문제는, 학생이 과연 사물의 이러한 질서에 대해서 불타는 사랑을 품고 있는가, 어떤가, 그가 교육자의 지도를 떠나 혼자가 되어도 오직 이와 같은 질서를 원하고, 자신의 전력을 다해서 이 질서의 진보를 위해 일을 하지 않을 수 없게 되어 있는가의 여부이다. 이러한 문제는 틀림없이 언어나 언어에 의해 실시될 시험에 의해 결정할 수는 없다. 오직 실제의 행위를 보고 결정해야 한다.

나는 이 마지막 관찰에 의해서, 우리에게 부과된 문제를 다음과 같이 해결한다. 즉, 이 새로운 교육을 받는 학생들은 비록 성인 사회로부터 격리되어 생활은 하고 있다 해도 하나의 단체 생활을 이루고, 즉 하나의 격리된 독립적 단체를 형성하여 엄밀하게 규정하고, 사물의 자연에 입각하여 이성에 의해 철저하게 요구된 헌법을 가지고 있지 않으면 안 된다. 학생의 정신으로 하여금 사교적 질서의 그림을 작성하게 하는 자극이 되는 첫째 재료는 그들이 생활하는 이 단체의 그림이기를 바라는 것이다. 이렇게 되면 그는 마음속으로부터 이 그림에 비친 대로 점 하나 획 하나 착오가 없도록 이 질서를 만들려고 시도하고, 이 질서는 그 어느 부분이나 필요 불가결하다는 것을 근본적으로 이해하게 될 것이다. 그러나 이것도 단순한 인식이 하는 일이다. 그런데 이러한 사회적, 질서적 내부에서는, 각 개인이, 실제 생활에서 자기 혼자라면 주저 없이 행할 수 있는 일도, 전체를 위해서 삼가야 할 일이 많이 있을 것이다. 그래서 적당한 조치로서는 입법 때, 또 이에 입각해서 이루어지는 헌법 교육에서, 실제로는 아무도 가지고 있지 않지만, 실은 누구나 가지지 않으면 안 되는 이상으로까지 승화된 질서의 사랑을 가지고 각 개인이 다룰 일체의 헌법을 받아야 한다는 것을 설득하여, 이와 함께 헌법을 엄격한 것으로 하여, 금지 조항을 될 수 있는 대로 많이 부가(附加)시켜야 한다. 이 헌법은 당연이 자명한 공리와 같은 것으로 존재해야 하는 것이고, 또 사회의 존속은 이에 입각해 있는 것이므로, 불가피할 경우에는 당면한 처벌에 대한 공포심을 이용해서 그것을 강요해도 상관없다. 그리하여 이 처벌법은 어떤 관용이나 예외도 없이 실행되어야 한다. 이러한 공포심을 학생 행동의 동기로서 사용해도 학생의 도의심에 그 어떤 해도 미치는 것이 아니다. 왜냐하면 여기에서는 선(善)을 행하는 것을 촉진하는 것이 아니라, 다만 이 헌법에서 악이라고 인정하는 것을 삼가도록 요구할 뿐이기 때문이다. 게다가 이 헌법에 대해 설명할 때, 벌의 고통을 환기하지 않으면 나쁜 일을 저지르는 것을 억제하지 못하는 인간, 혹은 직접 처벌을 받지 않으면 이 관념을 분명히 할 수 없는 사람은 수양이 모자란다는 사실을 충분히 이해하게 하지 않으면 안 된다. 그러나 학생이 이 금지령을 잘 지키는 경우, 그것이 질서에 대한 사랑에서 나온 것인지 혹은 처벌에 대한 공포에서 나온 것인지를 구별하기란 불가능하므로, 이 방면에서 학생들은 선량한 의지가 있어도 이를 적나라하게 나타낼 수가 없고, 교육자도 이 의지를 측정할 수 없다는 것은 분명하다.

하지만 이러한 측정이 가능한 면이 있다. 그것은 다음과 같은 면이다. 즉,

헌법은 각 개인이 전체를 위해 여러 가지 일을 삼가는 소극적인 면뿐 아니라, 전체를 위해 일을 하여 적극적 공헌을 할 수 있도록 만들어져야 한다. 이 학생 단체에서는 학습 정신의 발달 외에 신체의 단련, 기계적인 그러나 이상화된 경작 노동 및 여러 수공 노동이 이루진다. 그래서 헌법의 원칙으로서 바람직한 것은 다음과 같다. 이들 일을 하면서 어느 한쪽에서 뛰어난 학생에게는 교사를 도와 다른 학생을 가르치게 하여 여러 가지 감독 임무와 채임을 지게 하고, 또 어느 정도 진전을 보이는 학생이나 교사가 하는 말을 누구보다도 먼저 잘 이해하는 학생에게는 이것을 혼자의 힘으로 수행시킨다. 그렇다고 해서 그들이 당연히 해야 할 일반적인 학과나 노역을 면제해 주지 말고, 어느 학생이나 강제를 받지 않고 기꺼이 자진해서 이 요구를 충족하게 하되, 만약에 이것을 원하지 않는 학생은 이 요구를 거절해도 상관없게 한다. 더 나아가 학생이 이와 같은 요구를 충족했다고 해도 아무런 보수를 예기하지 않게 하고, 이 헌법에서는 모든 학생이 근로 및 향락에 관해 평등하게 취급되고 칭찬까지도 예기하지 않게 하며, 이 단체에서 이와 같은 요구를 충족한다는 것은 자신의 당연한 임무를 다하는 데에 지나지 않는다. 전체를 위해 일을 한다는 기쁨과, 만약에 그 일이 성공했을 때에는 그 성공에 관한 기쁨을 맛볼 수 있는 것으로 만족해야 한다는 생각이 지배하고 있어야 한다는 것 등이다. 따라서 이 헌법에서는, 유능한 학생은 숙련의 정도가 증가하고, 또 그 때문에 노고를 거듭할 때마다 새로운 수고와 근로가 이어서 생겨, 유능한 학생일수록 다른 학생이 잠잘 때 눈을 뜨고 있고 다른 학생들이 놀로 있을 때에도 두뇌를 굴려야 하는 일이 있을 것이다.

이러한 노고가 있는 데도 불구하고 그 노고를 마다하지 않는 학생, 즉 처음 노고와 거기에서 이어서 생기는 그 후의 여러 노고를 흔쾌히 받아들여, 자기의 힘과 활동을 자각하면서 실력을 발휘하고 점점 강해지는 학생—이와 같은 학생이라면 학교는 안심하고 그를 세상에 내보내도 좋다. 이러한 학생에 대해서는 교육이 그 목적을 달성한 것이다. 이와 같은 학생은 사랑이 점화되어 그들의 활발한 활동의 핵심까지 그 불꽃이 불타고 있는 것이다. 그리하여 이 불은 앞으로 그의 생활 활동의 범위 안에 들어오는 모든 것을 예외 없이 붙잡을 것이다. 그렇다면 이러한 학생들은 새로운 단체 생활에 들어가도 그들이 이제까지 작은 단체에서 항상 확실하게 보여 온 견실성을 결코 잃지 않을 것이다.

이리하여 학생은 세계가 그에 대해서 처음으로, 그리고 예외 없이 부과하는 요구를 충족시킬 준비를 지니게 되는 것이다. 즉 교육이 이 세계의 이름으로 그에게 요구하는 것은 이미 이루어진 것이다. 그러나 이러한 학생도 내면적으로 아직 완성된 것은 아니다. 즉 학생 쪽에서 교육에 대해서 요구할 수 있는 것은 아직 충족되지 않고 있는 것이다. 이 요구도 충족된다면 여기에서 비로소 그는 한층 높은 세계가 현세의 이름으로, 특별한 경우에 그에게 부과하는 요구도 훌륭하게 충족할 힘을 얻을 수 있을 것이다.

3강 새로운 교육의 두 번째 서술

내가 주장하는 새 교육의 본질은, 제2강에서 설명한 바로는 학생의 순수한 도의심을 양성하는 깊은 생각을 가진 확실한 기술이라는 것이었다. 순수한 도의라고 나는 말했다. 새로운 교육이 의도하는 도의는 첫째 독립적인 것으로, 전적으로 그 자신을 위해 존재하는 것이다. 종래에 자주 기도된 합법칙성(合法則性)처럼 비도의적인 다른 충동에 접목되어 그 충동인 만족시키는 도구로서 이용되기 위한 것은 결코 아니다. 새로운 교육은 이 도의적 교육의 숙려(熟慮)와 확실성을 가진 기술이라고 나는 말했다. 새로운 교육은 무계획적으로 우연을 쫓아서 가는 것이 아니라, 오히려 하나의 확고하고 숙지(熟知)된 규칙에 따라 매진하는 것으로, 자기의 성공을 확신할 수 있는 것이다. 새로운 교육을 받는 학생들은 적절한 시기에 이 교육술에 의해 항구불변하고 정교한 기계로서 만들어져서, 이 교육에 의해서 일단 주어진 운동의 양식에 한 치의 오차도 없이 또 외력(外力)의 도움을 요하는 일도 없이 전적으로 자기 자신의 법칙에 따라 운동을 계속하는 것이다.

원래 이 교육은 학생의 인식력도 육성한다. 그리하여 이 인식력의 육성이 이 교육 사업이 착수할 제1의 과업이다. 그러나 이 정신 발달은 교육의 제1의적인 독립적 목적이 아니라, 오히려 단지 도의적 수양을 학생들에게 주어야 할 제약적 수단이다. 그러나 인식력은 이렇게 부차적으로 얻어지는 것이지만, 결코 소실되지 않는 보물로서 학생의 생명 속에 존속하여 거기에서 영원히 불타서 그의 도의적 사랑의 등불이 되는 것이다. 이 교육으로 주어진 인식의 총량이 아무리 많든 혹은 아무리 적든, 학생의 생애를 통해서 인식할 필요가 있는 모든 진리를 파악하는 일종의 능력을, 이 교육에 의해서 하나의 수확으로서 확실하게 확보하는 것이다. 이 인식 능력은 다른 사람의 가르침을 수용하는 힘을 갖추고 또 자기 성찰을 할 힘을 갖추면서 항상 존재하는 것이다.

우리는 앞서의 강연에서 새로운 교육에 대해 이 정도까지 설명했다. 우리는 2강 말미에서 이것만으로는 아직 교육은 완성되지 못하고, 이제까지 말한 것과는 다른 또 하나의 문제 해결이 필요하다고 말해 두었다. 그래서 우리는 지금부터 이 문제의 연구로 옮아가는 것이다.

이 교육을 받는 학생은 단지 이 지상(地上)에서 받은 짧은 생애만큼 인간 사회의 한 멤버로서 끝나는 것은 물론 아니다. 그는 더욱 차원이 높은 일종의 사회 질서 아래에 있고, 일종의 정신적 생활 일반에 속하여 영원한 사슬의 한 고리를 이루는 것으로, 이것은 분명히 이 교육에 의해서 그러한 것으로 인정되고 있다. 학생의 모든 인격을 감싸려고 하는 교육은 틀림없이 학생을 이러한 고상한 질서의 통찰에까지 이끌어갈 것이다. 그리고 교육은 결코 고정적으로 존재하지 않고 오히려 영원히 생성해야 할 도의적 세계 질서의 그림을, 학생의 독립된 활동으로 그리게 한 것처럼 그 무엇도 그 안에 생성시키지 않고 또 그 자신 생성한 일도 없이, 영원히 상주할 초감각적 세계 질서의 그림도, 마찬가지로 학생의 독립 활동에 의해서 그의 마음속에 그리게 하여 그로 하여금 그 필연적인 성질을 깨닫게 하지 않으면 안 된다. 만약에 지도가 잘 되면 학생은 이윽고 이와 같은 그림을 다 그려서, 마침내는 생명(그것도 영적 생명) 외에는 아무런 실재로 없고 또 이 생명은 곧 상상 속에 존재한다는 것을 발견하여, 다른 모든 것은 비록 실재하는 것처럼 보여도 실제로는 존재하지 않는다는 것, 또 실재하는 것처럼 보이는 이유는 왜 그런가 하는 것까지도 대체적으로나마 찾아낼 것이다. 학생은 더 나아가, 유일한 실재인 영적 생명은 여러 가지 다양한 모양으로 나타나 있기는 하지만, 그것은 우연한 일이 아니라 그 자신이 정한 법칙에 의해서 지지되며, 결국은 하나이고 신의 생명 그 자체로서, 신의 생명은 살아 있는 사상 안에서만 존재하고 나타나는 것이라는 것도 깨닫게 될 것이다. 그는 그의 생명을 신의 생명이 구현된 사슬의 영원한 한 고리로서 인식하고, 또 다른 모든 영적 생명도 이와 같은 한 고리로 인정하여 이것을 신성시하게 될 것이다. 또 학생은 오직 신과의 직접 접촉에 의할 때에만 그리고 자기 생명을 신의 생명의 직접적인 발로로 여길 때에만 산 보람과 행복을 느끼고, 조금이라도 신의 생명으로부터 멀어질 때에는 죽음과 암흑과 불행을 느끼게 될 것이다. 한마디로 말해 이러한 교육은 학생을 종교적으로 교양하는 것이 될 것이다. 그리하여 우리는, 자신의 생명을 신의 안에서 발견하려고 하는 이 종교심을 새로운 시대에도 왕성하게 만들어 충분히 마음을 써서 이것을 조장하지 않으면 안 된다. 이에 반해 심령적 생명을 신의 생명으로부터 떼어놓고, 신의 생명으로부터 떼어놓지 않으면 심령적 생명에 절대적 존재를 부여할 수가 없다고 생각한 옛날의 종교심—내세에 대한 공포와 희망을 일으키게 해서 현세에 대한 공포와 희망의 박약함을 보충하는 도구로 신을 이용하여, 이기심을 내세에까지 가지고 들어가기 위해 신을 연결 고리로 이용하고 있었던 종교심, —이처럼 명백히 이기심의 노예였던 종교심은 물론 옛날과 함께 묻어버리지 않으면 안 된다. 왜냐하면 새로운 세계에서는 영원이 무덤 저편에서 시작되는 것이 아니라 바로 현세의 한가운데로 들어와서, 이기심은 그 권력과 직무를 빼앗겨 그 모든 권속(眷屬)들을 데리고 물러나야 하기 때문이다.

참된 종교심을 양성한다는 것은 곧 새로운 교육의 마지막 사업이다. 이 목적을 위해 요구되는 초감각적인 세계 질서에 대한 그림을 학생이 과연 스스로의 힘으로 그렸는지의 여부, 또 학생이 작성한 그림이 어느 부분도 옳고 또 명확하게 이해할 수 있는가의 여부는, 인식의 다른 여러 문제와 마찬가지로 교육이 쉽게 이를 판단할 수 있을 것이다. 왜냐하면 이것도 역시 인식의 범위에 속하는 것이기 때문이다.

그런데 여기에서 더 중요한 것은, 이 종교적 지식이 생명이 없는 차가운 것이 되지 않고, 학생의 실제 생활 안에 발로(發露)될 것이라는 것을 교육은 어떻게 해서 보증할 수 있는가 하는 문제이다. 그런데 이 문제에는 또 하나의 선결 문제가 있다. 즉 종교 일반은 도대체 어떻게, 어떠한 방식으로 일상적인 생활 속에 나타나는가 하는 문제이다.

일상적인 생활이나 질서 있는 사회에서는, 생활을 형성하기 위해서 직접적으로 종교심을 전혀 필요로 하지 않는다. 여기에서는 참다운 도의만 있으면 그것으로 충분하다. 따라서 이런 의미에서 종교는 실용적이 아니다. 또 결코 실용적이 되는 것도 불가능하고 또 실용적이 되어서는 안 된다. 오히려 종교는 다만 인식일 뿐이다. 종교는 인간에게 자신을 완전히 명확하게 이해하게 하고 인간이 제출할 수 있는 최고의 의문에 대답하여, 인간의 마지막 모순을 풀고 자기 자신과 완전히 일치하게 하며, 세련되고 명확한 생각을 인간의 오성(悟性) 속에 놓는 데에 지나지 않는다. 종교는 인간을 모든 외적인 속박으로부터 해방시켜서 인간을 구제하는 것이다. 따라서 종교는 인간에 대해서 절대적으로, 즉 그 어떤 다른 목적을 위해서가 아니라 오직 그 자체로서 교육을 실시하는 사명을 가지고 있다. 종교가 인간의 실제상의 동력 (動力)으로서 작용해야 할 범위는, 매우 비도덕이고 타락한 사회에서이거나 혹은 인간의 활동 범위가 사회 질서의 내부에 있지 않고 이를 초월한 곳에 있어서, 오히려 그 사회 질서를 항상 개조하고 유지해 가지 않으면 안 되는 경우에 한한다. 이를테면 통감 정치와 같은 것이 그것으로, 통감은 그 직책을 수행함에 있어 대부분의 경우 종교의 힘을 빌리지 않으면 양심의 안심을 얻기가 힘이 든다. 이와 같은 경우에는, 종교는 모든 국민을 목적으로 하는 교육 수단이라고 할 수는 없다. 인간이 시대를 개선할 수 없다는 것을 오성으로는 충분히 통찰하고 있으면서도, 종교의 사명을 고려해서 끊임없이 이를 개선, 진보시키려고 노력할 경우, 어느 정도의 수확을 거둘 전망이 없어도 부지런하게 땀흘려 씨를 뿌리려고 할 경우, 은혜를 모르는 자에게도 행복을 베풀고 저주를 하는 자에게도 도움을 주거나 재보(財寶)를 주고 이를 축복하고 다시 저주를 받을 것이라는 것이 분명해도 이를 마다하지 않을 경우, 수백 회의 실패 후에도 신앙과 사랑이 변하지 않는 경우, 이런 행동의 원동력이 되는 것은 단순한 도의심이 아니라 종교심이다. 왜냐하면 도의심은 하나의 목표를 의도하는 것이기 때문이다. 이에 반해 종교는 우리가 알지 못하는 보다 높은 법칙에 몸을 맡기고 신 앞에서 겸허하게 침묵하며, 우리 안에 분신(分身)된 신의 생명을 마음속으로 사랑하는 일이다. 비록 보통 사람의 눈에는 그 어떤 구원을 필요로 하는 것이 보이지 않는 경우에도, 신의 분신인 사람의 생명은 그 자신을 위해 구조되어야 할 유일한 것이다.

이렇게 해서 새로운 교육을 받은 학생들이 획득한 종교적 통찰은, 우선 그들이 낳아서 자란 작은 사회에서는 결코 실용적인 것이 될 수가 없다. 또 실용적인 것이 되어서는 안 된다. 학생들의 단체는 질서가 잘 서 있고, 이 단체에서 계획되는 일은 방법만 좋으면 틀림없이 성공한다. 아직 젊은 이 시대의 인간에게는 천진(天眞)한 마음과 인류에 대한 차분한 신앙을 유지하게 해야 한다. 인류의 결함을 인식한다는 것은, 성숙하고 견실한 사람의 자기 경험에 맡겨져야 한다.

그렇다면 학생이 이미 학교의 손을 떠나서 모든 일을 자기 판단에 의해서 결정하게 된 후의 성년기에 있어서만이, 또 엄숙한 실생활에 있어서만이, 그 사회적 관계가 단순한 것에서 복잡한 것으로 나아갈 경우에 학생은 비로소 실생활의 원동력으로서 종교를 요구할 것이다. 그렇다면 학생이 자기 수중에 있는 동안에 이 점에 관해서 학생을 음미할 수 없는 교육은, 학생이 훗날 종교의 필요가 생겼을 경우, 이 종교적 동기가 틀림없이 효력을 나타낼 수 있다는 것을 어떻게 해서 확신할 수 있는가? 나는 이에 대해 다음과 같이 대답한다. 이를 위해서는, 학생이 갖는 인식이 실제의 경우에 부딪쳐서 생명이 없는 차가운 것이 되어 버리지 않도록, 필요에 따라 곧 실제 생활에 작용할 수 있는 힘을 유지하고 있도록 학생을 교육시켜 두면 좋다. 나는 당장 이러한 주장을 보다 깊이 들어가서 설명하여, 이에 의해 이 강연과 제2강에서 다루어진 모든 개념을 뚜렷이 하고, 이것을 하나의 큰 전체로서의 인식에 더하여, 이 개념에 의해서 큰 전체에 하나의 새로운 빛과 한층 높은 명확성을 부여하고자 한다. 그리기 위해서는 우선 방금 일반적인 설명을 마친 새로운 교육의 참된 본질을 결정적으로 말해 두지 않으면 안 된다.

그런데 이 새로운 교육은 오늘 강연의 첫머리에서 상상된 것과는 달리, 단지 학생의 순수한 도의심을 양성하기 위한 것만의 기술이 아니라, 이에 반해서 오히려 학생의 전체 인격을 만들고 학생을 참다운 인간으로 만들어 내는 기술이라는 것이 분명하게 되었다. 이 기술에는 두 가지 요령이 필요하다. 우선 형식에 관해서는, 우리는 그 생명의 바닥에 이르기까지 진정으로 활기가 넘치는 인간으로 만들어 내되, 결코 인간의 그림자나 환상과 같은 것을 만들어 내서는 안 된다. 다음에 내용에 관해서는, 인간으로서 필요 불가결한 요소는 예외 없이 같게 만들어 내지 않으면 안 된다. 여기에 필요불가결한 요소는 곧 오성과 의지로, 교육은 전자를 명석하게 하고 후자를 순결하게 하는 일을 목적으로 하지 않으면 안 된다. 오성을 명석하게 하는 데에 대해서는 두 가지 주요한 물음을 던지지 않으면 안 된다. 첫째, 순결한 의지가 본래 바라는 것이 무엇인가, 또 그것은 어떠한 수단에 의해 달성되어야 하는가, 학생에게 주어야 할 그 밖의 인식은 어떠한 요령에 의해 취급되어야 할 것인가 하는 것과, 둘째로 종교적 인식에 도달하는 이 순결한 의지는, 그 근본이나 본질에서 무엇인가 하는 것이다. 그런데 새로운 교육은, 실제 생활에 작용할 수 있을 때까지 발달한 인식을 얻기를 단적으로 요구하고, 그 어떠한 학생에 대해서도 그 이하를 요구하는 일을 생각하지 않는다. 왜냐하면 그 어떤 인간도 참다운 인간이 되지 않으면 안 되기 때문이다. 이리하여 후에 학생이 어떠한 사람이 되는가, 또 일반 인류라고 하는 것이 학생들의 마음속에 어떻게 비치는가, 또 어떤 모습을 취하는가는 일반 교육이 관여하지 않는 것으로 이것은 교육의 범위 밖이다. —나는 이 정도로 말해 두고 그 밖의 명제에 대해서 다시 근본적인 설명을 할 약속을 지키려고 한다. 그 명제란, 새로운 교육을 받은 학생의 마음속의 모든 인식을 생명이 있는 것으로 만들지 않으면 안 된다는 것이다. 이것을 설명하고 또 나의 모든 주장을 마무리하기 위해서는 나는 이것을 다음과 같이 정리한다.

첫째, 앞서 말한 바에 의하면 교육상으로 보아 인간에게는 두 가지 전혀 다른, 완전히 상반된 계급이 있다. 물론 인간으로서는 모든 것이 같다. 따라서 이 두 계급도 여러 가지 양상으로 나타나는 생활의 바탕에, 그 어떤 변화를 만나도 어디까지나 변함없이 자기의 본성을 바꾸지 않는 하나의 충동을 간직하고 있다는 점에서는 전혀 다를 바가 없다. —말이 난 김에 말해두지만, 이 충동이 자기 자신을 이해해서 이것이 개념으로 번역될 때에는 세계가 생긴다. 그리하여 이와 같이 조금도 자유롭지 않게 필연적인 상상 안에 만들어진 세계 외에 아무런 세계도 존재하지 않는다. 이 충동은 항상 의식이라고 번역되는 것으로 그 점에서도 두 종류의 인간은 공통되지만, 이 충동은 근본적으로 다른 두 가지 의식의 그 어느 쪽인가로 번역된다. 그 번역과 자기 이해라는 방식에서 두 계급은 서로 다른 것이다.

의식이 주로 시간의 흐름에 따라 전개되는 것이 제1 종류의 특징으로, 이 때 의식은 막연한 감정이 되어 나타난다. 이 감정과 함께 근본 충동은 가장 일반적으로는 자기에 대한 사랑의 형태로 나타난다. 더욱이 이 막연한 감정은, 자기를 단지 생활과 행복을 바라는 것으로 느낀다. 여기에서 관능적 이기심이 생겨서 삶의 원시적 충동에 대한 이러한 번역에 사로잡힌 생활로 가는 참된 원동력과 전개력이 되어 간다. 인간이 자기를 이렇게 해석하는 것을 계속하는 한, 인간은 이기적으로 행동하지 않을 수가 없다. 그밖에는 달리 도리가 없다. 더욱이 이 이기심은 인간 생활의 끊임없는 변화 속에서 자기를 고집하고, 항상 그 본질을 바꾸지 않는 유일한 것이다. 이 막연한 감정도 때로는 매우 예외적으로, 개인적인 자아를 초월해서 막연하게 느껴지는 일종의 새로운 질서를 구하는 동기가 되는 일도 있다. 이러한 경우에는, 우리가 이미 충분히 말한 것 같은 생활, 즉 사람이 이기심을 초월해서 애매모호하지만 이성으로 움직여질 때, 그리고 이성이 본능으로서 지배하고 있는 경우에 볼 수 있는 생활이 생기게 된다. 원동력 일반을 다만 막연한 감정의 형태로 파악하는 것이, 제1종 인간, 즉 교육에 의하지 않고 자연 그대로 자란 인간의 특징이다. 이런 종류의 인간은 다시 나뉘어 두 가지가 되는데, 이러한 분류는 인간의 기술이 헤치고 들어갈 수 없는 어떤 특수하고 알 수 없는 이유에 의한 것이다.

의식의 두 번째 특징은 명확한 인식으로 보통 독자적으로는 발달하지 않고 사회의 꼼꼼한 성의에 의해 발달하는 것이다. 만약에 인간의 근본 충동이 이 명확한 인식의 모양을 취할 경우에는, 제1종 인간과는 전혀 다른 제2종 인간이 되는 것이다. 근본애(根本愛) 그 자체를 파악하는 이러한 인식에는 다른 인식에서 가끔 볼 수 있는, 냉담하고 무관심이라고 하는 현상은 없고 이 인식의 대상은 그 무엇에도 못지않게 사랑을 받는 것이다. 왜냐하면 이 대상은 우리 본래의 사랑을 해석하고 번역하는 것이기 때문이다. 다른 종류의 인식은 자기에게 인연이 없는 것을 파악한다. 인연이 없는 것은 인연이 없는 것으로 언제까지나 냉담하다. 이에 대해서 이 인식은 인식하는 사람 그 자체와 그 애정을 파악하며, 그 사람은 인식을 사랑하는 것이다. 그런데 두 계층의 인간에게 있어 그들의 충동이 되는 것은 이 근본적인 사랑이요, 다만 외형만을 달리하는 사랑이지만 그 간의 사정은 차치하고서라도, 전자의 인간은 막연한 감정에 의해, 후자의 인간은 명확한 인식에 의해 움직인다고 말할 수 있다.

그런데 이와 같이 명석한 인식이 인간의 생활에서 직접적인 원동력이 되기 위해서는, 또 그것이 확실하게 실행되기 위해서는, 이미 말한 바와 같이 다음과 같은 조건이 필요하다. 우선, 이 인식이 예시하는 것이 실제로 참다운 사랑이어야 한다는 것이다. 다음에, 이 사랑이 이러한 것이라는 것을 인간이 직접 분명하게 깨닫고, 그 해석과 함께 그의 사랑의 감정이 바로 그의 마음속에 환기되고 그 자신이 이것을 자각해야 한다는 것. 다음에, 이에 따라 인식이 생길 때에는 반드시 동시에 사랑이 일어나야 한다는 것이다. 왜냐하면 그 반대의 경우에는 인간은 무정하고 냉담하게 되지 않을 수가 없기 때문이다. 또 사랑이 일어날 경우에는 반드시 인식이 이에 따라야 한다는 것이다. 왜냐하면 그 반대의 경우에는 일종의 막연한 감정이 그의 행위의 원동력이 될 것이기 때문이다. 그러므로 교육은 각 단계를 거쳐서 집중적인 인간을 만들어 내야 한다는 것이다. 이와 같이 교육자가 인간을 하나의 분할할 수 없는 전인격으로서 다루면, 인간은 장래에도 여전히 이러한 전인적인 인간을 얻어, 그 어떤 인식도 필연적으로 그 생활의 원동력이 될 것이다.

둘째, 이와 같이 해서 막연한 감정 대신에 명확한 인식이 생활의 최초의 기초가 되고 참다운 출발점이 될 때에는, 이기심은 전적으로 정복되고 그 발달이 박탈된다. 왜냐하면 인간으로서 자기가 향락을 욕구하고 고통을 기피하는 것이라고 여기게 하는 것은 막연한 감정뿐이기 때문이다. 명확한 관념은 인간인 자기를 결코 이와 같은 것으로 보게 하지 않고, 오히려 그것이 일종의 도의적 질서의 한 구성원이라는 것을 가르치는 것이다. 그리하여 이 명확한 관념의 발달에 따라 이 도의적 질서에 대한 사랑의 불꽃이 점화되고 양성되는 것이다. 새로운 교육은 이기심과는 전혀 관계가 없는 것이다. 왜냐하면 이기심의 근원이 막연한 감정은 교육이 던지는 밝은 빛에 의해서 지워지기 때문이다. 새로운 교육은 이기심을 발달시키지 않는 것은 물론이지만, 그렇다고 이를 억제하려고 하지도 않는다. 요컨대 이것을 안중에 두지 않는 것이다. 만약에 훗날 이 이기심이 다시 생기는 일이 있더라도, 교육받은 사람의 마음은 이미 더 고상한 사랑으로 채워져 있어서, 이기심이 들어올 여지를 주지 않을 것이다.

셋째, 인간의 이런 원동력은 만약에 일단 명확한 인식으로 번역되었을 때, 이미 주어진 재래의 세계로는 향하지 않는다. 기존의 세계로 향하면 주어진 그대로를 수동적으로 받아들이지 않으면 안 되므로, 근본적 창조적 활동을 촉진하는 성질인 사랑은 여기에서는 그 활동의 대상을 찾아낼 수가 없다. 그러므로 이 명확한 인식으로 고양된 원동력은 생성되어야 할 세계, 선험적 세계, 미래를 갖는 세계, 영원히 미래를 갖는 세계로 향하는 것이다. 모든 현상의 바탕에 가로놓인 신적(神的) 생활은 결코 기존의 주어진 존재로서 나타나는 일은 없고, 오히려 생성되어야 할 존재로서 이 세계로 들어오는 것이다. 이리하여 생성될 것이 생성되었을 경우에는, 그것은 다시 생성되어야 할 것으로 변하여 영원이 이것을 되풀이하는 것이다. 그러므로 신적 생활은 결코 고정되고 죽은 존재 안에 나타나는 일은 없으며, 오히려 항상 유동적인 모양을 유지하는 것이다. 신의 직접적 구현 및 계시는 사랑이다. 이 사랑이 인식에 의해서 번역될 때, 거기에 비로소 일종의 존재가 생긴다. 그것은 영원히 생성될 존재로서, 만약에 세계에 참이 있다면 이 존재야말로 유일한 참의 세계이다. 이에 반해 제2의 주어진 기존 세계는 단지 환상이자 그림자로서, 그것을 재료로 해서 인식이 신의 사랑의 번역에 확고한 모습과 눈으로 볼 수 있는 형태로 다시 만들어 주는 것이다. 이렇게 해서 생긴 제2의 세계가 바로, 본래 눈으로 볼 수 없는 신의 세계를 관조(觀照)하는 수단이자 조건이다. 신은 이 신의 세계에도 직접 나타나지 않고 여기에서도 단 하나의 순수하고 불변한, 형태 없는 사랑을 통해서 나타난다. 신은 다만 사랑의 모양으로만 직접 나타는 것이다. 이 사랑에 관조적 인식이 가해져서 이 인식이 다시 자기 안에서 하나의 그림을 생기게 하여, 이 그림을 옷 삼아 본래 눈으로 볼 수 없는 사랑의 대상에 이것을 입히는 것이다. 그런데 이 대상은, 모양을 갖출 때마다 사랑에 의해 부정되어 새로운 형성으로 내몰린다. 대상에는 유동성도 무한성도 영원성도 전혀 없으나, 관조와 융합에 의해서 관조와 마찬가지로 하나의 영원 무한한 것이 된다. 지금 말한 인식 그 자체로부터 만들어진 그림은, 그것을 그 자체로서 멈추고 명확하게 인식된 사랑으로 향하지 않는 한은, 주어진 고정된 세계, 즉 자연이다. 이 자연 안에 신의 본질이 그 어떤 방법에 의해 직접, 즉 위에서 말한 중개물의 매개에 의하지 않고 나타날 것이라고 하는 망상은 정신의 몽매와 의지의 부정(不正)에 의한 것이다.

넷째, 그런데 사랑을 용해하는 수단으로서의 막연한 감정을 항상 건너뛰고, 명확한 인식이 이에 대치되는 것은 이미 주의한 바와 같이 인간 교육의 일종의 특별한 기술에 의해서만 가능하지만, 이것은 지금까지 실행되지 않고 있다. 마찬가지로 우리가 통찰해 온 대로 이러한 방법에 의하면, 종래의 인간과는 전혀 다른 종류의 인간이 만들어져서 그것이 세상 일반이 되는 것이므로, 이러한 교육에 의하면 당연히 전혀 새로운 사물의 질서와 새로운 창조가 시작될 것이다. 그리하여 이 교육은 현재의 인간을 장래의 인간이 되도록 교육하는 것이므로, 인류는 이러한 새로운 모양을 스스로 갖추게 될 것이다. 그것은 인류의 독특한 방식에 의한 것으로, 주고받는 일이 자유로운 유일한 공유물인 동시에 여러 정신 세계를 통일시킬 참된 광명이며, 이 세계의 공기인 인식에 의해서 행하는 것이다. 이제까지 인간은 되어가는 대로 되어 있었다. 그러나 오늘날에는 자연의 추세에 방임할 수는 없다. 왜냐하면 인류가 가장 잘 발달한 나라에서 인류는 가장 가치가 없는 것이 되어 버렸기 때문이다. 만약에 인류가 이 가치 없는 상태에 머무는 것을 원하지 않는다면, 앞으로는 자기가 되고자 하는 것이 되도록 스스로 힘쓰지 않으면 안 된다. 나는 나의 강연 앞 단계에서 말해 두었지만, 인류가 스스로 노력해서 자신을 본연적 근본적인 것으로 만드는 것이야말로 바로 인류가 이 세상에서 해야 할 참다운 사명이다. 이렇게 자신을 만들어가는 일, 더욱이 신중하고 규칙에 맞게 공간적 시간적으로 언제 어디선가 한 번은 시작되어야 한다. 이렇게 함으로써 인간의 자유롭지 못한 제1기의 발달에 대신하는 자유롭고 숙려(熟慮)가 따르는 제2기가 시작되는 것이다. 우리의 생각으로는, 시간상으로 지금이 바로 그때이다. 인류는 이 지상의 한가운데에서, 마치 두 개의 큰 시기의 중간에 서 있는 것과 같다. 공간에 대해서 말하자면, 나머지 국민을 위해 선구자가 되고 준비자가 되어 이 새로운 시기를 시작할 것을 독일 사람들에게 요구해야 한다고 우리는 믿는다.

다섯째, 그러나 이 전혀 새로운 창조도 종래의 것과 아무런 관계없이 일어날 수 있는 것이 아니다. 오히려 이것은 이전 시대의 참다운 자연의 계속 및 그 결과이다. 특히 독일인에게는 그러하다. 우리 시대의 모든 활동 및 노력이, 막연한 감정을 추방하고 오직 명확성과 인식에 주권을 주는 것을 목적으로 하고 있었다는 것은 명백한 일이며, 아마도 세계는 일반적으로 이것을 승인할 것이다. 이 노력은 종래의 가치 없는 상태를 완전히 폭로할 정도까지 효과를 나타내고 있다. 지금 명확성을 구하는 충동이 말살되거나 무기력에 안주하려는 상태가 다시 세력을 얻게 되는 일이 있어서는 안 된다. 그리하여 명확성을 구하는 충동은 더욱더 발달시켜서 한층 높은 경지로 이를 인도하고, 가치 없는 상태가 폭로된 후에는 긍정적이고 참으로 진지한 창조적인 진리가 분명히 나타나도록 하지 않으면 안 된다. 막연한 감정으로부터 비롯되는 소여적(所與的), 독단적 실재체(實在體)의 세계는 망한 것이고, 또 망한 대로 되어 있지 않으면 안 된다. 이에 반해서 근본적인 명확한 인식에서 생겨서, 영원히 심령 안에 태어나는 실재의 세계는, 그 빛을 방사해서 충분히 빛나야 한다.

　오늘과 같은 시대 상황에서 새로운 생활을 예언한다는 것은, 아마도 엉뚱하게 보일 것이다. 또 오늘과 같은 시대는, 만약에 지금 말한 대상에 관한 여론과 새 시대의 원칙으로서 이야기된 것 사이의 큰 틈만을 본다면, 아마도 이 예언을 믿을 용기를 가질 수 없을 것이다. 종래의 교육은, 일반화해서는 안 되는 일종의 특권으로서 보통 상류 계급에만 한정되고, 더욱이 초감각적 세계에 대해서는 전적으로 침묵을 지키고, 오직 관능적 세계의 영위에 관한 약간의 기술을 가르치려고 했었다. 이 계급적 교육은 분명히 열등한 것이었다. 그러나 나는 지금 그것을 말하려고 하는 것은 아니다. 오히려 민중 교육, 매우 제한된 뜻으로는 국민적 교육이라고 해도 좋을 교육, 초감각적 세계에 대해서도 반드시 침묵만 지키고 있지 않은 교육을 보려고 생각하는 것이다. 이 교육의 가르침은 무엇이었던가? 우리는 새로운 교육의 전제로서, 인간의 바닥에는 선에 대한 순결한 쾌감이 존재하고, 더욱이 이 쾌감은 인간이 좋다고 인정한 것은 행하지 않고 다만 악이라고 인정한 일만을 하는 것은, 전혀 불가능하게 될 정도로까지 발달시킬 수 있는 것으로 발달시키려고 하는 것이지만, 종래의 교육은, 인간에게는 신의 명령에 대한 태어나면서부터의 혐오심이 깃들어 있다는 것, 신의 명령에 따른다는 것은 인간에게는 한마디로 불가능하다고 가정했을 뿐만 아니라, 또 이것을 나이 어린 학생에게 가르쳤던 것이다. 만약에 이와 같은 가르침이 정직하게 믿어졌다면, 각 학생은 자기의 성질은 도저히 바꿀 수 없는 것으로 보고 그것이 하는 대로 내버려 두고, 또 자기에게 불가능하다고 가르친 것에 대해서는 자진해서 이를 행하지 않고, 자신과 모든 다른 사람의 자연적 상태보다 더 좋게 되려고는 하지 않는 결과를 낳을 수밖에 없었을 것이다. 아니 그 뿐만이 아니라, 학생은 자신의 천한 성질을 감수하고, 자신의 근원적인 죄나 타락을 승인하지 않을 수가 없게 된다. 즉 그는 신 앞에서의 이 미천함을 신에 대한 유일한 변명으로 간주하기에 이를 것이다. 또 그는 우리의 주장과 같은 주장이 그의 귀에 들려도 이것을 일종의 장난으로밖에 생각하지 않을 것이다. 왜냐하면 그는, 이 주장이 진실이 아니고 오히려 그 반대만이 진실이라는 것을 재빨리 확실하고 명확하게 생각하기 때문이다. 만약에 우리가 모든 주어진 존재로부터 전적으로 독립되고, 이 존재 그 자체를 좌우하는 인식을 인정하고, 처음부터 이 안에 모든 사람이 젖어 있게 해서, 그를 항상 이 범위 안에 유지하려고 노력하고, 다른 한편으로는 오직 역사적으로 배워야 할 사물의 상태와 같은 것은 저절로 생기는 가치가 없는 하찮은 일로 생각한다면, 종래 교육의 잘 익은 과실이 우리의 소유가 되어, 널리 알려진 바와 같이 그 어떤 선천적 인식이라고 하는 것은 존재하지 않고, 또 종래 교육의 결과가 사물을 인식하는 법을 경험에 의하지 않고 알려고 하는 사실을 우리에게 상기시킬 것이다. 초감각적, 선험적 세계가 저절로 나타나지 않을 수 없는 장소에서조차도 숨도록—신을 인식하는 가능성에 대해서, 또 신 그 자체에 대해서도 정신적 활동이 일어나지 않고, 다만 수동적 맹종이 만사인 것처럼, 종래의 인간 교육은 신의 실재를 일종의 역사적 사실로 보고, 이 사실의 참다운 증명을 실제로 본 사람의 진술을 기다리는 것 같은 대담한 일을 감히 저지른 것이었다.

종래의 사정은 실로 이와 같았다. 그러나 오늘날과 같은 시대에는 그것 때문에 기가 죽을 필요는 없다. 왜냐하면 이러한 사정이나 이와 비슷한 현상은 독립된 것이 아니라 구시대의 황량한 뿌리 위에 핀 꽃과 열매에 지나지 않기 때문이다. 오늘날의 시대는 새롭고 고상하고 힘찬 뿌리의 이식에 침착하게 몰두하는 것이 좋다. 그러면 낡은 뿌리는 고사하고, 이 뿌리로부터는 이미 양분을 섭취할 수 없는 꽃과 열매는 자연히 시들고 저절로 땅에 떨어질 것이다. 오늘날의 시대는 아직 우리의 말을 믿을 능력을 가지고 있지 않다. 따라서 우리의 말이 마치 옛날 이야기처럼 여겨지는 것도 당연한 일이다. 우리도 또한 이러한 믿음을 강요하려는 것은 아니다. 우리는 다만 창조와 행위의 장소를 원할 뿐이다. 훗날이 되면 세상 사람들은 이것을 목격할 것이다. 그리하여 자신의 눈을 믿게 될 것이다.

예를 들어, 누구나 최근의 여러 가지 소산(所産)을 잘 알고 있는 사람은 나의 주장을 듣고, 근대의 독일 철학이 그 성립 때부터 말해 왔던, 또 말하지 않을 수 없었으므로 반복해 온 주장이나 의견이, 다시 되풀이되고 있다는 것을 이미 알아차렸을 것이다. 이 설교가 헛되이 흘러갔다는 것은 전적으로 분명한 사실이며, 또 왜 헛되이 흘러가지 않을 수 없었는가 하는 이유도 분명하다. 생명이 있는 것을 움직일 수 있는 것은 오직 생명이 있는 것뿐이다. 그런데 종래의 실제 생활은 이 철학에 대해서 아무런 관계도 없다. 즉 이 철학은, 아직 이 철학을 받아들일 정도로 발달하지 않은 사람들에 대해서, 이 철학을 이해할 수 있을 정도로 발달하지 않은 귀에 대고 설교하고 있었던 것이다. 이 철학은 아직 이 시대에서 자랄 수가 없다. 그것은 시대를 앞지르고 있고, 장래의 한 시대의 활동 영역을 미리 완성시키는 것이다. 그 시대는 현실이 끝나는 시점에서 출현할 수밖에 없다. 이러한 철학은 현재의 인류에 대해서는 단념하지 않으면 안 된다. 그러나 그때까지 헛되이 손을 놓고 있을 수가 없으므로, 우선 자기가 사는 시대 사람들을 적절히 교육시킬 임무를 다해야 한다. 가장 손쉬운 이 일이 명확해지면, 그의 뜻에 맞지 않는 시대와도 평화롭게 친근감을 가지고 교류할 수가 있을 것이다. 이제까지 우리가 말한 교육은 곧 이 철학을 위한 교육이기도 하다. 다시 말하면 어떤 의미에서는 철학만이 이 교육의 교사가 될 수 있는 것이다. 교육은 철학이 이해되고 받아들여지는 앞잡이가 되지 않으면 안 된다. 그런데 이 철학이 이해되고 환영될 시대는 반드시 올 것이다. 따라서 오늘의 시대는 하등 겁을 먹을 필요는 없는 것이다.

지금 시대 사람들은 아마도 지금에 못지않은 비참한 상태에 관한 옛 예언자의 환상을 들어보라. 포로들의, 내 나라가 아닌 외국으로 끌려간 포로들의 위로자인 예언자는, 세바르강 강가에서 이렇게 말하고 있다. '여호와께서 권능으로 내게 임재하시고 그 영으로 나를 데리고 가 골짜기 가운데 두셨는데 거기 뼈가 가득하더라. 나를 그 뼈 사방으로 지나게 하시기로 본즉 그 골짜기 지면에 뼈가 심히 많고 아주 말랐더라. 그가 내게 이르시되, 인자야 이 뼈가 능히 살 수 있겠느냐 하시기로 내가 대답하되 주 여호와여 주께서 아시나이다. 또 내게 이르시되 너는 이 모든 뼈에게 대언하여 이르기를 너희 마른 뼈들아 여호와의 말씀을 들을지어다. 주 여호와께서 이 뼈들에게 이같이 말씀하시기를 내가 생기를 너희들에게 들어가게 하리니 너희가 살아나리라. 너희 위에 힘줄을 두고 살을 입히고 가죽으로 덮고 너희 속에 생기를 넣으리니 너희가 살아나리라. 또 내가 여호와인 줄 너희가 알리라 하셨다 하라. 이에 내가 명을 따라 대언하니, 대언할 때에 소리가 나고 움직이며 이 뼈, 저 뼈가 들어맞아 뼈들이 서로 연결되더라. 내가 또 보니 그 뼈에 힘줄이 생기고 살이 오르며 그 위에 가죽이 덮이나 그 속에 생기는 없더라. 또 내게 이르시되 인자야 너는 생기를 향하여 대언하라. 생기에게 대언하여 이르기를 주 여호와께서 이같이 말씀하시기를 생기야 사방에서부터 와서 이 죽음을 당한 자에게 붙어서 살아나게 하라 하셨다 하라. 이에 내가 그 명대로 대언하였더니 생기가 그들에게 들어가매 그들이 곧 살아나서 일어나 서는데 극히 큰 군대더라. (에스겔 37장 1~10절―역자 주)

이 선지자가 본 해골처럼, 우리의 보다 높은 정신생활의 여러 요소가 고사(枯死)하고, 따라서 또 우리의 국민적 통일의 끈이 절단되어, 잡다하게 지리멸렬된 상태로 흩어져 있어도 좋다. 이들이 수백 년의 폭풍우 속에, 호우 속에, 또 불타는 햇볕 속에서 고사되어도 상관 없다. ―이를 소생시킬 정신계의 바람은 아직 멈추지 않고 있다. 이 바람은 우리의 국민적 신체의 해골을 집어올려 이것을 짜 맞추어, 새롭고 깨끗해진 생명 안에 다시 훌륭하게 서게 할 것이다.

4강 독일인과 다른 게르만족 사이의 주요 차이점

이 강연에서 제안한 새로운 인간의 교육 수단은, 우선 독일 사람에 의해 독일 사람에게 실시되어야 하며, 더욱이 이것은 원래가 우리 독일 국민에게 알맞은 것이라고 나는 말한 바가 있다. 이러한 주장도 또한 증명이 필요하다. 우리는 여기에서도, 다른 경우와 마찬가지로 최고이자 가장 일반적인 방면으로부터 설명을 시작하여, 현재 독일인이 부딪치고 있는 운명 여하에 상관없이 독일인이 근본적으로 어떠한 것이며, 또 처음부터 어떠한 것이었는가를 제시하고, 이 독일인의 특징 중에 이러한 교육의 능력과 감수성이 다른 유럽 국민보다 우수하다는 것을 명백히 하고자 한다.

독일 사람은 넓은 뜻으로 보아 게르만 민족의 일부이다. 이 게르만 민족에 대해서는, 그들이 고대(古代) 유럽에 형성된 사회 조직과 고대 아시아에서 보존된 참된 종교를 결합하여 스스로 새로운 시대를, 멸망한 고대의 자리에 발달시킨 민족이라는 것을 말하는 것만으로 충분할 것이다. 또 독일인에 대해서는 나란히 일어난 다른 게르만 민족과 대조시키는 것만으로도 충분할 것이다. 다른 신흥 유럽 국민, 예를 들어 슬라브 민족과 같은 민족은 특별한 명칭을 붙일 정도로 유럽의 다른 국민들과 구별하여 아직 발달하고 있지 않은 것으로 인정되어 있고 또 그 밖의 새로운 국민, 예를 들어 스칸디나비아 사람 같은 경우에는 게르만 민족 출신으로, 여기에서 말하는 독일인 사이에 큰 차이는 없고 오히려 독일인으로 간주되어야 할 민족으로, 우리가 다음에서 말하는 차별관 안에는 포함되지 않는다.

다음에서 시도해 보려고 하는 관찰의 준비로서 우선 먼저 다음과 같은 일을 말해 두지 않으면 안 된다. 나는 본래 동일한 민족 사이에 구별이 생긴 원인으로서 하나의 사건을 지적하고자 한다. 이것은 사실로서 명확하게, 또 부정할 수 없게 그 어떤 사람의 눈에도 비치는 일이다. 나는 이렇게 해서 생긴 구별의 개별적인 현상을 말하게 될 것이다. 이것도 또한 명백한 사실로서 그 누구도 알고 있는 사실이다. 그러나 원인이 되는 사건과 결과인 현상과의 관계, 그리고 그 원인으로부터 어떻게 해서 이런 결과가 생겼는가의 설명에는, 일반적으로 사건 그 자체에 대한 설명처럼 충분한 명확성과 모든 사람을 확신시키는 힘을 줄 수는 없을 것이다. 물론 나는 이 점에 관해서도 결코 새롭고 이제까지 다른 사람이 말하지 않았던 일을 말하려고 하는 것은 아니다. 오히려 우리 사이에서 이러한 의견을 받아들일 수 있을 만한 소양을 충분히 가지고 있는 사람, 혹은 이미 이와 같은 의견을 품고 있는 사람도 적지 않은 것이다. 그러나 많은 사람들 사이에는 우리가 말하려고 하는 문제에 대해서 우리와는 전혀 다른 생각을 가지고 있는 사람들이 있다. 이것을 바로잡고, 또 전체의 사물을 보는 연습을 하지 않은 사람이 개별적인 경우를 기준으로 해서 제출하는 항의를 반박한다는 것은, 우리의 시간이 도저히 이를 허용하지 않고, 또 우리의 본래의 계획 밖에 속하는 일이다. 이 점에 대해서는 나의 전체적인 사상 안에서, 개별적이고 단편적이 아니게 존재하고 또 앎의 근본으로 거슬러 올라가 구명된 생각 중에서, 이 방향에 관해서 할 말을, 이에 반대 의견을 가진 사람들의 앞으로의 성찰을 위한 자료로서 제공하는 것으로 그치지 않으면 안 된다. 물론 이것을 전혀 돌보지 않을 수는 없다. 왜냐하면 전체의 설명에 결여되어서는 안 될 근본적 서술을 위해 이것을 말할 필요가 있을 뿐만 아니라, 이하의 강연에서 명백해지는 바와 같이 우리의 다음의 의도에 원래부터 관계가 있는 결과가 여기에 잉태되기 때문이다.

　독일 사람과 다른 게르만 민족과의 운명 사이에 존재하는 구별 중 최초로 그리고 직접 우리의 관찰에 들어오는 것은, 독일인은 자기 본래의 주소를 바꾸지 않았는데 다른 민족은 그 주소를 바꾸었고, 독일인은 본래의 국어를 유지해서 이를 발전시켰으나 다른 여러 민족은 외국어를 채용해서 그것을 자기 식으로 점차 개조해 나갔다는 점이다. 우선 이 처음의 차이를 설명한 후 훗날에 이르러 생긴 여러 가지 차이, 예를 들면 독일 본국에서는 게르만의 오랜 습관에 따라서 전제적이 아닌 군주를 모시는 연방 국가의 조직이 유지되었고, 여러 외국은 오히려 로마식으로 전제군주국의 정체(政體)로 변해 갔다는 것을 설명하지 않으면 안 되는 것으로 이 설명 순서는 뒤집을 수가 없는 것이다.

　지금 말한 변화 중에서 첫 번째의 것, 즉 거주지의 변경은 그다지 중요하지 않다. 인간은 어떠한 지역에서든 쉽게 적응할 수 있고, 민족의 특성은 거주 장소에 의해서 현저하게 변화되는 일은 전혀 없을 뿐 아니라 오히려 주소지를 지배하여 이를 자신에게 순종시키는 법이다. 또 자연계에서 오는 영향의 차이 같은 것도, 게르만 민족이 분포된 지대에서는 그다지 크지 않았다. 또 침략을 당한 여러 나라에서 게르만 민족이 종래의 주민과 혼합되기에 이른 사정도, 그다지 무게를 둘 정도의 것은 아니다. 왜냐하면 정복자, 즉 다스리는 자이자 새로운 혼합 민족의 형성자였던 것은 모두 게르만 민족이었기 때문이다. 게다가 이러한 혼합은 외국에서 게르만인이 갈리아인이나 칸타브릴인 등과 혼합된 것처럼, 본국에서도 슬라브인과의 사이에 상당히 큰 범위에 걸쳐 이루어진 것이다. 따라서 어느 게르만 민족도 오늘날 다른 민족에 비해 민족의 순결을 자랑한다는 것은 결코 쉬운 일이 아닐 것이다.

위에서 말한 것보다도 훨씬 중요하고, 아마도 독일인과 게르만인과의 근본적 대조를 이루고 있는 것은 제2의 변화, 곧 국어의 변화라고 나는 믿는다. 나는 먼저 양해를 구하지 않으면 안 되지만, 이것은 민족 본래의 국어가 지닌 특별한 성질이 선했다거나, 혹은 이전해 간 민족이 채용한 외국어의 성질이 나빴다거나 하는 것을 문제로 삼는 것이 아니라, 단지 전자는 본래의 국어를 유지하고 후자는 외국의 언어를 채용했다고 하는 사실 그 자체의 차이를 문제로 삼는 것이다. 또 본래의 국어를 계속해서 쓰고 있는 국민이 어떤 민족 출신인가를 문제로 하는 것이 아니라, 그 국어가 끊임없이 그 국민에 의해서 상용(常用)되고 있다는 것을 문제로 하는 것이다. 원래 언어가 사람에 의해 만들어진다는 것보다도 사람이 언어에 의해 만들어지는 일이 훨씬 많은 것이다.

민족 형성에 나타나는 이와 같은 구별의 결과, 그리고 이 차이에 의해 필연적으로 생기는 국민적 특징을, 여기에서 필요가 있는 한, 또 될 수 있는 대로 명확하게 하기 위하여, 나는 일반 언어 그 자체의 본질에 대해서 관찰해 보려고 한다.

언어 일반, 특히 발성기관(發聲器官)의 발성으로 대상을 표현한다는 것은, 결코 수의적인 결의나 약속에서 온 것이 아니라 오히려 처음에 하나의 원칙이 있어서 그 어떤 개념도 이 원칙에 의해 인간의 발성 기관에서 반드시 일정한 소리가 되며, 결코 다른 소리로는 될 수가 없다. 마치 대상이 개인의 감각 기관에서 각기 일정한 모양이나 색깔 따위를 가지고 표시되는 것처럼, 사교적 인간의 기관인 언어에 있어서도, 그것은 각기 일정한 소리로 표시되는 것이다. 원래는 인간이 언어를 말하는 것이 아니라, 인간의 천성(天性)이 이것을 말하는 것이다. 따라서 같은 천성을 가진 다른 인간에게 그것이 그대로 통하는 것이다. 그렇다면 언어는 유일하고 절대적으로 필연적인 것이라 할 수 있다.

언어의 두 번째 성질로서, 언어는 어떤 시대에서나 어떤 장소에 있어서나 결코 인류 전체에 공통된 모양을 지니고 온 적이 없고, 이에 반해 도처에서 지대(地帶) 및 쓰임의 빈도가 발성 기관에 미치는 영향, 관찰되고 명명된 대상의 배열이 명칭의 배열에 미치는 영향에 의해서 변화하고 발달을 계속하는 것이다. 그런데 이것도 수의(隨意)나 우연에 의하지 않고 여기에서도 엄격한 법칙이 존재하는 것이다. 그리하여 앞서 말한 것과 같은 조건에 의해서 이와 같이 결정되는 발음 기관에서는 한 종류의 순전한 인간의 언어가 생기지 않고 약간 변화된 것이 생기며, 더욱이 이러한 일정한 변화를 이룬 것만이 생겨나는 것은 필연적인 현상이다.

발성 기관에 대한 동일한 외적인 영향 아래에서 공동생활을 하며 끊임없이 사상을 교환하면서 자신의 언어를 발달시키는 사람들의 전체를 민족이라고 부를 수 있다면, 이 민족의 언어는 필연적으로 현재와 같은 모양이 된 것으로, 실은 이 민족이 자기의 인식을 말하는 것이 아니라, 이 민족의 인식 자신이 이 민족의 입을 빌려서 자기를 발표하는 것이라고 하지 않으면 안 된다.

위에서 말한 바와 같은 사정에 의해 일어나는 언어 변화의 과정에서는, 끊임없이 동일한 법칙이 존재하고 있다. 즉, 끊임없이 사상을 교환하고 있는 모든 사람에게 있어, 또 개인이 무엇인가 새로운 말을 써서 그것이 다른 사람의 청관(聽官)에 도달할 경우, 항상 동일한 법칙이 이루어지는 것이다. 수천 년 후, 또 그 사이에 이 국민의 언어의 외형이 갖가지 변화를 겪은 후에도 여전히 존재하고 있는 것은, 동일한, 본래 이렇게 표현되지 않으면 안 되는 살아 있는 자연 언어의 힘으로, 이것은 끊임없이 모든 조건을 뚫고 흘러, 어느 언어에서나 그렇게 되지 않으면 안 돼서 그렇게 되고, 마지막에는 지금 있는 것일 수밖에 없었던 것으로 된 것이다. 그리고 또 그 중에는 그렇게 되어야 할 것으로 되어 갈 것이다. 순 인간적인 언어가 우선 민족의 발성 기관과 합해서, 그 결과로서 민족의 최초의 음성이 울린 것이다. 거기에서 생긴 것이 다시, 이 최초의 음성이 주어진 사정 하에서 필연적으로 받아야 할 모든 발달의 결과와 합해서, 여기에 최종적인 결과로서 민족이 현재 쓰고 있는 국어가 생기는 것이다. 그러므로 국어의 본성은 항상 같고 변하지 않는 다. 수백 년 후에는 이 민족의 자손은 그들의 조상이 쓰던 언어와의 맥락을 잃고 이것을 전혀 이해하지 못하게 될지도 모르지만, 이 국어 안에는 처음부 터 일종의 비약이 없는 추이가 있었던 것이다. 추이는 그때그때 아무도 모르 게 이루어지다가, 다만 새로운 추이가 겹쳐서 더해지므로 사람의 주의를 끌 어 마치 비약한 것처럼 보이는 것이다. 같은 시대 사람들이 자기를 서로 이 해하지 못하게 된 순간이라는 것은 이제까지 한 번도 없었다. 그들 사이에는 공통된 자연력이 있어서 그들 서로 간의 영원한 매개자 또는 통화자가 되어 있었기 때문이다. 직접 감관(感官)에 의해서 지각되는 대상을 나타내는 수 단으로서 언어는 바로 이러한 것이었다. 그리하여 이와 같은 것이 인간의 최 초 언어이다. 민족이 더 발달해서 초감각적인 것을 포착할 수 있게 되면, 이 초감각적인 것을 최초의 개개인이 수시로 되풀이하고, 또 그것을 감각적인 것과 섞이는 것을 피하여, 남에게 이를 전달하고 남을 합목적적으로 인도하 기 위해 붙잡아 두려고 우선 하나의 개체를 초감각적인 도구로서 표현하고, 이것을 감각적 세계의 도구인 같은 개체와 구별해서 생각할 수밖에 없는 것 이다. 예를 들어, 심령이나 심정이라고 하는 것을 육체와 대립시키는 것 같 은 것이다. 또 이 초감각적 세계의 여러 대상은 단지 초감각적 기관 안에만 나타나고 이들 기관을 위해서 존재하는 것이므로, 언어에서는 이 초감각적 대상의 그 기관에 대한 관계는 마치 어떤 특별한 감각적 대상이 그 감각적 기관에 대한 관계와 같다고 해서, 또 이 관계에서 어떤 특별한 초감각적인 것을 어떤 특별한 감각적인 것과 같이 놓고, 이에 의해서 초감각적이 기관 안의 그의 위치를 언어에 의해서 암시할 수밖에 없을 것이다. 언어로서는 이 이상의 일은 결코 할 수 없다. 언어는 초감각적인 것을 일종의 감각적 그림 으로 나타내고, 이것은 다시 그림에 지나지 않는다는 주의를 첨가하는 데에 지나지 않는다. 사물 그 자체을 포착하려고 하는 사람은, 그림에 의해서 그 에게 제시되는 법칙에 따라서 그 자신의 정신적 기관을 작동시키지 않으면 안 된다. ―일반적으로 분명한 것은, 이러한 초감각적인 것을 감각적인 그 림으로 표현한다는 것은 항상 그 민족의 감각적 인식 능력의 발달 정도에 따 른다는 것이다. 그러므로 여러 가지로 다른 언어에 있어서의 이와 같은 감각 적 그림의 표현의 시작과 그 과정은, 하나의 언어를 쓰는 민족의 감각적 또 는 정신적 발달 사이에 일어난, 또 끊임없이 일어나고 있는 관계의 차이에 따라 다르다는 것이다.

이것은 이미 명백한 일이지만, 예를 들어 이것을 더 분명히 하기로 하자. 앞의 강연에서 설명한 근본 충동의 파악에서 유래하는, 막연한 감정에 의해 서가 아니라 처음부터 명확한 인식에 의해서 생기는 그 어떤 것, 이것은 물 론 하나의 초감각적 대상이지만, 이것을 그리스어로―독일어에서도 자주 쓰 는 말이지만―이데(Idee, 이념)라고 한다. 이 말은 독일어의 게지히트 (Gesicht, 환상, 환영)과 동일한 감각적 그림을 나타내는 것으로, 루터가 성 서의 번역에서 '너희는 환영을 볼 것이다. 너희는 꿈을 꿀 것이다'라고 말하 고 있는 것과 같은 상징이다. 이데 혹은 게지히트는 감각적 의미로는 단지 신체적 시각에 의해서만 포착되고, 촉각이나 청각 등 그 어느 감각에 의해서 도 포착할 수 없는 것이다. 예를 들어 무지개처럼 혹은 우리 앞을 지나가는 여러 환영과 같은 것이다. 이 동일한 말이 초감각적 뜻으로는, 그것이 쓰이 는 말의 환경에 따라 우선 첫째로, 육체에 의해서가 아니라 정신에 의해서만 포착되는 것, 둘째로, 다른 것과 달리 정신의 막연한 감정에 의해서가 아니 라 오직 정신의 눈, 명확한 인식에 의해서만 포착될 수 있는 것을 나타내는 것이다. 그리스인이 이 감각적 그림을 작성할 때 그 동기가 되는 것이 무지 개 혹은 이와 비슷한 종류의 현상이었다고 가정한다면, 우리는 그리스인의 감각적 인식이 이보다 먼저 이미 사물 사이에서 어떤 것은 모든 감관(感官) 혹은 두서너 가지 감관에 나타나고, 어떤 것은 단지 시각에만 나타난다고 하 는 구별을 인정할 정도까지 진보하고 있었다는 것, 그리고 만약 그리스인이 발달된 명확한 개념을 가지고 있었더라면 이것은 위에서 적은 것처럼 나타 내지 않고 다른 표현법을 썼음에 틀림없었을 것이라는 것을 인정하지 않을 수 없는 것이다. 이것은 또 감각적인 것과 초감각적인 것의 구별을, 눈을 뜬 자의식이 있는 상태로부터 가져 온 감각적 그림으로 나타내지 못하고, 꿈의 세계로 도피하여 마치 별세계처럼 이것을 표현하려고 한 다른 민족에 비해서, 그리스인이 인식의 명확한 점에서 우수했었다는 것을 나타낸다. 동시에 이 차이는 이 두 민족의 초감각적 이해의 강약에 입각하는 것이 아니라, 다만 그들이 초감각적인 것을 나타내려고 했던 그 당시의 그들 감각의 명확도(明確度)의 차이에 입각할 것이라는 것을 나타낼 것이다.

　그렇다면 모든 초감각적인 것의 표현은, 이것을 표현하는 사람의 감각적 인식의 넓음과 좁음 또는 명암에 준하는 것이다. 감각적 그림은 그 사람에게 명확하며 또한 이해된 것과, 정신적 기관과의 관계를 그 사람에게 충분히 그리고 명확하게 나타내는 것이다. 왜냐하면 이 관계는 그의 감각적 기관에 대한 생생한 관계에 의해서 그 사람에게 설명되기 때문이다. 이렇게 해서 생긴 새로운 표현은, 표시 방법을 이렇게 확장함으로써 감각적 인식이 획득하는 새로운 명확성을 모두 가해서 언어에 부가된다. 그리하여 장차 오게 될 초감각 인식은, 그 민족의 언어 안에 저장된 모든 초감각적 또는 감각적 인식에 대한 그들 자신의 관계에 따라서 표현되고, 이렇게 해서 그 진보는 어디까지나 이어진다. 따라서 감각적 그림의 직접적 명확성과 피이해성(被理解性)은 결코 중단됨이 없이 하나의 연속된 흐름을 형성한다. ―또 언어는 무법칙으로 매개되는 것이 아니라, 오히려 직접적인 자연력(自然力)으로서 오성적(悟性的) 생명 속에서 나오는 것이므로 끊임없이 이 원칙에 따라서 진보해가는 언어는 직접 생명에 작용하고, 생명을 자극하는 힘을 갖는 것이다. 현재의 사물이 직접 사람을 움직이는 것처럼 이와 같은 언어의 각 낱말도 또한 이것을 이해하는 사람을 움직이지 않을 수가 없다. 왜냐하면 낱말도 또한 사물이어서 결코 마음대로 만든 제작품이 아니기 때문이다. 감각적 방면에서 우선 그렇다. 그러나 초감각적 방면에서도 그것을 결코 취향을 달리 하고 있는 것은 아니다. 왜냐하면 초감각적인 것에 관해서는, 자연 관찰의 연속된 진행이 자유로운 감상이나 추상(追想)에 의해 중단되고, 또 여기에 화상(畫像)이 될 수 없는 (상징할 수 없는) 신과 비슷한 것이 들어오지만, 언어에 의한 표현은 비상적인 것도 이내 상징적인 것의 끊임없는 연관으로 되돌리는 것이다. 그렇다면 이 견지에 의하면, 초감각적인 방면에서도 앞서 자연력이라고 부른 언어의 끊임없는 진행은 중단되지 않는 것으로, 표현의 흐름 속으로는 결코 자의(恣意)가 들어오는 일은 없다. 그렇다면 이와 같이 항상 발달하는 언어의 초감각적 부분에서도 그 생명을 자극하는 힘은, 적어도 자신의 정신적 기관을 움직이는 사람에 대해서는 착오 없이 미치게 되는 것이다. 이와 같은 언어의 각 낱말은 그 어느 부분에 있어서도 생명이며 또 생명을 만들어 내는 것이다. ─초감각적인 것에 대한 언어의 발달에 관해 우리가 이 언어를 말하는 민족과 끊임없이 사상의 교환을 유지하고, 또 한 사람이 생각하고 발언한 것이 그 민족의 모든 사람에게 전달된다는 것을 전제로 한다고 해도, 지금까지 일반적으로 우리가 말한 것은 이 언어를 쓰는 모든 사람에게 타당한 것이다. 다만 사고(思考)하고자 하는 모든 사람에게는, 이 언어 속에 저장된 감각적 그림은 명확하다. 실제로는 사고하는 모든 사람에게는 이 그림은 생생하며 그 사람의 생명을 자극한다.

한 민족 안에 처음으로 음성이 발성된 이래, 이 민족의 실제의 공동생활 안에서 끊임없이 발달해서, 적어도 이 민족이 실제로 체험한 생각과 이 민족이 갖는 다른 모든 생각, 그리고 모든 방면에서 연관을 갖는 생각이 아니면, 자기 요소로서 도입한 일이 없는 언어는 모두가 이와 같은 것이다. 이 국어를 말하는 근간 민족에 다른 종족과 다른 언어를 쓰는 사람이 아무리 많이 가담해도, 만약에 그들이 그들 자신의 관조(觀照) 환경을 국어의 발달이 입각하는 입장에까지 높일 수 없을 때에는, 그들 자신이 이 근간 종족이 생각하는 환경에 들어갈 때까지는, 그 단체 안에서 침묵을 지키지 않을 수 없고 또 국어에 대해서는 아무런 영향을 미칠 수가 없다. 즉 그들이 국어를 만드는 것이 아니라 국어가 그들을 만드는 것이다.

그러나 만약에 한 민족이 자기 자신의 말을 버리고 다른 민족의, 이미 초감각적 표현을 할 수 있을 정도로 진보한 국어를 채용하여, 그가 이 외국어의 사고 환경으로 들어갈 때까지 이 외국어의 세력에 복종해서 얌전하게 침묵을 지키는 태도로 나가지 않고, 오히려 자신의 사고 환경을 이 외국어에 강요하여, 이 외국어로 하여금 이 국민을 만났을 때의 입장에서 출발하고 이 사고 환경을 새삼 발달시키지 않을 수 없게 한다면, 앞에서 말한 것과는 전적으로 반대의 결과를 낳게 될 것이다. 국어의 감각적 부문만이라면 이와 같은 사건도 그다지 영향은 없다. 그 어느 민족에 있어서나 아동들은 마치 말이 우연적인 것인 양 국어의 감각적 부분을 배우고, 그 국민의 종래의 전체 언어 발달을 이 점에서 쫓지 않으면 안 된다. 그러나 이 감각적 환경에서 모든 말은, 그 말에 의해서 표현된 물체를 직접 보고 손으로 만짐으로써 명백해지는 것이다. 따라서 중간에 국어를 바꾼 민족의 경우도 기껏해야 성인이 소년시대로 되돌아가지 않을 수 없게 하는 정도의 것으로, 그 사람의 아들이나 자손 때가 되면 그 불편은 전적으로 제거되는 것이다. 이에 반해 초감각적 부분에 대해서는 국어의 변경은 중대한 결과를 가져온다. 초감각적 부분도 그 국어의 최초 소유자인 민족에게는 종래 말해 온 것과 같은 관계를 취하게 되는데, 중도에서 이 국어를 정복하는 민족에게는 이 국어의 감각적 그림 안에 포함된 감각적 사고의 비유가 명확하게 이용되지 않는다. 이 생각은, 이 민족이 초감각적 의미로 이해하지 않고 이미 뛰어넘은 것인지도 모르고, 혹은 아직도 모르고 있거나 또 장차도 알 수 없는 것인지도 모른다. 이때 이 민족이 취할 수 있는 최고의 수단은, 그 감각적 그림과 그 초감각적 뜻을 설명해 받는 일이지만, 이것으로는 다른 민족 문화의 밋밋하고 생명이 없는 역사를 아는 데에 그쳐서, 도저히 자기 문화를 얻을 수는 없고 또 직접 명확하고 생명을 자극하는 것 같은 그림을 느낄 수는 없다. 따라서 그들에게는 이들도 언어의 감각적 부분과 마찬가지로 자의적인 것으로 느끼지 않을 수 없다. 단지 역사가 설명자로서 등장한 결과, 이 민족에게 그 언어는 모든 비유의 면에서 전적으로 생명을 잃고 폐쇄되어, 끊임없는 진보가 단절되고 만다. 비록 이 방면 이 외의 이 민족 특유의 방법에 의해서, 또 이와 같은 출발점으로부터 이 언어를 다시 생생하게 계속 육성하려고 해도, 그 초감각적 부분이 언제까지나 장애가 되어, 하나의 자연력으로서의 언어가 처음에 생명으로부터 나오는 일과, 현실의 언어가 생명 속으로 되돌아가는 일이 예외 없이 그 장애에 부딪쳐서 좌절되는 것이다. 이와 같은 언어는 비록 표면적으로는 생명의 바람에 맞아 생명을 가지고 있는 것처럼 보여도, 그 바닥에는 생명이 없는 요소를 간직하고 있는 것으로 새로운 사고 환경의 침입과 낡은 사고 환경의 파괴에 의해서 생명의 뿌리와 연락이 단절된 언어가 된다.

이상 말한 것을 명확하게 하기 위하여 한 가지 예를 들어보기로 한다. 이 실례에 대해 먼저 한 마디 해 두어야 할 일은, 이와 같이 근본적으로 생명을 잃은 불명확한 언어는, 자칫 왜곡되어 인간의 타락을 장식하는 목적으로 남용되는 것이지만, 아직 생명을 잃지 않은 언어에는 결코 이와 같은 것이 아니라는 것이다. 나는 이 실례로서 여기에 세 개의 일상어, 즉 후마니테트(Humanität : 인간성), 포풀라리테트(Popularität : 대중성), 리베랄리테트

(Liberalität : 자유)를 든다. 이 세 단어는 독일인 중에서 외국어를 배우지 않은 사람이 들으면 완전히 공허한 소리이고, 이 소리만으로는 그들이 알고 있는 그 무엇도 회상시키지 못하며, 그의 생각과 모든 생각의 범위에서 완전히 그를 몰아내고 만다. 이 알 수 없는 말이 외국풍의 고상한 소리에 의해서 그의 주의를 자극하고, 또 그가 이와 같이 고상하게 들리는 말은 틀림없이 어떤 고상한 뜻을 지니고 있을 것이라고 상상한다면, 그는 이 말의 뜻을 전적으로 새로운 말로써 설명해 줄 것을 요구할 것이다. 그리하여 이 설명을 맹목적으로 믿어 버리는 일이 있을 수 있다. 이리하여 그가 허심탄회(虛心坦懷)한 경우라면 말할 필요가 없다고 인정할지도 모르는 것을, 가치가 있는 실재라고 쉽사리 생각하는 습관이 길러지고 마는 것이다. 새로운 라틴 여러 민족은 위에서 한 말을 가기의 모국어인 양 말하고 있는데, 실은 그들의 경우도 그러한 관계는 달라진 것이 하나도 없다. 즉, 그들도 학구적으로 고대와 그 당시의 언어를 설명하지 않고서는 이 말의 바탕을 명확하게 이해하지 못할 것이다. 그런 점에서는 독일인과 마찬가지이다. 만약에 독일인에게 푸마니테트라고 하는 말 대신에 그 말의 뜻에 해당하는 멘슐리히카이트 (Menschlichkeit : 인간다움)이라는 말을 들려준다면, 그는 역사적 설명을 듣지 않아도 이내 그 뜻을 이해할 것이다. 그러나 그는 말할 것이다. 인간이 인간답고 야수와 같지 않다는 것은 그다지 대단한 일은 아니라고. 즉 독일인은 옛날의 로마인들이 생각지도 못한 일을 말하고 있는 것이다. 이것은 왜 그런가 하면, 인간 일반은 독일어에서는 단지 감각적 개념에 지나지 않고, 결코 로마인에게 있어서처럼 하나의 초감각적인 것을 나타내는 비유가 되어 있지 않기 때문이다. 우리의 조상은 이미 개개의 선덕(善德)을 알아차리고 이들을 비유적으로 언어에 나타내 버렸으므로, 이들 여러 덕을 수성(獸性)에 대한 대조로서 하나의 개념으로 포용하기에 이르지 않았던 것이다. 더욱이 이 일은 우리의 조상이 로마인에 비해서 뒤떨어져 있었다는 이유가 되지 않는 것이다. 사정이 이러함에도 불구하고 독일어 안에 이 외래의 로마 비유를 인공적으로 도입하려고 하는 사람은, 이것을 일종의 탁월하고 상찬할 만한 것으로 보이게 하여, 그와 동시에 독일인의 도의감(道義感)을 분명히 공공연하게 깎아내리게 될 것이다. 더욱이 로마의 언어로서는 어쩌면 탁월하고 상찬할 만한 것일지는 몰라도, 독일인의 국민적 상상력의 확고부동한 천

성에 의하면, 그것은 그 누구도 잃어서는 안 되는 자명한 일로 여겨지는 것이다. 좀 더 자상하게 연구했다면, 부적당한 외국의 비유 때문에 재래의 도의감을 부당하게 뒤떨어진 것을 본다는 것은, 로마의 언어를 채용했던 게르만 민족이 이미 처음부터 겪었던 일이라는 사실이 분명해질 것이라고 여겨진다. 그러나 여기에서는 이러한 일에 구태여 중점을 두는 것은 아니다.

만약에 내가 포풀라리테트와 리벨라리테트라고 하는 말 대신에 '대중의 인기를 노리는 일', 그리고 '노예의 마음에서 멀어지는 일'이라고 그것이 문자 그대로 번역되어야 할 말을 독일인에게 들려준다면, 그들이 처음부터 옛날의 로마인이 이 말에 의해 얻은 것과 같은 명확한 감각적 그림을 떠올린다는 것은 도저히 바랄 수 없을 것이다. 옛날의 로마인은 야심만만한 선거 후보자가 세상 사람들을 향해서 보이는 아부적 겸손이나, 인간의 노예 근성의 발로를 매일 목격하고 있었으므로, 위의 두 말은 로마인에게 이들 상태를 생생하게 떠오르게 할 수가 있었던 것이다. 이미 후대의 로마인에 이르러서는, 정체(政體)의 변화와 그리스도교의 수입 때문에 이와 같은 광경은 볼 수 없게 되었다. 일반적으로 후대의 로마인은, 특히 그들이 배척할 수도 동화할 수도 없게 된 그리스도교 때문에, 자국어가 지닌 생명의 대부분을 자국 안에서조차도 잃기 시작했다. 이렇게 이미 본국에서까지도 반쯤 죽은 상태에 빠진 언어가, 어떻게 다른 민족에게 활기를 줄 수 있단 말인가. 어떻게 해서 이와 같은 언어가 오늘날 우리 독일인에게 생생하게 전달될 수 있단 말인가. 또 이 두 말 안에 존재하는 하나의 정신적인 면의 비유에 관해서 말하자면, 포풀라리테트 쪽에는 이미 시작부터 일종의 나쁜 뜻이 존재하고 있다. 그런데 국민과 헌법이 타락했으므로 이것이 국민의 입에서는 일종의 덕(德)으로 변한 것이다. 이 말이 독일어로 번역되는 한, 독일인은 결코 이 원뜻의 왜곡을 인식하지 않는 것이다. 또 리벨라리테트라고 하는 말이 노예의 근성을 가지고 있지 않다는 것, 혹은 지금처럼 말하는 종자(從者) 근성을 가지지 않는 것으로 번역된다면, 독일인은 또다시 이것도 대단한 일은 아닐 것이라고 대답할 것이다.

그런데 이와 같은 말은 도의적 발달의 낮은 단계에서 만들어지고 바로 하나의 나쁜 뜻을 나타내는 비유의 말지지만, 새로운 라틴어의 발달에 따라 사회적 사정에 대한 진지한 마음의 결핍이라고 하는 뜻, 무식견(無識見)으로 타락한다는 뜻, 얼빠진 이완(弛緩) 등의 의미가 어느 틈엔가 여기에 가미되어, 더욱이 시대가 오래 되었다는 것과 외국 것이라는 것을 내걸어, 그 말의 참뜻이 무엇인가도 모르도록 눈치채지 않게 하여, 우리 독일인에게 그럴듯하게 느낄 수 있도록 극비에 독일어에 수입된 것이다. 외국어 혼용의 목적과 결과는 예부터 다음과 같았다. 즉, 그 어떠한 말이 처음에는 이해하기 쉽고 명확했던 것인데, 이 말을 듣는 사람을 모호하게 만들고 분명하지 못한 상태에 빠지게 한 다음, 이로 말미암아 생기는 듣는 이의 맹목적 신앙에 대해 필요한 설명을 하여 더욱더 죄악과 덕행을 혼합해서 이 양자의 구별을 쉽게 하지 못하도록 하는 것이다. 만약에 이 세 단어가, 본래 말하고자 하는 뜻을, 독일인의 언어로, 독일인의 상징권(象徵圈) 안에서, 멘셴프로인들리히카이트(Menschenfreundlichkeit : 박애), 로이트젤리히카이트(Leutseligkeit : 겸손), 에델무트(Edelmut : 고결한 마음)라고 번역해서 독일인에게 들려준다면 그는 곧 그 참뜻을 이해할 것이다. 그리고 앞에서 말한 나쁜 뜻은 이러한 말속에는 결코 포함되는 것을 허락하지 않을 것이다. 독일인의 회화에서 말에 이해하기 어려운 모호한 옷을 입힌다는 것은, 말하는 사람이 서툴거나 또는 악의(惡意)로 간주되고 있다. 이것은 피하지 않으면 안 된다. 외국어를 올바른 독일어로 번역함으로써 이 불편을 피하는 수단이 언제가 제대로 준비되어 있는 것이다. 그런데 새 라틴어에서는 이러한 난해성이 자연이자 본성이다. 그리고 이것은 어떤 수단을 가지고서도 피할 수가 없다. 왜냐하면 이들은 일반적으로 엄밀한 뜻으로서의 모국어를 가지지 않고, 그들의 말은 그 자체가 죽은 말이므로 다른 죽은 말의 선악을 음미할 수가 없기 때문이다.

위의 단편적 실례를 통해 설명한 것은, 이것을 국어 전체에 손쉽게 적용할 수 있고 이와 비슷한 경우는 도처에서 발견되므로, 이 실례에 의해서 이제까지 말한 참뜻은 가능한 한 명확하게 여러분에게 전달되었을 것으로 생각한다. 이것은 원래 국어의 초감각적 부분에 대해서 말한 것으로, 감각적 부분에 대해서는 우선 당장 언급한 것은 아니다. 이 초감각적 부분은 항상 생생한 생명을 유지하고 있는 국어에서는, 자의적이 아닌 국민의 모든 생활로부터 필연적으로 나오는 개념을 나타내기 위해서 비유적으로 쓰이고, 국민의 감각적이고 정신적인 생활이 국어 안에 흡수된 것을 착실하고 안전한 통일 상태로 유지하는 것이다. 예리한 눈을 가진 사람은, 이 국민이 만들어낸 개넘과 그 표현을 보고, 이 국민 전체의 문화사를 거슬러 표현할 수가 있는 것이다. 사어(死語)는, 이 부분은—그 국어가 아직 생명을 지니고 있을 때에는 이 초감각적 부분은 역시 위에서 말할 것과 같았지만—언어가 생명을 잃었으므로 자의적인, 그리고 이미 설명을 할 수 없는 기호나 자의적인 개념의 지리멸렬한 집단이 되어 있다. 따라서 이러한 언어에서는 그 개념이나 개념의 표현은 단지 암기에 의해 배울 수밖에 없다.

이상으로 우리는 독일인과 다른 게르만 민족의 구별적 특징을 발견한다고 하는 최초의 문제를 해결하였다. 양자의 차별은 게르만 민족 최초의 분열 때 바로 일어난 것으로 그 요점은, 독일인은 마지막까지 자연력으로부터 흘러나오는 생생한 국어를 말하고, 다른 게르만 민족은 표면적으로만 운동을 나타내고 그 바닥에서는 죽은 언어를 쓴다는 데에 있다. 이 생(生)과 사(死)의 상태에만 우리는 구별을 두는 것이다. 결코 독일어의 그 밖의 내용적 가치를 파고들어 논의하는 것이 아니다. 생과 사 사이에는 아무런 비교도 일어나지 않는다. 그리하여 전자는 후자에 비해 무한한 가치를 가지는 것이다. 그렇다면 독일어와 라틴어를 직접 비교한다는 것은 전혀 가치가 없는 일로, 원래 말할 필요가 없는 것을 새삼 말하지 않으면 안 되는 데에 지나지 않는다. 독일어의 내적 가치를 논할 필요가 있다고 한다면, 적어도 이것과 동일한 계급의 언어, 독일어와 마찬가지로 근원적인 언어, 예를 들어 그리스어 같은 것이 독일어와 장단을 겨루는 경우이어야 한다. 그러나 우리의 당면한 목적은 이와 같은 비교 문제보다는 낮은 곳에 있는 것이다.

한 민족의 인문적 발달에 대해 그 언어의 성질이 얼마나 헤아릴 수 없는 영향을 미칠 수 있는가는 일반적으로 추측할 수 있는 것들이다. 언어는 각 개인이 생각이나 의욕을 가질 때, 그 정서의 신비적 깊은 곳에 이르기까지 참여하여 이를 제한하거나 여기에 날개를 주는 것으로, 이 언어를 말하는 인간 전체를 자기 영역 안에서 결합해서, 유일하고 공통된 이해에 이르게 하고 또 감각 세계와 영계(靈界)의 참다운 교류점이 되어, 언어 자신이 그 어느 것이 어느 세계에 속하는가는 말하기 어려울 정도로 이 두 세계의 선단을 밀접하게 융합시키는 것이다. 만약 갑과 을 두 말의 관계가 생과 사와 같은 관계일 경우에는 그 영향이 얼마나 커야 하는가는 일반적으로 추측하기 어렵지 않다. 독일 사람은 자신의 살아 있는 언어를, 이미 발달이 멎어서 그 비유를 만드는 방법에서도 독일어와는 크게 그 취향이 다른 로마어와 비교함으로써, 더욱더 깊이 자국어를 구명할 수가 있고, 반대로 또 로마어를 이해하는 데에도 새로운 라틴어 민족이, 즉 동일한 언어 범위에 사로잡혀 있는 사람들이 도저히 할 수 없을 정도의 명확한 이해를 얻는다는 것, 독일인은 로마어를 배움과 동시에 거기에서 파생되는 새로운 라틴어도 어느 정도 동시에 배워서, 그때 전자를 외국인인 새 라틴인보다도 한층 근본적으로 배우는 일이 있으면—이것은 앞서 말한 이치에 의해 충분히 가능하다—이들 새 라틴어도, 이것을 말하고 있는 그들보다도 한층 근본적으로 이해하고 훨씬 확실하게 소유할 수 있다는 것이다. 따라서 독일인은 이와 같은 자기 이점을 모두 이용한다면 그것만으로 그들 외국인을 항상 달관(達觀)하고, 그들을 완전히 아니 그들 자신보다도 한층 잘 이해하여 그들의 모든 영역을 번역할 수 있지만, 그와는 반대로 외국인은 매우 힘들여서 독일어를 공부하지 않으면 참다운 독일어를 결코 이해하지 못하고, 참다운 독일어를 도저히 번역할 수 없을 것이라는 것, 대체로 이러한 것들이 우선 먼저 우리의 마음에 떠오르는 것이다. 이들 새 라틴어에서 우리가 이를 말하는 민족들보다도 배울 수 있는 것은, 대개는 따분하고 장난삼아 만든 새로운 유행어 정도뿐이다. 더욱이 이러한 말투를 배울 경우에는 우리는 매우 겸손하다. 대개의 경우 우리는 오히려 그들을 향해서, 그들의 국어를 그 원류(源流)인 라틴어 및 그 변화 법칙에 일치시켜서 이러이러하게 말해야 한다고 가르치고, 또 이러한 새로운 유행어는 아무런 소용도 없고 재래의 선량한 풍속과 충돌한다는 것을 주의해 줄 수가 있을 것이다. —언어의 풍부한 영향의 결과, 특히 지금 마지막으로 말한 결과는 앞서도 말한 바와 같이 전적으로 자연스러운 일이다.

그런데 우리들이 노리는 것은 이러한 결과 모두를 전체로서 파악하여, 즉 통일의 유대로 근본적으로 파악하여, 이에 의해서 독일인과 게르만 민족의 대조를 근본적으로 서술하는 일이다. 우선 이들 결과는 다음과 같이 일괄해서 말해 두고자 한다. 첫째, 살아 있는 언어를 가진 민족은, 그 정신적 교양은 바로 생명에 작용한다. 반대의 경우에는 정신의 교양과 생명은 서로 교섭하지 않는다. 둘째, 이러한 이유로 해서 제1종 국민은 일체의 정신적 교양을 진지하게 생각하고, 정신적 교양이 생명에 작용할 것을 바란다. 이에 반해서 제2종 민족에게는 정신적 교양은 오히려 일종의 천재적 유희로서, 그들은 이에 대해서 그 이상을 바라지 않는다. 제2종 민족은 지혜를 가지고 있다. 제1종 민족은 지(智) 외에 정(情)을 가지고 있다. 셋째, 그 결과 제1종 민족은 모두 사물에 정직한 근면과 엄숙을 나타내고 항상 부지런히 노력한다. 이에 반해 제2종 민족은 자기의 행복한 천성에 맡겨 흘러간다. 넷째, 이상을 총괄하면 다음과 같이 된다. 제1종에 속하는 국민은 일반 인민이 교화를 받을 수 있는 소질을 갖는다. 그리고 이와 같은 국민의 형성자는 자기가 발견한 것을 일반 인민에 대해서 시도하여, 그들에게 영향을 주려고 한다. 이에 반해서 제2종에 속하는 국민은 교양 있는 계층이 일반 민중과 분리되어, 일반 민중을 자신의 계획을 위한 맹목적인 도구 이상으로 생각하지 않는다. 여기에 말한 특징의 자상한 설명은 다음 강연으로 미루기도 한다.

5강 앞서의 차이점에서 오는 결과

우리는 독일인의 특징을 설명하기 위해, 독일인과 다른 게르만 민족 사이의 근본적 차이점을 들고, 전자는 하나의 실제 생활로부터 발달하는 원래 언어의 부단한 발전 안에서 살고, 후자는 외국어를 채용하여 이것을 그들의 영향 아래에서 그것을 죽이면서 쓰고 있다는 것을 말했다. 우리는 지난번 강연의 끝에서 이러한 여러 민족의 근본적 차이에서 당연히 일어나지 않을 수 없는 다른 현상도 열거하였다. 그래서 이들 현상을 더욱 자세하게 설명하고 그 공통된 기초 위에서 더욱 확실하게 기초를 다지는 일이 오늘 강연의 목적이다.

근본성(根本性)을 열심히 구하려는 연구는, 많은 논쟁과 다양한 질투심의 흥분으로부터 초연할 수가 있다. 우리는 지난번 강연에서 했던 것처럼, 그 계속인 오늘의 강연에서도 마찬가지 태도로 나아갈 작정이다. 즉 우리는 이미 지적된 근본적 차이에서 생길 결과를 하나씩 연역하여, 이 연역이 어디까지나 정로(正路)를 잃지 않도록 노력할 것이다. 그런데 이 연역의 결과로서 나타날 여러 가지 현상의 차이가 실제의 경험에서도 과연 일어날 수 있을지의 여부를 결정하는 일을, 나는 단적으로 여러분과 모든 관찰자에게 맡기려고 한다. 원래 나는, 특히 독일인에 대해서는, 실제로 나의 추론의 결과와 합치되는 현상을 그들이 보이고 있는가를 적당한 장소에서 지적할 생각이다. 그러나 다른 게르만 민족에 관한 대목에서는, 그들 가운데 어떤 사람이 여기에서 문제로 삼는 것의 진상을 실제로 이해하고, 다음에 그 사람이, 그가 사는 나라 사람들은 본래 독일 사람과 같다는 것을 증명하는 일에도 성공하여, 이 독일적 특징에 위배되는 다른 특징은 전혀 없다고 전적으로 부인하는 일이 있어도, 나는 그것에 대하여 결코 이의를 제기할 생각은 없다. 일반적으로 나는, 이 독일인과 다른 게르만 민족의 반대되는 특징을 비교함에 있어, 결코 다른 민족에 불리한 점이나 그들의 극단적인 점만을 노려 독일인을 미화하려는 것은 원하지 않는 것이다. 만약에 이렇게 하여 독일인에게 꽃을 안게 하기란 쉽지만 그것은 독일인의 참다운 명예는 아니다. 나는 다만 필연적인 추론을 쫓아가는 것으로, 그 추론 결과를 진실과 어긋나지 않도록 공명하게 나타내려 하는 것이다.

내가 말한 근본적 구별에서 생기는 제1의 결과는, 살아 있는 언어를 가진 민족은 정신적 교양이 바로 생명에 작용하고, 그 반대의 경우에는 정신적 교양과 생명은 관계가 없다는 것이었다. 우선 이 명제의 뜻을 자세히 설명할 필요가 있을 것이다. 여기에서 생명과 정신적 교양이 생명에 작용한다고 하는데, 이것은 근원적 생명과 그 생명이 모든 정신적 생명의 근원, 즉 신으로부터 끊임없이 흘러나온다는 것, 인간의 여러 상태를 그 원형과 비슷하게 계속 만들어 낸다는 것, 그리고 이렇게 해서 하나의 새로운, 종래에는 없었던 생명을 만들어 낸다는 뜻으로 해석해야지, 인간의 상태를 현재의 상태로 유지해야 한다거나, 그 타락을 막는다거나, 하물며 일반적인 발달로부터 뒤진 특수한 개인의 구제라고 하는 뜻으로 해석할 일은 아니다. 다음에 정신적 교양이라고 말할 때에는, 그것을 우선 먼저 필로소피(Philosophie)─나는 필로소피와 같은 외국어를 쓰지 않으면 안 된다. 이에 대한 순 독일어가 이전부터 제출되고 있는데 독일인이 이것을 쓰려고 하지 않기 때문이다─철학이라고 이해해야 한다. 왜냐하면 모든 정신적 생활의 영원한 원형을 학술적으로 포착하는 것은 곧 철학이기 때문이다. 이 철학 및 철학에 입각한 모든 과학이 살아 있는 언어를 가진 민족에게는 그 생명 속으로 흘러드는 작용을 한다는 것이 곧 위에서 말한 명제의 뜻이다. 그런데 겉보기에 이와는 모순되는 것 같은 주장이 가끔 우리 나이 또래에서도 주장되고 있다. 철학, 과학, 예술 등은 어느 것이나 그 자신의 목적을 가진 것으로 생명의 목적으로 제공되는 것이 아니다. 따라서 이와 같은 것들이 생명의 목적으로 제공된다는 뜻으로 평가한다는 것은 곧 이들의 가치를 떨어뜨린다는 주장이다. 여기에서 이러한 주장을 자세히 음미해서 모든 오해를 피할 필요가 있다. 이 주장은 다음 두 가지 뜻, 더욱이 제한된 뜻에서는 진리이다. 첫째, 과학이나 예술은 낮은 계급에 있는 생명, 예를 들어 현세적 또는 감각적 생명 혹은─몇몇 사람이 생각하는 것처럼─속된 수양 등과 같은 용도로 제공될 일이 아니라는 것. 둘째, 개인이 한 정신계 전체로부터 격리된 결과로서, 신의 생명의 특별한 부문에, 즉 과학이나 예술 안에, 이 이외의 기동력을 필요로 하지 않고 완전히 몰입하여 충분한 만족을 찾을 수 있다는 것이다. 그러나 이러한 주장은 엄밀한 뜻에서는 결코 참이 아니다. 왜냐하면 절대라고 하는 것이 하나 이상 존재한다는 것이 불가능한 것처럼, 자기 목적이 하나 이상 존재한다는 것도 또한 불가능하다. 유일한 자기 목적, 그 외에는 아무런 자기 목적도 될 수 없는 유일한 자기 목적은 정신적 생명이다. 그런데 이 정신적 생명은 부분적으로 자기를 나타내고, 그 자신의 샘으로부터 영원히 흘러나오는 것으로 곧 영원한 활동으로서 나타난다. 이 활동은 항상 그 전형적인 모습이 과학으로부터 주어지고, 이 원형에 따라 자기를 형성하는 기능을 예술로부터 주어지는 것이다. 그리고 이러한 범위 안에서 과학과 예술은 목적으로서의 활동적 생명에 대한 매개로서 존재하는 모습을 나타낼 수 있는 것이다. 그러나 이러한 활동의 형식에서는 생명 자체는 결코 완성되거나 통일체로 완결되지도 않고, 다만 무한을 향하여 앞으로 나아갈 뿐이다. 생명이 하나의 완결된 통일체로 존재해야 한다면, 생명은 이와는 다른 형식에 의해서 존재하지 않으면 안 된다. 이 형식은 곧 제3강에서 말한 종교적 통찰을 하게 하는 순수 사상의 형식이다. 즉 하나의 완결된 통일체로서 행위의 무한과는 분명히 일치하지 않고 후자, 곧 행위 안에서는 결코 충분히 표현할 수 없는 형식이다. 그렇다면 양자, 즉 사상과 행위는 현상 안에서만 서로 일치하지 않는 형식이다. 그러나 현상계 저편에서는 양자는 동일한 것, 동일한 절대적 생명이다. 그리고 사람들은, 사상은 행위를 위해 혹은 행위는 사상을 위해 존재하며, 그와 같이 되어 있다고 주장할 수가 없다. 오히려 양자는 모두 단적으로 존재해야 하는 것으로, 더욱이 현상계에서는 생명이 역시 하나의 완전한 전체가 된다는 것, 마치 현상계 저편에서와 동일해야 한다고 주장해야 한다. 그러므로 이 범위에서는 또 이런 뜻에서는, 과학이 생명 안으로 흘러든다고 하는 것으로는 언어가 모자라는 것이다. 과학은 오히려 그 자체의 존재이며 그 자신이 독립된 생명이다—누구나 잘 알고 있는 문구를 인용하여 설명해 보기로 하자. 우리는 이러한 말을 자주 듣는다. 모든 지혜도 이에 실행이 따르지 않으면 무슨 가치가 있는가—하고. 이 말에서 지혜는 실행의 수단으로 간주되고, 실행이 본래의 목적으로 여겨지고 있는 것이다. 혹은 그 반대의 경우도 말할 수 있을 것이다. 즉, 선을 알지 못하고 어떻게 선한 생동을 할 수 있는가—하고. 이 말에서는 지혜가 실행을 조건지우는 것으로 간주되고 있는 것이다. 이 두 가지 말은 어느 것이나 한쪽에 치우쳐 있다. 양자, 즉 지혜나 실행이나 다 같이 이성적 생명의 분할할 수 없는 요소라고 하는 것이 진리이다.

과학이 우리가 지금 말한 것 같은, 자기 자신 안에서 항상적인 생명으로 있는 것은 사상이라는 것이, 이를 생각하는 사람의 실제 마음의 뜻이고 심술(心術)로서, 사고하는 사람은 특별한 노고 없이도 또 그 사상을 명확하게 자각하는 일이 없어도, 자신이 생각하고 관찰하고 비판하는 모든 다른 것을 그의 근본 사상에 따라서 관찰하고 비판하고, 만약에 이 사상이 행위 안에 흘러들 때에는, 마찬가지로 그것에 따라서 필연적으로 행동할 때만이다. 사상은 만약에 이것이 단순히 다른 사람의 사상으로 여겨질 경우에는 결코 생명이거나 의향일 수가 없다. 사상은, 만약에 이것이 단적으로 남의 사상이라고 여겨지는 경우에는 결코 생명이 되거나 의향이 될 수가 없다. 사상은, 이렇게 단순히 가능한 사상으로서 아무리 명확하고 충분히 파악되어도, 또 생각하는 사람이 남의 생각이 이럴 것이라고 아무리 명확하게 생각해도, 그것은 생명도 의향도 되지 못한다. 이 경우, 우리가 생각하는 생각과 우리의 실제 생각 사이에는 우리도 어찌할 수 없는 우연과 자유라는 넓은 분야가 있다. 이렇게 사고된 생각은 우리와 떨어져서 존재하는, 단지 가능한, 또 우리로부터 자유로운, 더욱이 언제라도 마음대로 되풀이되는 사고에 지나지 않는다. 이에 반해서 제1의 경우에는, 사상은 직접 자기의 힘에 의해서 우리의 자아를 파악하고 동화시키며, 이렇게 해서 생긴 사상의 현실성에 의해 우리들의 통찰이 그 사상의 필연성을 인정한 것이다. 이 결과를 가져오는 것은, 지금 말한 바와 같이 결코 자유를 강제하는 것이 아니라, 필연적으로 이렇게 되는 것으로 사상 자체가 우리를 붙잡고 우리와 동화하는 것이다.

이와 같이 생동하는 사상의 작용은, 하나의 살아 있는 언어를 써서 생각하고 표현함으로써 현저하게 용이해지고, 만약에 그 사고가 상당한 깊이와 강도를 가질 때 더욱 필연적인 것이 되기도 한다. 살아 있는 언어는 그 자체가 생명이 있고 감각적이며, 더 나아가서는 자기 자신의 전 생명을 묘사하고 이를 포착하고 이것에 작용한다. 이와 같은 언어를 가진 사람에게는 정신이 직접 이야기를 나누고 그를 향해 자기 자신을 계시하기를 마치 사람이 사람에게 자기를 보이는 것과 같은 것이다. 이에 반해 죽은 국어는 직접적으로는 아무것도 자극하지 못한다. 이와 같은 언어에서 사람이, 생명이 살아 있는 흐름 속으로 들어가기 위해서는, 사람은 우선 죽은 세계로부터 배운 역사적 지식을 되풀이하여, 외국의 사고방식 안으로 나를 옮기지 않으면 안 된다. 이와 같이 길고 넓은 역사의 영역에서 피곤하지 않고 또 이 분야에 안주하는 것을 피하기 위해서는, 자신의 생각의 충동이 얼마나 강렬해야 할 것인가. 살아 있는 언어를 소유한 자의 사고가 생동하지 않는 경우에는, 우리는 이러한 사람에 대해서 주저 없이 그는 사고하지 않고 단지 꿈속을 헤매고 있다고 비난해도 상관없다. 하나의 죽은 국어를 가진 사람에 대해서는 이러한 경우에도 우리는 무턱대고 그를 비난할 수는 없다. 그는 그의 국어 안에 포함되어 있는 개념을 꼼꼼하게 끌어내는 그의 방법에 따라 충분히 생각을 했는지도 모르기 때문이다. 이와 같은 국어에서 명확한 사상을 얻는 데에 성공했다면, 그것은 하나의 기적과 같은 것이다.

여기에서 의외로 다음과 같은 사실이 분명해졌다. 즉 죽은 언어를 쓰는 민족의 경우에도, 그 언어가 모든 방면에서 충분히 명확해지지 않은 초기에는, 사고의 충동이 매우 강하게 작용해서 현저한 창조가 이루어지지만, 이 충동은 이 국어가 더욱더 명확해지고 또 일정한 것이 됨에 따라 더욱더 강하게 언어의 끈으로 죄어져서 사멸하지 않을 수가 없다는 것, 그리하여 마지막에는 이와 같은 민족의 철학은 단지 글자의 설명 또는—독일인 중의 비독일적 정신을 가진 사람들이 이것을 소리 높이 표현한 바에 의하면— 언어의 메타크리티크(고등 비평)를 하고 있는 데에 지나지 않는다는 자각을 가지고 만족하지 않으면 안 될 것이라는 것, 또 결국은 이러한 민족은, 예를 들어 희극의 모양을 갖춘 위선을 가르치는 평범한 교훈시(教訓詩)와 같은 것을 가장 위대한 철학서라고 인정하게 될 것이라는 것이 분명해졌다.

그리하여 나는 정신적 교양(여기에서는 특히 원래의 언어에 의한 사고를 가리킨다)이 생명 안으로 흘러들어가는 것이 아니라, 생명은 그 자체가 이렇게 사고하는 사람의 생명이라고 말하는 것이다. 그러나 이 생명은 필연적으로, 이렇게 생각하는 생명으로부터 자기 이외의 다른 생명 안으로, 따라서 또 현존하는 보편적인 생명 속으로 흘러들어가서 이를 동화시키려고 노력하는 것이다. 왜냐하면 이 사고는 바로 생명이므로 그 사고가 활기를 주고, 정화하고, 구제하는 힘을 보고는, 그 사고의 소유자는 충심으로 쾌감을 느끼기 때문이다. 그런데 마음속에 이와 같은 쾌감을 느끼는 사람은 누구나 필연적으로 다른 모든 사람들에게 이와 같은 행복을 주기를 원한다. 따라서 이와 같은 사람은 그 소원의 충동을 받아, 그의 행복을 낳은 원천이 퍼져서 다른 사람에게도 미치도록 작용을 하지 않을 수 없게 된다. 단순히 다른 사람의 사고를 하나의 가능한 사고로서 마음속에 떠올리기만 하는 사람은, 이와는 전혀 그 취향을 달리한다. 그 사고의 내용은 그 자신에게 행복도 비통도 느끼게 하지 않고, 다만 그의 한가한 세월을 기분 좋게 보내게 하는 데에 지나지 않는 것이므로, 그는 그것이 남에게 쾌감 또는 비통을 줄 수 있다고는 믿을 수가 없다. 그래서 남이 무엇에 의해서 지력(智力)을 연마하고 무엇에 의해서 따분함을 면하려 하더라도, 그러한 일에는 하등 신경을 쓰지 않게 되는 것이다.

개개의 생명 안에서 시작된 사고를 일반적인 생명 속으로 끌어들이는 수단 중에서 가장 뛰어난 것은 시작(詩作)이다. 즉 시작은 한 민족의 정신적 교양의 두 번째로 큰 부문이다. 사상가가 그의 사상을 언어로 나타내고—그것은 비유적으로만 행하여질 수 있다는 것은 앞서 말한 대로이지만—종래의 비유 범위를 넘어서서 새로운 창조를 이룰 경우에는 그는 이미 시인이다. 그가 만약에 시인이 아니라면, 처음 사상을 접했을 때 이미 언어가 사라지고 제2의 시도 때에는 사고 그 자체가 사라질 것이다. 사상가에 의해서 시작된 언어의 비유 범위의 확장 내지 강화가 비유의 모든 범위로 널리 퍼지게 하여, 모든 장소에서 이 새로운 정신적 승화(昇華)로부터 응분의 몫을 받아, 모든 생명이 그 마지막 감각적 바탕에 이를 때까지 새로운 빛을 받고 나타나 쾌감을 느끼고, 무의식의 환각에 의해 마치 저절로 그러한 것처럼 자기를 고상하게 할 수 있게 하는 것, 이것이 곧 시가 하는 일이다. 오직 살아 있는 언어만이 이러한 시를 얻을 수가 있다. 왜냐하면 이러한 언어에 의해서만이 비유계(譬喩界)는 창조적 사고에 의해서 확대될 수 있고, 이러한 언어에 의해서만이 이미 창조된 것이 생기 있게 생명이 흘러들어가는 길을 열 수가 있는 것이다. 이와 같은 언어는 무한하고 영원히 사람을 신선하게 하며, 신선하고 발랄한 시작(詩作)의 능력을 포함하고 있는 것이다. 왜냐하면 생기 있는 사고의 모든 발동이 이러한 언어에서 시인적 감흥의 새로운 맥관(脈管)

을 열기 때문이다. 이렇게 해서 시는 새로 얻은 정신적 발달을 일반적 생명 안으로 흘러들게 하는 가장 탁월한 수단이 될 수 있는 것이다. 죽은 언어는 이와 같은 고상한 의미에서의 시를 절대로 가질 수가 없다. 왜냐하면 위에서 말한 시의 모든 조건은 이와 같은 언어에는 존재하지 않기 때문이다. 이와 같은 언어는 위의 경우와는 달리 일시적으로는 다음과 같이 하여 시의 대용 품을 쓸 수가 있다. 곧 모국어 속에 존재하고 있던 시적(詩的) 충일(充溢) 이 사람의 주의를 자극하게 될 것이다. 국어를 바꾼 민족은, 물론 그 원초적 인 궤도 위에서는 시작을 계속할 수가 없다. 왜냐하면 이 궤도는 그의 생명 에는 인연이 없는 것이기 때문이다. 그러나 그는 그 자신의 생명과 그 생명 의 새로운 상태를, 이전에 그의 조상이 자신의 생명을 표현한 비유적 범위 안으로 끌어들일 수는 있다. 이렇게 해서 예컨대 조상 시대의 무사(武士)에 게 영웅의 옷을 입히거나 또는 영웅에게 무사의 옷을 입혀, 이렇게 해서 낡 은 신들과 새로운 신들로 하여금 그 옷을 갈아입게 할 수가 있다. 이와 같이 평범한 것에 어울리지 않는 외국의 옷을 입힘으로써 평범한 것이 하나의 이 상화된 듯한 매력을 얻어, 전적으로 쾌감을 주는 모습을 만들어 내는 것이 다. 그러나 양자, 곧 모국어의 비유적 또는 시적 범위도, 새로운 상태도 다 같이 유한(有限)한 것이므로 양자의 교류는 어딘가에서 막힌다. 막힌 경우 그 민족은 그의 황금시대를 구가하지만 그의 시의 샘은 고갈되는 것이다. 굳 어진 언어의 비유가 굳어진 개념에, 굳어진 비유가 굳어진 생활 상태에 접합 하게 되는 최고점이 틀림없이 어딘가에 있다. 이와 같은 점에 도달한 후, 그 민족은 이미 그의 가장 성공한 걸작을 모양을 바꾸어 써서, 시 안에서도 추 (醜)와 미(美)를 서로 반죽하여 만화적 또는 해학적으로 빠지는 것을 마다 하지 않고, 마치 그들이 산문에서 새로운 말을 하려고 할 경우에 부덕(不 德)과 덕(德)을 섞는 것과 같은 일을 하는 것 외에 달리 방법이 없는 것이 다.

　이와 같이 한 민족 안에서 정신적 교양과 생활이 서로 교섭을 가지지 않으 므로, 자연적인 결과로서 이 민족의 정신적 교양으로 들어올 기회가 없는 계 급, 살아 있는 민족 안에서처럼 정신적 교양의 몫을 받을 수도 없는 계급은, 교육을 받은 계급과 비교해서 훨씬 뒤떨어진 것이 되어, 정신력에서 교양 있 는 계급과는 다른, 전적으로 다른 인종인 것처럼 여겨지게 된다. 그러므로 교양이 있는 계급은 이 사람들에 대해서 조금도 진정한 동정도 느끼지 못하고, 또 그들을 근본적으로 도우려는 충동도 느끼지 않으며, 그들은 오직 처음부터 다른 종족이므로 이를 구할 길이 없다고 생각하여, 오히려 그들을 그대로 이용하려고 하는 생각에 사로잡히는 것이다. 언어를 죽이기 위해 생긴 이와 같은 결과도, 이 민족의 초기에는 일종의 박애적인 종교에 의해, 또 상류 사회 자체에 아직 교묘함의 결여에 의해 완화될 수 있는 것이다. 그러나 시간이 지남에 따라 일반 평민에 대한 경멸은 더욱 노골화하고 잔인해진다. 이것은 교양 있는 계급이 기어오르고 거만하게 되는 일반적 원인이지만 그 밖에 또 하나 특별한 원인이 있다. 이 원인은 독일인에 대해 매우 넓은 영향을 미치고 있으므로, 여기에서 그것을 논하지 않을 수가 없다. 즉 그 로마인, 그들은 처음에는 그리스인에 대해 매우 순진하게, 그리스인의 입버릇을 흉내 내어 스스로 야만인이라 부르고 자신의 국어가 야만이라고 말하였다. 그러나 후에 이르러 이전에 자기에게 주어진 이 명칭을 다른 국민으로 옮겼다. 즉, 게르만인은 이전에 로마인이 그리스인에게 보인 것과 같은 우러러볼 정도의 숭배를 로마인에게 바쳤다. 게르만인은 자신이 로마 사람이 되는 것 이외에는 야만 상태에서 벗어날 길이 없다고 믿었다. 그리하여 이전의 로마 영토로 이주한 게르만인은 가능한 한 로마 사람이 된 것이다. 그들의 상상력에서 야만이라고 하는 말은 바로 하등(下等), 천민적, 조잡 따위의 부차적 뜻이 주어지고, 이에 따라 로마적이라고 하는 말은 그 반대로 '존귀'하다는 말과 같은 뜻으로 이해하게 되었다. 그들 언어의 일반적 방면이나 특수한 방면에도 이러한 사상이 널리 퍼졌다. 따라서 그들이 깊이 생각한, 의식적인 언어의 개량을 기도했을 때, 그들은 게르만의 어원을 버리고, 로마의 어원을 가지고 말을 만들어 로마화된 말을 궁정 언어, 교육 계급의 통용어로 삼게 된 것이다. 특히 같은 뜻의 두 말이 있을 경우에는 거의 예외 없이 게르만 어원에서 나온 말은 고상하지 않은 나쁜 뜻으로, 로마어 어원에서 나온 것은 고상한 뜻으로 쓰이게 되었다.

이것은 마치 게르만 민족의 고질과 같은 것으로 본국의 독일인이라 할지라도, 만약에 높고 엄숙한 마음으로 이에 대항할 무장을 하고 있지 않다면 역시 이 병에 걸리게 될 것이다. 우리들의 귀에까지도 자칫 로마어는 고상하게 들리기 쉽다. 우리의 눈에까지도 로마의 풍속은 고상하게, 이에 반해서 독일의 풍속은 천하게 보인다. 더욱이 우리는 이들 로마 것을 직접 받아들이는 행복을 가지지 않았으므로 이것을 간접적으로 받아들이고, 즉 중개자인 새 로마인을 거쳐 받아들이고는 기뻐하고 있는 것이다. 우리가 독일적인 것에 한에서는 우리의 이웃과 마찬가지 인간으로 보인다. 만약에 우리가 절반 또는 절반 이상 비(非) 독일식으로 이야기하고 아주 먼 곳에서 온 것 같은 낯선 풍속을 따르며 눈에 띄는 옷을 입으면, 그때 우리는 고상해지기라도 한 것처럼 생각한다. 우리가 으스대는 최고의 단계는 무엇이냐 하면, 우리를 이미 독일인이라고 생각하지 않고 스페인 사람 혹은 영국 사람—여하간 당시 가장 세력이 센 외국인—으로 간주하는 경우이다. 그것도 일단 무리한 일은 아니다. 독일측의 자연적인 것과 외국측의 자의적이며 허식적인 것이 양자 사이의 근본적 차이점이다. 만약에 우리가 자연적 상태에 머물러 있으면 그때 우리는 인민 전체와 조금도 다르지 않다. 전 인민은 우리를 이해하고 우리를 동포로 생각한다. 다만 우리가 외국의 특징으로 도피하여 그 도움을 빌릴 경우에만 우리는 인민의 이해를 받지 못하고, 일반 인민은 우리를 다른 성질을 가진 것으로 생각하게 되는 것이다. 외국인의 경우 이와 같이 자연에 위배되는 상태가 저절로 그 생활 안으로 들어온다. 왜냐하면 외국인은 본래 하나의 주된 점에서 자연과 동떨어져 있기 때문이다. 우리는 이에 반해서, 부자연스런 상태 같은 것은 일부러 이를 구하지 않으면 구할 수가 없다. 그리하여 우리는 자연적으로는 우리가 아름답다고도 어울린다고도 편리하다고도 여겨지지 않는 것을 억지로 그렇게 아름다운 것으로 믿는 습관을 만들지 않으면 안 되는 것이다. 독일 사람이 이와 같이 되어 가는 주된 원인은, 로마화된 외국 것은 모두 자국의 것보다도 한층 고상하다고 항상 믿고 있다는 것과, 자신도 마찬가지로 고상한 체하여 외국에서는 자연히 형성된 상류 계급과 민중과의 사이의 간격을 독일 국내에서도 인공적으로 만들어 내려는 병폐의 두 가지이다. 이상 독일인들 안에 존재하는 외국 숭배의 근원을 지적했다. 여기서는 이 정도로 해 두고 이러한 외국 숭배가 얼마나 넓은 영향을 주었는가, 지금 우리를 멸망시킨 모든 화(禍)는 모두 그 발생이 외국적인 것에 있으며, 이들 외국적인 결함은 물론 독일인의 진지한 마음과, 생명에 미치는 영향과 결합될 때에만 독일인을 멸망시키는 원인이 되었다고 하는 것은 차차 설명하기로 한다.

정신적 교양이 생명에 작용하는가, 혹은 그렇지 않은가, 교양 있는 계급과 일반 민중 사이에 일종의 장벽이 있는가, 없는가 하는 근본적 차이로부터 생긴 이러한 두 가지 현상 이외에, 나는 또 하나의 현상을 들어 두었다. 즉, 살아 있는 언어를 가진 민족은 부지런하고 진지하며 모든 일에 노력을 아끼지 않는다. 이에 반하여 죽은 언어를 가진 민족은 정신적인 영위(營爲)를 오히려 일종의 천재적 유희라고 생각하고, 자기의 행복한 천성을 동반삼아 자연의 추세에 맡긴다는 것이다. 이 상태는 여기에서 설명한 사정으로부터 자연히 일어날 수 있는 일이다. 살아 있는 언어를 가진 민족은, 연구는, 그 연구에 의해 만족을 얻어야 할 생활의 하나의 욕구로부터 우러나고 있으므로, 생활 그 자체가 포함하고 있는 어찌할 수 없는 원동력을 모두 받는 것이다. 죽은 언어를 가진 민족은, 연구는, 시간을 즐겁게 또 미감(美感)에 알맞는 방식으로 보내려는 욕심을 가질 뿐이므로, 이것만 할 수 있으면 이미 그 목적을 전적으로 이룬 것이 되는 것이다. 이러한 일은 외국인에게는 거의 필연적이다. 독일인의 경우에는 그러한 현상이 나타나서 천재 또는 행복한 자연의 문을 두드린다고 하는 것은, 독일인에게는 어울리지 않는 외국 모방이며 모든 외국 모방과 마찬가지로 예의 고상한 체하려는 병에서 온 것이다. 하기야 세계의 어떠한 민족이든 초감각적인, 외국어에 의해서 정당하게도 천재라는 이름을 붙인, 인간의 마음의 근본적인 원동력 없이는 아무런 탁월한 일이 생기지 않을 것이다. 그러나 이러한 원동력 그 자체로서는, 다만 상상력을 자극할 뿐 지면 위쪽을 떠다니는, 결코 완전한 모습을 갖추지 않은 모습을 그 상상력 안에 그리는 것이다. 이 모습이 참다운 생명의 지반에 이르기까지 완성되고, 또 실제 인생 안에 지속적인 것으로 결정되기 위해서는 근면하고 생각이 깊고 일정한 법칙에 따라서 작용하는 사고를 필요로 하는 것이다. 천재성(天才性)은 근면에 대해서 그것이 가공(加工)할 소재를 공급한다. 근면은 그 천재성에 의하지 않고서는, 이미 가공된 것만을 입수하거나 또는 가공할 것을 아무것도 가지지 못하는 그 어느 한쪽일 수밖에 없다. 그런데 근면은 그것이 없으면 어디까지나 공허한 유희에 지나지 않는 것을 생명 안으로 끌어들이는 것이다. 그리하여 천재성과 근면이 서로 결합해서 처음으로 훌륭한 일을 할 수 있는 것이며, 서로 떨어졌을 때에는 쓸모없는 것이 되고 만다. 게다가 죽은 언어를 가진 민족은 진정으로 창조적인 천재성은 발로(發露)되지 않는다. 왜냐하면 이들 민족은 근원적인 표현 능력이 결여되어 이미 시작된 것을 계속 형성하여, 이미 존재하여 완성된 전체 표현에 몰입하는 일 외에는 힘이 없기 때문이다.

특히 대단한 노력에 관해서 말하자면, 그것은 살아 있는 언어를 쓰는 민족에게만 부과된다는 것은 당연한 일이다. 살아 있는 언어는 다른 언어에 비해 높은 발달 단계에 설 수 있지만, 죽은 언어가 아주 쉽게 도달할 수 있는 완결 또는 완성의 영역에 이르는 일은 있을 수 없다. 죽은 언어는 어휘의 범위가 한정되어 있다. 그리하여 이를 교묘하게 섞어서 배열하는 기능도 차차 없어지고 만다. 그러므로 이와 같은 언어를 쓰고자 하는 사람은, 이미 되어 있는 말을 말하지 않으면 안 된다. 그리하여 그가 이것을 일단 배운 후에는, 언어가 그의 입을 빌려서 그 사람 대신에 말하고, 그를 대신해서 생각하고 시작(詩作)을 하는 것이다. 그런데 살아 있는 언어의 경우에는, 그 언어 안에 실제로 생활이 있기만 하면 어휘도 그 뜻도 점점 늘어나고 변화한다. 그리고 바로 이 때문에 새로운 배열이 가능하게 된다. 영원히 '발전하는' 언어는 스스로 자신을 말하지 않는다. 오히려 그것을 쓰려고 하는 사람이, 스스로 자신의 방법에 의해 또 자신의 욕구를 위해 창조적으로 이 언어를 말해야 하는 것이다. 이렇게 하는 것은 틀림없이 죽은 언어를 쓸 때보다도 훨씬 더 근면해야 하고 더 많은 연습을 해야 한다. 마찬가지로 이미 말한 바와 같이, 살아 있는 언어를 가진 민족이 하는 연구는 정신적 천성 그 자체로부터 여러 개념이 흘러나오는 그 근원까지 거슬러 올라가는 것이다. 이에 반해 죽은 언어의 민족은 단지 다른 사람의 개념으로 뚫고 들어가서 그것을 이해하려고 노력할 뿐으로, 따라서 실제로는 전자가 진정으로 철학적인데 반하여 다만 역사적 주석적이다. 이와 같은 연구는 철학적 연구에 비해서 보다 빨리 또 보다 손쉽게 완결할 수 있는 것은 분명하다.

요컨대 외국의 천재는 이미 밟아 온 고대의 대로에 꽃을 뿌리고, 자칫 처세술을 철학이라고 생각해서 여기에 아름다운 옷을 짜서 입힐 것이다. 이에 반해 독일인은 새로운 갱도(坑道)를 파서 햇빛을 깊은 땅 속까지 끌어들여, 사상의 암석을 파내어 미래의 시대 사람들로 하여금 이것으로 주택을 건설할 수 있게 할 것이다. 외국의 천재는, 지상에 저절로 난 풀과 꽃 위를 가벼운 날개를 펄럭이며 떠돌아다니다가 그 꽃 위에 사뿐히 내려앉아 그 향기로운 이슬을 빨아먹는 귀여운 요정(妖精)과 같은 것일 것이다. 혹은 이 꽃에서 부지런히 꿀을 모아, 이것을 규칙적으로 지어 놓은 벌집 속에 질서정연하게 저장하는 꿀벌과 같은 것일 것이다. 이에 반해 독일인은 강대한 힘으로 육중한 몸을 들어올려 강하고 연습이 잘 된 힘찬 날개로 하늘 높이 날아, 태양의 광휘(光輝)에 마음이 끌려 이를 향해 가까이 가는 큰 독수리와 같은 것일 것이다.

지금까지 말한 것의 요점을 요약하면 다음과 같다. 역사적으로 고대와 근대로 나뉘어 있는 인류 발달사 일반에 대해서 말하자면, 이 근대의 원초적인 발달에 대한 독일인과 다른 게르만 민족과의 관계는 대체적으로 앞에서 말한 바와 같다. 신선한 게르만 민족 중에서 외국화된 부분은, 외국의 고대어를 채용함으로써 고대에 대해서 훨씬 큰 그 민족과의 혈연관계를 얻었을 것이다. 그들에게는 고대어를 처음의, 변화되지 않았던 모습으로 파악하여 고대어가 갖는 교양의 기념비로 뚫고 들어가, 고대의 기념비가 새로 성립한 생명에 적합한 범위 내에서, 그 기념비에 신선한 생명을 부여한다는 것은 본국인에 비해 처음에는 훨씬 쉬웠을 것이다. 요컨대 고전시대의 연구는 그들로부터 나와 새로운 유럽 전체에 퍼진 것이다. 고전시대의 미결된 문제에 감흥을 일으켜 그들은 그 해결에 종사하였다. 그러나 이것은 결코 생명의 욕구에 의해서 나온 것이 아니라 단순한 지식욕에 의해 주어진 문제이므로, 그들은 이것을 가볍게 취급하여 온갖 정성을 다하지 않고 단순히 상상력으로, 모처럼의 문제를 단지 상상력 안에서 신기루와 같은 것으로 만들어낸 것이다. 고전시대가 남긴 재료는 풍부하고, 이와 같은 방법에 의한 그들의 연구는 용이하므로, 그들은 이와 같은 애매모호한 많은 형상을 근대 유럽의 시계(視界)로 가지고 들어온 것이다. 이와 같은 이미 새로운 모양으로 만들어진 고대의 형상(形象)은, 게르만 민족 중 본래의 국어를 유지하여 원초적인 발달의 흐름 속에 동조하고 있었던 부분, 즉 독일인 사이에 도입되어 역시 주목을 끌어 독립 활동을 자극한 것이다. 만약에 이들 형상이 옛날 그대로의 모양이었다면, 독일인의 주의도 받지 못하고 인정되지도 않은 채 끝났을 것으로 여겨진다. 그런데 독일인은, 이것들을 붙잡는다면 실제로 붙잡고 손에서 손으로 옮기는 일은 하지 않는 민족이므로, 이들 형상을 그들의 성질에 따라 붙잡은 것이다. 즉 이들을 단지 외국의 생명을 안다는 입장에서가 아니라, 이들을 하나의 생명의 구성 요소로서 파악한 것이다. 이리하여 독일인은 이들 형상을 근대의 생명으로부터 꺼낼 뿐 아니라, 전에는 애매모호했던 이들 형상을, 견실한 그리고 실제의 생활에서 자신을 유지할 수 있는 신체로까지 구체화해서, 이것을 역으로 근대의 생활 속으로 들여보낸 것이다.

고대를 이렇게 전환한다는 것은 외국인으로서는 도저히 할 수 없는 일일 것이지만, 이제 외국인에게는 이렇게 전환된 것을 역으로 독일인으로부터 주어지는 것이다. 그리하여 이와 같은 과정을 겪어야만 인류를 고전시대의 궤도 위에서 계속 발달하게 하고 고대와 근대와의 결합, 그리고 인류 발달의 규칙 바른 진행이 가능하게 되는 것이다. 이 사물의 새로운 질서에서 우리 모국은 아무것도 발명하지 못하고 있다. 독일인은 대소를 불문하고 외국의 암시에 의해 자극되었다는 것을 고백하지 않을 수가 없을 것이다. 그 외국인 자신도 또한 고전시대에 의해 자극된 것이다. 그러나 독일인은, 외국인이 단지 표면적으로 아무렇게나 구성한 것을 진지하게 받아들여 생명 속으로 받아들일 것이다. 이러한 관계를 가장 적절하고 심각한 실례로 설명한다는 것은, 이미 말한 바와 같이 이 강연의 목적이 아니다. 그래서 우리는 이것을 훗날의 강연 과제로서 남겨두고자 한다.

게르만 민족의 두 부분은 이상과 같은 점에서는 동일한 것이었다. 그리하여 이러한 분리와 통일의 일치에 의해서만 그들은 고대 문화라는 나무 줄기에 접목(接木)할 수가 있었던 것이다. 그렇지 않았더라면 고대의 문화는 새 시대 때문에 부러져 없어져서 인류는 처음으로 거슬러 올라가서 자기의 발달을 다시 시작하지 않으면 안 되었을 것이다. 이 민족의 두 부분은, 출발점은 서로 다르지만 그 목적에서는 서로 일치하는 사명 때문에 각각 자기와 상대방을 인식하여, 이에 입각해서 서로 이용하지 않으면 안 될 것이다. 특히 전체의 모든 방면에 걸친 완전한 발달을 왕성하게 하기 위해서는, 각자가 상대를 유지하는 데에 힘쓰고 상대방의 특징을 흐트러뜨리지 않도록 노력하지 않으면 안 된다. 이 관계를 인식한다는 것은, 처음부터 깊이에 투철한 감각을 갖추고 있는 모국으로부터 시작되지 않으면 안 될 것이다. 그런데 외국이, 이러한 사정에 대해 맹목이고 피상적인 가상(假象)에만 정신이 팔려, 그 모국의 독립을 박탈하고 멸망시켜서 자기 안으로 흡수하려고 하는 일이 있다면, 그리고 그 기도가 성공한다면, 그들이 종래에 간신히 자기를 자연과 생명에 결부시키고 있던 마지막 혈관을 그것 때문에 절단하는 결과가 되어, 정신적으로 완전히 사멸하게 될 것이다. 이 정신적 사멸은 그렇지 않아도 시대의 진전과 함께 그들의 특징으로서 나날이 뚜렷해지고 있었던 것이다. 또 종래에 여전히 부단하게 계속되고 있던 인류 발달의 흐름이 그때 사실상 고갈되어 야만 시대가 다시 시작되고 우리 인류가 맹수처럼 모두 동굴에 살며, 서로 결투를 벌일 때까지는 구원할 길 없이 전진을 계속할 것이다. 이것이 실제로 그러하고 또 필연적으로 그렇게 되지 않으면 안 된다는 것은, 물론 독일인만이 통찰할 수 있는 일이고 또 오직 독일인만이 통찰해야 할 일이다. 외국인은 다른 나라의 문화를 알지 못하고 자기 나라 문화를 경탄하는 데에는 한없는 여지를 가지고 있으므로, 이러한 나의 주장은 단지 교양 없는 무지(無知)에서 나오는 멋없는 폭언이라고 생각할 것이다. 또 그렇게 생각할 수밖에 없을 것이다.

외국은, 자욱한 안개가 발산되어 구름이 되어 솟아오르는, 또 황천으로 쫓겨난 옛 신들을 아직도 인간의 세계로 묶어두는 띠인 대지이다. 모국(母國)은 이 하계(下界)를 감싼 영원한 하늘로, 여기에 솟아오르는 안개는 응결하여 구름이 되고 이 구름은 세계의 출처를 달리하는 뇌신(雷神)의 전광에 의해 잉태하여 젖은 비가 되어 내리며, 이 비는 하늘과 대지를 연결하여 하늘에 있는 선물로 하여금 대지의 품에도 싹이 트게 한다. 새로운 티탄(거인족 · 하계로부터 올라와서 하늘을 침략하려 하는 자. · 여기에서는 독일을 압박하는 외국을 가리킨다.)이 다시 하늘을 침범하려고 해도, 천계는 그들에게 하늘이 되지 못할 것이다. 왜냐하면 그들은 하계(下界)의 아들이기 때문이다. 그들은 단지 천계를 잃고, 천계의 힘이 미치는 범위 밖에 남겨져서 그들의 대지만이 차갑고 어두운, 메마른 집으로서 그들에게 남겨질 뿐일 것이다. 로마의 시인이 이전에 다음과 같이 말했다. 티호에우스와 같은, 혹은 맹렬한 미마스나 위협적인 자세의 포르프리온이나 레토우스, 혹은 거목을 뿌리째 뽑는 용감한 엔체라두스라고 할지라도, 팔라스가 울려퍼지는 방패를 향해 돌진할 때 무슨 일을 할 수 있을 것인가—라고. 우리가 만일 이 신의 보호 아래 들어가야 한다는 것을 알 때 틀림없이 우리를 지키는 것은 바로 이 방패이다.

6강 역사에 나타난 독일인의 특성

　자신의 모국어 안에서 발달해 가는 민족과 다른 나라 말을 채용한 민족 사이에 어떠한 구별이 생기는가는, 앞의 강연에서 설명한 바 있다. 그때 우리는 이렇게 설명했다. 외국에 대해서는, 우리의 주장에 따라서 나타나지 않을 수 없는 현상이 과연 실제로 외국에서 나타났는가의 판정은 여러분의 판단에 맡기겠지만, 독일인에 대해서는 우리의 주장에 따라 원래의 언어를 말하는 민족이, 마땅히 자신을 표현해야 하는 방식으로 자기 자신을 실제로 표현했는가 하는 것에 대해 말하겠다고 약속했었다. 오늘 나는 그 약속을 지키려고 하는 것이다. 따라서 그 증명 재료로서 먼저 독일 국민의 마지막으로 위대한, 어떤 뜻에서는 전적으로 완성된 세계적 사업, 곧 종교 개혁을 들어 이를 설명하고자 한다.

　아시아에서 나온 뒤에 타락해서 마침내 그야말로 아시아적인 것이 되어, 무언의 귀의(歸依)와 맹목적인 신앙을 말하는 그리스도교는, 이미 로마인에게도 이상한 것, 외국 냄새가 나는 것이었다. 로마인은 기독교를 기꺼이 받아들여 그것을 자기 것으로 만든 적은 한 번도 없었다. 그리스도교는 로마인의 성격을 두 개의 서로 상반되는 부분으로 분할하였다. 그리하여 그 한 부분으로서 외국적 요소를 부가한 것은 로마인의 본래의 강한 미신의 매개로 이루어진 것이다. 외국에 이주한 게르만 인들은 이 종교의 신자가 되었다. 그들은 새로운 종교로 옮겨 가면서 그 방해가 될 정도로 발달된 오성(悟性)도 없고, 그 대신 또 본래의 미신적 요소의 도움을 받는 일도 없이, 다만 자기가 목표로 하는 로마인에 속하는 하나의 종교로서, 따로 생활에 그 영향을 받는 일도 없이, 막연하게 이를 신봉한 데에 지나지 않는다. 게르만 인에게 그리스도를 전한 전도사가, 고대 로마의 문화 및 그 문화의 그릇인 언어의 이해 중에서 그들의 전도 의도에 합치하는 부분만을 전달하는 데에 지나지 않았던 것은 물론이다. 여기에도 그들 자신의 나라에서까지 로마어가 퇴폐하고 고사한 하나의 원인이 있는 것이다. 훗날에 이르러 고대 로마 문화의 참된, 있는 그대로의 성과가 이들 새로운 민족의 손으로 돌아가, 이에 의해서 그들의 마음속에 자력적으로 사고하고 이해하려는 충동이 생겼을 때, 이 충동은 새롭고 신선했다. 또 다신교의 신들에 대한 본래의 공포심이 없는 그들에게는 이 충동을 제지하는 것이 없었으므로, 맹목적 신앙과 종래에 맹목적 신앙의 대상이 되어 있었던 기괴(奇怪)한 사물들 사이에 존재하는 모순에 그들이 놀란 것은, 로마인이 처음으로 그리스도교를 접해서 받은 놀라움과 비교할 바가 아니었던 것이다. 지금까지 충실하게 믿어 왔던 사물 안에 완전한 모순이 존재하고 있다는 것이 분명해졌을 때에는 일종의 웃음을 금할 수가 없다. 앞서 이 비밀의 바닥을 깬 사람들은 일찍부터 웃기도 하고 비웃고 있었다. 이 비밀을 파악할 수 있었던 전도사 자신들도 또한 웃고 있었다. 비밀을 풀 수단이 될 고대 문화를 구명할 수 있는 사람은 몇 사람 안 될 것이라고 안심하고 그들은 웃고 있었던 것이다. 이것은 주로 당시 새로운 로마 문화를 점거하고 있던 이탈리아 사람들에 대해 말하고 있는 것이다. 그 밖의 새로운 로마 민족은 어느 면에서나 아직은 이탈리아 사람보다 훨씬 뒤지고 있었다.

전도사들은 이러한 기만을 웃었다. 그들은 분노할 정도로 진지하지 못했기 때문이었다. 그들은 일반적이 아닌 이러한 인식을 이렇게 독점함으로써 더욱더 확실하게, 고귀하고 교양이 있는 계급으로서의 위치를 안전하게 확보할 수가 있었던 것이다. 그리고 그들은 대중에 대해서는 아무런 동정도 가지고 있지 않았으므로, 이와 같은 사람들이 계속해서 이 기만에 걸려 그들의 목적에 합당하도록 더욱더 온순하게 되어 가는 것을 보고, 결국 잘 됐다고 생각하고 있었을 것이다. 민중이 기만되고 고귀한 자들이 이 기만을 이용하여 이를 계속 웃어간다는 것은 얼마든지 계속할 수가 있다. 만약에 근대에 새로운 로마인 이외에 그 어떤 민족도 존재하지 않았더라면, 이와 같은 사정은 아마도 이 세상 끝까지 계속되었을 것이다.

새로운 문화에 의해서 고대 문화가 계승된 일, 그리고 새로운 로마인 등이 이에 대해서 할 수 있었던 참가에 대해서 이전에 내가 말했던 일에 대한 하나의 증거를 여러분은 여기에서 발견할 수가 있을 것이다. 이 새로운 명석한 지혜는 고대 문화로부터 나와 우선 새로운 로마 문화의 중심점에 떨어졌다.

이 지혜는 여기에서는 단지 일종의 오성적 통찰(悟性的洞察) 정도로 발달했을 뿐, 생명을 붙잡아 이것을 따로 형성하는 일은 없었던 것이다.

그러나 이 빛이, 참으로 진지하고 생명에까지 스며드는 종교적 정서로 침투하자마자, 이와 같은 정서를 가진 사람들이 하나의 민족을 형성하여 이 민족이 진지한 견해를 손쉽게 이 정서로부터 얻고, 또 이 민족의 결정적인 요구에 대해 무엇인가를 준 지도자를 찾아 내자 종래의 사정은 이제 오래 존속할 수가 없었다. 기독교가 아무리 쇠퇴하더라도, 그 안에는 진리를 간직하고 또한 참되고 독립적인 생명을 확실하게 자극하는 근본 요소가 존재하고 있다. 이것은 곧, 우리는 영혼의 구원을 얻기 위해서 어떻게 하면 좋은가 하고 묻는 마음이다. 영혼의 구원과 같은 것이 가능한가의 여부는 불문에 부쳐진 곳, 혹은 비록 그것을 인정한다 해도 스스로 평안함을 구하려고 하는 확고한 의지가 존재하지 않는 아주 메마른 땅 위에 이 물음이 떨어졌을 때, 종교는 이에 대해 이내 생명이나 의지를 깊이 움직일 수 없이, 흔들리는 색 바랜 그림자처럼 기억이나 상상 속에 눌어붙어 있는 데에 지나지 않았다. 따라서 재래의 종교적 개념에 대한 그 이상의 설명도 모든 생명에 대해서 아무런 영향도 미치지 못했던 것이다. 이에 반해 영혼의 구원이라는 것에 대해 진지한 신앙을 가지고 이를 얻으려고 하는 확고한 의지가 있어서, 종래의 종교에서 이와 같은 목적을 위해 가르친 수단을 진지하게 믿고, 정직하게 이용하고 있었던 살아 있는 땅 위에 이 물음이 떨어졌을 경우에는—여기에서는 사람이 사물을 진지하게 믿기 위해 그 기만 수단을 간파할 수 있는 빛을 받아들이는 것이 다른 장소보다도 늦었는데도, 마침내 이 빛이 들어왔으므로—영혼의 평안함에 관한 기만에 대한 놀라움은 무서운 경악(驚愕)의 모양을 취하지 않을 수가 없었던 것이다. 그리하여 이 평안함과, 그밖에 영원한 파멸로 떨어지고 있는 것처럼 보이는 것을 새로운 다른 방법에 의해 구하려고 작용하는 불안은, 결코 유희처럼 볼 일이 아니었다. 또 처음으로 이것을 명백히 한 사람은, 단지 자기의 영혼을 구하는 것에 만족하고, 모든 다른 인간의 영혼의 행복에 대해서 무관심하거나 할 수는 없었다. 왜냐하면 그의 깊은 종교심에 의하면, 이렇게 해서는 자기 한 사람의 영혼조차도 구할 수가 없기 때문이다. 그러므로 그는 자기 자신의 영혼을 위해 느끼는 것과 동일한 강도(强度)의 불안을 가지고 단적으로 세상 모든 사람의 눈을 뜨게 하며, 종래 종교의 혐오스런 기만을 밝히려고 노력하지 않을 수 없었다.

이미 이전부터 많은 외국인이 한층 분명한 분별심을 품고 있던 통찰이, 이렇게 해서 한 사람의 독일인 마음속에 생겼다. 그는 바로 루터였다. 세련된 고전적인 교양과 학식, 그 밖의 장점에서는 외국인뿐만 아니라 독일인 중에서도 루터보다 우수한 사람이 많이 있었다. 그러나 하나의 가장 힘찬 원동력, 즉 영혼의 구원을 잃는 것을 두려워하는 불안이 루터의 마음을 사로잡았다. 그리고 이러한 원동력은 그의 생활의 생명이 되어 끊임없이 생명을 걸고 행동하게 하고, 후세 사람들이 놀라게 한 힘과 재능을 그에게 준 것이다. 종교 개혁을 맞아 많은 사람들은 현세적 목적을 품고 있었을지도 모른다. 더욱이 이 사업이 성공한 것은, 영원한 힘에 의해 고무된 한 사람의 지도자가 있어서 그들을 인도했기 때문이다. 모든 불멸의 영혼자의 복지가 끊임없이 위기에 처해 있는 것을 항상 눈으로 본 이 지도자가, 엄숙한 마음으로 지옥의 모든 악마에 대해 조금도 두려워하지 않고 싸움을 도전해 간 것은, 당연한 일이요 결코 이상한 일은 아니었다. 그것은 곧 독일적 엄숙과 심정의 한 증명이었다.

루터가 이처럼 순인간적이고 오직 각자 스스로에 의해서 배려될 관심사를 들고, 모든 인간, 특히 우선 자국민 전체에게 작용하려고 했던 것은 앞에서 말한 대로 당연한 일이다. 그렇다면 독일 사람들은 이 호소를 어떻게 받아들였는가? 독일 국민은 여러 가지 속세의 일 때문에 지상에 묶여서, 이제까지 걸어왔던 낯익은 길을 여전히 걸으면서 무기력한 침체 상태에 머물렀는가. 또는 일상의 현상과는 크게 다른 강력한 감격이 단지 그들의 비웃음을 샀을 뿐이었는가? 결코 그렇지 않다. 오히려 그들 독일 국민은 마치 타오르는 요원의 불길처럼 영혼의 구원에 대한 동일한 우려에 사로잡히고, 이러한 우려는 명석한 그들의 눈을 뜨게 하여, 그들은 제안된 것을 순식간에 완전히 받아들인 것이다. 이 감격은 실생활에서, 또 생활의 엄숙한 싸움과 위험에 대해서 견딜 수 없는 바닥에서의 상상력의 일시적 흥분에 지나지 않았던가? 결코 그렇지가 않다. 그들 독일인은 온갖 결핍을 견디고, 모든 고문을 감내했으며 피비린내 나는 불안한 전쟁을 감행했다. 이것은 오직 저주스러운 로마교의 폭력에 굴복하지 않기 위해, 또 그들과 그들의 후손을 위해 참다운 복음의 등불을 빛나게 하기 위한 것이었다. 이리하여 그들은 후에 이르러,

그리스도교가 애초에 그 신도에 대해서 보여 준 것과 같은 갖가지 기적을 친히 경험할 수가 있었던 것이다. 종교 개혁의 시대상을 나타내는 모든 현상은, 널리 만연된 영혼의 구원을 위한 마음으로 가득 차 있다. 여기에서 여러분은 독일 국민의 훌륭한 한 특징의 증거를 보는 것이다. 독일 국민은 감격에 의해서 손쉽게 모든 감격과 모든 명확한 인식으로 드높여질 수 있는 국민이다. 그리하여 이 감격은 평생 지속되어 그들의 생명을 개조하는 것이다.

독일의 종교개혁 이전에도, 또 다른 나라에서도, 종교 개혁자가 민중을 감동시키고 그들을 모아 단체적 세력으로 만들 수 있었던 일은 있다. 그러나 이들 단체는 확고하고 종래의 국가적 조직에 바탕을 갖는 세력은 되지 못했다. 그것은 종래의 국가를 조직하는 민중 지도자나 군주 등이 그들 편을 들지 않았기 때문이다. 루터에 의한 종교 개혁도 또한 처음에는 이보다 유리한 운명을 예상할 수 없었다. 개혁 사업이 시작된 당시의 선거후(選擧侯)는 현명했다. 그러나 그 현명은 독일적 의미에서보다도 오히려 외국적인 뜻을 가진 것이었다. 이 선제후는 종교의 근본 문제를 두 교단(敎團) 사이의 싸움 정도로 보고 별로 중요하지 않게 여겼으며, 기껏해야 그가 새로 설립한 대학의 평판에 영향을 주는 것을 우려한 데에 지나지 않았던 것 같다. 그러나 그의 후계자들은 그보다 훨씬 '현명'하지 않아서, 그들 국민 사이에서 생동하는 영혼 문제, 즉 영혼의 구원에 대한 진지한 배려에 공감하여, 동일한 마음으로 국민과 더불어 생사와 승패를 같이 하려고 융합했던 것이다.

위에서 말한 바와 같이, 전체로서의 독일인의 특성과 그 천성에 바탕을 둔 그들의 자질에 관한 하나의 증명을 여러분은 여기에서 보기 바란다. 위대한 국민적, 세계적 사건이 지금까지 자진하여 나타나는 연설자들의 입에서 국민에게 전해지고, 그들 사이에 퍼진 것이다. 군주들은 처음에는 외국 숭배와, 외국의 군주들처럼 자신을 존귀하게 만들고 빛나게 하고 싶다는 욕망에서, 자진해서 국민과 자신 사이에 장벽을 설정하여 국민을 버리고 배반하기도 했지만, 후에 곧 다시 쉽게 국민과 일체가 되고 국민에 연민의 정을 쏟은 것이다. 군주들이 나쁜 경향으로 치닫는 것은 종래 틀림없이 실현되었던 일이었다. 이에 대해서는 후에 다른 사례와 함께 자세히 설명하겠지만, 우리는 그들이 항상 좋은 경향을 보여주기를 열망할 뿐이다.

위에서 말한 바와 같음에도 불구하고, 영혼의 구원에 대한 당시의 우려

안에는 일종의 애매모호한 점이 있었다는 것을 부정할 수가 없다. 즉, 신과 인간 사이의 외적 매개자를 바꾸면 좋다는 것이 아니라, 오히려 이러한 매개자를 전혀 필요로 하지 않고 신과의 유대를 자기 자신 속에서 찾아 내는 것이 본래의 목적이라는 것은 당시에 충분히 철저하지 못했다. 그러나 인간의 종교심의 발달이, 전체로서 이와 같은 어중간한 상태를 통과한다는 것은 필연적으로 피할 수가 없었을 것이다. 루터 자신도 그의 성실한 열성으로 그가 구하고 있던 것 이상의 성공을 얻었고, 그가 품고 있던 교의 이상의 것에 도달할 수가 있었던 것이다. 그도 처음에는 종래의 신앙으로부터 대담하게 떠나는 것은 양심의 가책과 고통이 필요했던 것이다. 그의 모든 말이, 이미 영혼의 구원을 마음 밖이나 내세에서 구하지 않고 영혼의 구원을 직접 맛보는 하느님의 아들의 자유를 얻은 기쁨의 환호로 가득 찬 것은 훨씬 후의 일이었다. 루터는 이 점에서 그 이후의 모든 시대의 모범이 되었고, 또 우리 모두를 위해 이 모범을 완성한 것이다. —여기에서도 또 여러분은 독일 정신의 한 특징을 볼 수 있을 것이다. 독일인은 단지 구하기만 하면 그가 구하는 것 이상의 것을 발견하는 것이다. 왜냐하면 독일 정신은 흘러서 멈추지 않는, 그를 함께 휩쓸어 가는 생동하는 생명의 흐름 속으로 몸을 던지기 때문이다.

　로마 가톨릭교를 그 특유한 사고방식에 의해 받아들이고 비판할 때, 로마 가톨릭교에게는 종교 개혁자가 한 일은 괘씸하다고 생각했을 것이라는 것은 물론이다. 원래 가톨릭교의 언설(言說)은 대부분 흔히 있는 어휘 안에서 닥치는 대로 집어 온 것으로, 아시아식으로 과장되어 있고 말에 가능한 한 강조를 주어, 그 말은 당연히 듣는 사람에 의해서 상당히 에누리될 것이라는 것을 고려한 것으로 결코 진지하고 성실한 것은 아니었다. 독일의 종교 개혁자는 독일식의 진지한 마음을 가지고 이 말을 모두 액면 그대로 해석하였다. 그들이 이것을 말 그대로 해석한 것은 당연한 일이었다. 그러나 그들이 이들 말이 원래의 말 그대로의 뜻으로 생각된 것이라고 믿고, 이들 말의 자연적인 천박함과 철저하지 못한 점 이외의 일에 대해서까지 책망한 것은 옳지 못한 일이었다. 도대체 독일 사람이 그 진지한 마음에 의해 외국인—국내에서나 국외에서나—과 충돌하는 것은 모두 이와 같은 관계에서 오는 것이다. 즉, 외국인 등은 독일인이 단순한 말 또는 평범한 문구에 지나지 않는 시시한 일을 왜 그렇게 심각하게 생각하는가를 이해하지 못하는 것이다. 만약 독일인이 외국인이 말한 것을 그대로 그의 입을 되풀이해서 외국인을 책망할 경우, 외국인은 자기가 분명히 말한 일, 현재 말하고 있는 일, 또 앞으로 할 말에 대해 그렇게 말한 기억이 없다고 주장하여, 독일인이 그들의 말을 문자 그대로 진진하게 해석해서, 그 말을 하나의 일관된 사고 계열의 구성 요소로 간주하고, 그 사고 계열을, 뒤에서는 그 원칙에 따라서, 앞에서는 그 결과에 따라서 구성하는 것을 '줄거리 세우기'라 하여 탄식하며, 그 말에 일관성이 있다고 하기에는 무리라고 여기는 것이다. 이 요구, 즉 어느 말이나 이야기하는 사람이 원래 생각했던 뜻으로 해석해야 하며, 그 이외의 뜻으로 해석하고 그 해석을 표현하는 권리는 의심받아야 한다고 하는 이 요구는, 깊이 그 바닥에 박힌 외국 방식을 자기도 모르게 드러내는 것이다.

독일인이 옛 종교의 교의를 엄숙하게 받아들였다는 것은, 그 여세를 몰아 교의 그 자체를 종래보다는 더 엄숙하게 만들고, 옛 교의를 새삼 검토하고, 다시 해석하고, 이를 확립함과 동시에 장래를 향해 교의와 생활에 큰 주의를 기울이게 하였다. 이 사실과 다음에 말하는 사실은, 독일이 항상 다른 유럽 여러 나라에 어떻게 반응해 왔는가에 대한 하나의 증명을 여러분에게 줄 것이다. 이에 의해서 옛 교의는 일반에 대해서 적어도, 이제는 버림을 받아야 할 운명을 면한 후에 미칠 수 있는, 해롭지 않은 영향력을 가지게 되었던 것이다. 특히 낡은 교설(敎說)은 그 변호자에 대해서 종래에 이루어졌던 것보다도 한층 근본적이고 합리적인 성찰을 촉진하는 것이 되었다. 독일에서 개량된 이 교설이 새로운 라틴 여러 나라에도 퍼져서 거기에서도 마찬가지로 강한 감동을 일으킬 수 있었던 것은 일종의 일시적 현상으로서, 여기에서는 그대로 지나가기로 한다. 다만 이상한 일은, 이 새로운 종교가 원래의 새로운 라틴 여러 나라들에서 국가에 의해 승인된 세력으로는 되지 못했다는 사실이다. 원래 새로운 종교가 국가 권력과 조화될 수 있는 것을 찾아 내고 또 조화를 이루기 위해서는, 치자(治者)에게는 독일적 철저함이 있고 국민에게는 독일적 선의가 없으면 불가능할 것이다.

그러나 다른 뜻에서 일반 민중에 대해서가 아니라 교양 있는 계급에 대해서, 독일인은 그 종교 개혁에 의해 외국에 대해서 일반적이고 지속적인 영향을 미쳤으며, 이 영향으로 외국을 자기 선구자가 되게 하고 또 자신의 새로운 창조의 자극제로 만든 것이다. 자유롭고 자주적인 사고, 즉 철학은, 이미 지난 몇 세기 동안 구교(舊敎)의 지배 하에서 자주 자극을 받고 작용을 했다. 그러나 그것은 결코 스스로 안으로부터의 진리를 낳기 위한 것이 아니라, 다만 교회의 교리가 옳다는 것, 어떻게 하면 그것이 옳은가를 나타내기 위한 것이었다. 독일의 신교도 사이에서도 신교에 관한 이와 동일한 임무를 철학에 부과하는 사람이 있어서, 이 철학은 신교에 대해서 마치 스콜라 철학이 구교에 대한 것과 같은 종속적 관계를 가지기에 이르렀다. 신교를 가지지 않고, 혹은 신교를 순 독일적 경건(敬虔)과 정서의 깊이를 가지고 받아들이지를 않았던 외국에서는, 자유로운 사고가 혁혁한 승리를 얻음으로써 격발되면서, 초감각적인 것에의 신앙에 속박되지 않고, 보다 손쉽게 높게 일어나기 시작하였다. 그러나 그들은 자연적인, 교양도 훈육도 없이 성장한 오성에 대한 신앙으로 관능적 속박을 떠날 수가 없었다. 그리하여 그들에게는 이성 속에서 절대적 진리의 샘을 발견한다는 것은 생각도 못하였으며, 조잡한 오성에 귀기울였으므로, 그들에게는 자유로운 사고와 조잡한 오성 주장과의 관계는 스콜라 철학자와 교회와의 관계, 신교의 최초의 신학자와 보음서의 관계를 가지기에 이르렀다. 조잡한 오성의 말이 관연 진리인가에 대해서는 그들은 아무런 의심도 제기하지 않고, 다만 어떻게 해서 이 진리를 반대론에 대해서 변호하고 주장해야 할 것인가만을 문제삼고 있었다.

이 사고가 이성의 범위로 들어갔다면 더욱 중대한 반대론이 일어날 기회를 주었을 것이지만, 거기에는 조금도 들어가지 않았으므로 역사적으로 존재하고 있는 종교 이외에는 그것에 반대의 목소리를 내는 사람이 없었다. 그러나 이 반대는 손쉽게 막을 수가 있었다. 즉, 상식의 건전성을 전제로 종교를 그 표준에 적용하여, 종교는 상식의 표준에 맞지 않는다고 아무렇지도 않게 말해 버린 것이다. 이와 같이 종교의 반대를 격퇴하는 일이 성공하자마자, 외국에서는 철학자와 무종교자 및 무신론자가 동일한 뜻으로 이해되어 마찬가지로 명예로운 이름이 된 것이다.

외적 권위에 대한 모든 신앙을 완전히 극복하려는 시도는, 외국에서는 시인되어 위와 같은 노력이 이루어진 것이다. 이 극복은 원래 종교 개혁에 의해서 독일에서 일어난 것으로, 그것이 독일인에게 새로운 자극을 주게 되었다. 원래 독일인 중에서도 저급하고 비독립적인 머리를 가진 사람들은 이와 같은 외국의 가르침을—더욱이 외국 것이므로, 손쉽게 얻어지는 자기 나라의 가르침보다도 한층 고상하다고 생각하여—따르는 사람도 있었다. 그리하여 그들은 될 수 있는 한 외국의 가르침을 확신하려고 노력했다. 그러나 자주적 독일적 사상이 작용하고 있는 곳에서는, 이러한 감각적인 것은 사람들에게 만족을 줄 수가 없었다. 여기에서 외적 권위를 믿지 않는 초감각적인 것을 이성 자체 안에서 찾았고, 이렇게 해서 비로소 참된 철학을 만들려고 하는 시도가 일어났으며 그때 매우 지당하게도, 사로잡히지 않은 사상을 가지고 절대적인 진리의 원천으로 삼았다. 라이프니츠는 외국의 철학과 싸우면서 이 방향을 향해 노력함으로써 새로운 독일 철학의 창시자가 되었다. 물론 그가 외국의 한 언설에 의해 자극된 것은 인정하지 않을 수는 없지만, 그것을 본뜻보다도 한층 깊게 해석한 것이었다. 그 이래 우리들 사이의 과제는 충분한 해답을 얻었고 따라서 또 철학이 완성되었다. 오늘은 이렇게 말하는 것으로 만족할 수밖에 없다. 그것을 이해하는 시대는 장래에 기대할 수밖에 없다. 그 일을 전제로 해서 이것을 보면, 새로운 라틴 여러 나라들에 의해서 이루어진 고대의 연구는, 모국인 독일을 다시 자극해서 전에는 전혀 없었던 새로운 것을 만들어 내게 한 것이다.

외국은 같은 시대 사람들이 보는 앞에서 새로운 세계에 부과된 이성과 철학의 또 하나의 과제, 곧 완전한 국가의 건설이라는 과제를 불타오르는 대담성을 갖고 민첩하게 파악했으나, 그 후 얼마 지나지 않아서 그 열성을 모두 잃고, 현재의 국가 사정으로 보면 필연적으로, 이러한 문제를 생각하는 것조차 일종의 죄악이라고 해서 배척하고, 가능하면 이러한 노력이 있었다는 것을 역사의 기록으로부터 말살하기 위해 백방으로 노력하지 않으면 안 되었다. 이러한 결과를 가져온 이유는 분명하다. 이성적인 국가는 재래의 재료를 가지고 작은 칼로 서투르게 세공하여 짜 맞춘다고 이루어지는 것이 아니다. 우선 국민 자신이 이러한 국가를 만들도록 교육을 받고 육성되지 않으면 안 되는 것이다. 완전한 인간을 교육하는 문제를 실제로 해결한 국민이 아니면 완전한 국가의 문제를 해결한다는 것은 전적으로 불가능하다.

마지막에 든 이 교육 문제도 우리의 종교 개혁 이래 외국에 의해 심각하게, 그러나 외국의 철학이라는 뜻에서 자주 자극되는 점이 있었다. 그리하여 이 자극은 우리 국내에서 우선 추종자나 과장론자를 찾아냈다. 마지막으로 오늘에 이르러 독일적 심정이 예와 같이 이 문제를 어느 정도까지 해결할 수 있었는가에 대해서는 후에 자세히 말할 작정이다.

이상 말한 것으로 새로운 세계를 교화시킨 역사와 새로운 세계의 여러 성원, 그 역사에 대한 관계가, 항상 일정불변하다는 개관(槪觀)을 여러분에게 주었으리라고 생각한다. 그리스도교의 형식을 취하고 나타난 참된 종교는 새로운 세계의 싹이었다. 이리하여 새로운 세계 전체의 임무는, 이 종교를 고대부터 전해진 교화(敎化) 속으로 부어 넣고, 이에 의해서 이 교화를 영화(靈化)하고 순화(醇化)하는 일이었다. 이 길로 나아가는 첫 걸음은, 이 종교 형식의 외적 권위가 자유를 박탈하므로 그것을 이 종교로부터 분리해서, 이 종교 안에 고대의 자유로운 사고를 도입하는 일이었다. 이것을 하도록 자극을 준 것은 외국이고 이를 실행한 것은 독일이다. 다음의 제2 단계는 제1 단계의 완성으로, 이 종교와 그와 함께 모든 지혜를 우리 자신 안에서 구하는 일이었다. 이것도 외국이 준비하고 독일인이 완성한 것이다. 영원한 시간 안에서 현대가 바로 해야 할 일은, 국민을 인간으로서 완전히 교육하는 것이다. 교육이 없으면 모처럼 얻어진 철학도 결코 널리 이해할 수가 없을 것이다. 하물며 그것이 실제 생활에 일반적으로 적용할 수도 없을 것이다. 반대로 또 철학이 없으면 교육은 결코 충분한 자기 확신으로 도달할 수가 없을 것이다. 그러므로 양자는 상보관계(相補關係)에 있는 것으로, 하나는 다른 하나 없이는 완전하지 못하고 쓸모도 없다. 독일인은 이미 종래의 교화의 모든 단계를 완성시켰고, 새로운 세계에서 그 임무 때문에 남겨진 국민이라는 이유만으로 보아도, 교육 문제 해결도 또한 독일인의 임무이다. 교육 문제가 일단 해결되면 인류의 다른 여러 문제도 쉽사리 해결될 것이다.

새 시대의 인류의 발전에 대한 독일인의 관계는 지금까지 실로 이와 같은 것이었다. 이 국민이 취해 왔던 자연적 경과, 즉 독일에서는 모든 발달이 일반 민중으로부터 나왔다는 사실에 대해서, 이미 두 번 가량 여러분의 주의를 촉구했는데, 여기에서 이 점을 더욱 분명히 할 필요가 있다. 종교 개혁 사항이 우선 일반 민중에게 주어지고, 일반 민중이 그것을 자신의 임무로 삼음으로써 비로소 이 사업이 완성되었다는 것은 이미 우리가 말한 바가 있지만, 우리는 더 나아가서 이 경우는 결코 예외가 아니라 이것이 독일에서는 오히려 규칙적이었다는 것을 말하지 않으면 안 된다.

모국에 남아 있던 독일인들은, 이전에 그들의 국토에 존재하고 있던 모든 덕성, 즉 충실, 정직, 명예, 소박함을 보존하고 있었다. 그러나 한층 높은 정신적인 생활에 대한 교양에 대해서는, 흩어져서 거주하고 있던 사람들을 향하여 그리스도교 및 그 교사들이 전할 수 있었던 것 이상의 것을 받을 수가 없었다. 그것은 근소한 것이었다. 그러므로 그들은 국외로 이주한 동포와 비교하면 뒤떨어져 있었고, 건전하고 정직했다고는 하지만 사실상 반쯤은 미개인이었다. 그러는 사이에 독일인 사이에 서민 계급에 속했던 사람들에 의해서 설립된 여러 도시가 생겨서, 거기에 교양 있는 생활의 모든 가지와 잎들이 급속히 전개해서 아름다운 꽃을 피운 것이다. 이들 도시에는 그것이 비록 소규모적이기는 하지만, 우수한 시민적 헌법과 시설이 성립하여 거기에서 질서의 형상과 질서에 대한 사랑이 비로소 국가의 다른 부분으로 퍼져 간 것이다. 도시의 확장된 상업이 세계의 발견을 도왔다. 도시들의 연맹을 왕들은 두려워했다. 그들의 건축술의 기념물은 지금도 존재해서 수세기의 파괴에 반항하여 후세 사람들은 그 앞에 서서 경탄을 금치 못하며 자신의 무력함을 고백하는 것이다.

나는 이들 중세의 독일 제국 도시들의 시민들을 그들과 같은 시대의 다른 계급과 비교하여 그 동안에 귀족과 영주들은 무엇을 했는가를 묻고 싶지는 않다. 그러나 다른 게르만 여러 국민과 비교하면 독일 시민은 교육을 받은 사람들이고 나머지는 미개인이었다. —이탈리아의 두서너 지대는 제외된다. 단 그 지대의 배후에 있어서조차도 독일인은 미술에서 그들에게 뒤떨어지지 않았고, 실리적 기예에서는 그들보다 뛰어나 그들의 교사가 되었다. —독일국, 독일의 위력, 독일의 기업, 발명, 기념물 및 정신의 역사는, 이 시기에는 단지 이들 여러 도시의 역사에 지나지 않는다. 그리고 그 밖의 일은 모두 토지 저당권 설정이나 그 해제와 같은 것이므로 언급할 가치도 없다. 또 이 시기는, 독일 민족이 빛나는 영광에 가득 차고 기간민족(基幹民族)으로서 어울리는 지위를 차지하고 존재했던 독일 역사상 유일한 시기였다. 그 번영의 꽃은 왕후들의 소유욕과 지배욕에 의해서 그 자유가 유린되자마자, 더욱더 깊이 몰락하여, 현재의 상태가 되고 말았다. 그러나 독일이 몰락하는 것처럼 그 밖의 유럽도 단순한 외관만이 아니라 그 본질에 관한 것을 고려할 때 마찬가지로 몰락하고 있었다는 것을 알 수 있다.

독일제국 헌법의 발달에, 교회 개선에, 한때 독일 국민을 특징짓고, 독일 국민에서 시작하여 외국에 미친 모든 사물에 끼친 이 사실상의 지배계급의 결정적 영향은 도처에서 볼 수가 있다. 그리고 지금도 여전히 독일인 중에서 존경할 만한 것은 모두 그들의 영향에 의해 성립되었다고 할 수가 있다.

그리고 이 독일이라고 하는 나라는 이 꽃을 어떤 정신을 가지고 산출, 향수(享受)했는가? 그것은 경건과 진지성, 그리고 겸손과 공공심에 의해서였다. 그들은 자기 자신을 위해서는 거의 아무것도 요구하지 않았으나, 공공의 일을 위해서는 헤아릴 수 없는 노력을 하였다. 그리고 어떤 한 개인이 뛰어나게 저명해진 일은 드물었다. 왜냐하면 모든 사람의 생각이 같고, 공동의 일을 위해서는 동일한 희생을 치렀기 때문이었다. 이탈리아에서도 독일에 있어서와 마찬가지로 외부적인 사정 하에 자유 도시가 성립하였다. 양자의 역사를 비교해 보면 좋을 것이다. 이탈리아에서의 끊임없는 불안과 내부적 불화, 전쟁, 헌법 및 지배자의 끊임없는 교체에 대해서 후자의 평화와 단결을 대비해 보기 바란다. 양국민의 심정 안에 틀림없이 내면적 차이가 있다는 것이 이 이상 어떻게 분명하게 나타날 수가 있는가. 독일 국민이야말로 유럽의 국민 중에서 공화적 헌법을 견딜 수 있다는 것을, 그 시민 계급에 의해서 이미 수세기 이래 실행에 의해 보여준 유일한 국민이다.

독일 정신을 다시 향상시킬 수 있는 개개의 특별한 수단 중 한 가지 가장 유력한 수단은, 이와 같은 시대의 독일인의 역사를 쓰는 일일 것이다. 이 역사책은 우리를 감동시키고, 장차 우리가 한층 특기할 만한 일을 이룰 때까지는 성서나 찬송가집처럼 국민 필독의 책이 될 것이다. 그러나 이와 같은 역사책은 사업이나 사건을 단지 연대적으로 열거하는 것만으로는 안 된다. 이 책은 영묘(靈妙)한 힘을 가지고 우리를 움직이고, 우리로 하여금 인위적인 조작 없이 우리를 시대의 생명의 한가운데에 서게 하여, 우리가 직접 그 시대 사람과 같이 걷고, 같이 서고, 같이 결정하고, 같이 행동하게 하지 않으면 안 된다. 더욱이 많은 역사 소설처럼 어린애 장난 같은 날조가 아니라, 진실에 바탕을 둔 것이어야 한다. 그리하여 시대의 생명 안에서 사업이나 사건을 생명의 실증 재료로서 나타내는 것이어야 한다. 이러한 역사책을 만든다고 하는 것은 넓은 지식, 아마도 아직 시도된 일이 없는 커다란 연구를 한 결과 비로소 가능하게 될 것이지만, 저자는 이러한 연구 결과나 지식을 쓸데

없이 독자의 눈앞에 진열하는 것이 아니라, 다만 무르익은 과실 부분만을 현대어를 가지고 그 어떤 독일인도 예외 없이 이해할 수 있도록 쉽게 써야 한다. 또 이러한 저술에는 역사적 지식 외에도 고도의 철학적 정신을 필요로 하는 것이지만, 이것은 노골적으로 나타내지 않아야 할 것이다. 무엇보다도 중요한 것은 충실하고 사랑이 가득 찬 마음씨이다.

그의 시대는 우리 국민이 좁은 영역 안에서 미래의 사업, 전쟁, 승리 등을 가슴속에 그린 소녀 같은 꿈의 시대이며, 또 그들이 장차 충분한 힘을 얻었을 경우에는 어떠한 것이 될 것인가에 대한 예언의 시대였다. 그런데 성장 도상에 있는 그들을 유혹적인 사회와 허영심의 유혹이 그들을 본래 그들에게 적합하지 않은 영역으로 납치해 갔다. 그들은 그런 처지에서도 자신을 빛내려고 했으나, 오히려 굴욕으로 뒤덮이고 그들의 존속조차도 위태롭게 되어가고 있는 것이다. 그러나 그들은 실제로 노쇠하고 힘을 잃은 것인가? 그들 안으로부터는 오늘에 이르기까지 끊임없이, 다른 그 어떤 국민에서도 볼 수 없는 본원적 생명의 샘이 흘러나오지 않았던가. 그들의 소년시대의 예언은 다른 여러 민족의 성격과 전체 인류의 교화(敎化) 예정서(豫定書)에 의해서 실증되어 가고 있다. 더욱이 이 예언이 과연 실현되지 않고 끝날 것인가? 결코 그렇지는 않다. 다만 이 국민을 그들이 취한 잘못된 방향으로부터 되돌리게 하라. 그들에게 소년시대의 꿈의 거울을 주고, 그 안에 그들의 참된 경향과 그들의 참된 사명을 비추어 읽게 하고, 이 관찰에 의해 이 사명을 힘차게 다하려고 하는 힘을 그들에게 생기게 하라. 원컨대 나의 이 외침이 도움이 되어 머지않아 사명에 적합한 훌륭한 독일인이 나타나 이 당면 문제를 해결하기를 기원하는 것이다.

7강 민족의 본원성과 독일적 자질에 관한 보다 깊은 파악

시원민족(始源民族)으로서의 독일인—독일이라고 하는 말은 그 본래의 뜻은 '민(民)'인데, 독일인으로부터 갈라진 다른 민족과는 반대로 자기를 단적으로 '민'이라고 부르는 권리를 갖는 독일인—의 특징은, 이미 앞의 강연에서 이야기했고, 또 역사에 의해서 증명되고 있다. 우리는 이 문제에 대해 한번 더 강연을 해서, 만약에 이와 같은 것이 독일인의 특징이라고 한다면, 현대의 독일에는 이 독일적 요소가 거의 남아 있지 않다는 것을 고백하지 않으면 안 될 것이라고 하는, 당연히 일어날 수 있는 항의에 대답하는 것이 지당할 것이라고 생각한다. 이 항의 안에 지적된 현상은 우리로서도 부정할 수 없는 것일 뿐만 아니라, 오히려 우리는 이것을 승인하고 이들 개별적인 부분을 통관한 것으로 여기고 있으므로, 우리는 우선 이에 관한 설명을 가지고 오늘의 강연을 시작할까 한다.

새로운 세계의 시원 민족이 이 세계의 교화의 진행에 대해서 취한 관계는 대체적으로, 이 시원 민족이 불완전하고 피상(皮相)에 집착되어 있는 외국의 여러 가지 노력에 의해 우선 자극을 받아 한층 깊은, 그들 자신으로부터 나오는 새로운 창조를 이룬다는 것이었다. 자극을 받고 나서 창조를 이룰 때까지는 틀림없이 상당한 시간을 요하므로, 이러한 관계에서 이 시원민족이 외국과 전적으로 교류해서 외국과 동일하게 보이는 것 같은 시기를 수반하게 된다는 것은 분명하다. 왜냐하면 이와 같은 시기에 시원 민족은 아직은 단순히 자극을 받는 상태에 있으며, 그에 의해서 계획된 창조는 아직 나타나지 않기 때문이다. 독일의 경우 그 교양인의 대다수에 대해서 말하자면 지금이 바로 이와 같은 시기에 당면하고 있는 것이다. 그러므로 외국적인 것이 이 국민 대다수의 내부 생명에 흐르고 있는 것이다. 철학—그것은 자유롭고 다른 권위를 존중하는 일체의 질곡(桎梏)을 벗어난 사고이지만, 그 철학이 외국으로부터 와서 모국을 자극하고 있다는 것을 우리는 지난번 강연에서 말했었다. 그런데 이러한 자극으로부터 새로운 창조가 아직 일어나지 않는 곳—창조는 되어 있어도 그것은 단지 소수의 사람 사이에 한정되어 대다수의 국민에게는 아직 전해지고 있지 않으니까—에서는, 한쪽에서는 이미 앞에서 말한 외국의 철학이 여러 가지 모양으로 발달하고, 또 다른 한편에서는 이 철학의 정신이 그것과 가장 근접하고 있는 다른 과학을 지배하여, 자기의 입장에서 이 여러 과학을 관찰한다. 더욱이 독일 사람은, 그의 진지함을, 또 생명을 직접 파악하는 일을 결코 포기하지 않으므로, 이 철학은 독일인의 공공 생활과 그 생활법의 원칙과 규칙에 직접 영향을 미치는 것이다. 우리는 이것을 하나하나 설명해 가기로 한다.

우선 먼저, 인간은 그 학술적 견해를 멋대로 이것저것 만들 수 있는 것이 아니다. 학술적 견해는 그의 생명을 통해 형성되는 것으로, 원래는 그의 생명 자체의 내적인, 일반적으로 아직 그에게 알려지지 않은 근원이 관조(觀照)된 것이다. 인간이, 진정으로 내적으로 존재하고 있는 것이 인간의 외적인 눈앞에 나타난 것으로, 인간은 그 이외의 방식으로 볼 수가 없는 것이다. 인간이 다른 관점에서 보기 위해서는 우선 전과 다른 사람이 되지 않으면 안 된다. 그런데 외국의 비본연성 본질은, 어떤 최후의 것, 고정된 것, 불변적으로 서 있는 것, 즉 일종의 한계에 대한 신앙이다. 이 한계의 이쪽에서는 자유로운 생명이 움직이고 있다. 그러나 외국인은 이 학계를 돌파해서 자신을 유동적인 것으로 만들어 그 속으로 흘러들어 갈 수가 없는 것이다. 그러므로 이 통과하기 어려운 한계는 어느 부분에서 필연적으로 그의 눈앞에도 나타난다. 그는 이와 같은 한계의 존재를 전제하는 것 이외의 사고를 할 수가 없다. 이 이외의 사고를 하기 위해서는, 그는 자신의 본질을 전적으로 변화시켜서 자신의 마음을 육체로부터 빼버리지 않으면 안 된다. 그는 필연적으로 죽음을 본연적인 것, 궁극적인 것, 모든 사물의, 따라서 생명의 근원이라고 믿기에 이르는 것이다.

우리는 여기서 우선 어떻게 이 외국의 근원적 신앙이 현재 독일인 사이에 나타나 있는가를 말하지 않으면 안 된다.

이 신앙은 우선 먼저 본래의 철학에 나타나 있다. 현대의 독일 철학은, 여기에서 특히 내세워서 말할 가치가 있는 것은—도달할 수 없더라도—철저한 학문적 형식을 원한다. 또—이것은 외국의 선례를 따르고 있기는 하더라도—통일을 원한다. 또 현실성과 본질—그것도 단지 현상뿐 아니라, 현상 속에 나타난 이 현상의 기초—을 원한다. 그리하여 이러한 경향은 정당하며, 현대 외국에서 세력을 차지하고 있는 철학의 여러 유파를 훨씬 능가하며, 외국의 추종에 있어서도 외국 철학보다 훨씬 근본적이고 논리적이다. 그런데 이 단순한 현상에 대해서 그 바탕이 되는 것은, 외국 철학의 입장에서는, 비록 외국 철학이 앞으로 어떻게 미상(迷想)을 계속하더라도, 여전히 어떤 고정된 실재, 존재하는 것, 있을 뿐인 것, 자기 안에 묶여 있고 그 자체의 본질에 결부된 것이다. 따라서 본연성으로부터의 괴리(乖離)와 죽음, 즉 그 자신 안에 잠겨 있는 것이 그들의 눈앞에도 나타나는 것이다. 그들은 자신 안에서 생명 그 자체로 비약할 수가 없고, 자유로운 비상을 위해서는 자기를 받쳐 주는 것을 필요로 하므로, 그들은 또한 그들의 생명의 영상인 사유(思惟)에서도 이 담당자를 넘어갈 수가 없다. '어떤 것'이 아닌 것은 외국 철학에게는 필연적으로 무(無)인 것이다. 왜냐하면 그 자신 안에 묶인 존재와 무의 중간에 그들의 생명은 아무것도 가지고 있지 않으므로, 그들의 눈도 또한 거기에 아무것도 인식하지 않는 것이다. 그들은 다만 감정에 의지할 뿐, 감정을 거짓이 없는 것으로 생각하고 있다. 만약에 누군가가 외국 철학을 떠맡는 이 감정이라고 하는 것을 승인하지 않을 때에는, 그들은 그 사람이 자기 자신의 생명만으로 만족하고 있다고 전제하는 일 따위는 도저히 할 수 없고, 이 사람은 틀림없이 지탱을 받고 있으면서도 지탱하고 있는 것을 인정하는 총명함을 지니지 못하고 있고, 또 자기와 같은 고상한 견해에까지 비약할 수 있는 능력이 없다고 보고 있는 것이다. 그러므로 그들을 가르치고 타이른다는 것은 헛수고이자 불가능한 일이다. 할 수 있다면 그들을 만들 수밖에 없다. 더욱이 완전히 달리 다시 만들 수밖에 없다. 이와 같은 부분에서는 현대의 독일 철학은 독일 것이 아니라 외국의 추종이다.

참다운 철학, 그 자체가 완성되었고 또 현상을 초월해서 실제로 그 현상의 핵심에 투철한 철학은, 이에 반해서 하나의 순수한 신과 같은 생명—영원히 이어지고 영원히 변하지 않는 생명—그 자체로부터 출발하는 것으로, 이러저러한 생명에서 출발하는 것이 아니다. 이러한 철학은 생명이 무한히 자기를 개폐(開閉)하는 것을 인정하고, 이 원칙에 따라서 비로소 생명이 하나의 존재에, 또 일반적으로 도달하는 것이라고 인정하는 것이다. 즉 외국 철학에서는 존재는 이미 성립된 것이라고 생각하지만, 참다운 철학에서는 지금 성립하는 것으로 생각하는 것이다. 이렇게 되어야만 이 철학은 본래의 뜻으로서 독일적이다. 즉 본연적인 것이 된다. 이것을 뒤집어서 말한다면 적어도 독일 사람이라면 이와 같이 철학을 말하지 않을 수 없을 것이다.

독일 철학자의 다수를 지배하고 있지만 진정으로 독일적이 아닌 저 사유(思惟) 체계는, 그것이 지금 의식적으로 본래의 철학적 학설로서 수립되어 있든, 또는 무의식적으로 그 밖의 여러 사고의 기초가 되어 있든, 이 시대의 다른 학술적 견해에 영향을 주고 있다는 것을 나는 단언하다. 생각건대 학술적 재료를 우리의 조상이 한 것처럼 단순히 기억 안에서 파악하는 것만으로 만족하지 않고, 그것을 또 스스로 생각하고 또 철학적으로 취급하려고 하는 것은, 우리가 외국 사상에 의해 자극된 시대의 주된 노력의 하나이다. 이 노력 일반에 관해서는 이 시대는 매우 옳은 일을 하고 있다. 그러나 이 철학적 사색을 함에 있어 죽음을 믿는 외국의 철학에 출발점을 구한다면, 그것은 부당한 일이다. 더욱이 그들은 그렇게 할 가능성이 많은 것이다. 우리는 여기에 우리의 문제와 가장 밀접한 관계가 있는 학술에 대해서 잠깐 생각해 보고, 이들 학술에 고루 퍼져 있는 외국적 개념과 견해를 물어보고자 한다.

국가의 건설 및 정치는 일정한 규칙을 가진 한 자유인의 기술이라고 간주되고 있다는 것, 이 점에 대해서는 틀림없이 외국이 우리의 선구자이다. 외국은 이것을 고대의 모범으로부터 배운 것이다. 그런데 사유와 의욕의 요소인 언어에서 하나의 고정되고 완결된, 그리고 죽은 담당자를 가지고 있는 외국, 그리고 이 점에서 그를 좇는 모든 것은, 이 정치의 기술을 어떠한 방향으로 향하게 할까. 틀림없이 마찬가지로 죽은 사물의 질서를 발견하여, 이 죽은 것 안에서 사회의 살아 있는 활동이 일어나기를, 더욱이 그것도 자기가 바라는 것처럼 일어나기를 그들은 바랄 것이다. 그들은 사회의 모든 생명을 하나의 거대한 인공적 압착기관(壓搾機關) 및 톱니바퀴 장치에 짜 넣고, 이 기계 장치 속에서 개개의 생명이 항상 전체에 이바지하도록 전체에 의해서 그렇게 하지 않을 수 없게 할 것이다. 그들은 사람이란 각자 자기의 행복을 원한다는 전제를 놓고, 각자를 그 의지에 반해서 일반의 안녕과 행복을 위해 일하게 할 목적 아래, 마치 주어진 기지수(旣知數)에 의해서 방정식을 푸는 것처럼 할 것이다. 외국은 이미 이 원칙의 여러 가지로 설명하고, 또한 사회적 톱니 장치를 우리에게 공급한 것이다. 모국은 이 주의를 채용하여, 사회적 기계 장치의 구성을 위해 이 주의를 한층 진보된 형태로 해서 응용하였다. 그 점에 있어서도, 여느 때처럼 주어진 모범을 훨씬 능가하여, 보다 총괄적으로, 보다 깊게, 보다 착실하게 한 것이다. 이와 같은 정치 기사(技師)는 이제까지 사회적 보조(步調)가 흩어지는 경우에는, 기계 톱니바퀴의 어느 하나가 손상되었다고밖에 달리 해석하지 않는다. 그리하여 고장난 톱니바퀴를 뽑아내어 새것으로 갈아 끼우는 것 이외에는 다른 치료 방법을 알지 못한다. 사람들이 사회를 이렇게 기계적으로 보는 데에 더욱 철저해지고, 기계의 모든 부분을 될 수 있는 대로 동일하게 하여 이 메커니즘을 더욱 간단하게 하는 데에 능숙해지고, 모든 것을 동일한 재료로서 다루는 것이 교묘해질수록 그 사람은 대정치가로 인정된다. 그것은 우리의 이 시대에 일단은 당연한 일이다. —왜냐하면 결단력이 없이 동요하고 확고한 견해를 갖지 못하는 사람이라면 사람들은 더욱 곤란을 겪을 것이기 때문이다.

정치술의 이러한 견해는, 그 강철 같은 일관성과 겉보기에 숭고한 외관에 의해 위협이 통하는 것이다. 실제로 또한 이와 같은 견해는 모든 사람들이 군주 제도를 좋아하는 경우에, 더욱이 더욱더 순수하게 되어 가는 군주 제도를 갈망하는 경우에는, 어느 정도까지는 큰 공적을 올리는 것이다. 그러나 일단 이것이 한계에 이르면, 이 견해의 무력함이 현저하게 눈에 띄게 된다. 비록 그 기계 장치가 의도한 대로 완전한 것이 되어 있어도, 또 그 기계의 가장 미세한 부분에 이르기까지 이들 하등 기계를 강제하도록 가용되고 있는 상부 기계 부분에 의해서 빈틈없고 저항 없이 강제되어 있어도, 그리고 정점에 이르기까지 이 관계가 미치고 있다 해도 그 마지막 부분, 즉 그 기계 전체를 강제하는 부분, 그 강제력 즉 원동력은 어디에서 주어지는가? 사람들은 재료와 기계의 마지막 스프링과의 마찰로부터 생기는 모든 저항을 극복하고, 이 스프링에—이것도 또한 메커니즘에 의해 가능하지만—모든 것을 압도할 정도의 힘을 주어, 이렇게 해서 가장 강력한 군주적 조직의 기계를 만들 수가 있을 것이다. 그러나 스프링 그 자체를 어떻게 해서 발동하게 할 수 있는가. 또 이 스프링이 예외 없이 옳은 것을 보고 원하도록 어떻게 이를 강제할 수가 있는가. 충분히 합리적으로 설계된 조합은 되어 있지만 아직은 정지하고 있는 이 톱니 장치에 어떻게 해서 영원한 동력을 줄 수가 있는가. 사람들이 궁할 때에 자주 말하는 것처럼, 기계 전체로 하여금 그 가장 원천이 되는 스프링을 발동시켜 이에 의해서 기계 전체를 움직여야 할 것인가. 이것이 가능하게 되는 경우는 오직 두 가지가 있다. 즉, 스프링에 대한 자극 그 자체로부터 생기는 힘에 의존할 것인가, 또는 그것으로부터는 생기지 않고 스프링과도 관계없이, 전체 그 자체 안에 일어나는 일종의 힘에 의할 수밖에 없으므로, 제3의 경우는 있을 수가 없다. 제1의 경우를 가정하면, 여기에 사람들은 모든 사유와 모든 기계를 모두 기각하는 순환에 빠진다는 것을 알게 된다. 왜냐하면, 전체의 기계가 스프링을 움직일 수 있는 것은, 그것이 스프링에 의해서 스프링을 움직일 수 있는 힘이 주어진 경우, 즉 스프링 그 자체가 간접적으로 자기 자신을 움직이는 경우에 한한다. 만약에 스프링 자체가 자신을 움직이지 않을 경우에는 아무리 움직이게 하려고 시도해도 일반적으로 아무런 운동도 일어날 수가 없는 것이다. 제2의 경우를 가정하면, 이 기계의 모든 운동의 근원은 설계 및 조립 안에 조금도 들어가지 않았던 힘, 이 기계의 메커니즘에 조금도 결부되어 있지 않은 힘, 틀림없이 사람이 가하지 않았던, 또 사람이 모르는 그 자체의 법칙에 따라 움직이는 일종의 힘으로부터 나온다는 것을 고백하지 않을 수가 없다. 어느 경우에나 사람은 무능하고 소리만 쓸데없이 크다는 것을 고백하지 않을 수 없을 것이다.

사람들은 과연 이 점을 알아차렸다. 그리하여 강제력에 의뢰해서 일반인에게는 무관심할 수 있는 이 정치 학설에서도, 적어도 모든 사회 운동의 근원인 군주만은 적어도 온갖 선량한 교훈이나 지도에 의해서 교육하려고 했다. 그러나 일반적으로 교육을 받고 군주가 될 수 있는 능력이 있는 인물을 얻을 수 있다는 것을 어떻게 확신하려고 하는가. 혹은 다행히 이러한 인물이 있다고 해도, 그 누구의 강요도 받지 않는 군주가 기꺼이 이러한 교육을 받을 것이라는 것을 어떻게 해서 확신하려고 하는 것인가. 요컨대 이와 같은 정치술의 견해는, 비록 그것이 외국에서 이루어지고 있든, 또는 독일에서 이루어지고 있든, 그것은 항상 외국식이다. 그러나 여기에 독일인의 혈액과 정서의 명예를 위해서 한 마디 해 두지 않으면 안 되는데, 독일인은 이러한 강제적 정치의 단순한 이론상에서는 유능한 기사(技師)처럼 보이지만, 막상 실행하려고 하면 무의식적으로 '이것은 도리에 맞지 않은 일이 아닌가' 하는 직감으로 현저하게 그 행동이 방해를 받았다. 즉, 실행에 있어서는 외국에 비해 훨씬 뒤떨어져 있었던 것이다. 우리는 외국이 친절(?)하게도 우리에게 권한 정치의 형식과 원칙을 할 수 없이 받아들였다고는 해도, 우리의 지력(智力)이 이러한 고상한 입법에 도달한 능력이 없었던 것처럼 생각하고서 부끄럽게 생각할 필요는 없는 것이다. 왜냐하면 우리가 손에 입법의 붓을 쥘 때 이 입법의 점에서 그 어느 나라에도 뒤지지 않지만, 우리는 이것이 아직 옳은 일이 아니라는 것을 생활에서 바로 깨닫고, 낡은 것의 유행이 나쁘다고 해서 마찬가지로 나쁜 새로운 유행을 가지고 이를 대체하려고 하는 것보다는 오히려 완전한 것이 손에 들어올 때까지 낡은 것을 그대로 두는 것이 적당하다고 생각했을 것이기 때문이다.

진정으로 독일적인 치세술은 이와 같은 것이 아니다. 독일의 치세술이라 해도 경고성과 확실성을 바라고 또 맹목적, 동요적 자연성을 탈피할 것을 바라는 것으로, 이 점에서는 외국과 전적으로 상통하는 것이 있다. 단만 독일의 치세술이 외국과 다른 점은, 견고하고 확실한 사물을 제1 요소로 하고 정신을 제2 요소로 하여 전자에 의해서 비로소 후자를 확실한 것으로 만들려고 하는 외국식과는 달리, 애당초부터 견고하고 확실한 정신으로 하여금 제1의 유일한 요소가 되게 할 것을 바라는 점에 있다. 이와 같은 정신은 독일적 치세술의 눈으로 보자면 스스로 활력을 얻어 영원히 움직여서 사회의 생명에 질서를 주고 이를 움직이는 스프링인 것이다. 독일의 정치술은 이와 같은 정신이 이미 악에 물든 성인을 아무리 질타해도 환기시킬 수가 없고, 오직 아직 타락하지 않은 청년의 교육에 의해서만 환기시킬 수 있는 것이라는 것을 정확하게 파악한다. 그리하여 이와 같은 교육을 외국처럼 국가의 정점, 즉 군주에게 미치게 하려고는 하지 않고 넓은 저변, 곧 민족에게 실행하려고 하는 것이다. 그 민족에 틀림없이 군주도 속해 있는 것이다. 국가가 성인이 된 공민 각자에 대해서 인류 교육을 계속하는 이상은, 장래의 공민이 될 소녀의 교육은 곧 국가 생활의 준비라는 점에서 실시되지 않으면 안 된다는 것이 독일적 치세술의 방침이다. 이에 의해서 이 독일적인 가장 새로운 치세술은, 오히려 가장 오래된 치세술이 되는 것이다. 왜냐하면 그리스에서 시민의 기초를 교육 위에 두고 후대에 다시 볼 수 없는 훌륭한 시민을 만든 것도 이러한 치세술인 것이다. 모양에서는 동일해도 내용에서는 편협하거나 쇄국적이지 않고, 보편적이며 세계 시민적 정신을 가지고 앞으로 독일 사람은 행동하지 않으면 안 된다.

외국의 정신은 인류 전체의 생활과 생명을 그린 그림인 역사에 대한 견해와, 우리 국민 대다수의 견해도 지배하고 있다. 굳어지고 죽은 기반에 서 있는 언어를 가진 국민은, 우리가 이미 다른 기회에 말한 바와 같이, 어느 화술에 있어서나 이와 같은 바탕에 서서 허용되는 단계 이상으로는 발달할 수가 없다. 그리하여 이 단계에 이르는 것을 하나의 황금시대에 도달한다고 생각하고 있는 것이다. 이와 같은 국민은 인류 전체를 자기가 자신을 아는 정도 이상으로 높다고 생각할 수 없는 일이 있을 수 있다. 즉 인류를 부당하게 낮게 생각하는 것인데, 그것도 그의 겸손이나 자제에 의한 것이 아닌 것이다. 따라서 그는 인류 전체의 발달에는 마지막 최고의 한계가 있을 수 있다고 전제를 하게 된다. 즉 그의 생각에 따르면, 수달이나 꿀벌과 같은 동물이 지금도 몇천 년 전과 마찬 가지로 동일한 집을 짓고, 이 긴 세월 동안에 그 기술에 아무런 진보를 보이고 있지 않은 것과 마찬가지로, 인간이라고 불리는 동물도 모든 방면의 발달에서 이와 마찬가지 관계를 나타내고 있다는 것이 된다. 즉 이들 발달의 방향, 인간의 본능과 능력은 유한한 것으로 전망되고, 그 부분의 어떤 것은 이미 분명이 눈에 띄며, 여러 최고의 단계는 인간의 붓으로 모두 기술할 수가 있다는 이야기가 된다. 과연 그렇다면 인간은 수달이나 꿀벌만도 못한 것이 될 것이다. 왜냐하면 이들 동물은 새로 배워서 첨가할 수는 없지만, 그 기술은 퇴보하는 일이 없다. 그런데 인간은 일단 발달의 절정에 이르면 다시금 되돌려진다. 그리하여 수백 년, 수천 년의 노력을 다시 시작하여, 목표로 하는 산꼭대기까지 다시 기어 올라가지 않으면 안 되기 때문이다. 그들의 생각에 따르면, 인간은 틀림없이 이미 이러한 발달의 분수령, 곧 황금시대에 도달한 것이 될 것이다. 그래서 이러한 시대를 구하여, 그것을 표준으로 해서 인간의 모든 노력을 비판하고, 인간을 이러한 경지로 다시 끌어오는 것이 그들의 가장 진지한 노력일 것이다. 그들에 따르면 역사는 이미 완결되었고 더욱이 이미 여러 차례 완결되어 있다. 그들에 따르면 태양 위에서나 아래에서나 새로운 것은 아무것도 일어나지 않는 것이다. 왜냐하면 그들은 태양 위에서나 아래에서나 모든 삶의 샘을 고갈시켜 언제나 되돌아오는 죽음만을 되풀이시키기 때문이다.

이러한 역사 철학은, 오늘날 이미 외국에서는 그 자취를 끊고 거의 독일의 독자적인 것이 되고 있지만, 그 시작은 사람들이 알고 있는 바와 같이 외국에서부터 시작하여 독일에 전해진 것이다. 우리나라의 역사 철학이—이 역사 철학의 생각도 이미 빈번하게 거론되지 않게 되었지만, 이러한 생각에서 행동하여 다시 황금시대를 만들면서 보다 더 많을 것을 실행하고 있는—외국의 갖가지 노력을 충분히 이해하고, 그들의 앞길을 예언하고 그들이 나아갈 길까지도 추측하며, 독일적으로 사물을 생각하는 사람에게는 도저히 불가능할 정도로 진지하게 그들을 칭찬할 수 있는 것은, 하나는 이 깊은 인연에 의한 것이다. 그러나 독일적으로 사물을 생각하는 사람이 어떻게 그들을 칭찬할 수 있는가. 황금시대와 같은 것은 독일인에게는 그 어느 뜻으로나 사멸(死滅)하는 유한한 것이다. 황금은 죽은 대지의 품속에서는 가장 귀중한 것일지 모른다. 그러나 살아 있는 정신의 재료는 태양의 저쪽, 모든 태양의 저쪽에 있고, 그것이 이들 태양의 원천이라고 독일 사람은 생각하는 것이다. 독일 사람에게 역사는, 또한 그것과 함께 인류는, 숨은 불가사의한 윤무(輪舞)의 원칙에 따라서 전개하는 것이 아니라, 그의 생각으로는, 본래의 참다운 인간은, 쓸데없이 과거의 것을 되풀이하는 것이 아니라, 전적으로 새로운 것을 시대 안에 만들어 넣으면서 자기 자신을 형성하는 것이다. 그러므로 독일은 결코 단순한 반복을 예기하지 않는다. 비록 오래 된 책 속에 쓰인 것이 말 그대로 되풀이되는 일이 있다고 하더라도, 그는 적어도 감탄하는 마음은 일으키지 않는 것이다.

　그런데 철학 이외의 여러 과학에서도 마찬가지로, 독일인에게는 의식되지 않게 생명을 죽이는 외국풍의 정신이 퍼져 있다. 그 실례는 앞서 들었으니까 여기에서는 되풀이하지 않지만, 그 원인은 우리가 이전에 외국으로부터 받은 여러 가지 자극을 지금 우리식, 우리 것으로 만들어가면서 과도기를 통과하고 있기 때문이다. 이것은 중요한 문제이므로, 나는 그 예를 든 것이다. 그것은, 여기에서 말하는 주장을 앞에 든 원칙으로부터의 결론으로 부정할 수 있는 것이라고 그 누구에게도 믿게 할 수 없었기 때문이었다. 이러한 원칙이 우리에게 알려져 있지 않은 것은 결코 아니다. 우리가 이러한 원칙을 세우는 높은 곳으로 자신을 높이 끌어올릴 수 없었던 것은 절대로 아니다. 우리는 이와 같은 원칙을 잘 알고 있는 것이다. 그리하여 만약에 우리에게 여분의 시간이 있다면, 이 원칙의 논리를 다해서 앞으로나 뒤로 전개시켜 볼 수도 있을 것이다. 그러나 우리는 처음부터 이러한 원칙과 여기에서 생기는 일체의 결과를 처음부터 파기하고 있는 것이다. 이러한 결과는 이미 우리의 인습적 사고 안에도, 피상적인 관찰자가 손쉽게 상상할 수 없을 정도로 많이 존재하고 있는 것이다.

외국의 이 정신은, 우리의 학술적 견해 안에서 뿐만 아니라, 우리의 일상 생활과 그 규칙 안에도 흘러들어와 있다. 그런데 이를 명확히 하고 또 앞에서 말한 것을 한층 명확히 하기 위해 우선 먼저 본연적인 생명 혹은 자유의 본질을 더욱 깊게 통찰할 필요가 있다.

자유는, 만약에 수많은, 한결같이 가능한 것 사이에 존재하는 정해지지 않는 동요의 뜻으로 해석한다면, 생명 그 자체가 아니고, 다만 진실한 생명의 앞마당이며 입구에 지나지 않는다. 이 동요가 더 나아가 결심이 되고 행위가 되어 비로소 거기에서 생명이 시작되는 것이다.

그런데 직접적으로는, 또 언뜻 보는 바로는, 모든 의사결정은 제1차적인 것이지, 결코 제2차적인 것, 즉 제1차적인 것을 원인으로 해서 그것으로부터 생기는 것이 아니라, 오직 나 자신의 힘에 의해 존재하고, 더욱이 그것이 있는 그대로 존재하는 것으로 여겨진다. 이러한 뜻을 자유라고 하는 말의 유일하게 가능한, 이해할 수 있는 뜻으로서 정하고자 생각한다. 그러나 이와 같은 의지결정의 내용적 실질에 관해서는 두 가지 경우가 가능하다. 즉, 하나는 의사결정 안에 본체와 떨어진 현상만이 나타나, 본체 그 자체는 아무런 형태로도 나타나지 않는 경우, 또 하나는 본체 그 자체가 의사결정의 현상 안에 자신을 나타내는 경우이다. 따라서 여기에서 바로 부언해서 주의해 두어야 할 것은, 본체는 다만 의사결정에서는 현상적으로 나타날 수 있는 것으로, 그 밖의 그 어떠한 것 안에서도 나타날 수가 없지만, 반대로 전혀 본체가 나타나지 않고 다만 현상만이 나타나는 경우도 있을 수 있다는 것이다. 우리는 우선 후자의 경우에 대해서 살펴보기로 한다.

단순한 현상은 단지 그 자체로서, 본체와의 격리와 본체와의 대립에 의해, 또 독립적으로도 나타나서 자기를 표시하는 능력에 의해, 불변적(不變的)으로 결정되어 있다. 그러므로 이것은 필연적으로 있는 그대로, 되는 대로의 것이다. 그렇다면 우리가 전제하는 바와 같이, 단순한 현상만을 내용으로 하는 임의로 주어진 의사결정이 있다고 하면, 그 경우 실제로 이 의사결정은, 자유롭고 제1차적이고 본연적인 것이 아니라, 필연적인 것, 있는 그대로의 현상 일반의 법칙인 하나의 보다 높은 제1차적인 것으로부터 생기는, 제2차적인 것에 지나지 않는 것이다. 그런데 앞서도 자주 지적된 바와 같이, 인간의 사고는 그 인간을 있는 그대로 그 자신의 눈앞에 나타내는 것으로, 항상 인간 마음을 충실하게 그려낸 그림이자 거울이므로, 이와 같은 의사결정은 언뜻 보기에는, 그것이 실로 의사결정이라는 점에서, 자유로운 것으로 보이지만, 되풀이해서 깊이 사고한다면, 결코 자유로운 것이 아니라, 전적으로 필연적인 것으로 여겨진다. 실제로도 필연적인 것이다. 의지가 단지 현상으로서 그 사람에게 나타나고 있다는 정도의 경지 이상에 이르지 않은 사람에게는, 의지의 자유를 믿는 것과 같은 것은 물론 경솔하고 피상적인 관찰에서 생기는 망상에 지나지 않는다. 도처에 단지 엄격한 필연성의 질곡(桎梏)을 나타내는 사고 안에만 그들이 구할 진리가 존재하는 것이다.

현상, 단적으로 현상 그 자체의 원칙은(그 근거는 다른 경우에 충분히 설명했으므로 여기서는 되풀이하지 않지만), 현상이 여러 가지로 분열해서, 어떤 뜻으로는 하나의 무한을 형성하고, 다른 어떤 뜻에서는 하나의 혼연(渾然)한 전체를 형성하여, 후자의 경우에는, 그 안의 개체가 모두 다른 것에 의해서 규정되고, 또 반대로 모든 다른 것은 이 개체에 의해 규정된다고 하는 것이다. 따라서 만약에 개인의 의사결정에서 가현성(可現性), 가표성(可表性), 가시성 일반(그것은 실로 무의 가시성이다) 이외에는 아무것도 현상 안에 들어오지 않는다면, 이와 같은 의지 결정 내용은, 모든 개개 의지의 일체의 가능한 의지결정이 얽힌 전체에 의해서 규정되고, 따라서 모든 다른 의사결정을 공제한 후에 여전히 남을 수 있는 의욕 외에는 아무것도 포함하지 않고, 또 포함할 수도 없는 것이다. 따라서 실제로 이와 같은 의지 결정은 독립되고, 본연적이고, 고유한 것은 조금도 포함하지 않으며, 모든 현상의 개별적 부분에 있어서의 일반적인 연관에서 생기는 제2차적인 단순한 결과에 지나지 않는다. 근본적으로 사고를 한 사람들은, 같은 발달 정도에서도 이 일을 인식해서, 그 인식을 우리가 여기에서 말한 것과 같은 말로 표현하고 있다. 즉, 이것은 결국 그 안에 본체가 나타나지 않고 다만 현상만이 현상으로서 나타나기 때문이다—라고.

이에 반해서 본체 그 자체가 직접 대리인에 의하지 않고 마치 스스로 나타나는 것처럼, 하나의 의사결정의 현상 안에 나타날 때에는, 현상의 여기에서도 나타나므로, 위에서 말한 혼연(渾然)한 전체로서의 현상에서 생기는 결과도 물론 동시에 존재하지만, 이러한 현상은 이 요소 안에서 몰입(沒入)되는 것이 아니라, 또 이 요소에 의해서 소진되는 것도 아니라, 그러한 단순한 현상 외에 여러 가지 것, 즉 현상의 연관으로는 설명할 수 없는, 설명할 수 있는 모든 것을 뺀 후에도 아직도 남는 다른 요소가 존재하는 것이다. 제1의 요소라고 할 수 있는 것이 여기에도 존재한다고 나는 말했다. 이 첨가된 요소가 눈에 보이는 요소가 되어, 그 요소의 내성(內性)의 매개에 의하지 않고, 이 가시성의 매개에 의해서 시현성(示現性) 일반의 법칙과 제약 아래로 들어가는 것이다. 그러나 그것은 이러한 그 어떤 법칙으로부터 나온, 따라서 필연적이고 제2차적인 것 이상의 것으로, 이렇게 자기 자신보다 그 이상의 것이라고 하는 점에서, 참으로 제1차적인 것, 본연적인 것, 자유로운 것이다. 그러므로 그것은 또한 가장 깊이, 자신의 바닥에 깊이 투철하게 하여 생각하는 사람에 나타나는 것이다. 출현성의 최고의 원칙은, 앞에서도 말한 바와 같이, 현상이 무한히 여러 가지로 분열한다는 것이다. '보다 이상의 것'은 지금 바로 현상의 연관에서 생기는 것보다는 항상 그 이상의 것으로서 가시적이 되는 것으로, 이 관계는 무한히 계속된다. 그렇다면 이 '보다 많은 것'은 그 자체가 무한한 것으로 나타나는 것이다. 그러나 그것이 항상 볼 수 있고, 생각할 수 있고, 발견할 수 있는 것일 때만이, 전체의 연관에서 무한히 생기는 것과 대립하는 것일 때만이, 또 이것보다는 그 이상의 것이라는 것일 때만이, 이 무한을 얻게 된다는 것은 불을 보듯 뻔하다. 이 '보다 이상인 것'을 인정하기 위해서는 우선 이것을 사유(思惟)할 필요가 있는데, 이 사유의 욕구를 제외하고는, 그것은 무한에 이를 때까지 자기를 표현해 가는 무한보다 그 이상의 것으로, 처음부터 순수한 단일과 불변의 상태인 것으로, 무한에 걸쳐 이 '보다 이상인 것' 이상의 것도 되지 않고, 또 그 이하의 것도 되지 않는다. 그리하여 무한 이상의 것으로서의 그 시현성(示顯性)만이—다른 방법으로는 그것은 그 최고의 순결성 때문에 가시적이 되는 일이 없다—그 무한한 것과 그 안에 나타난 것처럼 보이는 일체의 것을 만드는 것이다. 그리하여 이 '보다 이상인 것'이 '참으로 '보다 이상인 것'으로 나타나기 위해서는, 나타나려고 하는 의욕에 의할 수밖에 없지만, 그것이 나타나는 곳에는 유일하고 또 유일해야 할, 또 자기에 대해서, 자신에 의해서 있는, 신과 같은 본질이 현상 안으로 들어와서 직접 자기를 나타내는 것이다. 그러므로 이와 같은 장소에는 참다운 본연성과 자유가 있고, 사람으로 하여금 믿게 하는 힘이 있는 것이다.

그렇다면 인간은 자유냐 아니냐 하는 일반적 문제에 대해서 일반적인 대답을 줄 수가 없다. 왜냐하면 인간은 낮은 뜻에서는 자유이다. 그러므로 인간은 미정(未定)의 동요로부터 출발하므로, 인간은 자유로울 수 있고, 자유라는 말의 보다 더 높은 뜻에서는 인간은 또한 자유일 수가 없다. 실제로는 이와 같은 물음에 대답하는 방식 여하가 그 사람의 참된 내면적 존재를 나타내는 명확한 거울이 되는 것이다. 실제로 현상의 쇠사슬의 한 고리에 지나지 않는 인간은, 한때는 자신을 자유인 것처럼 망상할 것이다. 그러나 엄밀한 사색 앞에서 이 망상은 허망하게도 무너지는 것이다. 더욱이 그는 자기 자신에 대해서 생각하는 것을 필연적으로 인류 전체에 적용시키려고 한다. 이에 반해서 진실된 것으로부터 생명을 파악하고, 직접 신으로부터 나온 생명인 것 같은 사람은, 진정으로 자유이고 자기의 내부 및 타인의 내부의 자유를 믿는 것이다.

고정되고 정체된 죽은 존재를 믿는 사람은, 자기 자신이 죽어서 생명이 없으므로 이것을 믿는 것이다. 그리하여 그가 일단 죽은 다음에는, 그가 자기 자신을 명확히 알자마자 이렇게 믿을 수밖에 없는 것이다. 그 자신 및 처음부터 끝까지의 모든 인간은, 그에게는 전제가 되는 그 어떤 제1차적인 어떤 것으로부터 필연적으로 생기는 결과이며, 제2차적인 것이다. 이 전제는 결코 단순히 생각된 사유가 아니라 그의 참된 사유이며, 그의 참된 의의이며, 그의 사유가 직접 자신의 생명이 된다는 점이다. 그리하여 인류에 대한 그 이외의 모든 그의 사유 및 비판의 원천은 이렇게 해서, 그의 과거, 즉 역사 안에, 그의 미래, 즉 그의 기대 안에, 또 그의 현재, 즉 그와 타인의 실제 생활에서 구할 수 있는 것이다. 우리는 이와 같은 죽음의 신앙을, 본연적인 살아 있는 민족에 대치해서 외국풍이라고 불렀다. 이 외국풍이 일단 독일을 습격하면 그들의 실제 생활에도 나타나서, 자기의 현존성을 변하지 않고 필연적인 것이라고 생각하는 소극적인 체념이 되어, 자유에 의해 자기 및 타인을 개선시키는 것을 단념하게 하고, 또 자기 및 타인을 현재 그대로 이용할 대로 이용해서, 그들의 이러한 존재 안에서 될 수 있는 한 큰 이익을 나에게로 확보하려는 마음을 일으키게 하는 것이다. 요컨대, 모든 인간의 일반적이고 한결 같은 죄업(罪業)을 믿는 마음이 일체의 생활 활동 속에 끊임없이 나타나는 것이다. 이 신앙에 대해서는 나는 다른 장소에서 충분히 말해 두었다. 그것이 현재 상태에 적합한 부분을 스스로 다시 읽어 보고 비판할 것을 나는 여러분에게 일임하고자 한다. 이와 같은 사유와 행위 방식은, 이미 여러 번 주의한 바와 같이 내적인 고사(枯死) 상태에서 생기는 것으로, 그것이 분명하게 의식됨으로써만 시작된다. 이에 반해 그 상태가 자각되지 못하고 있는 한, 자유에 대한 신앙을 유지하는 것이다. 자유를 믿는다는 것은 그 자체로서는 옳은 일이지만, 다만 그것이 이와 같은 존재에 적용되는 것이 잘못인 것이다. 여기에서 내면의 약점을 명확하게 하는 것이 불이익이라는 것은 분명하다. 이 약점이 명확하게 되지 않고 있는 동안에는 사람은 자유에 대한 요구에 의해서 끊임없이 불안을 느끼고, 이에 자극되고 촉진되어, 이것을 개량하려고 하는 시도에 하나의 공격점을 준다. 그러나 자기의 악성이 명확해진 경우에는 악성 그 자체가 굳어서 정리가 되고 만다. 여기에 더하여 사람은 그 악성을 기꺼이 단념하고 안심하고 일종의 자기만족까지도 느끼게 된다. 그들은 자기가 믿는 대로의 것이 될 수밖에 없다. 이와 같은 인간은 이제 실제로는 개선의 가망이 없고 기껏해야 비교적 선한 것에 안주해서, 나쁜 것에 대한 용서 없는 혐오의 정, 혹은 신의 의지에 순종하는 마음을 강하게 유지할 필요성을 느끼는 데에 그친다. 이와 같은 사람은 이 세상에 아무런 쓸모가 없다.

이리하여 우리가 종래의 서술에서 독일인이란 어떠한 것인가에 대해서 말한 그 뜻이 불충분하나마 명확하게 되었다고 생각한다. 본래의 구별점은, 사람이 인간 자신 안에 존재하는 절대적으로 제1차적이며 본연적인 것을 믿는가, 인류의 자유, 무한한 개선, 영원한 진보를 믿는가, 혹은 이들 모든 것을 믿지 않고, 오히려 이들 모든 것의 반대를 목격하고 이해하는 것처럼 오해하는가에 있는 것이다. 창조적으로 새로운 것을 만들어 내면서 자주적으로 사는 모든 사람, 혹은 새로운 것을 창조할 수는 없어도 적어도 가치 없는 것을 단호히 버리고 어딘가에서 본연적인 생명의 흐름이 그들을 붙잡는 것을 대기하는 사람, 혹은 거기까지 가지 않는다고 해도 적어도 자유를 예상하고 자유를 미워하거나 두려워하는 일 없이 오히려 자유를 사랑하는 사람, 이와 같은 사람이 본연적인 인간이다. 그들은 민족으로서 관찰될 경우에는 하나의 시원민족, 단적으로 말해서 인민, 즉 독일인이다. 스스로 제2차적이고 말류(末流)라고 단념하고 있는 모든 사람, 명확하게 자기를 이러하다고 인정하고 이해하고 있는 사람은, 실제로도 그렇고 또 이 신앙 때문에 더욱더 그렇게 되는 것이다. 그들은 그들 이전 또는 그들과 같은 시대에, 또는 그들과 함께 독자적 충동에 의해서 움직이고 있는 생명의 부록에 지나지 않는다. 혹은 일단 울려퍼진 음향이 바위에 부딪쳐 반향(反響)하는 여운에 지나지 않는다. 그들은 민족으로서 보면 시원민족이 아니며 시원민족에 대해서 낯선 사람이고 외국인이다. 오늘에 이르기까지 자기를 단적으로 인민 또는 독일인이라고 부르는 국민은, 새로운 시대에서 적어도 지금까지는, 본연적인 것을 나타내고 또 새로운 것을 창조하는 힘을 발휘해 왔다. 이제 마침내 이 국민에게는 자기 확인의 철학이라고 하는 하나의 거울이 주어졌다. 이 거울에 의해 그들은, 종래의 그들이 명확한 의식 없이 자연적으로 어떠한 것이 되어 있는가, 또 자연에 의해서 어떠한 사명이 주어져 있는가를 명확한 이해를 가지고 인식해야 한다. 그들의 이러한 명확한 이해에 따라서, 또한 숙고된 자유로운 수단을 가지고 충분히, 그리고 전적으로 자기를 자기의 본성에 합치하는 것이 되게 하여, 그 연계를 새롭게 하고 그 결속을 강화하는 것이 그들의 앞으로의 임무이다. 이것을 하는 원칙은 그들의 눈앞에 제시되어 있다. 정신성(精神性)과 그 정신성의 자유를 믿고 자유에 의해서 이 정신성을 영원히 진보, 발전시키기를 원하는 사람은, 그가 어디서 태어났든, 또한 어떤 국어를 쓰든, 똑같이 우리의 민족이다. 그는 우리에 속하고 또 우리에게 가담해야 한다. 정지, 퇴보, 선회를 믿는 자, 혹은 죽은 자연이 세계 지배의 키를 장악하고 있다고 믿는 사람은 어디서 태어났든, 또한 어떤 국어를 말하든, 비(非)독일적이고 우리들에게 인연이 없는 것이다. 이러한 사람은 될 수 있는 대로 우리로부터 완전히 떠나기를 바란다.

그렇다면 이 기회에, 앞에서 말한 자유에 대해 말한 것을 근거로 해서 다음과 같은 일을 분명하게 해 두고 싶다. 귀가 있는 분은 경청하기 바란다. 즉, 스스로 독일 철학이라고 부를 자격이 있는 철학은, 본래 무엇을 원하는가, 또 죽음을 믿는 외국의 철학에 대해서 이 독일 철학은, 어떤 점에서 엄정하고 준열한 반대를 나타내고 있는가의 문제이다. 이를 명백히 하는 일은, 정신적으로 죽은 자에게 그것을 이해시키기 위한 것이 아니다. 그것은 불가능하다. 우리는, 이들 정신적으로 죽은 자가 그 말을 비꼬아서, 그들도 대체적으로 독일 철학과 동일한 일을 바라거나 생각하고 있는 것처럼 가장하는 것을 앞으로 그들로 하여금 손쉽게 할 수 없게 하려는 것이다. 이 독일 철학은 현실적으로 사유(思惟)의 행위에 의해서 일어나는 것이다. 실현할 힘도 없는 주제에 쓸데없이 '이렇게 되어야 한다' 따위와 같이 단지 막연한 예상을 가지고 큰소리치는 것과 같은 것은 결코 아니다. —이 철학은 더 나아가 모든 항구적인 '무한 이상의 것'에 도달하여, 오직 그 안에서만 참다운 존재를 발견하는 것이다. 이 철학은 시간, 영원 및 무한이, 그 자신으로서는 눈에 보이지 않고 또한 눈에 보이지 않는 상태에 의해서만 올바르게 포착되는 일자(一者)의 출현과 시현(示現)으로 성립되어 가는 모양을 목격하는 철학이다. 이 철학에 의하면, 무한이라고 해도 그 자신은 무(無)로서 결코 참다운 존재성이 주어져 있지 않다. 무한은 유일하고 눈에 보이지 않는 존재가 눈에 보이게 되는 수단에 지나지 않는 것이다. 그러한 존재 그 자체의 형상, 도식 및 영상(影像)을 구상성의 범위 안에 형성하는 재료에 지나지 않는다. 이 형상계의 무한 속에서 다시 나타나는 모든 것은 모두 무(無)의 무이고, 그림자의 그림자로서, 무한 및 시간이라고 하는 제1의 무가 그 자체로 눈에 보이게 되는 수단, 비형상적이고 눈에 보이지 않는 존재에 이르는 날개를 사상에 부여하는 수단에 지나지 않는다.

그런데 무한하고 유일한 이 아름다운 형상 안에, 그 눈에 보이지 않는 것이, 단지 본다고 하는 자유롭고 본연적인 생명으로서, 혹은 이성적 존재의 의지결정으로서 나타는 것으로, 그 이외로 나타나는 방식을 취할 수가 없는 것이다. 모든 정신적 생명으로서 나타나지 않는 응고된 존재는 본다고 하는 것 안에서 투사된, 여러 가지로 무에 의해서 매개되는 공허한 그림자에 지나지 않는다. 이 그림자와는 반대로, 또 이 그림자를 여러 가지로 매개된 무라고 인식함으로써, 보는 것 그 자신이 자신의 무를 인식하여, 눈에 보이지 않는 것을 유일한 참으로서 인식하는 단계에 도달해야 한다.

그런데 저 죽음을 믿는 존재 철학과 같은 것은, 이 그림자의 그림자로부터 생긴 그림자 안에 교착되어 있는 것이다. 이들은 아마도 더 나아가 자연철학까지도 될 수 있을 것이다. 이것은 모든 철학 중 가장 고사적(枯死的)인 것으로, 자신이 만든 것을 두려워하고 엎드려 숭배하는 것이다.

그런데 이와 같은 고수(固守)가 바로 이 철학의 참다운 생명 및 사랑의 표현으로, 이것을 거짓이 없는 솔직한 표현으로서 볼 수가 있다. 그러나 만약에 그들이 더 나아가서, 그들이 이렇게 참다운 존재로서 전제하는 것과 절대자가 전적으로 동일하다고 주장한다면, 그들이 이것을 역설하고 그 어떤 맹세를 하더라도 우리는 그들을 믿을 일이 아니다. 그들이 실은 절대자라는 사실을 모르고, 다만 자기가 같은 지위에 오를 수 없는 다른 철학의 말투를 흉내 내어, 적당하게 이런 말을 하는 데 지나지 않는 것이다. 만약 그들이 이것을 진정으로 알고 있다면, 그들은 한편으로는 그 절대자라는 것을 내세워 이원(二元)을 부정하면서 다른 한편으로 이를 긍정하여, 이원은 틀림없는 사실로서 논의의 출발점으로 삼는 일은 하지 않고, 우선 일원에서 출발하여, 이로부터 이원을, 또 이원과 함께 일체의 현상을 명확하게 도출할 수가 있었을 것이다. 그런데 그러기 위해서는 사색을 하여 철저한 성찰을 필요로 한다. 그런데 그들 중에서 어떤 사람은 사색술(思索術)을 배우지 않고, 또 일반적으로 사색의 능력도 가지지 않은 채 다만 열광할 수만 있을 뿐이고, 또 어떤 사람은 사색을 미워하여 일체 그것을 시도해 보려고 하지 않는다. 사색에 의해서 그들이 사랑하는 환상이 감소되는 것을 두려워하고 있을 것이다.

이상은 우리 독일 철학이 저 이국적 철학과 그 취향을 달리하고 있는 점으로, 이것을 우리는 이 기회에 될 수 있는 대로 명확하게 표현하여 증명하려고 한 것이다.

8강 참다운 국민이란 무엇인가, 조국애란 무엇인가

앞의 네 차례 강연은, '독일 사람과 그밖의 다른 게르만 민족과의 차이는 무엇인가' 하는 물음에 대해 대답한 것이다. 우리의 연구 전체에서 이들을 통해서 이루어지는 증명은, 거기에 국민이란 무엇인가 하는 또 하나의 문제를 첨가하면 완성되는 것이다. 이 물음은 또 하나의 다른 물음과 마찬가지로 제2의 물음에도 동시에 해답을 주는 것이다. 그 제2의 물음이라고 하는 것은, 자주 제기되고 여러 가지로 제기되어, 다양하게 해답이 주어진 것이다. 즉 그것은 '무엇을 조국애라고 하는가'라고 하는 물음이다. 혹은 표현의 정확을 기한다면 오히려 '개인이 자기 국민에 대해서 품는 사랑이란 무엇인가?'라고 하는 물음이다.

종래의 연구 전체에서 우리가 말한 것이 정당하다고 한다면, 독일인—즉 본연적인 인간, 자의적인 신조를 정립해서 그 속에서 말라 죽지 않는 인간만이, 진정으로 하나의 국민을 가질 수 있다는 것, 그리고 독일인만이 자기 국민에 대한 본래의 이성적인 사랑을 가질 수 있다는 것이 이때 바로 명확해질 것이다.

우리는 여기에서 제기된 문제에 해답을 하면서, 이제까지 말해 온 문제와는 우선 전혀 관계가 없는 것처럼 보이는 사항에 대한 설명부터 시작하고자 한다.

우리가 이미 제3강에서 말한 바와 같이, 종교는 모든 시간과 현재의 관능적 생활을 전적으로 초월하여, 더욱이 이 신앙에 포착된 생명의 정의(正義), 도덕 및 신성을 해치지 않는 것이다. 우리는 인간의 모든 활동이 이 지상에 아무런 흔적도 남기지 못하고, 또 아무런 성과도 맺지 못한다는 것을 확신하지만, 그것만이 아니라 신성(神性)이 역용되어 악마의, 보다 더 깊은 도의적 타락의 도구로 이용된다는 것을 확신하면서도, 우리는 여전히 우리의 활동을 계속하는 것이다. 그것은 단지 우리 안에 분신으로 나타난 신의 생명을 소중하게 유지하고, 미래의 세계에서 사물의 보다 더 고상한 질서가 만들어져, 신에서 나온 것은 결코 망하는 일이 없기를 바라기 때문이다. 따라서 사도와 제1류 그리스도 교도는 천국에 대한 그들의 신앙에 의해서, 이미 생전부터 현세를 벗어나 현세의 여러 가지 사건, 국가, 조국, 국민 등은 전혀 그들의 안중에 없고, 그들은 이것을 주목할 만한 가치가 없는 것으로 생각하고 있었던 것이다. 우리가 현세에 조국을 가지지 않고 이 세상에서 일종의 피추방자 및 노예가 되는 것이 신의 움직일 수 없는 의지라고 한다면, 우리는 기꺼이 이에 순종해야 하는 것으로, 앞서와 같이 현세를 가볍게 보는 것은 가능하고 또 신앙상으로는 용이할 것이지만, 이와 같은 것은 이 세계 진전의 자연 상태 및 법칙이 아니라 하나의 드문 예외이다. 또 처음부터 이 인류 상태에는 전적으로 무관심하게, 국가 및 국민의 생활로부터 은둔하는 것을 참다운 종교적 생각이라고 해서 장려하는 것과 같은 것도, 종교의 심한 남용으로 특히 그리스도교가 자주 저지른 잘못이다. 만약에 이러한 은둔적 상태가 참다운 것이고 실제적인 것이어서, 단지 종교적 열광에 의해서 야기된 것이 아니라고 한다면, 현세의 생활은 모두 독립성을 잃고 단지 참다운 생명의 전제, 우리가 신의 의지에 온순하게 귀의하므로 참는 하나의 가혹한 시련이 된다. 과연 그렇다면 많은 사람이 생각하고 있는 것처럼, 불멸의 영혼이 형벌을 받기 위해서만 현세의 육신을 감옥으로 하여 그 안에 갇혀 있다는 것이 된다. 그러나 사물의 올바른 질서로 말하자면, 현세의 생명 그 자체가 참된 생명이지 않으면 안 된다. 우리는 이 삶을 기뻐하고 더 한층 고상한 삶을 예기하면서도 이 세상의 삶을 고맙게 느낄 수 있을 것이다. 종교는 부당하게 압박받는 노예들에게 위안도 되겠지만, 사람이 이 노예적 처지에 반항하여 종교를 단지 노예의 위안으로 타락하게 하지 않는 일이야말로, 그 무엇에도 못지않게 종교적인 행위이다. 종교적인 순종을 말하고 현세에서 사람들에게 아무런 장소도 주지 않으며, 이것을 천국으로 돌리는 것은 전제군주에게는 형편이 좋은 일일 것이다. 그러나 전제군주가 아닌 우리는 그가 권장하는 종교관을 선뜻 받아들여서는 안 된다. 그리고 가능하면 이 지상을 지옥으로 보게 하고 그것에 의해 천국에 대한 갈망을 더욱더 크게 하려는 것을 저지하지 않으면 안 된다.

인간의 자연적 충동은 이 지상에서 천국을 찾아내고, 현세의 일상적인 영위 속에 영원한 지속을 도입하여 일시적 생명 안에 영원한 생명을 심어서 육성하려고 한다. —그것은 불가능한 방법, 육안으로는 볼 수 없는 틈을 곧 영원이라고 하는 방법에 의해서만 하는 것이 아니라 인간의 눈으로도 볼 수 있는 방법에 의해 하는 것이다. 인간의 이러한 충동은 불가피한 경우가 아니면 포기할 수 있는 것이 아니다.

나는 알기 쉬운 예를 들어 그 설명을 시작하고자 한다. 적어도 지조가 높고 고상한 사람이라면, 자손에 의해 그 자신의 생명이 한층 선화(善化)되어 새로 되풀이될 수 있도록, 그리고 그가 이미 세상을 떠난 뒤에도 자손의 생명 속에서 고상하게 되고 완전하게 되어 여전히 이 세상에서 삶을 이어갈 수 있기를 원하지 않는 사람이 있을까? 그가 생전에 세상의 부패와 타락을 타이르고, 정의를 고취하고, 게으른 자를 일깨우고 낙오하거나 패배한 자를 격려하는 데에 발휘했던 정신, 생각, 도의를 영원히 살릴 것을 원하지 않는 사람이 있을까? 그리고 이들 정신, 생각, 도덕을, 후세에 대한 그의 최상의 유산으로서 그 자손의 마음속에 남기고, 그 자손이 다시 그것을 미화, 확장해서 다시 후세에 남기기를 원하지 않는 사람이 있을까? 적어도 지조가 높고 고상한 사람이라면, 행위와 사유에 의해서 그의 민족이 영원히 발전하고 완성하는 씨를 뿌리고, 이제까지는 없었던 새로운 것을 자기 시대에 투입하여, 그것이 거기에서 멈춰서 새로운 창조의 마르지 않는 샘이 될 것을 희망하지 않는 사람이 있을까? 이 지상에서 자기가 차지했던 자리와 이 지상에서 주어진 얼마 안 되는 시간에 대한 대가(代價)로서, 이 지상에서도 영원히 상속될 그 무엇인가를 남기고, 자기 한 개인으로서는 청사(青史)에 이름을 남기지 못하더라도—왜냐하면 사후의 명예를 갈망하는 것은 경멸해야 할 허영심이므로—그 자신의 의식과 신념 속에, 나도 또한 이 세상에 생존하고 있었다고 하는 분명한 기념비를 남길 것을 바라지 않는 사람이 있을까? 지조가 높고 고상한 사람이라면—하고 나는 말했다. 그런데 사람은 이렇게 생각하는 것이 당연하므로, 이와 같은 사람을 상례(常例)로 하여 그들의 욕구에 따라서만 이 세계는 관찰되고 조직되어야 한다. 더욱이 세계는 그들을 위해 있는 것이다. 그들은 이 세계의 핵심인 것이다. 그들과 생각을 달리하는 사람은 이 덧없는 세계의 작은 일부분으로, 그 생각을 고치지 않는 한은 단지 그들을 위해서만 존재하는 것이며, 그들처럼 되지 않는 한은 그들의 뜻대로 되지 않으면 안 되는 것이다.

그런데 이 고상한 사람이 하는 사업의 영원불멸에 대한 요구와 신앙에 보증을 줄 수 있는 것은 무엇일까? 그것은 분명히 그가 스스로 영원이라고 인정하고 또 영원할 것을 도입할 수 있다고 인정하는 사물의 질서이다. 이와 같은 질서는 원래 개념에 의해서는 포착할 수 없는 것이지만, 실제로 존재하는 인간 환경의 특수한 정신적 자연으로, 그것은 그 자신이 그의 일체의 사유 행위, 그리고 그것이 영원한 신앙과 함께 거기에서 생겨나는 원천, 즉 민족이다. 그는 이 민족에서 태어나 그 안에서 교육되어, 그가 오늘 있는 것과 같은 것으로 성장하였다. 그는 당연히 그의 사업의 영원성을 요구하는 것이다. 그러나 이 경우 그의 사업은 국민의 정신적 자연 법칙의 단순한 성과가 아니라, 또 이 성과로 끝날 것도 아니라 그보다도 '더 이상의 어떤 것'이 된다. 이런 점에서 본연적 신의 생명으로부터 흘러나오는 것은 틀림없이 진리라고는 하지만, 이 '보다 이상인 것'이 눈으로 볼 수 있는 현상으로 형성되자마자, 그 특수한 정신적 자연 법칙에 준거하고 이 자연 법칙에 따라서만 일종의 감성적 표현이 된다는 것도 또한 마찬가지로 진리인 것이다. 그리하여 이러한 국민이 존속하는 한, 이 국민 사이에서의 기타 모든 신성(神性)의 계시도, 마찬가지로 이 자연 법칙에 따라 나타나고, 이 자연 법칙에 의해서 형성되는 것이다. 지조 높고 고상한 사람이 일단 이 세상에 존재하고 이와 같은 일을 했다는 것으로 이 자연 법칙은 더욱 확장되었고, 또 그 활동은 그것의 항구적 요소가 된 것이다. 그 이후도 이어서 일어나는 일체의 것은 이 자연 법칙에 준거하여 그것에 연계되지 않으면 안 된다. 그렇게 되면 지조 높고 고상한 사람은, 그가 이룩할 수 있었던 진보와 발달이 국민이 존재하는 한 거기에 남아서 그 후의 진보와 발달을 영속적으로 규정하는 원인이 될 수 있다는 것을 확신할 수 있는 것이다.

정신적 세계 일반을 관찰하는 관점에서 보다 높은 뜻으로 보자면 '민족'이란, 사회에서 협동 생활을 계속하면서 자기를 자기 안에서 자연적으로 그리고 정신적으로 창조를 계속해 가는 인간의 전체, 모든 것을 자기 자신 안에서 하는 신성전개(神性展開)라는 일종의 특별한 법칙 하에서는 전체를 말한다. 이 특별한 법칙의 공통성은 영원한 세계에서, 그러므로 이 현세에서도 이들 민중을 하나로 결합해서, 자연적이고 자기 자신에 의해서 관철되는 전체로 만들어 준다. 이 법칙 그 자체가 그 내실에 따라서 전체로서 포착할 수 있는 것은, 우리가 하나의 시원민족으로서의 독일인 안에서 이것을 포착할 수 있었다는 것을 보아도 분명하다. 그 뿐만이 아니라, 이와 같은 민족의 여러 현상을 고찰함으로써, 한 걸음 더 나아가 그 민족의 앞으로의 사명에서 어떻게 작용할 것인가를 이해할 수가 있게 된다. 그러나 이러한 법칙이 존재한다는 것은 일반적으로 분명하게 통찰할 수 있지만, 자신에게 의식되지 않는 영향 아래 언제나 서는 사람은 결코 이 개념을 완전히 분명히 할 수가 없다. 이 법칙은 형태가 있는 '보다 이상의 것'으로, 이것은 형태가 없는 '보다 이상의 것'과 현상에서 서로 직접 녹아 있다. 그리고 이 양자는 일단 현상에 나타난 이상은 다시 나눌 수 없는 것이다. 위에서 말한 본연성 및 신성의 전개 법칙은, 우리가 한 민족의 국민성이라고 부르는 것을 전적으로 또 충분히 결정한다. 이 마지막으로 말한 것으로부터 우리가 종래 외국풍이라고 서술할 일, 즉 본연적인 것과 그 부단한 진전을 전혀 믿지 않고 다만 가상적 생명의 영원한 선회만을 믿는 인간, 그 신념 때문에 마침내는 실제로 그것을 믿는 것과 같은 지경에 빠지는 인간은, 고상한 뜻에서는 결코 민족이 아니라, 또 이러한 인간은 실제로 존재하지 않으므로 국민성이라는 것을 가질 수 없다는 것은 분명하다.

지조 높은 고상한 인간이 이 지상에서도 자기가 하는 일이 영원이 지속될 것이라고 믿는다는 것은, 자기 자신을 키운 원천인 민족의 영구적 지속을 기대하고, 그 민족의 특성이 숨은 법칙에 따르면서, 그 어떤 외국적이고 입법의 전체에 속하지 않은 것에 의해서 자기의 순결이 더럽혀지거나 타락됨이 없이 영구히 지속된다는 것을 믿는 데에 의존된다. 이 특성은 그 자신과 그가 하는 일의 계속적 영원성을 믿고 맡길 수 있는 영원한 것, 또 그가 그 자신의 영원을 기탁하는 사물의 영원한 질서를 말하는 것이다. 그는 이 특성의 영원한 존속을 바라지 않을 수가 없다. 왜냐하면 그에게는 오직 이 특성만이, 그의 이 세상의 짧은 생명을 영원한 생명으로 이을 수 있는 해방의 수단이기 때문이다. 불멸의 것을 심으려는 그의 신념과 노력, 그로 하여금 자신의 생명을 영원하다고 이해하게 하는 그의 파악, 이 두 가지 것은 우선 먼저 그의 국민을, 이어 또 이 국민의 매개에 의해서 전 인류를 그 자신과 밀접하게 결합시키고, 또 이들 모든 욕구를 그의 확대된 마음 속에 세상 끝에 이르기까지 끌어들이는 유대이다. 그것은 곧 그의 민족에 대한 사랑으로서 우선 먼저 존경하고 신뢰하고 이 민족의 일원임을 기뻐하며, 이 민족으로 태어난 것을 영광으로 생각하는 마음이다. 민족 안에 신성이 나타난 것이다. 그리하여 본연성이 이 신성을 존중하여 그것을 자기 외피(外被)로 삼아 자기가 이 세상에 출현할 때의 직접 수단으로 삼은 것이다. 따라서 앞으로도 이 신성이 민족 안에서 발로될 것이다. 자기 민족에 대한 사랑은, 둘째로는 민족을 위해 활동하고 민족을 위해 자기를 희생시키고자 하는 마음이다. 생명이라고 하는 것은 단순한 생명, 즉 유위전변(有爲轉變)한 생존의 계속으로서는, 이러한 사랑을 가진 사람에게는 그렇지 않아도 아무런 가치가 없었다. 그는 단지 불후(不朽)한 샘으로서의 생명을 바란 것이다. 그런데 이와 같은 불후의 희망을 그에게 주는 것은 그 국민의 독립적 존속 말고는 달리 없다. 자기 국민의 독립적 존재를 구하기 위해서는, 그는 자기 생명까지도 버리는 것을 서슴지 않는다. 그것은 국민이 생존하고 그 자신이 국민 안에 존재하여, 그가 살 수 있는 유일한 생명을 사는 것을 목적으로 하는 것이다.

사정은 그러하다. 진실한 사랑이며 일시적인 욕망이 아닌 이 사랑은, 결코 일시적인 것에는 가담하지 않고 오직 영원한 것 안에서만 눈 뜨고 불타고 또 쉬고 있다. 인간은 자기를 영원한 것으로 파악하지 않으면 자기 자신까지도 사랑하지 못한다. 뿐만 아니라 자기 자신을 존경하고 시인하지도 못한다. 하물며 자기 자신 이외의 그 무엇을 사랑하지도 못한다. 그것을 할 수 있기 위해서는 그가 그것을 자기의 신앙 및 자기 정서의 영원성 안에 도입하여 이것을 영원과 결부시키지 않으면 안 되는 것이다. 우선 자기 자신을 영원한 것으로 보지 못하는 사람은 일반적으로 아무런 사랑을 가질 수 없고, 조국을 사랑할 수도 없다. 아니 이러한 사람에게는 조국은 없는 것이다. 자기의 눈에 보이는 생명을 가볍게 여기고, 눈에 보이지 않는 자기 생명을 영원이라고 인정하고 있는 사람이 있다. 이와 같은 사람은 아마도 미래에 천국을 가지고 거기에서 자기의 조국을 발견할 것이다. 그러나 현세에서 그는 조국을 가지지 못한다. 왜냐하면 조국도 또한 영원한 상(像) 안에서만, 그것도 눈에 보이고 감각할 수 있는 영원한 상 안에서만 볼 수 있는 것이기 때문이다. 따라서 이와 같은 사람은 그의 조국을 사랑할 수가 없다. 조국을 전달받아 가지지 않는 사람은 불쌍한 사람이다. 조국을 전달해 받고 자기 마음속에서 하늘과 땅, 눈에 보이지 않는 것과 보이는 것을 관류(貫流)시켜, 하나의 참되고 견실한 천국을 만들 수 있는 사람은, 이 귀한 보물을 조금도 손상시키지 않고 다시 자손에 전하기 위해 그 마지막 피 한 방울에 이르기까지 아까워하지 않고 싸우는 것이다.

종래에도 항상 그러했다. 다만 종래에는 그것이 이렇게 보편적으로 또 명확하게 이야기되지 않았을 뿐이었다. 로마 사람들 중의 고상한 사람들의 지조나 사고는, 그들의 유물을 통해 아직도 우리들 사이에 살아 숨쉬고 있는데, 그들을 감격시켜 조국을 위한 노고, 희생, 인내, 부담을 기꺼이 참게 한 것은 무엇인가? 이에 대한 해답은 그들 자신이 자주 이것을 명확하게 말하고 있다. 그것은 로마의 영속에 대한 그들의 굳은 신앙, 그리고 이 영원 안에 시간의 흐름과 함께 스스로 영원히 살 수 있다고 하는 확신적 가망이 바로 그것이었다. 이 신앙에 근거가 있고, 그들은 분명히 자기들이 자각한 경우에 이 신앙을 굳혔으므로, 이 신앙은 그들을 속이지 않았다. 그들의 이른바 영원한 로마에서 진실로 영원이었던 것은 지금에 이르기까지 아직도 살아 있다. 그리하여 이것과 함께 그들 자신도 또한 우리 안에 살아 있다. 그리고 이 세상 끝까지 계속 살아 있을 것이다.

민족과 조국은 지상의 영원을 담당하는 것, 또 보증하는 것, 즉 현세에서 영원이 될 수 있다는 뜻에서 일반적으로 말하는 뜻의 국가를—단순이 명확한 개념으로 포착되고 이 개념의 힘에 의해서 만들어지고 유지되고 있는 사회적 질서를 훨씬 능가하고 있다. 이 개념은 어떤 종류의 법을, 국내의 평화를, 또 각자가 근면에 의해서 생계를 유지하고, 하늘에서 준 육체의 수명을 다할 것을 바라는 것이다. 이들 모든 것은 조국애가 본래 원하는 것, 즉 세계에서 영원한 신성이 더욱더 순결하고 완전하게, 또 적절하게 한없이 계속해서 번영하는 일을 향한 수단 조건이자 설비에 지나지 않는다. 그러므로 조국애는 우선 먼저 국가의 가장 직접적인 목표, 즉 국내의 평화유지 수단을 선택할 때 될 수 있는 대로 국가를 제한하고, 그리하여 절대적 최고 최후의 독립된 공공기관으로서 국가를 지배하지 않으면 안 된다. 이 목적을 위해서는 물론 개인의 자연적 자유가 여러 가지로 제한되지 않으면 안 된다. 그리고 만약에 자연적 자유 외에 고려할 일이 없다면 될 수 있는 대로 그것을 제한하여 그 발동을 단일한 규칙 아래 두고, 끊임없이 이를 감시하는 것이 좋은 것이다. 이를테면 그 정도로 엄격하게 할 필요는 없다고 해도, 이렇게 엄격하게 한다는 것은 적어도 이 일반적 목적에 대해서는 아무런 해도 미칠 수가 없다. 이와 같이 제한적 고려를 확대하는 것은, 인류 및 민족을 보다 높은 것으로 생각하는 견해 외에는 없다. 자유라고 하는 것은, 외적 생명의 발동에 있어서까지도 고상한 문화 발달이 싹트는 땅이다. 그것을 안중에 두는 입법은, 비록 단조로운 평안과 안정이 감소되더라도, 또 정치가 약간 곤란해지더라도, 자유에 대해서 될 수 있는 한 큰 활동의 여지를 줄 것이다.

한 예를 들어 이것을 설명해 보기로 하자. 어떤 국민이 다른 사람으로부터 갑자기, 당신들은 다른 여러 국민이 갖는 것처럼 그렇게 많은 자유를 가질 필요가 없다는 말을 들은 예가 실제로 있다. 이 말은 일종의 위로와 관용까지도 포함하고 있는지도 모른다. 즉 당신들은 그렇게 많은 자유를 감당할 능력이 없다. 당신들은 엄중히 단속을 하지 않으면 서로 마찰을 일으킬 것이라는 것이 본뜻인지도 모른다. 그러나 만약에 이 말을 말 그대로 이해한다면, 그것은 이러한 국민이 본연적 생명의 능력과 이러한 생명을 구하는 충동의 능력이 전혀 결여되고 있다는 전제하에서만 진실이다. 만약에 실제로 이러한 국민이 있고 그 안에 고상한 인간이 하나도 없다고 한다면, 이와 같은 국민은 문자 그대로 조금도 자유를 가질 필요가 없을 것이다. 왜냐하면 자유는 국가를 초월한 한층 높은 목적을 위해서 존재하는 것이기 때문이다. 이러한 국민은 각자가 서로 평화롭게 생존하고, 국민 전체가 그들 밖에 있는 타인의 자의적인 목적을 달성하는 중요한 수단이 되도록 통제와 훈련을 받을 수밖에 없는 것이다. 우리는 어떤 한 국민을, 실제로 이와 같은 것이라고 말할 수 있느냐 없느냐를 여기에서 결정할 필요는 없다. 다만, 본연적인 국민이 자유를 필요로 한다는 것, 이 자유는 그 국민이 본연적 존재로서의 지위를 확보하기 위한 담보라는 것, 또 그 국민은 그들이 존속하는 동안에 차차로 증대하는 자유를 아무런 위험 없이 이를 견딜 수 있다는 것만은 분명하다. 이것이 곧 조국애가 국가를 지배해야 할 안목의 한 조목이다.

조국애는 또 다음과 같이 해서 국가를 지배하지 않으면 안 된다. 즉 조국애는 국가에 대해서 기여하기를, 국가의 평화 유지, 모든 인민의 소유, 개인적 자유, 생명 및 안녕 유지와 같은 일반적인 목적 이상의 일종의 높은 목적을 가지고 하지 않으면 안 된다. 이 높은 목적을 위해서만이 그렇다, 오직 그 목적을 위해서만이 국가는 병력(兵力)을 유지하는 것이다. 이 병력을 사용하는 문제가 일어나서, 보통의 의미에서의 국가의 모든 목적물, 즉 소유, 개인적 자유, 생명 및 안녕, 아니 국가 그 자체의 존속까지도 내걸 필요가 생겨, 더욱이 이러한 사태에서는 당연한 것처럼 그 목적이 과연 달성되느냐의 여부가 전적으로 불분명하고, 본연의 입장에서, 또 성패를 신에게 위탁해서 결정해야 할 경우에 이르러, 비로소 본연적이고 제1차적인 생명이 국가라는 배의 키를 잡게 되어, 그 지위에 비로소 정부의 지상권이 나타나고, 신처럼 높은 생명을 위해 낮은 생명을 걸게 된다. 재래의 제도, 법률 및 국민안녕의 유지에서는 참다운 본래의 생명 및 본연적 결심은 존재하지 않는 것이다. 이와 같은 것들은 여러 경우나 사정, 그리고 먼 옛날에 아마도 죽었을 입법가가 만든 것으로, 그 후의 시대는 밟기 시작한 이 길을 별로 의심하지 않고 앞으로 나아갈 뿐, 실제로는 자기 자신의 공적인 생명을 사는 것이 아니라, 다만 이전의 생명을 되풀이할 뿐인 것이다. 이러한 시대에는 진정한 뜻의 정부라는 것은 필요가 없다. 그러나 이 획일적인 걸음이 위기에 처하여, 미증유의 사건에 관해서 결정을 내릴 필요가 생겼을 경우에 비로소 자기 자신의 힘으로 살아갈 생명이 필요하게 되는 것이다. 이러한 경우를 당하여 국가의 키를 잡아야 할 사람, 자기의 확신을 가지고 불안한 동요 없이 결정을 내릴 수 있는 것, 또 그 누구를 향해서도 필요에 따라, 비록 그 사람이 원하든 원하지 않든 그 사람의 모든 것, 그 생명까지도 걸기 위해 명령하고, 그리고 그 어떤 반항도 허용하지 않을 정도의 의심할 수 없는 권리를 가진 것은 도대체 어떠한 정신인가. 그것은 제도나 법률 등을 조용한 시민적 사랑을 가지고 지키고 있는 정신이 아니라, 한층 고상한 조국애의 불꽃, 닿는 모든 것을 불태우지 않고서는 배기지 못하는 조국애의 불꽃인 것이다. 이 조국애에게 국민은 곧 영원한 용기인 것이다. 고상한 사람은 이 용기를 위해 기꺼이 자기를 희생하고, 고상하지 못한 사람도 또한 자기를 희생하라는 명령을 받는다. 후자는 전자를 위해서만 존재하는 것이다. 그렇다면 이것은 제도 등에 대한 단순한 시민애가 아니다. 이와 같은 사랑은 상식의 범위를 벗어나지 못한 것으로 결코 위에서 말한 원동력이 될 수가 없다. 그런데 그 어떤 사정 하에서도 위정가가 없어서는 안 되므로, 어느 경우에나 그들을 지배하는 통치자는 있을 것이다. 새로운 위정자가 노예적 상태를 원한다고 가정하

자. (노예적 상태란 시원적 민족의 특징을 무시하고 압박하는 것을 말한다. 압제자에게는 민족의 특징과 같은 것은 존재하지 않는 것이다.) ―위정자가 노예적 상태를 원한다고 가정하라. ―노예 생활에서, 수많은 노예로부터, 나아가서는 노예의 안녕과 부유에서, 위정자는 이익을 끌어낼 수 있으므로 만약에 위정자가 조금이라도 타산자라면, 그의 지배하에 있는 노예적 상태는 충분히 참을 수 있을 것이다. 통치자에게는 적어도 생명과 생활을 위한 물자가 항상 주어질 것이다. 그렇다면 피통치자는 무엇 때문에 싸운다는 것인가? 생명, 생활 물자에 이어 그들이 무엇보다도 중요시하는 것은 무사태평이다. 이 무사태평은 투쟁이 계속되면 단지 방해될 뿐이다. 그렇다면 그들은 전쟁이 될 수 있는 대로 빨리 끝나도록 모든 수단을 강구할 것이다. 그들은 귀순을 마다하지 않을 것이다. 복종을 마다하지 않을 것이다. 그것도 무리한 일은 아니다. 그들은 참을 수 있는 조건 하에서 종래의 타성적 생존을 계속하는 일 외에는 아무것도 할 수 없고, 생활에서 그 이상 아무것도 기대할 수 없기 때문이다. 이 지상에서 이 세상에서의 삶을 초월해서 영생을 얻는 약속―조국을 위해 죽음도 마다하지 않는 감격을 주는 것은 이 약속뿐이다.

종래에도 그대로였다. 참다운 통치가 이루어진 곳, 엄숙한 전쟁을 참고 견뎠던 곳, 강력한 저항에 맞서서 승리를 거둔 곳, 거기에는 반드시 이와 같은 영원한 삶에 대한 약속이 있어서 그것이 지배하고 싸우고 승리를 얻은 것이다. 이 약속에 대한 확신에 의해서 내가 말한 독일의 신교도들은 싸운 것이다. 구교(舊敎)에 의해서도 여러 민족이 지배될 수 있다는 것, 정당한 질서 안에 통합할 수 있다는 것, 구교를 믿으면서도 충분한 의식주를 찾을 수 있다는 것, 그것을 과연 신교도들은 몰랐을까? 결코 그렇지가 않다. 그렇다면 무엇 때문에 그들의 군주 등이 무기를 들고 대항할 결심을 했는가. 왜 여러 민족이 감격에 겨워 이 싸움을 수행했는가. ―그들이 기꺼이 피를 흘린 것은 천국 때문이었다. 영원한 구원을 위해서였다. ―그런데 세상의 어떠한 권력이 그들의 마음의 성소(聖所)로 무난히 침입해서, 일단 그 마음으로부터 일어나서 구원에 대한 희망의 기초가 된 신앙을 감각(減却)시킬 수가 있었는가. 따라서 그들이 싸운 것은 그들 자신의 구원을 위한 것만도 아니었다. 그들 자신의 것은 이미 그들에게 확실히 보유되고 있었다. 그들이 싸운 것은 그들의 자식들, 아직 태어나지 않은 손자들, 아직 태어나지 않은 모든 후손들을 위해서였다. 그들은, 그들이 유일한 고마운 가르침이라고 여겼던 그 가르침 속에서 그들의 후손들도 자라기를 원했고, 그들에 대해서 나타나기 시작한 복지가 그들의 자손에게도 주어질 것을 바란 것이다. 그리하여 적 때문에 위협을 받은 것은 오직 이 희망뿐이었다. 이 희망 때문에, 즉 그들이 자신이 죽은 후 오랫동안 그들의 무덤 위에 영원히 번창할 것을 바라고 질서를 위하여 그들은 이와 같은 기쁨을 가지고 피를 흘린 것이다. 그들 자신은 자신의 입장을 충분히 이해하지 못하고, 마음속에 간직한 가장 귀한 것을 나타낼 말이 서툴러 입으로는 그들의 심정을 옳게 나타낼 수 없었다는 것을 우리는 이해한다. 우리는 또한, 그들의 신앙 고백이 무덤 저편에서 하늘의 혜택을 받을 수 있는 유일하고 절대적인 수단이 아니었다는 것도 기꺼이 이해한다. 그럼에도 불구하고 그들의 희생에 의해서 무덤 저편에 한층 많은 천국이, 또 이 세상에서 용감하고 기쁘게 천국을 올려다보는 경지가, 또 보다 자유로운 정신적 생동이 후대의 모든 생명 안에 도래했다는 것, 그리고 그들의 자손인 우리와 마찬가지로 그들의 적의 자손들도 또한 그들의 고생의 성과를 오늘날에 이르기까지 누리고 있다는 것은 영원한 진리이다.

이와 같은 신앙을 안고 우리의 가장 오래된 공통된 조상, 새로운 문화의 원천인 민족, 로마인으로부터 게르만인이라고 불린 독일인은, 다가오는 로마인의 세계 지배에 대해 용감한 반항을 시도한 것이다. 그들은 자신과 인접한 로마 여러 주(州)의 훌륭한 경지(耕地), 거기에서의 여러 가지 우미(優美)한 향락, 그밖에 완비된 법률, 사법관의 의자, 형벌을 위한 매와 도끼를 싫증이 날 만큼 목격하지 않았을까? 로마 사람들은 모든 독일 사람들을 맞아들여 그 복지를 함께 나누려 하지 않았던가? 그들은 이와 같은 인류의 은인에 대한 싸움은 반역이라고 생각하고 있었다. 그들의 군주 몇 사람에게 대해서 실제로 주어진 로마 위정자의 특별한 대우를 목격하지 않았던가. 즉 로마 위정자는 자신에게 순종하는 사람에게 왕의 칭호를 보내고, 혹은 로마 군대의 사령관이라는 지위를 주고, 혹은 로마의 관(冠)을 보내어 표창하고, 또 독일 군주가 그 나라 사람으로부터 추방되었을 경우에는 로마의 식민지에 피난처를 주어 생활을 할 수 있게 하지 않았던가. 독일인은 로마 문화의 장점, 예를 들면, 로마 군대의 우수한 조직을 이해하지 않았던가. 아르미니

우스 같은 대표적 영웅까지도 로마 군대에 들어가 전술을 배우는 것을 부끄럽게 생각하지 않았지 않은가. 독일인이 이러한 일을 모르고 혹은 주의도 기울이지 않고 있었다고는 말할 수 없다. 오히려 그들의 자손은 자신의 자유를 잃지 않은 한에서, 자신의 특징에 대한 손실을 가져오지 않은 한에서, 로마의 문화를 배우지 않았는가? 그렇다면 그들은 왜 몇 세대에 걸쳐 끊임없이 새로운 힘을 가지고 되풀이되는 피비린내 나는 싸움을 했는가? 로마의 한 작가는 이 점에 대해 작품 속의 로마 사령관으로 하여금 다음과 같이 말하게 하고 있다. "게르만 사람들에게는 노예의 처지에 빠지기에 앞서, 자유를 고수하든가 그렇지 않으면 죽는 외에 다른 길이 있겠는가?"라고. 자유는 곧, 그들이 어디까지나 독일인의 면목을 지키고, 그들의 사건을 독립적 또는 본연적으로 스스로의 정신으로 결정하여 이 정신에 따라서 그들을 발달시키며, 또 이 독립을 자손에 전하는 것을 뜻하는 것이다. 노예 상태란 곧 그들의 생각으로는, 로마인이 그들에게 제공한 복지의 모든 것이었다. 그들은 이 때문에 본래의 독일인과는 약간 다른 사람이 되지 않으면 안 되었기 때문이다. 왜냐하면 그들은 절반은 로마인이 되지 않으면 안 되었기 때문이다. 누구나 이렇게 변하는 것보다는 오히려 죽는 것이 낫다. 또 참다운 독일은 오직 독일인으로서만 존속하고, 그 자손도 마찬가지로 독일인으로서 교육시키기 위해서만 삶의 보람을 느끼는 것이다. 이것이 그들이 자명한 것으로 여겼던 전제였다.

독일인은 사멸(死滅)하지도 않았다. 그들은 노예의 처지가 되지도 않았다. 그들은 자유를 그 자손에게 남겼다. 그들의 완강한 저항에 의해서만이 바로 새로운 세계가 오늘처럼 존재하는 것이다. 로마인이 독일인을 그들의 지배하에 놓고, 또 도처에서 그렇게 했던 것처럼 그들을 국민으로서 말살시키는 데 성공했더라면, 인류 전체의 진전은 오늘과는 다른, 더욱이 심히 반갑지 않은 방향을 걸었을 것이다. 그들의 대지에서 가장 가까운 후계자인 우리가, 오늘날에도 스스로를 독일인이라고 부를 수 있고 본연적 독립적인 생명의 흐름을 따라 나아가고 있는 것은 전적으로 그들의 힘, 그들의 언어, 그들의 지조 덕택이다. 우리가 국민으로서 오늘날까지 보여 온 것은 모두 그들의 힘에 의한 것이다. 그리하여 우리가 멸망하지 않는 한은, 또 그들로부터 전해지는 우리 혈관의 피가 마지막 한 방울까지 마르지 않는 한, 우리가 장래에 실현할 수 있는 것도 모두 그들의 힘에 의할 것이다. 오늘날에는 이미 타국이 된, 우리 이외의 게르만 민족, 과거로 거슬러 올라가면 우리의 동포였던 이들 민족도, 그 생존을 그들에게 빚지고 있는 것이다. 그들이 영원한 로마를 정복했을 때에는, 이들 외국적인 게르만 민족은 하나도 존재하지 않았다. 그러나 그때에 이들 민족이 성립할 가능성까지 동시에 그들에게 쟁취되었던 것이다.

이와 같은 것들, 그리고 이와 동일한 성신을 가졌던 사람들은 세계 역사상 모두 승리를 얻고 있다. 영원한 것이 그들을 감격시켰기 때문이다. 이 감격은 감격이 없는 자에 대해서 항상 필연적으로 승리를 가져오게 되는 것이다. 승리를 쟁취하는 것은 강한 군대도 아니고 무기의 정예(精銳)도 아니며, 오직 심정(心情)의 힘이다. 자기의 희생심에 한계를 두고 어느 일정한 정도 이상으로는 스스로를 감히 걸려고 하지 않는 사람은, 어디까지나 버릴 수도 없고 단념할 수도 없는 점에 위험이 미치자마자, 그 저항까지도 그만 두고 만다. 아무런 한계도 세우지 않고 모든 것을, 자기가 이 세상에서 잃을 수 있는 최고의 것, 즉 생명을 거는 자는 결코 저항을 그치는 일도 없고, 만약에 적이 한계를 두고 있는 경우에는 반드시 이를 이기는 것이다. 한 민족이, 비록 그 최고의 대표자 및 지휘자에게서만이라도 영계(靈界)로부터의 환영(幻影), 즉 독립을 항상 안중에 두고 그에 대한 사랑에 의해 지배되어 있기가 우리의 오래된 조상과 같으면, 로마의 군대처럼 외국의 지배욕의 도구가 되어, 독립된 민족에게 정복의 도구로서 제공되는 자에 대해서 승리를 얻는다는 것은 확실하다. 왜냐하면 전자는 모든 것을 거는 입장에 있고, 후자는 단지 있는 것 중에서 약간의 것을 얻으려고 하기 때문이다. 전쟁을 일시적인 이익 혹은 손실의 승부 놀음으로 보는 사고방식, 승부를 시작하기 전에 이미 여기에 거는 금액을 결정해 두려고 하는 것과 같은 사고방식에 대해서는 일시적인 변덕까지도 이기는 것이다. 예컨대 마호메트를 보라. —역사상의 실제 마호메트가 아니다. 역사상의 마호메트에 대해서 나는 비판을 하려는 것은 아니다. 어느 유명한 프랑스 시인이 쓴 마호메트에 대해서 말하는 것이다. —이 마호메트는 몽매하고 무지한 뜬세상의 인민을 지도하기 위해 이 세상에 불려 나온 비범한 인물이라고 스스로 생각하였다. 이 첫 번째 전제에 따라 자기의 착상(着想)이 비록 실제로는 매우 빈약한 것이었다고 해도, 자기가 한 착상이라는 이유에서 필연적으로 위대하고 숭고한 고마운 사상이라고 확신하고, 이 사상에 저항하는 모든 사람을 몽매한 국민, 그들 자신의 안녕과 행복의 적, 악의가 있는 것, 미워해야 하는 것으로 삼은 것이다. 이러한 그의 자부를 신성한 천직으로서 자기 자신에 정당화하기 위해, 또 그의 온갖 생명을 들어 이 사상에 몰입하였으므로, 그는 모든 것을 거기에 걸고 마침내는 그를 자기 자신처럼 큰 인물이라고 생각하려고 하지 않는 모든 사람을 유린하였다. 그리고 그의 천직에 관한 그 자신의 신앙이 시대를 같이 하는 전 세계에 인정되어, 그 반사 광선이 눈부시게 그의 눈앞에서 빛날 때까지는 편안한 마음을 가질 수 없었던 것이다. 만약에 참되고 자각적인 정신적 환영이 실제로 그와 승부를 결정하기 위해 나타났다면 그는 과연 어떻게 되었는가. 그것은 잠시 제쳐두고 자신의 입장을 한정하는 그 승부를 일삼는 자에 대해서 그가 승리를 얻을 것이라는 것은 확실하다. 왜냐하면 모든 것을 걸 의욕이 없는 자를 상대로 해서 그는 모든 것을 걸기 때문이다. 승부를 일삼는 자는 그 어떤 정신에도 움직이지 않는다. 그런데 그는 열광적 정신, 그의 힘찬 자부(自負)의 정신에 의해 움직여지기 때문이다.

이것에 의해 본다면 평온한 일상, 평온한 가정적 인간 생활의 단순한 지배 기관으로서의 국가는, 제1차적인 것도 아니고 그 자신이 독립된 존재를 갖는 것도 아니며, 국민의 순 인간적인 생활의 영원한 진전을 이루게 하는 고상한 목적을 위한 수단에 지나지 않는다는 것은 명백하다. 또 평화 무사한 때에도 국가 행정에 관해서 한층 높은 감독을 해야 할 사명을 가지고, 민족의 독립이 위기에 처했을 경우에도 이것을 잘 구할 수 있는 것은, 이 영원한 진전의 환영과 사랑이라는 것도 또한 명확하다. 독일인은 시원 민족으로서 이러한 조국애를 가질 수 있는 것이다. 또 우리가 확실히 알고 있는 바로는 오늘날에도 실제로 이것을 가지고 있었으므로 민족의 가장 중대한 사건의 안전을 기할 수가 있었던 것이다. 고대 그리스인 사이에서만 그 유례를 찾아볼 수 있는 일이지만, 독일인의 경우 국가와 국민이 나뉘어 따로따로 나타났다. 국가는 특별한 독일 왕국과 여러 후국(侯國)으로서 나타나고, 국민은 유형적(有形的)으로는 연방 안에, 무형적으로는 모든 사람의 마음속에 사는 불문율로서 작용하여, 그 결과는 많은 관습과 제도가 되어 도처에 나타나 있었다. 독일어가 통용되는 곳은 어디에서나, 거기에서 이 세상의 빛 속에 태어난 사람은 모두, 이중의 의미에서 공민으로 간주된 것이다. 즉 하나는 자기가 태어나서 직접 보호를 받아야 할 왕국이나 후국(侯國)의 신하로서, 또 하나는 독일 국민 공통의 전체 조국의 국민으로서 인정되는 것이다. 누구나 조국의 전 영토에서 자기의 마음에 가장 잘 맞는 교육을 받을 수 있고, 또는 자기가 가장 적당하다고 생각하는 활동 범위를 국내 도처에서 구하는 것이 허용되었다. 재능이 있는 사람은 수목처럼 그 자리에 고정되는 것이 아니라, 그에게는 자기 자리를 구하는 것이 허용되었다. 누구나 사기가 받은 교양의 결과 자기 주위와 불화를 가져왔을 때에는, 손쉽게 다른 지방으로 가서 환영을 받을 수 있었고, 잃어버린 친구 대신에 새로운 친구를 찾아내어 자기 의견을 더 자세히 설명해서 화를 내는 자들의 마음까지도 끌어당기고 그들과 화해하고, 이렇게 해서 전체를 결합시키는 시간과 여유를 찾아낸 것이다. 독일에서 태어난 군주는 누구나 한결같이 자기 신민의 조국을 그가 지배하고 있는 산하(山河) 안으로 제한하고, 그들이 마치 그 땅에 속박된 것으로 보는 일을 감히 하지 않았다. 한 지역에서 발표하기를 꺼리는 진리도 다른 지역에서는 허용되고, 반대로 거기에서 금지된 일이 앞의 장소에서는 허용되는 처지였다. 따라서 나라 하나하나에서는 편견과 완고함이 있었지만, 독일을 전체적으로 본다면 일찍 이 어떤 민족도 가지지 못했던 연구와 발표의 자유가 있었던 것이다. 독일이 비교적 고상한 문화의 발달을 보게 된 것은, 도처에서 모든 독일 연방의 공민들이 서로 영향을 끼친 결과였다. 그리하여 이 비교적 높은 문화는 또한 같은 방법에 의해서 차차 일반 인민 사이에도 퍼졌고, 이렇게 해서 일반 인민도 또한 이러한 과정을 통해 스스로 자기 자신의 교육을 계속하였다. 국정을 맡은 군주로서 독일적 심정을 가진 군주는, 앞서 말한 바와 같이 독일 국민의 영속이라고 하는 가장 중요한 담보라고 할 만한 것을 손상시키는 일이 없었다. 그리하여 다른 근본적인 결정에서 독일의 높은 조국애의 이상에 따르지 않는 일이 없었던 것은 아니었지만, 그렇다고 해서 적어도 조국애에 위배되는 일은 결코 꾸며지지 않았다. 조국애를 뿌리 채 무너뜨리고 혹은 이와 반대되는 사랑으로 그것을 대체하려는 일은 한 번도 없었다.

그런데 만약에 그 고상한 문화, 그리고 그 문화와 그 문화의 유지를 목적으로 해서만 쓰는 것이 허용되는 국민적 세력의 본연적 지휘가, 즉 독일인의 재산과 독일인의 혈액의 용도가, 독일적인 심정으로부터 그 생명을 받는 일을 그만두고, 다른 명령에 따르게 되었다면 그 필연적인 결과는 과연 어떻게 되었을까?

여기가 곧 우리가 제1강에서 그 필요성을 말한, 자기 일에 대해서 자기 자신을 기만하지 않으려는 지향(志向)을, 또 진리를 정시(正視)하고 이것을 자신에게 고백하려는 용기를 크게 필요로 하는 경우이다. 내가 아는 한 오늘날에도 독일어로 서로 조국에 대해 말하는 것이, 적어도 탄식하는 것 정도는 허용되고 있다. 생각건대 우리가 스스로 미리 이러한 일을 삼가게 하는 금령(禁令)을 서둘러 만들어서, 각 개인의 주저에 차꼬를 채우는 것은 결코 옳은 일이 아닐 것이다.

그런데 전제되는 새로운 지배 세력을 어떻게든 호의적인 것으로 생각해도 좋다. 신과 같이 좋은 것이라고 생각해도 좋다. 그러나 여러분은 그 세력을 신과 같은 이해력을 갖는 것으로 삼을 수가 있을까? 이 세력은 모든 사람의 최고의 안녕과 행복을 진지하게 원할지도 모른다. 그러나 그들이 생각할 수 있는 최고의 안녕과 행복이 과연 독일인의 안녕과 행복일까? 여기에서 나는 오늘날 내가 여러분에게 말한 주안점을 여러분이 충분히 이해했으리라고 생각한다. 또 여러 많은 사람들이 이미 이것을 생각하고 느꼈으리라 생각한다. 나는 다만 여러분이 처음부터 마음속에 품은 것을 명확하게 정리하여 말로 표현할 뿐이다. 훗날 이 강연의 필기를 읽는 여러분 이외의 독일인도 아마도 여러분과 마찬가지일 것이라고 생각한다. 이미 내 앞에서도 몇몇 독일 사람은 대체로 나와 같은 말을 하고 있다. 또 국가를 단순히 기계로 보는 제도나 생각 등에 대해서 이제까지 항상 표시된 독일인의 반항의 바닥에도, 무의식적인 이러한 생각이 있었던 것이다. 그래서 나는 여기에서 외국의 근대 문학과 통하고 있는 모든 사람에게 요구한다. 외국의 근대 철학가, 시인, 입법자 중에서, 독일인의 생각과 비슷한 예감, 즉 인류를 영원히 진보하는 것으로 보고, 또 시간 안의 인류의 모든 활동을 단지 이 진보에 관련시키는 것 같은 예감을 나타낸 사람이 있다면, 그 이름을 대기 바란다. 가장 대담하게 정치적 창조를 감히 했던 시기에서조차도, 불평등의 철폐나 국내의 평화, 외부에 대한 국민적 명예나 또 기껏해야 국가의 가정적 행복이나, 그와 같은 것 이상을 구한 자가 한 사람이라도 있다면 그 이름을 제시하기 바란다. 여기에

든 것들이 그들이 구하는 최고의 것인 것처럼 보이지만, 과연 그렇다고 한다면 그들은 우리의 인생에 대한 욕구나 요구도 그 이상의 것이 아니라고 추측할 것임에 틀림없다. 따라서 그들이 항상 우리에 대해서 호의를 보이고 또 그들에게 아무런 이기심도 없으며, 또 우리를 능가할 야심이 없다고 해도, 그들 자신이 바람직한 것으로서 알 수 있는 한의 것을 우리에게만 준다면 그것으로 충분히 우리를 위해서 다했다고 생각할 것임에 틀림없다. 우리 국민들 중의 고상한 자가 생활의 유일한 목적으로 하고 있는 것은, 이렇게 해서 공공적 생활 안에서 제거되어 버릴 것이다. 그리하여 이들 고상한 사람의 지도에 대해서 항상 충분한 감수성을 나타내고 있던 민중, 또 그 다수가 고상한 것으로 높아질 수 있는 가망을 나타내고 있던 민중도, 외국인에 의해 외국인처럼 지배되므로, 당연한 계급으로부터 그 지위가 격하되고 품위를 잃어, 저급한 민족과 동화되어 마침내 독립된 존재를 잃게 될 것이다.

그래도 인생에 대한 보다 높은 요구와 그 요구가 신성하다는 느낌을 마음에 생생하고 힘차게 유지하는 사람은, 그리스도교가 들어온 초기에 '나는 너희에게 이르노니 악한 자를 대적하지 말라. 누구든지 네 오른편 뺨을 치거든 왼편도 돌려 대며, 또 너를 고발하여 속옷을 가지고자 하는 자에게는 겉옷까지도 가지게 하라'라고 하는 가르침을 들은 사람들과 마찬가지로, 자기가 압박 받는 것을 깊은 분노를 가지고 느낄 것이다. 상의를 달라고 하면 외투까지 벗어 주라는 말은 지당한 말이다. 왜냐 하면 당신에게 아직도 외투가 남아 있는 동안에는 그는 그 외투를 빼앗기 위해 싸움을 걸어올 것이고, 당신이 완전히 무일푼이 되었을 때 비로소 그의 주목에서 벗어나 그로부터 번거로움을 당하지 않을 것이기 때문이다. 사람은 자기 자신을 귀하게 만드는 높은 마음을 가지므로 오히려 이 세상이 지옥으로 변하고 혐오스러운 것으로 변한다. 그는 자신의 눈이 빨리 감겨져서 이러한 상태를 보지 않게 되기를 원한다. 무덤에 이를 때까지 끊임없는 슬픔이 그의 생애에 붙어다닌다. 사랑하는 사람에 대해서 그는 어리석고 욕심 없는 마음으로 태어나 이러한 고통을 별로 느끼는 일 없이 무덤 저쪽의 영원한 삶을 향해 살아갈 것을 바랄 수밖에 없는 것이다.

우리의 장래에 나타날 모든 높은 생동(生動)을 이와 같이 해서 파괴하고, 또 우리 국민 전체를 이렇게 해서 타락시키는 것을 저지하기 위해 여러 가지 수단이 강구되었으나 그것들이 모두 실패한 오늘날, 아직도 단 하나 남아 있는 수단을 여러분에게 말하는 것이 이 강연의 목적이다. 이 강연은 우리 민족을 영원한 국민, 우리 자신의 영원성의 보증자로 보고, 참되고 전능한 조국애를, 교육의 힘에 의해서 모든 사람의 마음속에 깊고 불멸(不滅)하게 심어 놓을 방법을 여러분에게 제시하려는 것이다. 어떤 교육이 이를 능히 할 수 있는가, 어떠한 방법에 의해서 이것을 행할 것인가—는 다음 강연에서 말할 것이다.

9강 독일인의 새로운 국민교육은 현실의 어떠한 점과 결합되어야 하는가

　지난번의 강연에서는, 이미 제1강에서 그 증명을 약속한 몇 가지를 충분히 설명하여 완전히 증명하였다. 앞으로 남은 것은 이미 말한 바와 같이, 독일인 그 자체의 생존을 구제할 으뜸가는 방법은 무엇인가 하는 문제이다. 독일 국민 사이에 존재하는 다른 차별과 같은 것은, 보다 높은 관점에서 본다면 없애 버려도 좋다. 더욱이 몇 사람이 스스로 유지하고 있다고 믿는 특별한 여러 결합은 이 때문에 방해되는 일은 없을 것이다. 우리가 국가와 국민 사이의 구별을 어디까지나 잊지 않는 한은, 이전에도 이미 이 양자가 결코 모순에 빠지는 것이 아니었다는 것도 분명하다. 또 그렇지 않더라도 공통된 독일 민족의 높은 조국애는, 독일 여러 나라의 어디에서나 최고의 지배력이 되지 않으면 안 될 것이다. 독일 연방의 어느 나라(邦)에서나 이 높은 조국주의를 잊을 경우에는, 그 필연적인 결과로서 모든 고귀함과 유능함을 잃고 자신의 멸망을 재촉하지 않을 수 없었다. 그렇다면 이 높은 조국주의에 사로잡혀 고무 받던 사람은, 독일 안의 특수한 한 나라의 공민으로서도 또한 뛰어나고 선량한 공민이었다. 특별한 전통적 정의를 옹호하여 독일 연방의 여러 나라들이 서로 다투는 경우도 있었다. 전통적 상태의 지속을 원하는 사람, 적어도 분별이 있는 사람은 누구나 앞으로의 결과를 위해 분명히 이것을 원하는 것이지만, 이러한 사람은 저의가 그 누구의 손에 있던 간에, 여하간 정의가 승리하기를 원하지 않을 수 없었다. 독일 안의 특수한 한 나라가 독일 국민 전체를 자기 치하(治下)로 결합하여, 종래의 연방 조직 대신에 전제를 하려고 마음먹은 것이 고작이었을 것이다. 이 연방적 조직이, 이를테면 나는 이렇게 믿는 바이지만, 그야말로 독일 문화의 가장 뛰어난 원천이며 그 특징을 확보하는 최고의 수단이었다는 것이 진실이라고 하자. 그때 만약에 전제가 되는 지배의 통일이 연방제가 아니라 군주적 형태를 취하고, 그 권력자도 그가 생존하는 동안 독일 전토에 퍼지는 본래의 문화에서 무엇인가 싹트는 것을 억압하는 것이 가능할 경우—나는 단언한다. 위의 사실이 진실이라면 권력자의 이 의도가 성공한다는 것은, 독일의 조국애를 위해서 중대한 화(禍)가 될 것이다. 그렇다면 모든 고상한 마음의 소유주는 독일 전체에 걸쳐서 그것에 대해서 반항하지 않으면 안 될 것이다. 그러나 이와 같은 가장 슬퍼해야 할 경우에도 독일인을 지배하고 독일의 일을 본원적으로 지도하는 것은 여전히 독일 사람일 것이다. 그리고 비록 일시적으로는 독특한 독일적 정신이 망각되는 일이 있더라도 그 정신이 다시 살아날 가망은 여전히 남아 있어서, 독일 전 국토에 걸쳐 존재하는 굳은 심정의 소유주는 그 누구라 할지라도 자기의 말하는 바에 귀를 기울이게 하고 자기의 뜻을 이해시키려는 희망을 가질 것이다. 이리하여 하나의 독일 국민이라는 것이 여전히 존재하고, 자기를 가지고 자기를 지배하여 결코 저급한 다른 나라로 사라져 없어지는 일은 없을 것이다. 우리의 이와 같은 고려에서 어디까지나 중요한 점은, 독일의 조국애 그 자체가 국가라는 배의 키를 잡고, 적어도 그 세력으로 그 세력에 의해서 움직일 수가 있다는 점이다. 그런데 만약에, 우리가 앞서 가정한 바와 같이 이 독일이라는 나라가—이 나라가 지금 한 나라를 이루고 있는가, 여럿으로 나타나 있는가 하는 것은 문제가 아니다. 실제로는 역시 한 나라이다—일반적으로 독일의 지배를 떠나서 외국의 손으로 들어간다면, 그 경우에는 다음과 같은 일이 모면할 수 없는 운명이 된다. 그리고 그 반대는 사물의 자연에 위배되며 또한 단적으로 불가능한 일이 된다. 즉, 나는 단언한다. 지금부터는 독일에 관련된 일이 주가 되지 않고, 사항이 외국 본위로 결정된다는 것이 면할 수 없는 운명이 된다. 독일인의 전 국민적인 일이 이제까지 그 자리를 차지하여 국가의 키를 잡는 지위에 표현되어 있던 것이 그 위치를 빼앗기고 마는 것이다. 그와 함께 독일적 사항이라는 것이 이 지상에서 전적으로 없어지는 것을 막기 위해서는, 시비 그 자체에 대해서 다른 피난처가 준비되지 않으면 안 된다. 그것도 남아 있는 사람 안에, 즉 피통치자(被統治者) 사이의 인민 속에 마련될 수밖에 없다. 만약에 국가의 일을 짊어지는 정신이 인민 안에, 인민의 다수 안에 이미 존재하고 있다면, 우리는 오늘날과 같은 처지에 빠져서 서로 협의하는 데에는 이르지 않았을 것이다. 이 정신은 아직 인민 안에는 없다. 우리는 지금부터 이것을 인민의 마음속에 도입하지 않으면 안 된다. 다시 말하면, 우리는 다수의 인민으로 하여금 이 정신을 품도록 교육하지 않으면 안 된다. 그리하여 많은 사람이 이 정신을 품는 것을 학살하게 하기 위하여, 이 교육을 모든 사람에게 실시하지 않으면 안 된다. 이리하여 우리가 이전에 그 증명을 약속한 주장이 정당하다는 것이 의심할 수 없는 명확한 것이 되었다. 즉 독일의 독립을 구할 수 있는 것은 오직 이 교육뿐으로, 그밖에는 아무런 수단도 없다. 그리하여 만약에 사람들이 지금에 이르기까지 우리의 이 강연의 본래의 내용과 의도를, 또 이 강연에서 말한 말의 본래의 뜻을 이해할 수 없다고 한다면, 그것이 강연자인 나의 죄는 아닐 것이다.

이것을 다시 요약해 보겠다. 우리의 그러한 전제를 어디까지나 유지하고 나서의 이야기지만, 여기에 미성년자들이 그들의 아버지와 친척인 후견인을 잃고, 그들의 주인이 후견의 일을 맡았다고 가정하자. 이 미성년자가 노예가 되지 않기를 원한다면, 이와 같은 후견인의 손에서 벗어날 수밖에 없다. 이것을 벗어나기 위해서는 무엇보다도 먼저 정년(丁年)이 되는 교육을 받지 않으면 안 되는 것이다. 독일의 조국애는 이미 자리를 잃었다. 앞으로 조국애는 전보다도 더 넓고 깊은 자리를 잡고, 거기에 조용히 숨어서 자기의 바탕을 다지고 자신을 단련시켜, 적당한 시기에 젊은 힘을 가지고 나타나 국가의 잃어버린 독립을 회복시키지 않으면 안 된다. 이 독립의 회복에 관해서는 외국인도, 또 우리 안의 소심하고 우울한 자들도 더 이상 걱정할 필요는 없다. 우리는 그들의 안심을 위해 다음과 같이 증언할 수가 있다. 즉, 이와 같은 독립 회복은 그들이 살아 있는 동안에는 실현되지 않을 것이다. 그리고 이것이 실현될 시대의 사람들은 그들과는 생각이 다를 것이다—라고.

이상 우리가 시도한 증명의 여러 부분들은 밀접한 상호 관련을 갖는다 하더라도, 이 증명이 과연 많은 사람을 움직여서 그들의 실행을 촉진시킬 수 있느냐 없느냐는, 독일의 특징, 독일의 조국애라고 불리는 것이 실제로 존재하고 있느냐 없느냐, 또 이것이 유지하고 왕성하게 하려는 노력의 가치가 있느냐 없느냐에 의존하는 것이다. 외국인이—국내에 있는 사람이나 국외에 있는 사람이나—이것에 대해서 부정할 것은 물론이다. 그러나 우리는 외국인을 상대로 협의하고 있는 것이 아니다. 또 이때 일반적으로 주의해야 할 일은 이러한 문제의 확답은 개념에 의해 증명될 일은 결코 아니고 (개념과 같은 것은 문제점을 명확하게 할 수 있는 것이지만, 실재 또는 가치에 관해서 해명을 줄 수 있는 것이 아니다.) 실재 또는 가치는 각자 스스로의 직접 경험에 의해서 증명될 수밖에 없다는 것이다. 이러한 하나의 경우에 비록 몇백만의 사람들이 그렇지 않다고 해도, 그것은 단지 그들 자신이 그렇지 않다는 것이지 전체가 그렇지 않다는 것은 아니다. 그리고 단 한 사람이 이 백만 명에 대해서 반대해서 나타나 그렇다고 확언한다면, 그들은 이것을 어떻게도 할 수 없는 것이다. 그런데 지금 바로 논의하고 있는 나는, 이 경우 그러한 단 한 사람으로, 그것을 방해하는 것은 아무것도 없는 것이다. 나는 여기에서 확언한다. 하나, 나는 나 자신의 직접 경험에 의해 독일의 조국애라고 하는 것이 실제로 존재한다는 것을 안다. 둘, 나는 이 사랑의 대상이 갖는 무한한 가치를 안다. 셋, 오늘날 언론 이외의 것은 아무것도 남지 않고 이 언론까지도 백방으로 방해되고 있는 때를 당해서, 내가 모든 위험을 무릅쓰고 이제까지 말했고 또 앞으로 말할 일을 말한다는 것은, 오직 이 조국애가 시켜서 하기 때문이다. 같은 일을 마음속에 느끼는 사람에게는 그 일이 납득이 갈 것이다. 이것을 느끼지 못하는 사람은 납득이 가지 않을 것이다. 왜냐하면 나의 증명은 이러한 전제 위에 서 있기 때문이다. 이것을 느끼지 못하는 사람에게는 나의 말은 헛수고에 그치는 것이다. 그러나 그 누가 말과 같은 사소한 것을 거는 것을 싫어하는 사람이 있을까?

독일 국민을 구제하는 수단이 될 일정한 교육에 대해서, 우리는 이미 제2강과 제3강에서 그 대강을 말했다. 우리는 이 교육을 인류의 전면적인 개조라고 불렀다. 이 말에 대해 되풀이해서 여기에 전체의 개관을 덧붙이는 것은 시기에 알맞은 일이 될 것이다.

종래에는 일반적으로 감각 세계가 본래의 참다운 실재 세계라고 여겨지고, 이것이 교육의 객체인 학생에게 제시되는 제1의 것이었다. 학생은 우선 감각 세계로부터 출발해서 사유(思惟)로 인도되었다. 더욱이 그 사유는 대개 감각 세계에 관한 것으로 감각 세계를 위해서 이루어진 것이었다. 새로운 교육은 이 순서를 그야말로 뒤집는 것이다. 새로운 교육에서는, 사유에 의해 포착되는 세계만이 참다운 실재 세계이다. 새로운 교육은 학생의 교육을 시작하자마자 학생을 이 세계에 끌어들이려고 하는 것이다. 새로운 교육은 이 실재 세계에만 학생의 전적인 사랑과 쾌감을 결부시켜, 하나의 생명이 오직 이 정신적 세계 안에서만 필연적으로 일어날 것을 기대하는 것이다. 이제까지 많은 사람의 마음속에는 단지 육체, 물질, 자연만이 살아 있었다. 새로운 교육은 많은 사람, 가능하면 모든 사람 안에 정신만이 살아서 그들을 움직이게 하려는 것이다. 나는 잘 정돈된 국가의 유일한 기초라고 부를 수 있는 건실한 정신을, 일반 사람의 마음속에 생기게 하려는 것이다.

이와 같은 교육에 의하면 우리가 첫머리에서 전제한 목적, 우리 강연의 시발점인 목적이 틀림없이 달성된다. 이렇게 해서 탄생될 정신은, 고상한 조국애, 즉 자신의 현세의 생명을 영원한 것으로 하여 조국의 생명을, 이 영원성을 짊어진다는 자각을 자신 안에 도입한다. 그리고 이 정신이 독일인 사이에 수립될 경우에는, 독일인의 조국에 대한 사랑을 자신의 필연적인 구성 부분으로 해서 직접 자기 안으로 도입하는 것이다. 그리고 이러한 사랑으로부터 용감한 조국의 방어자, 그리고 온화한 준법정신이 강한 공민이 자연적인 결과로서 생기는 것이다. 이 교육이 달성할 수 있는 것은 단지 제1의 목적뿐만이 아니다. 큰 목적이 철저한 수단으로 추구되는 경우의 상례로서, 더욱 여러 가지 일이 달성된다. 즉, 인간 전체가 그의 모든 부분에 걸쳐 완성되고, 안에서는 혼연(渾然)히 완결되고, 밖을 향해서는 그의 모든 일시적 및 영구적 목적을 달성하기에 충분한 능력이 갖추어지는 것이다. 정신적 자연은 우리를 국민으로서, 또 조국의 아들로서 건전하게 함과 동시에, 종래에 우리를 압박하고 있던 일체의 화로부터 우리를 벗어날 수 있게 하는 것이다.

이러한 순수한 사상의 세계에 대해서 감각 세계와 같은 것은 전혀 가치가 없는 것이다. 그런데 이 사상의 세계가 자기를 주장하는 것을, 더욱이 유일하게 가능한 세계로서 자기를 주장하는 것을 어이없게도 의아스럽게 생각하여, 이러한 세계를 일반적으로 부정하든가 또는 단순히 대중의 대다수 그 자체가 이러한 세계로 유도되는 것을 불가능하다고 보는 사람이 있다고 해도, 우리는 그러한 사람을 여기에서는 상대하지 않는다. 우리는 이미 앞의 강연에서 이와 같은 사람들을 배척해 두었다. 사상의 세계를 아직 모르는 사람은 어딘가 다른 곳에서 실제로 존재하는 여러 가지 수단에 의해 가르침을 받는 것이 좋다. 우리는 지금 이것을 가르칠 틈이 없다. 다만 대다수의 대중을 어떻게 해서 이 사상의 세계로 끌어올릴 것인가, 그 수단을 여기에 제시하려고 하는 것이다.

그런데 우리가 숙고한 바에 의하면, 이와 같은 새로운 교육 사상은, 결코 단순히 기지나 토론의 연습을 위해 그려진 그림으로 보아야 할 것이 아니고, 우선 실행되어 생활 속으로 도입되어야 할 것이므로, 우리는 우선 먼저 실제 세계에서 존재하고 있는 요소 중 그 어떤 것을 단서로 해서 이 사상을 실행해야 할 것인가를 말하지 않으면 안 된다.

이 문제에 대해 우리는 다음과 같이 대답한다. 요한 하인리히 페스탈로치에 의해 시작되고 주장되어, 그의 감독 아래에서 이미 실효를 거두고 있는 교육법을 단서로 삼아야 할 것이다. 나는 이렇게 주장하는 근거를 더욱 깊이 살피고 자세히 설명해 보려고 한다.

우선 먼저 우리는 이 사람의 저서를 읽고 충분히 생각해 보았다. 그리하여 우리는 이에 의해서 그의 수업 및 교육법에 대해서 상당한 이해를 얻었다. 그러나 우리는 학계의 시보(時報) 등이 그것에 대해서 보고하고 비판하고 또는 비평의 비평을 하는 것을 참고하는 일은 하지 않았다. 나는 마찬가지로 이 문제에 대해서 연구하고자 하는 사람에게, 꼭 나와 동일한 연구 방법을 취하되 결코 그 반대되는 방법을 취하지 않도록 충고하기 위하여, 특히 미리 말해 두는 것이다. 우리는 또 종래에 이 교육법이 실시된 상태를 보려고 하지 않았다. 이것은 감히 실시 상태를 가볍게 여기기 위한 것이 아니다. 실시 상태는 발안자(發案者)의 참다운 의도보다도 못한 경우가 있을 수 있으니까, 다만 이 교육법 발안자의 참다운 기도에 대해서 확실한 개념을 얻으려고 했기 때문이다. 이에 반해서, 기도 그 자체의 참다운 개념을 얻으면, 그 실시 및 그 필연적 성공에 관한 개념은 아무런 실험 없이도 저절로 생겨나는 것이다. 또 이 개념에 의하지 않으면, 그 실시 상태를 진정으로 이해하고 올바르게 비판할 수가 없는 것이다. 페스탈로치의 교육법이라고 해도 몇몇 사람이 주장하는 것처럼, 어떤 점에서는 맹목적인 실험적 모색으로 빠지고 공허한 유희나 강압적인 면이 있다고 해도 나의 생각으로는 그것은 창안자인 그의 근본 사상은 아닐 것이다.

이 주된 뜻은 무엇보다도 먼저, 그가 그의 저작 안에서 가장 충실하게 그리고 인정이 풍부한 솔직성을 가지고 나타내고 있는 이 사람의 특성에 의해서 분명하리라고 생각한다. 그나 루터나 그 밖에 그들과 비견할 만한 인물들에게서도 나는 독일적 정서의 특징을 인정할 수가 있다. 또 독일어가 쓰이는 영역에서는 이러한 정서가 그 영묘(靈妙)한 힘을 가지고 오늘날에도 아직도 지배하고 있다는 것을 증명할 수 있는 것이다. 페스탈로치도 또한 그의 고난에 찬 생애를 통하여 갖가지 장애와 싸우면서, 즉 자기 안에서는 자기 입장의 분명치 못한 점과 실제적 수완의 결여를 고민하였고, 게다가 보통의 학문적 교육을 받은 일도 없이, 또 외부로부터는 끊임없이 오해를 받으면서, 이러한 모든 고난과 싸우면서, 단지 예상만 했을 뿐 자신에게도 전혀 의식되지 않는 일종의 목적을 좇아서 노력한 것이다. 이때 그를 굴복하지 않게 하고 끊임없이 그를 고무한 것은 메마르지 않는 전능하고 독일적인 충동, 가엾게 버림을 받은 독일 국민에 대한 사랑이었다. 이 전능한 사랑은, 이전에 루터를 자기의 도구로 쓴 것처럼 지금 또 페스탈로치를 그것과는 다른 현 시대에 한층 적절한 방법으로 이용하여, 그의 생명 안에 생명이 되어 나타난 것이다. 이 사랑은 페스탈로치 자신에게까지도 자각되지 않았지만, 튼튼하고 영원한 바탕이 되어 그의 주위의 암담한 어둠을 통해서 그를 인도하였다. 이와 같은 사랑은 그 어떤 보수도 받지 않고 이 땅 위에서 사라진다는 것은 있을 수 없는 일이어서, 그의 만년에는 참다운 정신적인 발견자로서 그에게 월계관을 줌으로써 보답한 것이다. 이 생각은 페스탈로치가 이전에 가장 대담하게 예기했던 것보다도 훨씬 많은 공적을 올렸다. 페스탈로치는 단지 민중을 도와주려고 생각했을 뿐이었다. 그런데 그의 생각은 그 전체적인 결과로 본다면, 민중을 향상시키고 민중과 교육 계급의 구별을 없애며, 그가 구한 민중 교육 대신에 하나의 국민 교육을 가져온 것이다. 더욱이 그것은 여러 민족 및 인류 전체를 당시의 비참한 바닥으로부터 향상시키는 힘조차도 가졌을 것이다.

그의 주된 뜻은 그의 저술에 완전히 명백하게, 오해할 여지가 없을 정도로 분명하게 나타나 있다. 우선 형식에 관해서 말하자면, 그는 종래의 기탄없는 행동이나 암중모색을 원하지 않고, 마치 우리가 바라는 것 같은, 또 독일식의 철저성이 바라지 않을 수 없는, 견실하고 확실한 전망을 가진 교육법을 원한 것이다. 그는 그의 교육을 기계적이라고 평했던 어떤 프랑스 사람의 말에 의해서, 그의 교육 목적에 대해 크게 계발되었었다는 것을 솔직하게 말하고 있다. 내용에 관해서 말하자면 학생의 구애되지 않는 자유로운 정신 활동을, 나아가서는 학생의 사랑의 세계를 그들의 마음속에 전개해야 할 사고를 자극하고 이것을 조성하는 일이 내가 말하는 새로운 교육의 제1보이다. 페스탈로치의 저서는 이 제1보를 훌륭하게 서술하고 있다. 우리가 그의 교육의 주된 뜻을 살펴보려고 할 때에는 우선 이 점에 주목하지 않으면 안 된다. 여기에서 그가 종래의 교육법을 비난하고, 그것이 학생을 안개와 그림자 속으로 몰아넣어 학생으로 하여금 실제의 진리 및 현실에 이르게 하지 못하는 것이라고 말하고 있는 것은, 우리가 종래의 수업법을 가리켜서 생명에 작용하지도 생명의 뿌리를 만들어 낼 수도 없다고 한 것과 같은 뜻이다. 그리하여 페스탈로치가 이 결점을 구제할 수단으로서, 학생을 직접적 관찰의 길로 인도해야 한다고 말하고 있는 것은, 우리가 학생의 정신적 활동을 자극해서 스스로 모든 형상을 만들게 하여, 오직 이 자유로운 형상에 의해서 그들이 배워야 할 모든 일을 배우게 하라고 주장하는 것과 마찬가지 뜻이다. 왜냐하면 형상을 자유로 만듦으로써만 참다운 관찰은 가능해지기 때문이다. 페스탈로치는 실제로 이러한 생각을 가지고 있었으므로, 그의 이른바 관찰이란 결코 암중 모색적인 지각을 말하는 것이 아니라는 것은 그 후에 적은 실행법이 이를 나타내고 있다. 그는 교육에 의해서 학생의 관찰력을 자극할 필요가 있다고 주장함과 동시에, 이 경우 발달시켜야 할 학생의 여러 능력의 발단과 진보에 정밀하게 보조를 맞추어야 한다고 하는 일반적이고 매우 기초적인 원칙을 부언(附言)하고 있다.

그러나 페스탈로치의 교수법의 결점은, 주의에 있어서나 방법에 있어서나 같은 근원으로부터 나와 있다. 그가 처음에 취한 빈약하고 좁은 목적, 즉 일반 대세는 움직이지 않을 것이라고 가정해서, 종래에 매우 등한시된 서민의 자제들에게 약간의 구제를 베풀고자 하는 목적과, 다른 한편으로 그것보다도 훨씬 고상한 목적을 추구하기 위한 수단이 서로 섞여서 모순됨을 면치 못한 것에서 온 것이다. 그러므로 우리는 전자와 그것을 고려하는 데에서 생기는 모든 결과를 제외하고, 단지 후자에만 중점을 두고 이것을 한결같이 실행해 가면 모든 잘못도 벗어나서, 하나의 정돈된, 모순이 없는 개념을 얻는 것이다. 페스탈로치의 사랑의 마음속에 읽는 것과 쓰는 것에 대한 과중한 부담이 생겨, 그가 이 두 가지를 거의 평민 교육의 최고 목적으로 삼고, 이 두 가지를 학생을 가르치는 가장 좋은 재료라고 하는 과거 수천 년 전부터 내려오는 말을 맹신한 것은, 틀림없이 매우 가난한 자제를 될 수 있는 대로 학교를 빨리 마치게 해서 밥벌이를 시키고, 그들이 그 동안에 중단된 수업에 대해 보충할 수 있는 그 어떤 수단을 주고자 하는 소원에서 나온 것이었다. 페스탈로치도 따로 이 읽고 쓰는 것이야말로 인간을 안개와 그림자 속으로 감싸서 인간을 잔재주만 부리게 만든 수단이었다는 사실을 깨달았을 것이다. 학생에게 직접 관찰을 시켜야 한다는 그의 원칙과 모순되는 다른 여러 가지 실행 방법, 특히 언어를 가지고 인류를 애매모호한 관찰로부터 명확한 개념으로 나아가게 하는 한 수단으로 삼은 전혀 잘못된 그의 의견은 틀림없이 위의 잘못된 생각에서 나온 것이다. 우리가 주장한 민중의 교육이라고 하는 것은, 상류계급과 대립시켜서 말하고 있는 것이 아니다. 우리는 민중을 천민이라고 생각하는 것을 바라지 않고, 또 독일의 국민적 사항으로서도 앞으로도 용납할 수가 없는 것이다. 우리가 제창하는 것은 국민 교육이다. 적어도 국민 교육을 실시하려고 한다면 될 수 있는 대로 빨리 교육을 끝내고 될 수 있는 대로 빨리 학생을 먹고 입는 길로 나아가게 하려는 빈약한 생각은 더 이상 설 자리가 없으며 이러한 생각은 논의하기에 앞서 버리지 않으면 안 된다. 나의 생각으로는 이 국민 교육은 그다지 비용이 드는 것도 아닐 것이다. 학교는 그 경비의 대부분을 자신의 수입으로 꾸려갈 수 있을 것이다. 또 학생의 노동에도 방해가 되지 않을 것이다. 이에 대한 나의 생각은 그때에 가서 말할 작정이다. 그러나 이를테면 비용이 많이 들고 실제 생활의 노동에 해가 된다고 해도, 무조건 또 학생이 받는 그 어떤 위험을 무릅쓰고라도, 그 교육이 완성될 때까지는 교육을 계속하지 않으면 안 된다. 어중간한 교육은 무교육과 다를 바가 없다. 이것은 여전히 자제들을 구태(舊態)에 머물게 하는 일이다. 구태를 원한다면 반쪽 교육까지도 소용없는 일이다. 그러려면 애당초부터 인류의 교육은 필요 없다고 단언하는 것이 좋다. 그런데 이러한 전제하의 단순한 국민 교육에서는, 그 교육이 지속되는 한 읽고 쓰기는 아무런 소용이 없을 뿐만 아니라, 아마도 매우 해가 될 수도 있다. 왜냐하면 그것은 직접 관찰에서 단순한 기호로, 주의에서 산만으로 이끌기 때문이다. 주의력은 때에 임해서 그 자리에서 포착하지 않으면 아무것도 포착할 수 없다는 것을 알고 있지만, 산만한 마음은 필기로 만족하고 언젠가의 기회에 그 필기에서 배우려고 한다. 그러나 아마도 마침내 배우는 것 없이 지나가 버리고 마는 것이다. 그리하여 일반적으로 그것은 문자와 교섭을 갖는 일에 따르기 쉬운 몽상으로 흐르기가 쉽다. 또 종래에도 이러한 일이 있었던 것이다. 실은 교육이 모두 끝났을 때 교육의 마지막 선물로서 비로소 이러한 문자를 다루는 것을 선물로 주면 되는 것이다. 그렇게 하면 학생은 그가 이미 완전히 가지고 있는 언어의 분석에 인도되어 문자를 발견하고 이를 쓸 것이다. 이미 다른 교육을 받고 있는 학생에게는 이와 같은 일은 놀이처럼 쉬운 일이 될 것이다.

단순한 일반적 국민 교육은 위와 같은 것이다. 그러나 장래의 학자를 교육하는 경우에는 그 취향이 약간 다르다. 학자는 단순히 세상의 일반적인 사항을 자기의 마음에 있는 것을 그대로 말하고만 있는 것만으로는 안 된다. 그는 또한 고독한 명상에 의해서, 숨은, 그 자신에게도 의지 되지 않은, 그의 마음의 특별한 깊이를 언어의 빛에 비추어 비쳐내지 않으면 안 된다. 그러기 때문에 그는 일찍부터 이 고독한, 더욱이 언어가 되어 나타나는 사유의 도구로서의 문자를 손에 들고 이를 조립하는 법을 배우지 않으면 안 된다. 그러나 종래와 같이 서둘 필요는 없다. 이것은 후에 국민 교육과 학자 교육의 구별을 논할 때에 명확해질 것이다.

위와 같은 견해에 따라서, 우리는 페스탈로치가 소리와 말이 정신력을 발달시키는 수단이라고 말하고 있는 것을 정정하고 제한하지 않으면 안 된다. 개별적인 문제로 들어간다는 것은 이 강연 본래의 예정이 허용하지 않는다. 다만 전체에 깊이 관계하는 다음과 같은 사항만은 말해 두고자 한다. 일체의 인식을 발달시키는 데에 대한 그의 주장의 근거는, 그의 《어머니를 위한 책》에서 밝히고 있다. 이 책에서 그는 특히 많은 가정교육에 기대를 두고 있다. 우선 이 교육, 즉 가정교육에 관해서는 우리는 물론 그가 이 세상의 어머니에게 이 교육을 크게 기대하는 것을 비난하려고 하는 것은 아니다. 그러나 우리가 말하는 높은 뜻의 국민 교육은 특히 노동 계급의 경우, 부모의 슬하에서는, 아니 일반적으로 어린이들을 가정으로부터 완전히 떼어놓지 않고서는, 이것을 시작하는 것도 계속하는 것도 완성하는 것도 할 수 없다고 우리는 굳게 확신하고 있다. 일상생활의 압박이나 불안, 여기에 수반되는 인색과 욕심은, 필연적으로 어린이들에게 전염되어 그들의 마음을 저하시키고, 그들이 사상의 세계로 자유로이 비상하는 것을 방해할 것이다. 이 염려를 제거하는 일은 우리의 계획을 실행함에 있어서 필요불가결한 전제의 하나이다.

만약에 인류가 전체적으로, 앞선 시대를 이어받은 한 시대마다 이전 시대 그대로 되풀이한다면, 어떠한 결과가 생길 것인가—하는 것은 우리가 충분히 관찰을 했던 일이다. 인류를 전적으로 개조하려면, 우선 인류를 자기 자신으로부터 완전히 분리시켜서, 지금까지의 그들의 생활과 앞으로의 생활에 분명한 구별을 짓지 않으면 안 된다. 한 시대가 새로운 교육을 받은 다음에야 비로소 국민 교육의 어떠한 부분을 가정에 맡길 수 있는가가 논의 대상이 될 것이다. —그러나 이 점은 일단 덮어 두고 페스탈로치의 《어머니를 위한 책》을 오직 교수법의 바탕으로 관찰하건대, 이 책의 내용, 어린이의 신체에 대한 생각도 전혀 잘못되어 있다. 그는 어린이의 인식의 마지막 대상은 아동 자신이어야 한다고 말한다. 전적으로 옳은 명제에서 출발하고는 있다. 그러나 어린이의 신체가 과연 어린이 그 자체인가. 인간의 신체가 문제라고 한다면 어린이에게는 어머니의 신체 쪽이 훨씬 가깝고 눈에 띄기 쉽지 않은가? 또 어린이는 우선 신체를 사용하는 것을 배우지 않고, 어떻게 자기의 신체에 대한 뚜렷한 인식을 할 수 있는가. 이렇게 하지 않고 얻은 지식은 참다운 지식이 아니라, 말의 자의적인 언어적 기호의 단순한 암기에 지나지 않는다. 이러한 암기는 말하는 것을 과대평가하므로 일어나게 되는 것이다. 수업과 인식의 참된 기초는, 페스탈로치의 말을 빌린다면 문자의 'ABC'가 아니라 감각의 'ABC'가 되어야 할 것이다. 어린이가 말의 소리를 듣고 불완전하나마 이것을 발음하기 시작하는 것과 마찬가지로, 어린이가 지금 배가 고픈지 졸린지, 이러저러한 표현으로서 표시되는 현재의 감각은 그것을 눈으로 보고 있는 것인가 또는 듣고 있는 것인가, 또는 단지 생각만 하고 있는 것인가, 이러한 점을 충분히 명확히 하도록 어린이를 지도하지 않으면 안 된다. 특별한 말로 표시되는 여러 가지 인상이 동일한 감각 기관으로 향해서, 예컨대 여러 가지 물체의 색깔이나 소리가 눈이나 귀 등으로 향하여 어떻게 여러 가지 감각을 일으키고, 또 어떻게 여러 가지 강약의 느낌을 일으키게 하는가 하는 것을 어린이로 하여금 명확하게 자득(自得)하도록 하지 않으면 안 된다. 그리하여 이와 같은 모든 일들이 올바른 순서로, 또 감각 능력을 규칙 바르게 발달시키는 순서에 따라 지도되지 않으면 안 된다. 이렇게 해서 비로소 어린이는 '나'를 얻고, 이것을 자유롭고 사고된 개념에서 독립시켜, 이 '나'에게 그 개념을 침투시킨다. 그리고 그가 생명을 자각하자마자 곧 그 생명에 일종의 심안(心眼)이 부여되고, 그것이 앞으로 다시 잃는 일은 없게 된다. 또 이것으로 그 후 관찰 연습을 할 때에도, 양이나 수와 같은 그 자체로서는 공허한 형식에 각기 명확하게 인식되는 내실(內實)이 주어지는 것이다. 그런데 페스탈로치의 교수법에서는 이와 같은 내실은 단지 강제에 의해서 수량의 형식에 부가되는 데에 지나지 않는다. 페스탈로치의 저서 중에 그의 부하인 교사 한 사람이 한, 이 점에 관해서 주목할 만한 고백이 실려 있다. 이 교사는 페스탈로치의 교수법을 실행하는 동안에, 눈에 들어오는 것이 단지 기하학적 형태로만 되어 가기 시작했다는 것이다. 이 교수법에 의해 교육을 받는 학생은, 만약에 정신적 소질이 무의식적이 된다고 해도 이것을 방지하지 않는 한은 모두가 이렇게 될 것이다. 자기가 원래 감각한 것을 명확하게 포착하는 이 경우에도, 인간을 만들고 그를 애매모호함이나 혼란으로부터 맑은 단계로 높이는 것은, 문자의 힘이 아니라고 말을 한다는 것과 자기를 남에게 전달하려고 하는 욕구인 것이다. 처음으로 자의식에 눈을 뜨는 어린이에 대해서는, 그를 둘러싼 자연의 모든 인상이 동시에 다가와서, 총체의 혼란에서 확연히 구별되는 것이 하나도 없는 혼란 상태를 형성한다. 어떻게 하면 어린이는 이 애매모호한 상태로부터 벗어날 수가 있는가. 여기에서 어린이는 다른 사람의 도움을 필요로 하는 것이다. 이 도움을 얻기 위해서는 어린이가 이 욕구를, 그가 이미 언어의 형태로 비축하고 있는 다른 유사한 요구와 구별해서, 명확하게 발표할 수밖에 없다. 어린이는 이와 같은 구별 방법을 배운 다음에는 자기 안으로 물러나 마음을 집중해서 자기를 관찰하고, 또 자기가 실제로 느끼고 있는 것을, 자기가 이미 알면서도 그때에 느끼고 있지 않은 다른 인상과 비교하고 구별하도록 촉진된다. 이리하여 그의 내부에 하나의 생각하고 자유로운 '나'가 생기는 것이다. 인간이 필요와 자연에 몰려서 취하는 이와 같은 경로를, 생각하고 자유로운 기술에 의해서 계속하는 것이 교육의 임무인 것이다.

외계의 대상으로 향하는 객관적 인식의 분야 중 언어의 지식은, 그 인식자 자신의 내적 인식의 명료성과 확실성에 아무것도 부가하지 않고, 다만 이 인식을 남에게 전한다고 하는, 전적으로 다른 방면에서 효력을 가질 뿐이다. 즉, 인식의 명확성은 전적으로 직접적인 관찰에 입각하는 것이다. 그리하여 우리가 마음대로 사물의 모든 부분을, 실제대로 상상력에 의해서 재현시킬 경우에는, 비록 그것을 나타내는 말은 몰라도 이미 완전히 그것을 인식한 것이다. 우리의 확신에 의하면, 관찰의 완성은 문자의 지식에 앞서야 하는 것이다. 만약에 이 순서가 바뀌면 우리는 그림자와 안개의 세계로 빠져 입만 살아 있게 된다. 이 두 가지는 페스탈로치가 지당하게도 싫어하고 있는 일이다. 또 우리의 확신에 의하면 가급적 빨리 말을 알려고 하여, 말을 알자마자 자기의 지식이 늘어났다고 생각하는 사람은 바로 안개의 세계에 살며, 오직 그 세계에만 살며, 그 세계의 확장에만 부심(腐心)하는 사람이다. 페스탈로치의 사상 체계를 훑어보면 그가 정신 발달의 제1의 기초로서, 또 그의 저서인 《어머니를 위한 책》의 내용으로서 기도한 것은, 바로 이 감각의 'ABC'였다고 나는 믿는다. 이것은 페스탈로치가, 언어에 관해서 그가 말할 때 막연하게 예감했지만 단지 그의 철학적 지식이 모자랐으므로 명확하게 인식할 수 없었던 것이다.

그런데 이와 같이 감각에 의해서 인식 주체 그 자체의 발달을 전제로 하여, 이것을 우리가 주장하는 국민 교육의 최초의 기초로 삼는다면, 페스탈로치의 이른바 관조(觀照)의 'ABC', 즉 수량 관계설은 전적으로 목적과 합치되는 적절한 결론이다. 이 관조에는 감각 세계의 임의의 부분을 연결할 수가 있어서, 관조를 수학의 영역으로 유도할 수가 있다. 학생이 그의 교양의 중요한 제2보, 즉 인류의 사회적 질서의 기획과 그 질서에 대한 사랑으로 인도되기 위한 예비적 연습은 이렇게 해서 이루어지는 것이다.

교육의 제1보에서 또 하나 간과할 수 없는 것이 있다. 그것은 마찬가지로 페스탈로치가 주장한 문제, 즉 학생의 육체적 능력의 발달로 이것은 반드시 정신적 능력과 함께 진보하지 않으면 안 되는 것이다. 페스탈로치는 기술, 즉 육체적 능력의 'ABC'를 요구하고 있다. 이에 관한 그의 가장 뚜렷한 주장은 다음과 같다. 곧 '치기, 짊어지기, 던지기, 끌기, 돌리기, 비틀기, 도약 따위는 힘의 가장 간단한 연습이다. 이들 연습의 초보로부터 그 기술의 원숙함에 이르기까지 즉 타격(打擊), 충돌(衝突), 도약, 투하 등을 무수한 변화에 따라 정확하게 할 수 있고 또 수족의 움직임을 확실하게는 신경 운동의 최고도에 이를 때까지 점진적으로 이어져 있다.' 이때의 모든 문제는, 이 자연적 단계를 어떻게 지키느냐에 달려 있다. 우리가 닥치는 대로 임의의 연습법을 도입하는 것만으로는, 우리도 그리스인과 같은 체육을 가지게 되었다고 터놓고 말할 수는 없다. 이 점에 있어서 만사는 앞을 기다려서 이루어지지 않으면 안 된다. 왜냐하면 페스탈로치는 기술의 'ABC'를 제공하고 있지 않기 때문이다. 우리는 우선 이 'ABC'를 제공하지 않으면 안 된다. 그러기 위해서는 인체의 해부와 과학적 메커니즘에 다 같이 정통하여, 이들 지식에 고도의 철학적 정신을 결합시키는 사람이 필요하다. 이러한 사람이 있어서, 모든 방면의 완성으로 인체가 도달할 이상적 기계를 찾아내어, 그와 같은 기계가 서서히 유일, 가능한 올바른 순서를 따라 발달하는 것으로, 그 어느 한 발자국이나 다음 단계의 준비가 되고, 이를 손쉽게 만들며 단지 신체의 건강과 아름다움과 정신력을 해치지 않을 뿐 아니라, 오히려 이것을 강화하고 향상시키는 경로를 취하는 것이라는 것을, 또 각기 건전한 신체는 반드시 이렇게 해서 이 기계로 발달시킬 수 있다는 것을 명확히 할 필요가 있다. 전체적 인간의 양성을 약속하는 교육, 특히 독립을 회복하여 장차 이를 유지하려고 하는 국민에서 실시될 교육에 이 체육이 필요불가결한 요소라는 것은 여러 말을 하지 않아도 분명하다.

독일의 국민 교육에 관한 우리의 개념을 더 자세히 결정하기 위해 할 말이 더 있지만 그것은 다음으로 미루기로 한다.

10강 독일 국민 교육의 좀더 상세한 설명

학생을 지도하여 우선 그 감각을, 이어 관조를 명석하게 만들고 이 교육과 함께 계통적 기능교육을 병행시키는 것, 이것이 새로운 독일 국민 교육의 제1요소이다. 관조의 양성에 관해서는, 우리는 페스탈로치로부터 적절한 지침을 얻을 수 있다. 그러나 감각적 능력의 양성에 관해서는 아직 적절한 지침이 결여되어 있지만, 페스탈로치와 그의 협력자로서 이 문제의 해결을 위해 맨 먼저 선출된 사람들도 안이하게 그것을 안 했을 뿐이다. 체력의 합리적 발달에 대해서의 실제 지도도 아직은 결여되어 있다. 그러나 이 문제의 해결에 어떠한 일이 필요한가 하는 것, 또 만약에 국민이 이 해결에 대해서 필요성을 느낀다면, 그에 대한 해결은 얻어질 것이라는 것은 이미 말한 바가 있다. 교육의 이러한 부분은 모두, 제2의 중요한 부분, 즉 공민 교육과 종교 교육의 수단이나 예비에 지나지 않는다. 이에 관해서 지금 말할 수 있는 대체적인 일은, 이미 제2강과 제3강에서 말했으므로 이런 점에서 그 이상 덧붙일 말은 없다. 이 교육의 실제적 기술에 대해서 명확한 지침을 준다는 것은—당연히 항상 페스탈로치의 본래의 교육법을 협의하여 이루어져야 하는 것으로—독일 국민 교육 일반을 제의하는 것과 동일한 철학 사항이다. 그리하여 교육의 제1부가 완전히 이루어지고 이와 같은 철학의 지도에 대한 요구가 생기면, 철학은 물론 그 지도를 하는 데에 주저하지 않을 것이다. 이들 사항에 관한 수업은 말하자면 가장 깊은 형이상학을 포함하고 또 가장 추상적인 사색의 획득물로서, 이들을 이해한다는 것은 현재 학자나 사색적인 사람에게까지지도 거의 불가능하지만 그렇다고 모든 학생이, 비록 천한 계급에서 태어난 사람이라도—태생의 귀천은 사람의 소질에 아무런 영향을 주는 것이 아니다—이 수업을 받고 그것을 이해할까? 더욱이 손쉽게 이해할 수 있을까의 여부를 미리 생각하여 걱정할 필요는 없는 것이다. 교육의 제1보의 취지를 따라가면, 이와 같은 일은 경험이 가르쳐 줄 것이다. 다만 우리

시대는 일반적으로 공허한 개념에 묶여서, 그 어느 곳에서나 참다운 현실과 관찰의 세계로 들어가 있지 않으므로, 지금 마침 최고의 정신적 관조의 경계선에 있는 그들, 더욱이 이미 지나치게 영리한 그들에게 관조를 시작하라고는 요구할 수 없는 실정이다. 철학은 그들에 대해 종래의 세계를 버리고 전적으로 새로운 세계를 획득하라고 요구할 수밖에 없다. 더욱이 이러한 요구가 아무런 효과를 나타내지 않는 것도 이상한 일이 아니다. 그러나 우리가 교육하는 학생은 이것과 취향을 달리하여 처음부터 관조(觀照)의 세계와 익숙하고, 그 이외의 세계는 아직 본 일이 없는 것이다. 즉 학생은 자기의 세계를 변경할 필요가 없이 다만 그것을 향상시키면 되는 것이다. 더욱이 그것은 자연히 할 수 있는 일이다. 이와 같은 교육은 동시에 우리가 이미 앞에서 제시한 바와 같이 철학을 위한 유일 가능한 교육으로 철학을 일반화하기 위한 유일한 수단이다.

이 공민적 종교적 교육에 의해서 교육은 끝나고 우리는 학생을 학교로부터 해방시킬 수가 있다. 여기까지 이르면 우리가 주장하는 교육의 내용은 우선 충분히 발휘되는 것으로 된다.

학생의 인식 능력을 자극하는 경우에는 반드시 그와 동시에 인식 대상에 대한 사랑도 환기시키지 않으면 안 된다. 그렇지 않으면 인식은 죽은 것이 된다. 또 사랑을 환기시킬 때에는 동시에 인식을 명확하게 하지 않으면 안 된다. 그렇지 않으면 사랑은 맹목적인 상태를 면치 못한다—고 하는 것이 우리가 주장하는 교육의 주요 원칙의 하나로, 여기에는 페스탈로치도 그의 사상의 체계상 이것과 일치할 것이다. 그런데 이러한 사랑을 자극하고 발달시킨다고 하는 것은, 감각 및 관조의 줄을 따라 순서 바르게 교육의 길을 걸어감으로써 저절로 달성되어 하등 우리의 기획이나 가공을 필요로 하지 않는 것이다. 어린이는 명석과 질서를 원하는 자연적인 충동을 가지고 있다. 이 충동은 앞에서 말한 교육 과정을 밟음으로써 항상 만족하고, 그것에 의해서 아동의 마음은 기쁨과 즐거움으로 충만된다. 그런데 이 기쁨이 한창일 때 다음에 나타나는 알 수 없는 모호함 때문에 어린이는 다시 자극을 받고, 그 자극에서 또다시 만족을 느낀다. 이와 같이 해서 어린이의 생활은 학문의 사랑과 즐거움 가운데서 흘러간다. 이것이 곧 각자를 사상의 세계로 결부시키는 사랑이며, 감각 세계, 심령 세계 일반을 잇는 끈이다. 우리의 교육에 의

하면 확실하게 예정대로 종래에 소수 우량 학생만이 도달할 수 있었던, 인식 능력의 손쉬운 발달 및 학술 분야 개척의 성공이 이 사랑에 의해 생기는 것이다. 확실히, 예정대로, 손쉽게 좋은 성적으로 도달할 수가 있는 것이다.

이밖에 또 다른 종류의 사랑이 하나 있다. 그것은 인간과 인간을 결합시켜, 모든 개인을 동일한 사상의 이성적 공동체로 결합시키는 사랑이다. 앞서 말한 사랑은 인식을 만들지만 이 사랑은 행위적 사랑을 만든다. 그리하여 인식되는 것을 자기와 타인 속에 표현하려고 하는 마음을 자극하는 것이다. 단순히 학자적 교육을 개선한다는 것은 우리의 본래의 목적에는 거의 도움이 되지 않고, 또 우리가 기도하는 국민 교육은 오히려 학자의 양성이 아니라, 인간을 인간으로서 양성하는 것을 목적으로 하는 것이므로, 제1의 사랑과 함께 이 제2의 사랑도 발달시키는 일이 우리 교육의 빼놓을 수 없는 의무라는 것은 이미 분명하다.

페스탈로치는 이 문제에 대해서 사람의 마음을 진작시키는 감격을 가지고 그의 의견을 말하고 있다. 그러나 우리는 다음과 같이 고백하지 않을 수가 없다. 즉, 그가 말하는 것은 우리에게는 조금도 명확하지가 않다. 특히 이 사랑이 저 제1의 사랑을 기술적으로 발달시키는 기초가 될 수 있다는 점이 가장 불분명하다. 그렇다면 우리는 이 문제에 대한 우리 자신의 사상을 여기에서 말할 필요가 있다.

인간은 그 본성상 이기적이고 어린이도 그러한 이기심을 갖고 태어난다고 하는 생각, 또 인간에게 도의적 원동력을 심어 주는 것은 오직 교육의 힘뿐이라고 하는 일반적인 생각은, 매우 천박한 관찰로서 전적으로 잘못되어 있다. 무(無)로부터 유(有)가 생길 수는 없고, 여러 해 동안 계속해서 발달해 온 근본적 본능은 인간을 전혀 반대의 것으로 만드는 것은 불가능하므로, 만약에 어린이가 처음부터 본능적으로 또 교육을 받음에 앞서서 이미 도의심을 가지고 있지 않다고 하면, 그들의 마음에 도의심을 심어주는 것이 교육의 힘으로 할 수 있을까? 실제로 도의심은 이 세상에 태어나는 모든 사람들의 아들에 존재하는 것으로, 교육의 임무는 오직 이 도의심 발현의 가장 본연적이고 도 순결한 형상을 밝히는 데에 있는 것이다.

철저한 사색도 전체의 관찰도, 이러한 가장 본연적이고 순결한 형상이 존경을 얻으려는 충동이라고 하는 것, 또 존경의 유일한 대상으로서의 도의,

선, 진실성, 극기력 등이 이 충동에 의해서 비로소 인식으로 승화한다는 점에서 일치하고 있다. 어린이의 경우 이 충동은 우선 자기가 가장 존경하는 사람으로부터 존중되고 싶어하는 충동이 되어 나타난다. 보통 이 충동은 자기 곁에 있으면서 사랑을 베풀어 주는 어머니보다도 오히려 엄격하고 때로는 함께 있지 않고 그다지 직접 사랑을 베푸는 것도 아닌 아버지에 대해서 훨씬 강하게 그리고 결정적으로 향한다. 이것은 사랑이 결코 이기심으로부터 생기는 것이 아니라는 것을 확실히 증명하는 것이다. 어린이는 아버지의 인정을 받기를 원한다. 아버지의 찬성을 구하려고 한다. 그리하여 아버지가 자기에 대해서 만족을 느껴주는 한에 있어서 어린이도 스스로 만족하는 것이다. 이것이 어린이의 아버지에 대한 자연적 사랑으로, 어린이가 아버지를 사랑하는 것은 자기의 감각적 복지의 옹호자로서가 아니라, 오히려 자신의 가치 혹은 무가치를 뚜렷하게 비추는 거울로서 사랑하는 것이다. 그리고 아버지는 어린이의 이 사랑에 입각하여 곤란이 수반하는 순종으로 또 일체의 극기로 손쉽게 인도할 수가 있는 것이다. 반대로 어린이가 아버지로부터 얻기를 바라는 사랑은 다음과 같은 것이다. 즉, 어린이가 착해지려고 하는 노력을 아버지가 인정해 주는 일, 또 어린이의 행동을 시인할 수 있을 때에는 기뻐하고, 시인하지 않을 때에는 마음속으로 슬퍼하는 마음이나, 또 어린이의 행동에 대해서 만족을 느낄 수 있는 경우 외에는 아무런 희망도 없고, 어린이에 대해서 바라는 것은 더욱더 착해지고 존경할 만한 사람이 되는 것뿐이라는 것을 어린이로 하여금 인정하게 하는 일이다. 어린이가 이것을 알면 그의 사랑은 더욱더 왕성하게 또 강하게 되어 그의 앞으로의 모든 노력에 새로운 힘을 준다. 이에 반해서 아버지가 자식을 인정하지 않거나 끊임없이 부당한 오해를 가질 때에는, 어린이의 사랑은 죽어 버리고 만다. 만약에 어린이를 다룰 때, 이기심을 보일 때는, 예를 들어 어린이의 부주의에 의해서 생긴 손실을 중대한 죄처럼 간주한다면, 오히려 어린이는 증오감까지도 느끼게 된다. 어린이는 이와 같은 경우 자기 자신은 단지 하나의 도구로 여겨지고 있다는 것을 느낀다. 이것은 어린이가 자신은 하나의 가치를 가지고 있다고 생각하는 감정, 막연하나마 엄존하고 있는 이 감정을 해치게 되는 것이다.

이것을 실례를 들어 증명해 보기로 하자. 어린이가 꾸지람을 들을 때 고통

이외에도 수치를 느끼는 이유는 무엇인가? 그리고 이 수치심이란 어떤 감정인가? 이것은 분명히 자기 멸시의 감정이다. 즉, 그는 그의 부모 및 교육자의 불만을 샀다는 것을 뼈저리게 알게 되었으므로 자기를 경멸하지 않을 수 없는 것이다. 그렇다면 처벌이 수치심을 일으키지 못한다면 교육은 이미 그 힘을 잃은 것이다. 그리하여 처벌이 단지 폭행으로 여겨져 어린이는 초연하게 이를 얕잡아보고 비웃게 된다.

이와 같이, 인간을 정신적으로 통합하는 유대는 결코 관능적인 사랑이 아니라 상호 존경의 충동이다. 그리고 이러한 충동을 발달시키는 것이 인간 교육의 중요한 요소의 하나이다. 이 충동은 두 가지 방식으로 형성된다. 어린이의 경우에는 우선 자기 이외의 어른에 대한 무조건적 존경으로부터 출발하여, 어른으로부터 존중받으려고 하는, 또 어른의 자기에 대한 존중의 정도를 보고 자기를 어느 정도로 존경해서 좋은가를 측정하려고 하는 충동이 되는 것이다. 이렇게 자기 이외의 척도를 믿고 자기의 가치를 결정하려고 하는 것이 또한 소년 및 미성년 연령기의 특징으로, 이 특징이 있으므로 인간적 완성을 향하여 자라는 후진 소년에 대한 모든 훈계와 교육은 가능해지는 것이다. 성인은 자기 존중의 표준을 자기 자신 안에 가지고 있다. 그리하여 자기가 존경할 만하다고 인정하는 사람에 의해서가 아니라면 자기가 타인으로부터 존경받는 것을 별로 바라지 않는다. 성인의 이러한 충동은 타인을 존경할 수 있는, 또한 존경할 만한 것을 자기 밖에 만들어내려고 하는 욕구의 형태를 취한다. 만일 이와 같은 충동이 인간 안에 없다면, 악인은 아니라는 정도의 선인도, 타인이 자기가 생각하고 있었던 것보다 열등하다는 것을 발견했을 경우에 슬픔을 느끼고, 사람을 경멸하지 않을 수 없는 경우에 깊은 고통을 느끼는 현상은, 과연 어디에서 오는 것인가? 이기심으로 보아서는 자기가 거만하게 남을 내려다볼 수 있다는 것을 기분 좋게 생각할 것이다. 그런데 교육자는 이러한 성인의 특징을 반드시 터득하고 있지 않으면 안 된다. 한편 미성년자의 그러한 특징은 학생에게 확실히 갖추어져 있는 것이다. 이런 뜻에서의 교육의 목적은, 우리가 지금 말한 뜻의 성인의 특징을 만들어내는 데에 있는 것으로, 이 목적이 달성된 후에만 교육은 진정으로 완성되고 종결되는 것이다. 종래에는 많은 인간들이 평생 동안 미성년자였다. 즉, 자기만족을 위하여 남의 갈채를 필요로 하고, 남의 갈채가 없으면 제대로 일을 이루었다고 믿을 수 없는 인간은 실은 미성년자이다. 세상 사람들은 이러한 미성년자와 대비할 때, 남의 비판에 초연하여 혼자 자족할 수 있는 소수의 인간으로서 했고, 으레 이러한 인간을 미워하고, 그 미성년적 인간을 존경을 못할망정 사랑할 만한 사람으로 보아왔던 것이다.

　모든 도의적 교육의 기초는, 우선 어린이에게 이러한 충동이 있다는 것을 알고 이것을 확실한 전제로 하는 데에 있다. 다음에 이 충동의 형태로 나타나는 것을 올바르게 인식하여 적당한 방법으로 이 충동을 자극하고, 이 충동이 원인이 되어 자기를 발휘할 재료를 공급하며, 이 충동을 서서히 더욱더 발달시키는 데에 있다. 그리하여 제1의 규칙은 우리가 이 충동을 단 하나의 충동에 알맞은 대상, 즉 도의적 방면으로 향하게 하여 결코 이 충동에게 인연이 없는 다른 재료로 만족을 구하지 못하도록 하는 일이다. 예를 들어, 배운다는 것은 그 자체 안에 흥미와 보수를 가지고 있다. 매우 근면하다고 하는 것은 기껏해야 극기심의 연습으로서 칭찬할 만할 것이다. 그러나 요구 이상으로 나오는 근면은 각자의 자유이기는 하지만 단순한 일반 국민 교육에서는 장소가 주어지지 않을 것이다. 그렇다면 학생이 그가 배워야 할 것을 배우는 것은 당연한 것으로, 별로 내세울 일은 아니라고 하는 식으로 간주하지 않으면 안 된다. 비교적 재능이 있는 어린이가 다른 어린이에 비해서 빨리 그리고 잘 배우는 것도 단순히 자연적인 일로 보아야 하는 것으로, 그것은 어린이 자신에 대한 칭찬 혹은 표창할 만한 일은 아니다. 그러나 다른 결점을 보완하는 이유도 되지 않는다. 위에서 말한 충동의 영역으로서는 오직 도의적 방면만이 주어지지 않으면 안 된다. 그런데 도의의 근본은 자제심이며 극기심이며, 자기의 이기적 충동을 전체라는 개념 속에 종속시키는 일이다. 그 밖의 다른 어떤 일에 의해서가 아니라 오직 이것에 의해서만 학생이 교육자의 칭찬을 받는 것이 되어야 한다. 우리가 이미 제2강에서 주의한 바와 같이 개인적 자아를 전체에 종속시키는 데에는 두 가지 매우 다른 방법이 있다. 첫째는 절대적이며 또 그 누구에게나 매사에 없어서는 안 될 복종, 즉 전체의 질서를 위해 세워진 법률 규정에 복종하는 일이다. 이를 위배하지 않는다면 별로 칭찬할 일은 아니라도 다만 남의 불쾌감을 자아내지 않는 데에 그친다. 이를 위배하는 사람은 불쾌감과 비난을 초래하는 것은 물론, 공공연하게 위배하는 사람은 공공연한 비난을 받아야 하고, 그 비난이 헛수고에 그칠 때에는 처벌까지도 받아야 하는 것이다. 두 번째 복종은, 요구되지 않아도 개인이 자유 의지로 자기를 전체에 복종시키는 일이다. 즉 자기를 희생해서 전체의 복리를 증진시키는 것이다. 단순히 규칙에 따르는 일과, 그보다 더 고상한 덕행과의 상호관계를, 학생들의 소년 시대부터 그들의 마음속에 충분히 새겨 넣기 위해서는 얼마 동안 첫 번째 복종을 잘 이행한 학생에 대해서만, 말하자면 준법의 보수로서 제2의 것, 즉 헌신적 희생 행위를 허가하되, 제1의 준법과 질서의 면에서 아직 충분치 않은 학생에 대해서는 이 희생적 행위를 금지하는 것이 적당한 방법일 것이다. 이와 같은 자유 의지에 의한 사업의 대상은 일반적으로는 이미 위에서 말했지만, 뒤에 더 자세히 설명하게 될 것이다. 이와 같은 종류의 희생적 행위에 대해서는, 적극적인 시인을 주고 진정으로 그 공적을 승인한다. 그러나 결코 공공연하게 칭찬하는 일을 하지 않는다. 공공연하게 칭찬하는 것은 심정을 상하게 하고 허영심을 일으키게 하여 독립적 정신을 깨뜨리는 일이 되므로, 다만 은밀하게 그 학생에게만 이를 알리는 것이다. 이와 같은 칭찬은 학생에게도 외부로 표시되는 학생 자신의 양심에 만족을 주고, 그로 하여금 자기 자신에 대한 만족을 일으키게 하며, 자기 존중의 마음을 확고하게 만들고 장래를 향하여 자신력을 품게 하는 데에 그치며 그 이상으로 나아가서는 안 된다. 여기에 의도되는 여러 이익은 다음과 같은 장치에 의해 크게 진전될 것이다. 일반적인 학교에는 우선 원칙적으로 약간 명의 교사 및 여교사가 있으므로 학생으로 하여금 그 안에서 자유롭게 자신의 신뢰감과 감정이 가는 대로 자기의 특별한 친구로 삼아서, 말하자면 양심상의 상담 상대자가 될 한 교사를 선택하게 한다. 어린이는 올바른 일을 하려고 할 때 곤란을 느끼게 되면 항상 이 교사에게 상담하는 것이 좋다. 교사는 진지한 조언으로 학생을 돕는 것이 좋다. 학생이 맡는 자유의사에 의한 희생적 사업은 오직 이 교사만이 아는 것이 좋다. 또 그가 하는 일에 대해서 칭찬을 주는 사람도 마찬가지로 이 교사가 되는 것이 좋다. 이와 같이 하면 교육은, 이들 상담 상대인 교사의 실천에서 각 교사의 특색을 발휘하면서 학생의 극기심과 희생정신을 더욱더 강하게 양성할 수가 있을 것이다. 이렇게 해서 점차적으로 학생의 건전한 마음과 독립심이 생기게 된다. 이 양자를 만들어 냄으로써 교육은 그 임무를 다하고, 장래를 위해 물러나는 것이다. 자기의 행위에 의해서 비로소 도의계의 영역은 가장 뚜렷하게 우리에게 제시된다. 그리하여 이렇게 해서 인정할 수 있는 영역이야말로 참다운 도의의 영역이다. 사람은 이 도덕적 세계에 포함되는 모든 것을 스스로 볼 수 있는 것으로, 이미 자기 위에 증언자를 필요로 하지 않고 스스로 자기 행위의 선악을 판정할 수 있게 된다. 이리하여 그는 성인이 되는 것이다.

　방금 한 말에 의해, 종래의 설명에서 모자랐던 점을 채우고 우리의 제안을 전적으로 실행 가능한 것으로 만들 수가 있었다. 앞으로의 교육에서는, 종래에 관용되었던 관능적 희망 및 공포를 정(正)과 선(善)에 대한 쾌락으로 대치해야 한다. 이 쾌락이 유일한 실제적 원동력으로서 장래의 모든 생명을 움직이도록 하지 않으면 안 된다. 이것이 우리 제안의 요점이다. 이에 대해 우선 먼저 일어날 수 있는 의문은, 어떻게 하면 이러한 쾌락을 만들어 낼 수 있는가 하는 것이다. 그러나 엄밀한 뜻으로 만들어 낼 수는 물론 없다. 왜냐하면 인간은 결코 무에서 유를 만들어낼 수가 없기 때문이다. 즉 우리의 제안이 실행 가능한 것이 되기 위해서는 이러한 쾌락은 본연적으로 존재하고 있지 않으면 안 된다. 모든 사람에게 빠짐없이 존재하고 있지 않으면 안 된다. 실제로도 또 그렇게 되어 있는 것이다. 어린이는 모두 예외 없이 옳고 선량하게 되기를 원하고, 결코 작은 동물처럼 단순히 육체의 쾌락만을 원하지는 않는다. 사랑은 인간의 근본 요소이다. 사랑은 인간이 실재하는 것처럼 전적으로 완전히 실재하는 것으로, 거기에 그 무엇도 덧붙일 수가 없다. 왜냐하면 사랑은 감각적 생명의 전화적(轉化的) 현상을 초월하여, 감각적 생명으로부터 전적으로 독립된 것이기 때문이다. 이 감각적 생명에 의해서 결부되고 그것과 함께 생성되는 것은 오직 인식뿐이다. 인식은 시간이 진행하는 동안에 서서히 발달하는 것에 지나지 않는다. 그렇다면 정과 선의 개념의 질서 있는 전체가 생기고, 거기에 저 원동력이 되는 쾌감이 결부될 수 있을 때까지, 이러한 선천적인 사랑은 어떻게 이 무지(無知)의 기간을 넘어 전개되고 연습되어져야 하는가? 이성적 천성은 우리가 손을 댈 필요도 없이 이 곤란을 제거할 수 있었던 것이다. 어린이의 마음속에 아직 결여되어 있는 의식은, 성인들의 비판에서 그에게는 외적으로 구체적으로 나타나는 것이다. 어린이의 마음속에 독립된 비판 능력이 전개될 때까지 어린이는 자연의 본능에 의해서 성인의 비판에 의존한다. 이리하여, 그의 마음속에 아직 양심이 나타나기 전까지는, 외계로부터 하나의 양심이 그에게 주어지는 것이다. 새로운 교육은 종래에는 그다지 알려져 있지 않은 이 원리를 인식해서 별로 손을 댈 필요도 없이, 이미 존재하고 있는 사랑을 올바른 길로 인도하지 않으면 안 된다. 미성년자의 이 천진난만함과 발달한 성인들에 대한 믿음은 종래에 항상 그들을 타락시키는 용도로 제공되어 왔었다. 그들의 순진함과 어른에 대한 자연적인 신뢰가 있으므로 오히려 어린이가 내적으로 원하고 있는 이 선을 주지 않고, 그들에게도 이것을 아는 능력이 있으면 반드시 기피했을 부덕을, 아동에게 아직 선악을 구별할 수 있는 능력이 생기지 않은 마음속에 심어줄 수가 있었던 것이다.

이것은 우리 시대가 저지르고 있는 가장 큰 죄악이다. 보통 인간이 나이를 더함에 따라서 더욱더 악화되고, 이기적이 되고, 선량한 충동을 잊고, 선량한 일에서 멀어져 가는 것, 또 순진하고 선을 실천하려고 마음먹고 있는 소년의 마음이, 나이를 먹어감에 따라 더욱더 쇠약해져 간다는 것은 평소에 우리가 목격하는 일이지만, 이것은 위에서 말한 것으로 설명된다. 따라서 현대의 인간이, 만약에 종래의 생활과 미래의 생활 사이에 확연한 구획을 짓지 않으면, 다음 시대는 더 타락하여 후자는 더 한층 타락한 인류의 시대를 만들 것이라는 것도 증명된다. 이에 대해서는 어떤 존경할 만한 인류의 스승이 적절한 말로 다음과 같이 말하고 있다. '인류는 지금이라도 당장 그 목에 무거운 맷돌을 매달고 바다의 가장 깊은 곳에 빠져 죽게 하는 것이 좋다'고. 그러나 인간이 태어날 때부터 죄인이라고 하는 것은 인간의 본성에 대한 어리석은 비방이다. 과연 인간이 타고난 죄인이라고 한다면, 어떻게 해서 인간에게 죄라고 하는 개념이 생길 수가 있었는가? 죄의 개념은 죄가 없다는 개념의 대조로서만 가능한 것이다. 인간은 자기의 생활에 의해서 죄인이 되는 것이다. 종래 인간의 생활은 일반적으로 보다 더 무거운 죄를 향하여 걸어가는 면이 있었다.

앞서 말한 것에 의해, 한시도 주저함이 없이 참다운 교육에 착수할 필요는 한층 명백해졌다. 소년들이 성인과 전혀 접촉하지 않고, 교육 없이 성장할 수 있는 것이라고 하면, 잠시 그 자연적 결과를 방관하고 있어도 좋을 것이다. 하지만 소년을 우리의 사회에 넣어두는 것만이라도, 우리의 희망도 의지도 가해지지 않아도, 저절로 일종의 교육을 할 수가 있는 것이다. 그들은 우리를 모범삼아 자신을 교육해 간다. 즉 우리와 같이 되고자 하는 것이 그들의 모범으로서 그들에게 다가와, 그들은 우리의 요구가 없어도 우리를 모방하여 우리와 같이 되기를 한결같이 바라는 것이다. 그런데 우리는 보통, 더욱이 대다수는 전적으로 선악을 뒤집은 행동을 하고 있다. 한편으로는 알지 못하고 또 우리 자신이 아이들처럼 순진하게, 우리의 잘못을 옳다고 생각하는 데에서 기인할 것이다. 혹은 비록 우리가 그것을 알고 있다고 해도 어린이와 어깨를 나란히 한다고 해서, 오랫동안 우리의 제2의 천성이 된 것을 벗어 버리고 우리의 낡은 생각이나 정신 전체를 새로운 것과 바꿀 수가 있을까? 우리와 접촉하면 어린이는 타락할 수밖에 없다. 그것은 피하기 어려운 일이다. 그렇다면 어린이에 대해서 한 가닥의 사랑이라도 있다면, 그들을 우리들의 유독(有毒)한 요기(妖氣)로부터 격리시켜 그들을 위해 전적으로 순결한 주소를 만들어 주지 않으면 안 된다. 우리는 어린이로 하여금 다음과 같은 사람들의 사회로 들어오게 하지 않으면 안 된다. 즉 그 사람들은 주위의 사정이 어떠하든 끊임없는 연습과 관습에 의해, 어린이가 우리를 관찰하고 있다고 하는 것을 자각할 만한 달견(達見)을 얻은 사람이어야 한다. 그리하여 적어도 어린이 앞에 있는 동안에는 근신하는 능력이 있고, 또 어린이 앞에 어떠한 태도로 나타나야 할 것인가 하는 지식을 갖는 사람이어야 한다. 우리는 어린이가 우리의 타락을 싫어하는 것을 배우고 이에 감염될 염려를 완전히 끊을 때까지는, 어린이를 이러한 사람의 사회로부터 데려와서는 안 된다.

이상은 우리가 도의 교육에 대해 일반적으로 여기에서 말할 필요가 있다고 인정한 사항이다.

어린이가 어른과 전적으로 격리되어, 교사와 교장하고만 공동 생활을 해야 한다는 것은 이미 자주 주의를 해 왔었다. 그리고 이 교육은 남녀 양성에 대해서 동일한 방법으로 실시되어야 한다는 것은 더 말할 필요도 없이 분명하다. 양성을 남녀가 서로 다른 교육 기관으로 나눈다는 것은, 교육의 목적에 위배되고 또 완전한 인간으로 교육하기 위한 몇 가지 요항을 무용하게 만들 것이다. 수업 과목은 남녀에 공통이다. 근로 작업에서 볼 수 있는 남녀의 구별은 그 밖의 합동 수업을 유지하면서도 쉽게 고려할 수 있는 일이다. 어린이가 인간이 되는 교육을 주는 작은 사회는, 후에 그들이 완전한 사람이 되어 들어갈 큰 사회와 전적으로 같게 남녀 양성으로 조직된 것이 아니면 안 된다. 양자는 남녀의 차이에 주목하게 되고, 또 남편이 되고 아내가 되기 전에 먼저 서로 공통된 인간성을 인지하고, 사랑할 줄 알게 되고, 남자 친구와 여자 친구를 가져야 한다. 또 전체에 있어서의 남녀 양성의 관계, 즉 한쪽에서는 용감한 보호를 제공하고, 다른 한편으로부터 상냥한 조력을 제공한다는 것을 학교 안에서 실현하여, 학생들 사이에 양성하지 않으면 안 된다.

우리들의 제안을 실행함에 있어 맨 먼저 할 일은, 이 학교의 내부 조직에 관한 하나의 법규를 만드는 일이다. 우리가 말한 근본 개념이 철저를 기하고 있는 경우에는 이와 같은 일은 매우 쉬운 일이므로 특히 이것을 구체적으로 말할 필요는 없을 것이다.

이 새로운 국민 교육의 하나의 큰 요구는, 학습과 노동이 결부됨으로써 학교는 학생의 노동에 의해서 그 경비를 지출해 가는 것처럼, 적어도 학생들이 생각하게 하여 학생이 이러한 자각을 가지고 이 목적을 위해 그들이 전력을 다하도록 하는 것이다. 이것은 외면적 실행성의 목적과 세상 사람이 우리의 제안을 듣고 틀림없이 요구할 것이라고 여겨지는 경비 절감의 목적에 관한 건은 잠시 제쳐 두고라도, 이미 교육의 임무에 의해서도 직접 요구되는 일이다. 그 이유의 하나는, 일반적 국민 교육만을 받는 사람은 모두 노동계급으로 들어가야 할 사람들이고, 이들을 유능한 노동자로 만드는 일은 분명히 이 교육의 임무이다. 특히 인간이 항상 자기의 힘으로 세상을 살아갈 수가 있고, 자기를 유지하기 위해서는 결코 남의 자비를 필요로 하지 않는다는 자신(自信)을 만드는 일은, 인간의 물질적 독립심을 양성하는 데에 없어서는 안 될 일이며, 종래에 생각되었던 것보다도 훨씬 많은 인간의 도의적 독립을 제약하기 때문이다. 이러한 교육법은 또 지금까지 일반적으로 맹목적인 경과에 맡겨진 교육의 한 면을 제공하게 될 것이다. 그것은 바로 경제 교육이라고도 할 수 있는 것으로, 이것은 세상 사람들이 가끔 비웃는 뜻으로 말하는 '경제'라고 하는 빈약한 좁은 뜻이 아니라, 더욱 고상한 도의적 견지에서 관찰되어야 할 교육이다. 지금 시대에 사람들이 생활하려고 생각하면 아부하고 설설 기고 온갖 일에 이용당하는 것을 감수해야 한다. 그밖에는 달리 방법이 없다는 것을 부정할 수 없는 원칙으로 생각하기가 쉽다. 과연 그렇다면 그들은 살아가려고 하느니보다는 죽어야 한다는 것이 영웅적이 된다. 이것은 참된 대항(對抗)의 말이지만 이러한 비평을 가하는 것은 용서한다고 해도, 그들은 인간의 품위를 지키면서 생활하는 길을 배워야 하는 여지는 남아 있는 것이다. 시험삼아 부덕한 행위로 지탄을 받는 사람들을 자세히 관찰해 보라. 이러한 사람은 그 누구도 노동을 배우지 않고, 이것을 싫어하고, 뿐만 아니라 경제의 길을 모르는 사람들이라는 것을 알게 될 것이다. 그렇다면 우리의 교육에서는, 학생을 근로에 익숙하게 하고 그가 훗날 생활을 위해 부정한 유혹을 받을 염려를 제거하며, 인간 긍지의 가장 중요한 원칙으로 하여 자기 생활을 자신의 근로에 의존하지 않고 남에게 기대려고 하는 것은 더 없는 수치라는 자각을 충분히 그의 마음에 새기도록 하지 않으면 안 된다.

페스탈로치는 학습과 동시에 여러 가지 수공(手工)도 가르쳐야 한다고 주장하고 있다. 이렇게 양자를 결합시키는 일은, 어린이에게 수공의 능력이 있는 것을 조건으로 하는 경우에는 물론 가능할 것이다. 그러나 이러한 제안은 제1의 목적이 빈약한 데에서 온 것이라고 생각하지 않을 수가 없다. 내가 생각하는 바에 따르면, 수업은 될 수 있는 대로 신성하고 장중하고 비상한 주의와 힘의 집중을 필요로 하는 것이므로 다른 일에 곁들여서 익힐 수 있는 일이 아니라고 생각한다. 어린이가 실내에만 갇혀 있게 되는 계절에, 편물이나 방적과 같은 일이 근로 시간에 부과된다면, 교사의 감독 하에 공통된 정신력의 연습을 이와 같은 일과 결부시킨다는 것은, 어린이의 정신을 이완시키지 않는 목적에 크게 부합될 것이다. 그러나 이러한 경우에는 일이 주가 되고 정신력의 연습은 이미 수업으로 볼 수가 없으므로 단순히 여흥에 지나지 않는 것이다.

이러한 모든 저급한 일은 일반적으로 부업으로 간주되어야지 결코 주된 근로로 간주되어서는 안 된다. 주된 근로는 경작(耕作), 원예, 목축, 그리고 학교라고 하는 작은 국가 안에서의 필요한 노작(勞作)의 연습이다. 그리하여 각각의 학생에게 부과되는 이들 노동의 난이도나 분량은, 그 연령의 체력과 균형이 맞게 하고 부족한 힘은 새로 기계나 도구를 고안하여 보충해야 함은 물론이다. 이때 주로 주의해야 할 일은 학생으로 하여금 가급적 그들이 하는 일을 근본적으로 이해하게 하고, 그들이 그들의 직업에 필요한 지식, 식물의 배양, 동물체의 성질 및 욕구, 기계학의 원칙 등을 이미 학교 안에서 획득하게 하는 일이다. 그리하여 이 교육은 학생이 장차 영위해야 할 직업을 잡았을 때 일관된 수업이 되어, 생각이 있고 이해가 있는 농업인을 직접적인 관찰에 의해서 양성하는 것도 되고, 또 그들의 기계적 노동이 고상해지고 정신화되기도 하는 것이다. 이 교육은 생활 유지를 위한 근로와 같은 정도로 학생이 파악한 자유 관조의 증명이 되기도 한다. 또 학생은 동물이나 흙과 어울리면서도 정신적 세계 안에 남아 동물이나 흙으로 타락하는 일은 없는 것이다.

이 학교, 즉 작은 경제 국가의 원리는 다음과 같다. 여기에서는, 여기에서 생산되고 제조된 것 이외는, 그 어느 것도 음식이나 피복 따위에 쓰이지 않고, 또 가능하면 도구류도 여기에서 만들어진 것 외에는 사용하지 않을 일이다. 이 학교의 살림살이에 밖으로부터의 보조가 필요한 경우에는 그 보충은 모두 현물로 공급하고, 그것도 학교 자체가 갖고 있는 것과 종류가 다르지 않은 현품을 받는다. 더욱이 학생들로 하여금 그들 자신의 수익이 증가했다는 것을 알게 하지 않고, 오히려 경우에 따라서는 일종의 부채로서 일정한 기간 내에 다시 갚게 할 일이다. 이러한 전체의 독립 및 자급자족을 위해 각 학생이 전력을 다하여 근로를 하되, 전체에 대한 자기의 근로를 계산하거나 스스로 무엇인가를 소유하려고 하는 것과 같은 요구를 하지 않도록 하는 것이다. 각 학생은 전체에 대해서 전적으로 책임을 느끼고 전체와 고락을 같이해야 하는 것이다. 이렇게 함으로써 학생이 언젠가 가담하게 될 국가 또는 가정의 견고한 독립과, 이들 단체의 각 구성원과 그 단체에 대한 관계가 생생한 관조로 제시되어 학생 심정 안에 뽑을 수 없는 뿌리를 내리는 것이다.

여기까지는 기계적 노동에 대한 것을 말했다. 여기에서는 일반적인 국민 교육 안에 근거를 두고 이에 의해 뒷받침되고 있는 학자 교육을 전자와 분리시켜, 이 학자 교육에 대해서 몇 마디 하지 않을 수가 없다. 학자 교육은 일반적 국민 교육 안에 그 바탕을 가지고 있다고 나는 말했다. 학문을 연구하는 능력을 스스로 충분히 갖추고 있다고 믿는 사람, 혹은 그 어떤 이유로 해서 스스로 종래의 이른바 상류계급에 속하고 있다고 생각하고 있는 사람에게, 앞으로도 종래대로 학자 교육의 길을 가도록 허락할 것인가의 여부에 대한 문제는, 여기에서 미결로 남겨 두기로 한다. 다만 장차 이 국민 교육이 실행 단계에 이르렀을 때 이들 학자의 다수, 그렇다고 해서 나는 새 교육에 의해서 양성된 학자를 말하는 것이 아니라, 저열(低劣)한 인간—새로운 교육으로부터도 이러한 사람이 생기겠지만 이런 사람도 포함해서―에 대하여 말하는 것이다. 여하간 이러한 학자의 다수가 그들이 획득한 박학(博學)함을 가지고 어떻게 존재해야 하는가는 실제의 경험이 가르칠 것이다. 그러나 나는 그것을 말하는 것이 아니다. 여기에서는 주로 새로운 방법에 의한 학자 교육에 대해서 말하려고 하는 것이다.

새 교육의 원칙에 따르면, 장차 학자가 되고자 하는 사람도 일반적 국민 교육을 통과하여 이 국민 교육의 제1부, 즉 감각, 관조 및 관조에 따른 모든 것에 입각한 인식을 충분하고 명확하게 발달시키지 않으면 안 된다. 다만 새 국민 교육은 특별한 학재(學才)를, 또 개념의 세계에 대한 특별한 기호를 나타내는 남자에게만, 이 학자의 계급에 들어가려고 하는 것을 허용할 일이다. 그렇다, 적어도 이들 특징을 보이는 남아에게는 태생의 비천함 같은 것은 고려하지 않고 예외 없이 이 진로를 허용해야 한다. 왜냐하면 학자는 결코 자기 형편을 위해 존재하는 것이 아니다. 또 모든 재능은 국민의 고귀한 소유물로서 국민은 결코 이것을 잃어서는 안 되기 때문이다.

학자가 아닌 사람은, 인류를 인류가 도달하는 발달 단계 위에서 스스로의 힘으로 유지해 가는 임무를 가지고, 학자는 명확한 개념에 따라 또 사려 있는 기술을 가지고 인류를 더 높은 곳으로 나아가게 하는 임무를 띠고 있다. 학자는 자기의 개념을 가지고 항상 현재를 앞서고, 미   래를 포착하며, 이것을 장래의 발전을 위해 현재 안에 심는 힘을 가지지 않으면 안 된다. 이를 위해서는 이제까지의 세계 상태의 명확한 달관(達觀), 순수하고 현상에 사로잡히지 않는 사색을 하는 자유로운 우수 재능을 필요로 한다. 더욱이 학자가 자기의 사상을 전달할 수 있기 위해서는, 언어를 살아 있는 창조적 바닥에 이를 때까지 소유할 필요가 있다. 이들 모든 것을 하기 위해서는, 다른 지도에 의존하지 않는 정신적 독립과 고독한 깊은 사색을 필요로 한다. 그러므로 장차 학자가 되고자 하는 사람은, 그것을 결정한 순간부터 이 사색을 연습하기 위해서 학자가 되지 않을 사람처럼 항상 스승의 감독 아래 이를 연습하는 것이 되어서는 안 된다. 그에게는 또 학자가 되지 않으려는 사람에게는 전혀 필요 없는 여러 가지 보조 지식이 필요하다. 학자의 근로와 그의 일과는 이처럼 고독한 사색이 될 것이다. 그에게는 바로 이 일에 대한 안내가 주어지지 않으면 안 된다. 따라서 그에게는 다른 기계적 작업이 면제되는 것이다. 즉 미래의 학자라 할지라도 인간으로서의 교육에 대해서는 일반적인 국민 교육의 길을 걷고 그때까지 받은 수업에는 다른 사람과 함께 출석하지만, 다만 다른 학생의 노동 시간에 해당하는 시간만은 그의 장래의 직업에 필요한 과목을 연습하는 시간이 되는 것이다. 이 점이 차이의 전부일 것이다. 농업에 대한, 기타 기계적 기술 및 그 요령에 대한 일반적 지식은 오직 인간으로서도 당연히 요구되는 지식이므로, 장래의 학자도 국민 교육의 제1부에 있는 동안에는 틀림없이 이것을 배우든가, 만약에 제1부에서 배우지 않는 경우에는 후에 이것을 보충해야 할 것이다. 그에게도 채용된 체육 과목을 다른 학생과 마찬가지로 부과해야 하는 것은 물론이다. 그런데 학자 교육의 특별한 과목, 그리고 이에 관해서 주의해야 할 수업의 실제 등을 설명하는 일은 이 강연의 목적 외에 속한다.

11강 이 교육의 실행은 누가 맡을까

새로운 독일 국민 교육안에 대해서는 본인이 의도한 범위 안에서 충분히 설명되었다. 이어서 일어나는 문제는, 누가 이 교육안의 실행을 위해 주동자가 될 것인가, 우리는 이것을 누구에게 기대할 수 있는가, 또 지금까지 이것을 누구에게 기대해 왔는가 하는 것이다.

우리는 이 교육이 독일 조국애의 최고이자 우선 당장에 유일한 긴급 과제라고 말했다. 우리는 전 인류의 개량과 개조를 이 조국애의 방향을 따라 우선 세상에 도입하고자 하는 것이다. 그러나 이러한 조국애가 우선 독일 국가를, 곧 독일인이 통치하는 모든 곳을 감격시키고 독일 국가의 모든 결심을 정함에 있어, 최고의 권위가 되고 원동력이 되게 하지 않으면 안 된다. 그렇다면 우리가 먼저 기대의 눈초리를 돌리는 것은 이 국가 그 자체가 될 것이다.

우리의 이 희망은 과연 충족될 수 있을까? 우리가—이것은 물론 당연한 일이지만—독일 연방의 어떤 특별한 한 나라가 아니라 독일 전체에 착안해서, 종래의 실적에서 입각해 이 독일 전체에 대해서 품을 수 있는 기대는 어떠한 것일까?

근대 유럽에서는 교육은 본래 국가에 의해 실시되지 않고 일종의 다른 권력으로부터 나와 있다. 이러한 권력으로서는 여러 나라가 대개 자기 나라에 특유한 것을 가지고 있다. 즉 천국적(天國的), 영적인 국가인 교회이다. 교회는 자신을 이 세계 단체의 한 요소로 간주하지 않고 오히려 이와는 전혀 관계가 없는 천국의 시민지이며, 이 지상 즉 이국에서, 스스로 뿌리를 내릴 수 있었던 모든 장소에서 천국의 시민을 모집하는 임무를 띤 것으로 생각하고 있다. 그 교육은, 오직 인간으로 하여금 저 세상에서는 저주를 받지 않고 상락(常樂)을 받게 하려는 일만을 목표로 하고 있었다. 종교 개혁에 의해서 이 교회적 권력은, 다른 점에서는 몰라도 자기에 대한 견해를 계속 가지고는 있지만, 하여간 종래에 반목해 왔던 현세적 국가와 일치하였다. 종교 개혁이라고 하는 사건의 경과로서 이전과 다르게 된 것은 이 정치적 일치라는 것뿐이다. 따라서 교육에 관한 옛날의 생각은 여전히 유지되었다. 최근에 이르러서도 아니 오늘에 이르기까지, 유산(有産) 계급의 교육은 양친의 사적 사업으로서 양친이 생각에 따라 할 수 있는 것으로 여겨지고, 그들의 자녀는 일반적으로 단지 그들의 생활에 유용하게만 교육되었다. 그리고 유일한 공공교육 즉 민중 교육은, 천국에서 상락(常樂)을 얻게 하려는 교육에 지나지 않았다. 그 주요한 과목은 그리스도교에 관한 약간의 지식과 독서였고, 여기서 좀 더 과감한 교육을 실시했다면 여기에 쓰기를 더했지만, 그것도 단지 그리스도교를 위해서였다. 그리하여 그 밖의 모든 인간으로서의 발달은, 어린이가 살아가고 있는 사회의 우연적, 맹목적 영향과 실제 생활 그 자체에 맡겨져 있었다. 학자를 교육하는 시설조차도 오직 신부들을 양성하기 위한 것이었다. 신부를 양성하는 신학부가 주된 학부였고, 다른 학부는 단지 이에 부속되어 신학부로부터 간신히 분리될 수가 있었다.

국가의 상위에 속하는 사람들이 국정의 본래의 목적에 어둡고, 또 자기 자신으로서는 자기와 타인의 상락을 위한 양심적인 배려에 사로잡혀 있었을 동안에는, 이러한 종류의 공공 교육에 열중하고 이를 향해 노력하는 일에 안주할 수 있었다. 그러나 그들이 국가의 본래의 목적을 분명히 알고, 국가의 활동 영역이 가시적 현세에 있다는 것을 알자, 인민의 상락에 대한 배려 같은 것은 그들의 책임이 되지 못하고, 이것을 얻으려는 각자가 노력해야 한다는 것을 깨닫지 않을 수 없었다. 그 후 그들은 종교의 열성시대에 만들어진 여러 학교를 그 설립 목적대로 내버려두는 쪽이 족하다고 하여, 이들 학교가 변화하는 시세의 요구에 적응할 수 없게 되어도 그에 대한 책임이 없다고 생각하였다. 또 적극적으로 손을 써서 낡았거나 소용이 없는 것 대신에 목적에 알맞은 새로운 것을 대체하는 일은 오히려 자신의 직권이 아니라고 생각하고, 이러한 의미의 제안에 대해서는 항상 국가에 대해서 그러한 비용이 없다고 하는 천편일률적인 대답을 하게 되었다. 만약에 드물게 학교를 위해 힘을 쓰는 일이 있어도 그것은 고급 학교에 한정되고, 그것은 단지 세상의 평가에 영합하려고 했을 뿐 실제로는 인류의 바탕이 되는 계급, 즉 고등 교육도 자신의 이익을 취하고 고등 교육이 항상 영향을 미쳐서 되돌려 줄 교육, 즉 일반 인민의 교육은 전적으로 등한시되어, 종교 개혁부터 오늘에 이르기까지 쇠퇴일로를 걷고 있는 것이다.

그런데 우리가 장래를 위해, 그리고 지금 당장 우리의 관심사 때문에 국가에 한층 큰 기대를 두기 위해서는, 국가는 종래에 품고 있었다고 여겨지는 교육 목적의 근본 개념을 전혀 새로운 다른 개념과 바꾸지 않으면 안 된다. 또 국가는 이제까지 인민의 상락에 관한 배려를 자기의 직권 밖의 일이라고 해서 거절해 온 것은 지당하며, 이러한 상락을 위해서는 하등 특별한 교육을 필요치 않다고 하는 것, 또 교회—그 권력은 결국 국가에 위양(委讓)되었지만—와 같은 천국의 식민학교는 본래 존재하지 않는 것으로, 모든 유익한 교육의 방해가 되는 것으로, 그 활동을 중지시키지 않으면 안 된다는 것, 국가는 그러하므로 이 지상의 생명에 대한 교육을 더욱더 필요로 한다는 것, 또 이 교육을 철저히 하면 천국에 들어가기 위한 교육 같은 것은 뜻하지 않게 달성되어야 하는 것을 깨닫지 않으면 안 된다. 이제까지 국가는 계몽 국가로서 자임하면 할수록 인민의 종교 및 도의 등의 힘에 의하지 않고서라도 오직 강제에 의하여 국가의 목적을 달성할 수 있다는 확신을 더욱 강화하여, 종교나 도의와 같은 것은 인민 각자에 맡겨도 된다고 생각한 것 같다. 그러나 이번의 새로운 경험에 의해서 국가는 적어도, 종래와 같은 주의(主義)로는 그 본래의 목적을 달성하기란 불가능하고 국가가 현 상태에 이른 것은 바로 종교 도의의 결여 때문이라는 것을 배웠을 것이다.

국가가 일종의 국민 교육에 필요한 비용을 지출할 재원이 과연 있는가 하는 우려에 대하여, 국가는 이 교육의 경비를 지출함으로써 그 밖의 대부분의 비용을 경제적으로 정리할 수 있고 또 국가가 이 경비까지도 아깝게 생각하지 않는다면, 이 경비만이 유일한 주요 지출이 되리라는 것을 국가로 하여금 확신하게 하고 싶다. 오늘날까지 국가 수입의 대부분은 상비군 유지에 쓰였다. 그리하여 이 지출의 성적 여하를 우리는 실제로 보았다. 그것으로 충분하다. 그 까닭은 군대 조직이 이 결과를 가져온 이유를 자세히 설명한다는 것은 우리의 예정 밖의 일이기 때문이다. 이에 반해서 만약에 국가가 우리가 주장하는 국민 교육을 널리 채용하면, 차세대의 국민인 청소년은 이 교육을 통과함으로써 국가는 이 순간부터 특별한 군대가 필요 없게 되고, 이 교육을 받은 젊은이들이 어떤 시대에도 볼 수 없었던 훌륭한 군대가 될 것이다. 청년들은 그들의 체력을 모든 경우의 용도에 적용할 수 있도록 완전히 연습을 하고 있고, 또한 그 체력을 곧 쓸 수 있도록 준비가 되어 있으며, 또 그 어떤 긴장이나 노고에도 견딜 수 있도록 단련이 되어 있다. 직접적인 관조 안에서 자란 그의 정신은 항상 자각적으로 엄존하고, 그 심정 안에는 자기가 속하는 전체에 대한, 국가 및 조국에 대한 사랑이 살아 있어서 다른 일체의 이기적인 충동을 억제하고 있다. 국가는 그가 원하는 대로 이와 같은 사람들을 언제라도 소집해서 그들에게 무기를 들게 할 수도 있고, 더욱이 이러한 군대가 그 어떤 적에게도 지지 않을 것이라는 것을 확신할 수 있는 것이다. 국가의 배려 및 지출의 다른 부분은, 사려 있는 정부 아래에서는 종래의 매우 넓은 의미의, 또 극히 여러 가지 부문에 걸친 국가 경제의 개선으로 쓰여 왔다. 그러나 평민 계급이 배운 것이 없고 사리에 통하지 않으므로, 많은 배려 많은 지출은 무익하게 소비되는 일이 많았고 도처에서 진보는 매우 미미한 것이었다. 우리가 주장하는 교육에 의하면 그 업무에 대한 일은 이미 소년 시대에 연습하여 자력에 의해서 길을 개척하는 능력도 기호도 갖춘 노동 계급을 얻게 되는 것이다. 그리고 국가가 그들에게 더욱 적당한 방법으로 원조한다면, 그들은 국가의 뜻을 이해하고 감사의 마음으로 국가의 지도에 따를 것이다. 경제의 모든 부문은 큰 노력 없이 짧은 시일 내에 일찍이 없었던 번영을 가져와 만약에 국가가 계산을 원한다면, 그리고 국가도 그때까지 사물의 참다운 근본적 가치를 알게까지 된다면, 국가는 지출한 비용의 수천 배의 수익을 가져올 수 있을 것이다. 이제까지 국가는 사법 및 경찰을 위해 많은 일을 하지 않으면 안 되었다. 더욱이 언제나 충분한 성과를 거둘 수가 없었다. 교도소와 감화원은 국가로 하여금 막대한 경비를 지출하게 했고, 양로원 같은 것은 여기에 비용을 쓰면 쓸수록 더욱더 큰 비용을 요구해서, 지금까지의 전체적인 상태를 본다면 마치 빈민을 만들어 내기 위해 세운 시설처럼 보였다. 국가가 새로운 교육을 보급시킨다면 사법과 경찰의 비용과 같은 것은 현저하게 감소되고, 빈민을 돕기 위한 비용과 같은 것은 전혀 필요가 없게 될 것이다. 조기에 훈육한다는 것은, 후에 이르러 뒤늦게 시기를 놓친 징계나 개선의 수고를 덜게 되는 것이다. 또 이렇게 해서 교육된 국민 사이에는 빈민은 전혀 존재하지 않는 것이다.

국가 및 국정에 참여하는 모든 사람들이 국가의 현재의 참된 상태를 알고,

있는 그대로 인식했으면 한다. 우리나라는 사실상의 국가로서는 차세대의 국민을 교육한다는 것 외에, 독립적으로 활동하고 또 그 어떤 결정을 내릴 수가 없도록, 모든 다른 활동 범위를 빼앗기고 있다는 것, 또 국가가 일반적으로 아무것도 하지 않는 것을 바라지 않는다면, 이 교육 사업만은 할 수 있다는 것, 또 이 교육에서 효과를 올린다는 것은 아무런 제한이나 시기심을 초래할 염려가 없다는 것을 절실히 깨달아 주었으면 한다. 우리가 이미 적극적인 반항을 할 수 없는 지위에 있다는 것은 매우 분명해서 각자가 고백하는 바이고, 또 우리가 이미 전제한 일이다. 그렇다면 우리가 이렇게 산 보람을 빼앗긴 생활의 지속을 여전히 바라는 것이 비겁하다거나 삶에 대한 판단력이 부족한 사랑이라고 하는 비난에 대해서 우리는 무엇을 가지고 변명할 수 있는가? 우리는 우리 자신을 위하여 살지 않는다고 결심하고 그것을 행동으로 표시하는 것 외에, 다시 말하면 우리는 보다 보람 있는 후손을 위한 씨앗이 되고 후손들이 자리잡을 때까지 후손들을 위해서만 살려고 한다는 것을 나타내는 일 외에 다른 길은 없다. 삶의 제1의 목적을 잃고 우리는 이 일 외에 무엇을 할 수 있단 말인가? 우리의 제도 법률은 남이 이것을 결정한다. 우리의 욕구 및 우리 군대의 용도는 남이 이를 지시한다. 남이 우리를 위해 법을 만들고, 재판과 판결 및 그 실시까지도 가끔 남이 우리의 지위를 빼앗는다. 우리는 이러한 배려를 당장은 너그럽게 보고 있는 실정이다. 그러나 교육만은 다른 사람들이 전혀 착안을 하고 있지 않다. 우리가 무슨 일을 착수하려고 한다면 이 사업에 착수해야 할 것이다. 이 사업에서 우리는 아무런 방해를 받지 않을 것으로 기대해도 좋다. 나는 다음과 같은 희망을 가지고 있다—아마도 이 희망은 나 자신을 기만할지도 모른다. 그러나 나는 오직 이러한 희망 때문에 오래 살기를 바라고 있으므로 이 희망을 품지 않을 수가 없다—즉 그것은 내가 독일 사람 두서너 사람을 설득하여, 우리에게 중압 (重壓)을 미치고 있는 일체의 화(禍)로부터 우리를 구할 수 있는 것은 오직 이 교육뿐이라는 통찰로 이끄는 일이다. 나는 특히 고난이 우리를 자각시키고 진지한 생각을 하게 만들었다는 것을 확신한다. 외국은 이와는 다른 위안과 다른 방법을 향유(享有)하고 있다. 외국은 내가 주장하는 것과 같은 사상을 접해도 약간의 관심이나 믿음도 두지 않을 것이다. 나는 오히려 외국인들이 누군가가 교육의 효과에 대해서 이렇게 큰 기대를 하고 있다는 것을 들고서 그들 신문의 우스갯거리로 재미있어 하는 데에 지나지 않을 것이라고 생각한다.

국가와 국정에 참여하는 사람들은, 이와 같은 교육의 효과가 빨리 오지 않을 것으로 생각하여 이 사업의 실행을 늦추는 일이 없도록 하기를 바란다. 만약에 그들이 오늘날의 우리의 운명을 초래한 여러 가지 복잡한 원인 중에서 오직 위정자에게만 특히 관계되는 부분을 떼어놓고 생각한다면, 어느 누구보다도 미래를 안중에 두고 이를 극복할 책무를 짊어지고 있는 그들은, 중대한 시국문제가 그들에게 닥쳐오기 때문에, 당면 문제만을 직접 해결하려 시도하고 장래의 일은 훗날의 일이라 해서 이를 미루려 할 것이다. 그러나 이러한 일은 반드시 우리를 속이게 될 것이다. 하나의 동력이 일단 시대 안에 도입되면, 이것은 그 작용을 언제까지나 계속해서 끝까지 가는 것이다. 일단 나도 모르게 이를 방임하면, 뒤늦게 하게 되는 생각은 그 동력을 저지할 수가 없게 된다. 제1의 경우, 즉 단순히 현재를 고려한다는 일은 우리의 운명이 이것을 우선 우리의 손으로부터 빼앗고 있다. 현재는 이미 우리의 것이 아니다. 우리는 단지 우리 자신의 힘 이외의 그 어떤 다른 것에 기대해서 한층 좋은 장래를 만들려고 하는 제2의 경우를 유지하지 않는 상태로 있으면 하는 것이다. 생활을 위해서는 의식 이외에 또 구해야 할 것이 있다는 것을 아는 사람은, 단순히 생존의 의무를 구실로 해서 현재 상태에 만족할 수 없다는 것은 분명하다. 장래를 개선할 희망만이 우리가 거기에서 아직도 숨을 쉴 수 있는 생활권이다. 그러나 장래의 발달을 위해 스스로 현대 속에 도입할 수 있는 것 이외의 것에 입각해서 이 목적을 달성하려고 하는 것은, 공상가나 할 일이다. 우리 위에서 우리를 지배하고 있는 사람들이, 우리가 서로 생각하고 또 뛰어난 사람이 스스로의 힘을 느끼는 것처럼, 우리가 그들을 생각하고 있다는 것을 알았으면 한다. 그들이 솔선해서 우리에게 아주 명확한 이 사업의 선두에 서서, 우리가 보는 앞에서 독일이라고 하는 이름에 가해진 굴욕을 우리의 기억에서 씻어주는 것이 우리가 살아 있는 동안에 우리의 눈앞에서 나타나도록 노력해 주기를 바란다.

국가가 여기에 주어진 임무를 떠맡을 마음이 있다면 국가는 이 교육을, 다음 세대의 전국 모든 국민에게 예외 없이 보급시킬 것이다. 부분적인 단서를 열거나 또는 시험적으로만 할 뿐이라면 착실한 마음을 가진 개인의 힘으로도 충분하겠지만, 이것을 국민 전체에 미치게 하기 위해서는 아무래도 국가의 힘을 기다리지 않으면 안 된다. 그런데 부모가 모두 그의 아들들을 떼어놓고, 그들의 대부분이 그 참뜻을 이해하지 못하는 새로운 교육에 맡길 것을 원할 것인가의 여부는 의문이다. 아니, 종래의 경험에 의하면, 그 아이들을 가정에서 기를 수 있는 재산이 있는 부모는, 일반적으로 공적 교육, 특히 이런 엄중하고 농성적(籠城的)이고 긴 세월을 요하는 공교육에 대해서는 반대할 것으로 여겨진다. 이러한 반대에 대처할 예방책을 강구할 것을 요구하면, 국가는 이와 같은 목적을 위해 이런 강제를 감히 할 권리를 가지고 있지 않다고 대답하는 것이 종래의 정치가의 상례였다. 그런데 사람들이 자연히 새로운 교육에 대한 호의를 갖게 되기를 기다린다고 해도, 일반인으로 하여금 이 교육에 호감을 가지게 하는 것도 오직 이 교육의 힘이기 때문에, 그들은 언제까지나 개선되는 일 없이 세상이 끝날 때까지 구태의연하게 그대로 머물 것이라는 것은 분명하다. 교육을 일반적으로 일종의 사치라고 생각하고 교육에 대한 비용은 가능한 한 절약해야 한다고 생각하거나, 우리들의 제안을 일종의 신기한 인류 개선의 모험적 시도로 보고, 그 성공 여부를 의심하는 사람이 위와 같은 상태에 머무는 한 그들로서는 매우 진지하므로 이것을 어떻게도 할 수가 없다. 종래의 공공 교육 상태를 구가(謳歌)하고, 종래의 공공 교육이 자기의 지도에 의해서 여기까지 발전했다고 기뻐하는 것과 같은 편견에 사로잡혀 있는 사람들에게는, 그들이 전혀 모르는 교육을 채용하라고 요구하는 것은 전적으로 불가능하다. 위와 같은 사람들은 모두 우리의 목적과 무관하다. 그리하여 우리 제안의 채택 여부가, 이러한 사람의 손에 의해 결정되게 된다면 매우 난처하게 된다. 그러나 개중에는 반드시 우리와 함께 일을 상의할 수 있는 정치가도 있을 것이다. 그 정치가는 주로 철학 및 과학의 깊은 근본적 연구에 의해서 자기 자신을 교육한 사람으로, 매우 진지한 마음을 가지고 그 직무에 종사하여 인간 및 그 사명에 대해서 확실한 개념을 가지고 현재를 이해하고 또 현재의 인류에게 불가결한 긴급지사는 무엇인가를 파악할 수 있는 사람일 것이다. 만약에 이러한 정치가로서, 위에서 말한 것과 같은 생각에 의해서 현 시대에 끊임없이 닥쳐오는 야만과 퇴폐 상태로부터 우리를 구할 수 있는 것은 오직 이러한 교육이라는 것을 깨닫는다면, 또 이 교육으로부터 만들어질 새로운 인류의 모습을 그들이 상상한다면,

또 그들이 우리가 주장하는 수단이 확실하고 잘못이 없다는 것을 확신한다면, 그들은 반드시 국가가 인간 관심사의 최고 관리자로서, 또 신으로서, 또 미성년자를 위해서는 자신의 양심에 대해서만 책임을 갖는 후견인으로서, 미성년자를 그들의 행복을 위해서 강제할 권리를 충분히 갖는다는 것을 깨달을 것이라고 기대해도 좋을 것이다. 현재 어느 국가나 그 국민에게 병역 의무를 강제하고, 부모 혹은 아들이 이를 바라거나 바라지 않거나 장정을 부모의 슬하로부터 소집하는 권리를 가지고 있다는 것을 의심할 사람이 그 누가 있단 말인가? 더욱이 이와 같은 강제는 자기의 의지에 위배되는 생활을 장기간에 걸쳐 하도록 강요하는 것이어서 우려해야 할 일이고, 그 강제된 자의 도의적 상태, 건강 및 생명에 대해서 가끔 매우 해로운 결과를 수반하는 것이다. 그런데 우리가 주장하는 강요는, 교육이 완성된 후에는 전적으로 개인적 자유가 반환되고 오직 기뻐할 만한 결과만을 가져오게 된다. 이전에는 병역 의무는 개인의 자유 의지에 일임되어 있었다. 그러나 그것으로는 군대 본래의 목적을 충분히 달성할 수 없다는 사실을 알게 됨에 따라, 주저 없이 강제에 의해서 이를 보충하게 되었다. 이 일이 우리에게 중대한 사항이고 필요가 이 강제를 명령하였으므로 이렇게 한 것이다. 우리가 강제 교육에 있어서도 급박하게 필요함을 깨닫고 이 사항이 우리에게 병역과 맞먹을 만큼 중요해진다면, 위에서 말한 주저함 따위는 저절로 사라질 것이다. 즉 이 교육의 강제는 오직 한 시대에서만 끝나고, 일단 이 교육을 받은 사람은 강제되지 않아도 그들의 자제를 이 교육의 손에 맡길 것이다. 또 이러한 교육을 받은 사람은 모두가 자진해서 조국을 위해 무기를 잡기 때문에 제1의 징병 의무의 강제라고 하는 것은 이에 의해서 불필요하게 되는 것이다. 만약 처음의 시끄러운 반대를 완화하는 수단으로, 종래에 징병 의무의 강제가 제한되어 있었던 것과 마찬가지로, 이 공공적 국민 교육의 강제 범위를 어느 정도 제한하여, 전자가 면제되었던 계급에 대해서는 교육의 강제도 면제한다고 해도 그것은 그다지 폐해가 따르지 않을 것이다. 왜냐하면 이 계급 사람들 중에서도 사리를 이해하는 부모는 자진해서 자제를 이 교육의 손에 맡길 것이다. 이 계급의 몰이해(沒理解)한 부모의—전체로 보아 극히 소수의—자제는 여전히 종래의 인습에 따라 자라서, 그 공교육이 효과를 나타내는 한층 좋은 시대에는 구시대의 진기한 기념물이 되어, 새 시대로 하여금 자신의 행복을 통감하게 하는 좋은 자료가 될 것이다.

　그런데 이와 같은 교육이 독일인 그 자체의 국민 교육이 되어 단지 두서너 독일 연방의 인민뿐만 아니라, 적어도 독일어를 말하는 사람의 대다수가 전적으로 새로운 인류가 되기 위해서는 모든 독일 연방이 한결같이 각자 독립적으로, 더욱이 다른 것과는 무관하게 이 문제를 파악할 필요가 있다. 독일인에게는 언어가—그 언어로 이 제안이 주장되고 이 제안의 수단이 지금 또는 장차 기록되고, 이 언어에 의해서 교사가 단련되는 것이지만—이들 모두를 관통하고 있는 표현 방법으로 모든 독일에 공통된다. 나에게는 교육 수단이 모두, 특히 내가 이 계획에 부여한 범위 안에서는 어떤 수단에 의해서나 또 어떤 변화에 의해서도 이것이 외국어로 번역되어 차용물이나 번역물이 아니라 그 나라 본래의 언어에서 나온 것처럼 되리라고는 도저히 생각할 수 없다. 이러한 곤란으로부터 독일인은 벗어나고 있다. 독일인에게는 이에 대한 준비는 되어 있다. 오직 착수만이 남아 있는 것이다.

　여기에 독일이 여러 독립국으로 나뉘어 있다는 것은 뜻하지 않은 다행이다. 이 사정은 우리에게 불이익이 되는 때도 있었지만, 이 중대한 국민 교육의 문제에 관해서는 어쩌면 우리에게 이익이 될 것이다. 여러 나라 사이의 경쟁심과 서로 남보다 앞서려고 하는 욕망으로, 개별적인 국가가 스스로 자족하고 만족하고 있는 입장에서는 도저히 이룰 수 없는 일을 성취할 것이다. 왜냐하면 독일 연방 안에서 이 사업에 선수를 친 국가는, 독일 전체로부터 받는 경애와 감사에 의해서 다른 연방을 능가하고, 독일 국민의 최고 은인이자 창시자로 우러름을 받을 것이기 때문이다. 이 국가는 다른 여러 나라에 용기를 주고 다른 나라에 교훈적 본보기를 보여 줌으로써 그들에게 모범을 보일 것이다. 그들은 다른 나라를 가로막고 있던 주저를 일소할 것이다. 이 국가를 모태로 하여 교과서나 제1류 교사가 나타나, 그들이 다른 나라에 퍼질 것이다. 이 국가에 이어 성공을 거둔 국가는 이 국가에 이은 명성을 얻을 것이다. 독일인 사이에서 항상 보다 더 높은 것을 추구하는 마음이 아직도 사라지지 않았다는 기뻐할 증거로 종래에 독일 종족 간에 또는 국가 간에 서로 보다 큰 문화를 갖는 긍지를 겨루는 경쟁이 있었다. 이 경쟁의 결과는 서로 다른 나라를 능가하는 언론의 자유가 되어, 옛 사상의 타파가 되고 정돈된 여러 학교나 대학이 되어 한 나라가 왕년의 명성과 공적을 자랑하면, 다른 나라는 또한 이와는 다른 장점을 제시하는 등 우열을 어느 쪽으로도 가릴 수 없었다. 그러나 이번 일이 계기가 되어 그들의 우열은 결정될 것이다. 자기를 보급시켜 모든 인간을 차별 없이 파악하려는 노력을 감히 할 수 있을 정도의 문화가 아니면 생명의 참다운 요소가 될 수 없고, 또 스스로 의존할 수도 없는 것이다. 이 이외의 문화는 단지 외관의 아름다움을 꾸미기 위해 밖에서 덧붙인 것에 지나지 않는다. 양심이 있는 사람은 그러한 짓은 하지 않는다. 이번 기회에 사람들이 스스로 자랑으로 삼았던 문화가, 어떤 나라에서는 이 문화를 저작에 발표하는 중간 계급의 근소한 사람들—그러한 인물은 독일 어느 국가에서나 셀 수가 있다—에게만 한정되어 있었다는 것과, 또 어떤 나라에서는 이에 반해서 이 문화가 국사를 다스리는 상류 계급으로 확대되어 있는 일들이 저절로 분명해질 것이다. 또 종래에 가끔 제시되었던, 이들 여러 나라에 있어서의 학교 설립 및 학교 발전의 노력에 대한 열성을 어떻게 비판할 것인가. 그것이 과연 인간 교화의 순수한 사랑으로부터 생긴 것인가, 혹은 단순히 외관을 장식하려고 하는 욕망, 또는 어쩌면 빈약한 재정적 투기에 입각한 것인가가 그때 밝혀질 것이다. 만약에 인간 교화의 순수한 사랑에서 나온 것이라면 교화의 어느 부문도, 특히 교화의 제1의 바탕을, 동일한 열의를 가지고 붙잡을 것이다.

독일의 어느 나라든 이 제안을 제일 먼저 실시하는 나라가 최고의 영광을 누리게 될 것이라고 나는 말했다. 그러나 더 나아가서, 이 나라는 언제까지나 혼자 서 있지는 않고, 틀림없이 그 후계자와 경쟁자를 발견할 것이다. 다만 선수를 친다는 것이 중요하다. 어느 나라인가가 선수를 치기만 하면 명예심, 질투심, 혹은 다른 나라가 가지고 있는 것을 나도 가지고, 가능하면 더 좋은 것을 얻으려고 하는 욕망 등이 잇달아 일어나 다른 나라들을 자극해서 그 모범을 따르게 할 것이다. 이 교육을 위해 국가가 큰 이익을 얻을 것이라는 것은 우리가 이미 말한 대로지만, 현재로서는 많은 국가가 그 이익을 충분히 인식하지 못하고 있다. 그러나 위에서 말한 바와 같은 사태가 되면, 보는 눈에 선명하게 확인되어 이 이익이 명확해질 것이다.

만약에 지금 당장 모든 독일 나라들이 진지하게 이 계획의 실행에 착수할 것이라고 기대할 수 있다면, 25년 후에는 우리가 바라는 사람이 완성되는 것이다. 그때까지 살 희망이 있는 사람에게는 이와 같은 사람을 눈으로 볼 수가 있을 것이다.

　현재의 모든 독일 나라들 중에서, 앞에서 전제한 모든 것을 통찰하고 이에 의해서 움직여질 능력이 갖추어진 사람을 최고의 요직에 한 사람이라도 가지고 있는 나라, 또 요직자의 다수가 적어도 이러한 한 사람에게 반대하지 않는다고 말할 정도의 나라는 하나도 없다는 것을 충분히 각오를 하지 않으면 안 된다. 그 경우에는 물론, 이 문제 해결의 임무는 뜻 있는 사인(私人)에 맡겨질 수밖에 달리 길이 없다. 우리는 이러한 사인이 우리가 제창하는 새 교육의 선수를 칠 것을 바라는 것이다. 이때 우리가 우선 주목하는 것은 영주이다. 영주는 그들의 소유지에서 그 신민의 자제를 위해 이러한 학교를 세울 수가 있을 것이다. 독일이 새로운 유럽 여러 나라에 대해서 자랑할 일은, 독일의 영주 중 이제까지 그에 속하는 영지 안의 자제의 교육을 위해 진지한 생각을 가지고, 자기가 할 수 있는 한의 힘을 다하는 사람이 항상 여기저기에 있었다는 점이다. 그렇다면 이들 영주들이 우리가 주장하는 완전한 교육을 이해해서, 종래에 그들이 작은 일, 불완전한 일을 할 때 나타냈던 것과 같은 기쁨을 가지고, 더 큰 일, 철저한 일을 위해 힘을 쓸 것이라는 것은 기대할 수가 있다. 위에서 말한 것과 같은 일은, 어쩌면 교육이 있는 신하를 갖는 쪽이 교육이 없는 신민을 가지는 것보다 영주 자신에게 한층 유리하다는 통찰에 의해 이루어진 경우도 있었을 것이다. 만약에 국가가, 영주와 그 영지의 인민 사이의 주종 관계를 폐지하고, 이러한 교육의 동기를 빼앗은 경우에는, 국가는 더욱 더 진지하게, 영주와 신민의 밀접한 관계 하에 영주의 선한 마음으로 이루어진 이 유일한 좋은 일을, 이 관계의 폐지와 함께 잃지 않을 것이라는 것을, 면제받을 수 없는 자신의 의무로서 생각하지 않으면 안 된다. 그리고 이러한 경우에 국가는, 그를 대신해서 스스로 행한 자로부터 그 임무를 거두어들인 후에는, 그 일을 주저하지 않고 스스로 행하도록 하지 않으면 안 된다. 그것을 하는 것은 바로 그의 책무이기 때문에. 더 나아가 도시에 관해서는, 우리는 이 목적을 위해 뜻있는 시민들이 이 목적을 위해 스스로 단결할 것에 기대한다. 자선을 행하려고 하는 자는, 내가 아는 한 시세의 압박이 심했을 때에도 독일인의 마음으로부터 사라져 있지는 않다. 현대의 설비가 보이는 대다수의 결함은 모두 교육이 등한시된 결과이지만, 이들 자선 사업은 이 결함을 보충하는 일은 거의 드물고, 오히려 이것을 조장하는 감이 있다. 자선 사업을 하려고 하는 칭찬할 만한 뜻을, 바라건대, 장차 모든 자선 사업을 불필요하게 만들 사업, 즉 교육 사업으로 돌렸으면 하는 것이다. ―그런데 우리는 그것으로 만족하지 않고 또 다른 종류의 자선 사업과 희생을 기대한다. 이것은 금품의 기부가 아니라 근로의 기부이다. 즉 나이가 적은 학자는 사정이 허락하는 한, 대학을 졸업해서 공직에 오를 때까지의 기간 동안에, 새 교육을 실시하는 학교로 와서 교수의 실제를 배우고 또 자신도 스스로 교편을 잡는 것이다. 그들은 공공을 위해 이것으로 크게 공헌할 수 있는 것은 물론이지만, 그밖에도 그들 자신도 크게 이득을 볼 수 있을 것이라는 것은 분명하다. 그들이 일반적인 대학 교육으로부터 얻는 모든 지식은 때때로 생명을 잃은 것이지만, 이 학교에 와서 일반적 관조의 활동 무대로 들어가면 그것은 명확성과 활기를 획득하게 되는 것이다. 그들은 이들 지식을 전하고 또 쓰는 데에 숙달한다. 어린이는 인간의 본성을 순수하고 적나라하게 나타내는 것이므로, 그들은 어린이와 접촉함으로써 진정으로 인간의 지식이라고 할 만한 귀중한 보물을 획득할 수가 있는 것이다. 그들은 대학에서는 좀처럼 주어지지 않는, 생활과 활동의 큰 기술에 이를 수 있는 안내를 여기에서 얻는 것이다.

국가가 그에게 위임한 교육의 임무를 버려 둔다면, 자진해서 이 임무를 인수하는 사인(私人)은 더욱더 큰 명성을 얻을 수 있는 것이다. 우리는 장래를 추측해서 선취하거나 혹은 장래를 비판하고 의심하는 말을 하는 것은 결코 아니다. 우리가 당장 원하는 것이 무엇인가는 앞에서 명확하게 말하였다. 여기에서 우리가 양해를 얻어 덧붙이고자 하는 것은, 만약에 국가 및 군주가 교육 사업을 사인의 손에 위임한다면, 이것은 위에서 실례를 가지고 말한 것처럼, 독일의 발전과 문화에 대한 종래의 경로를 밟게 되고, 이 경로는 언제까지나 변하는 일이 없을 것이라는 것이다. 이 경우라 할지라도 국가는 시기가 오면 따라올 것이다. 우선 자기 책임이 되는 부분은 자기 스스로 떠맡아 이를 행하고 후에 자기는 부분이 아니라 전체라는 것, 그리고 전체를 위해 힘을 다하는 것이 자기의 의무이고 권리라는 것을 깨닫는 개개인과 마찬가지로 행동할 것이다. 국가가 이것을 깨달은 그때부터 사인의 독립 경영은 그치고 국가 전체의 공통된 경영에 배속되게 되는 것이다.

교육 사업이 위와 같은 경로를 취하는 것이라고 하면, 우리가 기도하는 인류의 개선은 매우 서서히, 더욱이 전체에 대한 확고한 달관도 대체적인 예정도 없이 진행될 것이다. 그렇다고 우리는 이 사업에 착수할 용기를 잃어서는 안 된다. 이것은 일 그 자체의 성질상 결코 사라지는 일은 없고, 일단 착수되면 자력에 의해서 존속하여 더욱더 왕성하게 보급되어야 할 일이다. 일단 이 교육을 받은 사람은 이 교육의 증인이 되어 열렬한 창도자(唱導者)가 될 것이다. 그리하여 받은 교육에 대한 보답을 하기 위해 스스로 교사가 되어, 될 수 있는 대로 많은 학생을 양성할 것이다. 이 학생들 또한 교사가 될 것이다. 이렇게 해서 차례로 이 교육이 확대되어 마침내는 모든 사람이 여기에 참여하게 될 것이다.

국가 자체가 이 국민 교육을 맡지 않아 사인이 교육 경영을 하게 되면, 조금이라도 재산이 있는 사람들은 그들의 자제를 이 교육에 맡기지 않을지도 모른다는 우려가 생긴다. 이와 같은 경우에는 우리는 결연하게, 그리고 충분한 확신을 가지고 불쌍한 고아, 초라하게 방황하고 있는 소년, 모든 성인 사회가 추방하여 돌보지 않는 사람에게 우리의 교육을 돌릴 뿐이다. 종래에도 실례가 있던 일이지만, 특히 독일의 여러 나라 안에는 매우 신을 받든 조상들이 많은 학교를 늘리고 충분한 설비를 한 국가가 있다. 다른 직업에서는 옷값과 밥값을 얻을 수 없지만, 여기에서는 동시에 의식이 제공되기 때문에 빈민들은 그 때문에 자제를 이러한 학교에 입학을 시킨 것이다. 이와 마찬가지로 우리도 불가피한 경우에는 순서를 바꾸어서, 빵을 다른 데에서 얻을 수 없는 자에게 빵을 주고, 그들로 하여금 빵과 동시에 정신적 교육을 받을 수 있는 대책을 취하기로 하자. 우리는 이들의 빈곤이나 이전의 황폐했던 상태가 우리의 교육 목적의 방해가 되지 않을까 하고 염려할 필요는 없다. 우리는 그들을 이전의 상태에서 순식간에 완전히 빼내어 하나의 새로운 세계로 끌어들이자. 그들이 옛 상태를 상기할 만한 일은 하나도 그들에게 경험하지 못하도록 하자. 그렇게 하면 그들은 자기 자신을 잊고 새로운, 전혀 새로 태어난 인간으로서 서게 될 것이다. 그들은 이 경우, 마치 신선하고 순결한 조각의 재료와 같은 것으로, 여기에 오직 선(善)만을 새겨 넣는다는 것은 우리의 수업법과 우리의 경영법에 의해 틀림없이 가능하리라고 믿는다. 만약에 우리 시대가 버린 이들 인간이, 이렇게 버림을 받았기 때문에 오히려 보다 더 좋은 인간의 시작이 되는 특권을 받는다고 한다면, 또 이 시대 사람들이 자기와 자리를 같이하기를 원하지 않은 이 사람들이 이 시대 사람들의 자제들에게 훌륭한 교양을 베풀고, 우리 미래의 영웅, 현인(賢人), 입법자, 인류의 구제자의 시조가 된다면, 이것은 후세를 영위하는 실례가 되는 것으로, 그때 나쁜 선례로 인용되는 것은 바로 우리의 시대일 것이다.

교육 사업을 착수함에 있어 우선 필요를 느끼는 것은 유능한 교사와 교육자들이다. 이들은 페스탈로치의 학교가 이미 양성하고 있고, 앞으로도 더욱 더 많이 양성할 수 있도록 되어 있다. 처음에 주안점으로 삼을 일은, 이런 종류의 학교는 동시에 교사 양성소로 출발하여 이미 완성된 교사 외에, 가르치는 것을 배우고 동시에 이것을 실지로 연습하여 더욱더 잘 배우고자 하는 젊은 사람들을 모으는 일이다. 이렇게 하면, 학교 개설 초기에 재정상의 여러 곤란이 있었다고 해도 교사의 봉급에 관한 지출은 현저하게 절약할 수가 있을 것이다. 대개의 젊은 사람들은 스스로 배운다는 생각으로 여기에 오는 것이므로, 그 본보기로서, 배운 것을 가지고 어느 기간 동안 돈을 받지 않고 자기가 배운 이 학교를 위해 힘을 쓰는 것이 좋다.

또한 이밖에, 이러한 학교는 교사(校舍)와 우선 필수불가결한 설비와 상당한 토지가 필요하다. 그러나 경영이 진행됨에 따라 이미 상당한 연령에 도달한 일부분의 소년들이 학교의 사동(使童)으로서 단지 의식의 지급에 만족하여 일을 하고, 더 커서 상당한 연봉을 받을 수 있는 연령에 이르렀을 때에는 그 직을 다른 연소한 사람에게 양보하기로 하는 등 효과적인 경제법을 사용하면 이들 학교는 대부분 스스로의 수입만으로 유지해 나갈 수가 있을 것이다. 다만 위와 같은 학생이 미처 양성되지 않은 초기에는 이들의 비용으로서 상당히 많은 돈이 지출되겠지만, 그것은 길지 않을 것이라는 전망이 보이므로 그 정도의 지출을 기꺼이 하는 사람도 반드시 있을 것이라고 여겨진다. 본래 목적의 방해가 될 수 있는 지나친 절약은 피하지 않으면 안 된다. 이러한 절약을 할 정도라면 오히려 처음부터 사업에 착수하지 않는 것이 좋다.

선량한 의지만 있으면, 이 계획을 실행함에 있어 몇 명의 공동적이고 집중적인 노력으로 이겨낼 수 없을 정도의 곤란은 우선 없을 것이라고 나는 믿는다.

12강 우리의 취지를 관철하기 위해 취할 수단에 대하여

우리가 독일인 장래의 국민 교육을 위해 제의하는 교육이 어떠한 것인가는 이미 충분히 설명했다. 이 교육에 의해 양성된 사람들—정(正)과 선(善)에 대한 관심에 의해서 움직이고, 다른 그 어떠한 것에 의해서도 동요되지 않는 사람들, 자신의 입장에서 항상 확실하게 선을 인식하는 힘을 갖춘 사람들, 자기가 결심한 일을 항상 관철시킬 모든 정신력 및 체력을 갖춘 사람들—이 일단 완성되면, 우리가 가장 갈망한 모든 것은 이들 사이에서 자연스레 생겨 자연히 발달해 갈 것이다. 이와 같은 시대는 우리의 지도가 필요치 않으며, 오히려 우리가 거기에서 배우지 않으면 안 될 것이다.

그러나 이러한 사람들은 아직 나타나지 않았고, 우리는 앞으로 그러한 사람을 만들어 내지 않으면 안 되는 것이다. 따라서 우리의 계획이 예상 이상으로 성공한다고 해도, 이러한 시대가 출현할 때까지는 상당한 시간이 필요할 것이므로 여기에서 문제가 생긴다. 우리는 그때까지 어떻게 지내야 할 것인가, 우리는 이러한 개선이 이루어지는 바탕으로서, 또 이와 같은 개선이 저절로 결부되는 출발점으로 사는 것 이상의 일은 할 수 없지만, 우리가 적어도 이러한 삶을 유지해 가기 위해서는 어떻게 하면 좋은가, 장차 우리의 교육에 의해서 양성된 사람들이 그 격리를 나와서 우리에게로 들어올 때, 그들이 스스로 옳다고 생각하고 있는 사물의 질서와는 전혀 다른 사물의 질서가 우리 사이에 존재하고 있다는 것을 인정하는 일이 없도록 하기 위해서는, 또 그들이 이것이라고 생각하는 질서를 아무도 이해하지 못하고, 혹은 원하지도 않고, 바라지도 않고, 오히려 종래의 질서만을 전적으로 자연스러운 것, 유일 가능한 것으로 생각하지 않도록 하기 위해서는 어떻게 하면 좋은가? 하나의 다른 세계를 가슴에 품는 그들은 너무나도 빨리 헤매지 않으면 안 될 것이 아닌가? 그리고 참다운 교육도 생명에 아무런 이익도 주지 못한 채 헛되이 사라지기를 종래의 교육이 사라진 것처럼 되지나 않을까?

많은 사람들이 종래의 부주의, 무관심, 방만한 상태를 여전히 계속한다면, 필연적으로 위에서 말한 바와 같은 사태가 올 것이라는 것은 분명하다. 아무런 주의도 하지 않으면서 단지 되어가는 대로 내버려 두고, 주위의 사정이 원하는 대로 형성되어 가는 인간은 이윽고 그 어떤 조직에도 곧 익숙해지게 된다. 그의 눈은, 처음에 이것을 보았을 때 아무리 불쾌감을 느끼더라도, 매일 그것이 되풀이되면 마침내 그것에 익숙해져서 나중에는 그것을 당연한 일, 으레 그래야 한다고 생각하여 마침내는 그것을 사랑하는 마음까지도 생기는 것이다. 이러한 사람에게는 최초의 좋은 상태가 회복되어도 아무런 이익이 되지 못한다. 왜냐하면 그는 그 좋은 상태 안에서 이윽고 끌려나오기 때문이다. 이렇게 해서 사람들은 자기 관능적 생활만 해치지 않는다면 노예 상태에도 익숙해져서 시간이 지남에 따라 이것을 사랑하게도 되는 것이다. 복종 상태의 특히 무서운 점은 모든 인간의 긍지를 마비시키고 특히 여러 가지 배려나 생각의 번거로움을 벗어나게 하여 게으른 자를 즐겁게 하는 면을 지니고 있다는 점이다.

　우리는 복종이 갖는 이러한 달콤한 면을 경계하지 않으면 안 된다. 왜냐하면 이것은 우리의 후손으로 하여금 장래의 독립에 대한 희망을 잃게 할 염려가 있기 때문이다. 우리의 외적인 활동에 장애가 가해진다면, 우리는 우리의 정신 안에 자유로운 사상을, 이 사상 안에서 사는 생명을, 오직 이 생명만을 얻으려고 하는 소망과 욕구를 더 한층 대담하게 불러일으키지 않으면 안 된다. 우리는 자유를 잠시 가시적 세계에서 없애고, 우리 사상의 안쪽 깊숙이 이 자유의 피난처를 만들어, 이 사상을 밖으로 나타내는 힘을 가진 전적으로 새로운 세계가 우리 주위에서 성장하는 것을 기다리기로 하자. 우리는 오늘날에도 분명히 우리의 생각에 자유롭게 위임되어 있는 것, 즉 우리의 심정을 가지고 우리를 장차 실현시키게 될 모범, 예언, 증인이 되게 하자. 우리는 우리의 육체와 함께 우리의 정신까지도 굴복하고 예속당하며 갇히는 일이 없도록 하자!

　어떻게 해서 그것을 달성시킬 수 있느냐고 묻는다면, 이 물음에 대한 유일한 총괄적 대답은 다음과 같다. 우리는 당장, 우리가 되어야 한다는 것, 즉 독일인이 되는 것—바로 이것이다. 우리는 우리의 정신을 굴복시켜서는 안 된다. 그러기 때문에 우리는 무엇보다도 먼저 하나의 정신을 얻지 않으면 안 된다. 그것도 견고하고 확고한 정신을. 우리는 모든 사물에 대해서 진지해야 한다. 경솔하게 장난삼아 생존하는 것을 계속해서는 안 된다. 우리는 우리의 모든 사고와 행동의 확실한 규범이 될 확고부동한 원칙을 만들지 않으면 안 된다. 생활과 사고는 우리에게는 동일한 일체로 이루어져, 하나의 철저하고 견실한 전체를 이루지 않으면 안 된다. 우리는 이 양자에 관해서, 자연과 진리에 적합한 것이 되게 하고 밖에서 가해진 인위적인 것은 버려야 한다. 한마디로 말하면 우리는 독자적인 성격을 만들어 내야 한다. 성격을 갖는다는 것과 독일인이라는 것은 틀림없이 같은 뜻이다. 이것을 나타내는 특별한 말은 우리 국어에는 없다. 왜냐하면 이것은 우리가 조금도 생각하지 않고 알지 않아도 우리의 존재로부터 직접 나와야 하는 것이기 때문이다.

　우리는 무엇보다도 먼저 현대의 큼직한 사건, 우리와 이 사건의 관계, 그리고 이것들로부터 생기게 될 모든 것에 대해서, 우리의 사상을 작동시켜서 성찰하고, 이들 모든 일에 대한 명확한 의견을 정하여, 여기에서 일어날 수 있는 문제에 대한 결정적이고 움직일 수 없는 찬부(贊否)를 준비하지 않으면 안 된다. 교양에 대해 조금이라도 요구할 일이 있는 사람은 이렇게 해야 한다. 인간의 동물적 생활은 모든 시대를 통해 같은 법칙에 따라 경과되고, 어느 시대에서나 그 취향은 변하지 않는다. 여러 시대는 오직 오성(悟性) 때문에만 존재한다. 여러 시대를 개념을 가지고 살아가는 사람만이 이 시대를 함께 살고 또 그의 시대에 생존하는 것으로, 동물과 식물의 생활은 그것과는 전혀 다른 것이다. 일어나는 모든 것을 염두에 두지 않고 헛되이 지나가게 하여, 그것들이 우리에게 닥쳐오는 것을 우리가 먼저 눈을 감고 귀를 막고, 더 나아가 이와 같은 무사고(無思考)를 무슨 큰 현명한 짓인 것처럼 자랑하는 것은, 대양의 파도가 몰아쳐도 느끼지 못하는 바위와 같고 폭풍에 이리저리 흔들리면서도 이를 알지 못하는 나무와 같을 것이다. 그러나 생각하는 사람에게는 결코 어울리지 않는 일이다. ―높은 사고의 세계로 비상(飛翔)한다고 해도, 자신의 시대를 이해해야 한다는 만인에 공통된 의무를 면할 수는 없다. 일체의 높은 것은, 각 방식에 따라서 직접 현재의 세계에 작용하는 것이지 않으면 안 된다. 진정으로 높은 세계에 사는 사람은 동시에 현재의 세계에도 사는 사람이다. 만약 현재의 세계에 살지 않는다면 이것은 이윽고 이상 세계에도 살지 않고 단지 그 세계를 꿈꾸고 있다는 증거에 지나지 않는다. 현재 우리들의 눈앞에서 일어나는 것을 무시하는 것, 자연적으로 생긴 주의를 일부러 다른 곳으로 유도한다는 일은 우리의 적이 가장 바람직하게 생각하는 일일 것이다. 우리의 적이, 우리가 매사에 아무것도 생각하지 않는다는 것을 확인하면, 그는 생명 없는 도구를 다루듯이 그가 바라는 것을 감히 우리에게 강요하기 시작할 것이다. 방심한다는 것은 우리로 하여금 어떠한 일에도 익숙하게 만들어 의심하지 않도록 만드는 것이다. 이에 반하여 명확하고 총괄적인 사상이, 또 있어야 할 일의 모습이 이 사상 안에 눈을 뜨고 있는 동안에는, 익숙해져서 의심하지 않는 일 같은 것은 결코 있을 수가 없다.

이 강연은 우선 여러분을 초청하였다. 그러나 이윽고 또 모든 독일 국민을 초청할 것이다. 단, 그것은 이것을 인쇄로 회부하여 독일 국민을 그 주위에 모아 스스로 굳게 결심하고, 다음의 몇 가지 문제에 관해서 내면적으로 일치하는 것이 현재의 사정 하에서 가능한 경우이다. 그 몇 가지 문제란 첫째, 독일 국민이라는 것이 과연 존재하는가, 또 그 독일 국민이 독자적이고 자주적인 본질을 가지고 존속하는 일이 지금 과연 위태로운 상태에 있는가 없는가, 둘째로, 독일 국민을 유지하기 위해 노력할 만큼 보람이 있는 일인가 어떤가. 셋째, 이것을 유지하기 위한 확실한 수단이 있는가 없는가. 또 그 수단은 어떠한 것인가?

이전에는 우리나라 사람의 습관으로서 그 어떤 말이 구두 또는 인쇄에 의해서 발표되었을 때, 이것을 일상적인 잡담으로 알고 이것을 무료할 때의 농담거리로 삼아왔다. 우선 나의 주위에서는 이번에도, 전년에도 나의 이 강연이 그러한 용도로 이용된 흔적은 볼 수가 없다. 출판과 관련된 사교적 회합석상에서—문학잡지나 그 밖의 정기 간행물을 말하는 것이지만—그러한 회합에서의 시평(時評)에서도 들은 바가 아무것도 없다. 따라서 내 강연이 진지하게 받아들여지고 있는지 또는 여흥의 재료로 제공되어 있는지 분명치가 않다. 그것은 여하간에 적어도 나의 의도는 농담을 하거나 현대에 특유한 예의 기지(機智)를 동원하려고 하는 것도 아니다.

우리 인간 사이에 깊이 뿌리박아 거의 제2의 천성이 되고 그 반대를 거의 들을 수 없을 정도가 되어 있는 독일인의 습관은, 무슨 일이나 새로 시작된 것을 보면 적어도 입을 가진 사람은 될 수 있는 대로 신속하고 즉각적으로,

찬부 여하를 막론하고 자신의 의견을 말하지 않으면 안 되는 것처럼 생각하여, 한동안 떠들썩하다가 그것이 끝나면 그 일은 이제 끝난 것으로 생각하여, 세간의 대화는 다시 새로운 화제를 구하여 서둘러야 한다고 생각하고 있다는 점이다. 이렇게 해서 독일인 서로 모든 문필상의 교통은, 옛 우화 속에 나오는 메아리처럼 아무런 형태도 없고 구체적인 내용도 없이 단순히 순수한 소리로 변하는 것이었다. 사람과 사람이 교통하는 경우의 나쁜 교제에서 흔히 볼 수 있는 것처럼 문필상의 교통에서도 다만 사람의 목소리만 계속 이어지고, 각자가 지체 없이 이 소리를 받아서 이것을 이웃에게 전달하면 그만이었고, 그 목소리의 내용은 아무도 돌보지 않았던 것이다. 이와 같은 것이 바로 무성격적인, 비독일적인 것이 아니고 무엇이겠는가? 이와 같은 풍속을 칭찬하고 문단의 말 많은 혀를 자극하는 것은 나의 의도는 아니다. 나는 애당초 이와 같은 일을 원하지 않았으므로 공중의 흥미를 돋우는 일에는 개인적인 관계를 끊고, 세상 사람들도 또한 나를 그러한 사람으로 보는 것을 단념할 수 있었던 것이다. 나는 여러 사람이 내가 제기한 문제에 대해서 어떻게 생각하고 있는가, 즉 그는 종래에 이 문제를 어떻게 생각해 왔는가, 혹은 생각하지 않았는가를 지금 당장 알려고 하는 것은 아니다. 그는 스스로 숙고하여 자신의 비판을 완전히 그리고 분명하게 만드는 것이 좋다. 그리하여 거기에 필요한 시간을 사용하는 것이 좋다. 그리하여 만약에 그가 이 문제의 비판에 필요한 예비지식이나 수양에 모자란 점이 있다면, 우선 이것을 얻기 위해 상당한 시간을 할애하는 것이 좋다. 그가 자신의 비판을 형성하여 그것을 명확하게 했을 경우에도 꼭 그것을 공표할 필요는 없다. 만약에 그 비판이 내가 여기서 말한 것과 일치한다면, 그것을 일부러 사람을 바꾸어서 발표할 필요는 없다. 다만 이와는 다른 일, 보다 더 좋은 일을 말할 수 있는 사람이 있다면 그것은 꼭 발표해야 할 일이다. 여하간 각자는 그 어떤 경우에도 그의 방식에 따라 또 그 지위에 맞게 참되게 살고 활동해야 한다.

끝으로 나의 강연으로 독일의 여러 대가들에게 교훈과 논설을 만들 문장 연습의 기회를 주어, 그들의 문장을 개선하게 하고 그와 동시에 그들이 나에게 어떠한 기대를 품고 있는가를 알려고 하는 것 같은 일은 나의 뜻과는 먼 일이다. 이 점에 관해서도 좋은 교훈이나 충고는 나는 이미 충분히 이들 대가들로부터 받고 있다. 만약에 개선의 여지가 있다면 이미 그것은 나타났을 것이다.

　나의 첫 의도는, 의문이나 연구의 소용돌이 및 이들에 관한 서로 모순된 의견의 대집단 속에서, 교육을 받은 사람들이 부평초(浮萍草)처럼 방황하는 것을 구조하여 가능한 많은 사람을, 그들이 확고하게 설 수 있는 한 점, 특히 우리에게 가장 긴밀한 관계를 갖는 한 가지 점, 우리 모두에게 공통된 문제의 한 점으로 인도하여, 거기에서 그들로 하여금 동요하지 않는 확고한 의견, 흔들리지 않는 명확한 신념으로까지 끌어올리려는 데에 있다. 또 그들이 다른 점에서는 아무리 반대 의견을 가지고 있다고 해도, 적어도 이 문제에서는 기분이 일치하도록 그들을 결합시키는 데에 있다. 이렇게 해서 마침내 독일인의 확고한 특징을 만들어 내어 이 특징에 의해서, 각 독일인으로 하여금 독일인 전체의 문제에 대해서 하나의 의견을 갖고자 하는 마음이 들게 하려는 것이다. 이에 반해, 이 문제에 대해서 아무것도 듣기를 원하지 않았기 때문에 하지 않으려는 사람은 지금부터 당연히 독일인에 속하지 않는 사람으로 간주되어야 할 것이다.

　이와 같은 확고한 의견을 만들고 또한 많은 사람들이 이 문제에 대해서 서로 일치하게 이해한다는 것은, 직접적으로는 우리의 성격을 현재의 멸시할 만한 방만 상태에서 구출하게 될 뿐만 아니라, 동시에 또 우리의 주된 목적, 즉 새로운 국민 교육의 실시를 위한 유력한 수단이 되기도 하는 것이다. 특히 우리 자신이 자신에 대해서나 다른 사람에 대해서나 결코 마음의 일치를 얻지 못하고 오늘은 이것을 원하고 내일은 저것을 원하며, 우리 각자는 이 혼돈된 사상계에 각기 제목소리를 내고 있었으므로, 이에 대해 너무나 많이 귀를 기울인 우리 정부는, 이를 효과적으로 관리하지 못하여 우리의 사상과 마찬가지로 정처 없이 동요하고 있었다. 이제 공통된 사항에 일단 확고한 진로를 취하게 하려는 단계에서 우선 우리 자신부터 시작해서 확고하고 건실한 실례를 보이는 데에 그 어떤 방해가 있단 말인가. 우선 많은 사람들이 일치하는, 변하지 않는 의견을 발표하게 하라. 확고하고 모든 사람에 공통된다고 인정되는 요구, 예를 들어 우리가 전제로 하는 국민 교육의 요구를 호소하게 하라. 우리 정부는 반드시 이에 귀를 기울여서, 만약 우리가 그의 조력을 구할 때에는 틀림없이 우리는 도울 것이다. 만약 정부가 이것을 하지 않을 경우에는 우리는 적어도 정부의 처사를 비난하는 권리를 얻을 것이다. 현재 우리 정부는 대체로 우리가 원하는 정부이므로 이에 대해서 불평을 한다는 것은 부당할 것이다.

독일 국민의 유지를 위한 확고하고 철저한 수단이 있는가, 만약에 있다고 하면 그 수단은 무엇인가—하는 것은, 우리가 독일 국민에 관한 결정적인 해답을 구하는 몇 가지 문제 중에서 가장 중요한 것이다. 나는 스스로 이 물음에 대답하고 또 그렇게 대답하는 근거도 밝혔다. 그러나 이것을 최종적인 단안(斷案)으로 삼은 것은 결코 아니다. 왜냐하면 이와 같은 것은 결국 아무런 도움을 주지 못하고, 이 문제를 다루는 각자가 자기 마음속에서 자기 자신의 행위에 의해서 확신을 만들어내지 않으면 안 되기 때문이다. 나는 지금부터는 각자의 반성과 비판에 맡기지 않으면 안 된다. 다만 내가 경고할 수 있는 것은, 세상 사람이 이 문제에 대해서 가지고 있는 천박한 사상으로 자신을 속이고 깊은 반성을 방해하며, 가치 없는 위안에 만족하지 말라는 것이다.

예를 들어 우리가 독립을 잃기 훨씬 이전에 마치 위안을 하기라도 하듯이 자주 듣고 또 독립을 잃은 후에도 되풀이해서 듣는 말은, 비록 우리가 정치상의 독립을 잃어도 우리는 우리의 언어 및 문학을 잃지 않고 있으며, 이 방면에서는 여전히 하나의 국민으로서 존재하므로 모든 다른 손실은 쉽사리 단념할 수 있다는 것이었다.

정치적 독립이 없더라도 여전히 우리의 언어를 유지할 수 있다는 희망은 도대체 어디에 그 근거를 두고 있는 것인가? 이와 같은 말을 하는 사람이라 할지라도 그들의 그 말, 그 훈계가 자자손손 수백 년에 이르기까지 언어의 불가사의한 힘을 발휘한다는 것을 믿고 있는 것이 아닌가. 지금 살아 있는 기성 세대로서 독일어로 말을 하고 쓰고 읽는 데에 익숙한 사람은 틀림없이 그것을 유지할 것이다. 그러나 곧 이어지는 다음 세대 또 그 다음 세대는 무엇을 할 것인가? 이들 차세대의 독일인이 모든 영광의 소유자이자 모든 은총을 나누어 주는 정복자를 향하여, 자기 언어를 희생해서까지 영합하려고 하는 마음을 일으킬 것이라고 예상하는 것은 그리 어렵지 않다. 이것을 견제할 요소를 어떻게 해서 그들의 마음속에 심어줄 것인가? 도대체 우리는 세계 제일의 언어(독일어를 가리킨다)로서, 더욱이 주지하는 바와 같이 그 언어로는 제1류의 저작이 아직 나타나지 않은 것에 대해 아직 들은 바가 없는 것일까? 그 언어 속에서도 권력에 영합하려고 하는 글이 현재 우리 눈앞에 나타나고 있지 않은가? 세상 사람들은 두 개의 다른 언어, 하나는 고대의 언어(그리스어를 가리킨다), 하나는 근대어(라틴계 언어를 가리킨다)를 예로 들어, 이들 언어를 말한 국민은 정치상으로 멸망했음에도 불구하고 아직도 살아 있는 언어로서 유지되어 있다고 말한다. 나는 그 유지 방법에 대해서 깊이 들어갈 생각은 없다. 그러나 다만 다음과 같은 것만은 분명하다. 즉 이들 두 언어는 우리의 언어에는 없는 그 무엇을 안에 가지고 있어서 그에 의해 정복자의 은총을 얻었지만, 우리의 언어는 결코 그 은총을 얻을 수가 없다는 것이다. 이러한 한가한 말을 하는 사람들은 좀 더 관찰을 넓혀 그의 주위를 살펴보았다면, 우리의 경우에 알맞은 실례를 발견했을 것이다. 즉 벤데족의 언어이다. 이 언어도 그 민족이 자유를 잃은 후에도 수백 년 동안 존속하고 있다. 그러나 흙먼지 속에 얽매인 노예의 비참한 오두막에서 존속되어, 노예가 자신을 정복자에게 이해시키지 못하고 자신의 운명을 한탄하는 용도로만 쓰이고 있는 것이다.

이를테면 우리 언어가 살아 있고 글을 쓰는 언어로서 남아 있으며, 그렇게 해서 자기의 문학을 유지하고 있다고 생각해 보라. 정치상의 독립이 없는 민족의 문학은 도대체 어떠한 문학일 수 있는가? 이성 있는 저술가는 도대체 무엇을 원하며 무엇을 원할 수 있는가? 그는 일반 공공의 삶에 작용하여 이것을 자기의 형상으로 만들어서 이를 개조할 것을 원할 것이다. 만약 그가 그것을 원하지 않는다면 그가 하는 모든 말은 공허한 일에 지나지 않는다. 이러한 저술가는 근원적인 정신생활의 바탕에 서서, 마찬가지로 근원적으로 일을 하는 사람 즉 지배하는 사람 대신에 생각하기를 원하는 것이다. 그렇다면 그는 단지 지배자가 생각할 때 쓰는 언어, 지배가 그것에 의해서 행하는 언어, 독립된 국가를 형성하고 있는 민족의 언어로만 저작을 할 수 있는 것이다. 가장 추상적인 여러 과학에 관한 우리 모두의 노력조차도 결국은 무엇을 바라는가? 이들 노력의 직접적인 목적은 과학을 다음 세대에 전달하여 이것을 세상에 유지하는 일일지도 모른다. 그러나 도대체 무엇 때문에 이러한 과학을 유지하지 않으면 안 되는가. 틀림없이 적당한 시기에 일반적인 생활과 인성에 적합한 모든 질서를 형성하기 위해서일 것이다. 이것이 궁극적인 목적이다. 즉 모든 과학적 노력은 간접적으로는 비록 후세에서라도 국가에 봉사하는 것이다. 만약 과학이 이 목적을 버린다고 한다면 과학의 품위와 독립은 잃게 되고 마는 것이다. 따라서 이 목적을 가진 사람은 반드시 지배하고 있는 국민의 언어를 가지고 쓰지 않으면 안 되는 것이다.

특별한 언어가 쓰이는 곳에서는 어디에서나 반드시 독립적으로 자기의 사건을 처리하고, 스스로 자기를 지배하는 권리를 갖는 특별한 국민이 존재한다는 것이 틀림없는 진실인 것처럼, 반대로 스스로 지배하기를 포기한 민족은 자기의 언어를 버리고 정복자와 타협해야 할 의무가 있다. 이것은 이미 존재하지 않는 사정을 모두 잊어야 한다는 것과, 통일과 내부의 평화를 가능하게 하기 위하여 필요한 것이다. 정복 국민과 피정복 국민의 혼합체를 이끄는 어중간하게 아는 정치가는 틀림없이 이러한 통일과 평화와 망각을 강요하게 될 것이다. 따라서 우리들의 경우에도 이러한 요구가 부과될 것을 기대하고 기다려야 하는 것이다. 그런데 이러한 융합이 이루어질 때까지는 정복자가 공적으로 허가한 교과서가 야만인—즉 정복 국민의 언어를 배우기에는 너무나 재주가 없고 또 바로 그것 때문에 모든 공공적 사항에서 격리되어 평생의 굴종을 강요당하는 자—의 말로 번역되어 존재할 것이다. 또 현실의 사건에 대해서 침묵을 부관한 그들은 겨우 가공 소설적으로 정치적 사건을 묘사함으로써 문장을 연습하거나 옛날의 낡은 형식을 모방하는 것이 허락될 것이다. 전자의 경우는 방금 예를 든 낡은 언어(그리스어), 후자의 경우는 새로운 언어(라틴어)가 그 실례이다. 이렇게 가련한 문학은 우리도 당분간은 유지할 수 있을 것이다. 그 이상의 위안을 모르는 자는 그것에 만족해도 좋을 것이다. 그러나 진실을 보고, 진실의 모습을 보고 결심과 실행을 촉구받은 용기와 힘을 가진 인간까지도 이러한 가치 없는 위로, 우리의 독립의 적이 좋아할 게으른 꿈속에서 삶을 이어가는 일만은 될 수 있는 대로 방지하고 싶은 것이다.

그런데 세상 사람은 독일 문학이 후세에도 존속하리라는 것을 기대하고 있다. 이에 대해서 우리가 품을 수 있는 기대를 더 파고들어가 비판하기 위해서는, 오늘날까지 과연 참다운 뜻의 독일 문학이 있었는가의 여부를 우선 생각해 보지 않으면 안 될 것이다. 저작가의 가장 고상한 특권 및 가장 신성한 직무는, 자국민을 자기 주위에 모아서 그들과 함께 그들의 가장 중요한 사건을 협의하는 것이다. 특히 독일에서는 이전부터 이것은 오직 저작가의 임무였다. 왜냐하면 이 나라는 여러 작은 연방으로 나뉘어서 저작자의 이기(利器), 오직 언어와 문장에 의해서만이 전체로서의 통일이 유지되고 있었기 때문이다. 그러나 독일인을 결합하고 있던 최후의 외적 유대, 즉 국헌(國憲)의 유대까지도 절단된 오늘날에는 저작자의 이 임무는 더욱 긴요한 것이 되어 있는 것이다. ―우리는 여기에서 우리가 알고 있는 것, 혹은 우리가 우려하고 있는 것을 말하고 있는 것이 아니라, 다만 우리가 미리 고려해 두지 않으면 안 되는 만일의 경우를 말하고 있는 것이지만, ―만일 독일 연방의 굴종적인 당국자가 불안, 우려 및 공포에 사로잡힌 나머지 독일 국민을 아직도 존재하고 있는 것으로 가정하고 이를 향해 경고하려고 하는 소리에 대해, 우선 그 발언을 금하고 금령으로 그 보급을 거부한다면, 이것이야말로 독일에는 이미 독립된 문단(文壇)이 없다는 것을 실증하는 것이고, 또 장차 독일 문단이 존속할 것이라는 가망도 여기에서 단절되게 될 것이다.

이들 당국자가 두려워하고 꺼려 하는 것은 도대체 무엇인가? 그들은 단지 이러한 경고의 말을 듣는 것을 원하지 않는 것인가? 그들은 소심한 그들의 허약한 신경에 대해 적어도 시대의 선택을 잘못했다고 해야 할 것이다. 그들 당국자는 조국을 비방하고 외국의 사물을 쓸데없이 칭찬하는 사람이 있어도 그것을 방지할 수 없는 것이 아닌가. 그렇다면 이 물음에서 겨우 들리기 시작한 한 가닥의 애국적 언설에 대해 너무 엄격한 단속은 삼가기 바란다. 원래 모든 사람이 같은 말에 귀를 기울일 수 없다는 것은 분명하지만, 그러나 우리는 당장 이것들을 생각할 틈이 없다. 우리는 당면한 급한 필요성에 쫓기고 있는 것이다. 이 당면한 필요가 우리에게 말하라고 명령하는 것을 우리는 그대로 전하지 않을 수가 없는 것이다. 우리는 우리의 생명을 위해 고투(苦鬪)하고 있는 것이다. 그들 당국자는 우리의 급한 발걸음이 먼지를 일으키며 그들의 대례복(大禮服)을 더럽힐까 두려워서 우리들의 걸음을 제한하려고 하는 것인가. 우리는 바야흐로 홍수에 휘말려 익사하려 하고 있는 것이다. 우리의 구원을 외치는 목소리는 신경이 예민한 근처 사람들을 놀라게 할 염려가 있다고 해서 금지되고 있는가?

우리의 말을 기꺼이 들을 수 없는 사람은 누구인가. 도대체 어떠한 조건 아래 이것을 듣는 것을 좋아하지 않는가? 공포를 일으키는 것은 어디에서나 불명과 몽매(蒙昧)이다. 그 어떤 공포의 환상도 만약에 이것을 직시(直視)

할 때에는 사라져 없어지는 것이다. 우리가 이제까지 우리의 강연에 제기된 모든 문제를 분설할 때 취한 진지함과 솔직함을 가지고 우리는 이 공포의 환상을 직시하기로 하자.

사람들은 지금 세계적 사건의 대부분을 처리하고 있는 인물을 실로 위대한 심정을 가진 사람이라고 가정하든가 또는 그 반대로 가정한다. 제3의 경우는 불가능하다. 우선 전자의 경우를 보건대 원래 인간으로서의 위대함은, 그 인물의 독립성과 본연성(本然性) 이외의 어떤 점에 속하는가? 그 인물이 시대의 인공적인 산물이 아니라, 영원하고 또한 본연적인 정신계로부터 나와 우뚝 서서 전적으로 새롭고 특유한 우주관의 눈이 열리고, 이 우주관을 실현시킬 확고한 의지와 강철과 같은 힘을 갖추고 있는 것 외의 그 어떤 점에 인간으로서의 위대함이 있는가? 그리고 이러한 사람이 자기 이외의 것에 있어서, 민족에 있어서나 개인에 있어서, 생존의 독립과 건전과 특징을 존중하지 않는 일은 단적으로 있을 수가 없다. 이런 사람은 자기의 위대함을 자각하고 이를 신뢰하는 이상, 가엾은 노예 근성을 가진 자만을 지배하고 난쟁이 속의 높은 자는 오히려 이를 좋아하지 않는다. 그는 인간을 지배함에 있어, 그를 인간으로서 가치가 없는 것으로 만들지 않으면 안 된다는 생각을 마다하지 않는다. 이러한 인물은, 자기 주위의 타락을 목격하고 일종의 압박을 느끼며, 인간을 존경하지 못하고 일종의 비애를 느낀다. 그의 동포인 인류를 향상시키고 고상하게 만들어, 한층 훌륭한 빛에 비추어 볼 수 있도록 하는 것은, 그의 고상한 정신에 쾌감을 주고 그의 최고의 즐거움이 되는 것이다. 이와 같은 심정을 가진 사람은 이 시대가 초래한 커다란 진감(震撼 : 울려 흔들림)이, 독일 국민과 같은 유서 깊은 국민—그것은 근대 유럽의 대부분의 민족의 모국 민족이자 모든 민족의 형성자이지만—을 그의 깊은 잠에서 깨어나게 하여 이를 움직이기 위해 이용되는 것을, 또 그 국민이 타락 일보 직전에서 구제될 확고한 수단을 취하여, 이 수단에 의해 장래의 타락이 확실하게 방지되고 또 그와 동시에 모든 다른 민족이 향상된다는 것을 듣고 이것을 기뻐하지 않을 리가 있을까? 이러한 기도(企圖)는 결코 평화를 해치는 폭동을 선동하는 것이 아니라 오히려 폭동을, 분명히 파멸을 초래하는 것이라 해서 이를 말리는 것이다. 한 국민 안에 최고의 도의심이 건설되어 다음다음 세대까지 이것이 확보되고, 더 나아가서 세계의 다른 민족에까지 미치게 되는 확고한 기초가 제시되는 것이다. 속세적이고 관능적인 인간을 순결한 정신적 인간으로 만드는 인류 개조의 길이 여기에서 주장되는 것이다. 이와 같은 훌륭한 기도를 보고 적어도 자기 자신이 고상하고 위대한 인물, 혹은 적어도 이것을 이상으로 하는 인물이 감정을 해칠 이유는 없다고 여겨진다.

이에 반해 앞서 말한 바와 같은 공포를 안고 실행에 의해서 이를 증명한 그 당국자들은 어떻게 이해하고, 또 그들이 이해하는 것을 어떻게 세상 사람에게 선언하고 있는가? 그들은 조금이라도 독립적 힘이 움직이는 것을 보고 불안을 느끼고, 도의나 종교나 정서를 고상하게 하는 계획을 듣고서는 이내 우려를 품고 인간을 가치가 없는 것으로 만들고 인간을 방심(放心) 속에 놓아두는 것이 자기의 복지이며 자기를 유지하는 희망이라고 하는, 인도에 위배되는 작고 천한 주의가 우리를 지배하고 있다는 것을 믿는다고 고백할 것이다. 그들의 이와 같은 신앙은, 우리가 이러한 천한 인간에 의해 지배되어 있다는 견딜 수 없는 굴욕감을 일으키게 하여, 이에 의해서 그렇지 않아도 큰 우리의 재앙을 한층 심하게 만든다. 우리는 어떻게 해서 확실한 증명 없이 무턱대고 이러한 신앙에 기울어 이와 같은 신앙에 따라 행동할 수가 있는가?

가장 극단적인 경우를 가정해서 당국자가 믿는 것이 옳고, 그 반대의, 신앙을 실행에 의해서 나타내고 있는 우리의 생각이 잘못되었다고 하자. 그러한 경우, 이렇게 봉사를 받고 있는 정복자를 위해, 또 이렇게 두려워하고 있는 당국자를 위해, 인류는 자기 품위를 떨어뜨리고 또 타락하지 않으면 안 된단 말인가? 마음의 소리에 따라서 그들에게 경고를 주는 일이 그 누군가에게 허락될 수 없는 것일까? 이를테면 그들 당국자가 믿는 바가 옳을 뿐만 아니라, 우리가 현대 및 후세에 대해서 그들이 정당하다는 것을 고백하여, 자기가 잘못되었다는 꾸지람을 달게 받지 않으면 안 된다는 것이라고 가정할 경우, 그들에 의해서 환영을 받지 못하는 경고자가 받을 극도의 박해, 마지막 처벌은 무엇일까? 그들은 과연 죽음 이상의 것을 알고 있을까? 우리의 생각으로는 죽음은 누구에게나 조만간 찾아오게 되는 것이다. 이미 인류의 시초부터 고결한 사람은 우리의 사건보다 더 작은 사건—현재의 사건보다 더 큰 사건이 어디에 있을까—를 위해서도 생명을 걸고 반항을 시도한 것이다. 죽음을 각오하고 시작되는 기도에 대해 그 누가 이를 능히 방해할 권리를 가질 것인가.

아마도 우리 당국자 사이에는 이러한 몰상식한 사람은 없을 것이다. 그러나 만일 이러한 당국자가 있다고 한다면, 그들은 부탁을 의뢰받지도 못하고 고맙다고 여겨지지도 않으며, 아마도 배척을 받으면서도 자기의 목을 뻗어 정신적 굴레에 머리를 내미는 것이다. 그들은 참된 위인의 참뜻을 이해하지 못하고 자기의 조그마한 마음을 가지고 남을 헤아리기 때문에 그것이 정복자의 마음에 든다고 믿고, 있는 힘을 다해서 자국의 문단을 박해하고 정복자에게 바칠 제물로서 다른 마땅한 것이 없으므로 우선 자기 나라의 문학을 희생으로 해서 제단에 바칠 것이다. 이에 반해 우리는 우리의 신뢰와 용기를 실행으로 나타냄으로써 단순이 말로 하는 것 이상으로 권력자의 위대한 심정을 찬양하고 있는 셈이다. 독일어가 통용되는 모든 영역을 통해서 우리의 목소리가 자유롭게, 방해를 받지 않고 울려 퍼지는 곳에서는 이 목소리는 그것이 존재한다는 단지 그 사실만으로 모든 독일인에게 다음과 같이 호소할 수가 있는 것이다. "그 누구도 그대들의 압박, 그대들의 노예 근성, 그대들의 노예적 복종을 원하고 있지는 않다. 오히려 그대들의 독립, 그대들의 참다운 자유, 그대들의 향상을 원하는 것이다. 보라. 우리가 공공연하게 이것을 그대들에게 알리고, 또 올바른 수단을 그대들에게 제시하는 것이 결코 방해되지 않고 있지 않는가"라고. 만약에 이 목소리가 독일 사람의 귀에 들어가 예정된 성공을 거둔다면, 이것은 권력자의 위대한 마음과 이에 대한 우리의 신앙이 훌륭하다는 기념비를 영원이 남기는 일이다. 이 기념비는 그 어느 시대에도 파괴되지 않고, 오히려 시대를 거듭함에 따라 더욱더 높이 뻗어 더욱더 널리 퍼질 것이다. 이러한 기념비를 건설하려고 하는 시도에 대해서 그 누가 감히 반대할 것인가.

그렇다면 우리의 상실된 독립에 대한 위안으로서 우리 문학의 번창을 주장하고, 또 우리의 상실된 독립을 회복할 수단의 연구를 이와 같은 위로에 의해서 억제하려고 하는 사람에게 동의할 수는 없다. 우리는 오히려 독일 문학에 대해 일종의 감독자의 임무를 가지고 있는 독일 사람, 즉 우리의 당국자 등에 묻고 싶다. 그들은 그들 이외의 독일어를 쓰고 읽는 독일인에 대해, 참다운 의미의 독일 문학을 허용하려고 하는 것인가 어떤가, 또 그들은 이와 같은 문학이 현재 독일 안에서 허용되고 있는 것을 보증하려고 하는 것인가 어떤가—하고. 그들이 이 문제에 대해서 진정으로 어떻게 생각하고 있는가는 그들의 말을 들은 뒤에 결정되는 것이다.

이것으로 보면, 독일 민족의 근본적인 개선이 이루어질 때까지 우리 자신의 존재를 유지하기 위한 급선무는, 우리 자신의 확고한 성격을 만들고 이 성격을 실증하는 일이다. 그러기 위해서는 자기반성에 의해서 우리 자신의 참다운 위치, 환경에 관한 확고한 의견을 정하고 이것을 개선할 확실한 수단을 강구하지 않으면 안 된다. 그러나 그 밖에 또 이번 강연에서는 아직 말하지 않았던 허위의 환상이 있어서, 이것이 위와 같은 의견을 확립하는 데에 방해가 되고 있다. 우리는 또한 당연히 이것을 연구해야 한다. 그러나 그것은 다음 강연으로 넘기기로 한다.

13강 지난번 강연의 계속

여러 민족의 사건에 관한 여러 가치 없는 사상이나 기만적인 주장이 우리 국내에 널리 퍼져 이것이 독일인을 방해하고, 그들의 현재의 위치에 관하여 그들에게 어울리는 견해를 형성하는 것을 불가능하게 하고 있다는 것을 우리는 지난번 강연에서 말하였다. 이러한 허위의 환상이 특히 비상한 열성을 가지고 일반적 숭배의 대상으로서 선전되고 있고 또 다른 많은 환상이 동요하고 있는 지금, 이 환상이 많은 사람들에게 상상계의 공백을 메우는 유일한 재료가 될지도 모르는 실정에 비추어, 이들 허위의 환상을 철저하게 음미할 필요가 있다.

무엇보다도 먼저 말하고 싶은 것은—나라와 나라의 가장 본연적이고 자연적인 경계는 의심할 여지도 없이 그 내적인 경계라고 하는 것이다. 같은 언어를 쓰는 모든 사람은, 모든 인공이 가해지기 이전에 이미 다수의 눈에 보이지 않는 유대에 의해서 자연적으로 맺어져 있는 것이다. 그들은 서로를 이해하고 또 더욱더 명확하게 이해할 능력을 가지고 있다. 그들은 서로 연관을 가지고 자연히 일체를 이루고 있으며 서로 분리시킬 수 없는 전체이다. 다른 혈통 및 언어가 다른 민족이 이와 같은 전체를 자기 안으로 수용하여 자신과 융합하려고 하는 일은 결코 허용되지 않는다. 만약에 이것을 감행한다면 적어도 처음에는 자기를 혼란에 빠지게 하고, 자기 문화의 균형 잡힌 진보를 현저하게 해치지 않으면 안 된다. 이 내적인 인간의 정신적 천성에 의해서 그어진 한계로부터 그 결과인 주소라고 하는 외적 한계가 처음으로 생긴다. 그러나 이 산, 이 강 안에 살고 있는 사람은 이 주소 때문에 비로소 동일 민족이 되는 것이 아니다. 그와는 반대로 그들은 처음부터 이미 주소라고 하는 것보다도 더 고차적인 자연 법칙에 의한 동일 민족이기 때문에, 다행히도 공교롭게 주소가 같아졌을 때 같은 산 같은 강에 둘러싸여 살게 되었다고 보아야 할 것이다.

그렇다면 독일 국민은 공통된 언어와 사상의 경향에 의해서 서로 충분히 결합되어 다른 여러 민족과 분명히 구별지으면서 유럽의 한가운데에 자리 잡고, 외적의 습격으로부터 국경을 지키기에 충분할 정도로 용감하고 자기 힘을 믿으며, 자기 사상의 경향으로 보아 부근에 있는 다른 민족의 동정을 알려고 하는 마음도 없이 또 다른 민족을 간섭하여 그들을 불안하게 함으로써 그들의 적의(敵意)를 자극하는 것을 피하면서 생활하고 있었던 것이다. 여러 시대에 걸쳐 그들의 행복한 운명은 그들이 다를 여러 대륙의 약탈에 직접 관계하는 것을 모면하게 해주었다. 이 여러 대륙의 침략 사건은 근대사의 방향을 가장 많이 규정한 것으로 여러 민족의 운명과 그들의 개념 및 사상의 대부분은 이 사건에 의해 만들어졌다. 이 침략적 사건 이후 한때는 명확한 의식이 없으면서도 한 덩어리가 되어 공동적 경영을 하고 있던 그리스도교적 유럽이 비로소 몇 가지 부분으로 분열되기에 이르렀다. 이 사건 이래 처음으로 하나의 공통적으로 노획할 먹잇감이 생겨 어느 나라나 이것을 내 것으로 만들기를 바라게 되었다. 왜냐하면 이 먹잇감을 이용한다는 것은 어느 나라나 유리한 것이어서, 그것이 다른 나라 수중에 있는 것을 보고는 부러움을 금치 못했기 때문이다. 이렇게 해서 비로소 모든 나라가 다른 모든 나라에 대해서 남몰래 적의(敵意)를 품고 싸움을 준비하는 원인이 생긴 것이다. 또 이것으로 해서 비로소 여러 민족이, 혈통과 언어가 다른 민족을 정복에 의해, 또는 정복이 불가능한 경우에는 동맹으로 합병하여 그 힘을 자기 것으로 만드는 것이 민족적 이익이 되었다. 자연에 충실한 민족은 그 자신의 팽창한 결과 거주 지역이 비좁아지면 이웃 땅을 정복하여 영토를 넓히고, 침략된 주민은 그들의 땅에서 쫓겨나는 일도 있었다. 또 어떤 민족은 기후가 거칠고 땅이 기름지지 못할 때에는 기후가 온화하고 축복받은 땅과 교환하기 위해 원래의 소유자를 몰아낸 일도 있었을 것이다. 유용한 일체의 것을 횡령했다가 그것이 황폐해지면 다시 버리는 일도 있었을 것이다. 또 점령된 토지의 주민을 물건처럼 각자의 노예로서 분배한 일도 있었을 것이다. 그러나 다른 나라의 민족을 그대로 자기 나라의 요소에 더하는 일은 아무런 이익도 주지 않는다. 그러기 때문에 장래에도 이러한 일은 시도되지 않을 것이다. 그러나 자기와 마찬가지로 우세한 경쟁자와 하나의 먹잇감을 놓고 다투는 경우에는 이와는 그 양상이 달라진다. 비록 자기가 정복한 민족이 다른 점에서 자기와 적합하지 않아도, 적어도 그들의 완력은 자기의 경쟁자를 이기기 위해 이용할 필요가 있다. 그럴 경우 그 누구도 자기의 전투력을 증진시키기 위해서는 동맹자로서 그들을 환영하지 않을 수가 없다. 제아무리 평화와 안정을 희구하는 철인(哲人)이라 할지라도 이러한 실상을 분명히 눈앞에 보고는 어디에 평화를 기대할 수 있을 것인가? 인간의 소유욕을 자연적으로 제한하고, 남아도는 것은 필요 없다는 원칙에 따라 평화를 유도하는 일은 물론 할 수가 없다. 왜냐하면 누구나 소유욕을 자극받는 먹잇감이 거기에 있기 때문이다. 사람이 자진해서 그 욕망에 제한을 가한다는 것은 그 누구로부터도 기대하기가 어렵다. 왜냐하면 될 수 있는 대로 모든 것을 긁어모으려고 하는 사람들 사이에 서서 자기 욕망을 제한하는 자는 반드시 파멸을 면치 못하기 때문이다. 누구나 자기가 현재 가지고 있는 것을 남에게 나누어 주는 것을 원치 않는다. 될 수 있으면 남이 가지고 있는 것까지도 빼앗으려고 한다. 한 민족이 손을 놓고 있는 일이 있다면, 그것은 단지 그가 전쟁을 시작할 힘이 없다는 것을 스스로 깨닫기 때문이다. 만약에 필요한 힘을 스스로 깨달으면, 바로 전쟁을 시작하지 않고서는 배기지 못할 것이다. 그렇다면 평화를 유지하는 유일한 수단은, 어떠한 나라도 평화를 해칠 만한 힘을 가지지 않게 하고, 어느 나라나 자신의 공격력에 상당하는 방어력이 다른 나라에도 있다는 것을 알게 하는, 즉 각국 사이의 세력 균형을 유지하는 일이다. 다른 모든 수단이 없어진 후에는 단지 이 균형에 의해서만 여러 나라들이 자기의 현상(現狀)을 유지하고 모든 나라가 평화 속에 존속될 것이다. 그러므로 이 두 가지 것, 즉 그 누구도 다 같이 이를 가지지 않고, 그러면서도 누구나 다 같이 이를 가지려고 하는 하나의 먹잇감과, 끊임없이 생동하고 있는 현실의 일반적인 약탈욕을 전제로 하여 예의 유럽의 국제 균형에 대한 생각이 생긴 것이다. 이러한 전제하에서 균형은 평화를 유지하는 유일한 수단일 것이다. 단지, 이 균형을 만든다는 공상을 사실로 변화시키는 제2의 수단이 발견된다면 말이다.

그러나 위와 같은 전제는 과연 일반적으로 아무런 예외 없이 해당되는 것일까? 유럽의 중심에서 매우 우세한 독일 국민이 조금도 이와 같은 먹잇감을 탐내지 않고 이와 같은 약탈욕에 감염되지 않은 채, 더욱이 거의 이와 같은 약탈욕의 능력도 요구도 없이 존재해 왔던 것이 아닌가? 이 독일 국민이 만약 여전히 공통된 의지와 공동의 힘에 결합되어 있었다면, 다른 유럽 국민이 모든 해상이나 군도에서, 또 연안에서 살육전을 벌이더라도 유럽 한가운데에서 독일인의 견고한 장벽이 그들의 상호 공격을 방지했을 것이다. ―여기에는 평화가 있었을 것이다. 그리하여 독일인은 자기의, 자기와 함께 다른 유럽 민족의 일부의 안녕과 행복을 유지했을 것이다.

독일인이 이러한 상태에 있다는 것은 단지 눈앞의 일만을 생각하는 외국의 이기심에 대해서는 바람직한 일이 아니었다. 외국인은 독일인의 용감성을 이용해서 그들의 정쟁을 수행하였고, 독일인의 손을 이용해서 그들을 위해 그들의 경쟁자의 손에서 먹잇감을 빼앗게 하는 것을 득책(得策)이라고 생각하였다. 그들은 이 목적을 달성하기 위해서 일종의 수단을 고안할 필요성에 쫓겼다. 더욱이 그들의 교활한 지혜는 독일인의 진지하고 순진한 마음을 속이기가 매우 쉬웠다. 종교의 다툼으로 독일인 사이에 일어난 의지의 분열을 처음으로 이용한 것은 실로 그들 외국인들이었다. 그들은 이것을 이용해서 그리스도적 전체 유럽을 소규모로 구현(具現)함과 동시에 그 정수(精髓)인 독일을 긴밀하게 뭉친 통일체로부터 개별적인 부분으로 인공적으로 분할하려고 하였다. 그것은 그들이 공통된 약탈에 의해서 저절로 분열하게 된 것을 모방한 것이었다. 독일은 한때 외국 외에는 적을 가지지 않았고 협력해서 외국의 유혹 및 간계(奸計)을 막는다고 하는 공동 사업 외에 아무런 사업도 가지지 않은 통일된 국민이었다. 그런데 이와 같이 해서 약간의 작은 나라로 분열되기에 이른 것이다. ―이 독일 연방을 외국은 교묘히 다루었다. 서로를 본래의 적으로 생각하게 하고 서로를 적의를 가지고 경계하게 해서 외국은 그들 편으로, 같은 나라 사람들로부터 받는 위험에 대해 그들을 구하는 맹방인 것처럼 행세하여 자기와 존망(存亡)을 같이 하지 않을 수 없는 맹방(盟邦)이라고 느끼게 하였다. 그리하여 그들의 여러 계획에 대해서 전력을 기울여 이를 원조하지 않을 수 없게 하였다. 이와 같은 인공적 접합 수단에 의하여 구대륙 혹은 신대륙에서 어떤 문제에 대해서 여러 외국 간에 다툼이 일어나도 그것은 이윽고 독일 연방 서로 간의 다툼의 형태를 취하기에 이르렀다. 그리하여 그 어떤 원인으로 해서 일어난 전쟁도 독일 땅에서 독일의 피를 흘려 수행되었고, 여러 외국 간의 균형의 모든 변동은 그 사건과 본래 관계가 없는 독일 국민이 희생을 해서 정돈하지 않으면 안 되는 처지가 되었다. 독일 연방이 이렇게 여러 작은 나라로 갈라져 있다는 것이 자연의 이치와 이성에 위배되고 있었으므로, 외국에 이용되어 유럽 열강의 균형을 이루는 저울을 균등하게 만드는 분동(分銅)의 부분동(副分銅)이 되어, 생각도 없고 의지도 없이 자신을 열국의 이용에 맡긴 것이다. 여러 외국에서는 그 나라의 공민 중에서 외국에 호의를 가지는 사람을 가리켜서 누구는 어느 나라 당이고 누구는 어느 나라 당이라고 구별하지만, 자기 나라에 가장 호의를 갖는 사람에게는 새삼 특별한 명칭을 붙이지 않는 것이 상례이다. 이와 같이 우리 독일인도 이미 오래 전부터 그 누구를 막론하고 모두가 어느 나라 당엔가에 속하고 있으며, 독일 당원 즉 이 나라가 나 자신과 결부되어야 한다고 생각한 사람은 거의 볼 수가 없다.

인공적으로 유지될 유럽 열강의 균형이라고 하는 것은 바로 이와 같은 것이었고, 이것이 독일 및 세계에 대해서 거둔 성공은 또한 실로 이러한 것들이었다. 그리스도교적 유럽이 마땅히 그래야 하고 본래 그러했던 것처럼 통일을 깨지 않았다면, 열강 균형과 같은 사상은 일어날 기회가 없었을 것이다. 만약에 통일이 유지되어 있었다면, 통일을 이룬 전체는 서로 자신에게 의존하고 스스로 책임을 져서 결코 서로 다투는 세력으로 나뉘어 일부러 균형을 구할 필요는 없었을 것이다. 유럽이 올바르지 못하고 분열되었기 때문에 열강 균형이란 사상이 하는 수 없이 하나의 의미를 가지게 된 것이다. 만약에 적어도 독일 한 나라만이라도 통일을 유지하고 있었더라면, 독일은 마치 태양이 세계의 중심에 서 있는 것처럼 찬연하게 유럽의 중심에 섰을 것이다. 독일은 자국 안에 안녕을 유지하고 이에 의해 또 이웃의 안녕도 유지하며, 그렇게 해서 아무런 인공적 수단을 부리지 않고 다만 그의 자연적인 존재에 의해서 모든 나라에 균등함을 줄 수 있었을 것이다. 다만 여러 외국의 음모가 독일을 꾀어 그들의 불의와 다툼의 와중으로 뛰어들게 하여, 독일로 하여금 참다운 이익에 대해 잘못 생각하게 하고 그 자리에 잘못된 생각을 가진 채 그대로 머물게 하는 가장 유력한 수단의 하나로서 저 교활한 생각을 심어 넣은 것이다. 그들의 이러한 목적은 지금 충분히 달성되었고 그들이 의도한 성공은 그대로 우리의 눈앞에 가로놓여 있다. 우리는 이와 같은 결과를 움직일 수 없다고는 하지만, 적어도 이와 같은 결과의 원인이 되었던 것을 우리의 마음속으로부터 제거한다는 것이 왜 나쁜가? 이제 우리는 가지고 있는 모든 것을 빼앗기고, 우리가 마음대로 할 수 있는 것은 오직 우리의 마음 밖에 없지 않은가? 우리는 이미 현실의 재난에 의해 미몽(迷夢)에서 깨어났는데 왜 낡은 허위의 환성을 우리의 눈앞에 그대로 두고 있지 않으면 안 되는가? 우리가 적어도 지금 진리를 보고 우리를 구할 수 있는 유일한 수단을 찾는 것이 왜 나쁜가? ―비록 우리가 오늘 통찰하는 것이 간신히 우리 자손 대에서 열매를 맺는다 해도 늦다고 생각할 필요는 없다. 우리가 지금 고민하는 것은 우리의 조상들이 꿈꾸었던 여앙(餘殃)이 아닌가. 인공적으로 유지되어야 할 열국 균형의 사상 같은 것은, 그들의 양심을 압박하는 죄과와 재난을 경감시키려는 위안의 꿈으로 열국을 위해서는 유용할 것이다. 그러나 이와 같은 사상은 전적으로 외국의 산물이지 결코 독일인의 마음속 바탕에 가지고 있는 것이 아니다. 또 독일인은 이와 같은 사상을 마음속 깊이 갖는 입장으로 결코 빠져서는 안 된다. 우리는 적어도 지금 이 사상의 본연적인 허무를 간파하여 우리 전체의 복지는 이와 같은 사상으로 구해서는 안 되고, 다만 우리 자신의 통일에 의해서만 구해야 한다는 것을 충분히 통찰해야 한다.

오늘날 자주 주장되고 있는 바다의 자유라는 것도 독일인에게는 관계가 없는 일이다. 그것은 참다운 바다의 자유라는 뜻에서도, 또는 바다를 독점하려는 뜻에서도 우리와는 관계가 없다. 수백 년 동안 모든 다른 나라 국민이 경쟁을 하고 있는 동안, 독일인만은 적극적으로 이에 관여할 욕망을 나타내지 않았다. 앞으로도 마찬가지일 것이다. 실제로 또 독일은 바다의 자유를 필요로 하지 않는다. 독일의 풍요한 경지와 독일인의 근면은 문명 국민이 필요로 하는 모든 것을 독일인에게 준다. 이 국토를 이 목적을 위해 이용하는 능력과 기술도 독일인은 가지고 있다. 또 세계 무역이 가져다주는 유일한 참된 이익, 세계와 그 주민에 대한 과학적 지식의 확장을 우리가 얻으려고 할 경우에는 독일인 자신의 과학적 정신으로 하면 교역 재료에도 부족이 없을 것이다. ―아! 최소한도 독일인에게만은 그 행복한 운명이 다른 대륙의 먹잇감 분배에 참여하는 것을 면제시킨 것처럼, 간접적으로 또한 이것을 면제시키고 싶은 것이다. 외국 민족과 똑같은 우미(優美)하고 귀족적인 생활을 하려고 하는 욕망과 경솔함으로 말미암아 다른 대륙이 산출하는 사치품을 우리가 없어서는 안 될 필수품으로 느끼는 일이 없도록 하고 싶은 것이다.

정말로 없어서는 안 될 물자에 관해서는, 바다 저편의 불쌍한 노예의 땀과 피로 착취하는 것보다는 오히려 자유로운 자국민에게 응분의 이익을 주어 이를 만들게 하는 것이 좋다. 이렇게 하면 우리는 적어도 우리의 현재와 같은 운명을 스스로 초래했다는 비난을 면하고, 외국의 고객이 되어 재산을 탕진하고 외국 물품의 시장이 되어 멸망을 초래하지는 않을 것이다. 약 10년 전 아무도 우리의 운명을 예상할 수 없었을 때, 세계 무역과 손을 끊어라, 상업국이 되는 것을 단념하라는 권고가 독일인에게 있었다. 이 충언은 독일인의 종래의 관습에 역행하며, 특히 화폐에 대한 우상적 숭배의 마음에 적합하지 않았으므로 열광적인 반대를 받고 완전히 매장된 것이다. 당시에 우리가 자유를 가지고 또 우리의 최고의 명예로서 필요 부가결하다고 주장하고 있었던 물건, 훨씬 그 이상의 물건을 지금은 외국의 압박에 못 이겨 불명예스럽게도 그 사용을 단념하지 않을 수 없게 되었다. 향락이 적어도 우리의 마음을 농락하는 일이 없는 이 기회를 이용해서, 우리는 영원히 우리의 생각을 바로잡고 싶은 것이다. 세계 무역 및 세계를 위한 제조업이라고 하는 것은 매우 그럴듯한 말이다. 그것은 외국의 이익이 될 것이다. 그들의 무기의 하나가 될 것이다. 그것을 가지고 그들은 예부터 우리와 싸워온 것이다. 그러나 그것은 독일인에게는 전혀 소용이 없는 것이다. 독일인의 행복을 증진시키고 또 그에 의해 유럽 사람의 행복을 증진시킬 제1의 수단은 우리 상호간의 통일이며, 제2의 수단은 독일인의 내적인 독립과 상업상의 독립이다. 이와 같은 일을 우리는 충분히 통찰하지 않으면 안 된다.

끝으로 우리는 감히 세계 왕국이라는 망상을 일소하고 그 나쁜 점과 반이성적인 면을 간과하지 않으면 안 된다. 열국 균형의 사상이 최근에 점차 그 신용을 잃어왔기 때문에 세계 왕국이라고 하는 사상이 이를 대신해서 일반 숭배의 대상이 되기 시작한 것이다. 그러나 인류는 오직 여러 색조(色調)를 가진 개인 및 전체로서의 개체, 즉 민족이라는 형태에서만 그 정신성을 발현할 수가 있다. 이러한 민족이 각기 자기에게 몸을 맡기고 자기의 개성에 따르며, 민족 안의 각 개인이 그 민족의 공통성과 자기의 특성에 따라서 자기를 발전, 형성할 때에만이 신성(神性)의 발현(發現)이 그 본래의 거울에 본연의 모습으로 비치는 것이다. 법칙성과 신의 질서를 생각한 일이 없는 사람, 혹은 분명히 그 적이 되는 일을 감히 하는 사람이 아니면, 이 영계(靈

界) 최고의 법칙을 방해하는 폭거로 나갈 수가 없다. 자신의 눈에 보이지 않는 국민의 특성, 국민을 본연적 생명의 근원과 결부시키는 특성 안에서만, 그 국민의 현재 및 장래의 품격, 덕행 및 공적의 보증은 존재하는 것이다. 만약에 이 특성이 혼란과 마찰에 의해서 소모되면, 정신성은 이 천박한 상태로부터 이탈하여 그로 말미암아 모든 국민은 한결같이 상관적인 타락으로 빠지는 것이다. 우리는, 지금 고민하고 있는 우리도 이윽고 생기게 될 세계 왕국의 신민이 되어야 한다고 해서, 즉, 어떤 사람이 인류가 가지고 있는 인성의 모든 싹을 모조리 짓이겨 이것을 다시 새로운 모양으로 만들려 하고 있다고 해서, 즉 인류에 대한 이러한 무서운 난폭과 박해가 우리 시대에 가능하다고 해서 우리의 오늘의 불행을 위로하려고 하는 저술가의 말을 믿어야 하는가? 이와 같이 매우 믿을 수 없는 일을 우선 믿는다 해도, 무엇에 의해서 이러한 계획이 실행될 것인가? 현재와 같은 유럽의 문화 상태에서 이른바 새로운 세계 왕국을 건설하기 위해 전 세계를 침략하는 것은 도대체 어떠한 종류의 민족인가? 이와 같은 매우 믿을 수 없는 일을 우선 믿는다고 해도, 무엇에 의해 이와 같은 계획은 실행될 것인가. 현재와 같은 유럽 문화에서, 이른바 새로운 세계 왕국을 건설하기 위해 전 세계를 침략하는 것은 도대체 어떤 종류의 민족인가. 이미 수백 년 이래, 유럽의 여러 민족은 야만인 됨을 좋아하지 않고 또 파괴를 위한 파괴를 기뻐하지 않게 되어 있는 것이다. 모든 민족은 전쟁의 그늘에 궁극적인 평화를 구하고, 격무(激務) 뒤에는 휴식을, 혼란 뒤에는 질서를 구한다. 그들은 모두 가정적이고 조용한 생활로써 생애를 장식하려고 한다. 눈앞에만 그리는 국민의 이익이, 잠시 국민으로 하여금 감격의 마음을 품게 할지도 모른다. 그들을 몰아세우는 일이 항상 같은 방법으로 되풀이된다면, 환상은 사라지고 이 환상이 준 열도 식는다. 평화로운 질서에 대한 동경이 되살아나서 무엇 때문에 우리는 전쟁을 하고, 무엇 때문에 우리는 이 모든 고통을 참는가 하는 의문이 생기게 된다. 그렇다면 세계의 통일을 꿈꾸는 자는, 우선 인간의 이와 같은 감정을 모조리 파괴하고 또 자연의 성질로 보아 이미 야만 민족 등이 없어진 현시대에, 무엇인가 특별한 기술을 가지고 하나의 야만 민족을 만들어 내야 하는 것이다. 어린 시절부터 잘 경작된 토지와 안녕과 질서에 익숙한 눈에는, 사람이 그를 약간 안정시키기만 하면 자기가 만나는 그러한 경치가 도처에서 기분 좋게 느껴지고, 그 전망이 그 자신의 결코 근절될 수 없는 동경의 배경을 나타내므로, 이를 파괴한다는 것은 자신의 고통으로 느끼지 않을 수 없게 된다. 세계 침략자는, 사교적 인간의 마음에 깊이 뿌리박은 이와 같은 호의 및 전쟁에 의해서 황폐화된 토지의 불행을 보고 슬퍼하는 인정도 어떻게 해서든지 견제하지 않으면 안 된다. 그 수단으로는 약탈욕밖에 없다. 약탈욕이 군인을 지배하는 원동력이 되어 그들이 풍요한 토지를 황폐화시킬 때에도 약탈만을 생각하게 되면, 이 약탈은 일반의 불행을 야기시킴으로써 자기를 이롭게 하는 것이므로 여기에서 비로소 그들의 동정과 연민의 정이 생길 염려가 없어지는 것이다. 따라서 현대의 세계 침략자는 그 부하를 야만인적인 거친 사람으로 기를 뿐만 아니라, 냉혹하고 조직적으로 약탈욕을 가지도록 양성하지 않으면 안 된다. 즉, 약탈적 행위를 벌하지 않을 뿐만 아니라 오히려 이것을 장려하지 않으면 안 된다. 또 약탈하는 일에 자연히 따르는 수치심을 우선 일소하고 약탈은 고상하고 오성의 풍부한 마음의 증거로 여겨져 위대한 사업의 하나로 여겨지며 명예와 품위를 얻는 길이라고 생각하도록 하지 않으면 안 된다. 그러나 근대 유럽의 국민 중에 훈련에 의해서 이토록 파렴치하게 될 사람이 과연 있을 것인가? 이를테면 이와 같은 변조(變造)가 가능하다 하더라도 세계 침략자는 자신의 수단 때문에 오히려 계획의 차질을 가져오지 않을 수 없게 될 것이다. 왜냐하면, 그러한 야만 국민은 앞으로 사람, 토지 및 재보의 약탈을 속성적 요결(要訣)로 삼고 더욱더 많은 부(富)를 만들려고 한다. 그들은 닥치는 대로 약탈을 하고 약탈을 당한 자가 어떠한 운명에 빠지는가를 돌보지 않고 이를 버린다. 마치 과실을 얻으려고 나무를 베는 것과 같은 것이다. 이와 같은 수단을 사용하는 자는 유혹, 감언, 기만술을 사용할 수가 없다. 그들은 다만 먼 곳에서만 속일 수가 있는 것이다. 가까운 곳에서 보면 그 짐승과 같은 조잡성과 뻔뻔스러운 약탈욕은 아무리 우둔한 자라도 알게 되기 때문에 전 인류는 분명히 이러한 자에 대한 혐오를 나타내는 것이다. 이와 같은 수단을 사용하면 세계를 약탈하고 황폐하게 해서 어쩌면 일종의 혼돈 상태로 몰아넣을 수 있을 것이다. 그러나 이것을 정돈해서 하나의 세계 왕국으로 만들 수는 없다.

결국 이들 사상, 그리고 이와 비슷한 사상은 유희적 사고 및 망상에 사로잡힌 사고의 산물로 독일적 철저함과 진지함으로 보면 가치가 없는 것이다.

기껏해야 이와 같은 허위의 그림 중 어떤 것은, 예를 들어 열국 균형의 그림과 같은 것은, 광범하고 복잡한 현상을 정리하는 하나의 보조선으로서 편리할 수도 있을 것이다. 그러나 이와 같은 것이 자연적으로 존재한다고 생각하고 혹은 그 실현을 위해 노력한다는 것은, 마치 지구 위에 편의상 설정된 자오선, 회귀선, 양극 따위가 실제로 그려진 것으로 생각하고 이를 찾자는 것과 마찬가지이다. 단지 유희를 위해 사고하거나 유희적인 사고에서 무엇이 생기는가를 시도해 보는 것과 같은 사고를 그만두고, 실제 생활에서 진정으로 그러해야 하고 진정으로 타당한 것을 생각하는 것을, 바라건대 국민의 습성으로 만들고 싶은 것이다. 그렇게 되면 본래 외국의 산물로서 우리 독일 사람을 기만할 뿐인 정책적 황상에 대해 새삼스럽게 경고할 필요가 없어질 것이다.

이와 같은 독일적 사고법의 철저함과 진지함과 신중성은, 우리가 이것을 갖는 이상 반드시 우리 생활에도 나타나게 될 것이다. 우리는 피정복자이다. 우리가 동시에 또 멸시를 당하는가, 더욱이 멸시를 당해도 당연한가, 모든 다른 손실과 우리의 긍지까지도 잃게 될 것인가의 여부는, 앞으로 우리의 마음 하나에 달려 있다. 무기를 써서 하는 전쟁은 종말을 고했다. 앞으로 우리는, 가능하면 주의(主義)와 풍속과 성격의 새로운 싸움으로 들어갈 것으로 생각한다.

우리는 우리들의 새로운 손님에게 조국과 동포에 대한 충실한 애착심, 유혹에 의해 굴복되지 않는 정의심 및 의무심, 모든 공민적 가정적 덕행의 모범을 보이자. 그들도 결국은 그 고향으로 돌아갈 것이므로 그때의 선물로서 그들에게 이것을 보내자. 우리는 그들의 멸시를 초래하는 것을 피하자. 그런데 우리가 지나치게 그들을 무서워하든가, 혹은 우리의 독특한 방법을 버리고 그들의 자세를 따르려고 할 때, 그들의 멸시를 초래하게 될 것이라는 것은 확실하다. 물론 우리는 개인적으로 그에게 도전하여 그들의 감정을 해치는 부당한 행위는 피하지 않으면 안 된다. 우리가 취해야 할 가장 확실한 원칙은, 마치 우리뿐인 것처럼 우리 자신의 길을 걷되 불가피한 경우 외에는 그들과 관계를 맺지 말 일이다. 이 목적을 달성하는 가장 확실한 방법은, 우리가 각자 종래의 조국의 사정이 우리에게 해줄 수 있는 것만으로 만족하고, 서로 공동 책임을 힘에 알맞게 짊어지고 외국으로부터 주어지는 일체의 은총을 치욕으로 생각하는 일이다. 그러나 우리는 유럽 일반의 나쁜 습관, 따라서 또한 독일의 악풍(惡風)으로서 우리가 자기 포기와 자기 발휘의 둘 중 하나를 고를 경우에는 대개는 기꺼이 전자를 고른다. 그리하여 선량한 풍속 등이라고 일컫는 전체의 경향은 모두 전자의 원칙의 통일로 돌아가는 것이다. 우리 독일 사람은 현재의 상태에서는 다른 보다 더 높은 것에 반항하기보다는 오히려 이 일상의 습관에 반항하는 것이 좋다. 우리는 우리의 현재 있는 그대로를 유지하고 싶은 것이다. 또 가능하면 이 본성을 강하게 하고 철저함을 기하고 싶은 것이다. 즉 우리가 되어야 할 것으로 되고 싶은 것이다. 그것이 위에서 말한 반항이 될 것이다. 독일인은 일반적으로 신속성과 기동성이 부족하고 매사에 너무나 신중하고 답답하다는 비난을 주로 듣고 있지만, 바라건대 이러한 비난에 대해 부끄러워할 필요는 없으며, 오히려 이러한 비난을 더욱더 당연한 것으로 하고 이것을 더욱 확대해 가고 싶은 것이다. 우리는 아무리 자신을 괴롭혀서까지 그들의 뜻을 받아들이려고 해도, 우리가 전적으로 우리로서의 존재를 포기하여 그들의 입장에서 볼 때 있으나 마나한 존재가 되기까지는 그들의 만족을 살 수가 없다는 것은 뻔한 도리이므로 그러한 확신으로 이 결심을 굳혔으면 하는 것이다. 여러 민족 가운데에는 자기의 특성을 유지하고 그것이 상당한 경의(敬意)을 받을 것을 요구함과 동시에, 다른 민족의 특징도 이를 승인하고, 이를 그들에게 허용하여 이를 발휘하게 하는 민족이 있다. 물론 독일인도 이러한 민족에 속한다. 이 특징은 독일인의 현재와 과거의 세계적 생활 속에 매우 깊이 뿌리를 내리고 있으므로, 고대나 외국에 대해서 정상적인 태도를 유지하기 위해 자기 자신에 대한 공정하지 못한 경우가 너무나 많았다. 이에 반해 자기 안에 고착된 자아 때문에, 타인의 특징을 냉정하게 관찰하는 분별의 자유가 없는 민족이 있다. 이와 같은 민족은 필연적으로 문명인으로서 존재하는 방법이 단 한 가지 밖에 없는데, 그 방법은 바로 그 시대에 우연히 그들이 채용하게 된 방법 바로 그것이라고 생각하는 것이다. 따라서 세계의 모든 인간은 그들이 하는 일에 따라야 할 천명(天命)을 가진 것으로, 만약에 그들이 이들 인간을 그들 방식에 따라 교육하는 수고를 할 경우에는, 이들로부터 큰 감사를 받을 것이라는 생각에 이른다. 제1종에 속하는 민족과 민족 사이에서는, 인류 일반의 발달에 매우 유익한 문화 및 교육의 교환과 침투가 이루어진다. 하지만 서로 호의에 의해서 각자는 어디까지나 자기를 유지한다. 제2종 민족은 아무것도 만들어낼 수가 없다. 왜냐하면 그들은 현재의 존재에서 아무것도 파악할 수가 없기 때문이다. 그들은 다만 현재 존재하는 것을 파괴하여, 자기 밖 도처에 빈터를 만들어 거기에 자기 모습만을 복제하려 하는 것이다. 그들도 처음에는 다른 민족의 풍속, 습관 등을 배우는 것처럼 보이지만, 이것은 마치 교사가 아직은 어린, 장래가 유망한 학생에 대한 호의에서 잠시 그를 상대해주는 것과 같은 태도이다. 그들은 지나간, 이전 세계 사람들조차도 자기의 의복으로 감싸지 않으면 마음이 시원치 않은 것이다. 그들은 만약에 할 수만 있다면 이전 세계 사람들을 그들의 무덤으로부터 깨워서 자기 방식에 따라 교육하고 싶다고 생각할 것이다. 우리는 현대의 모든 국민이 무두 예외 없이 이와 같은 편협(偏狹)에 빠져 있다고 나무라는 분수에 넘치는 일을 감히 하려는 것은 결코 아니다. 우리는 오히려 우리가 모르는 민족에 선량한 것이 있다고 상상하고 싶다. 그러나 우리 사이에 나타나서 자신을 표현한 여러 민족을, 그것이 보인 언행에 의해 판단하면 그들은 어느 것이나 제2종에 속하는 것처럼 보인다. 이러한 결론을 내리기 위해서는 일종의 증거를 필요로 하는 것처럼 보인다. 따라서 나는 현대 유럽의 눈앞에 존재하는, 이러한 정신의 다른 발로는 특히 내세워 말하지 않더라도 다음 한 가지 실정을 여러분에게 소개하고자 한다. 그것은 바로 이렇다. ─우리는 서로 싸움을 하였다. 그리하여 우리 독일 사람은 패배자이고 그들은 승리자이다. 이것은 사실이어서 그대로 인정할 수밖에 없다. 이것으로 틀림없이 외국은 만족할 수 있을 것이다. 그러나 만약에 우리 중의 몇 사람이 우리 쪽에 정당한 도리가 있고, 당연히 승리를 얻을 이유가 있었는데, 그 승리가 오히려 적으로 돌아간 것은 유감이었다는 생각을 어디까지 바꾸지 않는다고 해도 그것은 매우 나쁜 일로서, 외국인─그들도 또한 그들이 원하는 대로 믿고 있을 테지만─의 감정을 심하게 상하도록 해치는 것이 될까? 아니다. 하지만 우리는 이와 같은 일을 생각하려고 감히 하지 않는 것이 좋다. 우리는 그와 함께, 외국인이 원하는 것과 다른 것을 원하는 것이나 그들에게 저항한다는 것은 부정이라는 것을 인식할 일이다. 우리는 우리의 패배를 우리 자신에게 매우 유익한 사건이라고 생각하고, 외국인을 우리의 가장 큰 은인으로서 친창할 일이다. 그럴 수밖에 없다. 외국인도 또한 우리에게 그만한 상식이 있다고 예기하고 있는 것이다. —나는 본의 아니게 쓸데없는 말을 한 것 같다. 왜냐하면 그와 같은 일은 2000년이나 전에 이미 더 명확하게, 예를 들어 다체스의 역사책에서 하고 있는 말이다. 로마인이 자기와 자기가 정복한 야만인과의 관계에 대해서 가졌던 그 생각, 로마인에 반항하는 것은 신과 인류의 법칙에 대한 반역이며 폭동이다, 로마인의 무기는 여러 민족에 오직 복지만을 줄 수 있는 것이다, 로마인의 쇠사슬은 여러 민족에게 명예 이외의 그 무엇도 주는 것이 아니다—라고 하는, 로마인 사이에서는 약간 변명 같은 외관상의 현상에 입각한 생각—라는 생각이 마치 오늘날 외국인이 우리에 대해서 품고 관대한 태도로 우리에게 요구하며 우리들에 대해 전제하고 있는 생각인 것이다. 나는 이와 같은 말을 거만한 비웃음이라고 생각하지 않는다. 큰 자만심과 편협을 가지면 진지하게 이렇게 믿고 또 반대자도 같은 신념을 갖는 것이라고 생각할 수 있다고 나는 생각한다. 실제로 로마인과 같은 사람들은 확실히 그렇게 믿었다고 나는 보는 것이다. 다만 나는, 우리 사이에서 도저히 이와 같은 것을 믿기를 원하지 않는 사람이, 이것에 대치될 어떤 다른 신념을 가질 수 있는가, 그것만을 막연하게 생각해 보는 것이다.

독일인이 외국인의 모욕을 초래하는 것은 그들 앞에서 독일의 어떤 종족, 어떤 계급, 어떤 인물을 우리의 공통된 운명을 초래한 책임자로서 책망하고 서로 격렬하게 비난하기 때문이다. 원래 이와 같은 문책은 부당하고 올바르지 못하며 또 사실무근이다. 독일인이 이번의 운명을 초래한 원인이 무엇인가 하는 것에 대해 우리는 이미 이것을 말한 바가 있다. 이것은 수백 년 동안 모든 독일의 여러 종족에게 예외 없이 잠재해 있었던 것이다. 이번 사건과 같은 것은 결코 개개의 종족이나 그 정부의 어떤 특별한 실책에 의한 것이 아니다. 이것은 전부터 충분히 준비가 되어 있었던 것으로 우리의 내부에 존재하는 근거만이 관계되는 바에 의하면, 오래 전에 오늘날과 마찬가지로 우리에게 닥쳐오지 않으면 안 되었던 것이다. 이 점에서는 공과 죄가 모두 독일인 전체의 책임으로, 이것을 분리시킨다는 것은 불가능한 일이다. 마지막 경과의 초래에서는, 개개의 독일 연방이 자기 자신과 그 힘과 그 진정한 위치까지도 알지 못하고 있었다는 것이 판명되었다. 그렇다면 과연 어떠한 나라가 자신을 다른 입장에 놓고 다른 나라의 책임에 관해서 근본적인 지식에 입각한 최종 판결을 내릴 수 있을 것인가?

독일을 조국으로 하는 모든 종족을 통해서 어떤 하나의 계급이 특히 비난받을 만하다고 어쩌면 말할 수 있을 것이다. 그것도 그 계급이 다른 계급보다도 눈앞이 보이지 않았다거나 또는 무력했기 때문이 아니다. (그 일로는 책임은 공통된다.) 다만 눈앞이 보이는 것처럼 가장하여 다른 계급을 정치에서 제외했다는 점이 비난받는 것이다. 이와 같은 비난이 일리가 있다고 해도 일부러 이것을 입에 올릴 필요는 없을 것이다. 특히 지금에 와서 오히려 소리를 크게 해서 이것을 떠들어대고 이것을 논의할 필요가 어디에 있는가? 그런데 지금 논객들은 그러한 일을 하고 있다. 그들이 만약 이전에, 그 계급이 아직도 모든 권력과 선망을 가지고 다른 계급의 결정적 다수의 묵인을 받고 있을 때 지금처럼 이것을 공격했더라면, 그들의 말이 사실에 의해 확인되었다는 것을 알리기 위해 이렇게 논하는 것을 누가 마다할 것인가. 논객의 어떤 사람은 당시에 요로에 있던 그 계급의 두서너 명을 지명해서, 그들을 국민 재판에 회부하고 그들의 무능, 그들의 태만, 그들의 악의를 적발하여, 이와 같은 원인으로부터 필연적으로 오늘과 같은 결과가 일어난 것을 지적하려 하고 있다는 것이다. 이들 논객이, 이 사항에 아직 권력이 있고 그 권력의 행사로부터 필연적으로 다가올 화를 미연에 방지할 수 있었을 때, 그들이 오늘 깨달은 것을 그 당시에 깨닫고, 이것을 오늘날과 마찬가지로 절규하며 오늘과 동일한 힘으로 그들 피고의 죄를 묻고, 조국을 그들의 손으로부터 구하기 위해 모든 수단을 동원했는데도 그들의 말을 들어주지 않았다면, 오늘날 그들이 당시에 그 말을 들어주지 않았다는 것을 지적하는 것도 무리는 아닐 것이다. 그러나 그들이 사건의 결과를 보고 처음으로 지금 깨달았다고 한다면, 다른 일반 인민도 그들과 함께 알고 있었던 일이므로, 무엇 때문에 그들은, 특히 지금, 누구나 알고 있는 일을 특히 내세워 말할 필요가 있는가. 그렇지 않으면 그들은 당시에 아마도 이욕(利慾) 때문에, 그 계급이나 사람들에게 아부하고 또 이를 두려워하여 침묵하고 있었는데 지금 이들이 권력을 상실한 마당에 지나치게 그들을 나무라고 있는 것인가? 만약에 그렇다고 한다면 우리 국민의 재화(災禍)의 원인 중에는, 귀족과 무능한 대신 및 장군 외에 선견지명이 없는 정론(政論) 기자도 첨가하지 않으면 안 되는 것이다. 그들은 사건이 지나고 나서 사건이 그렇게 되어서는 안 되었다는 것을 안다는 점에서 그들은 우민(憂民)과 조금도 다른 데가 없으며, 권력 있는 자에게는 아부하고 권력을 잃은 자에게는 심술궂게 대하는 패거리이다.

그렇지 않으면 그들은 과거의 잘못을—그것은 그들이 어떻게 비난해도 지워지지 않는 것이지만, 그 잘못을 장차 되풀이하지 않기 위해 비난하는 것인가. 그들에게 분별도 예의도 잊게 하여 대담한 말을 감히 시키는 것은 국민의 처지를 근본적으로 개량하려고 하는 열의뿐인가. 과연 그렇다면 우리는 그 선량한 의지는 칭찬할 만한 것이지만, 이와 같은 방면에서 선의를 갖는다고 하는 것이 과연 취할 길인가의 여부에 대해서는 면밀한 관찰과 분별을 필요로 하는 일이다. 우리의 화를 초래한 원인이 된 것은 우연히 중요한 자리를 차지했던 두서너 명의 인물 때문이 아니다. 전체의 결합 및 혼란 때문이다. 우리의 화를 초래한 것은 시대의 온갖 정신, 잘못, 무지, 천박, 무기력, 그리고 이들과 불가분의 불안한 행동, 시대의 모든 습속(習俗)이었다. 그렇다면 사람의 행동이 빚는 죄라고 하느니보다는 오히려 그 입장에서 오는 죄이다. 누구나, 지금 격렬하게 비난하는 사람들도 그들과 같은 지위에 있었다면 환경의 영향을 받아 동일한 처지에 빠지지 않을 수가 없었을 것이다. 당국자에게 특별한 악의와 흑심이 있었다고는 상상할 수 없는 일이다. 무지와 게으름—이 두 가지에 의해 종래의 사건의 원인은 충분히 설명되는 것이다. 더욱이 이 두 가지 것에 대해서는 그 누구도 조금만 생각한다면 스스로 책임의 일부를 느끼지 않을 수 없을 것이다. 특히 국민 전체가 매우 나태(懶怠)한 상태에 있었으므로 개개의 인간이 그 동안에 처한 대세를 구하기 위해서 매우 큰 활동력을 필요로 하는 사정이 있었다는 것을 생각하지 않으면 안 된다. 그렇다면 쓸데없이 개별적인 당국자의 결점을 폭로한다고 해서 화(禍)의 근원은 결코 명확해지는 것은 아니다. 또 비록 장차 이 결점을 피할 수 있다고 해도 그 근원이 없어지는 것은 아니다. 인간에게 여전히 결함이 있으면 인간은 역시 과실을 범하지 않을 수 없는 것이다. 비록 과거와 동일한 과실은 피할 수 있다고 해도 과실을 범할 무한한 소지는 그대로 존재하므로, 쉽사리 새로운 과실을 범하게 될 것이다. 정신을 전적으로 개조하여 아주 새로운 정신을 일으키지 않으면 구제책을 세울 수가 없다. 만약에 논객들이 우리와 협력해서 이와 같은 정신의 발전책을 강구한다면 우리는 그들에게 단지 선량한 의지가 있다는 것을 기뻐할 뿐만 아니라 또 그들에게 유익한 분별이 있다는 것을 승인할 것이다.

동일한 국민이 내부에서 비난이나 막말을 교환한다는 것은 지금 말한 바와 같이 올바르지 않고 불필요한 일이다. 뿐만 아니라 매우 어리석은 짓으로, 틀림없이 외국인으로 하여금 우리의 내홍(內訌)을 간파하는 재료를 더욱 풍부하게 제공하여 더욱더 우리를 얕잡아보는 결과를 초래할 뿐이다. 우리가 외국인을 향해서 우리의 처지가 얼마나 혼잡하고 황폐한 것인가, 또 우리가 얼마나 무참한 지배를 받고 있었던가를 마다하지 않고 이야기한다면, 그들은 필연적으로 우리에게 그 어떤 태도를 취하든 그것은 우리에게는 좋은 일이고, 우리에게 그 어떤 일을 하든지 결코 부끄러운 일이 아니라고 생각할 것이 아닌가. 그들은, 우리가 자신의 무책(無策)과 졸렬에 비추어 매사에 불평을 하지 않고 그들의 정책, 행정 및 입법의 풍부한 기술로 해서 이미 우리에게 주고 혹은 장차 주려고 하는 것을 감사의 마음으로 받아들일 것이라고 믿을 것이 아닌가? 그렇지 않아도 자신을 중히 여기고 우리를 가볍게 보는 그들의 견해를 우리 쪽에서 자진해서 이를 구할 필요가 있을까? 그렇게 함으로써, 독일 연방에는 종래에는 조국이라고 하는 것이 없었던 것을 새로 하나의 조국을 주어, 독일 연방에서는 인간 그 자체가 다른 인간에게 노예로서 예속하는 법이 실시되고 있었던 것을 제거해 주었다는 외국인의 명분이—그것은 신랄한 조소로도 들어야 하지만—우리 자신의 말을 그대로 되풀이하고 우리가 아첨하는 말 그대로의 반향(反響)이 될 것이 아닌가. 우리와 같은 피정복자의 운명을 맛본 유럽의 다른 민족도 있으나, 정복국의 권력이 우리를 지배하자마자 마치 기다리기라도 한 것처럼, 특히 늦지 않게 호의를 나타내려고 서둘러, 전에는 저열한 방식으로 아첨을 하던 우리들의 통치자에게 온갖 비방을 하고, 자국의 모든 사물에 폭언을 퍼붓는 것은 오직 독일 사람뿐이다.

그들과 다른 우리, 아무런 죄가 없는 우리가, 이 수치를 벗어던지고 죄 있는 자를 고립시킬 수 있는 방법은 무엇인가? 여기에 한 가지 수단이 있다. 조국을 비방하는 인쇄물을 사는 사람이 없다는 것이 확실해지면, 또 안일과 공허한 호기심과 요설(饒舌), 혹은 한때 자기들이 지긋지긋하게도 존경심을 품게 했던 인물들이 공격당하는 것을 보고 기뻐하는 심술궂은 마음에 의해 유혹당하는 독자를, 집필자도 발행자도 고객으로서 기대할 수 없게 되면 그 순간부터 폭언과 비방의 서적은 자취를 감출 것이다. 수치(羞恥)를 아는 자는 읽을거리로 제공되는 이러한 책은 당연한 경멸을 가하여 이를 배척하라. 그렇게 하는 것이 자기 혼자뿐이라고 확실히 알더라도 단호하게 이 태도를 계속하라. 마침내는 적어도 상당히 견식 있는 사람들은 모두 이렇게 하는 것이 습관이 되어, 발매 금지라는 강행 수단을 쓰지 않더라도 가까운 장래에 이러한 비방 문서를 모조리 지울 수가 있을 것이다.

끝으로, 외국이 가장 심하게 우리를 멸시하게 만드는 것은 우리가 외국인에게 아첨하려 하는 일이다. 우리들 중의 어떤 사람은 이미 이전부터 기회가 있을 때마다 자국의 유력자에게 노골적으로 아부를 하고, 적어도 아첨을 할 기회라고 생각되면 이성도 예의도 미풍양속도 거들떠보지 않고 멸시할 만한, 웃기는, 속이 메스꺼워지는 나쁜 행동을 감히 저질러 온갖 추태를 부리는 것이다. 이러한 관습은 최근에 와서야 그치고, 이 아부 찬사의 언사는 공격적인 말로 변해 왔다. 그러나 향연(香煙)을 충만하게 하는 기술의 퇴보를 두려워하여 우리는 이 향연을 전혀 새로운 방향 즉 새로운 권력자에게로 가도록 만들었다. 이미 처음에 그칠 줄 모르는 아부 그 자체만으로도 진지한 생각을 갖는 독일인은 고통을 느끼지 않을 수 없었다. 그러나 그것은 어디까지나 우리 내부의 일이었다. 그런데 지금 우리는 외국인 앞에서도 이 천한 악습을 폭로하고 여기에 더하여 졸렬한 그 방법으로, 오직 우리의 추한 심사를 멸시하게 만들었을 뿐 아니라 또 우리의 우열(愚劣)함을 외국인의 웃음거리로 제공하려고 하는 것인가? 독일인은 아부를 해도 외국인처럼 솜씨 있게 눈에 띄지 않는 방법을 모른다. 내가 한 말이 만일 효과 없이 끝난 것을 두려워하여, 꼴불견으로 이를 과장하여 처음부터 상대방을 신처럼 엎드려 절하여 별 하늘로 받들어 모신다. 그러나 이와 같은 아부를 하는 동기가 오직 공포심에서 일어난 것이 뻔히 보이는 것이다. 더욱이 실제로 요괴라고 생각하고 있는 사람을 아름답고 우아하다고 찬양하여, 이 괴물에게 먹히지 않기 위해 아첨을 하는 겁쟁이보다 더한 웃음거리는 없다.

그것은 여하간, 이와 같은 찬사가 아부가 아니라 인류를 지도하는 천직을 띤 대천재에 그들이 당연히 치러야 할 숭배와 찬탄의 참된 표현일까? 과연 그렇다고 한다면 그들은 이 큰 인물의 성격에 대해서 아는 것이 얼마나 적은가? 큰 인물이라고 하는 것은 어떠한 시대, 어떠한 국민 안에 있어도 허영심에 사로잡히지 않는다는 공통된 특징을 가지고 있다. 이에 반해 허영심을 나타내는 사람은 처음부터 확실히 천하고 작은 인물이다. 진정으로 자신력을 가진 큰 인물은 같은 시대 사람들이 세우는 기념상이나, 위인이라는 호칭, 대중의 박수갈채와 찬양을 기뻐하지 않고 오히려 이와 같은 것을 당연한 경멸감을 갖고 물리치며 우선 자기 마음속의 자기 판관(判官)의 무언의 판결을, 또 후세의 역사적 비판의 소리 높은 판결을 기다리는 것이다. 또 이와 같은 큰 인물의 공통된 특징으로서 어두운 수수께끼 같은 운명을 존중하면서도 이를 두려워하여 끊임없이 도는 운명의 수레바퀴를 명심하고, 관 뚜껑을 덮을 때까지는 결코 자기의 행운 또는 위대함을 승인하지 않는 것이다. 따라서 찬양자들은 자기모순에 빠져 있다. 그리고 그들 언어의 행동에 의해서 그 말의 내용을 거짓으로 만들고 있다. 세상 사람으로서 만약에 자기가 숭배하는 인물을 참으로 위대하다고 생각한다면, 그 인물이 그들의 갈채가 칭찬을 초월한 사람이라는 것을 우선 생각하지 않으면 안 된다. 그리하여 속으로 그를 존경함으로써 충심으로 경의를 표할 일이다. 그들이 이러한 인물을 찬양하는 것을 일과로 삼고 있다는 것은, 그들이 그 인물을 실제로는 작고 천하다고 생각하고, 그들의 찬사를 기분 좋게 생각하여 그들에게 화를 미치지 않거나 혹은 그 어떤 혜택을 주려고 할 정도로 허영된 인간이라고 생각하고 있다는 것을 나타내는 것이다.

저 감격적인 외침, 즉 얼마나 뛰어난 천재인가! 얼마나 깊은 지혜를 가졌는가! 얼마나 웅대한 계획을 가졌는가—이러한 말들은 이것을 잘 음미해본다면 과연 어떤 뜻이 될까. 그 천재는 우리가 완전히 이해할 수 없을 만큼 위대하고, 그의 지혜는 우리에게도 충분히 이해될 수 있을 정도로 크고, 그 지혜는 우리도 통찰할 수 있을 정도로 깊고, 그의 계획은 우리가 완전히 모방할 수 있을 정도로 웅대하다는 뜻이 된다. 다시 말하면, 그 찬사를 받은 인물은 찬양하는 사람만큼의 크기라는 이야기가 된다. 아니, 그뿐만이 아니다. 찬사를 보내는 사람은 찬사를 받는 자를 완전히 이해하고 꿰뚫어 보고 있으므로, 약간 더 뛰어나고 만약에 전력을 다한다면, 그 사람 이상의 일을 할 수 있다는 뜻도 된다. 즉, 사람에 대해서 이와 같은 아부를 감히 할 수 있다고 믿는 경우에는, 자신을 상당히 위대한 것으로 자신하고 있을 것이다. 또 칭찬을 받는 사람이 이러한 찬사에 흡족해 한다면, 그는 자기 자신을 매우 작다는 것으로 자각하고 있는 것이 된다.

청렴하고 침착하고 건실한 독일인 여러분! 우리의 정신에 대한 이와 같은 무지, 그리고 진실을 표현하기 위해 만들어진 우리 언어에 가해진 이러한 모독은 단연코 물리쳐야 한다. 새로운 현상에 접할 때마다 놀라고 환호하는 일 같은 것은, 또 10년마다 위대함에 대한 새로운 척도를 마련하고 새로운 우상을 만드는 것 같은 일은, 또 사람을 찬미하기 위해 신을 모독하는 일은 이를 외국인에게 맡기기로 하자. 위대함에 관한 우리의 척도는 전혀 변하지 않아야 한다. 우리의 척도로 보자면, 오직 여러 민족을 위해 행복을 가져올 수 있는 이념의 힘을 가지고, 이 이념에 따라 감격하는 자만이 위대하다. 그리하여 현존하는 인물의 대소를 결정하는 일 같은 것은 이것을 후세의 비판에 맡겨야 한다.

14강 결론

  오늘로 끝나는 이 강연은 당장은 여러분에게 호소하는 것이지만 사실은 독일 국민 전체를 염두에 두고 있는 것이다. 이러한 의도에서 적어도 독일어가 퍼져 있는 한, 이 강연을 이해할 수 있는 모든 인간을, 이 자리 즉 여러분이 현재 있는 이 자리에 모은 것이라고 생각하고 있다. 만약 내가 지금 여기 내 눈앞에서 고동치고 있는 몇 분의 가슴속에 불꽃을 던져 그것이 거기에서 계속 빛을 내며 그 생명을 얻게 했다면, 바라건대 이 불꽃이 거기에서 그칠 것이 아니라, 전 국토에 번져서 동일한 의기와 결심을 갖는 사람들을 모아 이에 연결하고 그것이 중심이 되어 조국 전체에, 산간벽지에 이르기까지 조국을 생각하는 단결의 불꽃이 번져 불타오르기를 바라는 것이다. 이 불꽃은 나태한 사람의 귀나 나태한 사람의 눈요기 거리의 재료가 되어서는 안 된다. 나는 여기에 우리 외에도 우리와 같은 생각을 가진 사람이 과연 있는가의 여부를 알기를 원하는 것이다. 나와 뜻을 같이하는 사람은 모두 같은 것을 알고 싶어할 것이다. 지금도 여전히 자신을 국민의 한 사람이라고 믿고, 이 국민을 위대하고 고상하다고 생각하여 이 국민에게 희망을 걸고 이 국민을 위해 모험을 무릅쓰며 참고 견딜 수 있는 사람은 누구든 신념의 동요로부터 궁극적으로 구출되어야 한다. 그는 자신에게 정당한 도리가 있는가, 혹은 자기는 단지 어리석은 열광자에 지나지 않는다는 것을 분명히 알아야 한다. 이것은 지금으로부터 확고하고 의연한 의식을 갖고 자신의 길을 계속 걸어갈 것인지, 혹은 강한 결심을 가지고 현세(現世)의 조국을 단호하게 단념하고 오직 하늘의 조국에 위안을 구할 것인지를 결정해야 한다. 일상의 제한된 생활 속에 사는 개인으로서의 여러분을 향해서가 아니라 국민의 대표자로서의 여러분을 향하여, 또 여러분의 청각을 통하여 전 독일 국민을 향하여, 이 강연은 다음과 같이 호소하는 것이다.

  여러분이 오늘처럼 이렇게 많이, 이렇게 크게, 이렇게 절박한, 이렇게 공통된 사건에 대하여 이렇게 철저하게 국민으로서 또 독일인으로서 이렇게 한 자리에 모인 것은 수백 년 동안 없었던 일이다. 아마도 앞으로 다시는 없을 것이다. 여러분이 차제에 주의를 긴장시키지도 않고, 방심한 상태로 이 강연을 일종의 헛소리로 흘려듣는다면 아무도 여러분을 기대하지 않을 것이다. 이번에야말로 잘 듣고 깊이 생각하기 바란다. 이번에야말로 일종의 굳은 결심을 하지 않고서는 이 자리를 떠나지 말기를 바란다. 그리하여 이 강연을 듣는 모든 사람들은 마치 자기가 홀로 존재하고 홀로 모든 일을 해야 하는 것처럼 스스로 자신을 위해 이러한 결심을 하기 바란다. 많은 사람들이 모두 이렇게 생각한다면 이윽고 하나의 큰 전체가 형성되고, 이 전체가 합류해서 유일하고 굳건한 결합의 힘이 될 것이다. 이에 반해, 각자가 자신을 제외하고 쓸데없이 남에게 기대하여 남에게 책임을 양도한다면, 누구 하나 이것을 맡을 사람이 없어져서, 모든 사람이 구태를 벗어날 수가 없을 것이다. ―그렇다면 지금 당장 결심을 하라. 그리고 말하지 마라, 잠시 쉬게 해달라고, 잠시 더 자면서 꿈을 꾸게 해달라고, 이윽고 개선은 자연히 올 것이라고. 개선은 결코 자연히 오는 일은 없다. 각성으로 형편이 좋았던 어제를 헛되이 보내면서 오늘도 아직 단행의 용기를 나타낼 수 없을 정도의 인간이라면, 내 일도 아무 일도 할 수 없을 것이다. 늦추면 늦출수록 우리는 더욱더 게을러지고 우리들의 불행한 상태에 익숙해지게 할 뿐이다. 우리의 각성을 촉진하는 외계의 정세도 오늘 이상으로 강하게 다가오는 일도 없을 것이다. 현재의 상태를 보고 분기하지 못하는 자는 분명히 감정이 없는 사람이다. ―여러분은 마지막 굳은 결심과 결의를 하기 위해 여기에 초청된 것이다. 결코 타인에 대한 일종의 명령, 일종의 위임, 일종의 요구 때문이 아니라, 전적으로 여러분 자신에 대한 일종의 요구 때문에 초청된 것이다. 여러분은 스스로 실천할 일종의 결심을 붙잡지 않으면 안 된다. 한가한 구상, 실행을 훗날로 미루는 무력한 의욕, 언젠가 저절로 더 좋아지겠지 하는 한가한 기대는 오늘날 아무런 쓸모가 없다. 내가 여러분에게 요구하는 것은 직접 생명이며 내면적 행위인 일종의 결심, 그 목적을 달성할 때까지는 동요하지 않고 냉각되지 않으며 마음속에 지속적으로 지배될 일종의 결심이다.

여러분의 가슴속에서 이렇게 생명을 붙잡을 결심이 싹틀 유일한 뿌리가 흔적도 없이 뽑히고 말았는가, 여러분의 모든 본질이 정말로 희박해져서 밖으로 흘러 체액도 없고 혈액도 없고 동력이 없는 공허한 그림자가 되어, 환상만이 수없이 만들어져서 바삐 이리저리 움직이지만, 신체는 죽은 듯이 굳어져서 누워 있는가. 지금은 그러한 시대라고 이미 이전부터 터놓고 말하고 있다. 또 세상 사람들도 그렇게 생각하고 있다는 것이 은연 중에 되풀이해서 이야기되고 있다. 이와 같이 말하는 사람은, 사람들이 그것으로 단지 헐뜯으려 하고 있다고 믿고, 자기 쪽에서도 이에 대해 헐뜯기지 않으면 안 된다고 생각하는 것이다. 이러한 폭언의 교환은 당연한 응수로서 이루어졌을 뿐, 그 밖에는 이로 인해 그 어떤 변화, 그 어떤 개선도 이루어진 흔적을 조금도 인정할 수가 없다. 여러분은 이러한 말을 듣고 분개하는 능력을 느끼는 능력을 가질 수 있었는가. 과연 그렇다면 이렇게 여러분을 멸시하고 여러분을 속이고 있는 자를 바로 여러분의 실행에 의해서 거짓말쟁이라고 벌을 주어라. 여러분을 종래와는 다르게 세상 사람의 눈앞에 나타내라. 그러면 모든 세상 사람의 눈앞에서 그 비난자의 말이 거짓이라는 것이 실증되는 것이다. 혹은 또 그들은 여러분이 반증을 들 것을 바라고, 즉 그들은 여러분을 자극해야 할 모든 수단에 실패했으므로 고의로 여러분에게 이러한 가혹한 말을 하는 것인지도 모른다. 과연 그렇다면 그들은 쓸데없이 여러분에게 아첨해서 여러분을 안일과 아무것도 생각하지 않는 상태에 놓아두려고 하는 사람들에 비해, 얼마나 큰 호의를 여러분에 대해서 품고 있는 것인가.

비록 여러분이 약하고 무력하다고 하더라도, 오늘의 시대는 여러분이 명확한 생각을 하는 데에 가장 의지할 만한 시대이다. 본래 우리 처지에 관한 분란(紛亂), 망연자실한 상태, 맹목적으로 방임하는 태도에 빠진 것은 우리 자신과 우리 생활에 대한 감미로운 유아독존 때문이었다. 종래에 어떠한 일이 이루어졌었는가, 또 이루어지고 있었는가 하면 우리는 우리의 성찰을 독촉하는 자에 대해서는 달리 반박하는 방법을 취하지 않고, 오히려 아무런 성찰도 없이 이루어지고 있는 우리의 생활과 그 존속을 보여주고 의기양양했던 것이다. 그것은 우리가 아직 시련을 겪지 않았기 때문이었다. 그러나 우리는 그 후로 철저하게 시련을 맛보았다. 우리 모두를 서로 헤매게 한 모든 기만, 거짓 위안 등은 그 후로 물러났을 것이다. ─여기저기서 사라지는 일 없이, 자연의 안개처럼 우리의 머리 위로 퍼져서 모든 것을 어스름 속으로 감싸고 있던 타고난 편견, 이것도 또한 사라져 없어졌을까? 그 어스름 상태는 이제 우리의 눈을 가로막고 있지는 않다. 따라서 앞으로 우리의 실책의 구실이 되는 일은 없다. 이제 우리는 모든 외적인 피막(皮膜)을 벗어던지고 아무런 협잡물(挾雜物) 없이 순결하고 적나라하게 되어 있는 것이다. 이제 자기가 어떠한 것인가가 나타나지 않을 수 없는 것이다.

　여러분 중의 어떤 분은 앞으로 나와 나에게 이렇게 질문하는 사람이 있을지도 모른다. 독일의 남자와 논객 중의 단 한 사람인 당신에게, 우리를 불러 모아 우리에게 다가오는 특별한 위임, 사명과 특권을 준 것은 도대체 무엇인가? 수천 명의 독일 논객들은 누구나 당신과 마찬가지로 이것을 할 권리가 있는 것이 아닐까? 그런데 그들은 그 누구도 이를 하지 않는데 당신만 나서는 이유는 무엇인가—하고. 나는 이 물음에 다음과 같이 대답하리라. 물론 누구나 나와 마찬가지 권리를 가지고 있었을 것이다. 더욱이 그들 중 그 누구도 나보다 앞서서 이런 일을 하지 않으므로 내가 이것을 감히 하는 것이다. 만약에 누군가가 나보다 앞서서 이것을 했다면, 나는 침묵을 지켰을 것이다. 이것은, 한다는 것은 철저한 개선이라는 목적을 향한 첫걸음으로, 누군가가 이것을 해야 했던 것이다. 나는 이것을 분명하게 통찰한 맨 처음 사람이다. 그러므로 나는 처음으로 이 일을 행하는 사람이 된 것이다. 이에 이어 제2의 수단으로서 또 무엇인가 할 일이 있을 것이다. 그리하여 이제 이것을 하는 데 있어 그 누구도 동일한 권리를 가지고 있다. 더욱이 실제로 이를 하는 사람은 역시 한 사람뿐일 것이다. 누군가가 무슨 일에 우선 선수를 치지 않으면 안 된다. 그리하여 이것을 할 수 있는 사람이 선구자인 것이다!

　그간의 사정에 신경을 쓰지 말고 잠시 내가 이미 이전에 여러분을 그곳으로 인도한 것에 관찰의 눈을 돌리기 바란다. 즉, 만일 독일이 그 행복한 지위를 이용하여 또한 그 이익을 인식하는 일을 알고 있었더라면, 독일이, 또 전 세계가, 얼마나 부러워할 상태가 되어 있었을 것인가 하는 것을 생각해 보기 바란다. 다시 여러분의 눈을 돌려, 독일과 세계는 지금 어떠한 것이 되어 있는가를 관찰하고, 이에 의하여 적어도 고결한 마음을 가진 사람은 그 누구도 느끼지 않을 수 없는 고통과 불만을 충분히 느끼고 마지막에 눈을 여러분 자신에게로 돌려, 다음과 같은 사실을 명찰(明察)하기 바란다. 즉, 시대는 만약에 여러분이 허락한다면 여러분을 전대(前代)의 망상으로부터 해방하여, 여러분의 눈으로부터 안개를 걷어 내려 하고 있는 것이다. 또 여러분에게는 여러분 이전의 그 누구에게도 허용되지 않았던 가능성이 부여되어 있다. 일단 생긴 일을 생기지 않았던 이전으로 되돌려, 이 불명예스러운 중간 사태를 독일의 역사로부터 완전히 지워 버리는 일을 여러분은 할 수가 있는 것이다.

여러분이 그 어느 하나를 선택하는 자유를 갖는 여러 상태를, 여러분의 눈 앞에 사상하게 하라. 만약에 여러분이 종래와 같은 망연자실 상태와 부주의를 고치지 않으면, 우선 먼저 여러분의 머리 위에 떨어지는 것은, 노예가 받을 모든 불행, 즉 부자유, 굴욕, 정복자의 조소와 오만이다. 여러분은 이곳 저곳에서 혹사당할 것이다. 이것은 여러분이 도처에서 정복자의 마음에 맞지 않고 또 방해가 되기 때문이다. 이 방해는 여러분이 전적으로 여러분의 국민성과 언어를 희생으로 하여 간신히 하나의 종속적인 지위를 얻고, 이렇게 해서 마침내 여러분의 민족이 자멸시킬 때까지는 멈추지 않을 것이다. 이에 반해 만약에 여러분이 결연히 분기한다면 여러분은 우선 영광스럽게 존속할 것이며, 또 여러분의 생존 중에 여러분의 주위에, 여러분과 독일인에게 가장 영광스러운 기념을 약속하는 훌륭한 한 시대가 꽃피어 오르는 것을 볼 수 있을 것이다. 여러분은 이 세대를 통해 독일의 이름이 모든 민족 중에서 가장 영광스러운 민족으로 드높여지는 것을 마음속에 볼 것이다. 여러분은 이 국민을, 세계를 부활시켜 세계를 재건시키는 사람으로 볼 것이다.

다음 두 가지 일은 여러분의 자유에 맡겨져 있는 일이다. 즉, 여러분은 하나의 매우 존경받을 수 없는, 또한 후세에는 당연 이상으로 멸시를 받는 민족의 종말이 되려고 하는 것인가. ―이와 같이 존경할 수 없는 민족의 역사를 보고 후세의 자손은, 그 자손은 이 민족의 멸망과 함께 야만 상태에 가까워져서, 마침내는 야만 상태가 되어 버릴 것이지만 그래도 역사책을 본다고 하면 이 민족이 멸망한 것을 기뻐하고 그 멸망을 가져온 운명을 당연한 것으로 축복할 것이다. ―그렇지 않으면 여러분은 하나의 새로운, 더욱이 여러분의 모든 표상을 능가하는 훌륭한 시대의 바탕을 만들어 그 출발점이 되고 후세의 자손이 그들의 행복 시대를 헤아리는 기점이 되기를 원하는가. 생각해 보라. 여러분은 곧 이 후자로서, 이 위대한 변혁을 이끌 힘을 손에 쥐고 있는 것이다. 여러분은 아직도 독일인이 하나의 국민으로서 불린 것을 들은 경험을 가지고 있다. 여러분은 이 통일의 유형적 증거, 즉 국가와 연방을 본

일이 있다. 혹은 그것을 들은 적이 있다. 여러분들 사이에서는 때때로 이 소리 높은 조국애에 감격하는 소리를 들을 수 있었던 것이다. 그런데 여러분 뒤에 오는 사람은 이것과는 다른 관념에 익숙해질 것이다. 다른 나라의 형식과 독일적인 것과는 다른 생활의 길을 취할 것이다. 그렇다면 독일을 보고, 혹은 독일인에 대한 말을 듣는 사람이 하나도 없게 되는 것도 먼 장래는 아닐 것이다.

여러분에게 요구되는 조건이 많지는 않다. 여러분은 잠시 동안 정신을 집중하고 여러분의 눈앞에 직접 뚜렷하게 가로놓여 있는 일에 대해서 진지하게 생각하면 되는 것이다. 그리하여 하나의 확고한 의견을 형성하여 충실하게 이를 지키고 또 여러분 주위를 향하여 이것을 전하기만 하면 되는 것이다. 이러한 사고의 결과가 여러분 안에서 동일한 형태를 취하고, 이를 진지하게 생각하여 종래의 부주의에 빠지지 않는다면 여러분은 반드시 일치된 상상을 가지게 될 것이라는 것, 그리고 만약에 여러분이 일반적으로 정신을 구하고 단순한 식물적 생활에 머무르지 않는다면 정신의 일치와 협력은 저절로 생기리라는 것을 나는 전제하고 있으며, 이것은 나의 확신이다. 그리하여 일단 이렇게 되면 우리에게 필요한 다른 모든 것은 저절로 주어질 것이다.

그런데 이와 같은 사고는 자신의 눈앞에 명확하게 존재하는 것에 대해서, 자기의 인격에 따라 하는 일은 나름대로 사고할 수 있는 사람 누구에게나 요구되는 것이다. 여러분은 이러한 일을 할 시간을 가지고 있다. 쓸데없이 현재의 상태 때문에 마비되거나 놀라서는 안 된다. 여러분과 상의해서 만들어진 조건들은 지금 여러분의 눈앞에 놓여 있다. 여러분 자신의 의견이 정리될 때까지는 이것을 손에서 놓아서는 안 된다. 여러분은 결코 타인 또는 여러분 이외의 그 무엇인가를 신뢰함으로써 자신의 마음을 늦추어서는 안 된다. 또 시대라는 것은 인간의 손이 가하는 일이 없이 어떤 불가사의한 힘에 의하여 만들어지는 것이라고 하는, 오늘날의 무지한 지혜에 의해 마음을 이완되게 해서는 안 된다. 나의 강연은, 여러분이 여러분 자신의 힘에 의하지 않고서는 결코 구제될 수 없다는 것을 끈질기게 여러분에게 역설하였다. 그리하여 나는 이제 최후의 순간에 이르러서도 이것을 되풀이하고자 하는 것이다. 비가 오고 이슬이 내리고 흉년이 들고 풍년이 오고—하는 것은 우리들이 알지 못하는, 우리들이 어떻게도 할 수 없는 힘이 하는 일일 것이다. 그러나 인간의 각기 특별한 시대, 또 인간의 처지는 오직 인간만이 이를 만드는 것이다. 인간 이외의 힘이 만드는 것이 결코 아니다. 인간이 모두 한결같이 눈멀고 무지할 때에만 인간은 이러한 숨겨진 힘이 밀려오는 것이다. 그러나 인간은 본래 결코 눈멀고 무지한 존재가 아니다. 물론 우리들의 크고 작은 화(禍)는 일부분은 이러한 알 수 없는 힘에 의한 것이다. 그러나 그 대부분은 우리를 지배하는 사람들의 오성(悟性)과 호의(好意)의 문제인 것이다. 그런데 우리가 언제 행복한 처지를 회복할 수 있는가의 여부는 오직 우리만의 힘에 달려 있는 것이다. 우리 자신의 손으로 회복하지 않는다면, 장차 우리가 다시 행복하게 될 길은 없는 것이다. 특히 우리 각자가 각기 존재하는 것은 나 한 사람뿐이며, 앞으로 오는 시대의 행복은 오직 나의 두 어깨에 걸려 있는 것처럼 생각하고 노력할 수밖에 없는 것이다.

이것이야말로 여러분이 해야 할 일이다. 이 강연은 이를 주저 없이 실행할 것을 여러분에게 간청하는 것이다.

청년 여러분, 이 강연은 여러분에게 요청한다. 나는 이미 오래 전부터 여러분의 한 사람이 되지 못하고 있다. 그러나 나는 여러분이 탈속적(脫俗的) 사상을 품을 능력이 뛰어나고, 또 모든 선업(善業) 또는 위업에 대해서 감격하기 쉽다고 믿어, 이 강연에서도 그와 같은 일을 말하였다. 여러분의 나이로 보아 여러분은 어린애 같은 순진함과 자연에 더욱 접근해 있기 때문이다. 그러나 연장자의 대다수는 여러분의 이러한 특징을 전혀 다른 안경을 쓰고 보고 있다. 그들은 여러분을 분수에 맞지 않는다고 책망하고, 여러분의 판단을 가리켜서 엉뚱하고 무모하여 자신의 힘을 알지 못한다 하고, 곧잘 남과 언쟁하고 쓸데없이 새것을 쫓고 있다고 비난하고 있다. 그러나 그들은 관대하게 여러분의 결점을 미소로써 바라보고 있다. 그들은 생각한다. 이러한 모든 결점이 생기는 것은 모두가 단순히 여러분의 세상에 대한 지식이 모자라기 때문이라고. 그러나 그들의 이른바 세상이라는 것은 일반적인 인간의 타락된 세계를 말하는 것이다. 왜냐하면 그들은 그 이상의 세계를 보는 눈을 가지고 있지 않기 때문이다. 그들은 생각한다. 지금 여러분은 동지를 얻기를 기대하고, 또 여러분은 세상 사람이 이른바 선량한 계획이 얼마나 완고한 저항을 받는 것인가를 아직 모르므로 이러한 저돌적인 용기가 있는 것이라고.

또 그들은 생각한다. 여러분의 젊은 상상력의 불꽃이 꺼졌을 때, 여러분이 세상의 일반적인 이기심이나 게으름, 노동의 기피만을 느끼게 될 때, 여러분이 단지 재래의 궤도를 따라 앞으로 나아가는 재미를 맛보고 이를 배웠을 때, 그때야말로 다른 사람보다도 더 잘, 보다 더 영리해지려는 마음은 이미 여러분에게는 없을 것이라고. 더욱이 그들이 여러분의 이러한 변화를 기대하는 것은 결코 근거가 없는 것은 아니다. 그들은 이것을 자신의 몸으로 실증하고 있는 것이다. 그들도 그들의 이른바 무지했던 청년시대에는 역시 지금의 여러분과 마찬가지로 세계 개선의 꿈을 꾸고 있었다는 것을 고백하지 않을 수가 없다. 그러나 그들은 나이를 먹어감에 따라 지금 여러분이 보는 바와 같은 온화하고 조용한 인간이 된 것이다. 나는 그들의 말을 믿는다. 나 자신도 또한 오랜 경험을 쌓은 것은 아니지만, 처음에는 다른 희망을 가졌던 청년이 후에는 어른들이 지금 말한 것과 같은 예상과 전적으로 일치하는 것이 되어버린다는 것을 알고 있다. 그러나 청년 여러분! 앞으로는 이렇게 되어서는 안 된다. 왜냐하면 이와 같다면 과연 언제부터 좋은 시대가 시작될 것인가. 여러분이 의식(衣食) 생활에 종사하게 되면 청년의 광채는 여러분으로부터 사라지고, 여러분의 상상력의 불꽃은 스스로 불타오르지 못하게 될 것이다. 그러므로 여러분은 이 불꽃을 놓치지 말고 명석한 사고에 의해 더욱 불타오르도록 하고 이러한 사고의 기술을 터득하라. 그러면 여러분은 거기에 첨가해서 인간의 가장 아름다운 장비, 즉 성격도 얻을 수가 있을 것이다. 이 명확한 사고에 의해서 여러분은 저 영원한 청년의 활기의 원천을 지킬 수가 있는 것이다. 여러분의 몸은 노쇠하고 여러분의 무릎은 떨려도, 여러분의 정신은 항상 재생되어 신선하게 유지되고, 여러분의 성격은 확립되어 변화하지 않을 것이다. 이제 여러분에게 제공된 기회를 주저하지 말고 잡아라. 여러분의 숙고를 위해 제출된 문제에 대해서 명확하게 생각하라. 하나의 점에 관해서 생기기 시작한 명확한 인식은 차차 다른 모든 점에도 파급되어 가는 법이다.

노인 여러분, 이 강연은 여러분에게 요청한다. 여러분이 지금 들은 바와 같이 세상 사람들은 여러분을 이렇게 생각하고 있고, 또 여러분 앞에서 이것을 말하는 데에 주저하지 않는다. 이 강연자 자신이 터놓고 이에 덧붙여 말한다면, 드물게 보는, 따라서 더욱더 존경할 만한 예외적인 인물을 제외하고 여러분 대다수에 대해서 말하자면, 세상 사람들이 말하는 것은 전적으로 옳다. 시험삼아 최근 2, 30년 동안의 역사를 살펴보라. 여러분 이외의 모든 사람들은, 아니 여러분 자신조차도 자기와는 직접 관계가 없는 분야에서는 다음과 같은 의견에 일치하게 된다. 즉, 언제나 예외적 인물은 제외하고 다수에 대해서만 말하는 것인가. 모든 방면에서, 학문이나 실제 생활에서 비교적 무능하고 자만심이 강한 것은 여러분인 노년자였다. 모든 같은 시대 사람들이 다같이 경험하고 있는 일이지만 누구나 보다 더 좋은 일, 보다 더 정돈된 일을 하려고 하는 사람은, 자기 자신의 불명(不明)에 대해서, 또 주위의 여러 가지 사정에 대해서 싸우지 않으면 안 될 뿐만 아니라, 또 여러분과도 격렬한 싸움을 하지 않으면 안 되었던 것이다. 여러분은 자기가 하는 일, 또 자기가 아는 일 이외의 그 무엇도 이 세상에서 일어나서는 안 된다고 굳게 결심하고 있었다. 여러분은 모든 새로운 사고의 발동을 여러분의 이해력에 대한 일종의 모욕으로 간주하고 있었다. 여러분은 이와 같이 보다 선한 것을 억제하기 위해 있는 힘을 다하고 있었다. 그리하여 대개는 원하는 대로 여러분이 승리를 얻고 있었다. 이리하여 여러분은 은혜로운 자연이 항상 젊은 품으로부터 우리에게 제공했던 모든 개선을 저지하는 세력이었다. 여러분은 스스로 죽어서 원래의 땅으로 돌아가, 여러분 다음 세대 사람이 여러분과의 전쟁에 지쳐서 여러분과 같은 인간이 되어, 여러분의 종래의 주의 방침을 계승할 때까지는 이렇게 버티고 있었던 것이다. 여러분은 이번에도 또 종래와 같이 모든 개선의 제안을 저지하려고 할지도 모른다. 여러분은 이번에도 또 하늘과 땅 사이에서 여러분이 알지 못하는 일은 하나도 없다고 하는 허영심의 만족을, 국민 전체의 복지보다도 중히 여길지도 모른다. 과연 그렇다면 여러분은 이번을 끝으로 앞으로는 다툴 필요가 없어질 것이다. 앞으로는 그 어떤 개선도 이루어지지 않고 단지 개악(改惡)만이 일어날 것이다. 따라서 여러분은 여전히 여러 가지 만족을 맛볼 수 있을 것이다.

내가 노인을, 단지 노인이라는 이유로 가볍게 보고 얕잡아 본다고 생각해서는 안 된다. 오직 자유에 의해서 본연의 생명과 그 발전의 원천이 생활 속에 도입되는 경우에는 여기에 명확한 인식이 생기고 따라서 또한 힘이 생겨 그것들이 평생 이어지는 것이다. 이와 같은 생명은 살아갈수록 더욱더 개선되고 속세의 때를 벗어 마침내는 향상해서 영원의 생명을 순화하여 구원을 향해 꽃을 피우는 것이다. 이와 같은 생명을 가진 노인의 경험은 악과 조화하는 일 없이, 그와는 반대로 악을 훌륭하게 정복할 수단을 더욱더 뚜렷하게 하고 그 기술을 더욱더 교묘하게 만들어 준다. 인간이 나이를 먹어감에 따라 나빠지는 것은 단지 우리 시대의 허물이다. 그리하여 사회가 매우 타락하고 있을 때에는 어디나 모두 이와 동일한 결과를 낳지 않을 수가 없는 것이다. 우리를 타락시키는 것은 자연이 아니다. 자연은 우리를 죄 없는 자로 만든 것이다. 우리를 타락시키는 것은 사회이다. 일단 이러한 사회의 세력에 굴복한 자는 이 영향을 오랫동안 받아 더욱더 나빠질 것은 당연하다. 몹시 타락했던 다른 시대의 역사를 이러한 관점에서 연구하여, 예컨대 로마의 집정관(執政官)의 통치 밑에서 한번 나빠진 자는 나이가 들면서 더욱더 나빠진 경과를 조사해 본다는 것은 확실히 무익한 일은 아닐 것이다.

나이가 들고 경험이 있는, 더욱이 보통의 노인과 다른 노년 여러분! 이 강연은 우선 여러분에게 요청한다. 존경하는 눈으로 여러분을 우러러보고 있는 젊은 사람들에게, 이 일에 관해 보증을 주고, 힘을 주고, 조언을 주기 바란다. 그런데 보통의 노인 여러분! 여러분에게도 역시 이 강연은 요청한다. 여러분은 아무런 조력도 줄 필요는 없다. 다만 이번만은 방해를 삼가하기 바란다. 여느 때처럼 여러분의 박식과 갖가지 걱정을 가지고 가는 길을 가로막지 말라. 이번의 이 일은 세상의 다른 모든 이성적 문제와 마찬가지로 여러 겹으로 얽힌 것이 아니라 간단한 것이며, 여러분이 모르는 수천 가지 일 중의 하나이다. 만일 여러분의 지혜로 구할 수 있는 것이라면 이미 구했을 것이다. 왜냐하면, 종래에 우리에게 항상 권고를 하던 사람들은 여러분이기 때문이다. 여러분의 이 책임은 모두 다른 죄와 함께 지금은 용서해 준다. 그것을 여러분에게 내밀고 책망하지는 않을 것이다. 이번에야말로 여러분도 자신을 인식해서 침묵을 지켜주기 바란다.

실무자 여러분! 이 강연은 여러분에게 다음과 같은 일을 요청한다. 소수의 예외를 제외하고는, 여러분은 지금까지 추상적 사고와 모든 학문에 대해서 오직 초연하고 경멸하는 것 같은 태도를 가장하고 있었지만, 실은 마음속으로부터 이것을 적대시하고 있었던 것이다. 여러분은 사색이나 학문을 하는 사람과 그들의 제안을 될 수 있는 대로 멀리해 왔다. 그리하여 사색가(思索家)나 학자가 일반적으로 여러분으로부터 예기(豫期)할 수 있는 감사(感

謝)는 미쳤다는 비난이나 정신 병원에 들어가라는 발의(發議)에 지나지 않았다. 학자나 사색가 쪽에서는 그들이 여러분에게 의지하고 있었으므로 여러분만큼 노골적인 비판을 가하지는 않았지만, 마음속의 진의(眞意)는 여러분을 가리켜서 소수의 예외를 제외하고는 천박한 잔소리꾼, 쓸데없이 호언장담하는 사람, 학교를 통과한 데에 지나지 않은 어설픈 지식인, 낡은 궤도 위를 모색하며 잠행(潛行)하는 자, 그 이상은 아무것도 원하지 않고 또 할 수 없는 자라고 부르는 일이었다. 여러분은 그들의 이와 같은 허언(虛言)을 사실로 벌을 주라. 그리하여 지금 그 목적을 위해 제공되고 있는 기회를 주어라. 근본적 사고와 학문을 얕잡아보는 생각을 고쳐라. 여러분이 모르는 일은 스스로 묻고, 그리고 배워라. 그렇지 않으면 여러분을 비난하는 사람들이 옳은 사람이 될 것이다.

모든 사상가, 학자, 문필가라는 소리를 들을 만한 여러분! 본 강연은 여러분에게 요청한다. 실무가가 여러분에게 한 비난은 어떤 뜻으로 보자면 부당한 것이 아니었던 것이다. 여러분은 현실 세계를 고려하지 않고 실제 세계와의 관계를 돌보지 않고, 너무나 무관심하게 단순한 사고 분야를 앞으로 나아가고 있었던 것이다. 여러분은 여러분 자신의 세계만을 그리고 실제의 세계를 너무나 경멸하며 내박쳐 두었던 것이다. 원래 실제 생활의 모든 조직과 형성은 고상한 조직적 개념으로 출발해야 하는 것으로, 일반적인 궤도 위의 진행은 이러한 개념과는 관계가 없는 것이다. 이것은 하나의 영원한 진리로 이것을 모르고 실무를 감히 실천하려고 하는 자는 신의 이름으로 노골적인 멸시로써 얕잡아 보이게 되는 것이다. 그러나 이러한 개념과, 그것을 각기 특수한 생활 속으로 도입하는 일 사이에는 커다란 고랑이 가로놓여 있다. 이 고랑을 채우는 일은 실무가의 임무인 동시에 또 여러분의 임무이다. 실무자는 물론 여러분을 이해할 수 있을 만한 소양을 미리 만들어 두지 않으면 안 되지만, 여러분도 또한 사상의 세계에 너무 몰두하는 나머지 실제 생활을 잊는 일이 있어서는 안 된다. 여기에서 양자는 합치되는 것이다. 고랑의 양쪽에 서서 서로 흘겨보며 서로 경멸하는 일은 그만두고 오히려 쌍방이 각기 이 고랑을 메워서 협력의 길을 열기 위해 노력하라. 이번에야말로 여러분과 실무자는 서로 상관되는 것으로, 머리와 가슴과 같이 필연적으로 서로 보완하는 것이라는 것을 이해하라.

모든 사상가, 학자, 저술가라는 이름을 들을 만한 여러분! 이 강연은 또 다른 뜻으로도 여러분에게 요청한다. 일반 사람의 천박함, 무사려(無思慮), 애매함에 대한 여러분의 불평, 그들의 잔재주와 그칠 줄 모르는 수다에 대한 여러분의 불평, 모든 계급의 사람들이 진지함과 철저함을 멸시한다는 여러분의 불평은 지당할 것이다. 그러나 이러한 모든 사람들을 교육한 것은 도대체 어떤 계급의 사람들인가? 그들로 하여금 모든 학문상의 일을 일종의 놀이가 되게 하고, 그들을 어렸을 때부터 이와 같은 잔재주와 수다쟁이로 기른 것은 어느 계급 사람들인가? 학교를 졸업한 사람들을 계속해서 교육할 임무를 맡은 것은 어느 계급인가? 현 시대 사람들이 몽롱한 상태가 되어 있는 가장 현저한 원인은, 그들이 여러분이 쓴 것을 읽고 몽롱해졌기 때문이다. 그럼에도 불구하고 여러분들은 왜 이들 게으른 사람들에게 끊임없이 읽을거리를 제공하려고 애쓰고 있는가? 여러분은 그들이 아무것도 배울 수 없었고 또한 배우려고 하지 않는다는 것을 잘 알고 있지 않은가? 무엇 때문에 여러분은 그들을 독자라고 부르고 그들을 자기의 가치 비판자로서 그들에게 아부하고, 자기 동업자에 대해서 그들을 부추겨서 이 맹목적이고 질서 없는 군중을 모든 수단을 다하여 자기편으로 끌어들이려고 하는가? 무엇 때문에 여러분은 여러분의 비평 기관이나 정기 간행물로 그들에게 그 경솔한 비판 버릇을 만족시킬 수 있는 재료나 실례 등을 제공하고 있는가? 여러분은 이들 기관에서, 가장 저급한 독자라도 이것을 능히 할 수 있을 정도로 지리멸렬하게, 붓 가는 대로 무책임한 비판을 시도하고 또 대개는 저급한 취미를 나타내고 있지 않은가? 만약에 여러분 모두가 반드시 이러한 생각을 가지고 있지 않고, 여러분 중에도 아직도 좋은 사상을 가진 사람이 있다면 왜 그들은 단결하여 이 악풍을 제거하려 하지 않는가? 특히 그 실무자들은 여러분의 교육을 받은 사람들이다. 여러분 자신이 그렇다고 말하고 있는 것이다. 왜 여러분은 그들의 이 교육을 이용해서 적어도 학문에 대한 약간의 무언의 적의(敵意)를 저들에게 불어넣어, 특히 상류 사회 청년의 자만심을 적당한 기시에 이를 좌절시키고, 그들에게 계급이나 신분은 사고(思考)에서는 아무런 소용이 없다는 것을 가르쳐 주지 못했는가? 여러분은 아마도 일찍부터 그들에게 아부하여 그들을 부당하게 추켜세웠을 것이다. 그렇다면 여러분은 스스로 부른 재앙을 지금 짊어지지 않으면 안 되는 것이다.

이 강연은, 여러분이 자기의 직무가 중대하다는 것을 이해하지 못한 사람이라는 전제 하에 여러분의 죄를 용서하고자 원하는 것이다. 이 강연은, 여러분이 지금부터 그 중요성을 잘 알고 여러분의 직무를 단순한 의식(衣食)을 위한 생업으로 삼지 말기를 요청한다. 여러분이 여러분 자신을 존중할 줄 알고 이를 여러분의 행위를 통해 나타낸다면 세상은 여러분을 존경하게 될 것이다. 여러분이 과연 이를 잘 할 수 있느냐 없느냐의 최초의 시험은, 여러분이 나의 동의에 가담해서 세상에 대해서 어떠한 영향을 미칠 수 있는가에 달려 있고, 또 여러분이 그때 어떠한 태도를 취하는가에 따라 급락(及落)이 결정될 것이다.

이 강연은 독일 연방의 왕후(王侯)에게 요청한다. 왕후에 대해서 무슨 말을 하도록 허락되지 않은 것처럼, 혹은 아무런 할 말이 없는 것처럼 행동하는 자는 멸시할 만한 바보이다. 그들은 오히려 왕후를 비방하는 자이다. 그들을 멀리 물리쳐라. 진실을 말하자면, 왕후라 해도 우리 모두와 마찬가지로 무지(無知)하게 태어난 사람으로, 이 타고난 무지로부터 벗어나기 위해서는 우리와 마찬가지로 가르침을 듣고 배우지 않으면 안 되는 것이다. 국민에게 닥친 운명에 대하여 왕후가 관여한 부분에 대해서 본 강연은 가장 온당한, 또 내가 믿는 바에 의하면 유일하고 정당한 해석을 한 것이다. 왕후로서 아부하는 말만 들으려 하지 않고 오히려 진실을 듣고자 한다면, 이 강연에 대해서 불평을 말할 수는 없을 것이다. 우리가 분담하는 죄를 다른 사람들이 잊어주기를 우리가 바라는 것처럼 우리도 왕후가 분담하는 죄를 잊기로 하자. 바야흐로 우리 모두에 대해서와 마찬가지로 모든 왕후에게도 새로운 생명이 시작되는 것이다. 원컨대 이 강연의 소리가 평소에 왕후에 접근함을 가로막고 있던 측근자들을 좌우로 밀쳐내고 직접 왕후의 귀에 이르게 하라. 이 소리는 긍지 있는 자각을 가지고 왕후를 향하여 어느 시대, 어느 나라의 영주들도 할 수 없을 만큼 충실하고 정당하게, 행복하게 백성들을 통치해 줄 것을 말할 수 있다. 국민은 자유를 이해하고 또 자유를 행할 능력이 있다. 그러나 국민은 그들이 자유라고 생각하는 것에 적대하는 피비린내 나는 전쟁을 감행하였다. 이것은 왕후가 그것을 원했으므로 국민은 왕후의 의지에 따른 것이다. 왕후 중의 어떤 사람은 훗날에 이르러 그 의지를 바꾸었다. 그리하여 국민은 독일의 독립과 자주성의 마지막 뿌리의 하나를 뽑아버리는 전쟁으로 여겨진 전쟁에도 충실하게 왕후의 뒤를 따라갔다. 이것도 왕후가 원했기 때문이다. 그 후로 국민은 왕후와 공통된 불행의 짐을 짊어지고 참고 있다. 더욱이 국민은 왕후에 충실하고 마음으로부터 왕후에 복종하며 왕후를 신이 보내주신 보호자로서 사랑하는 것을 그만두지 않았다. 만약에 왕후가 국민을 은밀히 관찰했다면, 만약에 왕후가 그에게 인류의 가장 아름다운 면을 항상 보여 준다고는 말할 수 없는 측근들의 장막을 벗어나, 시민의 집으로 내려가고 농민의 오두막으로 가서, 상류 사회에서는 찾아보기 어려운 신의와 충성을 아직도 간직하고 있는 이 계급의 조용하고 숨겨진 생활을 관찰했다면 분명히—그렇다, 분명히 어떻게 하면 그들을 도울 수 있는가를 그 어느 때보다도 진지하게 숙고할 결심을 하게 되었을 것이다. 이 강연은 왕후에 대해서 하나의 구제 수단을 제의하였다. 이 수단은 확실하고 철저하며 또한 결정적인 것으로 여겨지는 것이다. 왕후의 고문관 등이 이것과 의견을 같이하자마자, 혹은 더 좋은, 물론 이것과 마찬가지로 결정적인 수단을 알자마자 상의를 하게 하라. 그러나 무엇인가를 시작하지 않으면 안 된다, 더욱이 바로 시작하지 않으면 안 된다, 무엇인가 철저하고 결정적인 일을 시작하지 않으면 안 된다, 어중간한 수단이나 미지근한 수단이 통하던 시대는 지나갔다는 확신, 이 확신을 그들이, 가능하다면, 왕후의 마음속에도 이러한 마음을 일으키게 해 주었으면 하는 것이다.

모든 독일인이, 사회에서 그 어떤 장소에서 자리를 차지하고 있는 사람이라 할지라도, 여러분 중에 적어도 생각을 할 수 있는 사람이라면 우선 먼저 여기에 제의(提議)된 문제에 대해서 생각하고 또 각자가 자기 지위에서 가장 절실한 사항에 대해서 힘을 다해 줄 것을 이 강연은 요청한다.

여러분의 조상들도 이 강연과 목소리를 함께 하여 여러분에게 요청한다. 여러분은 나의 목소리 안에 아득한 옛날부터의 여러분의 조상들의 목소리도 함께 하고 있다고 생각해야 한다. 자신의 생명을 바쳐서 로마의 세계적 지류의 도도한 흐름에 대항하여 이제는 여러분의 시대에 외부 사람의 먹잇감이 되어버린 이 산, 이 평원, 이 하천의 독립을 자신의 피로써 쟁취한 여러분의 먼 옛날의 조상, 그들이 지금 여러분에게 외친다. 우리의 대표자가 되라, 우리의 기념을 너희가 전달받고, 또 너희가 우리의 후손임을 자랑스럽게 생각하듯이 이 기념을 후세에 전하라. 우리가 로마인에 대해서 시도한 반항은 오늘날까지 고결하고 위대하고 또 현명했다고 여겨져 왔다. 우리는 신의 세계적 계획에 감격한 자, 그 실행을 위임받은 자라고 여겨져 왔다. 만약 너희를 마지막으로 해서 우리의 민족이 망한다면 우리의 종래의 명예는 치욕으로 변하고 우리의 현명은 바보로 변하는 것이다. 왜냐하면 독일 민족이 결국 로마인의 손으로 들어갈 운명이라면 그것은 새로운 로마인보다는 오히려 옛 로마인의 손에 들어가는 것이 좋았을 것이기 때문이다. 우리는 옛 로마인에 저항해서 그들을 정복하였다. 너희는 새로운 로마인에 유린된 것이다. 이미 이렇게 된 이상 너희는 유형적 무기를 가지고 그들을 지배할 수는 없을 것이다. 다만 너희 정신을 그들보다 훨씬 높고 의연하게 세울 일이다. 너희는 모름지기 정신과 이성의 국가를 건설하여 세계를 지배하고 있는 모든 육체적 폭력을 멸망시킬 운명, 우리의 운명에 비하면 한층 고상한 것이 주어져 있는 것이다. 너희가 이 사명을 완수한다면 너희는 우리의 후손으로서 부끄럽지 않을 것이다.

이 목소리에는 또 종교 및 신앙의 자유를 위한 신성한 싸움에서 쓰러진 최근 조상들의 목소리도 섞여 있다. 그들은 여러분에게 외친다. 우리의 영광을 구출하라! 우리는 무엇을 위해 싸웠는가를 분명히 이해하지 못하고 있다. 우리는 양심에 관한 한 다른 권력에 의해서 좌우되는 것을 원하지 않는다는 정당한 결심 외에 또 하나의 고상한 정신에 의해 움직여지고 있었는데, 이 정신은 끝내 우리에게는 전혀 이해되지 못했다. 이 정신은, 너희가 정신 세계에 대한 시력(視力)을 갖는다면 너희에게 그 정신이 나타나는 것이다. 그리하여 높고 명석한 눈으로 그대들을 지켜보고 있는 것이다. 관능적 동기와 정신적 동기의 착잡한 혼합은 일반적으로 세계 지배로부터 배제되어야 한다. 순결하고 모든 관능적 동기를 벗어난 정신만이 인류 사회의 키를 잡아야 한다. 이 정신에 자유가 주어져, 이 정신이 발달 성장해서 하나의 독립된 실재가 되기를 원하여 그 때문에 우리는 피를 흘린 것이다. 이제 이 정신에, 원래 그것에 돌아갈 세계 지배의 실권을 획득하게 하여, 우리가 지불한 희생에 의의와 정당성을 부여하는 것은 그대들의 임무이다. 종래 우리 국민의 발달이 그 최후의 목적으로 삼아왔던 이 사업이 만약에 완성되지 않는다면, 우리의 투쟁은 일시적이고 공허한 익살극이 될 것이다. 만약에 앞으로 널리 정신이나 양심이 이 세상에 존재할 수 없게 된다면 우리가 쟁취한 정신 및 양심의 자유는 하나의 공허한 빈말이 될 것이다.

아직 태어나지 않은 여러분의 자손이 또 여러분에게 요청한다. 그들은 여러분을 향해 외친다. 그대들은 뛰어난 조상을 두고 긍지를 가지고 그대들을 이 고귀한 혈통의 계열에 참여하게 하였다. 이 고리가 그대들의 시대에 끊어지는 일이 없도록 배려하라! 우리도 또한 그대들이 자랑을 지닐 수 있도록 할 것이며, 부끄러움이 없는 구성원으로서의 그대들에 의하여 이 영광된 계열에 참가하게 해다오! 우리 때문에, 저열하고 야만적인 그대들의 자손됨을 그들이 부끄럽게 생각하지 않도록 해다오. 그대들이 우리의 자손임을 감추고 외국인의 이름이나 외국인의 후손이라고 자칭하는 일이 없도록 해다오! 그대들의 바로 뒤에 올 후계자 여하에 따라서 여러분의 역사적 비판은 정해지는 것이다. 만약에 그대들이 여러분의 영광을 증언하면 그대들은 영광스러운 지위를 차지할 수 있을 것이다. 그러나 그대들이 예언하는 자손을 두지 못하고 여러분의 정복자가 여러분의 역사를 기록한다면 여러분은 실제 이상으로 폄하(貶下)될 것이다. 정복자가 피정복자를 정당하게 비판하려는 의지 또는 지식을 표시한 적은 이제까지 한 번도 없었다. 정복자는 피정복자를 폄하하면 할수록 자기의 입장을 정당화할 수 있는 것이다. 전 세계의 여러 민족의 위대한 사업, 뛰어난 제도, 고상한 풍속이 단지 그들의 자손이 독립을 상실했다는 것만으로 후세에 의해 잊히고, 그들에 관해서 정복자가 자기에게 편리하도록 제멋대로 보고하고 있는 예는 실로 상상을 초월한다.

외국인이라 해도 적어도 자기를 이해하고, 자신의 참다운 이익을 보는 안목을 가지고 있는 사람은 여러분에게 요청한다. 그렇다. 모든 민족 중에는 인류에 대한 정의, 이성 및 진리를 가져올 한 국가의 위대한 사명이 그림자도 흔적도 없는 공허한 환상이라는 것을 믿지 못하고, 따라서 현대와 같은 말세적 시대는 한층 더 좋은 시대로 가는 과도기에 지나지 않는다고 믿는 사람들이 아직도 존재하고 있는 것이다. 이러한 사람들과 그들 안에 존재하는 새 인류의 총체는 여러분에게 기대를 거는 것이다. 이러한 사람들의 대부분은 우리로부터 나온 것이고, 다른 부분은 우리로부터 종교 및 모든 문화를 받은 것이다. 전자는 공통된 조국의 땅을 걸고 또 그들이 우리에게 위임해서 남긴 그들의 요람을 걸고 우리에게 요청한다. 후자는 그들이 큰 행복을 담보로 해서 얻은 문화를 걸고—우리를 그들 자신을 위해서, 혹은 전적으로 그들을 위해서 종래와 같이 유지하도록, 새로 생기는 시대에 이러한 그들에게 매우 중요한 민족이 열국으로부터 사라져 없어지지 않도록 우리에게 요청한다. 그들이 장차 이 세상에 영위되는 생활의 참다운 목적을 위해 우리의 조언, 우리의 모범, 우리의 협력이 필요할 때, 그들이 가슴 아프게 우리들을 그리워하는 일이 없도록 하기 위해서인 것이다.

모든 시대, 한때 이 세상에서 숨을 쉰 모든 현인(賢人) 및 선인(善人), 보다 높은 것에 관한 그들의 모든 사상 및 예감이 이 목소리 안에서 일체가 되어 여러분을 둘러싸고, 여러분에게 탄원의 손길을 뻗고 있는 것이다. 그뿐 아니라 만약에 말해도 좋다면, 하늘의 뜻도, 하나의 인류를 만들려고 하는 신의 세계적 계획도—그것은 인간에 의해서 사고되고 인간에 의해서 실현되기 위한 것으로만 존재하는 것이지만—그것조차도 그 명예와 그 존재를 구원해 줄 것을 여러분에게 요청하고 있는 것이다. 인류는 더욱더 개선되어야 한다는 것, 그리고 인류의 질서와 품위를 생각하는 일은 결코 헛된 꿈이 아니라 장래의 현실에 대한 예언과 보증이라고 믿는 사람이 옳은가, 혹은 동물적, 식물적 생활 속에서 졸면서 이상적인 세계로 비약하려고 하는 모든 시도를 매도한 자가 정당한가—이에 관한 마지막 판결의 바탕을 주는 것은 곧 여러분의 임무이다. 장려(壯麗)함과 위대함, 그리고 그 결점을 갖는 구세계는 자기의 무가치와 여러분의 조상의 무리한 힘에 의해 망한 것이다. 이 강연에서 말한 일에 진리가 존재한다면, 모든 새로운 민족 중에서 인류 완성의 싹을 확실하게 간직하고, 그 싹의 발전에 선구의 임무가 주어진 것은 바로 여러분이다. 여러분이 이 본질을 품으면서 헛되이 망한다면, 인류 전체가 그 깊은 불행으로부터 구원받으려는 희망도 여러분과 함께 사라지는 것이다. 옛 문화가 몰락한 후, 그 자리에 하나의 새로운 문화가 반 야만적인 국민 속에서 일어날 것이라고 하는 황당무계한 공상을 믿고 이에 안위해서는 안 된다. 고대에는 이와 같은 사명에 필요한 모든 조건을 구비한 국민(즉 독일 민족)이 실제로 존재해서 문화 국민(즉 로마인)에게 잘 알려져 있었으며 이 민족에 의한 기록도 남아 있다. 그렇다면 이 문화 국민은, 만약에 그들이 자신의 멸망을 전제할 수 있었다면 이 소장(小壯) 국민에서 부흥의 수단을 발견했을 것이다. 오늘날의 우리에게도 또한 지구 표면 전체와 거기에 사는 모든 민족이 잘 알려져 있다. 그러나 새로운 세계의 근간 종족인 우리와 비슷한, 당시에 우리에게 주어진 것과 같은 기대를 줄 수 있는 민족을 과연 우리는 알고 있는가. 나는 생각한다. 단지 열광적으로 생각하거나 기대하는 일 없이 진정으로 근본적으로 음미하고 사고하는 사람이라면 이 문제에 대해 그 누구도 '아니다'라고 대답하지 않을 수 없을 것이다. 그렇다면 달리 면할 길은 없다. 여러분이 망한다면 인류 전체가 장래의 재흥의 희망을 잃고 서로 멸망하는 것이다.

청중 여러분, 내가 국민의 대표자로서 여러분에게 호소하여, 또 여러분을 통해 전 국민에게 호소하여, 이 강연 마지막에 아직도 강조하기를 원하고 또 강조해야 할 것은 바로 이것이다.

피히테 생애와 사상

관념론자 피히테

철학자 요한 고틀리프 피히테(Johann Gottlieb Fichte)는 1762년 5월 19일 독일 작센지방 라메나우라는 시골마을에서 가난한 리본 직공의 아들로 태어났다. 아주 어린 시절 그는 거위 돌보는 일을 했다. 이따금 일요일 예배에 참석하지 못했던 지방 귀족 한 사람이 어린 피히테에게, 설교를 반복해서 차근차근 자기에게 들려줄 수 없겠는가 부탁하자 그는 기꺼이 응했다. 그 귀족은 보답으로 피히테를 자신의 슬하에 두고 좋은 교육을 받도록 배려해 주었다. 처음에는 루터교회 목사에게 개인교습을 받았고, 그 뒤에는 1774~1780년까지 명문학교인 포르타초등학교에서 교육을 받았다. 이어서 그는 1780년 명문인 예나대학교 신학과에 입학, 1781~1784년에 라이프치히대학교로 전학하여 공부하였다. 대학 졸업 후 피히테는 가정교사로 일을 시작한다. 그는 후원자가 이미 세상을 떠났으므로 경제적으로 매우 어려운 상황에 처해 있었다. 빈곤 때문에 여러 번 자살을 기도한 적도 있었다.

그의 첫 번째 철학적 저작인 《모든 계시에 대한 비판시도》는 1792년 익명으로 출판되었다. 독자들은 이 책이 칸트의 네 번째 비판서인 것으로 오해하고 갈채를 보냈다. 피히테가 이것을 의도했는지에 대해서는 의견이 다양하다. 아무튼 그 책은 칸트의 요청에 따라 피히테의 저작임이 밝혀졌다.

예나대학교와 베를린 나날

피히테 사상은 윤리를 강조한 예나대학교 시기(1793~1798)와 신비적·신학적 존재론이 나타나는 베를린 시기(1799~1806)로 크게 나눌 수 있는데, 이 두 시기에는 철학적 기본 견해에도 차이를 보인다. 그는 종교적 신념이 도덕적 이성을 능가한다는 견해를 받아들이면서 종래의 견해를 바꾸었다. 이것은 그즈음 사상이 낭만주의로 발전하는 일반 추세에도 영향을 받은 것으로 보인다.

1793년 피히테는 취리히에 머물 때 만난 요한나 마리아 란과 결혼하였는데, 란은 평생의 반려가 되었다. 1790년 라이프치히에서 칸트철학에 몰두하여 당시 그를 괴롭혔던 자유문제에 대해서 서광을 얻었다. 1794년에는 예나대학교 철학교수가 되어 지식학을 강의하여 호평을 받았다. 그의 동료 중에는 역사를 가르쳤던 시인 라스커 쉴러가 있었고 괴테와도 친분을 쌓았다.

피히테의 강의는 매우 뛰어났다. 이는 그가 처음으로 이룬 큰 성공이었으나, 그의 까다로운 성격 때문에 주변 사람들로부터 가

피히테(1762~1814)
피히테는 예나대학교와 라이프치히대학교에서 공부하였다. 그곳에서 그는 독일 낭만주의를 접하게 된다. 그는 칸트의 윤리적 개념에 바탕하여 절대적 관념론 철학을 체계화한다.

끔 소외되었다. 그는 엄격하고 완고한 교수였고 대하기 어려운 동료였다. 그의 경력은 다툼과 사임으로 이어졌다.

피히테는 1795년《철학잡지》의 공동편집자가 되었다. 1798년 그의 친구이자 젊은 철학자 포르베르크가 피히테에게 종교 관념의 발전에 관한 글 한 편을 보냈다. 이 글을 발표하기 전에 피히테는 오해를 방지하기 위하여 〈신의 세계지배에 대한 우리들 신앙 근거에 관하여(Über den Grund unseres Glaubens an eine gottliche Weltregierung)〉라는 짧은 서문을 썼는데, 이 논문에서 신은 세계의 도덕적 질서이고 모든 인간 존재의 기초인 영원한 정의 법칙이라고 규정했다.

이에 무신론이라는 비난이 쏟아지자 프로이센을 제외한 독일의 모든 주가 추종하는 작센주 정부는《철학잡지》의 출판을 금지했고 피히테의 추방을 요구했다. 그는 변호문을 발표한 후 징계를 내리면 사직하겠다고 했으나, 그 위협은 사직하겠다는 의사로 받아들여져 정식으로 수락되었다.

이 대학 교수시절에 피히테는 이밖에도 《학자의 사명에 관한 몇 가지 강의 (1794)》《지식학의 원리에 따른 자연법 기초(1796)》《지식학의 원리에 따른 인류이론 체계(1798)》등 몇 가지 중요한 저작을 발표하였다.

예나대학교를 떠난 피히테는 1799~1806년에 베를린에서 지내며 자유기고가로 생계를 꾸려갔다. 이 시절에 그는 슐레겔 형제를 비롯해 프리드리히 슐라이어마허 등 독일 낭만주의 지도자들과 사귀었고, 사상적으로는 신비적·종교적 색채를 더해 갔다.

그는 베를린 시절에 《인간의 천직(1800)》《폐쇄적 상업국가(1800)》《현대인의 특징(1806)》《복된 삶을 위한 지침 또는 종교이론(1806)》등의 저작들을 발표했다.

《독일 국민에게 고함》애국심에 호소

1806년 나폴레옹전쟁에서 프랑스가 독일(프로이센)을 꺾고 승리하자 피히테는 베를린에서 쾨니히스베르크로, 다시 코펜하겐으로 가게 된다. 이듬해 8월 그는 베를린으로 다시 돌아온다. 이 때부터 출판된 피히테의 저작들은 실천적 성격을 지니게 된다. 이러한 마지막 사상의 모습은 그의 《유작》《전집》등에 잘 나타나 있다. 1807년 그는 이미 제안되어 있던 베를린대학교 창설계획을 작성한다.

1807~1808년 피히테는 조국이 위기에 처하자, 베를린에서 《독일 국민에게 고함》이라는 우국적 강연을 결행하여 교육재건을 부르짖고 독일국민의 애국심에 호소하였다. 이 연설은 국권 회복과 영광을 위한 유일하고 올바른 길에 관한 실천적 견해들로 가득 차 있다. 그는 1810~1812년 베를린대학교의 초대 총장이 되었다. 1813년 국가 독립을 위하여 독일이 고투하는 동안 《참된 전쟁 개념에 관하여(Über den Begriff des wahrhaften Krieges)》를 강의했다.

1814년 1월 27일 쉰두 살의 나이로, 피히테는 독일 베를린에서 종군 간호사로 활약하던 자신의 부인이 옮긴 발진티푸스를 앓다가 죽었다.

피히테는 독일 관념론의 대표자로서, 실천적·주관적 관념론을 펼쳤다. 그의 사상은 칸트를 이어받아 셸링과 헤겔에게 계승되어 철학사에 찬란히 빛나고 있다. 그의 대표적 저작으로는 《모든 계시에 대한 비판시도(1792)》

경험적 관찰 대 과학적 법칙
피히테는 칸트에게서, 과학적 법칙들은 경험적 관찰들로부터 연역될 수 없다는 것을 배웠다. 그러나 뉴턴 물리학을 영원한 진리라고 믿었던 피히테는 경험적 관찰들이 과학적 법칙들에게 연역될 수 있다고 생각했다.

《독일 국민에게 고함(1807~1808)》과 논문 〈신의 세계지배에 대한 우리들 신앙 근거에 관하여(1798)〉가 손꼽힌다.

《모든 계시에 대한 비판시도》에 대하여

그의 생애 초기에 중요한 영향을 미친 것은 칸트의 사상이었다. 인간의 선천적인 도덕 가치에 관한 칸트 학설은 피히테의 성격과 딱 들어맞았다. 그는 참된 철학을 완성하는 데 헌신하기로 결심했으며, 이 참된 철학의 원리는 선천적 격률이어야 한다고 보았다.

피히테가 칸트에게 논문 〈모든 계시에 대한 비판시도(Versuch einer Kritik aller Offenbarung)〉를 제출했을 때 칸트는 그에게 좋은 인상을 받고 출판업자를 구하는 일을 도왔다. 1792년 초판에서 피히테의 이름과 서문을 우연히 빠뜨렸는데, 이 책이 나오자마자 독자들은 칸트의 글이라고 여겼다. 다시 칸트가 이 글을 추천하면서 잘못을 바로잡아 피히테의 이름으로 알려졌다.

《모든 계시에 대한 비판시도》에서 피히테는 계시종교가 가능한 조건들을 설명하려고 애썼다. 그의 설명은 도덕법칙의 절대적 필수조건에 초점을 맞췄다. 종교 자체는 이 도덕법칙을 신성한 것으로 믿는 것이다. 그리고 이 믿음은 실천적 요청이며, 도덕법칙에 힘을 부여하기 위해 필요하다. 이 도덕성의 신성한 성격은 낮은 차원의 충동을 바탕으로 법칙에 대한 경외심을 극복한 사람들만이 볼 수 있다. 이같은 경우라면 계시는 도덕법칙에 위력을 더하기 위해 주어지는 것이라고 생각할 수 있다. 따라서 종교는 궁극적으로 실천이성에 의존하며, 인간이 도덕법칙 아래 있는 한 인간의 욕구를 채워 준다. 이러한 결론에서 분명히 드러나듯이 피히테는 실천적 요인을 부각시켰으며, 자아의 도덕적 요구를 실재에 대한 모든 판단의 근거로 삼으려는 경향이 있었다.

《프랑스혁명에 관한 대중 판단을 교정하기 위하여》

그는 1793년 익명으로 《프랑스혁명에 관한 대중 판단을 교정하기 위하여 (Beitrag zur Berichtigung der Urteile des Publikums über die französische Revolution)》라는 정치저작을 출판하여 주목받는다. 이 책의 의도는 프랑스혁명의 참된 성격을 설명하고, 자유권이 지성적 행위자로서 인간의 존재 자체와 얼마나 깊이 얽혀 있는지를 논증하며, 국가의 본질적인 진보 경향과 개혁이나 개정의 필연적 결과를 지적하는 데 있었다. 이 저작에서도 《모든 계시에 대한 비판시도》처럼 인간의 합리적 본성과 그 실현을 위해 필요한 조건들이 정치철학을 위한 표준이 되었다.

예나대학교 시절 저작들

그가 1793년 예나대학교 철학교수로 임명된 후 아주 중요한 철학적 저작들이 발표된다. 이 시기에 출판된 저작으로는 수준높은 지적 문화의 중요성과 이러한 문화가 부과한 의무들에 관한 강의록인 《학자의 사명에 관한 몇 가지 강의(1794)》, 피히테가 평생 동안 끊임없이 수정하고 다듬은 지식학에 관한 여러 저작들, 예컨대 《지식학의 원리에 따른 자연법 기초(1796)》와 의무 개념에 기초한 그의 도덕철학이 가장 잘 표현되어 있는 《지식학의 원리에 따른 인륜이론 체계(Das System der Sittenlehre nach den Principien der Wissenschaftslehre, 1798)》 등이 있다.

1794년 《학자의 사명에 관한 몇 가지 강의(Einige Vorlesungen über die Bestimmung des Gelehrten)》는 피히테가 만들어낸 가장 독창적이고 특징 있는 저작이다. 이 체계는 칸트의 비판철학, 특히 《실천이성 비판(1788)》에서 자극받았다. 이 저작은 칸트의 비판철학보다 더 체계적이었지만, 지식학과 윤리학이 긴밀하게 통일된 완벽한 학설을 목표로 삼았으므로, 처음부터 칸트의 비판철학보다 덜 비판적이었다. 피히테의 야심은 칸트가 암시만 하는 데 그친 실천(도덕)이성이 참으로 온전한 이성의 뿌리이고, 인류 전체뿐만 아니라 모든 지식의 절대적 근거임을 입증하는 일이었다. 이 점을 증명하기 위해 피히테는 최고 원리, 곧 독립적·절대적이라고 가정된 자아에서 출발하여 모든 다른 지식을 연역했다. 그는 이 최고 원리가 자명하다고 주장하지 않고 순수 사고에 의해 요청되어야 한다고 내세웠다. 이런 점에서 그는 순수 실천이성이 신의 존재를 요청한다는 칸트 학설을 따랐지만, 칸트의 합리적 신앙을 자신의 과학론과 윤리학을 뒷받침하는 사변적 지식으로 바꾸려 하였다.

베를린 시절 저작들

이때 피히테는 일반 독자들을 위해 《인간의 천직(Die Bestimmung des Menschen, 1800)》이라는 짧고 명료하며 매력적인 책을 쓴다. 이 책에서 그는 신을 개인들 안에서 자신을 의식하게 되는 세계의 끝없는 도덕 의지로 정의한다. 이 책은 오늘날에도 그의 사상에 가장 효과적으로 입문할 수 있는 지침서가 되고 있다.

이밖에도 이 때의 저작으로는 아래와 같은 것들이 있다. 《폐쇄적 상업국가(Der geschlossene Handelsstaat, 1800)》는 보호관세 무역제도를 찬성하는 아주 사회주의적인 논문이다. 1801년과 1804년에 각각 썼으나 유작으로 출판된 《지식학》에 관한 두 신판은 학설의 성격이 크게 변했음을 보여 준다. 《현대인의 특징(1806)》은 1804~1805년의 강의록으로 계몽주의를 분석하면서 일반적 인간 의식의 역사적 전개에서 계몽주의의 지위를 규정할 뿐만 아니라, 그 결함도 지적하고 이성적 삶의 최고 양상으로서 신적인 세계 질서에 대한 신앙을 기대하고 있다. 《복된 삶을 위한 지침 또는 종교이론(Die Anweisung zum seligen Leben, oder auch die Religionslehre, 1806)》에서는 〈요한복음〉을 생각나게 하는 아주 종교적인 양식으로, 유한한 자기의식과 무한한

독일 국민에게 연설하는 피히테

피히테는 1808년 베를린에서 행한 연설인 '독일 국민에게 고함'을 통해 유명해졌다. 그 연설은 나폴레옹 군대에게 피배한 원인인 독일의 분열을 지적하고 국운의 회복과 영광의 재현을 위한 실천적인 관점을 제시하는 것이었다. 피히테는 독일 민족주의의 기틀을 다진 선구자로 기억된다.

자아 또는 신 사이의 결합을 다루고 있다. 신에 대한 지식과 사랑이 삶의 목적이라고 선언한다. 신은 모든 것이다. 독립적인 대상들의 세계는 반성 또는 자기의식의 결과이다. 이 반성 때문에 무한한 통일이 해체된다. 이와 같이 신은 주체와 객체의 구별을 넘어선다. 인간의 지식은 무한한 본질의 반영 또는 는 영상에 지나지 않는다.

《독일 국민에게 고함》에 대하여

《독일 국민에게 고함(Reden an die deutsche Nation)》은 1806년 나폴레옹 전쟁에서 패한 독일(프로이센)이 위기에 처하자, 피히테가 프랑스군의 점령 하인 베를린에서 감행한 강연 내용을 모아 엮은 책이다. 이 강연은 1807년 12월 13일부터 이듬해 4월 20일까지 매주 일요일 오후마다 총 14회에 걸쳐 베를린학사원 강당에서 있었다. 피히테가 강연하는 강당 주위에는 프랑스 순찰병들이 삼엄한 감시를 하고 있었다.

《독일 국민에게 고함》의 구성을 보면 제1강은 서론, 제2~11강은 독일 국민교육론, 제12~13강은 독일 국민교육을 담당해야 할 독일 국민에 대한 계몽, 제14강은 결론이다.

피히테는 이 강연을 통해서 독일을 패망에 이르게 한 근본 원인을 국민들의 이기심에서 찾고, 이것을 새로운 국민교육으로 깨뜨려야 한다고 역설한다. 이 새 국민교육에 의해 독일에 진정한 민족적 공동체 의식이 깨어날 때, 독일 국민은 나라를 되찾고 세계사적 민족으로서 거듭날 수 있다고 강조한다.

이처럼 그는 우국적인 대강연을 통해서 프랑스문화에 대한 독일문화의 우수성을 설명하고, 이것을 국민 전체에게 알려 국민정신을 함양하는 것만이 독일재건의 길이라고 내세운다. 그의 주장에 들어 있는 민주주의적·공화주의적 요소 때문에 이 강연 내용은 오랫동안 재판(再版)이 금지되었다. 하지만 예나전투에서 패한 뒤 틸지트(지금의 소베츠크)에서 맺은 굴욕적인 강화조약으로 나폴레옹의 지배하에 놓였던 당시 프로이센과 독일의 상황에서는, 오히려 국민정신을 앙양시켜 반격을 준비하는 데 정신적으로 커다란 힘이 되었다.

결국 《독일 국민에게 고함》은 피히테의 용기와 신념, 양심과 조국애의 결실이라 할 것이다. 더욱이 그는 조국이 위기를 맞았을 때 지식인이 마땅히 해야 할 일이 무엇인가를 몸소 실천한 인물이다.

존재하는 것 행동하는 것

피히테는 흄을 계승한 칸트에게서, 세계에 대한 우리의 과학적 지식은 관찰과 논리의 결합을 통해서는 설명될 수 없다는 사상을 배웠다. 이는 어떠한 관찰로도 과학적 법칙이 논리적으로 추론되지는 않는다는 뜻이다. 그래도 피히테의 마음을 흔들어 놓은 것은 연역적인 논리관계이다. 비록 과학적 법칙들이 경험적 관찰을 통해서는 추론될 수 없다고 해도, 경험적 관찰은 과학적 법칙에서 추론될 수 있는 것이다. 뉴턴 이후 모두가 그랬듯이 피히테는, 고전물리학 법칙들이 완전히 객관적이고 영원한 진리라고 믿었다. 곧 기존의 과학적 법칙들, 곧 경험세계에서 일어나는 특정한 사건들은 틀림없이 이러저러하게 될 것이고 한결같이 그러하리라는 절대적인 논리적 필연성을 따른다는 것이다. 이러한 출발점에서 피히테는 우주가 주체에 따른 창조물이라는 견해를 발전시켰다. 곧 우리는 우리 자신 안에 우주에 대한 질서개념을 가지고 있으며, 논리적인 필연성에 따라 우주는 주체에서 이끌어진다는 것이다.

피히테의 이러한 가르침은 다른 두 가지 중요한 이론을 통해 유지되었다. 그는 자아를 지식 대상으로 삼는 것이 불가능하다는 흄의 논증을 받아들였다. 하지만 그는 우리 능력 안에서 주체들을 아는 것으로서가 아니라, 도덕적 수행자로서 우리 자신의 현존에 대한 직접적 경험을 가진다고 주장했다. 우리는 자신이 선택하고 결정하는 대로 행동한다. 따라서 우리는 자기 존재를 경험적 세계의 대상이 아니라 도덕적 행위자로서 직접 경험한다. 그리고 행동에 따른 도덕적 책임을 스스로 깨닫고 있으므로 우리는 우리의 자아를 계속 고집하려는 것을 안다.

도덕성은 궁극적 실재

피히테는 모든 실재의 일차적이고 근본적 본성은 도덕적 특성으로 이루어진다고 믿었다. 그의 주장에 따르면 인간존재의 일차적이고 근본적 본성은 의식적으로 경험을 받아들인다는 것에 있지 않다. 따라서 인간은 '인식적 존재들'이 아니다. 곧 인간본성은 의식적 행위자라는 사실에 있다. 그러므로 인간은 '도덕적 존재들'이다. 우리 인간의 현존을 기본적으로 구성하는 것은 인식능력을 갖춘 정신이 아니라 도덕적 의지이다.

그러나 도덕적 행위자로서 존재하는 나에게, 나는 행위할 수 있고 선택할 수 있기를 요구한다. 그리고 이것이 가능하기 위해서는 내가 아닌 또 다른 실재 영역이 있어야 한다. 이 실재 영역은 어떤 뜻에서는 그 자체로 나와 대립한다. 하지만 그 안에서 나는 활동적이고, 그 위에서 나는 나 자신을 느낄 수 있다. 이것이 경험적 세계이다. 그리고 실재 본성이 도덕적이라는 사실은, 경험적 세계가 도덕적 요소로 창조될 수 있게 하며, 실로 궁극적으로 그 밖의 어떤 것이 되도록 하지 않는다. 따라서 의지 그 자체인 자아는, 본질적으로 도덕적 존재에 대한 도덕적 자기만족을 위해 그 자아에 대한 지식을 가능하게 하는 영역인 경험적 세계를 창조한다.

이러한 철학은 늘 특정한 사람들에게는 종교와 비슷한 매력을 제공해 왔다. 어떤 사람은 이를 신에 대한 믿음과 결부시켰고, 또 다른 사람들은 이러한 철학에서 신을 믿지 않는 철저한 도덕적 관념론자의 존재방식을 발견하곤 했다. 이러한 주장들을 통해 피히테는 과학적 지식을 인간 역할에 관한 자유로운 창조로 설명한 최초 철학자이다. 그리고 과학 본성에 대한 이러한 견해는 21세기에 이르러 많은 지지를 받게 된다.

옮긴이 박희철

미국 일리노이대학교 어버너–샴페인캠퍼스 MBA과정 졸업. 한국외환은행에 30여년간 재직하며 이코노미스트로 활약. 에너지관리공단 IPE위원 및 저탄소녹색성장국민포럼 정책분과위원으로 활동. 지은책에 《녹색성장과 금융》《서브프라임 패닉》《제국 경제학》《한국경제 2000~2010》《은행원을 위한 경제학》《장미와 함께 하는 경제》 등이 있다.

세계사상전집064

Edmund Burke/Johann Gottlieb Fichte
REFLECTIONS ON THE REVOLUTION IN FRANCE
REDEN AN DIE DEUTSCHE NATION
프랑스혁명 성찰/독일 국민에게 고함
에드먼드 버크/요한 고틀리프 피히테/박희철 옮김
동서문화창업60주년특별출판
1판 1쇄 발행/2016. 6. 9
1판 2쇄 발행/2021. 12. 1
발행인 고윤주
발행처 동서문화사
창업 1956. 12. 12. 등록 16–3799
서울 중구 마른내로 144(쌍림동)
☎ 546–0331~6 Fax. 545–0331
www.dongsuhbook.com

＊
사업자등록번호 211–87–75330
ISBN 978–89–497–1579–7 04080
ISBN 978–89–497–1514–8 (세트)